錢穆先生全集

錢穆先生全集

〔新校本〕

史記地名考（上）

九州出版社

圖書在版編目（CIP）數據

史記地名考：全2冊／錢穆著．--北京：九州出版社，2011.7（2024.9重印）
（錢穆先生全集）
ISBN 978-7-5108-1004-6

Ⅰ.①史…　Ⅱ.①錢…　Ⅲ.①史記－地名－考證　Ⅳ.①K204.2

中國版本圖書館CIP數據核字（2011）第100614號

史記地名考

作　　者　錢　穆　著
責任編輯　張海濤　郝建良　郝軍啟　方　理
出版發行　九州出版社
裝幀設計　陸智昌　張萬興
地　　址　北京市西城區阜外大街甲35號
郵　　編　100037
發行電話　（010）68992190/3/5/6
網　　址　www.jiuzhoupress.com
印　　刷　三河市東方印刷有限公司
開　　本　635毫米×970毫米　16開
插頁印張　0.75
印　　張　88.5
字　　數　1047千字
版　　次　2011年7月第1版
印　　次　2024年9月第3次印刷
書　　號　ISBN 978-7-5108-1004-6
定　　價　352.00元（全二冊）

錢穆先生手迹

錢穆先生國文選書

新校本說明

錢穆先生全集，在臺灣經由錢賓四先生全集編輯委員會整理編輯而成，臺灣聯經出版事業公司一九九八年以「錢賓四先生全集」為題出版。作為海峽兩岸出版交流中心籌劃引進的重要項目，這次出版，對原版本進行了重排新校，訂正文中體例、格式、標號、文字等方面存在的疏誤。至於錢穆先生全集的內容以及錢賓四先生全集編輯委員會的注解說明等，新校本保留原貌。

九州出版社

出版說明

夫治史者，固當先把握史實之大綱要領，次則進求其精神之所在與夫價值之評判；而古史之考據，要亦為必不可忽之節目。蓋歷史之意義價值，必建基於史實之認知；而史實之認知，則時有賴於考據以確定其眞相。故於古事，或考其人，或考其年，或考其地，皆所以求史事眞相之確立。錢賓四先生畢生寢饋史籍，於史學之各方面，並有著述。其國史大綱、中國文化史導論、中國歷代政治得失之類，所以揭其大綱要領者也；中國歷史研究法、中國歷史精神、國史新論、中國史學發微之類，所以抉其精神意義者也。至深入古史考據之詳，最著者有先秦諸子繫年，考諸子年世以至列國世系，極多創闢，為史遷六國年表正訛補闕，增改詳定不下一二百處，戰國史事至是大體可說；其次於古地之考述，則有本書及古史地理論叢兩種。

先生之注意考地，遠始民國十一年，最早考楚辭地名。其後四、五年間，則專意撰述先秦諸子繫年。書既成，即有意續為「戰國地名考」。但以時局轉變，流徙西南，因應時需，遂著為國史大綱。史綱既成，先生歸蘇州探母。時山東齊魯大學流亡成都，顧頡剛先生任該校國學研究所主任，邀先生往教。先生慨允，惟欲先請假一年，留蘇奉母。顧先生許之，然請其主編齊魯學報，並在上海接洽首期出版事宜，而薪水則可照發。先生以謂此一年中，當另有撰述以報。於是就原擬考述之戰國地名擴大其範圍，通考史記地名，遂有本書之作。始業於二十八年夏，卜居蘇州婁門之耦園，杜門變姓名，以半日自修英文，餘半日至夜半則專意撰著本書。先生自謂：一則當時無錫鄉居尚幸存古史地理書籍二三十種，可取以為參考之資；再則幽居廢園，亦猶前年宜良山中之撰史綱，可終年閉戶，不接人事，故得在一年之間而完成此書也。

其時淪陷區偽政府已成立，二十九年夏，先生遂辭親去重慶而至成都。行前將本書稿交上海開明書店，以齊魯大學國學研究所名義出版；當時未及為之作序例。先生在成都六年，其間曾就記憶所及改定本書數十處。勝利返滬，此書早已排版，乃將携回之改定資料交付開明書店挖改重排。一九四九*年，大陸變色，先生隻身流遷香港，倉卒間未能携帶已排就之清樣，又不克索取原稿。到港後，久不見是書印出，幾度輾轉向大陸乞取而杳無回音。逮一九六六年春，乃有香港某書肆用開明版付印，並滅去作者姓名，改稱由「某書肆集體編纂」。不知是書所考，多有先生一人獨得之發明，絕不可能出於眾手。且其始先生未作序例以明其編纂之體例，則讀者不易明其作意，而其書之應用亦將為之減折。於是先生於一九六六年四月另撰序文，載諸卷前；並由孫鼎宸先生代編地名總目一卷、

*新校本編者注：原文為「民國」紀年。下同。

索引一卷，附諸書後；更交香港龍門書店於一九六八年九月重印出版。此書幸能流傳海外，作者終能親見其流傳，又能於事隔二十六年之後增足其前所未成之序例，實為亂世學者之幸事。至與該書肆交涉以取回是書版權，則余秉權先生之力也。然先生在成都所改定處，印版是否已遵改，則因事隔多年，無由核對矣。

是書體裁別出，辭簡義盡。篇幅雖不甚大，而史記全書逐一地名已考訂無遺。其所取材，盡在於三家注。如韓世家一地名，其地實在魏，則移之入魏地名考中。先錄三家原注，再以今地名附之，略道其所以即止。或一家注得之，餘兩家失之；或兩家注得之，其餘一家失之；皆不繁論。自來為春秋地名考、戰國地名考者，書已多有，未有如本書之簡淨者。而其於地名異同分合之安排，乃至如漢侯邑四卷中，地名屢與他篇重出，為例獨異於其餘各篇之類，皆別具深意，蓋期讀者觸類旁通，以為治史多方面探索之啟發。讀者若以本書之易檢易查，而但目之為一部地名檢索書，則無異於買櫝還珠矣。

本書原版雖屬鉛排，然其形式則仿舊籍，除出處及附加說明加入圓括號外，全書文字悉無斷句標點。其引錄史文各條，已分別標列序碼；然各條接排，合成一大段。三家注部分，則分段另起，各家之前亦各標書名，但亦接排不分列。最後案語部分，又再分段另起。今重加整理，版式大體仍保留原版史文、注文、案語三系之分立；而史文、注文則改為逐條分列；案語改排楷體，圓括號內之出處或補充說明則改排較小字體。務使層次分明，方便閱讀。全書並增入新式標點符號。凡本書立為條目者，無論其地範圍之廣狹，則概加私名號。

原書於史文、注文皆例注出處篇目。惟以力求簡淨，故於史文、注文之出處，遇數條同出一篇者，但標注於最後一條之下。此其蒙後而省之例也。其史文僅得一條，或多條同出一篇，而注文亦出同篇者，則但注於史文之下，注文不復再列。此則其承前而省之例也。如卷二十八「武州」條：（原書並無標點，下同。）

①單于穿塞，入武州塞。

②單于入漢長城武州塞，未至馬邑百餘里。（韓長孺傳）

【集解】徐廣曰：「在雁門。」

【索隱】崔浩云：「今平城直西百里有武州城」，是也。

以其史文兩條與注文兩條並同出韓長孺傳，故但標於史文後一條下，而注文則承前而省也。

然原版最後付印，未再經先生校定，故漏列出處、誤列出處之條目，亦所在多有。今於全書各條，重加覆覈，悉予補正。又原書所引史記及三家注原文，多與武英殿本相同，與他本則偶有相異。故今以乾隆武英殿刊本為據，校其文字，其誤植處悉加改正。案語所引書文，亦儘量查對校核。至引文有節引者，又往往省略關連詞語；以其無傷文意，故一仍其舊，而以引號標之，明其起訖。

又原書於三家注文，往往有綴合兩條或多條以為說，而已分別明注其出處者，如卷十三「霍」字條：

【正義】括地志云：「晉州霍邑縣本漢彘縣也。」（管蔡世家）後漢改曰永安，隋改曰霍邑。（魏世家）鄭玄注周禮云：「霍山在彘，本春秋時霍伯國地。」（管蔡世家）

讀者見此，自知此條所引「後漢改曰永安，隋改曰霍邑」兩句，乃自魏世家注移入。但亦有未加注明者，如卷十「嶧陽、鄒嶧山、騶嶧山」條：

【索隱】騶縣之嶧山。騶縣本邾國，曹姓之國，陸終氏之子會人之後。魯穆公改作「鄒」。今魯國騶縣是也。從征記：「北巖有秦始皇所勒之銘。」

此條漏列出處，且驟讀之，亦易以為本只是一條。今加整理為：

【索隱】騶縣之嶧山。騶縣本邾國，（封禪書）曹姓之國，陸終氏之子會人之後。（陳杞世家）魯穆公改作「鄒」。（封禪書）今魯國騶縣是也。（陳杞世家）從征記：「北巖有秦始皇所勒之銘。」（封禪書）

則知此條實由兩篇之注文綴合而成。又如卷十五「藺、北藺、藺陽」條：

【正義】藺近離石，在石州。地理志屬西河郡。

原書亦漏列出處，亦易誤認為同一條之文。今則補入為：

【正義】藺近離石，（周本紀）在石州。（樗里子傳）地理志屬西河郡。（趙世家）

則知正義此文，實源出三處，而合而為說。

至三家注出處，有與其前所繫史文不相應者。如卷十四「岸門」條：

【正義】括地志云：「岸門在許州長社縣西北二十八里，（案：魏、韓兩世家注作「十八里」。）今名西武亭。」（秦本紀）

本條前繫史文共四條，其屬秦本紀者惟「惠文十一，敗韓岸門」一條。讀者若翻檢秦本紀此條，則不見有正義此文。蓋此文實繫在秦本紀上文「秦孝公二十四年，與晉戰雁門」之下。以其同在秦本紀之中，本書遂從簡省耳。

再如同卷「潁陽」條：

【正義】括地志云：「潁陽故城在陳州南頓縣西北。」

此條原書漏列出處。檢所引史文三處，皆不見有正義此條。實則此仍出絳侯世家，惟所引史文為「攻潁陽、緱氏」，而正義此文則繫在後文「賜與潁陽侯共食鍾離」之下。故今但沿例於正義引文下補入其出處篇名。

又如卷二十八「玉門」條，史文共舉三處，皆出大宛傳，故但注明在第三條下。所引三家注文，亦並出此篇，故不復再注。其中正義一條：

【正義】括地志云：「沙州龍勒山在縣南百六十五里。玉門關在縣西北百一十八里。」又：「玉門關在沙州壽昌縣西六里。」

所引括地志前兩句實繫在史文第一條「于是酒泉列亭障至玉門」下。「又」下一句則在大宛傳上文「注引鹽澤」下，而不在所引三條史文之任一條下。以其同在大宛傳中，故不再另注。此亦上文所謂承前而省之例也。故讀者遇注文與史文不相應處，則當於所注篇中他處尋檢。茲特加說明，免滋誤會。

上舉三例，如「岸門」、如「玉門」，所引正義實並已明其出處；「潁陽」所引正義，雖漏出處，然所引史文則有絳侯世家一條；皆可謂有線索可供追尋者。至如卷十五「樂成」條：

【索隱】韋昭云：「河間縣。」

此條史文但有漢興以來諸侯年表「孝文分趙為河間國，都樂成」一條，而索隱此文則不在其下。原書未注出處，讀者或易誤以為亦出年表；即查年表未能檢得，亦不易有所聯想。實則此乃孝武本紀「樂成侯上書言欒大」之注文。今補注其出處，讀者庶可省尋檢之勞。

其他與本書相關之宗旨體例，已詳先生自序者，不復贅。謹就本編點校整理工作略加補充說明，俾讀者應用較得方便。整理工作雖力求慎重，然以事涉專門，牽連亦廣，錯誤疏漏，料將難免，敬希讀者不吝指正。

本書之整理，由何澤恆先生負責。江敏華小姐、洪素年小姐協助覆核史記原文。

錢賓四先生全集編輯委員會　謹識

目次

舊版出版說明

近代中國學者，於古史地理之研究，以禹貢學會同人具有集體成績。如以個人努力言，則本書作者錢穆先生，實為開風氣之一大師。所著周初地理考、古三苗疆域考、黃帝故事地望考、西周戎禍考、楚辭地名考、中國史上之南北強弱觀及漢初侯邑分布諸編，均為此一系列研究之範圍。中多創闢非常之見，道前人所未及。

本編踵繼前著，尤多獨見，嘗自比於古人所謂一家之言。全書共分三十四卷，大體依照史記原有篇目編定，但亦有會通各篇變例編列者：如中國與四裔、梁宋地名、豫章長沙地名、關中地名、秦漢宮室陵廟名、西北邊地名等各卷均是。且皆有其用意所在。地名編排，則以中古地名特多。此蓋華夏文化當時發展之中心地區，亦即中國歷史向後延綿伸擴之基礎所在。至所列地名，必縷舉其見於史記各篇中之語句而一一附注於此地名之下：有上古有此地名，後遂湮滅不見者；有上古無此地名，於中古、近古始見者；有上古、中古有此地名，而向後乃因襲常見者；亦有本屬一地，而地名則先後有異者。上下數千年，自黃帝、堯、舜下迄漢武之世，每一地名之興滅變革，均可朗若列眉。此皆大有裨補於因地以覘史者之多方探索，而得恣其想像，闡發推說，以為治史者獲深一層啟悟之憑藉與方便。

全書成稿於一九四一年，當時未為序例發明其著作緣起與編纂大意。書成，著者以原稿交上海某書肆排版，並親自校對蕆事。未待梓成，而著者南來香港。前年某書肆乃將此排版付印，滅去作者姓名，改為由「某書肆集體編纂」。不知是書厥非眾手可成。書中編排次序，著者有其獨特用心。苟不加以說明，讀者得此書而不明其編纂體例，仍將多費推求，而不獲為善用。今承錢穆先生補成序例，發明緣起、編纂大意。並編附索引，交由本書店印行出版，以饗讀者。

龍門書店

自序

余之有意治古史地理，始於民國十一年秋，在厦門集美，讀船山遺書楚辭通釋，至抽思之篇：「有鳥自南兮，來集漢北」，船山注：「時屈原居漢北。」余譾陋，知屈原之南遷沉湘而已，顧不知其居漢北也，而文證明白如此，興趣驟開，遂知留意。翌年秋，始撰先秦諸子繫年，於屈原行迹多所考訂，並旁及春秋、戰國時之地理。十九年冬，在北平燕京大學，始成周初地理考。後續撰古三苗疆域考、黄帝故事地望考、西周戎禍考諸篇。二十三年又撰楚辭地名考。又別有短篇散作，有關古史地名者，兹不詳列。凡此諸篇，中多創闢非常可怪之論，前人絶未道及。如謂太王居豳，字本作「邠」，在山西汾水流域，不在陝西鳳翔。如言屈子沉湘，字同「襄」，乃漢水之別稱，非入洞庭之湘水。三苗之居，左彭蠡，右洞庭，彭蠡、洞庭皆在大江之北而不在江南。一時頗引起讀者之疑辨。余於古代地理所以敢出此奇論，乃據三大原則互相會通而得：

一曰地名原始。其先地名亦皆有意義可釋，乃通名，非專名，爾雅釋山、釋水諸篇可證。如「大山宫小山，霍」，凡四圍大山環拱中央一小山，皆可得「霍」稱。民國二十年春，余登北平之妙峯山，觀其形勢，即大山宫小山之霍也。此山雖不依古稱「霍」，而取名妙峯，然此山之所以得北方廣大居民之崇祠，亦猶古人尊霍為岳之遺意也。凡稱「洞庭」，皆指地下水脈潛通。江蘇太湖有洞庭，傳説其水脈與湖南洞庭相通，因此亦名洞庭。此種傳説，雖不可信，然亦有甚深遠之來源。蓋古人凡遇澤水乾涸，水下地面冒出，若相隔絶，各成一澤。水盛時，則浩瀚一片，露出水面之陸地，又皆隱沒不見。乃謂此乃地下水脈之潛通，而名之曰「洞庭」。是「洞庭」有通義，初不專指一水。又如「彭蠡」，乃水流湍急，成漩渦，故稱「大螺」。彭蠡即大螺也。大江之水倒灌入鄱陽，水急稱彭蠡。黄河在龍門之下，為蒲坂、蒲津、雷首、壺山諸險所束，亦水急成大螺旋，故亦稱彭蠡。是「彭蠡」有通義，亦不專指一水。凡屬異地而同名者，因地名本屬通義，可以名此，亦可以名彼也。

二曰地名遷徙，必有先後，決非異地同時可以各得此名不謀而合也。地名遷徙之背後，蓋有民族遷徙之蹤跡可資推説。一民族初至一新地，就其故居之舊名，擇其相近似而移以名其僑居之新土，故異地有同名也。余幼年居江蘇無錫南延祥鄉之蕩口，其地多華姓聚族而居，其祖先乃由隣近東亭分支來此。故此兩鎮頗多地名相同。蕩口有楊樹港，東亭亦有之。港之兩端有賣魚橋、賣雞橋，東亭亦有之。即小可以喻大。自西周下至春秋，如晉、如郢、如秦，此諸都邑皆多遷徙，而都邑之名亦隨之而遷。近代西方帝國殖民，亦多以其舊居名新邦。春秋、戰國時代，華夏諸族活動範圍，頗少南達今湖南江西洞庭、彭蠡之紀載。余考洞庭、彭蠡之名，最先起於大河兩岸，漸及大江以北，後乃移其名而被於大江之南也。

三曰地名沿革，大概腹地衝要，文物殷盛，人事多變之區，每有新名迭起，舊名被掩，則地名之改革為多；而邊荒窮陬，人文未啟，故事流傳，遞相因襲。如楚人南遷，屈原沉湘之故事亦隨而南遷，湘水之名，始起於今湖南之洞庭流域，此後遂少變改。而大江以北之水地名湘者，反多湮沒不彰。洞庭之與彭蠡亦然。今人一提及此諸名，即若自始已在大江之南。至於江北以及中原，苟非博考遺文，悉心搜求，誰復知其早有洞庭、湘水、彭蠡之名之先在乎？故考地名沿革，先起者反多晦滅，後人移用者反多保留，並歷久而益顯，此又一通例也。

余治古史地名，大率本此三通例。所獲結論，驟視之，若怪誕不經，好事鑿空，然既有古代典籍文字可證，而據此以推闡史迹，又皆通明無礙，遠勝舊說。故敢毅然翻積見，標新得。苟有好學深思之士，平心比觀，當知余言之非苟然也。

又嘗謂治古史，有四要項當分別尋求：一曰氏族，二曰地理，三曰人物，四曰年代。春秋以下，人物漸盛，年代亦始可以細求。自西周逆溯而上，歷夏商、唐虞，乃至邃古，人物皆無可詳說，年代亦渺茫難稽，提前或移後數十年乃至數百年，於史事若可無影響。或謂夏代歷年四百三十二，或謂夏代歷年四百七十二，一本劉歆之三統曆，一本竹書紀年之遺文，此四十年之相差，將何據以確定其是非？縱或能有所定，於討論夏代史迹，亦無何裨補。蓋綜夏代三、四百年間，本無許多人物事變可資詳說也。故治古史，愈溯而上，乃惟有氏族、地理兩要項。考地所得，可資以解說當時各氏族之活動區域及其往來轉徙之迹，與夫各族間離合消長之情勢，則已可為古史描出一粗略之輪廓。余之所為，僅如蠶叢開山，篳路藍縷，荆棘滿途，距竟全功尚遠。亦以余之治史宗旨初不在是，偶以興趣所凑，運其餘力，時作時輟，如是而已。

民國二十六年秋，抗戰軍興，北平淪陷，流亡轉徙，迄於二十八年之夏，國史大綱成稿，余復隻身轉輾自昆明返滬上，獲覲慈親於蘇州，而無力奉親避地；不得已，乃卜居蘇州婁門之耦園。園荒已久，寂無居人。余之遷入，外間絶無知者。乃杜門變姓名，以愛日之餘暇，發意草創為史記地名考。竊念前人治古史地理，或專考禹貢，或偏考春秋、戰國地名，下至漢書地理志，何啻數十百家。史記一書，上始軒轅，下迄天漢，集古史之大成，而考地者於此獨闕。余無錫鄉居，幸猶存古史地理書二、三十種。遂取以來，昕夕握管，越一年而成書。其時淪陷區偽政府已成立，余恐蹤跡洩露，遂辭親脱身去重慶而至成都。翌年春，慈親見背，不克在旁，成為余終天之大恨。而余之此書，留稿後方，亦未及為之作序例，稍自發明當時著作之緣起，及其編纂之大意。蓋距今又復二十有六年矣。

抑余之為此書，乃頗與先成諸篇取徑有不同。凡先成者，皆屬地在荒遠，事出傳説，非有詳確之記載，故余所考覈，多翻案文章，實非考地之常軌也。春秋以下，人事益密，史籍燦備，凡一地名之沿革，前為何邑，後為何都，皆有文獻足徵。又有相關史事，可憑稽索。其為仕宦所至，軍旅所經，師儒講習之所萃，商旅貿遷之所聚，莫不可以參伍錯綜以確定其地望之所在。蓋地名之難可確指者，至是已十無二三。故余之為此書，自春秋以下諸地名，幾乎多承舊貫，創論實尠。惟遇數説相歧，折衷取捨，亦必有據，非同鑿空立説，此乃從來考地之成軌。或有讀者，於我先成諸篇，愛其新奇，而薄此平實，則余之此書，正亦所以糾此流弊，而稍贖前愆也。

以上略述此書草創經過，以下當略為說明此書編纂之體例。

本書地名分卷，大體依照史記原有篇目。如錄五帝本紀中地名為上古地名卷，錄夏、殷兩本紀為夏殷地名卷，錄周本紀為周地名，錄秦本紀為秦地名，錄齊、魯以下各世家為諸國地名，又錄封禪書為郊祀封禪地名，錄漢興以來封侯各表為漢侯邑名，錄匈奴傳為匈奴北胡地名，錄大宛傳為西域地名，錄西南夷傳為西南夷地名，錄南越、東越傳為南粵東越地名，錄朝鮮傳為東胡朝鮮地名諸卷皆是。惟亦有會通各篇變例編列者，如中國與四裔、梁宋地名、豫章長沙地名、關中地名、秦漢宮室陵廟名、西北邊地名、蜀地名諸卷皆是。此皆各有用意。如中國與四裔一卷，凡屬春秋以前，諸夏與四夷之疆界區分，及其變動大勢，與夫古人關於「中國」一名辭觀念之先後遞變，皆可於此卷中窺見其大概。梁宋地名一卷，雖大體本之宋世家，然自秦、漢之際下迄漢代，此地域特多新見地名，故變名稱之曰「梁宋」。而此一地區在秦、漢之際以下之史迹變動，較之齊、魯、晉、楚諸地區特為不同，亦可於卷中覘見。豫章長沙地名一卷，本可入楚地名卷中，今特為抽出，別立新名，蓋亦以秦、漢之際以下此地區之新見地名，遠多於舊地名，特闢此卷，可藉以見此一地區之世變，用意與梁宋一卷略近似。至關中地名卷與秦漢宮室陵廟名卷，此則可以窺見中國有史以來大一統新政府成立，其首都所在地之為況之一斑也。西北邊地名一卷，可以見中國秦、漢以下在西北邊境擴展之情形。蜀地名一卷，可見秦、漢以下西南境之擴展，而西南夷之在當時，則猶為化外，故亦分別為卷，猶如西北邊地名之與匈奴、西域分別為卷也。又如禹貢山水名上、中、下三卷，則專從夏本紀禹貢一篇摘出，因禹貢為戰國晚出書，不應混入夏地名同卷編列。又禹貢山水乃中國古代人對中國地理山水侖脊之大體認識，而所謂禹迹所被，亦即當時人所認為華夏文化霑被之大範圍也。中國學者治古代地理，莫不以禹貢一篇為專家之業，故亦獨立成篇，而姑次之於上古地名卷之後。若讀者誤認此卷多為夏、殷以前之古代地名，則非編纂者之本意也。

本書地名編排之次序，亦可約略見其時代之先後。如夏地名以前共六卷，除禹貢三卷外，大體皆屬上古地名。周、秦以下至燕，共十四卷，自西周下歷春秋，迄於戰國之末，皆可屬為中古地名。自關中地名以下至漢侯邑名共七卷，則多為秦、漢時代之新地名，在史記一書中，則可謂是當時之近古地名也。地名與史迹相配合，上古史迹闊略，故地區之得名者亦極稀疏，有方數百里之地，而無地名可舉者。地名未立，即人事未興之證。亦如歐洲人未至非、澳、南、北美之前，此四大洲皆若曠土，人事無歷史記載，即地域無名字區分也。下至中古，史迹漸繁漸密，地名亦逐有興起，尤以春秋、戰國時為甚。故本書所列中古地名亦特多。此蓋華夏文化當時發展之中心地區，亦即中國歷史向後縣延伸擴之基礎所在也。下至秦、漢時代，地名多沿襲中古之舊，除四圍邊區外，新地名之興起，轉較中古為遜。故本書所列近古地名亦轉為稀少也。然則即據地名一項，亦可推見古代史迹之由狹而廣，由略而詳，與其先之倏忽變動，以下漸至於日趨安定之一大概形勢。讀者誦此一書，亦可於中國古史自漢武天漢以前之種種變遷，獲得許多新啟悟。若徒認此書僅為編集地名以待臨時之稽查，此亦非本書編纂之主要用意所在也。

本書凡列一地名，必縷舉其見於史記各篇中之語句而一一附注於此地名之下。有上古有此地名，後遂湮滅不見者。有上古無此地名，於中古、近古始見者。亦有上古、中古有此地名，而向後乃因襲常見者。亦有本屬一地，而地名則先後有異者。上下數千年，自黄帝、堯、舜下迄漢武之世，每一地名之興滅變革，均可朗若列眉。此皆大有裨補於因地以覘史者之多方探索，而得恣其想像，闡發推説，以為治史者獲深一層啟悟之憑藉與方便。讀者其勿自限於僅求知其地名之沿革而已焉可也。

即如本書最先「中國」一名，即羅列此名之凡見於史記書中者共二十三條。就此二十三條之所舉，而「中國」一名之所指，其範圍有廣狹，其涵義有深淺，皆已因文備見。若讀者又因此而徧求之於六經、諸子先秦古籍凡及「中國」一名者而綜合詳究之，其所可闡發者必鉅。本書體例，專限於史記一書，此則貴於讀者之自為推求也。

本書又多同一地名而分條排列者，如禹貢山水名下卷「九江」一名，即分立兩條，前一條指水名，後一條為郡國都邑名，易辭言之，即專指地名也。禹貢成書，應在戰國之晚世，而九江之為郡國名，則在秦、漢時代，此地名因水名而起也。九江地名既晚出，其水名雖先起，亦不得甚早，其為禹迹之所未至者蓋可知。河渠書：「太史公南登廬山，觀禹疏九江」，則當時九江之水在近今贛、皖之境又可知。秦、漢九江之為郡邑為國都，皆在大江之北，則九江之水，本亦在大江之北又可知。備列史記諸篇「九江」一名之原文，則不煩旁求他證而九江之地望已可定。本書案語著文不多，然皆有本原及其論定之條理。即此一例，自可見也。

又如前文所論，每一山水地名，其先皆屬通名，逮後始成專名。九江之名，乃指其水脈分歧多出，「九」則甚言其多。故在鄂西漢水入江之上游，亦可有九江之名，不必限於在鄂、皖之交者，可以專有此九江一名也。惟在史記書中所舉之九江，則顯屬專指在鄂、皖之交大江以北者而言。本書亦不再涉及鄂西之亦有九江。後人有定禹貢九江在鄂西不在鄂東者，本書亦不復加以辨正。此乃著書體例所限，否則將茫無歸宿，亦為篇幅所不容也。

又禹貢雖為戰國時代之晚出書，而其山水地名則不必一一皆晚出。本書專就史記夏本紀特立禹貢山水名三卷，然遇此山水地名之散見於史記他篇者，亦連帶備列。如「梁山」一名，亦見於周本紀及晉世家。「首山」一名，又見於晉世家及伯夷傳。「孟津」一名，又見於周本紀及齊世家。「汶水」一名，又見仲尼弟子傳。凡此之例，不勝縷舉，是皆可見其地名之早出。此三卷中諸地名之孰早孰晚，本書雖未詳為論列，然讀者自可因本書之所舉而體會得之。

亦有同地異名，而列為一條說之者。如夏本紀有明都，司馬相如傳有孟諸，乃同一澤名。殷本紀有阢國，宋世家有阢，周本紀有耆國，乃同一國名。又如齊世家有沛邱，楚世家有涓丘，乃同一地名。如此之類，本書皆徑自歸併為一條，不再分列牽引互證。凡屬地名之異同分合，尤為本書深切用心之處，讀者所宜細玩也。

本書凡列一地名，除史記各篇涉及此地名之文句必備錄外，宋裴駰史記集解，唐司馬貞史記索隱，張守節史記正義，此三家注之涉及此地名者，亦必一一附注於各條之下。張守節正義後世傳鈔有遺奪，日本瀧川氏為史記會注考證，據彼邦舊本，增入數百處，本書亦采其注地名者一一增入。由此三家，上溯之於杜預、班固，可見前人釋地，自有條貫可以追尋。惟因中國地域之遼廓，史迹之悠長，操觚者憑其一人一時之精力，疏繆難免。雖以班氏之漢志，後人尋瑕摘疵，亦何止數十百處，更何論於三家之注？凡屬史記地名，有為三家所同得者，亦有為三家所同失者。又有一家、兩家得之，而其他一家、兩家失之者。此當精究史記原文，旁考百家載籍，斟情酌理，平心思索，則紛紜之中，自可發得其真是之所在。本書於三家注，決不意存輕蔑，亦非墨守盲從。取捨權衡，其事既艱，亦有盡棄舊注，獨標新義，則更不敢率爾出之。此皆有待於讀者之心領善體也。

三家注所最難整理之一端，則多在地名異同分合之處。既有異地而同名，復有同地而異名，三家注文有注於此則得，而移於彼則失者。亦有注於此為失，而移於彼則得者。姑舉岸門一地為例。魏世家：「哀王五年，走犀首岸門。」韓世家：「韓宣惠王十九年，秦大破韓岸門。」秦本紀：「惠文十一年，敗韓岸門。」蓋此年秦大破韓、魏之聯軍於岸門也。魏、韓兩世家裴駰集解並引徐廣云：「潁陰有岸亭。」張守節正義兩處皆有注云：「岸門在許州長社縣西北十八里，今名西武亭。」裴、張兩家注同指一地，皆得之。惟司馬貞索隱魏世家注引劉氏云：「河東皮氏縣有岸頭亭」，此實有失。然考之六國表：「秦孝公二十三年，與晉戰岸門。」秦本紀：「秦孝公二十四年，與晉戰雁門。」索隱：「紀年云：『與魏戰岸門』，此云『雁門』，恐聲誤也。」蓋同一事，而本紀誤後一年。此事當在古河東，今山西境。魏世家索隱引劉伯莊之說，若以移注此地，則實得之，惟以說魏世家惠文時事則非。正義注此岸門同於魏、韓兩世家，（惟「十八里」作「二十八里。」）則仍復有失。裴駰集解僅注魏、韓兩世家，不復於此有注，此亦未是。蓋戰國時，本有兩岸門，徐廣引潁陰之岸亭謂即戰國之岸門，是也。至張守節時，已無此岸亭，而僅有西武亭之名矣。劉伯莊引河東皮氏之岸頭亭謂即戰國之岸門，亦是也。建元以來侯者年表張次公為岸頭侯，索隱引晉灼說之為「河東皮氏縣之亭名」。此余所謂地名沿革，皆有痕迹可尋也。可知三家之說，均非嚮壁虛造。惟不知岸門實有兩地，秦孝公時與秦惠文時先後敗魏、韓於岸門，實應分屬兩地，而三家不加分別，此則失之。若非司馬貞引劉伯莊說以誤注魏世家，則後人將僅知有許昌一岸門，不知皮氏復有一岸門矣。此三家注之所以同為不可忽也。

試再舉一例。觀與觀澤、觀津本屬一地異名，其地屢見於六國表、田齊世家、魏世家、張儀傳、樂毅傳、春申君傳及平準書各篇，裴駰集解引徐廣曰：「屬東郡」，是也。此當在今山東觀城縣西。而張守節正義云：「括地志：『觀津城在冀州棗陽縣東南二十五里。』本趙邑，今屬魏」，此則在今河北武邑縣東南。蓋張氏不知此觀津與觀與觀澤乃一地異名而誤。然觀津實有異地同名者，則在今河北武邑縣境。史記穰侯傳、樂毅傳、外戚世家、魏其侯傳各篇皆是。如樂毅傳：「齊湣王西摧三晉於觀津」，此當在今之山東。又：「趙封樂毅於觀津」，此當在今之河北。裴駰魏世家集解只釋觀，未釋觀津。觀國之在山東者，杜預已及之。觀津縣之在河北者，又為班固地理志所明載，而司馬貞索隱引其說。今覈之史記各篇所述，會通之於「同地異名」與「異地同名」之兩例，則三家之注得失互見。

本書既定觀與觀津、觀澤為同地之異名而從徐廣、裴駰之説，又定觀津有同名而地在河北者，則從司馬貞、張守節之説。前後分列為兩條，前一條上承杜預，後一條上承班固，而將張守節正義誤注魏世家觀津之文移注穰侯傳、外戚世家與魏其侯傳；又分載樂毅傳中之兩觀津，一列前條，一列後條；一切糾紛，皆可解決。若備引後代各家考釋，有關此一地名之種種爭辯，而一一判其是非，則將文繁不勝，亦為本書體例所不取也。本書編排之用意，在求辭簡義豐，使讀者可以不煩旁牽他引而一目瞭然。然苟讀者不知本書此一編排之體例，則亦仍將模糊恍惚而不明其間曲折與細微之所在矣。故特發其義旨於此。讀者於每一地名之下，必先細誦所引史記各篇之原文，又分別推尋三家之注語，始知本書於每一地名下之案語，莫不有本有據，而特加以分別條理之功。視其外貌，若徒見鈔錄，不復有旁稽博考、駁議爭辨之迹，而實非可以輕易獲得此案語也。

又如樂毅傳：「趙封樂毅於觀津，號為望諸君。」本書定望諸乃澤名，附諸禹貢山水名中卷明都、孟諸條之後。又據水經注定望諸在河北之觀津，可為前舉觀津相證。而索隱注此條，云其地「在齊，蓋趙有之」，此非有確證也。故本書疑不之從。本書所列地名，多有分在異卷而可互相研尋闡發者，姑舉此例，其他不能縷述。讀者檢本書後附索引，自可恣意牽連，自為貫串也。

又如越世家：「商於、析、酈、宋胡之地」，此一語引見於夏殷地名商於條下，又見於楚地名析與酈兩條之下，又見於宋胡一條之下，一語凡四見，不憚重複。而楚地名同卷胡字條下引十二諸侯年表、楚世家、陳杞世家、老莊申韓傳各篇，因其與越世家之胡乃屬同名異地，故不再引越世家之文，蓋越世家與商於、析、酈並舉之胡在西楚，屬南陽；而十二諸侯年表、楚、陳世家、老莊申韓傳之胡在東楚，屬汝南。越世家裴駰集解引徐廣，云在汝陰，與楚世家張守節正義引括地志，云在偃城者同屬一地，此乃在東之胡，以之注十二諸侯年表及楚、陳世家、老莊申韓傳則得之，今以注越世家在西之胡則誤。故本書以越世家文列前一條，而裴駰集解之注越世家者，則移列後一條。讀者於此條，遂僅見有裴氏越世家之注，而不見有越世家之原文。此本與觀津之後一條同例。然觀津兩條前後緊相承接，讀者尚易悟見，而楚世家此條胡字，則與前宋胡一條，相隔有六十條之多。緣本書體例，凡列地名，皆從史記原文先後排列，讀者見此一條胡字，不易聯想及於六十條前之胡字，更不易聯想及於夏殷地名及楚地名中之商於、析、酈諸條。苟非先揭明本書編纂之體例，則誠將使讀者有迷惘失從大惑不解之苦。故不憚辭費，特為說明於此也。

本書亦有「參見某條」、「參讀某條」之例。然此例不宜濫用，否則頭緒紛繁，徒亂心目，而實無補於讀者之尋究。如前舉觀津條，不加注「參讀望諸條」。此條胡地名下，不加注「參見商於、析、酈、宋胡諸條」。然讀者見樂毅傳有「封樂毅於觀津，為望諸君」之語，自當參讀望諸與觀津兩條而合并求之。讀者見裴氏之越世家注，自當翻查越世家之原文。則本書體例雖力求簡淨，而血脈相通，光影交映之處，固已昭示讀者以自為尋究之線索矣。

亦有三家注全失之，並有為三家注所全未涉及者，本書不得不別為尋求。然亦有實難稽考，僅可付之闕如者。讀者隨文可見，不煩舉例。

自宋迄清，學者精治地理，代有名家。上自禹貢，下歷春秋、戰國，乃至班固漢志，其勒為專書者多矣。至其散見於文集、筆記者，則更屬夥頤。本書僅求義足，不取文備。參考所及，不復繁稱博引，更不願漫肆駁詰，以自顯己是。間有述及某家姓名及其著作名者，此則就行文之便，或著或否，未有定例可立也。

至在本書以前作者先成諸考，如黄帝地名、三苗疆域、周初地理、楚辭地名諸篇，以及其他各散篇所獲結論，亦皆扼要散入本書各地名之下。惟因創闢之見，道前人之所未道，非暢竭論之，殊不足以見其底藴與曲折，而本書體例，則不能詳引先成諸考之原文。俟後當再彙刊此諸篇，獨立成書，以與本書並行，便讀者之兼觀。①然本書中亦多有與先成諸考相關，而為先成諸考所未及者。觸類旁通，是在讀者。

本書體例，凡屬同一地名，其後見者皆依次駢列於先見同地名之下。如前舉「九江」一名，先見於夏本紀禹貢篇，其後見於陳涉世家、項羽本紀、黥布傳、淮南衡山傳、貨殖傳、河渠書者，皆依次駢列，以後即不分别再出是也。然惟漢侯邑名四卷為例外。如「下相」一名，已先見於梁宋地名卷，漢高祖功臣侯表「下相侯泠耳」一條亦附列，而於漢侯邑名第一卷中，「下相」一名又再出，是也。漢侯邑名四卷，共四百六十八邑，與他篇重複再出者八十九邑，比數占六分之一弱。獨第一卷最多，於

① 編者案：作者於一九八二年彙集上述諸篇及其他古地論文，編為古史地理論叢一書，今收入全集，讀者可參觀。

一百七十七邑名中，複出五十五邑，比數占三一強。第二卷八十三邑中，複出十五邑，比數占五一強。第三卷六十五邑中複出六邑，第四卷一百四十三邑中複出十三邑，所占比數皆甚少。本書所以於侯邑名不憚重複別出者，為便讀者可以會合而觀，分類而求，或可於漢初之侯邑分布中發現其時之社會背景以及經濟情況，或其他意義，亦不失為考史方法中一新途徑。又或取史、漢兩書之侯邑表合并研究，並可連類及於東漢以下。自來治史者，於歷代封邑，除考其地名所在以外，尚少注意及於其他牽連之事項，或其背後蘊藏之意義，此乃本書所以於侯邑名四卷中，不憚重複別出，以求保存當時侯邑分布之全貌一項微意所在也。要之，本書用意亦在為治史者開出許多門徑與其方便，固不僅為每一地名之易檢易查，亦不專限於本序文之所陳，此則貴於讀者對此書之善為運用也。

一九四九年，大陸變色，余隻身流亡來香港。此書在大陸，早已排版，原稿亦留在排版之書肆，余倉促間不能携帶其已排之清樣，又不克索取原稿。到港後久不見出版，乃幾度轉輾向大陸乞取，而杳無回音。最近港某書肆乃將此排版付印，而又滅去作者之姓名，改為由「某書肆編纂」。不知此書非眾手可成，竊自比於古人所謂一家之言，案語中多有余一人之獨見。抑且本書之編排，亦有其獨特之用心。苟不加以說明，讀者得此書，而不明其編纂之體例，仍將多費推求，而不獲善為援用，此尤為余之所深憾也。

學者處亂世，能有著作已不易，其著作之能獲保存流傳亦甚難。抑且作者之姓名，亦可為人滅去。而余之此書，幸能流傳於海外，當世以及後代博雅君子，果曾寓目及於余之先成諸考者，當仍能揣測其書作者之究為何人，可不煩余之覼縷。而余之終能親見此書之流傳，又能於事隔二十六年之後，重為此書增足其前所未成之序例，此固余一人之私幸。讀者觀於此書首尾二十六年間之經過，顯晦無常，存亡莫保，抑亦可為亂世學者種種艱難曲折攝下此一角之小影。而凡所遭遇，其艱難曲折，當尚有遠出於此之上者，亦不止余一人為然。讀此書者，亦必與余有同感也。

又此稿成後，余去成都凡六年，其間曾就記憶所及，於本書改定數十處，勝利回滬後，付某書肆挖改重排。而當時未留副本，時久遺忘。今不知此本固已照余成都時所改改定否？書成倉促，恐多疏繆，惟待博雅君子為余續定。亂世著述，事難盡善，讀者其諒之。

本書後附地名總目一卷、地名索引一卷，乃此次重印由孫君鼎宸所代編。王君恢亦為余製索引一卷。因孫君兩卷先成，今用孫君原稿，而謹向兩君特著感謝之意於此。

一九六六年四月本書作者錢穆識於九龍沙田和風台寓廬

卷一　中國與四裔

中國

①辰星仲春春分，夕出郊奎、婁、胃東五舍，為齊；仲夏夏至，夕出郊東井、輿鬼、柳東七舍，為楚；仲秋秋分，夕出郊角、亢、氐、房東四舍，為漢；仲冬冬至，晨出郊東方，與尾、箕、斗、牽牛俱西，為中國。

②及秦幷吞三晉、燕、代，自河山以南者中國。（正義：「河，黃河。山，華山。從華山及黃河以南為中國也。」）

③中國於四海内則在東南，為陽；其西北則胡、貉、月氏諸衣旃裘引弓之民，為陰。

④秦以兵滅六王，幷中國。

⑤中國山川東北流，其維，首在隴、蜀，尾沒於勃、碣。（天官書）

⑥中國之虞與荆蠻句吳兄弟也。

⑦其一虞，在中國；其一吴，在夷蠻。（吴世家）
⑧秦穆公辟遠，不與中國會盟。楚成王夷狄自置。獨齊為中國會盟。（齊世家）
⑨熊渠曰：「我蠻夷也，不與中國之號謚。」
⑩武王曰：「我蠻夷也，欲以觀中國之政。」
⑪鎮爾南方夷越之亂，無侵中國。（楚世家）
⑫上取江陵木以為船，一船之載當中國數十兩車。（淮南傳）
⑬中國無事，秦得燒掇焚杅君之國。（張儀傳）
⑭中國之路絶，上蔡之郡壞。（楚世家）
⑮韓、魏，中國之處而天下之樞也，欲霸，必親中國以為天下樞。（范雎傳）
⑯居於涇、渭之間，侵暴中國。
⑰匈奴得寬，復稍度河南與中國界於故塞。（匈奴傳）
⑱番禺負山險，阻南海，東西數千里，頗有中國人相輔。（南越傳）
⑲中國之人以億計，地方萬里，居天下之膏腴。
⑳吾不起中國，故王此。使我居中國，何渠不若漢？（陸賈傳）
㉑東甌請舉國徙中國，乃來處江、淮間。（東越傳）
㉒先列中國名山大川，因而推之，及海外。

㉓儒者所謂中國，於天下乃八十一分居其一分耳。（孟荀傳）

赤縣神州　九州

中國名曰赤縣神州。赤縣神州內自有九州，禹之序九州是也。中國外如赤縣神州者九，乃所謂九州。（孟荀傳）

裨海　大瀛海

中國外如赤縣神州者九，乃所謂九州。於是有裨海環之。如此者九，乃有大瀛海環其外，天地之際焉。（孟荀傳）

冀州

①禹行自冀州始。（夏本紀）

②昴、畢，冀州。（天官書）

【集解】孔安國曰：「冀州，堯所都也。」鄭玄曰：「兩河間曰冀州。」

【正義】黃河自勝州東，直南至華陰，即東至懷州南，又東北至平州碣石山入海也。東河之西，南河之東，南河之北，皆冀州也。（夏本紀）

〔案〕黄帝殺蚩尤於中冀之野，此冀州之名所本。

雍州

①黑水、西河惟雍州。（夏本紀）

②東井、輿鬼，雍州。（天官書）

③自古以雍州積高，神明之隩，故立畤郊上帝，諸神祠皆聚云。（封禪書）

④秦孝公據殽、函之固，擁雍州之地。（秦始皇本紀、陳涉世家。）

【集解】孔安國曰：「西距黑水，東據河。龍門之河在冀州西。」（夏本紀）

〔案〕雍州得名，蓋本於秦之雍都，此亦禹貢「九州」之名晚起之一證。

幽州

尾、箕，幽州。（天官書）

幽陵

①顓頊北至幽陵。

②舜流共工於幽陵。（五帝本紀）

【集解】馬融曰：「幽陵，北裔也。」

【正義】尚書及大戴禮皆作「幽州」。括地志云：「故龔城在檀州燕樂縣界。故老傳云舜流共工幽州，居此城。」

幽都

①堯命和叔居北方，曰幽都。（五帝本紀）

②絕道不周，會食幽都。（司馬相如傳）

【索隱】案：山海經曰：「北海之內有山名幽都。」（五帝本紀）

〔案〕幽陵、幽都皆言其在北，未必確有其地。幽州之名，亦取義於此。

幷州

營室至東壁，幷州。（天官書）

益州

①觜觿、參，益州。（天官書）

②滇王離難西南夷，舉國降，以為益州郡。（西南夷傳）

③置益州、越巂、牂牁、沈黎、汶山郡，欲地接以前通大夏。（大宛傳）

【正義】括地志云：「漢武帝置十三州，改梁州為益州廣漢。廣漢，今益州咎縣是也。分今河内、上黨、雲中。」然按星經，益州，魏地，畢、觜、參之分，今河内、上黨、雲中是。未詳也。（天官書）

〔案〕漢益州郡治滇池，皆經營西南夷新闢地，故莽曰就新，非禹貢梁州所及。後人誤謂改梁為益，又說華陽、黑水皆遠包雲南邊外，則漢置益州之說，又將何解？

青州

①海、岱維青州。（夏本紀）

②虚、危，青州。（天官書）

【集解】鄭玄曰：「東自海，西至岱。」

【正義】案：舜分青州為營州、遼西及遼東。（夏本紀）

〔案〕禹貢青州合登、萊、濟南地，蓋當齊之分野。秦滅諸侯為齊郡地，猶未分；漢始分。周禮職方：「正東曰青州。」則并徐言之。

青丘

秋田乎青丘。（司馬相如傳）

【正義】服虔云：「青丘國在海東三百里。」郭云：「青丘，山名。上有田，亦有國，出九尾狐，在海外。」

〔案〕東方色青，青州、青丘，取義一也。

蟠木

顓頊東至蟠木。（五帝本紀）

【集解】駰案：海外經曰：「東海中有山焉，名曰度索。上有大桃樹，屈蟠三千里。」

〔案〕東方常青，故有蟠木，不必為桃。

東原

東原底平。（夏本紀）

【集解】鄭玄曰：「東原，地名。今東平郡即東原。」

【正義】廣平曰原。徐州在東，故曰東原。

〔案〕正義說是。

豫州

①荆、河惟豫州。（夏本紀）

②房、心，豫州。（天官書）

【集解】孔安國曰：「西南至荆山，北距河水。」（夏本紀）

沇州

①濟、河維沇州。（夏本紀）

②角、亢、氐，兖州。（天官書）

【集解】鄭玄曰：「言沇州之界在此兩水（濟、河。）之間。」（夏本紀）

中州

①衡，殷中州河、濟之間。

②丙、丁，江、淮、海岱也。戊、己，中州河、濟也。庚、辛，華山以西。壬、癸，恆山以北。（天官書）

梁州

華陽、黑水惟梁州。（夏本紀）

【集解】孔安國曰：「東據華山之南，西距黑水。」

〔案〕秦人棧道千里，通於蜀漢，梁州之名，蓋本橋梁，司馬相如「梁孫原」是也。則雍、梁州之名，皆戰國秦人語。

揚州

①淮、海維揚州。（夏本紀）

②大江之南，五湖之間，其人輕心。揚州保疆，三代要服，不及以政。（三王世家）

③斗，江、湖。牽牛、婺女，揚州。（天官書）

【集解】孔安國曰：「北據淮，南距海。」（夏本紀）

〔案〕利病書卷二十八引范守己揚譚：「古揚州兼吳、越言。秦幷天下，置九江、會稽二郡。漢武帝分置十三州，復為揚州，領會稽、丹陽、豫章三郡。後漢揚州領九江、丹陽、盧江、會稽、吳郡、豫章六郡；廣陵、江都諸縣不在其內。漢武分置徐州，領琅邪、東海、臨淮三郡，楚國、廣陵、泗水、六安四國。後漢徐州領東海、琅邪、彭城、廣陵、下邳五郡；廣陵、江都諸縣，俱在部內。則今之揚州，乃徐州故地。古揚州先在歷陽，今和州；後治曲阿，今丹陽；最後治建康，又治會稽，尤與江都無涉。」今考揚州之名，殆本揚越。

北戶　北嚮戶

①秦地南至北嚮戶。②南盡北戶。（秦始皇本紀）

【集解】駰案：吳都賦曰：「開北戶以向日。」劉逵曰：「日南之北戶，猶日北之南戶也。」

北發

舜南撫交阯、北發，西戎、析枝、渠廋、氐、羌。（五帝本紀）

【索隱】北發當云「北戶」，南方有地名北戶。又按漢書，北發是北方國名，今以北發為南方之國，誤也。

〔案〕錢大昕云：「大戴少閒篇『海外肅慎、北發、渠搜、氐、羌來服』之文凡四見，而『南撫交趾』僅一見，其文又不相屬，則非以南、北對舉。漢書公孫弘傳武帝制詞有『北發渠搜，南撫交阯』語，始誤。渠搜，西域國，以為北方，亦未通。」今按：此云「南撫交阯、北發」，則如索隱說。

玄闕

遺屯騎於玄闕。（司馬相如傳）

【集解】漢書音義曰：「玄闕，北極之山。」

夷

鎮爾南方夷越之亂，無侵中國。（楚世家）

九夷

南取漢中，包九夷，制鄢、郢。（李斯傳）

【索隱】九夷即屬楚之夷也。

【正義】夷謂并巴、蜀，收上郡，取漢中，伐義渠、丹犁是也。九夷本東夷九種，此言者，文體然也。

東夷

紂為黎山之會，東夷叛之。（楚世家）

九夷

昔武王克商，通道九夷、百蠻，使各以其方賄來貢。（孔子世家）

【集解】王肅曰：「九夷，東方夷有九種也。」

北夷

①北夷方七百里。（蘇秦傳）

②匈奴新服北夷，來為邊害。（田叔傳）

【索隱】謂山戎、北狄附齊者。（蘇秦傳）

和夷

和夷底績。（夏本紀）

【集解】馬融曰：「和夷，地名也。」

〔案〕水經注：「沔水東過山都縣東北。沔北有和城，即郡國志所謂武當縣之和城聚，山都縣舊嘗治此。」考山都故城，今襄陽縣西北；武當故城，今均縣北。禹貢和夷當在今武當山境。

蠻

燕北迫蠻貉。（燕世家）

蠻

①封熊繹於楚蠻。

②熊渠三子皆在江上楚蠻之地。

③楚曰：「吾蠻夷也。」（楚世家）

百蠻

昔武王克商，通道九夷、百蠻，使各以其方賄來貢。（孔子世家）

犬戎　犬夷

①西伯伐犬戎。（周本紀）

②文王伐崇、密須、犬夷，大作豐邑。（齊世家）

③西伯昌伐畎夷氏。（匈奴傳）

④穆王將征犬戎。

⑤申侯與繒、西夷、犬戎攻幽王。（周本紀）

【集解】徐廣曰：「一作『畎』。」（周本紀）

【索隱】韋昭云：「畎夷，春秋以為犬戎。」小顏云：「即昆夷也。」（匈奴傳）

【正義】山海經云：「黃帝生苗龍，苗龍生融吾，融吾生幷明，幷明生白犬。白犬有二，是為犬戎。」說文云：「赤狄本犬種」，故字從犬。又後漢書云：「犬戎，槃瓠之後也」，今長沙武陵之郡大半是也。又毛詩疏云「犬戎昆夷」是也。（周本紀）

〔案〕犬戎先與有崇、密須相連為辭，後與申、繒並結為伍，其踞地可推，不當以長沙武陵說之。

緄戎

自隴以西有緜諸、緄戎、翟豲之戎。（匈奴傳）

【正義】緄，音昆。字當作「混」。顏師古云：「混夷也。」韋昭云：「春秋以為犬戎。」

戎　西戎

①公劉發迹於西戎。（司馬相如傳）

②戎王使由余於秦。由余，能晉言。秦用由余謀伐戎王，益國十二，開地千里，遂霸西戎。（秦本

紀）

③繆公西取由余於戎，幷國二十，遂霸西戎。（李斯傳）

④穆公得由余，西戎八國服於秦。（匈奴傳）

⑤惠文王五，北遊戎地，至河上。始皇三十三，西北取戎為三十四縣。（六國表）

姜氏之戎

宣王戰於千畝，敗績於姜氏之戎。（周本紀）

【集解】韋昭曰：「西夷別種，四嶽之後也。」

〔案〕此戎應在河東，今山西西南境，所謂「公劉發迹西戎」者，不必定指涇、渭之上流也。

析枝

①西戎、析枝、渠廋、氐、羌。（五帝本紀）

②織皮昆侖、析支、渠搜、西戎即序。（夏本記）

【索隱】鄭玄曰：「山名，在西戎。」王肅曰：「析支在河關西。」（夏本紀）大戴禮云：「鮮支、渠搜」，則鮮支當此析枝也。「鮮」、「析」音相近。（五帝本紀）

〔案〕司馬彪曰：「西羌自析支以西，濱於河首左右居，河水屈而東北流，逕於析支之地，是為河曲羌。」蓋在今甘肅臨洮以西，至臨夏境。

渠廋　渠搜

①西戎、析枝、渠廋、氐、羌。（五帝本紀）

②織皮昆侖、析支、渠搜、西戎即序。（夏本紀）

【索隱】鄭玄以為渠搜，山名，在西戎。地理志朔方有渠搜縣。（夏本紀）

〔案〕禹貢渠搜與漢渠搜不同，當在今陝、甘境。

羌

①西戎、析枝、渠廋、氐、羌。（五帝本紀）

②庸、蜀、羌、髳、微、纑、彭、濮人。（周本紀）

③秦地西至臨洮、羌中。（秦始皇本紀）

④南越反，西羌侵邊，發三河以西騎擊西羌。（平準書）

⑤漢誅羌，滅南越，番禺以西至蜀南者置初郡十七。（平準書）

⑥降羌僰。（主父偃傳）

⑦羌僰入獻。（淮南傳）

⑧匈奴右方王將居西方，直上郡以西，接月氏、氐、羌。漢西置酒泉郡以隔絕胡與羌通之路。（匈奴傳）

⑨還，並南山，欲從羌中歸。

⑩匈奴右方居鹽澤以東，至隴西長城，南接羌，鬲漢道。

⑪月氏餘衆保南山羌，號小月氏。（大宛傳）

【集解】孔安國曰：「羌在西蜀叟。」（周本紀。按：書疏：「叟，蜀夷別名。後漢書興平元年劉焉遣叟兵五千人助馬騰、劉範。」）

【索隱】說文云：「羌，西方牧羊人。」續漢書云：「羌，三苗姜姓之別，舜徙于三危，今河關之西南羌是也。」（匈奴傳）

【正義】隴右岷、洮、叢等州以西，羌也。（周本紀）括地志云：「羌中，從臨洮西南芳州扶松府以西，並古諸羌地也。」（秦始皇本紀）

〔案〕秦始皇本紀：「十八年，端和將河內，羌瘣伐趙。十九年，王翦、羌瘣盡定趙地。」戰國末羌尚有居河內者，武王所會，不必遠在岷、洮。

西羌

禹興於西羌。（六國表）

【集解】皇甫謐曰：「孟子稱禹生石紐，西夷人也。傳曰『禹生自西羌』是也。」

【正義】禹生於茂州汶川縣，本冉駹國，皆西羌。

西王母

①周繆王使造父御，西巡狩，見西王母。（趙世家）

②長老傳聞條枝有弱水、西王母，而未嘗見。（大宛傳）

【索隱】譙周云：「余嘗聞之，代俗以東西陰陽所出入，宗其神，謂之王父母。或曰地名，在西域，有何據乎？」（趙世家）

山戎

①舜北（？）山戎。（五帝本紀）

②唐虞以上有山戎。（匈奴傳）

③齊釐二十五，山戎伐齊。（十二諸侯年表）

④山戎越燕伐齊，齊釐公與戰於齊郊。（匈奴傳）

⑤齊桓二十三，伐山戎，為燕也。（十二諸侯年表）

⑥山戎伐燕，齊桓公救燕，北伐山戎，過孤竹。（封禪書，又齊世家、燕世家。）

北戎

【集解】服虔曰：「山戎，北狄，蓋今鮮卑也。」何休曰：「山戎者，戎中之別名也。」（齊世家）

【索隱】服虔云：「蓋今鮮卑是也。」（封禪書）

【正義】左傳莊三十年：「齊人伐山戎」，杜預云：「山戎、北戎、無終三名也。」括地志云：「幽州漁陽縣，本北戎無終子國。」（匈奴傳）

〔案〕燕為南燕。山戎越燕伐齊，應在今晉、豫交界太行山中。此即唐虞以來所謂山戎也。

①齊釐二十五，北戎伐齊。（齊世家）

②鄭莊三十八，北戎伐齊，鄭救齊。（鄭世家）

〔案〕此北戎即山戎也。

山戎

燕北有東胡、山戎。（匈奴傳）

〔案〕此山戎乃始在今河北省東北境，與後世烏桓、鮮卑相當。

息慎

①舜北山戎、發、息慎。（五帝本紀）

②成王既伐東夷，息慎來賀。（周本紀）

【集解】鄭玄曰：「息慎，或謂之肅慎，東北夷。」（五帝本紀）

〔案〕左傳：「肅慎、燕、亳，吾北土也。」其時所指肅慎尚在今河北省境，與南燕、殷亳相去不遠。

肅慎

①有隼集於陳廷，仲尼曰：「此肅慎之矢也。」（孔子世家）

②邪與肅慎為隣。（司馬相如傳）

【正義】肅慎國記云：「肅慎，其地在夫餘國東北，可六十日行。」（孔子世家）括地志云：「靺鞨國，古肅慎也，亦曰挹婁，在京東北八千四百里，南去扶餘千五百里，東及北各抵大海。（司馬相如傳）其國南有白山，鳥獸草木皆白。」（夏本紀）

離枝

齊桓公北伐山戎、離枝、孤竹。（齊世家）

【集解】駰案：地理志云：「令支縣有孤竹城」，疑離枝即令支也，「令」、「離」聲相近。

【索隱】離枝，古國名。秦以離支為縣，地理志遼西令支縣有孤竹城。〔案〕漢遼西郡令支，今河北遷安縣西。然桓公伐山戎救燕，乃南燕；築五鹿、中牟、鄴諸城，以衛諸夏；皆近在今河南境。其自誇齊履所至，北曰無棣，疑當時齊師未嘗至此孤竹令支，殆出戰國後傳說也。

孤竹

①伯夷、叔齊在孤竹。（周本紀）
②伯夷、叔齊，孤竹君之二子。（伯夷傳）
③齊桓公伐山戎，次於孤竹。（秦本紀）
④桓公北伐山戎，過孤竹。（封禪書，又齊世家。）
⑤北伐山戎、離枝、孤竹。（齊世家）
【集解】應劭曰：「在遼西令支。」（周本紀）
【索隱】地理志云：「遼西令支縣有孤竹城。」應劭曰：「蓋伯夷之國，君姓墨胎氏。」（伯夷傳）爾雅曰：「孤竹、北戶、西王母、日下謂之四荒。」（齊世家）
【正義】括地志云：「孤竹故城在平州盧龍縣南十二里，（封禪書注引作「一十里」。）殷時諸侯孤竹國，姓墨氏。」（周本紀）

〔案〕水經注：「肥如城西十里，有濡水，南流逕孤竹城西，右合玄水。玄水自肥如來，西南逕孤竹城北，西入濡水。」孤竹城，今河北盧龍縣南。又有孤竹山，在縣西，殆出附會。謂齊桓伐山戎過此，亦不可信；說詳「離支」條。又殷後分封，有目夷氏，或即墨胎氏。其國疑在大河北岸，齊伐山戎至太行所經。

戎翟

①幽王為太室之盟，戎翟叛之。（楚世家）
②叔帶與戎翟謀伐襄王。（周本紀、齊世家。）
③襄王降翟師以伐鄭。
④惠后開翟人入周，襄王出奔鄭。（周本紀、鄭世家。）
⑤齊使管仲平戎於周。
⑥桓公四十二，戎伐周。（齊世家）
〔案〕此戎翟在河南。

陸渾

①戎狄或居於陸渾。（匈奴傳）

②楚莊王伐陸渾之戎。（周本紀）

③楚莊八，伐陸渾至雒。（十二諸侯年表、楚世家。）

【集解】服虔曰：「陸渾戎在洛西南。」（楚世家）徐廣曰：「一為『陸邑』。」（匈奴傳）駰案：地理志，陸渾縣屬弘農郡。（周本紀）

【索隱】春秋左氏：「秦、晉遷陸渾之戎於伊川。」杜預以為「允姓之戎居陸，在秦、晉間，二國誘而徙之伊川，遂從戎號，今陸渾縣」是也。（匈奴傳）

【正義】杜預云：「允姓（楚世家注引作「尹姓」。）之戎居陸渾，在秦西北，秦、晉誘徙伊川，今洛州陸渾縣。」後漢書云：「陸渾戎自瓜州遷於伊川。」括地志云：「故麻城謂之蠻中，在汝州梁縣界。左傳：『單浮餘圍蠻氏』，杜預云：『城在河南新城東南，伊洛之戎陸渾蠻氏城也。俗以「麻」、「蠻」聲近故耳。』」新城，今伊闕縣是。（周本紀）

〔案〕陸渾故城，今嵩縣東北。蠻城，今臨汝縣西南。左成六陸渾蠻氏從晉侵宋，是蠻氏即陸渾之戎之證。昭十六楚殺戎蠻子嘉，遂取蠻氏。翌年，晉荀吴滅陸渾，其酋奔楚。自後晉城汝濱而守之；晉、楚劃汝為界。蓋此蠻在嵩山山脈中，西北至伊水，東南至汝源，皆其居，其地與陸渾相接。漢志：「河南郡新成，惠帝四年置。蠻中，故戎蠻子國。」後漢志：「新城，有鄤聚，古鄤氏，今名蠻中。」水經汝水注：「俗稱麻解城。」

陸

陸賈，楚人。（陸賈傳）

【索隱】案：陳留風俗傳云：「陸氏，春秋時陸渾國之後。奔楚，賈其後。」又陸氏譜云：「齊宣公友子達食采於陸鄉，號陸侯。」

狄

①衛懿九，翟伐衛，齊桓伐翟。（衛世家）

②桓公二十八，衛文公有狄亂，告急於齊。

③齊昭公六，翟侵齊。

④靈公，戎姬嬖。（齊世家）

〔案〕此河北之狄。

防風氏

①禹致群神於會稽山，防風氏後至，禹殺之，其節專車。

②客曰：「防風何守？」仲尼曰：「汪罔氏之君守封禺之山。」（孔子世家）

〔案〕左昭五：「莒牟夷以牟婁及防、茲來奔。」杜注：「平昌縣西南有防亭，姑幕縣東北有茲亭。」皆在今諸城縣西北安丘縣西南境。

封禺

①汪罔氏之君守封禺之山。（孔子世家）

②既守封禺，奉禹之祀。

③甌人葆守封禺。（自序）

【集解】韋昭曰：「封，封山；禺，禺山：在吳郡永安縣。」駰案：晉太康元年改永安為武康縣，今屬吳興郡。（孔子世家）

【索隱】封禺之山，今在武康縣也。（自序）

〔案〕禺山，今浙江武康縣東南三十里，然此特後人謂會稽在浙江而附會說之，未足信據。今考左定四：「祝佗曰：『武王分魯公以封父之繁弱。』」漢置封丘縣，其在春秋為長丘，又稱延鄉。郡國志注劉昭曰：「封丘有狄溝，敗狄於長丘」，是也。陳留風俗傳：「高祖厄於延鄉，有翟母免其難，故以延鄉為封丘封翟母。」封丘之名，本於封父，風俗傳之說，殊不可信。然延鄉有翟，斯亦一證。（互詳「衍」字條。）蓋「封父」、「封禺」音轉字譌，亦稱長丘，又號延鄉，皆以長翟得名；狄溝之名，更為確據。又封邱縣東北十八里有淳于岡，湮於河。古淳于國在今山東安邱縣東北三十里，古防亭亦同在安邱境，疑防風氏本在今山東安丘、諸城海濱之地，其守封禺則在河南省大河北岸。其族善用弓矢以資獵，所謂「封父繁弱」，猶之肅慎之楛矢矣。

釐姓

汪罔氏之君守封禺之山，為釐姓。（孔子世家）

【索隱】釐，音僖。家語云「姓漆」，蓋誤。系本無漆姓。

〔案〕水經注：「濟水又東南逕釐城東。春秋經書：『公會鄭伯於時來。』左傳所謂『釐』也。京相璠曰：『今滎陽縣東四十里，有故釐城。』」今河南舊滎澤縣東，與封丘相近。

汪罔

汪罔氏之君守封禺之山，為釐姓。在虞、夏、商為汪罔，於周為長翟。（孔子世家）

長翟　鄋瞞

①於周為長翟，今謂之大人。（孔子世家）

②惠公二，長翟來。（齊世家）

③文公十一，敗翟於鹹，獲長翟喬如。初，宋武公敗翟長丘，獲長翟緣斯。晉滅潞，獲喬如弟棼

如。齊惠公二，鄋瞞伐齊，齊獲其弟榮如。衛人獲其季弟簡如。鄋瞞遂亡。（魯世家）

④昭公四，宋敗長翟緣斯於長丘。（宋世家）

【集解】服虔曰：「鄋瞞，長翟國名。」（魯世家）駰案：魯世家云宋武公之世，獲緣斯。宋世家云昭公，未詳。

【索隱】蓋此「昭」當為「武」。（宋世家）

〔案〕宋武公為昭公九世祖。宋昭四當魯文十一，乃獲喬如之歲；獲緣斯者當為宋武公，魯世家所載近是。

狄

①田儋，狄人。

②周市徇地至狄。（陳涉世家、田儋傳。）

【集解】徐廣曰：「今樂安臨濟縣。」

【正義】淄州高苑縣西北北狄故縣城。（田儋傳）

〔案〕今高苑縣西北。戰國策：「田單攻狄，五月不下」，是也。或曰即長狄所居。

翟

①蒲邊秦，屈邊翟。

②重耳奔翟。

③晉北邊翟。

④重耳奔狄。狄，其母國也。

⑤厲公初立，秦與翟謀伐晉。

⑥悼公使魏絳和戎，戎大親附。悼公曰：「自吾用魏絳和戎、翟。」（晉世家）

⑦魏武九，翟敗魏於澮。（六國表、魏世家。）

⑧夢帝屬我一翟犬。

⑨主君之子將克二國於翟，皆子姓也。

⑩翟犬者，代之先也。（魏世家）

⑪簡、襄主之烈，計胡、翟之利。

⑫吾欲繼襄主之跡，開於胡、翟之鄉。（趙世家）

〔案〕此翟大部在山西境。

白翟

①晉文公攘戎翟，居於河內圁、洛之間，號曰赤翟、白翟。（匈奴傳）

②西賈秦、翟。（貨殖傳）

③秦與戎翟同俗。（魏世家）

【索隱】按：左傳云：「晉師敗翟於箕，郤缺獲白翟子。」杜氏以為「白翟之別種，故西河郡有白部胡」。又國語云：「桓公西征，攘白翟之地，遂至于西河。」

【正義】括地志云：「延、銀、綏三州，白翟地。」（匈奴傳）又：翟、隰、石等州部落稽也。（貨殖傳）

〔案〕此翟大部在今陝西。

赤翟

晉文公攘戎翟，居於河內圁、洛之間，號曰赤翟、白翟。（匈奴傳）

【索隱】案：左傳云：「晉師滅赤狄潞氏。」杜氏以「潞，赤翟之別種也，今上黨潞縣」。又春秋地名云：「今曰赤涉胡。」

【正義】括地志云：「潞州，本赤狄地。」按：文言「圁、洛之間號赤狄」，未詳。

〔案〕史文蓋指赤翟居河內，白翟在圁、洛間。

僬僥

僬僥氏三尺。（孔子世家）

【集解】韋昭曰：「僬僥，西南蠻之別名也。」案：括地志：「在大秦國北也。」

長夷

舜東（？）長（夷）、鳥夷。（五帝本紀）

【索隱】「長」下少一「夷」字，長夷也。

鳥夷

①舜東（？）長（夷）、鳥夷。（五帝本紀）

②鳥夷皮服。（夏本紀）

【集解】鄭玄曰：「鳥夷，東北之民摶食鳥獸者。」（夏本紀）

【正義】注「鳥」或作「島」。括地志云：「百濟國西南海中有大島十五所，皆置邑，有人居，屬百濟。又倭國西南大海中島居凡百餘小國，在京南萬三千五百里。」按：武后改倭國為日本國。（五帝本紀）

〔案〕「鳥夷」後譌為「島夷」，正義本之為說。

郁夷　嵎夷

①堯命羲仲居郁夷。（五帝本紀）

②嵎夷既略。（夏本紀）

【集解】駰案：「郁夷」，尚書作「嵎夷」。孔安國曰：「東表之地稱嵎夷。」

【索隱】郁夷亦地之別名也。（五帝本紀）「嵎夷」，今文尚書及帝命驗並作「禺銕」，在遼西。「銕」，古「夷」字也。（夏本紀）

【正義】禹貢青州云：「嵎夷既略。」按：嵎夷，青州也。（五帝本紀）

〔案〕顏師古曰：「嵎夷，地名，即暘谷所在。」

暘谷

堯命羲仲居郁夷，曰暘谷。（五帝本紀）

【集解】孔安國曰：「日出於暘谷。」

【索隱】史記舊本作「湯谷」，今並依尚書字。案：淮南子曰：「日出湯谷，浴於咸池」，則湯谷亦有他證。

【正義】日所出處，名曰陽明之谷。

〔案〕宋書州郡志：「丹徒縣本古朱方，後名暘谷，秦改曰丹徒。」是朱方亦日出處也。古代地名多有隨地理智識之展擴而推遷愈遠者，於是古人所謂暘谷，後世遂至無可指實。

湯谷

右以湯谷為界。（司馬相如傳）

【正義】海外經云：「湯谷在黑齒北，上有扶桑木，水中十日所浴。」張揖云：「日所出也。」許愼云：「熱如湯。」

西土

堯命和仲居西土。（五帝本紀）

【集解】徐廣曰：「一無『土』字。以為西者，今天水之西縣也。」駰案：鄭玄曰：「西者，隴西之西，今人謂之兑山。」

〔案〕史文混稱「西土」，而注説者必確指為天水西縣，大誤。

西方

鄭桓公曰：「吾欲居西方，何如？」（鄭世家）

【索隱】國語曰：「公曰：『謝西之九州何如？』」韋昭曰：「謝，申伯之國。謝西有九州。二千五百家為州。」其説蓋異此。

〔案〕此即目謝西九州為西方。

昧谷

堯命和仲居西土，曰昧谷。（五帝本紀）

【集解】徐廣曰：「一作『柳谷』。」駰案：孔安國曰：「日入于谷而天下冥，故曰昧谷。」

流沙

①顓頊西至流沙。（五帝本紀）

②弱水至於合黎，餘波入於流沙。（夏本紀）

③始皇琅邪刻石：「皇帝之土，西涉流沙。」（秦始皇本紀）

④涉流沙兮四夷服。（樂書）

【集解】鄭玄曰：「地理志流沙在張掖居延縣西北，名居延澤。地記曰：『弱水西流入合黎山腹，餘波入于流沙。』」馬融、王肅皆云合黎、流沙是地名。

【索隱】地理志：「張掖居延縣西北有居延澤，古文以為流沙。」廣志：「流沙在玉門關外，有居延澤、居延城。」又山海經云：「流沙出鍾山，西南行昆侖墟入海。」按：是地兼有水，故一云地名，一云水名，馬、鄭不同，抑有由也。（夏本紀）

【正義】括地志云：「居延海南，甘州張掖縣東北千六十四里是。」（五帝本紀）

〔案〕居延海在今寧夏額濟納舊土爾扈特旗北境，分東西二泊：東曰索果諾爾，西曰嘎順諾爾；為張掖河所匯。張掖河即古弱水也。漢書、水經注皆謂流沙即居延。顏師古云：「流沙在敦煌西八十里。」郭義恭廣志：「流沙在玉門關外，南北二十里，東西數百里。」晉書：「張駿使楊宣越流沙，伐龜茲、鄯善。」魏書：「太平眞君三年，沮渠無諱度流沙，據鄯善。」與漢志異。然最先所謂流沙，殆係關涉西方之傳説，未必確有所指。

流沙

桓公西伐大夏，涉流沙。（封禪書，又齊世家。）

〔案〕此流沙在今山西境。今平陸縣東二十里傅巖前有沙澗水，或是也。

不周

絕道不周。（司馬相如傳）

【集解】駰案：漢書音義曰：「不周山在崑崙東南。」

〔案〕楚辭：「路不周以左轉，指西海以為期。」淮南天文訓：「昔共工與顓頊爭為帝，怒而觸不周之山。」山海經：「大荒之隅，有山而不合，名曰不周。」蓋既謂有不合之山，又謂共工觸之使不合也；此皆神話，無可證實。

交趾　南交

①顓頊南至交阯。

②舜南撫交阯。

③堯命羲叔居南交。（五帝本紀）

【索隱】南方地有名交趾者。

【正義】交州也。

〔案〕漢交趾郡治羸𨻻，今安南東京州西。後漢交州刺史治龍編，今安南河內省。

椒丘

出乎椒丘之闕。（司馬相如傳）

【集解】郭璞曰：「椒丘，丘名，見楚辭。」

【索隱】服虔云：「丘名也。」案：兩山俱起，象雙闕，故云「椒丘之闕」。楚詞曰：「馳椒丘且焉止息」，是也。

卷二　上古地名

阪泉

黄帝與炎帝戰於阪泉之野。（五帝本紀）

【集解】皇甫謐曰：「在上谷。」

【正義】括地志云：「阪泉，今名黄帝泉，在嬀州懷戎縣東五十六里。出五里至涿鹿東北，與涿水合。又有涿鹿故城，在嬀州東南五十里，本黄帝所都也。晉太康地里志云：『涿鹿城東一里有阪泉，上有黄帝祠。』」

〔案〕唐懷戎縣，今察哈爾省懷來縣治，黄帝、炎帝何緣會戰於此？阪泉與涿鹿相近，當在今山西解縣、安邑境。考安邑縣東南三十二里有吴山，跨夏縣、平陸縣界；一名虞山，又名吴阪，亦名虞坂、鹽坂。水經注：「虞城北對長坂二十里許，謂之虞坂。」隋書地理志：「夏縣有虞坂」，是也。所謂「阪泉之野」，恐當在此。

〔又案〕逸周書嘗麥解：「赤帝命蚩尤宇于少昊，以臨四方。蚩尤放逐帝于涿鹿。黄帝乃執蚩尤殺之。」史記解稱蚩尤曰阪泉氏。是黄帝戰阪泉與涿鹿，皆對蚩尤。阪泉、涿鹿，亦必近在一處。

涿鹿

①黄帝邑於涿鹿之阿。

②黄帝與蚩尤戰於涿鹿之野。

③司馬遷北過涿鹿。（五帝本紀）

【集解】服虔曰：「涿鹿，山名，在涿郡。」張晏曰：「涿鹿在上谷。」

【索隱】或作「濁鹿」。按：地理志上谷有涿鹿縣。

【正義】廣平曰阿。涿鹿故城在涿鹿山下。涿鹿山在嬀州東南五十里，山側有涿鹿城，即黄帝、堯、舜之都。

〔案〕注家説涿鹿在今察哈爾省之涿鹿縣，黄帝豈遽遠跡至此？索隱「涿鹿」或作「濁鹿」，疑即山西解縣之濁澤也。寰宇記：「安邑縣南十八里有蚩尤城。」安邑縣志：「鹽池東南二里許，有蚩尤村。」則黄帝戰蚩尤之傳説，最先當溯源於此。

〔又案〕史文惟言「涿鹿之野」、「涿鹿之阿」，並無涿鹿山。水經注：「涿水出涿鹿山」，其説後起。今宣化境並有崆峒、熊耳、釜山、歷山、嬀河、涿鹿諸名，豈可一一據之以論古史？

空桐　空峒

①黄帝西至空桐，登雞頭。（五帝本紀）

②上遂郊雍，至隴西，西登空桐。（孝武本紀、封禪書。）

③司馬遷西至空峒。（五帝本紀）

【集解】應劭曰：「空桐，山名。」韋昭曰：「在隴右。」（五帝本紀）

〔案〕崆峒山，今河南臨汝縣西南六十里，上有廣成子廟，下有廣成墓及城。廣成澤在縣西四十里。莊子言黄帝問道空同；遊襄城，登具茨，見大隗，迷於襄城之野；皆與此山接壤。

空桐氏　空同氏

①契為子姓，其後分封，以國為姓，有空桐氏。（殷本紀）

②趙襄子娶空同氏。（趙世家）

〔案〕左哀二十六：「宋大尹興空澤之甲，奉公自空桐入如沃宫。」杜注：「梁國虞縣東南有地名空桐。」别詳「桐宫」條。不知趙襄子娶空同氏是此否？

雞頭

①黃帝西至空桐，登雞頭。（五帝本紀）

②始皇二十七，巡隴西、北地，出雞頭山。（秦始皇本紀）

【索隱】山名也。後漢王孟塞雞頭道，在隴西。一曰崆峒山之別名。

【正義】括地志云：「空桐山在肅州福祿縣東南六十里。」又云：「笄頭山一名崆峒山，在原州平高縣西百里，禹貢涇水所出。輿地志云：『或即雞頭山也。』酈元云：『蓋大隴山異名也。』」按：二處崆峒皆云黃帝登之，未詳孰是。（五帝本紀）

〔案〕雞頭一名笄頭，一作幵頭，一作汧屯，又名牽屯，一名薄洛。淮南地形訓：「涇出薄洛之山。」漢志：「涇陽縣，幵頭山在西，涇水所出。」括地志、元和志、寰宇記皆云雞頭山在平高縣西百里，與今涇水發源處不合。「西」當作「南」，山當在今平涼西北固原界。又隋書地理志：「福祿縣有崆峒山」，今高臺縣界，其地於漢屬酒泉郡，非秦版圖所及。至黃帝登崆峒，則在河南。

熊湘

①黃帝南至江，登熊湘。（五帝本紀）

②桓公南伐至召陵，登熊耳山以望江、漢。（封禪書。又齊世家作「熊山」。）

【集解】駰案：封禪書曰：「南伐至于召陵，登熊山。」地理志曰：「湘山在長沙益陽縣。」（五帝本

紀）

【索隱】荆州記順陽、益陽二縣東北有熊耳山，東西各一峯，如熊耳狀，因以為名。齊桓公、太史公並登之。或云弘農熊耳，非也。（封禪書）

【正義】括地志云：「熊耳山在商州洛縣西十里，齊桓公登之以望江、漢也。湘山一名艑山，在岳州巴陵縣南十八里。」（五帝本紀）

〔案〕熊湘乃一山耳。豈有熊在豫，湘在楚，而可一言以蔽曰「登熊湘」乎？索隱云「順陽、益陽二縣東北有熊耳」者，考順陽故城，今淅川縣東。漢志熊耳山出三水，洱水其一。今洱水源出內鄉縣之熊耳山，內鄉東北接南召境。索隱蓋謂齊桓登熊耳山當在此。今索隱此條必有誤字，蓋後人妄加「益陽」字，以此熊耳即熊湘，遂以為在長沙之益陽耳。今考「襄」、「相」聲義皆通，楚人所謂湘江，即今之襄水，並不在湖南。而齊桓登熊耳，則尚不如索隱所說。屈完謂：「楚方城以為城，江、漢以為溝。」方城在葉縣境，若齊師已踰葉，當直趨南陽、新野，無緣迂道而至內鄉。蓋召陵不在今南召，而在今郾城。熊湘山當在葉縣東北襄城境。襄城，王莽更名相成。此「相」、「襄」可通，而此地可有「湘」名之一證。又楚策莊辛說楚襄王：「蔡聖侯南遊高陂，北陵巫山，食湘波之魚，抱妾擁嬖，馳騁高蔡之中。」高蔡即上蔡也。汝水自襄城東南流至上蔡，此必汝水有「湘」名矣。此此地有「湘」名二證也。然則熊湘正當在今襄城縣境。莊子謂「黃帝遊襄城之野，而七聖皆迷」。今襄城縣南五里有首山山脈，迤邐直接嵩、華，舊說黃帝所遊，疑即熊湘，而後人迷失其名耳。齊桓南伐至召陵，而登此山，地望亦合。謂「望江、漢」，此文章誇飾之辭。又考襄城亦名長沙，詳彼條，可互參。

熊耳

①熊耳、外方、桐柏至於負尾。

②又道雒自熊耳。（夏本紀）

【集解】鄭玄曰：「地理志熊耳在盧氏東。」

【索隱】熊耳山在弘農盧氏縣東，伊水所出。

【正義】熊耳山在虢州盧氏縣南五十里，洛所經。

〔案〕今盧氏縣南。

湘山

①始皇西南渡淮水，之衡山、南郡。浮江，至湘山祠。

②使刑徒三千人皆伐湘山樹，自南郡由武關歸。（秦始皇本紀）

③後五年，始皇南至湘山，遂登會稽。

④天下名山五，太室、恆山、泰山、會稽、湘山。（封禪書）

【索隱】地理志湘山在長沙。（封禪書）

【正義】括地志云：「黃陵廟在岳州湘陰縣北五十七里，舜二妃之神。二妃塚在湘陰北一百六十里青草山上。盛弘之荆州記云：『青草湖南有青草山，湖因山名焉。』列女傳云：『舜陟方，死於蒼梧。二妃死於江、湘之間，因葬焉。』」按：湘山者，乃青草山。山近湘水，廟在山南，故言湘山祠。（秦始皇本紀）

〔案〕史言「浮江至湘山祠」，乃至湘山行祠事，非言至湘山廟。青草山亦並無湘山之名。正義曲說，不可信。湘山當為近湘之山。「湘」即「襄」，即漢水也；正在南郡浮江者。古人漢亦稱江，不必指大江。自此乃經武關，至長安。封禪書言：「後五年，始皇南至湘山，遂登會稽」，考始皇本紀，乃三十七年事。謂：「行至雲夢，望祀虞舜於九疑山。浮江下」云云。是封禪書湘山正在雲夢，今湖北境。秦博士曰：「堯女，舜之妻，而葬此。」故於是望祀虞舜。今必謂湘山在洞庭，則封禪書與始皇紀不能合，正緣誤於「湘」字必指湖南湘水耳。

釜山

黃帝北逐葷粥，合符釜山。（五帝本紀）

【索隱】洞冥記稱東方朔云：「東海大明之墟有釜山。」

【正義】括地志云：「釜山在嬀州懷戎縣北三里，山上有舜廟。」

〔案〕河南閿鄉縣南三十五里有荆山，山下有鑄鼎原，云即黄帝採首陽之銅鑄鼎處。其山亦名覆釜山。又河南偃師縣南四十里緱氏山，一名覆釜堆，相傳周靈王太子晉登仙之所；又縣西北二十里有首陽山。黄帝釜山當在此二處。

軒轅之丘

黄帝居軒轅之丘。（五帝本紀）

【集解】皇甫謐曰：「黄帝受國於有熊，居軒轅之丘。」

有熊

閎夭之徒求有熊九駟。（周本紀）

【正義】括地志云：「鄭州新鄭縣，本有熊氏之墟。」

〔案〕軒轅之丘，今河南新鄭縣西北，即古有熊氏地也。郡國志：「河南尹新鄭，黄帝之所都。」通典：「新鄭，祝融之墟。」今新鄭縣城東南二十里有黄水，下流與洧水合。左襄二十八，鄭伯有廷勞魯公於黄崖，杜預曰黄崖以黄水而名。水經注：「黄水出太山南黄泉。」太山在新鄭縣西北二十五里，一名自然山。「自然」即「有熊」字譌。然則稱黄帝，以其居黄水得名。又新鄭縣西南四十里有大騩山，今名具茨山，莊子：「黄帝將見大隗具茨之山，至於襄城之野，而七聖皆迷」，是也。

江水

青陽降居江水，昌意降居若水。（五帝本紀）

【索隱】江水、若水皆在蜀。水經曰：「水出旄牛徼外，東南至故關爲若水，南過邛都，又東北至朱提縣爲瀘江水」，是蜀有此二水也。

【正義】括地志云：「安陽故城在豫州新息縣西南八十里。應劭云：『古江國也。』地理志亦云：『安陽，古江國也。』」

江氏

①秦後分封，有江氏。（秦本紀）

②江、黄、胡、沈之屬。（陳杞世家）

③穆王三年，滅江。（十二諸侯年表、楚世家。）

〔案〕漢志汝南郡安陽，應劭曰：「故江國。」故城今正陽縣西南。水經注有青陂水入淮，在今息縣北。或「青陽」之名本此。又大戴帝繫篇作「青陽降居泜水」。泜水即滍水，今名沙河，今河南魯山、葉縣、舞陽境，其下流入汝。或汝亦得江稱也。

若水

昌意降居若水。（五帝本紀）

【索隱】若水在蜀。水經曰：「水出旄牛徼外，東南至故關為若水。」（五帝本紀）張揖曰：「至僰道入江。」（司馬相如傳）

〔案〕左僖二十五年：「秦、晉伐鄀，過析隈」，注：「鄀在商密，秦、楚界上小國。析，楚邑，一名白羽，今南鄉析縣。」析邑因析水為名。析水與丹水合，若水非丹即析，地因水名曰鄀，猶酆、鄗之例。鄀於漢為丹水縣，縣有順陽鄉，哀帝以封孔光。水經均水注：「均水南逕順陽縣西，漢哀帝更為博山縣，明帝復曰順陽。應劭曰：『縣在順水之陽。』今於是縣，則無聞於順水矣。」考易傳：「若，順也。」「順陽」蓋猶「若陽」，順水即若水。楚世家：「楚之先祖出自帝顓頊高陽。高陽，黄帝之孫，昌意之子。」楚之先居丹陽，正此丹、析之間，則昌意居若水在丹、析明矣。又漢武時有若陽侯，漢表注在平氏。平氏，今桐柏縣西。蓋其地本亦有名若之水。古山川地名，往往隨民族而遷徙，故同名，實多可以從此推求古民族遷徙之跡象。後人不明此意，說古史地名者，每好偏舉一偏遠者為主。故昌意降居若水，必在西蜀；黄帝戰於涿鹿，必在察哈爾。如是則古史盡成飄忽無可捉摸之神話矣。

若水

①西至沬、若水，南至牂牱為徼。

②乃關沬、若。（司馬相如傳）

〔案〕漢志：「若水出旄牛徼外，南至大莋入繩。」即今鴉礱江。

橋山

①黄帝葬橋山。（五帝本紀）

②北巡朔方，還祭黄帝冢橋山，澤兵須如。（孝武本紀、封禪書。）

【集解】駰案：皇覽曰：「黄帝冢在上郡橋山。」

【索隱】地理志橋山在上郡同陽縣（陽周），山有黄帝冢也。

【正義】括地志云：「黄帝陵在寧州羅川縣東八十里子午山。地理志云上郡陽周縣橋山南有黄帝冢。」按：陽周，隋改為羅川。爾雅云山鋭而高曰橋也。（五帝本紀）

〔案〕後魏陽周縣，隋改羅川，今甘肅正寧縣北，子午山在其東。其東北當陝西中部縣，乃漢翟道縣，屬左馮翊；又東北至鄜縣，始為漢上郡境。漢陽周屬上郡，據水經注：「走馬水出西南長城北，陽周縣故城南橋山。山上有黄帝冢。昔段熲追羌出橋門，門即橋山之長城門也。」陽周在走馬水北，應為今安定縣北界。漢志：「陽周，橋山在南。」清一統志：「疑今安定縣北八十里有高柏山，即漢志橋山。」惟武帝巡朔方而還，蓋行秦人所為直道。直道經今中部縣西北二百里子午嶺，接甘肅合水縣界，沮水出其北。疑漢人所謂橋山當指此，故漢志入之上郡陽周之南。明統志：「子午山在合水縣東五十里，一名橋山。南連耀州，北抵鹽州，東接延安，緜亙八百餘里。」甘肅通志：「山長千餘里，北入大漢，南盡分水。其東水皆東南流，為延安界；其西水皆西南流，為慶陽界。直南直北，皆隨地異名。」册府元龜：「唐大曆五年鄜坊節度使上言：『坊州有軒轅黃帝陵，請置廟列祀典。』」寰宇記：「橋山在坊州西二里。」唐、宋坊州即今中部縣，則移而近漢馮翊界矣。正寧縣志：「橋山在縣東七十里，一名子午山，又名橫山。」則在漢北地界矣。似皆失之。

高陽

①帝顓頊高陽。（五帝本紀）

②昌邑未拔，西過高陽。（高祖本紀）

③梁北界泰山，西至高陽。（梁孝王世家）

④酈商，高陽人。（酈商傳）

⑤酈食其，陳留高陽人。（酈生傳）

【集解】皇甫謐曰：「帝顓頊都帝丘，今東郡濮陽是也。」（五帝本紀）文穎曰：「高陽，聚邑名也，屬陳留圉縣。」瓚曰：「陳留傳曰在雍丘西南。」（高祖本紀）駰案：司馬彪曰「圉有高陽亭」也。（梁孝王世家）徐廣曰：「今在圉縣。」（酈生傳）

【索隱】張晏曰：「帝顓頊高陽者，所興地名也。」（五帝本紀）圉縣屬陳留。高陽，鄉名。（梁孝王世家）

【正義】陳留風俗傳云：「高陽在雍丘西南。」括地志云：「圉城在汴州雍丘縣西南。食其墓在雍西南二十八里。」（酈生傳）

〔案〕今杞縣西。地理志陳留郡無高陽縣，蓋以鄉名而著於時。金史地理志杞縣有圉城鎮，明志開封府杞縣西有故高陽城，南有廢圉縣，是也。

高辛

帝嚳高辛氏。（五帝本紀）

【集解】張晏曰：「高陽、高辛皆所興之地名。」皇甫謐曰：「都亳，今河南偃師是。」

【索隱】宋衷曰：「高辛，地名。」

〔案〕方輿紀要河南陳留縣東北三十五里有莘城，又山東曹縣北十八里亦有莘城；似乃一地，疑即高辛邑也。左傳城濮之戰，晉侯登有莘之虛以望是也。又縣南十五里有空桑城。路史云：「空桑氏以地記高陽所居。」地紀云：「空桑南杞而北陳留，各三十里。」然則帝顓頊與帝嚳固近在百里內。

〔又案〕夏本紀鯀為帝顓頊之後，索隱：「連山易云：『鯀封於崇』，故國語謂之『崇伯鯀』。」崇即嵩也。索隱：「世本：『鯀取有莘氏女，是生高密。』宋忠曰：『高密，禹所封國。』」地望皆近。

〔又案〕春秋隱二年：「公會戎於潛。」杜注：「陳留濟陽縣東南有戎城。」方輿紀要：「濟陽城在曹縣西南七十里。」水經注：「濟瀆自濟陽縣故城南，東逕戎城北。」舊說帝嚳次妃有娀氏女，竊疑「娀」即「戎」，亦與莘地毗鄰。

〔又案〕清一統志：「高辛城在商邱縣南，今名高辛里。」元和志：「高辛故城在穀熟縣西南四十五里，帝嚳初封於此。」則殆以帝嚳為商人之祖，故遂於商亳之南有高辛城也。

辛

禹，姒姓，其後分封，用國為姓，有辛氏。（夏本紀）

〔案〕詩大雅：「纘女維莘」，在陝西郃陽，乃姒姓國。世本「鯀納有莘氏女」，孟子「伊尹耕有莘之野」，此莘在山東曹縣北。又左莊三十二年：「有神降于莘」，杜注：「虢地。」元和志：「莘野在硤石縣西十五里。」今河南陝縣東南五十里是也。其他古地名莘者尚多：如左僖二十八：「晉侯登有莘之虛」，在河南陳留。左桓十六，衛盜殺急子於莘，在山東莘縣。又春秋莊十：「荊敗楚師於莘」，今河南汝南縣。「辛」即「莘」也。古辛氏之分布殆甚廣，此所指當係河南陜縣一帶為近是，其後散而之四方也。

有莘氏

伊尹為有莘氏媵臣。（殷本紀）

【正義】括地志云：「古莘國在汴州陳留縣東五里，故莘城是也。陳留風俗傳云：『陳留外黄有莘昌亭，本宋地，莘氏邑也。』」

有莘氏

周閎夭之徒求有莘氏美女。（周本紀）

【正義】括地志云：「古㜪國城在同州河西縣南二十里。世本云：『莘國，㚶姓，夏禹之後。』」

〔案〕今陜西郃陽縣南二十里。應劭曰：「莘國在洽之陽」，是也。武王母太㚶為莘國女，詩曰：「纘女維莘」，是也。夏本紀禹後封國有辛氏，殆即莘，惟不知在宋，抑在秦？

虞　虞吳

①虞舜。（五帝本紀）

②昭襄五十三，伐魏，取吳城。（秦本紀）

【索隱】虞，國名，在河東大陽。（五帝本紀）

【正義】括地志云：「故虞城在陝州河北縣東北五十里虞山之上，亦名吳山，周武王封弟虞仲於周之北故夏墟吳城，即此城也。」（秦本紀）酈元注水經云：「幹橋東北有虞城，堯以女嬪於虞之地也。」又宋州虞城大襄國所封之邑，（「大襄」疑「虞思」二字之誤，見路史國名紀。）杜預云：「舜後諸侯也。」又越州餘姚縣，顧野王云：「舜後支庶所封之地。舜，姚姓，故名餘姚。縣西七十里有漢上虞故縣。」會稽舊記云：「舜，上虞人，去虞三十里有姚丘，即舜所生也。」括地志又云：「姚墟在濮州雷澤縣東十三里。」（五帝本紀）

〔案〕正義各說，不過以後世名虞者推測說之。帝王世紀：「舜都蒲阪」，則在河東。然蒲阪與大陽亦非一地，而大陽之虞，乃周初封國，則不知虞舜之虞果在此否？惟會其大體而觀，則虞先在河東為近是。

虞

①虞、芮有獄不能決。（周本紀）

②西伯斷虞、芮之訟。（齊世家）

③封虞仲於周之北故夏虛。

④晉獻公滅周北虞公，以開晉伐虢。（吳世家）
⑤晉假道於虞伐虢。
⑥晉滅虢，還，襲滅虞。（晉世家）
⑦晉獻公滅虞、虢。（秦本紀）
⑧號為虞卿。（平原君虞卿傳）
【集解】駰案：地理志虞在河東太陽縣。（周本紀）
〔案〕虞城，今平樂縣東北六十里，一名吳城。地理志：「大陽，吳山在西，上有吳城」，是也。

虞

①陳胡公滿，虞帝舜後。舜子商均為封國。夏后之時，或失或續。（陳杞世家）
②少康奔有虞，有虞妻以二女，而邑之於綸。（吳世家）
③攻蒙、虞，取之。（絳侯周勃世家）
④漢王西過梁地，至虞。（高祖本紀、黥布傳。）
⑤攻下邑以西，至虞。（曹相國世家）
【索隱】案：商均所封虞，即今之梁國虞城是也。夏代猶封虞思、虞遂。（陳杞世家）
【正義】虞城縣在宋州北五十里，古虞國，商均所封。（曹世家）

〔案〕今虞城縣西南。左哀元：「伍員曰：『少康逃奔有虞。』」

虞丘

虞丘相進之於楚莊王。（循吏傳）

吳姚

吳廣納其女娃嬴。孟姚也。（趙世家）

【索隱】孟姚，吳廣女，舜之後。虞在河東太陽山西，有上虞城是，亦曰吳城。「虞」、「吳」音相近，故舜後亦姓吳，非獨太伯、虞仲之裔。

嬀汭

①舜飭下二女於嬀汭。

②舜居嬀汭。（五帝本紀）

③舜為庶人，堯妻之二女，居於嬀汭。（陳杞世家）

【集解】孔安國曰：「舜所居嬀水之汭。」

【索隱】皇甫謐云：「嬀水在河東虞縣歷山西。汭，水涯也，猶洛汭、渭汭然也。」

【正義】括地志云：「嬀源汭水出蒲州河東南山。許慎云：『水涯曰汭。』案：地記云：『河東郡青山東山中有二泉，下南流者嬀水，北流者汭水。二水異原，合流出谷，西注河。嬀水北曰汭也。』又云：『河東縣二里故蒲坂城，舜所都也。城中有舜廟，城外有舜宅及二妃壇。』」（五帝本紀）

〔案〕嬀汭水，今山西永濟縣南六十里，源出歷山，西流入河。

三苗

①三苗在江淮、荊州。（五帝本紀）

②三苗服九黎之德。（曆書）

③三苗氏左洞庭，右彭蠡。（孫子吳起傳）

④舜舞有苗，禹袒裸國。（趙世家）

【集解】馬融曰：「三苗，國名也。」

【正義】按：洞庭，湖名，在岳州巴陵西南一里，南與青草湖連。彭蠡，湖名，在江州潯陽縣東南五十二里。以天子在北，故洞庭在西為左，彭蠡在東為右。今江州、鄂州、岳州，三苗之地也。「淮」，讀曰「匯」，今彭蠡湖也。本屬荊州。尚書云：「南入于江，東匯澤為彭蠡」，是也。（五帝本紀）又：孔安國云：「三苗，縉雲氏之後諸侯也。」（曆書）

〔案〕西伯戡黎，至春秋有黎國，皆在山西，古上黨地。又平陸有茅津、茅城，「茅」疑即「苗」

也。黄帝之與蚩尤，虞、夏之與三苗，疑所爭皆在今山西西南境。彭蠡在西者，雷山臨大河，亦名蒲山；又有雷水；「雷」即「蠡」也，「蒲」即「彭」也。大河兩岸自龍門以下，迄於雷首，其水湍急，盤旋成淵，名「蒲」名「彭」之地匪一。河東之有雷首，猶大江之有雷池。舊説又曰「舜都潘」，考古者不得其處，其實即猶云「舜漁雷澤而都蒲阪」。「潘」即「鄱」也，與「雷」與「蒲」，所指皆一。河之有鄱，亦猶江之有鄱，亦急水成淵之義。蓋河水至此折而東流，急成漩，為大螺形，故曰「彭蠡」。北堂書鈔引淮南子謂之「彭離」。洞庭在東，今不能確説，疑即古滎澤。

髳

庸、蜀、羌、髳、微、纑、彭、濮人。（周本紀）

【集解】孔安國曰：「髳、微在巴蜀。」（案：書疏：「巴在蜀東偏，漢巴郡所治。」）

【正義】姚府以南，古髳國之地。有髳州。

〔案〕唐置西濮州，更名髳州，亦名牟州，後沒於蒙氏，故治在今雲南牟定縣。周武王會師，豈得恢遠至此？陝州有茅津，茅戎所居，蓋「髳」、「茅」古今字通。又「茅」、「蠻」音轉，荆楚皆稱「蠻」。武王所會之髳，非在豫、陝附近，即在南陽西南荆山、漢水間，略當庸、濮、纑、彭諸族之北也。

〔又案〕上考髳族居地，正當古三苗疆境。「苗」、「髳」亦音轉相通。蓋周初之髳，即虞、夏之苗，就當時言，已見為僻在西南。後人則言南，必踰湘；言西，必越隴；遂致差失。

三危

①舜遷三苗於三危。（五帝本紀）
②三危既度，三苗大序。
③道黑水，至於三危。（夏本紀）
④直徑馳乎三危。（司馬相如傳）

【索隱】鄭玄引河圖及地說云：「三危山在鳥鼠西南，與岷山相連。」（夏本紀）

【正義】括地志云：「三危山有三峯，故曰三危，俗亦名卑羽山，在沙州燉煌縣東南三十里。」（五帝本紀）

〔案〕郡國志隴西郡首陽縣注：「地道記曰：『有三危，三苗所處。』」首陽，今渭源縣東北。鳥鼠山，今渭源縣西。岷山，今岷縣南。則三危居可知。又考漢永光二年，隴西羌反，馮奉世討之，屯首陽西極上。如淳曰：「西極，山名也。」郭璞注淮南地形：「三危，西極之山名。」則三危山即漢馮奉世所登之西極山。陸德明莊子音義：「三危，今屬天水郡。」亦指此言。今失其名，無可確指。至敦煌卑羽，則自漢人拓迹，移而至此。當從索隱。

西極

左蒼梧，右西極。（司馬相如傳）

【集解】郭璞曰：「西極，國也。」

【正義】爾雅云：「西至於豳國為極。」在長安西，故言右。

〔案〕爾雅以豳國為西極，尚在索隱所指西極之東。

崇山

①舜放驩兜於崇山。（五帝本紀）

②吾欲往乎南嬉。歷唐堯於崇山。（司馬相如傳）

【正義】張云：「崇山，狄山也。海外經云：『狄山，帝堯葬其陽。』」（司馬相如傳）

羽山　羽

①蒙、羽其藝。（夏本紀）

②舜殛鯀於羽山。（五帝本紀）

【索隱】羽山在東海祝其縣南，殛鯀之地。（夏本紀）

【正義】括地志云：「羽山在沂州臨沂縣界。」（五帝本紀）
〔案〕羽山，今山東郯城縣東北七十里，接江蘇贛榆縣西北境。

歷山

舜耕歷山。（五帝本紀）
【集解】鄭玄曰：「在河東。」
【正義】括地志云：「蒲州河東縣雷首山，一名中條山，亦名歷山，亦名首陽山，亦名蒲山，亦名襄山，亦名甘棗山，亦名猪山，亦名狗頭山，亦名薄山，亦名吳山。此山西起雷首山，東至吳坂，凡十一名，隨州縣分之。歷山南有舜井。」又云：「越州餘姚縣有歷山舜井，濮州雷澤縣有歷山舜井，二所又有姚墟，云生舜處也。及嬀州歷山舜井，皆云舜所耕處，未詳也。」
〔案〕漢成帝幸河汾，登歷觀，揚雄上河東賦云：「登歷觀而遙望，喜虞氏之所耕。」郡國志注：「蒲坂縣南二十里有歷山。」今永濟縣東南六十里。

歷下　歷城

①齊王建三十九，秦兵次於歷下。（田齊世家）
②韓信破齊歷下軍，遂取臨菑。（曹相國世家、淮陰侯傳、田儋傳。）

③復博、奉高、蛇丘、歷城。（孝武本紀、封禪書。）

【集解】徐廣曰：「濟南歷城縣。」（淮陰侯傳）

〔案〕今歷城縣（濟南）南五里有歷山，又名千佛山。曾鞏謂：「舜耕歷山，漁雷澤，陶河濱，作什器於壽丘，就時負夏，諸地皆在魯、衛間，歷山不宜獨在河東。」孟子謂：「舜，東夷之人」，則歷山應在齊。然地名遷徙，往往自為結集，援以相證，未必可恃也。

雷澤　雷夏

①舜漁雷澤。（五帝本紀、貨殖傳。）

②雷夏既澤。（夏本紀）

【集解】地理志曰雷澤在濟陰城陽縣西北。（夏本紀）鄭玄曰：「雷夏，兗州澤，今屬濟陰。」（五帝本紀）

【正義】括地志云：「雷夏澤在濮州雷澤縣郭外西北。」（五帝本紀）

〔案〕雷澤，今鄄城縣南，接菏澤縣界。又考禹貢雷夏在兗州，固無可疑；然河東有雷首山，又有雷水，說者亦稱之雷澤，則舜漁雷澤，未必即禹貢之雷澤。又禹貢既有雷夏，又有大野，復有菏澤，三者相毘近。「雷夏既澤」，惟見於禹貢，其名不必甚早。

壽丘

舜作什器於壽丘。（五帝本紀）

【集解】皇甫謐曰：「在魯東門之北。」

【索隱】壽丘，地名，黄帝生處。

〔案〕集解、索隱說皆不可信，壽丘今無考。

負夏

舜就時負夏。（五帝本紀）

【集解】鄭玄曰：「負夏，衛地。」

【索隱】尚書大傳曰：「販於頓丘，就時負夏」，孟子曰：「遷於負夏」，是也。

〔案〕舊說負夏即瑕邱，衛地，當近濮陽。又陽夏，今太康。疑「負夏」猶云「北夏」，老子「萬物負陰而抱陽」是也。或指安邑大夏，不必在濮陽。

蒼梧

①舜崩蒼梧之野。（五帝本紀）

②獨不聞天子之上林乎？左蒼梧，右西極。（司馬相如傳）

【集解】山海經曰：「蒼梧山，帝舜葬于陽，丹朱葬於陰。」（五帝本紀）

〔案〕上林賦：「左蒼梧，右西極。」是謂蒼梧在上林東，並不指湖南零陵為蒼梧也。方輿紀要：「河南內鄉縣西南百二十里，有丹水城。南去丹水二百步。」范汪荊州記曰：「丹水縣，堯子朱所封，亦曰丹朱城。」山海經謂舜與丹朱葬相近，恐蒼梧當近此。淮南修務訓：「舜南征有苗，道死蒼梧。」文選注引六韜：「堯與有苗戰於丹水之浦。」呂覽召類：「堯戰於丹水之浦，以服南蠻。」淮南兵略訓同。論衡儒增：「堯伐丹水。」又恢國：「堯有丹水之師。」是古謂三苗在丹水。舜征有苗，留葬蒼梧，必與丹水相近。後人謂有苗在洞庭，已誤；亦豈有南征洞庭，而道死道州零陵之理？左哀四：「楚右師軍於蒼野」，杜預注：「蒼野在上洛縣。」水經注：「丹水自蒼野，東歷菟和山。」疑蒼梧之野即蒼野，在今陝西商縣東南，菟和山西境。故司馬氏云「左蒼梧」也。又帝王世紀：「堯女女甇，舜次妃，封於商，生九子，義均號商均。」路史：「商洛有堯女墓，今城東有九子墓。」此亦傳說之可資旁證者。所謂舜葬九疑，殆亦由九子墓而來。西極山在甘肅，即三危山，詳「三危」條。

蒼梧

①楚南有洞庭、蒼梧。（蘇秦傳）

②九疑、蒼梧以南至儋耳者，與江南大同俗。（貨殖傳）

③及蒼梧秦王有連。

④蒼梧王趙光，越王同姓。

⑤出零陵，或下離水，或抵蒼梧。（南越傳）

【索隱】蒼梧，地名。地理志有蒼梧郡。

【正義】蒼梧山在道州南。（蘇秦傳）

〔案〕蒼梧國本秦桂林郡地，淮南稱有浯，後為蒼梧郡，治廣信，今廣西蒼梧縣治。蒼梧乃地域名，非山名，後人乃謂九疑山亦名蒼梧山，殊非。

九疑

①舜崩蒼梧之野。葬於江南九疑。（五帝本紀）

②過虞舜於九疑。（司馬相如傳）

③始皇三十七，行至雲夢，望祀虞舜於九疑山。（秦始皇本紀）

④太史公窺九疑。（自序）

⑤自陳以西，南至九疑，東帶江、淮、穀、泗，薄會稽，為梁、楚、吳、淮南、長沙國。（漢興以來諸侯年表）

⑥九疑、蒼梧以南至儋耳者，與江南大同俗。（貨殖傳）

【集解】駰案：皇覽曰：「舜冢在零陵營浦縣。其山九谿皆相似，故曰九疑。」（五帝本紀）

【索隱】山海經云：「南方蒼梧之邱，蒼梧之泉，在營道南，其山九峯皆似，故曰九疑。」（自序）

【正義】括地志云：「九疑山在永州唐興縣東南一百里。皇覽冢墓記云舜冢在零陵郡營浦縣九疑山。」（秦始皇本紀）又：九疑山，零陵營道縣，舜所葬處。（司馬相如傳）

〔案〕九疑山，今湖南寧遠縣南六十里，此不得曰在江南。漢零陵縣在今廣西全縣北，距九疑非近，不得曰是為零陵。蒼梧郡治廣信，距九疑尤遠，不得曰在蒼梧之野。文穎曰：「其山半在蒼梧，半在零陵。」水經注：「九疑山盤基蒼梧之野，峰秀數郡之間。」此皆文辭虛飾，彊為牽連，猶國策蘇秦之辭：「楚南有洞庭、蒼梧。」洞庭、蒼梧，南北相隔何啻千里？豈得一概而言之！蓋九疑、蒼梧之類，本非南方地名。自楚人遠拓，而往者每每以北方雅名勝跡，移之南土，故蒼梧、九疑、零陵，各在一方。今曰「崩蒼梧之野。葬江南九疑，是為零陵」，仍幷蒼梧、九疑、零陵為一，而猶益之曰「江南」；若一一以實地掩之，則幾成汗漫荒唐之辭矣。又考鄧德明南康記說五嶺，三曰九眞都龐嶺。方以智疑九眞太遠，非是。今案：水經注：「鍾水出桂陽南平縣部山，部山即部龍之嶠，五嶺之第三嶺也。」「部龍」即「都龐」字譌。山在今湖南藍山縣南，正與九疑連麓。然則南康記所謂九眞，即九疑也。武帝置九眞郡，今安南境。是零陵、九眞（即九疑。）又隨漢人遠迹而移至日南。則烏見自漢以前，九眞九疑之必在零陵耶？（今湖北漢陽亦有九真山。）

零陵

①舜葬江南九疑，是為零陵。（五帝本紀）

②出零陵，或下離水，或抵蒼梧。（南越傳）

【集解】駰案：皇覽曰：「舜冢在零陵營浦縣。」（五帝本紀）

〔案〕舜冢不遠至湖南零陵，不僅無此事實，即古人傳說所指，亦決不在此。水經沔水注：「夷水又東南流，與零水合。零水，即沶水也。其水東逕新城郡之沶鄉縣，縣分房陵立，謂之沶水。又東歷軨鄉，謂之軨水。晉武立上黃縣，治軨鄉。」漢有沶陵侯，沶陵即零陵也。沶鄉廢縣，在今湖北保康縣南。房陵故城，今房縣治。左文十一年：「楚成大心敗麇師於防渚」，即此。尚書謂：「舜陟方乃死」，「房」、「防」、「方」，古字通用。隋書地理志：「鄖鄉有防山。」又光遷有房山。又括地志：「竹山縣東南有方城山」鄖、房、竹山，皆境地相接。鄖縣東北為河南淅川縣，有丹水故城，並有古丹朱墓。秦始皇至雲夢，而望祀虞舜於九疑山，以同在今湖北西北部漢水流域也。屈原居漢北，其為離騷，頗及虞舜，亦為地望之近。

〔又案〕墨子：「舜西教乎七戎，道死，葬南己之市。」呂覽安死篇亦言：「舜葬紀市。」楚舊都稱紀郢，以別於昭王所遷之鄀郢。舜葬零陵，實近鄀郢。諸家言舜葬紀市，殆亦自此而起。

房陵

①嫪毐舍人，遷蜀四千餘家，家房陵。（秦始皇本紀）

②孝景時濟川王明遷房陵。（梁孝王世家）

③武帝時常山王勃遷房陵。（五宗世家）

④濟川恭王買遷房陵。（漢興以來諸侯年表）

【正義】括地志云：「房陵即今房州房陵縣，古楚漢中郡地也，是巴蜀之境。地理志云房陵縣屬漢中郡，在益州部，接東南一千三百一十里也。」（秦始皇本紀）

〔案〕今湖北房縣治，春秋麇國地。

卷三　禹貢山水名　上

九山

道九山。（夏本紀）

【索隱】汧、壺口、砥柱、太行、西傾、熊耳、嶓冢、內方、岐，是九山也。古分為三條，故地理志有北條之荊山。馬融以汧為北條，西傾為中條，嶓冢為南條。鄭玄分四列，汧為陰列，西傾次陰列，嶓冢為陽列，岐山次陽列。

〔案〕岐山一列，尚在嶓冢北，不得如鄭說。當以馬氏為是。

昆侖　崑崙

①織皮昆侖、析支、渠搜，西戎即序。（夏本紀）

②西望崑崙之軋。（司馬相如傳）

③漢使窮河源，河源出于寘，其山多玉石，天子案古圖書，名河所出山曰崑崙云。

④太史公曰：禹本紀言「河出崑崙，其高二千五百餘里」，今自張騫使大夏之後，窮河源，惡覩本紀所謂崑崙者乎？（大宛傳）

【索隱】鄭玄以為昆侖、析支、渠搜三山皆在西戎。王肅曰：「昆侖在臨羌西。」今按：地理志金城臨羌縣有昆侖祠，敦煌廣至縣有昆侖障。（夏本紀）

【正義】括地志云：「崑崙在肅州酒泉縣南八十里。十六國春秋後魏昭成帝建國十年，涼張駿、酒泉太守馬岌上言：『酒泉南山，即崑崙之體。周穆王見西王母，樂而忘歸，即謂此山。有石室，王母堂，珠璣鏤飾，煥若神宮。』又刪丹西河名云弱水，禹貢崑崙在臨羌之西，即此明矣。」括地志云：「又阿傉達山亦名建末達山，亦名崑崙山。恆河出其南吐師子口，經天竺入達山。嬀水今名為滸海，出書於西河北隅吐馬口，經安息、大夏國入西海。黃海出東北隅吐牛口，東北流經灆澤，潛出大積石山，至華山北，東入海。其三河去山入海各三萬里。此謂大崑崙，肅州謂小崑崙也。禹本紀云：『河出崑崙二千五百餘里，日月所相隱避為光明也。』」（司馬相如傳）

昆山

①斬常山而守之，代馬胡犬不東下，昆山之玉不出。（趙世家）

②陛下致昆山之玉。（李斯傳）

③玉櫝隻雉，出於昆山。（龜策傳）

【正義】昆岡在于闐國東北四百里，其岡出玉。（李斯傳）

〔案〕漢志：「金城郡臨羌西北塞外，有弱水、昆侖山祠。」此殆即馬岌所謂「酒泉南山即崑崙之體」也。隋書地理志福祿縣有崑崙山。明統志：「崑崙山在肅州西南二百五十里，世呼雪山。」西陲今略：「崑崙山在卯來泉堡西南一百八十里，俗呼雪達巴。東北又有小雪達巴，即祈連山。祈連至北漸卑，故加『小』云。」又云：「嘉峪關西二十里，地名大草灘。灘南有山，名崑崙，此蓋古之崑崙。明統志所云，乃祈連之西麓耳。」又漢志：「敦煌郡廣至，宜禾都尉治昆侖障。」廣至故城，今甘肅安西縣西，許慎說文謂「河出敦煌塞外昆侖山」是也。今安西南山亦呼雪山，又名祈連山，蓋與酒泉南祈連雪山一脈。漢人所指崑崙，要之在此敦煌、酒泉南祈連山中。自後通西域，窮河源，乃始名于闐山為昆侖。然河西四郡乃漢武所闢，則戰國以來所謂昆侖，尚不在此。水經注：「河水南出龍門口，又南逕梁山原。東有三累山，其山層密三成，故俗以『三累』名山。案：爾雅：『山三成為崑崙丘。』斯山豈亦崑崙丘乎？」龍門既為大禹所鑿，故河謂出崑崙，猶其曰河出龍門。然則最先所指崑崙，或即此三累之山，亦情理所有。山在今韓城縣西北。又昆山以產玉名，其先所指，決不甚遠。或藍田山出玉，其地為驪戎所踞。或驪戎即犬戎昆夷，故其山亦稱昆山；以產驪馬，而稱驪山。如是則崑崙、昆山，最先皆在今陝西東部昆夷地也。

積石

①道河積石。（夏本紀、河渠書。）

②浮於積石。（夏本紀）

【集解】孔安國曰：「積石山在金城西南，河所經也。」

【索隱】積石在金城河關縣西南。又：漢書西域傳云：「河有兩源：一出葱嶺，一出于闐。于闐河北流，與葱嶺河合，東注蒲昌海，一名鹽澤。其水停居，冬夏不增減，其南出積石，為中國河。」是河源發昆侖，禹導河自積石而加功也。

【正義】括地志云：「積石山今名小積（石）山，在河州枹罕縣西七里。河州在京西一千四百七十二里。」（夏本紀）

〔案〕漢志：「金城河關，積石山在西南羌中。」河關故城，今臨夏縣西。積石山，在臨夏縣西北。水經注謂之唐述山。諸家多以此為小積石，別有大積石，去此尚千餘里。其說蓋本漢書西域傳。歐陽忞輿地廣記謂：「張騫窮河源，乃意度之，非實見蒲昌海與積石河通流也。」河源在吐蕃境，漢時未通中國，則歐陽說是也。又議指積石在今臨夏，誤始杜佑通典，謂在龍支縣界。（青海西寧縣，與臨夏接界。）然後漢書郡國志：「隴西郡河關縣，積石山在西南。」又桓帝紀：「燒當羌叛，段熲追擊於積石」，注：「在鄯州龍支縣南，即禹貢『導河積石』。」是皆在唐人置積石軍於澆河故城前。則杜佑說實有本，不僅據唐事為說也。

西傾

西傾因桓是來。（夏本紀）

【集解】鄭玄曰：「地理志西傾山在隴西臨洮。」

【正義】括地志云：「西傾山今彊臺山，在洮州臨洮縣西南三百三十六里。」

〔案〕西傾山，今青海同德縣境，東北去甘肅臨潭縣三百餘里。

桓

西傾因桓是來，浮於潛。（夏本紀）

【索隱】桓水出蜀郡岷山西南，行羌中入海也。

〔案〕漢志：「廣漢郡甸氐道，白水出徼外，東至葭萌入漢，過郡一，行九百五十里。」宋書：「白水自西傾至陰平界。氐居水上者，為白水氐。」此水今稱白龍江，源出今甘肅岷縣西南，經西固、武都，至四川昭化入嘉陵江。後人以嘉陵江為潛，因以此當桓水。今知嘉陵非潛；自西傾來者，亦斷無紆回自隴抵蜀，再自蜀入漢中之理。索隱說更誤。

朱圉

西傾、朱圉、鳥鼠至於太華。（夏本紀）

【集解】鄭玄曰：「地理志云朱圉在漢陽南。」

【索隱】圉，一作「圄」。朱圉山在天水冀縣南。

〔案〕漢志：「天水冀，禹貢朱圄山在縣南梧中聚。」今甘谷縣西南三十里。惟禹貢謂「西傾、朱圉、鳥鼠」，則朱圉似應在西傾、鳥鼠間。

終南

終南、敦物至於鳥鼠。（夏本紀）

【集解】鄭玄曰：「地理志終南、敦物皆在右扶風武功也。」

【索隱】案：左傳中南山，杜預以為終南山。地理志云：「太一山，古文以為終南」，在扶風武功縣東。

【正義】括地志云：「終南山，一名中南山，一名太一山，一名南山，一名橘山，一名楚山，一名泰山，一名周南山，一名地肺山，在雍州萬年縣南五十里。」

〔案〕漢志：「武功，大壹山在縣東，古文以為終南。」今曰太白山，在武功縣南九十里。其在長安縣南者，古稱南山，漢書東方朔傳：「南山，天下之阻」，是也。其後幷稱終南，乃以太白為終南之一峯。至左昭四：「晉司馬侯曰：『四嶽、三塗、陽城、大室、荆山、中南，九州之險。』」諸山皆相近，而注家亦誤以中南即終南為說，非也。

南山

秦文公伐南山大梓。（秦本紀）

【正義】括地志云：「大梓樹在岐州陳倉縣南十里倉山上。漢、魏、晉因秦，武都郡立怒特祠，是大梓牛神也。」

南山

①南山巫祠南山秦中。秦中者，二世皇帝。（封禪書）

②雖錮南山猶有郄。（張釋之傳）

③謝病屏居藍田南山之下。（魏其侯傳）

④屏野居藍田南山中。（李將軍傳）

⑤南山峨峨。（司馬相如傳）

南山

①還，並南山，欲從羌中歸。

②月氏餘衆保南山羌，號小月氏。

③渾邪降，西並南山至鹽澤空無匈奴。（大宛傳）

【正義】南山即連終南山，從京南東至華山過河，東北連延至海，即中條山也。從京南連接至葱嶺萬餘里，故云「並南山」也。西域傳云：「其南山東出金城，與漢南山屬焉。」

敦物

終南、敦物至於鳥鼠。（夏本紀）

【集解】鄭玄曰：「地理志終南、敦物皆在右扶風武功也。」

【索隱】華山，古文以為敦物。

〔案〕既曰「終南、敦物至於鳥鼠」，又曰「西傾、朱圉、鳥鼠至於太華」，則敦物不得為太華。漢志：「武功有垂山，古文以為敦物」，索隱自據此。「華」字乃「垂」訛。

鳥鼠

①終南、敦物至於鳥鼠。

②西傾、朱圉、鳥鼠至於太華。

③道渭自鳥鼠同穴。（夏本紀）

【集解】孔安國曰：「鳥鼠山，渭水所出，在隴西之西。」

【索隱】鳥鼠山在隴西首陽縣西南。

【正義】括地志云：「鳥鼠山，今名青雀山，在渭州渭源縣西七十六里。山海經云：『鳥鼠同穴之山，渭水出焉。』郭璞注云：『今在隴西首陽縣西南。山有鳥鼠同穴。』」

〔案〕今渭源縣西。

華山　西岳

①縱馬於華山之陽。（周本紀、留侯世家。）

②馬散華山之陽。

③何必華山之騄耳？（樂書）

④秦武公伐彭戲氏，至於華山下。（秦本紀）

⑤秦武元，伐彭至華山。（十二諸侯年表）

⑥斬華為城，因河為津，據億丈之城，臨不測之谿以為固。（秦始皇本紀）

⑦踐華為城，因河為池。（陳涉世家）

⑧天下名山八，五在中國，華山、首山、太室、泰山、東萊。（孝武本紀、封禪書。）

⑨八月，巡狩至西岳。西岳，華山也。（封禪書）

⑩用昏建者杓；杓，自華以西南。

⑪庚、辛，華山以西。

⑫自華以南，氣下黑上赤。（天官書）

〔案〕山海經、：「夸父之山，北有桃林，其中多馬。」「華騮」即以「華」名。「盜驪」之「驪」，蓋與驪戎、驪山有關。

太華

①西傾、朱圉、鳥鼠至於太華。（夏本紀）

②夏桀之居，左河濟，右太華。（孫吳傳）

【集解】鄭玄曰：「地理志云太華山在弘農華陰南。」

【索隱】太華即敦物山。

【正義】華山在華州華陰縣界（周本紀作「南」。）八里。（夏本紀）

〔案〕太華山，今華陰縣南十里。

文公四年，冬十二月，晉兵先下山東，而以原封趙衰。（晉世家）

〔案〕此言太行山東也。

山東

①蘇秦約從山東六國兵攻秦。（楚世家）

②秦甲必不敢出函谷以害山東。（蘇秦傳）

③至今閉關十五年，不敢窺兵於山東。（范雎傳）

④山東、河内可得而一。（楚世家）

⑤山東之士被甲蒙冑以會戰，秦人捐甲徒裼以趨敵。（張儀傳）

⑥陳勝、吴廣等作亂，起於山東。（李斯傳）

⑦軍吏士卒皆山東之人。（高祖本紀）

⑧使布出上計，山東非漢之有。（黥布傳）

⑨山東雖亂，秦之故地可全而有。

⑩群臣皆山東人，爭言不如都周。（劉敬傳）

⑪梁招延四方豪傑，自山以東游說之士，莫不畢至。（梁孝王世家）

⑫四瀆皆在山東。（封禪書）

⑬河間王好儒學，山東諸儒多從之遊。（五宗世家）

⑭漕從山東西，歲百餘萬石。

⑮張湯言：「通褒斜道，漢中之穀可致，山東從沔無限，便於砥柱之漕。」（河渠書）

⑯興十萬餘人建衛朔方，轉漕甚遠，自山東咸被其勞。

⑰山東漕益歲六百萬石。（平準書）

【正義】謂華山之東。（楚世家）又：山東，謂河南之東，山南之東及江南、淮南。（河渠書）

山東

齊必入朝秦。秦欲已得乎山東，則必舉兵而嚮趙矣。今山東之建國，莫彊於趙。（蘇秦傳）

〔案〕既曰「秦欲已得乎山東，則必舉兵嚮趙」，似山東專指齊言；又曰「山東建國，莫彊如趙」，則山東仍指華山以東言也。要之，山東乃大名，而所指容有異。

山西

①蕭何塡撫山西。（自序）

②山西饒材、竹、穀、纑、旄、玉石；山東多魚、鹽、漆、絲、聲色。

③山東食海鹽，山西食鹽鹵。（貨殖傳）

【正義】謂華山之西也。（自序）

山南　山北

所亡於秦者，山南山北，河外河內，大縣數十，名都數百。（魏世家）

【正義】山，華山也。華山之東南，七國時鄧州屬韓，汝州屬魏。華山之北，同、華、銀、綏並魏地也。

外方

熊耳、外方、桐柏至於負尾。（夏本紀）

【集解】鄭玄曰：「地理志外方在潁川嵩高山。」

【索隱】潁川嵩高縣嵩高山，古文尚書亦以為外方山。

中嶽　太室　嵩高

①先禮中嶽，封於泰山。（司馬相如傳）

②中岳，嵩高也。（封禪書）

③昔三代之君皆在河洛之間，故嵩高為中岳，而四岳各如其方。

④自殽以東，名山五。曰太室。太室，嵩高也。（封禪書）

⑤幽王為太室之盟。（楚世家）

⑥天下名山八，五在中國，華山、首山、太室、泰山、東萊。

⑦禮登中嶽太室。以三百戶封太室奉祠，命曰崇高邑。（孝武本紀、封禪書。）

⑧嵩高、三河之郊，氣正赤。（天官書）

【集解】文穎曰：「崧高山在潁川陽城縣。」（孝武本紀）

【正義】括地志云：「嵩山，亦名太室，亦名外方也。在洛州陽城縣西北。」（封禪書。夏本紀作「北」。）顔師古云：「以崇奉崧高山，故謂之崇高也。」（孝武本紀）

〔案〕嵩山，今登封縣北，古曰外方，亦曰太室。其西曰少室，相去十七里。嵩高故城，今登封縣治。

桐柏

①熊耳、外方、桐柏至於負尾。

②道淮自桐柏。（夏本紀）

【集解】鄭玄曰：「桐柏山在南陽平氏東南。」

【索隱】桐柏山一名大復山，在南陽平氏縣東南。

【正義】括地志云：「桐柏山在唐州東南五十里，淮水出焉。」

〔案〕今桐柏縣西南三十里。

負尾

熊耳、外方、桐柏至於負尾。（夏本紀）

【集解】鄭玄曰：「地理志陪尾在江夏安陸東北，若橫尾者。」

【索隱】陪尾山在江夏安陸縣東北，地理志謂之橫尾山。「負」音「陪」也。

【正義】括地志云：「橫尾山，古陪尾山也，在安州安陸縣北六十里。」

〔案〕橫尾山，今湖北安陸縣北六十里。注家以此即禹貢負尾者，皆本漢志為說。惟禹貢導山，皆為治水，而安陸橫尾，非淮所經，故後之說者改主今山東泗水縣東五十里之陪尾山，為泗水所源。謂泗之與淮，猶伊之與洛也。

汶山　岷山

①汶、嶓既藝。

②汶山之陽，至於衡山。

③汶山道江，東別為沱。（夏本紀）

【集解】鄭玄曰：「地理志岷山在蜀郡湔氏道。」

【索隱】「汶」，一作「崏」，又作「𡵓」。𡵓山，封禪書一云瀆（此下脱「山」字。），在蜀郡湔氏道西徼，江水所出。

【正義】括地志云：「岷山在岷州溢洛（樂）南一里，連綿至蜀二千里，皆名岷山。」

〔案〕秦漢湔氏道，今四川松潘縣西北。漢志謂：「崏山在西徼外，江水所出。」然禹貢汶山，實不在此。昔人蓋指今嘉陵江為江源。漢志：「隴西氐道，禹貢漾水所出。」又：「西縣，禹貢嶓冢山，西漢所出。」此實即禹貢汶山之與江源也。嶓冢在寧羌，與汶山相近，故曰：「汶、嶓既藝。」江、漢發源，計其大小長短，亦略相當，故曰「江、漢朝宗於海」，亦不為之軒輊。自秦、漢遠迹，乃始以今之岷江為江源，以嘉陵江稱西漢水，於是汶山移至松潘，而隴西之𡵓，則改為嶓冢。故漢有東西，而嶓冢亦有二處。其蜀郡湔氏道之名，亦自隴西氐道移來。因有湔水，故曰湔氏道，益證其間之關係矣。今則所知江源益遠，即岷江亦不為江源，而漢水於是遂為長江之一支流。古人「江、漢朝宗」之義，始不為今人所知矣。

汶　汶山

①蜀地之甲，乘船浮於汶，乘夏水而下江，五日而至郢。（蘇秦傳）

②秦西有巴蜀，大船起於汶山，浮江以下，至楚三千餘里。不至十日而距扞關。（張儀傳）

【索隱】即江所出之岷山。（蘇秦傳）

〔案〕漢志：「漢水出西縣嶓冢東南，至江州入江，行二千七百六十里。」此云「大船起於汶山，浮江至楚三千餘里」，即指西漢水嘉陵江言。又曰「五日而至郢」，「不十日而距扞關」，皆指今嘉陵，不指岷江言之。可知其時所謂汶，非在今之松潘也。

汶山　瀆山

①自華以西，名山七，曰瀆山。瀆山，蜀之汶山也。（封禪書）

②太史公西瞻蜀之岷山。（河渠書）

③汶山之下，沃野，下有蹲鴟，至死不飢。（貨殖傳）

④以冉駹為汶山郡。（西南夷傳）

【集解】應劭曰：「今蜀郡岷江。」（西南夷傳）

【索隱】郭璞云：「山在汶陽郡廣陽縣，一名瀆山也。」

【正義】括地志云：「岷山在茂州汶川縣。」（夏本紀）邛州臨邛縣其地肥沃，平野有大芋。華陽國志云汶山郡安上縣有大芋如蹲鴟也。（貨殖傳）

〔案〕漢蜀郡汶江縣，今茂縣北。元鼎六年置汶山郡，後罷為蜀郡北部都尉，治岷山，在茂縣東南。臨邛，今邛崍縣治。則邛崍山，漢人亦謂之岷山也。大抵汶山之名，又自臨邛漸移而北，至茂至松潘耳。

嶓　嶓冢

①汶、嶓既藝。
②道嶓冢，至於荊山。（夏本紀）
【集解】鄭玄曰：「嶓冢山在漢陽西。」
【索隱】嶓冢山在隴西西縣，漢水所出也。
【正義】嶓冢山在梁州金牛縣東二十八里。
〔案〕嶓冢山，今陝西寧羌縣北。水經注：「漢中記曰：『嶓冢以東，水皆東流；嶓冢以西，水皆西流。故俗以嶓冢為分水嶺也。』」金牛廢縣，在寧羌東北。漢志：「隴西郡西縣，禹貢嶓冢山，西漢所出，東南至江州入江。」山在今天水西南六十里。西漢水即嘉陵江也。蓋古人以嘉陵江為江源，則隴西嶓冢實即岐山。後人知江源不在此，乃以此為西漢水，而岐山亦改稱嶓冢。水經注又以漾水之名亦歸西漢，於是舛錯逾多矣。

荆州

①荆及衡陽維荆州。（夏本紀）

②柳、七星、張，三河。翼、軫，荆州。（天官書）

【集解】孔安國曰：「北據荆山，南及衡山之陽。」（夏本紀）

〔案〕此謂荆山及衡山之陽為荆州也。荆州即以荆山得名。

荆山

①道嶓冢，至於荆山。（夏本紀）

②昔我先王熊繹辟在荆山。（楚世家）

③荆、河惟豫州。（夏本紀）

【集解】鄭玄曰：「地理志荆山在南郡臨沮。」

【正義】括地志云：「荆山在襄州荆山縣西八十里。」又云：「荆山縣本漢臨沮縣地也。沮水即漢水也。」按：縣，孫叔敖激沮水為雲夢澤是也。（夏本紀）

〔案〕荆山，今南漳縣西八十里。南都賦注：漢水至荆山，東别流為滄浪之水。

荆

①六年，封劉賈為荆王，王淮東五十二城。（高祖本紀、荆燕世家。）

②荆，都吴。初王劉賈，國除，更為吴國，王濞。（漢興以來諸侯年表）

【索隱】乃王吴地，在淮東也。姚察案：虞喜云：「總言吴，别言荆者，以山命國也。今西南有荆山，在陽羡界。賈封吴地而號荆王，指取此義。」太康地理志：「陽羡縣，本名荆溪。」（高祖本紀）

〔案〕劉賈、劉交分王楚王韓信之故地，一在淮東，一在淮西；一稱荆王，一稱楚王。蓋荆、楚分稱，未必取名於陽羡之荆。史稱「太伯奔荆蠻」，豈亦由荆溪哉？

荆吴

①荆吴、鄭、衛之音。（司馬相如傳）

②劉賈為布所襲，喪其荆吴。（自序）

〔案〕「荆吴、鄭、衛之音」下云：「鄢郢繽紛，激楚結風」，蓋鄢郢乃舊楚，荆吴則東楚。所謂「四面皆楚歌」，漢人之楚，即吴也。

荆蠻

①太伯、虞仲亡如荆蠻。（周本紀）

②太伯奔荆蠻，文身斷髮。（吴世家）

【索隱】荆者，楚之舊號，以州言之曰荆。蠻者，閩也，南夷之名；蠻亦稱越。地在楚、越之界，故稱荆蠻。（吴世家）

【正義】太伯奔吴，所居城在蘇州北五十里常州、無錫縣界梅里村，其城及冢見存。而云「亡荆蠻」者，楚滅越，其地屬楚；秦滅楚，其地屬秦；秦諱「楚」，改曰「荆」，故通號吴越之地為荆。及北人書史加云「蠻」，勢之然也。（周本紀）

〔案〕荆蠻猶言荆吴，皆秦、漢人語。

荆山

①道汧及岐，至於荆山，踰於河。

②荆、岐已旅。（夏本紀）

③黄帝采首山銅，鑄鼎荆山下。（孝武本紀、封禪書。）

【集解】孔安國曰：「荆在岐東，非荆州之荆。」（夏本紀）晉灼曰：「荆山在馮翊懷德縣。」（孝武本

紀）

【正義】括地志云：「荊山在雍州富平縣，今名掘陵原。」案：雍州荊山即黃帝及禹鑄鼎地也。襄州荊山縣西荊山即卞和得玉璞者。（夏本紀）

〔案〕漢志：「左馮翊懷德，禹貢北條荊山在南，下有彊梁原。」寰宇記引水經注：「洛水東南歷彊梁原，俗謂之朝坂。」同州志：「華原在朝邑縣西，繞北而東，以絕於河，古河壖也。一名朝坂，亦謂之華原山。蓋華原即朝坂，即彊梁原。荊山之麓，直抵河壖，故禹貢曰『至於荊山，逾於河』也。」

衡山

①汶山之陽，至於衡山。

②荊及衡陽維荊州。（夏本紀）

【集解】孔安國曰：「北據荊山，南及衡山之陽。」

【索隱】在長沙湘南縣東南。廣雅云：「岣嶁謂之衡山。」（夏本紀）

【正義】括地志云：「衡山，一名岣嶁山，（封禪書）在衡州湘潭縣西四十一里（夏本紀、封禪書。）

〔案〕衡山在河南南召縣南，見山海經。又漢書地理志：「南陽郡雉，衡山，澧水所出。」馬融廣成頌：「面據衡陰。」此謂荊山及衡山之陽為荊州也。

衡山

①始皇還，過彭城，西南渡淮水，之衡山、南郡。浮江，至湘山祠。（秦始皇本紀）

②五月，巡狩至南岳。南岳，衡山也。（封禪書）

〔案〕始皇自彭城渡淮之衡山，當為今安徽之霍山。漢文帝分淮南地，立衡山國，即以此山名。封禪書：「元封五年冬，巡南郡，至江陵而東。登禮灊之天柱山，號曰南岳。」可知衡山即天柱。至隋開皇九年，始詔定長沙衡山為南岳。注家以岣嶁說此處衡山，大誤。

衡山

①項羽立吳芮為衡山王，都邾。（項羽本紀、高祖本紀。）

②漢立黥布為淮南王，九江、盧江、衡山、豫章郡皆屬布。（黥布傳）

③十二年，立淮南厲王子三人為淮南、衡山、盧江王。（孝文本紀）

④孝景徙衡山王王濟北，盧江王徙為衡山王，王江北。（淮南衡山傳）

⑤二年秋，衡山雨雹。

⑥後二年，衡山國、河東、雲中郡民疫。（孝景本紀）

⑦武帝封膠東王子慶於故衡山地，為六安王。（五宗世家）

【正義】衡山國，今衡州。（孝景本紀）

〔案〕隋置衡州。唐復置，尋改衡山郡，治今湖南衡陽縣。西漢衡山國在安徽，正義說大誤。

衡山

衡山、九江、江南豫章、長沙，是南楚也。（貨殖傳）

【集解】徐廣曰：「都邾。邾，縣，屬江夏。」

【正義】故邾城在潭州東南百二十里。

〔案〕此明云衡山、九江在江北，豫章、長沙在江南，正義說誤。

衡山

楚共二十一，伐吴至衡山。（十二諸侯年表、吴世家。）

【集解】杜預曰：「吴興烏程縣南也。」

【索隱】左傳襄三年曰：「楚子重伐吴，為簡之師克鳩茲，至于衡山」也。（吴世家）

〔案〕鳩茲，杜注：「在丹陽蕪湖縣東，今皋夷也。」今勾茲港在蕪湖縣東四十里。烏程，今吴興；楚不能越吴而至。郡國志劉昭注引或説，乃丹陽縣横山；亦見方輿勝覽。在今當塗縣東北六十里，亦名横望山。「衡」與「横」通，或是也。

内方

内方至於大別。（夏本紀）

【集解】鄭玄曰：「地理志内方在竟陵，名立章山。」

【索隱】内方山在竟陵縣東北。

【正義】括地志云：「章山在荆州長林縣東北六十里。今漢水附章山之東，與經史符會。」

〔案〕章山，今鍾祥縣西南。

大別

内方至於大別。（夏本紀）

【集解】大別在廬江安豐縣。

【索隱】大別山在六安國安豐縣，今土人謂之甑山。

【正義】大別山，今沙洲在山上，漢江經其左，今俗猶云甑山。注云「在安豐」，非漢所經也。

〔案〕漢志：「六安國安豐，禹貢大別山在西南。」今安徽霍邱縣西南八十里，接河南固始縣界。然此非漢水所經，與禹貢「導漾東流為漢，又東為滄浪之水，過三澨至於大別，南入於江」之文不合。元和志：「魯山，一名大別山，在今漢陽縣東北。」然水經注謂之古翼際山，不謂之大別。

又左定四：「吳伐楚，子常濟漢而陳，自小別至於大別。」今翼際山尚在漢水西岸，與「子常濟漢」之文又不合；則謂大別在漢陽者，復非也。正義甑山，今漢川縣東南，漢水東岸，較為近情。而或又以為乃小別山，此皆推測說之。後人以班說較早，故紛紛為解難。沈垚曰：「大別山在光州（横川）西南，黃州（黃岡）西北，漢陽東北，霍邱西南。班志屬之安豐，但據山之東北言；若論其西南，則直至漢水入江處，故商城西南麻城黃陂之山，古人皆目為大別。」此似可釋安豐非漢所經之嫌。然班志言地，亦時有疎失，未可盡據。循禹貢導山原文，熊耳、外方、桐柏至陪尾為一條，嶓冢、荊山、內方至大別為一條，岷山、衡山至敷淺原為又一條，今之大別山脈不與外方、桐柏同條，則當與衡山、敷淺原並列，不得與嶓冢、荊山、內方為序。若大別必遵班說，則內方決不當為安陸之章山。班志於此，必有一誤，未能俱洽。後人必委曲說之，殊無謂也。餘詳「敷淺原」條。

敷淺原

過九江，至於敷淺原。（夏本紀）

【集解】徐廣曰：「『淺』，一作『滅』。」駰案：國語（當作「孔安國」。）曰：「敷淺原一名博陽山，在豫章。」

〔案〕漢志：「豫章郡歷陵，傅陽山，傅陽川在南。古文以為傅淺原。」歷陵，王莽改蒲亭。唐有蒲塘驛，即今德安縣治。杜佑通典云：「江州潯陽縣蒲塘驛，即漢歷陵也。驛前有敷淺原，原西數十里有敷陽山。」晁以道云：「饒州鄱陽縣界中有歷陵故縣。」後人因疑歷陵在晉時與餘汗、鄡陽俱屬鄱陽郡，而柴桑屬武昌，歷陵不應轉在柴桑之西；或杜氏特以蒲亭、蒲塘而附會說之；其析山與原為二處，亦非是。然晁說亦無據。恐柴桑屬武昌，依長江之下游。歷陵屬鄱陽，跨彭蠡之兩岸。杜說未必虛。朱子九江彭蠡辨以廬山為敷淺原，亦以意推之，無可證信。則不如仍依舊說，以傅淺原在德安界為是。惟班志亦時有誤，不足盡恃。經云：「過九江，至於敷淺原。」又曰：「過九江，至於東陵。」東陵在江北，敷淺原亦不應在江南。上文云：「岷山之陽，至於衡山。」衡山即南陽雉衡山，澧水所出，亦在江北。敷淺原似更不當越至江南。考漢志：「九江郡有博鄉，侯國。莽曰揚陸。」故城今安徽霍邱縣南。博陽山與博鄉同以「博」名。「莽曰揚陸」者，「敷」、「揚」聲義相通。則「傅」、「博」、「敷」、「揚」，皆本一源。今霍邱縣西南八十里，即大別山。以地形言之，自岷、衡至大別，明為一脈，而與嶓冢、荊山、內方判為二列。然則今之大別，即古之博陽；謂之敷淺原者，殆指其山脈之邐迤就盡，原阜未平而言。班志於六安國安豐曰：「禹貢大別山在西南。」蓋即由博陽敷淺原而譌，後人遂相沿目此為大別，而博陽移至豫章江南，遂致衡山、九江諸地，亦積疑塞晦，不可復理矣。又東陵在黃梅北，敷淺原在霍邱南，正為今大別山脈迤東之南北兩極端也。此亦云「過九江」者，蓋辜略之辭。

東陵

過九江，至於東陵。（夏本紀）

【集解】孔安國曰：「東陵，地名。」

〔案〕漢志：「廬江郡金蘭，西北有東陵鄉，淮水所出。」水經注：「江水東過蘄春縣南，蘄水從北東注之。又東過下雉縣北，利水從東陵西南注之。利水出廬江郡東陵鄉。江夏有西陵縣，故是言東矣。尚書『江水過九江，至於東陵』者也。西南流，水積為湖。湖西有青林山，故謂之青林湖。湖水西流，謂之青林水。又西南歷尋陽，分為二水：一水東流，通大雷。一水西南流，注於江，所謂利水也。」今考下雉，今陽新縣東南；利水入江，尚在其下游，當今廣濟縣境。今青林山在廣濟縣東南六十里，則東陵應在今廣濟東北及黃梅縣境也。又水經決水注：「決水又西北，灌水注之。其水導源廬江金蘭縣西北東陵鄉大蘇山，即淮水也。許慎曰：『出雩婁縣。』俗謂之澮水。褚先生所謂『神龜出於江、灌之間，嘉林之中』，蓋謂此水。」胡朏明據此，定金蘭在固始西南，直黃梅之北。錢坫則謂大蘇山即東陵，今商城縣東南五十里。如是，則東陵去江太遠，與「江自東陵東迆北會于匯」之文不合。廬江東陵與江夏西陵相為東西，不應北至商城、固始間。阮元以金蘭即豫章郡治，後改為舒。漢舒地直達大江洲渚。禹貢東陵實指至此東迆為南江，又失之太東。亦由誤以分江水為南江而強說之也。

東陵

召平，故秦東陵侯。（蕭相國世家）

〔案〕秦東陵侯似是關内侯居秦者。

吴岳

①自華以西，名山七，曰吴岳。

②四大冢鴻岐吴岳，皆有嘗禾。（封禪書）

【集解】徐廣曰：「在汧。」

【索隱】案：地理志汧有垂山，無岳山。

〔案〕吴岳，今隴縣南。職方：「雍州山鎮曰嶽山。」漢地理志：「汧縣吴山，古文以為汧山。」郡國志：「汧縣有吴嶽山，本名汧。」

吴陽

雍旁故有吴陽武畤。秦靈公作吴陽上畤，祭黄帝；下畤，祭炎帝。（封禪書）

【索隱】吴陽，地名，蓋在岳之南。

汧

道汧及岐，至於荊山。（夏本紀）

【集解】鄭玄曰：「地理志汧在右扶風也。」

【索隱】「汧」，一作「岍」。案：有汧水，故其字或從「山」，或從「水」，猶岐山然也。

【正義】括地志云：「汧山在隴州汧源縣西六十里。其山東鄰汶、岫，西接隴岡，汧水出焉。」

〔案〕漢志、郡國志皆以汧即吳山；通典、元和志、寰宇記皆謂別有岍山，與吳山不相蒙。蓋本出一脈，今陝西隴縣西。

汧

①周孝王使非子主馬於汧、渭之間，邑之秦，號曰秦嬴。

②秦文公東獵，至汧、渭之會。曰：「昔周邑我先秦嬴於此。」乃卜居之。（秦本紀）

③秦文公東獵汧、渭之間，卜居之而吉。（封禪書）

④西定汧。還下郿、頻陽。（絳侯世家）

⑤汧、洛之屬，為小川，亦皆歲禱賽。（封禪書）

【索隱】地理志汧水出汧縣西北入渭。皇甫謐云「文公徙都汧」也。（封禪書）

【正義】括地志云：「汧水源出隴州汧源縣西南汧山，東入渭。（封禪書）故汧城在隴州汧源縣東南三里。帝五世紀云：『秦襄公二年徙都汧』，即此城。」又：括地志云：「郿縣故城在岐州郿縣東北十五里。秦文公東獵汧、渭之會，卜居之，乃營邑焉，即此城也。」（秦本紀）

〔案〕汧水，今隴縣東南，經汧陽、寶雞東入渭。汧縣故城，今隴縣南。元和志：「秦文公所都。」據文公語，此即非子舊邑。元和志：「隴州東南二十五里，有秦城」，是也。爾雅：「水決之澤為汧。」水經：「汧水出汧縣之蒲谷鄉弦中谷，決為弦蒲藪。」隴州志：「濱水之地，自州以東至汧陽、寶雞幾二百里，謂之汧水，雖隆冬蔬草常青，宜為牧地之美者。」後世注家乃以天水隴西秦亭、秦谷說非子所居，失實殊遠。

汧洛二淵

汧、洛二淵，鳴澤之屬，為小川，亦皆歲禱賽。（封禪書）

【正義】地理志云二川源在慶州華池縣西子午嶺東，二川合，因名也。

〔案〕汧、洛二淵，疑即指汧、洛二水言。正義說別有二川，在華池縣，今甘肅合水縣東北。子午山，在合水縣東五十里。元和志：「華池水在合水縣東北七十里。」未知是否？

岳山

①自華以西，名山七。曰岳山。

②四大冢鴻、岐、吳、岳，皆有嘗禾。（封禪書）

【集解】徐廣曰：「武功縣有大壺山，又有岳山。」

〔案〕漢志：「右扶風武功，垂山，古文以為敦物，在縣東。」「垂」當為「岳」字之譌，今曰武功山，在武功縣南一百里，北連太白山。

岳嶏山

蒲山、岳嶏山之屬，為小山，亦皆歲禱賽。（封禪書）

【集解】徐廣曰：「嶏，音先許反。」

梁山

①治梁及岐。（夏本紀）

②晉景十四，梁山崩。（十二諸侯年表、晉世家。）

③岐、梁山、涇、漆之北，有義渠、大荔、烏氏、朐衍之戎。（匈奴傳）

【集解】梁山在左馮翊夏陽。

【正義】梁山在同州韓城縣東南十九里。（夏本紀）

〔案〕春秋成五公羊傳：「梁山者，河上之山也。」水經注：「河水南逕梁山原東。山在馮翊夏陽縣之西，臨於河上。」古稱大禹治河，始龍門。龍門、梁山皆在今陝西韓城縣。蓋治梁山，即猶云闢龍門。龍門兼跨雍、冀二州，則梁山亦然，蓋如橋梁之駕於河上。後人疑雍州山不當載於冀州，謂梁山乃山西離石縣東北呂梁山，仍是得失參半。

梁山

古公去豳，度漆、沮，踰梁山。（周本紀）

【正義】括地志云：「梁山在雍州好畤縣西北十八里。」鄭玄云：「岐山西南。」然則梁山橫長，其東當（櫟）陽，西北臨河，其西當岐山東北，自豳適周，當踰之矣。

〔案〕郊蓋山西汾旁之邑。古公者，山西絳縣西北有古山、古水，其流入汾；古公蓋自此渡河津，踰韓城縣梁山，而耕殖於漆、沮二水間，即今洛水與石川河間之平原也。

梁山宮

始皇三十五，幸梁山宮。（秦始皇本紀）

【集解】徐廣曰：「在好畤。」

【正義】括地志云：「俗名望宮山，在雍州好畤縣西十二里，北去梁山九里。」

〔案〕梁山，今乾縣西北五里。徐廣説據漢志，亦見水經渭水注。舊説謂孟子「太王去邠，踰梁山，邑於岐山之下」，即此。然按之地勢事情，均不合。蓋邠、郟地望皆誤，因並梁山而不得其處。

龍門

①禹鑿龍門，通大夏。（李斯傳）

②浮於積石，至於龍門西河。（夏本紀）

③道河積石，至於龍門。（夏本紀、河渠書。）

④龍門、碣石北多馬、牛、羊、旃裘、筋角。（貨殖傳）

⑤秦惠文君十二，初臘。會龍門。（六國表）

⑥司馬遷生龍門。（自序）

⑦太史公北自龍門，至於朔方。（河渠書）

【集解】孔安國曰：「龍門山在河東之西界。」（夏本紀）徐廣曰：「在馮翊夏陽縣。」（自序）

【索隱】龍門山在左馮翊夏陽縣西北。（夏本紀）

【正義】括地志云：「龍門在同州韓城縣北五十里。其山更黄河，夏禹所鑿者也。（河渠書注：「為鑿廣八十步。」）龍門山在夏陽縣，遷即漢夏陽縣人也，至唐改曰韓城縣。」（自序）

〔案〕龍門山，今陝西韓城縣東北，黄河西岸跨山西河津縣界。

岐

①治梁及岐。

②荆、岐已旅。

③道汧及岐，至於荆山。（夏本紀）

【集解】徐廣曰：「岐山在扶風美陽西北，其南有周原。」（周本紀）

【正義】括地志云：「岐山在岐州岐山縣東北十里。」（夏本紀）

〔案〕梁山在韓城，荆山在朝邑。岐山蓋九嵕、嵯峨也。

岐

①古公去豳，度漆、沮，踰梁山，止於岐下。（周本紀）

②太王去豳，杖馬箠居岐。（劉敬傳）

③大王、王季在岐。（貨殖傳）

④文王自岐下徙都豐。（周本紀）

⑤成王有岐陽之蒐。（楚世家）

〔案〕漢志：「右扶風安陵，惠帝置。」闞駰曰：「本周之程邑。」括地志：「安陵故城在咸陽縣東二十一里。」周書稱文王在程，作程寤、程典，字又作「郢」，即孟子所謂畢郢也。又名鮮原，詩大雅：「度其鮮原，居岐之陽。」然則文王居岐，正在咸陽。上推古公，亦復如此；不當遠在鳳翔岐山。今說岐陽、鮮原之說求之，岐山斷為九嵕、嵯峨無疑。

岐西

①平王封秦襄公，賜之岐以西之地。曰：「戎無道，侵奪我岐、豐之地，秦能攻逐戎，即有其地。」

②秦文公遂收周餘民有之，地至岐，岐以東獻之周。（秦本紀）

③秦襄十二，伐戎至岐而死。（十二諸侯年表、匈奴傳）

【正義】岐山在岐州。高誘云「秦襄公救周有功，受周故地酆鄗，列為諸侯」也。（匈奴傳）

〔案〕周、秦兩本紀屢言「岐豐」，又曰「岐畢」，又曰「岐以西與秦，岐以東仍周」，證岐山近在宗周。若岐在美陽，豈平王東遷，秦文獻地，尚全有豐鎬之舊境乎？昔人注地之疏率有此類。又成王、宣王皆蒐岐陽；幽王時三川竭，岐山崩。若岐山遠在鳳翔，周王不亟往蒐獵；三川乃涇、洛、渭三川，會於下流，亦與鳳翔岐山不涉。又按：毛詩秦風疏孔穎達云：「本紀曰：『賜襄公岐以西之地。文公遂收周餘民有之，地至岐，岐以東獻之周。』」案：終南之山，在岐之東南。大夫之戒襄公，已引終南為喻，則襄公亦得岐東，非惟自岐以西也。如本紀言，文公獻岐東於周，則秦之東境終不過岐；而春秋之時，秦境東至於河，復是何世得之？本紀之言不可信。」今案：孔氏之疑，亦緣不知岐山地望。至春秋時秦地至河，則因晉惠所獻。蓋岐東之地，自平王之東，晉殺攜王與虢公而得之，其事見於竹書，史所不詳。

岐

①昔我穆公自岐、雍之間，修德行武，東平晉亂，以河為界。

②繆公亡善馬，岐下野人食之。

③岐下食善馬者三百人，馳冒晉軍脫繆公。（秦本紀）

【正義】括地志云：「野人塢在岐州雍縣東北二十里。」案：野人盜馬食處，因名焉。

〔案〕雍縣，今鳳翔縣南；岐山，今岐山縣東北；近在數十里間。恐此所謂「岐、雍之間」者，岐尚在岐周、豐岐之岐。「岐、雍之間」，即岐以西也。野人塢之類，皆後人增飾，不足為據。

岐山

①自華以西，名山七。曰華山、薄山、岳山、岐山、吳岳、鴻冢、瀆山。

②四大冢鴻、岐、吳、岳，皆有嘗禾。（封禪書）

【索隱】地理志岐山在美陽縣西北也。

〔案〕今岐山縣東北。不知何時移豐岐、畢岐之岐於此？周初史迹，東西差失矣！

岐

獲周餘珍收龜於岐。（司馬相如傳）

【集解】岐，水名也。

〔案〕今麟遊縣西。

壺口

冀州：既載壺口。（夏本紀）

【集解】地理志壺口在河東北屈。

【正義】括地志云：「壺口山在慈州吉昌縣西南五十里冀州境也。」

〔案〕今吉縣西北。

雷首

壺口、雷首。（夏本紀）

【索隱】雷首山在河東蒲坂縣東南。

【正義】括地志云：「雷首山在蒲州河東縣。」

〔案〕今永濟縣南。

首山

①天下名山八，五在中國。華山、首山、太室、泰山、東萊。

②黄帝采首山銅，鑄鼎於荆山下。（孝武本紀、封禪書。）

③趙盾常田首山。（晉世家）

【集解】晉灼曰：「地理志首山屬河東蒲坂。」（孝武本紀）又：徐廣曰：「蒲坂縣有雷首山。」（晉世家）

首陽山

①伯夷醜周，餓死首陽山。（游俠傳）

②遂餓死於首陽山。（伯夷傳）

【集解】馬融曰：「首陽山在河東蒲坂華山之北，河曲之中。」

【正義】曹大家注幽通賦云：「夷齊餓於首陽山，在隴西首。」又戴延之西征記云：「洛陽東北首陽山有夷齊祠。」今在偃師縣西北。又孟子云：「夷、齊避紂，居北海之濱。」説文云首陽山在遼西。史傳及諸書，夷、齊餓於首陽凡五所，各有案據，先後不詳。莊子云：「伯夷、叔齊西至岐陽，見周武王伐殷，曰：『不若避之以絜吾行。』二子北至於首陽之山，遂饑餓而死。」又下詩「登彼西山」，是今清源縣首陽山，在岐陽西北，明即夷、齊餓死處也。（伯夷傳）

〔案〕首陽乃首山之陽耳。後世紛紛有首陽山，皆附會依託，不可據。

首

幷蒲、衍、首、垣，以臨仁、平邱，黄、濟陽嬰城。（春申君傳）

【索隱】首蓋牛首。

〔案〕牛首，春秋鄭邑，今河南通許縣西北，與蒲、衍地望不合；索隱非也。

薄山　襄山

自華以西，名山七。曰薄山。薄山者，襄山也。（封禪書）

【集解】徐廣曰：「蒲阪縣有襄山，或字誤也。」

【索隱】應劭云：「襄山在潼關北十餘里。」穆天子傳云：「自河首襄山。」酈元水經云：「薄山統目與襄山不殊，在今芮城北，與中條山相連。」

【正義】括地志云：「薄山亦名襄山，一名寸棘山，一名渠山，一名雷首山，一名獨頭山，一名首陽山，一名吴山，一名條山，在陝州芮縣城北十里。」此山西起雷山，東至吴坂，凡十名，以州縣分之，多在蒲州。今史文云：「自華以西」，未詳也。

〔案〕山稱「雷」者，即急水迴旋成螺之義，如古彭蠡之稱大雷也。「襄」者，水勢之騰驤；「薄」者，水流之衝薄；皆一義。大河自此折而東，其南即潼關也。「潼」亦急水衝撞之義。

霍太山

①蜚廉為壇霍太山。

②遂葬於霍太山。（秦本紀）

③余霍泰山山陽侯天使也。（趙世家）

【集解】駰案：地理志霍太山在河東彘縣。皇甫謐云：「去彘縣十五里有蜚廉塚。」（秦本紀）徐廣曰：「在河東永安縣。」（趙世家）

〔案〕霍太山，今霍縣東北。

太嶽　嶽陽　嶽鄙

①壺口、雷首至於太嶽。

②既修太原，至於嶽陽。（夏本紀）

③武王曰：「我南望三塗，北望嶽鄙。」（周本紀）

【集解】孔安國曰：「太嶽在上黨西也。」又太嶽在太原西南。

【索隱】即霍太山也。

【正義】括地志云：「太嶽，霍山也，在沁州沁源縣西七八十里。」（夏本紀）

砥柱

①東至砥柱。

②砥柱、析城至於王屋。（夏本紀）

②南到華陰，東下砥柱。

④漕從山東西，更砥柱之限，敗亡甚多。

⑤張湯言：「通褒斜道，從沔無限，便於砥柱之漕。」（河渠書）

⑥番係欲省砥柱之漕，穿汾、河渠以溉田。（平準書）

【索隱】水經云：砥柱山在河東太陽縣南河水中也。

【正義】括地志云：「底柱山，俗名三門山，硤石縣東北五十里黄河之中。」孔安國云：「底柱，山名。河水分流，包山而過，山見水中，若柱然也。在西虢之界。」（夏本紀）

〔案〕今平陸縣東五十里大河中流。

析城

砥柱、析城至於王屋。（夏本紀）

【索隱】析城山在河東濩澤縣西南。

【正義】括地志云：「析城縣在澤州西南七十里。注水經云：『析城山甚高峻，上平坦，有二水，東濁西清，左右不生草木。』」

〔案〕今陽城縣西南。

王屋

砥柱、析城至於王屋。（夏本紀）

【索隱】王屋山在河東垣縣東北。

【正義】括地志云：「王屋山在懷州王屋縣北十里。古今地名云：『山方七百里，山高萬仞，本冀州之河陽山也。』」

〔案〕今陽城縣西南一百里，在析城西，與禹貢序次不合。

太行

①太行、常山至於碣石。（夏本紀）

②殷紂之國，左孟門，右太行。（孫吳傳）

③桓公西伐大夏，涉流沙，束馬懸車登太行，至卑耳山。（齊世家）

④莊公以兵隨欒盈，上太行，入孟門。（齊世家、晉世家。）

⑤晉平十，伐齊至高唐，報太行之役。（十二諸侯年表）

⑥韓桓惠十，秦擊我太行。（六國表、韓世家。）

⑦（同年）秦昭四十四年，白起攻南陽太行道，絕之。（白起傳）

⑧我起乎少曲，一日而斷太行。（蘇秦傳）

⑨北守太行之道，則上黨之師不下。

⑩決羊腸之險，塞太行之道，又斬范、中行之塗，六國不得合從。（范睢蔡澤傳）

⑪杜太行之道，距蜚狐之口。（酈生傳）

【集解】韋昭曰：「在河內野王北。」（酈生傳）

【索隱】太行山在河內山陽縣西北。

【正義】括地志云：「太行山在懷州河內縣北二十五里，有羊腸坂。」（夏本紀）

〔案〕太行山，今山西晉城縣南。緜亙燕、晉，山以百數，雖隨地異名，皆古太行也。

大邳

①東過雒汭，至於大邳。（夏本紀、河渠書。）

②太史公東窺洛汭、大邳。（河渠書）

【索隱】爾雅云：「山一成曰邳。」或以為成皋山是。（夏本紀）

【正義】孔安國云：「山再成曰邳。」（河渠書）括地志云：「大邳山，今名黎陽東山，又曰青壇山，在衛州黎陽南七里。張揖云今成皋，非也。」（夏本紀）

〔案〕水經注：「河水東逕成皋大伾山下。鄭康成曰：『地喉也。沇出伾際。在河內修武、武德之界。濟、沇之水與滎播澤出入自此。』然則大伾即是山矣。伾北即經所謂『濟水從北來注之』者也。今濟水自溫縣入河，所入者奉溝水耳，即濟、沇之故瀆矣。成皋縣故城在伾上，縈帶伾阜，絕岸峻周，高四十許丈。」又：「濟水東過成皋縣北」，注：「晉地道志曰：『濟自大伾入河，與河水鬬，南泆為滎澤。』」又：「濟水東合滎瀆，瀆首受河水，有石門，謂之滎口。蓋故滎、播所導，自此始。門南際河，有陽嘉三年故碑云：『伊、洛合注大河，南則緣山，東過大伾，回流北岸，其勢鬱懞濤怒，湍急激疾，一有決溢，彌原淹野。』」今據「太史公東窺洛汭、大伾」之語，知古人自司馬遷下逮東漢陽嘉河臣，皆以大伾近洛汭，即成皋山。此古說也。下至晉人，並守勿變。惟鄭康成謂「在修武、武德之界」，舉河北岸言之，其辭足以生疑。漢書臣瓚注：「今修武、武德無此山，成皋縣山又不一成。今黎陽山臨河，豈是乎？」不知一成、再成，本無定說；黎陽山本無大伾之名，故臣瓚亦未敢確指。後人乃羣遵瓚說，絕棄舊誼，殊為失之。大伾山今在河南舊汜水縣西北一里，西去洛口纔四十里。黎陽山在今濬縣東南二十里。

碣石

①夾右碣石，入於海。

②太行、常山至於碣石，入於海。（夏本紀）

③龍門、碣石北多馬、牛、羊、旃裘、筋角。（貨殖傳）

④始皇三十二，之碣石，刻碣石門。（秦始皇本紀）

⑤二世元年，東巡碣石，並海南，歷泰山，至會稽。（封禪書）

⑥既封禪泰山，乃並海上，北至碣石，巡自遼西，歷北邊至九原。（孝武本紀、封禪書。）

⑦後三年，游碣石，考入海方士。（封禪書）

【集解】孔安國曰：「碣石，海畔山也。」

【索隱】地理志云：「碣石山在北平驪城縣西南。」太康地理志云：「樂浪遂城縣有碣石山，長城所起。」又水經云：「在遼西臨渝縣南水中。」蓋碣石山有二，此云「夾右碣石，入於海」，當非北平之碣石。（夏本紀）

【正義】碣石山在平州盧龍縣。（貨殖傳）

〔案〕碣石傳說不一。漢志驪成，今亦無的所。後魏地形志、隋志、括地志、通典、通考諸書皆言盧龍，然盧龍不濱海，縣志亦無此山。文穎言在絫縣，即今昌黎境。漢志絫縣有碣石水，不言有山。明一統志謂碣石在昌黎西北五十里，則今稱書院山也。府志則謂今縣北十里之仙人臺山。惟顧氏肇域志謂山東無棣縣北六十里馬谷山，即古碣石；此山在古九河之下，合於禹貢「入河」、「入海」之文。又通鑑地理通釋云：「秦長城起自碣石。此在高麗界中，當名左碣石；禹貢碣石為右碣石。」

碣石

①燕南有碣石、雁門之饒。（蘇秦傳）

②燕亦勃、碣之間一都會也。（貨殖傳）

【索隱】戰國策碣石山在常山九門縣。地理志大碣石山在右北平驪城縣西南是也。（蘇秦傳）

〔案〕九門故城，今藁城縣西北。是碣石當與恆山連麓。

碣石宮

燕昭王築碣石宮。（孟子荀卿傳）

【正義】碣石宮在幽州薊縣西三十里甯臺之東。

〔案〕碣石宮，清一統志在宛平縣西。

勃碣

①自華以南，氣下黑上赤。嵩高、三河之郊，氣正赤。恆山之北，氣下黑上青。勃、碣、海岱之間，氣皆黑。江、淮之間，氣皆白。

②中國山川東北流，其維，首在隴、蜀，尾沒於勃、碣。（天官書）

蒙

蔡、蒙旅平。（夏本紀）

【索隱】此非徐州之蒙，在蜀郡青衣縣。青衣後改為漢嘉。

【正義】括地志云：「蒙山在雅州嚴道縣南十里。」

〔案〕漢志：「蜀郡青衣，禹貢蒙山在西。」青衣，今雅安縣北。然禹貢江源乃指嘉陵江，則蒙山決不在雅安。

蒙

蒙、羽其藝。（夏本紀）

【集解】鄭玄曰：「蒙、羽，二山名。」

【索隱】蒙山在泰山蒙陰縣西。（按漢志，當云在「西南」。）

〔案〕今蒙陰縣南，接費縣界。

蒙　蒙澤

①宋萬殺湣公於蒙澤。（宋世家）

②莊子，蒙人。（老莊申韓傳）

③攻蒙，虜取之。（周勃世家）

【集解】賈逵曰：「蒙澤，宋澤名也。」杜預曰：「宋地，梁國有蒙縣。」

〔案〕蒙縣故城，今商邱縣東北。蒙澤，疑即孟諸澤。

漆園

莊周為蒙漆園吏。（老莊申韓傳）

【正義】括地志云：「漆園故城在曹州宛句縣北十七里。」按：其城古屬蒙縣。

〔案〕宛句，今菏澤縣地。漆園故城，當在今山東菏澤縣北。蒙縣故城，在今河南商邱縣東北。

或說漆園即在蒙縣故城中，史稱爲蒙之漆園吏，則不得至菏澤。蓋孔安國已謂「明都澤謂菏東北」，此蓋即以蒙爲明都孟諸，故亦得謂在宛句也。（參看「明都孟諸」條。）閻若璩則謂「蒙漆園吏」當是「宋漆園吏」之字譌。又安徽定遠縣東亦有漆園，蓋以游濠梁而來。

卷四　禹貢山水名　中

九川

道九川。（夏本紀）

【索隱】弱、黑、河、瀁、江、沇、淮、渭、洛為九川。

〔案〕九川：弱水、黑水、河、漾、江、沇、淮、渭、洛。索隱有脱字。

河

四瀆者，江、河、淮、濟也。（封禪書）

河

①唐在河、汾之東，方百里。（晉世家）

②昔三代之君皆在河、洛之間。（封禪書）
③太史公見父於河、洛之間。（自序）
④周公以殷餘民封康叔為衛君，居河、淇間故商墟。（衛世家）
⑤衡，殷中州河、濟之間。
⑥戊、己，中州河、濟也。（天官書）
⑦淮北、常山已南，河、濟之間千樹荻。（貨殖傳）
⑧獨雒之東土，河、濟之南可居。（鄭世家）

河

①康公命太公曰：「東至海，西至河。」（齊世家）
②齊有清濟、濁河可以為固。（蘇秦傳）
③齊景公時，晉伐阿、甄，而燕侵河上。（司馬穰苴傳）
④河北不師，所以備燕。（蘇秦傳）
⑤河北之地隨先王而舉之濟上。（樂毅傳）
⑥燕日敗亡，卒至河上。（田單傳）
⑦逐燕，北至河上。（樂毅傳）

⑧彭越將兵北居河上。（彭越傳）

⑨項籍殺宋義於河上。（黥布傳）

【正義】黄河又一源從洛、魏二州界北流入海，亦齊西北界。河北謂滄、博等州，在漯河之北。（蘇秦傳）河上，黄河南岸地，即滄、德二州北界。（司馬穰苴傳）彭越居河上，在滑州。（彭越傳）

河

①趙肅十八，齊、魏伐趙，趙決河水灌之。（六國表、趙世家、田齊世家。）

②趙惠文十八，再之衛東陽，決河水，伐魏氏。大潦，漳水出。

③二十一，徙漳水。二十七，再徙漳水。河水出，大潦。（趙世家）

西河

①浮於積石，至於龍門西河。（夏本紀）

②吴起為西河守。（吴起傳）

③西河之守，臣之所進也。（魏世家）

④魏盡入西河及上郡於秦。（匈奴傳）

⑤秦人拱手而取西河之外。（秦始皇本紀）

⑥秦告趙欲為好會於西河外澠池。（藺相如傳）

⑦惠文二十，與秦昭王遇西河外。（趙世家）

⑧涉西河，虜魏王。（淮陰侯傳）

【正義】河在冀州西，故云西河也。（夏本紀）

〔案〕自戰國魏文侯已有西河郡，然魏之西河，自焦、虢、桃林之塞至抵關、洛，其界最廣。秦以其東界併入內史，西界併入上郡。漢分置者，特秦上郡所屬地。

西河

①郊雍，通回中道，巡之。春，至鳴澤，從西河歸。（封禪書）

②度西河，至高闕。（衛霍傳）

③漢使因杅將軍敖出西河，與彊弩都尉會涿涂山。（匈奴傳）

④負海之粟致之西河。（淮南傳）

⑤朔方、西河、河西、酒泉皆引河及川谷以溉田。（河渠書）

⑥上郡、朔方、西河、河西開田官，斥塞卒六十萬人戍田之。（平準書）

⑦西河郭公仲。（游俠傳）

【正義】即雲中郡之西河，云勝州東河也。（衛霍傳）

西河

①衛靈公問伐蒲，孔子曰：「其男子有死之志，婦人有保西河之志。」（孔子世家）

②王緖繳蘭臺，飲馬西河，定魏大梁，此一發之樂也。（楚世家）

【索隱】曰此西河在衛地，非魏之西河也。（孔子世家）

西河

子夏居西河教授。（仲尼弟子傳、儒林傳。）

【索隱】在河東郡之西界，蓋近龍門。劉氏云：「今同州河西縣有子夏石室學堂在也。」

【正義】西河郡，今汾州也。爾雅云：「兩河間曰冀州。」禮記云：「自東河至於西河。」河東故號龍門河為西河，漢因為西河郡，汾州也，子夏所教處。括地志云：「謁泉山一名隱泉山，在汾州堰城縣北四十里。」（仲尼弟子傳）

〔案〕子夏居西河，亦衛地。索隱、正義皆誤。

南河

①舜讓避丹朱於南河之南。（五帝本紀）

②浮於江、沱、涔、（於）漢，踰於雒，至於南河。（夏本紀）

【集解】劉熙曰：「南河，九河之最在南者。」

【正義】括地志云：「故堯城在濮州鄄城縣東北十五里。竹書云『昔堯德衰，為舜所囚』也。又有偃朱故城，在縣西北十五里。竹書云『舜囚堯，復偃塞丹朱，使不與父相見』也。」按：濮州北臨漯，大川也。河在堯都之南，故曰南河，禹貢「至于南河」是也。其偃朱城所居，即「舜讓避丹朱於南河之南」處也。（五帝本紀）

〔案〕河曲以北，秦、晉分界，大率謂之西河。河曲之南，折而東經周、鄭之界，則為南河。更折而東北，穿入衞、齊界，則為東河。集解、正義說皆非。

南河

晉文公假道於衞，不許。更從南河度，救宋。（衞康叔世家。案：晉世家作「自河南渡」，誤倒。）

【集解】服虔曰：「南河，濟南之東南流河也。」杜預曰：「從汲郡南度，出衞南。」

棘津

呂尚困於棘津。（游俠傳）

【集解】徐廣曰：「在廣川。」

【正義】古亦謂之石濟津，故南津。

〔案〕左昭十七：「晉荀吳帥師涉自棘津。」水經注：「棘津亦謂之濟津，故南津也。晉自南河濟，即此。」河水於是亦有濟津之名。地在今延津縣東北，故胙城之北，汲縣之南七里；已湮。

北河

①惠文五，游至北河。

②昭襄二十，王之上郡、北河。（秦本紀）

③始皇三十六，遷北河榆中三萬家。（秦始皇本紀、六國表。）

④發天下丁男以守北河。

⑤使天下蜚芻輓粟，起於東腄、琅邪負海之郡，轉輸北河，率三十鍾致一石。

⑥秦時嘗發三十萬眾築北河。（主父偃傳）

⑦絕梓領，梁北河。（衛霍傳）

【正義】案：北河，靈、夏州黄河也。（秦本紀）謂北河勝州也。（秦始皇本紀）括地志云：「梁北河在靈州界。」（衛霍傳）

河內

①殷人都河內。（貨殖傳）

②獻公時，晉彊，西有河西，北邊翟，東至河內。（晉世家）

③襄王以河內地與晉。（周本紀）

④周襄王賜晉河內陽樊之地。（晉世家）

⑤晉文公攘戎翟，居於河內圁、洛之間。（匈奴傳）

⑥西門豹引漳溉鄴，以富魏之河內。（河渠書）

⑦西門豹守鄴，而河內稱治。（魏世家）

⑧魏獻河東。拔魏河內，取城大小六十餘。（穰侯傳。案：此在昭十八。）

⑨昭二十一，攻魏河內，魏獻安邑。（秦本紀）

⑩（同年）魏納安邑及河內。（六國表）

⑪河外、河內。

⑫城垝津以臨河內，河內共、汲必危。（魏世家）

⑬舉河內，拔燕、酸棗、虛、桃，入邢。（春申君傳）

⑭山東、河內可得而一。（楚世家）

⑮始皇十八，端和將河內，羌瘣伐趙。（秦始皇本紀）

⑯項羽立司馬印為殷王，王河內，都朝歌。（項羽本紀）

⑰殷王司馬卬降漢，地為河內郡。（秦楚之際月表）

【索隱】河內，河曲也。內，音汭。（晉世家）大河在鄴東，故名鄴為河內。（魏世家）

【正義】古帝王之都多在河東、河北，故呼河北為河內，河南為河外。又云：河從龍門南至華陰，東至衛州，折東北入海，曲繞冀州，故言河內云也。又：河外謂華州以東至虢、陝，河內謂蒲州以東至懷、衛也。（魏世家）

〔案〕河內西阻王屋諸山，與河東分隔，北則太行蔽之。漢河內郡治懷，今武陟縣西南。

河外

河外、河內。（魏世家）

【正義】河外謂華州以東至虢、陝。

河外

①河外割則道不通。

②魏軍河外。（蘇秦傳）

③梁效河外。（蘇秦傳）

【索隱】河外謂陝及曲沃等處也。

【正義】河外，同、華等地也。（蘇秦傳）

河外

①魏哀二十三，秦復予魏河外及封陵為和。（魏世家）

②（同年）韓襄十六，秦與韓河外及武遂。（韓世家）

【正義】河外陝、虢、曲沃等地。（秦本紀）

〔案〕秦本紀：「秦與韓、魏河北及封陵以和。」而正義注不解「河北」而解「河外」，疑秦紀本作「河外」。此河外即河北，或本秦人言之。

河外

①莊襄四，五國擊秦，秦卻之河外。（秦本紀）

②魏公子率五國兵破秦軍於河外。（信陵君傳）

【正義】河外，陝、華二州也。（秦本紀）

河外

①魏北有河外、卷、衍、酸棗。（蘇秦傳）

②秦下兵攻河外，據卷、衍、酸棗。（張儀傳）

【正義】河外謂河南地，即卷、衍、燕、酸棗。（張儀傳）

河外

一軍軍成皋，驅韓梁軍於河外。（張儀傳）

【正義】河外謂鄭、滑州，北臨河。

河外

悼襄五，慶舍將東陽河外師，守河梁。（趙世家）

【正義】河外，河南岸魏州地也。

河東

①昔唐人都河東。（貨殖傳）

②秦昭十七，魏入河東地方四百里。（六國表、魏世家。按：秦本紀：「是年，秦以垣為蒲阪、皮氏。」索隱：「『為』當為『易』。」河東四百里，秦蓋以垣易之。）

③穰侯封四歲，魏獻河東方四百里。（穰侯傳）

④昭王拜王稽為河東守。（范雎傳）

⑤韓信定魏地，置三郡，曰河東、太原、上黨。（高祖本紀。按：月表：「漢滅趙歇，地屬漢，為太原郡。」）

⑥韓信虜魏豹，地屬漢，為河東、上黨郡。（秦楚之際月表）

⑦韓信虜豹，定魏為河東郡。（淮陰侯傳）

⑧河東吾股肱郡。（季布傳）

⑨河東渠田廢，予越人。（河渠書）

〔案〕漢河東郡治安邑，今夏縣北。

河東

昭襄二十二，伐齊。河東為九縣。（秦本紀）

〔案〕衞有西河，齊亦有河東。

三河

①柳、七星、張，三河。

②嵩高、三河之郊，氣正赤。（天官書）

③三河在天下之中，若鼎足，王者所更居。地狹人眾，都國諸侯所聚會，故其俗纖儉習事。

④三河、宛、陳好農重民，加以商賈。（貨殖傳）

⑤悉發關内兵，收三河士。（高祖本紀）

⑥發三河以西騎擊西羌。（平準書）

⑦使刺舉三河。（田叔傳）

【集解】韋昭曰：「河南、河東、河内。」（高祖本紀）

河西

①獻公時，晉彊，西有河西，與秦接境。

②夷吾賂秦，曰：「得入，以晉河西地與秦。」（晉世家）

③夷吾請割晉之河西八城入秦。

④夷吾獻河西地，是時秦地東至河。

⑤秦出子二年，庶長改迎獻公於河西而立之。

⑥秦往者君臣乖亂，晉復奪秦河西地。

⑦惠文君八，魏納河西地。（秦本紀）

⑧魏襄王予秦河西之地。（魏世家）

⑨肅侯二十二，趙疪與秦戰，敗，秦殺疪河西，取代藺、離石。（趙世家）

⑩予嫪毐山陽地，又以河西太原郡為毐國。（秦始皇本紀。集解：徐廣曰：「『河』，一作『汾』。」）

【正義】謂同、華等州地。又：河，即龍門河也。又：西者，秦州西縣，秦之舊地。時獻公在西縣，故迎立之。（秦本紀）

〔案〕篇中河西皆一義，正義忽以西縣釋獻公居，大誤。秦先不在西縣，已辨見「西垂」條。

河西

①渾邪王以眾降，遂開河西、酒泉之地。（衛霍傳）

②渾邪王降漢，而金城、河西西並南山至鹽澤空無匈奴。（大宛傳）

③漢已得渾邪王，則隴西、北地、河西益少胡寇。（匈奴傳）

④朔方、西河、河西、酒泉皆引河及川谷以溉田。（河渠書）

⑤上郡、朔方、西河、河西開田官，斥塞卒六十萬人戍田之。（平準書）

【正義】河謂隴右蘭州之西河也。謂涼、肅等州。（衛霍傳）

河源

①鹽澤潛行地下，其南則河源出焉。

②漢使窮河源，河源出于寘。

③天子名河所出山曰崑崙云。（大宛傳）

【集解】鄧展曰：「尚書曰：『導河積石』，是為河源出于積石。積石在金城河關，不言出于崑崙也。」

【索隱】案：漢書西南夷傳（當為「西域傳」。）云：「河有兩源：一出葱嶺山，一出于寘。」山海經云：「河出崑崙東北隅。」郭璞云：「河出崑崙，潛行地下，至葱嶺山于寘國，復分流岐出，合而東注泑澤，已而復行積石，為中國河。」泑澤，即鹽澤也。又：案山海經：「河出崑崙東北隅。」西域傳云：「南出積石山為中國河。」積石本非河之發源，猶尚書「導洛自熊耳」，然其實出于葱嶺山，乃東經熊耳。今推此義，河亦然矣。則河源本崑崙而潛流至于寘，又東流至積石，始入中國，則山海經並禹貢各互舉耳。

盟津

①東至砥柱，又東至於盟津。（夏本紀）

②東下砥柱，及孟津、雒汭。（河渠書）

③武王東觀兵，至於孟津。諸侯不期而會者八百。（周本紀、齊世家。）

④武王有盟津之誓。（楚世家）

【集解】孔安國曰：「在洛北。」

【索隱】「盟」，古「孟」字。孟津在河陰。十三州記云：「河陽縣在於河上，即孟津」，是也。

【正義】杜預云：「盟，河內郡河陽縣南孟津也，在洛陽城北。都道所湊，古今為津，武王渡之，近代呼為武濟。」括地志云：「盟津，周武王伐紂，與八百諸侯會盟津。亦曰孟津，又曰富平津。水經云小平津，今云河陽津是也。」（夏本紀）孟津在洛州河陽縣南門外。（河渠書）

〔案〕今孟縣南十八里。

河陽

①晉文公召襄王，會河陽、踐土。（周本紀）

②晉侯會諸侯於溫，使人言周襄王狩於河陽。（晉世家）

③踐土之會實召周天子，而春秋諱之曰：「天王狩於河陽。」（孔子世家）

④秦宣公四年，與晉戰河陽，勝之。（秦本紀）

⑤惠文十一，與魏氏伐宋，得河陽於魏。（趙世家）

⑥河陽侯。（高祖功臣侯年表）

【集解】賈逵曰：「河陽，晉之溫也。」（周本紀）

〔案〕河陽故城，今河南孟縣西三十五里許，武王會諸侯於盟津是也。

河雍

昭襄十八，攻垣、河雍，決橋取之。（秦本紀）

【集解】徐廣曰：「汲冢紀年云：『魏哀王二十四年，改河陽曰河雍。』」

金堤

孝文十二年，河決東郡金堤。（漢興以來將相名臣年表、封禪書。）

【集解】駰案：漢書音義曰：「在東郡界。」（封禪書）

〔案〕時漢興未四十年，所謂金堤，當係秦前物。今河南濬縣西南，及滑縣東。

瓠子

①元光三年，河決於瓠子。（漢興以來將相名臣年表）

②河決瓠子，東南注鉅野，通於淮、泗。（河渠書）

③自河決瓠子後二十餘歲，歲數不登，而梁、楚之地尤甚。

④卒塞瓠子，築宮其上，名曰宣房宮。（河渠書）

⑤過祠泰山。還至瓠子，自臨塞決河。（孝武本紀、封禪書。）

【集解】服虔曰：「瓠子，堤名。」蘇林曰：「在甄城以南，濮陽以北，廣百步，深五丈許。」瓚曰：「所決河名。」（孝武本紀）

〔案〕瓠子河故瀆，今濮陽縣南。

鉅野

①彭越常漁鉅野澤中。（彭越傳）

②彭越去之巨野中為盜。（欒布傳）

③出鉅野，與鍾離昧戰。（酈商傳）

④自鴻溝以東，芒、碭以北，屬巨野，此梁、宋也。（貨殖傳）

⑤河決瓠子，東南注鉅野。

⑥吾山平兮鉅野溢。（河渠書）

【正義】括地志云：「鄆州鉅野縣東北大澤是。」（河渠書）

〔案〕鉅野澤，今鉅野縣北五里，亦曰巨澤，禹貢、職方曰大野。寰宇記：「南北三百里，東西百餘里。元至元末為河水所決，遂涸。」

〔又案〕今鉅野縣西至菏澤縣界，不過九十里；定陶東北鉅野縣界，不過四十里，地望甚近。

大野

①大野既都。（夏本紀）

②魯哀十四春，狩大野。（孔子世家）

【集解】鄭玄曰：「大野在山陽鉅野北，名鉅野澤。」（夏本紀）服虔曰：「大野，藪名，魯田圃之常處，蓋今鉅野是也。」（孔子世家）

【正義】括地志云：「獲麟堆在鄆州鉅野縣東十二里。宗國都城記：『鉅野故城東十里澤中有土臺，廣輪四五十步，俗云獲麟堆，去魯城可三百餘里。』」（孔子世家）

廣野

沛公以酈食其為廣野君。（高祖本紀）

【索隱】韋昭云：「在山陽。」

〔案〕韋說蓋以廣野即大野。

吾山

功無已時兮吾山平。吾山平兮鉅野溢。（河渠書）

【集解】徐廣曰：「東郡東阿有魚山，或者是乎？」

〔案〕今東阿縣西八里，大清河之西。

宣房　宣防　宣房宮

①卒塞瓠子，築宮其上，名曰宣房宮。

②宣房塞兮萬福來。

③其著者在宣房。

④余從負薪塞宣房。（河渠書）

⑤爰及宣防，決瀆通溝。（自序）

〔案〕今濮陽縣西南。

二渠

①河所從來高，水湍悍，難行平地，乃廝二渠以引其河。

②道河北行二渠，復禹舊迹。（河渠書）

【集解】案：漢書音義曰：「廝，分也。二渠，其一出貝丘西南二折者也，其一則漯川。」

【索隱】「廝」，漢書作「灑」。韋昭云：「疏決為灑。」廝，即分其流泄其怒是也。二渠，其一則漯川，其二王莽時遂空也。

〔案〕黄河自今河南滑縣，經河北濮陽西北、清豐南、南樂西北、大名南，入山東館陶界。此西漢以前經行之道。漢書武紀：「元光三年春，河水徙，從頓丘東南流入勃海。夏，又決濮陽。」蓋頓丘決口奪漯川之道，東北至千乘入海也。漯川狹小不能容，故又自長壽津溢而東，以決於濮陽，則東南注鉅野，而北瀆之流微矣。及宣房塞，復導河北行二渠，則正流全歸北瀆，餘波仍為漯川。北瀆王莽時空，故俗名是瀆為王莽河。

九河

①禹鑿龍門，通大夏，疏九河。（李斯傳）

②九河既道。（夏本紀）

③北過降水，至於大陸，北播為九河。（夏本紀、河渠書。）

【集解】馬融曰：「九河名徒駭、太史、馬頰、覆釜、胡蘇、簡、潔、鉤盤、鬲津。」（夏本紀）

〔案〕九河自漢人已不能確指。許商言：「有徒駭、胡蘇、鬲津，今見在成平、東光、鬲縣界中。自鬲津以北至徒駭閒，相去二百餘里。」此西漢人言九河之大概。地理志云：「渤海成平，有虖池河，民曰徒駭河。」則班氏復以徒駭為滹沱，與許商復異。

逆河

北播為九河，同為逆河，入于海。（夏本紀、河渠書。）

【集解】鄭玄曰：「下尾合名曰逆河，言相逆受也。」（夏本紀）

〔案〕逆河即九河會為一河入海處，以海潮逆上名。當在今天津以東，久為海水所没，無其地矣。

勃海　渤海

①播為九河，同為逆河，入於勃海。（河渠書）

②齊北有勃海之利。（高祖本紀）

③齊涉勃海。（蘇秦傳）

④樓船將軍楊僕從齊浮渤海。（朝鮮傳）

⑤八神，六在齊北，並勃海。

⑥三神山傳在勃海中。

⑦上臨勃海，將以望祀蓬萊之屬。（封禪書）

【集解】瓚曰：「禹貢曰：『夾右碣石入于海。』然則河口之入海乃在碣石。武帝元光二年，河徙東郡，更注勃海。禹時不注勃海也。」（封禪書）

【索隱】崔浩云：「勃，旁跌也。旁跌出者，橫在濟北，故齊都賦云：『海旁出為勃，名曰勃海郡。』」（高祖本紀）

〔案〕漢勃海郡治浮陽，今滄縣東南四十里。

渭

①道渭自鳥鼠同穴。

②涇屬渭汭。（夏本紀）

③出入涇、渭。（司馬相如傳）

④關東漕粟從渭中上，時有難處。引渭穿渠，徑，易漕。

⑤斜水通渭。（河渠書）

⑥渭川千畝竹。（貨殖傳）

【索隱】張揖曰：「渭水出隴西首陽縣鳥鼠同穴山，東北至華陰入河。」（司馬相如傳）

【正義】渭水源出渭原縣西七十六里鳥鼠山，今名青雀山。渭有三源，並出鳥鼠山，東流入河。（夏本紀）

〔案〕渭水出今甘肅渭源縣北，至陝西潼關縣北入河。淮南子：「渭水多力宜黍。」

渭南

①秦宣公作密畤於渭南，祭青帝。（封禪書。案：六国表作「渭陽」。）

②躁公十三年，義渠來伐，至渭南。（秦本紀。案：應據表作「渭陽」。）

③漢二年，置渭南、河上、中地郡。（高祖本紀）

【集解】徐廣曰：「後曰京兆。」（高祖本紀）

渭北

張武軍渭北。（孝文本紀）

渭陽

西伯獵，果遇太公於渭之陽。（齊世家）

【正義】括地志云：「茲泉水源出岐州岐山縣西南凡谷。呂氏春秋云：『太公釣於茲泉，遇文王。』酈元云：『磻磎中有泉，謂之茲泉。今人謂之凡谷。水次有磻石，是有磻磎之稱也。其水北流十二里注于渭。』說苑云：『呂望年七十釣于渭渚。』」

〔案〕磻溪水，今寶鷄縣東南。「齊、許、申、呂由太姜」，則太公乃周室外戚。垂釣之說既不可信，更無論其地望。

渭陽

①秦躁十三，義渠來侵，至渭陽。（六國表。案：秦本紀作「渭南」，字譌。）

②孝文十六，上始見渭陽五帝。（漢興以來將相名臣年表）

③作渭陽五帝廟。

④文帝親拜霸、渭之會，以郊見渭陽五帝。五帝廟南臨渭，北穿蒲池溝水。（封禪書）

涇

①涇屬渭汭。

②渭東北至於涇。（夏本紀）

③武王放逐戎夷涇、洛之北。

④岐、梁山、涇、漆之北有義渠、大荔、烏氏、朐衍之戎。

⑤犬戎殺周幽王驪山下，遂取周之焦穫，而居于涇、渭之間。（匈奴傳）

⑥晉厲公率諸侯伐秦，追至涇而還。（秦本紀、十二諸侯年表、晉世家。）

⑦晉悼公伐秦，渡涇，至棫林而還。（秦本紀、晉世家。）

⑧韓水工鄭國說秦，令鑿涇水自中山西邸瓠口為渠。（河渠書）

⑨南帶涇、渭。（范雎傳）

⑩南有涇、渭之沃。（刺客傳）

⑪出入涇、渭。（司馬相如傳）

⑫涇、渭非大川，以近咸陽，得比山川祠。（封禪書）

【集解】鄭玄曰：「地理志涇水出安定涇陽。」（夏本紀）

【索隱】張揖曰：「涇水出安定涇陽縣笄頭山，東至陽陵入渭。」（司馬相如傳）

【正義】括地志云：「涇水源出原州百泉縣西南笄頭山涇谷，東南流入渭也。」（夏本紀）

〔案〕涇水源出今甘肅固原縣南、隆德縣東北六盤山，至陝西高陵縣西南入渭。

洛

①西伯獻洛西之地。（殷本紀）

②武王放逐戎夷涇、洛之北。

③晉文公攘戎翟，居於河內圁、洛之間。（匈奴傳）

④魏築長城，自鄭濱洛以北。

⑤秦簡公壍洛，城重泉。

⑥孝公十二，東地渡洛。（秦本紀）

⑦秦鑿涇水自中山西邸瓠口為渠，並北山東注洛。

⑧臨晉民願穿洛以溉重泉以東萬餘頃故鹵地。於是穿渠，自徵引洛水至商顏下，名龍首渠。（河渠書）

【集解】徐廣曰：「洛在上郡、馮翊間。」（匈奴傳）又曰：「出馮翊懷德縣。」（河渠書）

【索隱】晉灼曰：「洛水在馮翊懷德縣，東南入渭。」又案：水經云出上郡彫陰泰昌山，過華陰入渭，即漆沮水也。（匈奴傳）

【正義】洛水一名漆沮水，在同州洛西之地，謂洛西及丹、坊等州也。（殷本紀）

〔案〕洛水出陝西靖邊縣，南至朝邑界入河。周官：「雍州浸曰渭、洛。」源流緜遠，與涇、渭相埒。韋昭以為三川舊與漆、沮合，故可通名。又漢志：「左馮翊懷德，禹貢北條荊山在南，下有彊梁原。洛水東南入渭，雍州寖。」今富平縣有懷德城。禹貢錐指辨之，謂：「朝邑實西漢之懷德。今富平無洛水，朝邑有洛水；一證也。同州志云：『華原在朝邑縣西，繞縣西而北而東，以絕於河，古河壖也。一名朝坂。』即彊梁原，為荊山之麓。禹貢曰：『至於荊山，逾於河。』若富平，東距河二百里，與禹貢原文不合；二證也。」又朝邑縣志：「洛水舊自縣南趙渡鎮經華陰縣西北葫蘆灘入渭。明成化中改流，東過趙渡鎮，徑趨河。」則入渭、入河之疑亦解。

洛

汧、洛二淵，鳴澤之屬，為小川，亦皆歲禱賽。（封禪書）

【正義】括地志云：「洛水源出慶州洛源縣白於山，南流入渭。」又云：「商州洛南縣西冢嶺山，東北流入河。」按：有三（二）洛水，未知祠何者。

〔案〕唐洛源縣，今甘肅慶陽縣東北。此洛水即「涇洛」之「洛」，在關內，秦人所祠。至商州之洛，乃「伊洛」之「洛」，在關外；非此所指。

上雒

西河之外，上雒之地。（蘇秦傳）

〔案〕此上雒在西河外，則洛亦「涇洛」之「洛」。注家皆以伊、洛上源之地說之，誤。

漆

①漆、沮既從。

②渭東過漆、沮，入於河。（夏本紀）

③公劉自漆、沮度渭，取材用。

④古公去豳，度漆、沮，踰梁山。（周本紀）

⑤涇、漆之北有義渠、大荔、烏氏、朐衍之戎。（匈奴傳）

【集解】孔安國曰：「漆、沮，二水名，亦曰洛水，出馮翊北。」（夏本紀）徐廣曰：「水在杜陽岐山，杜陽縣在扶風。」（周本紀）

【索隱】漆水出右扶風漆縣西。

【正義】括地志云：「漆水源出岐州普閏縣東南岐漆山漆溪，東入渭。」（夏本紀）

〔案〕詳「沮」字條。

漆

擊趙賁、内史保於咸陽。北攻漆。（絳侯世家）

【正義】括地志云：「豳州新平縣，即漢漆縣也。」

〔案〕漢漆縣屬右扶風，今邠縣治。

沮

①漆、沮既從。

②渭東過漆、沮，入於河。（夏本紀）

【索隱】沮水，地理志無文，而水經以沮水出北地直路縣，東過馮翊祋祤縣入洛。說文亦以漆、沮各是一水名。孔安國獨以為一，又云是洛水。

【正義】沮水一名石川水，源出雍州富平縣，東入櫟陽縣南。漢高帝於櫟陽置萬年縣。十三州地理志云：「萬年縣南有涇、渭，北有小河，即沮水也。」詩云古公去邠，度漆、沮，即此二水。

〔案〕漆水源出今同官縣東北，下游為富平縣石川河，至交口鎮入渭。沮水源出中部縣西北；舊說與漆水會於耀縣南。然今沮水入洛，不抵富平，如水經說。正義沮水即漆水，或今宜君縣界別有小水名沮，東會漆水，故名漆沮；要之與中部之沮水不得相混。詩大雅：「民之初生，自土漆、沮」；周頌：「猗與漆、沮，潛有多魚」；此即古公踰邠度漆、沮是也。漢志：「右扶風漆縣，漆水在縣西。」此緣周初邠岐之地望已失，故漢人指鳳翔附近之山，謂之岐山；又舉岐山附近之水，而謂之漆水耳；不惟與禹貢漆、沮無涉，亦復與周初史實不侔。

灃

①灃水所同。

②渭東會於灃。（夏本紀）

③酆、鄗、潦、潏。（司馬相如傳）

④灞、滻、長水、灃、澇、涇、渭，皆非大川，以近咸陽，盡得比山川祠。（封禪書）

【索隱】張揖曰：「豐水出鄠縣南山豐谷。」（司馬相如傳）東北過上林苑。（夏本紀）北入渭。（司馬相如傳）

【正義】括地志云：「灃水源在雍州長安縣西南山灃谷。」（封禪書）又云：「雍州鄠縣終南山，灃水出焉，北入渭也。」（夏本紀）

〔案〕豐水源出今鄠縣東南終南山，至咸陽縣東南入渭。詩大雅：「豐水東注，維禹之績。」渭南諸川當以豐為大。漢代鄭當時所開漕渠及靈軹、富民、昆明諸渠，皆横絕豐、鎬等水。漢志：「酆水北過上林苑入渭。」則是北流而非東注，蓋水脈已非舊矣。

伊

①雒東會於伊。

②伊、雒、瀍、澗既入於河。（夏本紀）

③自雒汭延於伊汭，居易毋固，其有夏之居。（周本紀）

【集解】孔安國曰：「伊出陸渾山。伊、洛會於洛陽之南。」

【索隱】伊水出弘農盧氏縣東。

【正義】伊水出虢州盧氏縣東巒山，東北流入洛。（夏本紀）

〔案〕伊水出盧氏縣熊耳山，至偃師縣西南五里合洛水。

雒　雒汭

①道雒自熊耳。

②伊、雒、瀍、澗既入於河。

③太康失國，兄弟五人，須於洛汭。（夏本紀）

④自洛汭延於伊汭，其有夏之居。（周本紀）

⑤東過雒汭，至於大邳。

⑥及孟津、雒汭，至於大邳。

⑦太史公東窺洛汭、大邳。（河渠書）

【集解】孔安國曰：「洛出上洛山。」又曰：「導雒熊耳，在宜陽西，合河於鞏之東也。」

【索隱】洛水出弘農上洛縣冢嶺山。

【正義】括地志云：「洛水出商州洛南縣西冢嶺山，東北流經洛州郭內，又會合伊水。」（夏本紀）

〔案〕洛水源出陝西雒南縣北五里秦嶺，東流入河南界。經洛陽縣南合瀍、澗；偃師縣南合伊水；至舊汜水縣西北入河。

洛渠

太史公迎河，行淮、泗、濟、漯、洛渠。（河渠書）

〔案〕洛渠在洛陽縣西南二十五里，引洛水入渠溉田。

瀍

①雒東北會於澗、瀍。

②伊、雒、瀍、澗既入於河。（夏本紀）

【集解】孔安國曰：「瀍出河南北山。」

【索隱】瀍水出河南穀城縣瞀亭北，東南流入于洛。

【正義】瀍水出洛州新安縣東，南流至洛州郭內，南入洛。

〔案〕瀍水源出舊孟津縣西、洛陽縣西北之邙山。

澗

①伊、雒、瀍、澗既入於河。

②雒東北會於澗、瀍。（夏本紀）

【集解】孔安國曰：「澗出澠池山。」

【索隱】澗水出弘農新安縣東。

【正義】澗水源出洛州新安縣東白石山，東北與穀水合流，經洛州郭内，東流入洛也。

〔案〕澗水出舊澠池縣北；穀水出澠池東，東流合澗水。

滎

①道沇水，東為濟，入於河，泆為滎。

②滎播既都。（夏本紀）

【集解】孔安國曰：「滎澤在敖倉東南。」

【索隱】播是水播溢之義，滎是澤名。左傳云：「狄及衛戰於滎澤。」鄭玄云：「今塞為平地，滎陽人猶謂其處為滎播。」

【正義】案：濟水入河而南，截度河南岸溢為滎澤，在鄭州滎澤縣西北四里。今無水，成平地。

熒澤

有鄭地，得垣雍，決熒澤水灌大梁，大梁必亡。（魏世家）

滎口

決滎口，魏無大梁。（蘇秦傳）

〔案〕古滎澤，今河南舊滎澤縣治南。

沇水

道沇水，東為濟。（夏本紀）

【集解】鄭玄曰：「地理志沇水出河東垣縣王屋山，東至河内武德入河，泆為滎。」

【索隱】水經云：「自河東垣縣王屋山東流為沇水。」

【正義】括地志云：「沇水出懷州王屋縣北十里王屋山頂，巖下石泉亭不流，其深不測，至縣西北二里平地，其源重發，而東南流，為汜水。」水經云：「汜東至溫縣西北為泲水，又南當鞏之南，北入于河。」

〔案〕濟水出今濟源縣西王屋山。山海經：「王屋之山，𤃩水出焉。」郭注：「『𤃩』、『沇』聲近，即沇水也。」至溫縣境入河。

荷澤

①道荷澤。

②沇水入河，泆為滎，又東至於荷。（夏本紀）

【集解】孔安國曰：「荷澤在胡陵。」

【索隱】荷澤在濟陰定陶縣東。

【正義】括地志云：「荷澤在曹州濟陰縣東北九十里定陶城東，今名龍池，亦名九卿陂。」

〔案〕荷澤，今定陶縣北。胡陵，今魚臺縣東；北有荷水，而非澤所鍾。蓋定陶其澤，而胡陵其流耳。

菏

浮於淮、泗，通於河。（夏本紀）

〔案〕説文引書作「菏」，即荷也。自淮而泗，自泗而菏，然後由菏入濟，以達於河也。

明都　孟諸

①道荷澤，被明都。（夏本紀）

②浮渤澥，遊孟諸。（司馬相如傳）

【集解】孔安國曰：「明都，澤名，在菏東北。」（夏本紀）郭璞曰：「孟諸，宋之藪澤名。」（司馬相如傳）

【索隱】明都，音「孟豬」。孟豬澤在梁國睢陽縣東北。爾雅、左傳謂之「孟諸」，今文亦為然，唯周禮稱「望諸」，皆此地之一名。（夏本紀）

【正義】周禮職方氏：「青州藪曰望諸」，鄭玄云：「孟豬也。」（司馬相如傳）

〔案〕孟諸澤，今河南商邱縣東北，接虞城縣界。爾雅：「十藪：宋有孟諸。」左僖二十八，楚子玉夢河神賜之孟諸之麋是也。禹貢明都在豫州，其爲孟諸甚審。惟周官職方望諸在青州，則非睢陽之孟諸。司馬相如賦：「浮渤澥，遊孟諸」，似孟諸亦在青不在豫。孔氏謂菏在胡陵，明都在其東北，則今南陽、獨山諸湖，上連梁山濼。禹貢之大野在徐州；而職方則分以爲青州藪曰望諸，兗州藪曰大野。孔氏乃以釋職方者說禹貢。

望諸

封樂毅於觀津，號曰望諸君。（樂毅傳）

【索隱】望諸，澤名，在齊。戰國策「望」作「藍」。

〔案〕水經注：「南武强湖，今武邑縣西北。」豈樂毅封武邑，而亦號此爲望諸乎？索隱云「在齊」，未詳。

濟

①四瀆，江、淮、河、濟也。

②天下大川祠二，曰濟，曰淮。（封禪書）

③道沇水，東為濟，入於河，泆為滎。（河渠書）

④浮於濟、漯。（夏本紀）

⑤太史公迎河，行淮、泗、濟、漯。（河渠書）

⑥齊有清濟、濁河可以為固。（蘇秦傳）

【集解】孔安國曰：「濟在溫西北。」

【索隱】濟水出河東垣縣王屋山東，其流至濟陰，故應劭云：「濟水出平原漯陰縣東。」（夏本紀）

風俗通云：「濟廟在臨邑。」（封禪書）

【正義】濟、漯二水上承黃河，並淄、青之北流入海。（蘇秦傳）

〔案〕濟水一名沇水，其故道本越河而南，東流入山東境，與黃河並行入海，故曰「濟、河間為沇州」也。今其下游為黃河所佔，河、濟遂不分。

濟西

①齊惠元，取魯濟西之田。（十二諸侯年表）

②有濟西，趙之阿東國危。（田齊世家）

③濟西不師，所以備趙。（蘇秦傳）

④昭襄二十三，五國破齊濟西。（秦本紀、六國表、魏世家、田齊世家。）

⑤樂毅并護趙、楚、韓、魏、燕之兵伐齊，破之濟西。

⑥河北之地隨先王而舉之濟上。（樂毅傳）

濟東　大河郡

①中六年，立梁孝王子彭離為濟東王。（孝景本紀）

②元鼎元，濟東地入漢，為大河郡。（漢興以來諸侯年表、梁孝王世家。）

濟北

①齊以為亡南陽之害小，得濟北之利大；棄南陽，斷右壤，定濟北，計猶為之。（魯仲連傳）

②孺子見我濟北，穀城山下黄石即我矣。（留侯世家）

③項羽立田安為濟北王，都博陽。（項羽本紀、田儋傳。）

④遂取臨菑，還定濟北郡。（曹相國世家）

⑤孝文二年，立東牟侯為濟北王。（孝文本紀）

⑥十六年，復以安都侯志為濟北王。（齊悼惠王世家）

⑦景三年，徙濟北王志為菑川王。（孝景本紀）

〔案〕田安都博陽，即漢博縣，屬泰山郡，故城在今泰安縣東南。西漢濟北國都盧，故城今長清縣南；後漢和帝分泰山，置濟北國，亦都盧。

濟陰

①沛公使彭越下濟陰。（彭越傳）

②中六年，立梁孝王子不識為濟陰王。（孝景本紀）

③國除，地入漢，為濟陰郡。（梁孝王世家）

【正義】地理志云：「濟陰國屬兗州。」案：今曹州是也。（孝景本紀）

〔案〕漢濟陰郡治定陶。

濟川

①七年，更名梁曰呂，呂曰濟川。（呂后本紀）

②中六年，立梁孝王子明為濟川王。（孝景本紀、梁孝王世家。）

〔案〕漢志濟陰郡有呂都縣，即呂后時濟川王都，今菏澤縣西南呂陵集。孝景時梁分為五，其一濟川，應劭曰：「今陳留濟陽縣。」（水經濟水注引。）是陳留郡即濟川國也。後國除，當為濟川郡。元狩初，移治陳留，乃改陳留郡。

濟南

①濟南伏生。（鼂錯傳）

②高后立呂台為呂王，割齊之濟南郡為呂王奉邑。（齊悼惠王世家）

③孝文分齊為濟南國。（漢興以來諸侯年表）

④孝文十六，辟光為濟南王。（齊悼惠王世家）

⑤濟南王辟光。（孝景本紀）

⑥濟南人公玉帶上黄帝時明堂圖。（封禪書）

【正義】括地志云：「濟南故城在淄川長山縣西北三十里。」（孝景本紀。齊悼惠王世家作「三十五里。」）

〔案〕漢濟南郡治東平陵，今歷城縣東。

濟陽

①決白馬之口，魏無外黄、濟陽。（蘇秦傳）

②秦幷蒲、衍、首、垣，以臨仁、平丘，黄、濟陽嬰城而魏氏服。（春申君傳）

③攻濟陽，下戶牖。（夏侯嬰傳）

④起宛朐，攻濟陽。（靳歙傳）

【正義】濟陽故城在曹州冤朐縣西南三十五里。（蘇秦傳）

〔案〕今河南東仁（蘭封）縣東北五十里。紀年：「梁惠王十二，楚師出河水，以水長垣之外。三十年，梁城濟陽。」殆亦以受災最甚也。

漯

①浮於濟、漯。（夏本紀）

②太史公迎河，行淮、泗、濟、漯。（河渠書）

【集解】鄭玄曰：「地理志云漯水出東郡東武陽。」

【索隱】應劭曰：「至千乘縣入海。」（夏本紀）

〔案〕東武陽，今山東朝城縣西。千乘，今高苑縣北。古漯河即徒駭故道，俗名大土河。

漯陰

還定濟北郡，攻著、漯陰、平原、鬲、盧。（曹相國世家）

【索隱】漯陰屬平原。

〔案〕今臨邑縣西，本齊犂邑，亦曰犂邱，又名隰。

汶

①浮於汶。

②濟東至於荷，又東北會於汶。（夏本紀）

③如有復我者，必在汶上矣。（仲尼弟子傳）

④薊丘之植，植於汶篁。（樂毅傳）

⑤令奉高作明堂汶上。（孝武本紀、封禪書。）

⑥泰山下引汶水。（河渠書）

⑦太史公北涉汶、泗，講業齊、魯之都。（自序）

【集解】鄭玄曰：「地理志汶水出泰山郡萊蕪縣原山，西南入濟。」（夏本紀）

【正義】汶水源出兗州博城縣東北原山，西南入泲。（樂毅傳）

〔案〕汶水出今萊蕪縣東北八十里原山之陽，至東平縣入濟。元人引汶絕濟，為會通河。明永樂中，又築戴村壩，遏汶出南旺，資運入濟，故道遂淤。

汶陽

①釐公元，以汶陽鄪封季友。（魯世家）

②魯成二，齊歸魯汶陽。（十二諸侯年表）

③定公十，會於夾谷。齊歸所侵魯鄆、汶陽、龜陰之田。（孔子世家）

【集解】賈逵曰：「汶陽、鄆，魯二邑。」杜預曰：「汶陽，汶水北地也。」

【索隱】鄆在汶水之北，則「汶陽」非邑。（魯世家）又：左傳：「鄆、讙及龜陰之田」，則三田皆在汶陽也。（孔子世家）

〔案〕漢汶陽縣故城在今寧陽縣東北，非此汶陽，洵如索隱之辨。

濰

①濰、淄既道。（夏本紀）

②與信夾濰水陳。（淮陰侯傳）

【集解】鄭玄曰：「地理志濰水出琅邪。」（夏本紀）徐廣曰：「出東莞而東北流，至北海都昌縣入海。」（淮陰侯傳）

【索隱】地理志濰水出琅邪箕縣北，至都昌入海。徐所引蓋據水經，與此小不同。（淮陰侯傳）

【正義】括地志云：「密州莒縣山，濰水所出。」（夏本紀）

〔案〕濰水出今莒縣東北，北流至昌邑縣北入海。水經注：「濰水北逕高密故城西，即韓信斬龍且處。」

淄　菑

①濰、淄既道。（夏本紀）

②於齊，則通菑、濟之間。（河渠書）

【集解】鄭玄曰：「地理志淄水出泰山萊蕪縣原山。」

【正義】括地志云：「淄州淄川縣東北七十里原山，淄水所出。」（夏本紀）

〔案〕淄水源出今博山縣西二十五里原山之陰。齊乘：「淄多伏流，潦則薄崖，旱則濡軌，俗謂之『九乾十八漏』。」

降水

北過降水，至於大陸。（夏本紀、河渠書。）

【集解】鄭玄曰：「地理志降水在信都南。」（按：志文但云出信都。）

【索隱】地理志絳水字從糸，出信都國，與虖池、漳河水並流入海。

【正義】括地志云：「降水源出潞州屯留縣西南方，（河渠書作「方山」。）東北流冀州入海。」（夏本紀）

〔案〕絳水出今屯留縣西南八十里盤秀山，至潞城縣界交漳村入漳水。

衡漳

覃懷致功，至於衡漳。（夏本紀）

【集解】孔安國曰：「漳水橫流。」

【索隱】王肅云：「衡、漳，二水名。」地理志清漳水出上黨沾縣東北，至阜城縣入河。濁漳水出上黨長子縣東，至鄴入清漳也。

【正義】衡漳水在瀛州東北百二十五里平舒縣界也。

〔案〕東平舒故城，今河北大城縣治。水經注：「漳水枝瀆逕東平舒縣故城南。」通鑑地理通釋：「漳水北流至德州長河縣、瀛州平舒縣入於河。周定王五年，河從而東，故漳水不入河而自達於海」，是也。此水道提綱所謂漳之正瀆。清康熙間，導清水過大名，東合衛水濟運，漳遂南徙，此道絕流。今棗強、阜城、交河、青縣境內皆存枯瀆。

漳水

①西門豹引漳水溉鄴。（河渠書）

②趙成二十四，魏歸趙邯鄲，趙與魏盟漳水上。（六國表、趙世家、魏世家。）

③我先王長南藩之地，屬阻漳、滏之險，立長城。（趙世家）

④道河內，倍鄴、朝歌，絕漳、滏水，與趙兵決於邯鄲之郊，是知伯之禍也，秦又不敢。（魏世家）

⑤惠文二十一，趙徙漳水武平西。二十七，徙漳水武平南。（趙世家）

⑥王翦數十萬衆距漳、鄴。（刺客傳）

【正義】括地志云：「漳水一名濁漳水，源出潞州長子縣西力黃山。地理志云濁漳水出長子鹿谷山，東至鄴，入清漳。」按：力黃、鹿谷二山，北鹿也。（河渠書）又：漳水源出洺州武安縣三門山也。（魏世家）

河漳

①趙南有河漳。

②趙涉河（漳）。

③秦甲渡河踰漳，據番吾，則兵必戰於邯鄲之下。（蘇秦傳）

④秦、趙戰於河漳之上。（張儀傳）

⑤邯鄲亦漳、河之間一都會也。（貨殖傳）

【正義】「河」字一作「清」，即漳河也，在潞州。（蘇秦傳）又：洺水本名漳水，邯鄲在其地。（貨殖傳）

〔案〕濁漳水源出今長子縣西五十里發鳩山東，一名鹿谷山。又寰宇記：「洺水亦名漳水，源出武安縣西北三門山。滏水出武安縣南三十里鼓山，（一名滏山。）至臨漳縣西入漳。正義以「漳、滏」之漳為洺水，故曰「漳水出武安」。

漳南

項羽軍漳南。（項羽本紀）

【正義】括地志云：「濁漳水一名漳水，今俗名柳河，在邢州平鄉縣南。注水經云漳水一名大漳水，兼有浸水之目也。」

〔案〕古漳水自曲周流經平鄉東、廣宗西入鉅鹿界。

十二渠

①西門豹發民鑿十二渠，引河水溉民田。

②十二渠經絕馳道，漢長吏以為十二渠橋絕馳道，欲合渠水。（滑稽傳）

【正義】括地志云：「按：横渠首接漳水，蓋西門豹、史起所鑿之渠也。左思魏賦云：『西門溉其前，史起濯其後』也。」

〔案〕西門渠，今臨漳縣西南。後漢書：「元初二年，修理西門豹所分漳水為支渠，以溉民田。」寰宇記：「一名安澤陂。齊天保五年，僕射魏收為碑存焉；今湮。」

大陸

①大陸既為。（夏本紀）

②北過降水，至於大陸。（夏本紀、河渠書。）

【集解】大陸澤在鉅鹿。

【索隱】地理志云大陸在鉅鹿郡。爾雅云：「晉有大陸。」（夏本紀）

【正義】大陸澤在邢州及趙州界，一名廣阿澤，一名鉅鹿澤也。（河渠書）

〔案〕大陸澤一名鉅鹿，一名廣阿，又名大麓，今河北任縣東北，與鉅鹿、隆平二縣接界。

雍沮

雷夏既澤，雍、沮會同。（夏本紀）

【集解】鄭玄曰：「雍水、沮水相觸而合入此澤（雷夏）中。」

【索隱】爾雅云：「水自河出為雍。」

【正義】雍、沮二水在雷澤西北平地也。

〔案〕宋時河決曹、濮間，雍、沮源適當其衝，久而泥浮填淤，二水遂涸。

卷五　禹貢山水名　下

江

①四瀆，江、淮、河、濟也。

②江水，祠蜀。（封禪書）

【索隱】風俗通云：「江出嶓山，嶓山廟在江都。」地理志江都有江水祠。蓋漢初祠之于源，後祠之於委也。

【正義】括地志云：「江瀆祠在益州成都縣南八里。秦幷天下，江水祠蜀。」

江漢

江漢朝宗於海。（夏本紀）

【正義】括地志云：「江水源出岷州南岷山，南流至益州，即東南流入蜀，至瀘州，東流經三峽，過荊州，與漢水合。」

〔案〕古人謂江源乃今四川之嘉陵江，則與漢水源流不甚相遠，故不分軒輊，並稱「江漢」。詳「岷山道江」條。

江

①昭王南巡，卒於江上。（周本紀）

②熊渠甚得江、漢間民和，三子句亶王、鄂王、越章王，皆在江上楚蠻之地。（楚世家）

③鄭桓公曰：「吾欲南之江上。」曰：「周衰，楚必興，非鄭之利。」（鄭世家）

④楚彊，陵江、漢間小國。

⑤周之子孫封於江、漢之間者，楚盡滅之。（楚世家）

⑥周之子孫在漢川者，楚盡滅之。（伍子胥傳）

⑦昭王曰：「自吾先王受封，望不過江、漢。」（楚世家）

⑧楚汝、潁以為險，江、漢以為池，阻之以鄧林，緣之以方城。（禮書）

⑨桓公南伐至召陵，登熊耳山以望江、漢。（封禪書）

⑩屈完曰：「楚方城以為城，江、漢以為溝。」（齊世家）

⑪始皇自彭城西南渡淮水，之衡山、南郡。浮江，至湘山祠。（秦始皇本紀）

⑫悉發關内兵，收三河士，南浮江、漢以下。（高祖本紀）

〔案〕此諸條「江」字多指漢，如「昭王卒江上」，即漢也。齊桓登熊耳望漢，而兼及江；江、漢為池，楚之險塞對北言之，亦言漢，而兼及江；秦皇浮江，即浮漢；漢兵浮江、漢，即浮漢。

江淮

①越已滅吴，不能正江淮北；楚東侵，廣地至泗上。（楚世家）

②江淮以南，無凍餓之人，亦無千金之家。（貨殖傳）

③越兵横行於江淮東，諸侯畢賀。（越世家）

④丙、丁，江淮、海岱也。

⑤江淮之間氣皆白。（天官書）

⑥古之封禪，江淮之間，一茅三脊，所以為藉。（封禪書）

⑦楚介江淮。（十二諸侯年表）

⑧東方則通鴻溝、江淮之間。（河渠書）

⑨嚴助、朱買臣等招來東甌，事兩越，江淮之間蕭然。（平準書）

⑩東甌請舉國徙中國，乃來處江淮之間。（東越傳）

⑪東越多阻，閩越悍，數反覆，詔皆將其民徙處江淮間。（東越傳）

⑫山東被河菑，令飢民得流就食江淮間。（平準書）

江海

私吳、越之富而擅江海之利。（楚世家）

江南

①大江之南，五湖之間。（三王世家）
②江南、泗上不足以待越。
③楚敗越。越散，諸族子或為君，或為王，濱於江南海上。（越世家）
④始皇二十五，王翦定荆江南地，降越君，置會稽郡。（秦始皇本紀）
⑤黥布走江南，隨之番陽。（黥布傳）
⑥吳王濞亡走，保於江南丹徒。（絳侯世家）

江南

①舜葬江南九疑。（五帝本紀）
②君遷之江南。（鄭世家）

③妾請子母俱遷江南，毋為秦所魚肉。（張儀傳）

④項王遷逐義帝置江南。（淮陰侯傳）

⑤江南火耕水耨。（平準書）

⑥江南卑濕，丈夫早夭。多竹木。（貨殖傳）

⑦江南金錫不為用。（李斯傳）

⑧江南出枏、梓、薑、桂、金、錫、連、丹沙、犀、瑇瑁、珠璣、齒革。（貨殖傳）

江南

衡山、九江、江南豫章、長沙，是南楚也。（貨殖傳）

【集解】徐廣曰：「高帝所置。江南者，丹陽也，秦置為鄣郡，武帝改名丹陽。」

【正義】案：徐說非。秦置鄣郡在湖州長城縣西南八十里，鄣郡故城是也。漢改為丹陽郡，徙郡宛城，今宣州地也。上言吳有章山之銅，明是東楚之地。此言大江之南豫章、長沙二郡，南楚之地耳。徐、裴以為江南丹陽郡屬南楚，誤之甚矣。

江東

①越國亂，故楚南塞厲門而郡江東。（樗里子甘茂傳）

②春申君請封於江東，因城故吳墟。（春申君傳）

③吳亦江東一都會也。（貨殖傳）

④江東人矯子庸疵。（仲尼弟子傳）

江旁

①楚襄王二十三，秦所拔楚江旁反秦。（六國表）

②楚復西取秦所拔江旁十五邑以為郡，距秦。（楚世家）

江

澹臺滅明南游至江。（仲尼弟子傳）

【索隱】今吳國東南澹臺湖，即其遺跡所在也。

江

吳王取子胥尸，浮之江中。吳人為之祠於江上。（伍子胥傳）

【正義】吳地記曰：「越軍於蘇州東南三十里三江口，又向下三里，臨江北岸立壇，祭子胥，後因立廟於此江上。今其側有浦名上壇浦。至晉會稽太守麋豹，移廟吳郭東門內。」

九江

①九江甚中。

②過九江，至於敷淺原。

③過九江，至於東陵。（夏本紀）

④太史公南登廬山，觀禹疏九江。（河渠書）

【集解】鄭玄曰：「地理志九江在尋陽南，皆東合為大江。」

【索隱】案：尋陽記：「九江者，烏江、蚌江、烏白江、嘉靡江、源江、畎江、廪江、提江、箘江。」又張湞九江圖所載有三里、五畎、烏土、白蚌。九江之名不同。（夏本紀）

〔案〕漢志：「豫章郡尋陽，禹貢九江在南，皆東合為大江。」漢廬江郡無江以南地。尋陽，今黃梅縣北，而九江在其南，殆即今廣濟、黃梅、宿松、望江諸縣境之江水也。太史公登廬山，觀禹疏九江，則漢時猶有九江故道。若以湖漢九水為九江，則與江之經流不涉，亦與經文「過九江，而後東迆北會於匯」者悖。若以洞庭為九江，則何以先云「江、漢朝宗」，而後乃云「九江孔殷」？又經云：「九江納錫大龜。」通典廣濟縣蔡山出大龜；褚先生云：「神龜出於江、灌之間」；皆其證。

九江

①汝陰人鄧宗徇九江郡。（陳涉世家）

②英布為九江王，都六。（項羽本紀、黥布傳。）

③周殷叛楚，以舒屠六，舉九江兵。（項羽本紀）

④周殷反楚，舉九江。（荆燕世家、黥布傳。）

⑤黥布為淮南王，九江、廬江、衡山、豫章郡皆屬布。（黥布傳）

⑥淮南國除為九江郡。

⑦結九江之浦，絕豫章之口。（淮南衡山傳）

⑧汝南、九江引淮。（河渠書）

⑨衡山、九江、江南豫章、長沙，是南楚也。（貨殖傳）

【集解】徐廣曰：「又為六安國，以陳縣為都。」（淮南衡山傳）

【正義】九江郡壽州也。楚考烈王二十二年，自陳徙壽春，號郢。至王負芻為秦所滅，於是置九江郡。應劭云：「自廬江、尋陽分為北江。」（項羽本紀）九江，郡，都陰陵。陰陵故城在濠州定遠縣西六十五里。（貨殖傳）

〔案〕前漢九江郡治壽春；淮南王亦都壽春。後漢九江治陰陵。

彭蠡

①漢南入於江，東匯澤為彭蠡，東為北江，入於海。

②彭蠡既都。（夏本紀）

③三苗氏左洞庭，右彭蠡。（孫吳傳）

④上巡南郡，至江陵而東。登禮灊之天柱山。浮江，自尋陽出樅陽，過彭蠡，祀其名山川。北至琅琊。（孝武本紀、封禪書。）

【集解】鄭玄曰：「地理志彭蠡澤在豫章彭澤西。」

【正義】括地志云：「彭蠡湖在江州潯陽縣東南五十二里。」（夏本紀）

〔案〕禹貢謂漢水東匯澤為彭蠡，又東為北江，則禹貢彭蠡在江北岸也。後人自以今鄱湖為彭蠡，乃曰橫截而南入於鄱陽，又橫截而北流為北江，於文於實，皆不可通。又武帝自尋陽出樅陽，而過彭蠡。樅陽，今懷寧縣（安慶）東，彭蠡豈得在彭澤？「彭蠡」者，乃水流湍急成大螺旋之稱，初非專名。今自尋陽至樅陽，大江北岸一帶，湖泊緜亘，於古皆彭蠡也。今安徽宿松縣境有雷水，亦曰雷池，曰大雷江、大雷口。「大雷」之稱，亦猶「彭蠡」矣。至「三苗左洞庭，右彭蠡」，亦非今洞庭彭蠡，並非禹貢彭蠡也。

尋陽

①登禮潛之天柱山。浮江，自尋陽出樅陽。（孝武本紀、封禪書。）

②南收衡山以擊廬江，有尋陽之船，守下雉之城。（淮南衡山傳）

〔案〕通典：「漢尋陽舊縣在江北，今蘄春郡界，晉温嶠移於江南。」故城今黄梅縣北。

樅陽

浮江，自尋陽出樅陽，過彭蠡。（孝武本紀、封禪書。）

【集解】駰案：地理志廬江有樅陽縣。（孝武本紀）

〔案〕今桐城縣東南一百二十里有樅陽上、下鎮，西去懷寧（安慶）六十里。明初設税課局於此。

三江

①三江既入。（夏本紀）

②於吴，則通渠三江、五湖。（河渠書）

③吴有三江、五湖之利。（貨殖傳）

【索隱】韋昭云：「三江謂松江、錢塘江、浦陽江。」案：地理志有南江、中江、北江，是為三

江。其南江從會稽吳縣南，東入海。中江從丹陽蕪湖東北至會稽陽羨縣，東入海。北江從會稽毗陵縣北，東入海。（夏本紀）

三渚

還為越王擒三渚之浦。（春申君傳）

【集解】駰案：戰國策曰：「三江之浦。」

【正義】吳俗傳云：「越王從三江北岸立壇，殺白馬祭子胥，乃開渠由三浦入破吳王於姑蘇，敗干隧也。」

〔案〕「吳有三江、五湖」，特江湖紛歧錯出之謂，非必確有所指。禹貢則以江、漢分占吳地三江之二。所以然者，以其時誤認嘉陵江為江源，故曰：「江、漢朝宗於海」，而不為分軒輊主從；故曰：「導漾東流為漢，東為北江，入於海。導江東為中江，入於海。」蓋謂江、漢下流分占吳地三江之二也。班氏猶知經意，曰：「北江在毗陵北，東入海。中江出蕪湖西，至陽羨入海。」又益之以南江，曰：「在吳縣南，東入海。」而於三江皆確說之，曰：「揚州川。」是揚州有三江，非江、漢有三江也。然漢會稽郡既有吳縣、無錫縣，豈得曰「北江在毗陵北，東入海」？又豈得曰「中江至陽羨入海」乎？是班志縱有合於禹貢之所謂中江、北江，而禹貢之中江、北江恐未必有合於吳地三江之眞矣。至鄭玄始曰：（見孔疏引。）「三江分於彭蠡為三孔，東入海。」是謂大江自分三江入海，與禹貢僅有中江、北江之意大背。於是後人乃始以班志之分江水為南江以遷就之。班志：「丹揚石城，分江水首受江，東至餘姚入海。」與會稽吴縣下之南江各不相涉。石城，今安徽貴池縣西七十里。自此至餘姚，叚以地形，殊不類有南江之迹，烏得空以古今水道變易為說？是班志分江水本文已可疑，何論又強合之於會稽吴縣之南江！此所謂亡羊之逐，歧而又歧也。若其歧中之尤歧者，則見禹貢以大江為中江，漢水為北江，而不明禹貢之文義，無中生有，又強於江、漢本身尋一南江；或以為即九江，或以為即彭蠡；皆說之於彭蠡以上，種種臆測，其為迷失，猶視鄭注更遠矣。

北江

東匯澤為彭蠡，東為北江，入於海。（夏本紀）

【集解】孔安國曰：「自彭蠡，江分為三道入震澤，遂為北江而入海。」

〔案〕漢志：「會稽郡毗陵，北江在北，東入海。」即今大江。孔安國注：「入震澤，遂為北江」，殊誤。

中江

汶山道江，東別為沱，又東至於醴，過九江，東迆北會於匯，東為中江，入於海。（夏本紀）

【正義】括地志云：「禹貢三江俱會於彭蠡，合為一江，入於海。」

〔案〕漢志：「丹揚郡蕪湖，中江出西南，東至陽羨入海。」傅寅云：「班氏所指中江，今蕪湖斷港也。自宜興縣航太湖，逕溧陽至鄧步，凡兩日水路。自鄧步登岸，小市名東壩，陸行十八里至銀林。復行水路，係大江支港，行百餘里乃至蕪湖界，即入大江。」此道自楊行密作五堰，施輕舸饋糧，江流始狹；其後遂絕。明初又濬之，蘇、浙運道經東壩直達金陵。永樂初，運道廢，改作土壩。嘉靖三十五年，又作下壩，東、西二壩，相隔十里許，統名東壩，在今高淳縣東南。

震澤

震澤致定。（夏本紀）

【集解】孔安國曰：「震澤，吳南太湖名。」

【索隱】地理志云：「會稽吳縣，具區在其西，古文以為震澤。」又左傳稱「笠澤」，亦謂此也。

五湖

①吳有三江、五湖之利。（貨殖傳）

②吳去晉而歸，與越戰於五湖。（仲尼弟子傳）

③大江之南，五湖之間。

④三江、五湖有漁鹽之利，銅山之富，天下所仰。（三王世家）

⑤於吳，則通渠三江、五湖。

⑥太史公上姑蘇，望五湖。（河渠書）

【集解】韋昭曰：「五湖，湖名耳，實一湖，今太湖是也，在吳西南。」

【索隱】五湖，郭璞江賦云：「具區、兆滆、彭蠡、青草、洞庭。」又云：太湖周五百里，故曰五湖。（河渠書）

〔案〕爾雅：「十藪：吳、越之間有具區。」周禮：「揚州藪曰具區，其浸五湖。」漢志：「吳縣，具區澤在西，揚州藪，古文以為震澤。」依周禮，則數、浸相異，具區非五湖；依漢志，則藪、澤無別，震澤即具區。職方之說，殊不可據。如荊州浸潁、湛，豫州浸波、溠，青州浸沂、沭，兗州浸盧、維，雍州浸渭、洛，幽州浸菑、時，冀州浸汾、潞，并州浸淶、易，皆以小川為浸；烏得揚州之浸，獨為太湖？若謂太湖外，別有五湖，則湖泊亦與川流有異，仍與潁湛、波溠之水不類。職方之文，難為典要。而後人據職方之論，疑震澤乃藪而非浸，與太湖不同；則禹貢、班志寧有捨棄太湖獨說震澤之理？五湖當如韋說，震澤當如班志，蓋一而非二。

沱

①沱、涔已道。

②浮於江、沱、涔、（於）漢。
③汶山道江，東別為沱。（夏本紀）
【集解】孔安國曰：「沱，江別名。」鄭玄曰：「水出江為沱。」
【索隱】沱由蜀郡郫縣西，東入江。故爾雅云：「水自江出為沱。」
【正義】括地志云：「繁江水受郫江。禹貢曰：『岷山導江，東別為沱。』源出益州新繁縣。」
〔案〕禹貢道江岷山不在今松潘境，（已辨於「汶山」條。）則沱非郫江可知。禹貢所謂「東別為沱」，殆指今渠江諸水而言。

漢

①江、漢朝宗於海。（夏本紀）
②吳與唐、蔡西伐楚，至於漢水。楚拒吳，夾水陣。（吳世家、楚世家、伍子胥傳。）
③漢中之甲，乘船出於巴，乘夏水而下漢，四日而至五渚。（蘇秦傳）
④西方則通渠漢水、雲夢之野。（河渠書）
【正義】括地志云：「漢水源出梁州金牛縣東二十八里嶓冢山。」（夏本紀）

漢

王取武關、蜀、漢之地。（楚世家）

【正義】漢，漢中郡。

〔案〕漢漢中郡先治南鄭，今南鄭縣東。

漢中

①楚自漢中，南有巴、黔中。（秦本紀）

②楚嘗與秦構難，戰於漢中。

③殺屈匄，遂取丹陽、漢中之地。（張儀傳、屈原傳。）

④惠王南取漢中。（李斯傳）

⑤懷王十七，秦敗楚將屈匄，遂取漢中之郡。（楚世家）

⑥（同年）秦惠二十六，取漢中地。（樗里子傳）

⑦（同年）惠文後十三，攻楚漢中，置漢中郡。（秦本紀）

⑧昭襄十三，任鄙為漢中守。（六國表、白起傳。）

⑨漢中之甲，乘船出於巴，乘夏水而下漢，四日而至五渚。（蘇秦傳）

⑩項羽立沛公為漢王，王巴、蜀、漢中。（項羽本紀、高祖本紀。）

⑪沛公為漢王，王巴蜀。厚遺項伯，使請漢中地。（留侯世家）

⑫曹參從至漢中。（曹相國世家）

⑬張湯言：「褒水通沔，穿褒斜道，則漢中之穀可致。」（河渠書）

⑭南陽、漢中以往郡，各以地比給初郡。（平準書）

⑮沔，祠漢中。（封禪書）

【索隱】其地在秦之山南，楚之西北，漢水南之地，名曰漢中也。

【正義】今梁州也，在漢水北。（張儀傳）

漢北

楚頃襄十九，與秦漢北及上庸地。（六國表、楚世家。）

【正義】謂割房、金、均三州及漢水之北與秦。（楚世家）

涔　潛

①沱、涔已道。

②浮於江、沱、涔、（於）漢，逾於洛，至於南河。

③浮於潛，踰於沔，入於渭，亂於河。（夏本紀）

【集解】孔安國曰：「涔，水名。」鄭玄曰：「水出漢為涔。」

【索隱】「涔」，亦作「潛」。潛出漢中安陽縣西，北入漢。故爾雅云：「水自漢出為潛。」

【正義】括地志云：「潛水一名復水，今名龍門水，源出利州綿谷縣東龍門山大石穴下也。」

〔案〕漢志：「漢中郡安陽，鬵水出西南，北入漢。在谷水出北，南入漢。」安陽，今成固縣東。在谷水，即今湑水。漢志所謂漢，即今沔水。鬵即漢源也。此於嘉陵江、（卽禹貢所謂江。）南江、宕水、巴水諸水（卽禹貢所謂沱。）皆近，故曰：「沱、涔已道。」又曰：「浮於潛，踰於沔，入於渭，亂於河。」此即古之褒斜道也。然水出漢皆為涔，不專指安陽一水。如堵水入漢，亦可得涔名，則所謂「浮於江、沱、涔、漢，（史文此處衍一「於」字。）逾於洛，至於南河」是也。自江、沱之實已失，則此諸語均難索解。至正義所說「復水出利州綿谷縣」者，綿谷今四川廣源縣；蓋漢人既以嘉陵江為西漢水，故水入嘉陵江者，亦得潛名矣。

沔

①踰於沔。（夏本紀）

②沔，祠漢中。（封禪書）

③褒水通沔，從沔無限。（河渠書）

【集解】孔安國曰：「漢上水為沔。」鄭玄曰：「或謂漢為沔。」（夏本紀）

【索隱】水經云：「沔水出武都沮縣」，注云：「東南注漢。所謂漢水」，故祠之漢中。樂彥云：

「漢女者，漢神是也。」（封禪書）

〔案〕沮縣，今略陽。沔水出沔縣西北略陽縣境，為漢水別源；於沔縣西南入漢水，名曰沮口。

漾

嶓冢道漾，東流為漢。（夏本紀）

【集解】鄭玄曰：「地理志漾水出隴西氐道，至武都為漢，至江夏謂之夏水。」

【索隱】水經云：「漾水出隴西氐道縣嶓冢山，東至武都沮縣為漢水。」山海經亦以漢出嶓冢山。故孔安國云：「泉始出山為漾水，東南流為沔水，至漢中東行為漢水。」

【正義】括地志云：「嶓冢山水始出山沮洳，故曰沮水。東南為漾水，又為沔水，至漢中為漢水，至均州為滄浪水。始欲出大江為夏口，又為沔口。漢江一名沔江也。

〔案〕漢水源出陝西寧羌縣北嶓冢山，東流為沔，其流始大，與隴西水無涉。班志以嶓冢屬隴西，謂西漢水所出；又曰：「養水出氐道，至武都（略陽）為漢」；皆與禹貢原文不合。

蒼浪之水　滄浪水

東流為漢，又東為蒼浪之水。（夏本紀）

【索隱】馬融、鄭玄皆以滄浪為夏水，即漢河之別流也。漁父謌曰：「滄浪之水清兮，可以濯吾纓」，是此水也。

【正義】括地志云：「均州武當縣有滄浪水。庚仲雍漢水記云：『武當縣西四十里漢水中有洲，名滄浪洲』也。地記云：「水出荆山，東南流為滄浪水。』」

〔案〕滄浪洲，今均縣北。

三澨

又東流為滄浪之水，過三澨，入於大別。（夏本紀）

【集解】孔安國曰：「三澨，水名。」鄭玄曰：「在江夏竟陵之界。」

【索隱】水經云：「三澨，地名，在南郡邔縣北。」孔安國、鄭玄以為水名。今竟陵有三參水，俗云是三澨水。

〔案〕說文：「澨，埤增水邊土，人所止者。」左文十六有句澨，宣四有漳澨，定四有雍澨，又昭二十三有薳澨。胡朏明云：「三澨當在清水入漢處，一在襄城北，即大隄；一在樊城南；一在三洲口東；皆襄陽縣地，在邔縣之北。」索隱本作「鄀縣」，殆係字譌。邔縣故城，今宜城縣東北。

雲夢

雲夢土為治。（夏本紀）

【集解】孔安國曰：「雲夢之澤在江南，其中有平土丘。」

【索隱】按：雲土、夢本二澤名。左傳云：「昭王寢於雲中」，又：「楚子、鄭伯田于江南之夢」，則是二澤各別也。韋昭曰：「雲土今為縣，屬江夏南郡華容。」今案：地理志云「江夏有雲杜縣」是。

雲夢

①江陵故郢都，東有雲夢之饒。（貨殖傳）

②楚有七澤，一曰雲夢，方九百里，其中有山。（司馬相如傳）

③吳入郢。昭王亡至雲夢，盜擊王，王走鄖。鄖公與王出奔隨。（楚世家、伍子胥傳。）

④三十六年，行至雲夢，望祀虞舜於九疑山。浮江下。（秦始皇本紀）

⑤六年，偽遊雲夢，會諸侯於陳。（高祖本紀、陳丞相世家。）

⑥西方則通渠漢水、雲夢之野。（河渠書）

【索隱】裴駰云：「孫叔敖激沮水作此澤。」張揖云：「楚藪也，在南郡華容縣。」郭璞曰：「江夏安陸有雲夢城，南郡枝江亦有雲夢城，華容縣又有巴邱湖，俗云即古雲夢澤也。」則張揖云在華容者，指此湖也。今案：安陸東見有雲夢城、雲夢縣，而枝江亦有，蓋縣名遠取此澤，故有城也。（司馬相如傳）

〔案〕索隱本史記作「雲土夢」。王逸楚辭注：「夢，澤中也。」蓋楚人名澤為「夢」。左傳「田於江南之夢」，即江南之澤。「雲夢」猶言「雲澤」，「雲土夢」猶「雲土澤」；亦有單言「雲」者，如漢水單稱漢，荆山單稱荆。楚雲夢最先當在今安陸縣南，東南接雲夢縣界；其他名雲夢者皆晚起。

醴

又東至於醴，過九江，至於東陵。（夏本紀）

【集解】孔安國及馬融、王肅皆以醴為水名。鄭玄曰：「醴，陵名也。大阜曰陵。長沙有醴陵縣。」

【索隱】按：騷人所歌「濯余佩於醴浦」，明醴是水。又虞喜志林以醴是江、沅之別流，而「醴」字作「澧」也。

〔案〕山海經云：「洞庭之山，帝之二女居之，是常遊於江淵。澧、沅之風，交瀟湘之淵，是在九江之間。」洞庭山，今應山縣西四十里。沅疑即溳水；湘即襄江，即漢水。澧、沅並稱，應為溳之支流，其下游即古之雲夢；又東則為九江。後人以湖南醴陵及澧水說之，於是以九江為洞庭，以東陵為巴陵，種種入歧矣。又考漢志：「南陽雉，衡山，澧水所出，東入汝。」是河南亦有澧。

黑水

華陽、黑水惟梁州。（夏本紀）

【正義】括地志云：「黑水源出梁州城固縣西北太山。」

〔案〕水經注：「水出北山，南流入漢。諸葛亮牋云：『朝發南鄭，暮宿黑水。』」是也。水在今陝西城固縣北。經文謂東自華陽，西迄黑水，其南則為梁州也。後之說者，羣以雲南金沙江說之，非是。

黑水

黑水、西河惟雍州。（夏本紀）

【索隱】地理志益州滇池有黑水祠。鄭玄引地說云：「三危山，黑水出其南。」山海經：「黑水出崑崙墟西北隅」也。

〔案〕此亦正義所舉梁州城固縣黑水也。經文謂東自西河以西，南自黑水以北為雍州。西河為雍、冀之界，黑水為雍、梁之交。

黑水

道黑水，至於三危，入於南海。（夏本紀）

【正義】括地志云：「黑水源出伊吳縣北百二十里，又南流二十里而絕。」按：黑水源在伊州，從伊州東南三千餘里至鄯州，鄯州東南四百餘里至河州，入黃河。河州有小積石山，即禹貢「浮於積石，至於龍門」者。然黃河源從西南下，出大崑崙東北隅，東北流經于闐，入鹽澤，即東南潛行入吐谷渾界大積石山，又東北流，至小積石山，又東北流，來處極遠。其黑水，當洪水時合從黃河而行，何得入於南海？

〔案〕禹貢三危當在今甘肅渭源、岷縣間。漢書司馬相如傳張揖注：「三危山在鳥鼠山西，與岷山相近，黑水出其南陂」，是也。河圖括地象亦云然。今考輿圖，其地水南流者惟白龍江。漢志隴西羌道有羌水，入白水。水經注：「羌水出羌中參狼谷。」「參狼」或即「三危」之譌歟？山海經、水經注、元和志、寰宇記皆謂羌水即白水；漢志則分羌水、白水為二。今考黑水、涔水異源合流，而涔水亦號黃水。以彼例此，或羌水、白水異源合流，而羌水亦號黑水也。羌水又名墊江。「墊江」之義，猶云「弱水」。此緣昔人皆以黑水、弱水目家外水，故既號黑水，亦稱墊江耳。云「入南海」者，禹貢目嘉陵江為江源，自此以往，水道不甚晰亦宜。

成固

鄧公，成固人。（袁盎晁錯傳）

【正義】梁州成固縣也。括地志云：「成固故城在梁州成固縣東六里。」

〔案〕今城固縣西北。

淮

①淮、沂其治。（夏本紀）

②四瀆，江、淮、河、濟也。

③天下大川祠二，曰濟，曰淮。（封禪書）

④汝南、九江引淮。

⑤河決瓠子，東南注鉅野，通於淮、泗。

⑥齧桑浮兮淮、泗滿。（河渠書）

⑦淮、泗之間不東。（越世家）

⑧絕淮、泗口，塞吳餉道。（吳注濞傳）

⑨爰都彭城，以疆淮、泗。（自序）

⑩魏東有淮、潁、煑棗、無胥。（蘇秦傳）

【索隱】水經云：「淮水出南陽平氏縣胎簪山，北過桐柏山。」（夏本紀）風俗通云：「淮廟在平氏。」（封禪書）

〔案〕淮水出今桐柏縣西三十里。

淮南

①荆將項燕立昌平君為荆王，反秦於淮南。（秦始皇本紀）

②孰能為我使淮南。

③隨何與二十人俱，使淮南。

④楚使項聲、龍且攻淮南。

⑤淮南王至，上方踞牀洗。

⑥布為淮南王，都六，九江、廬江、衡山、豫章郡皆屬。

⑦漢立英布為淮南王，都壽春。後更立高祖子厲。（漢興以來諸侯年表）

⑧黥布反，立子長為淮南王，王黥布故地，凡四郡。（淮南傳）

⑨徙衡山王吳芮王長沙。衡山屬淮南國。（秦楚之際月表）

⑩願循江、淮而上，收淮南、長沙，入武關。（吳王濞傳）

⑪城陽共王徙王淮南。四年，復還王城陽。（齊悼惠王世家）

⑫十二年，立淮南厲王子三人為淮南、衡山、廬江王。（孝文本紀）

⑬漢定百年之間，淮南分為三。

⑭吳、淮南、長沙無南邊郡。（漢興以來諸侯年表）

⑮淮南王安反，國除為九江郡。（淮南傳）

⑯巴俞宋蔡，淮南于遮。（司馬相如傳）

淮北

①句踐渡淮南，以淮上地與楚。（越世家）

②以求楚之淮北。

③楚與秦、三晉、燕共伐齊，取淮北。（楚世家）

④淮北、宋地，楚、魏之所欲。（樂毅傳）

⑤黃歇封春申君，賜淮北地十二縣。

⑥淮北地邊齊，請以為郡。（春申君傳）

⑦有淮北，楚之東國危。

⑧齊南割楚之淮北。（田齊世家）

⑨還定淮北，凡五十二縣。（灌嬰傳）

⑩淮北、常山以南，河、濟之間千樹萩。（貨殖傳）

【正義】淮北，徐、泗也。（田齊世家）

淮陰

①韓信，淮陰人。（淮陰侯傳）

②六年，封韓信為淮陰侯。（高祖本紀）

③淮陰枚生。（鄒陽傳）

【正義】楚州淮陰縣也。城北臨淮水。（淮陰侯傳）

〔案〕今淮陰縣東南。

下鄉　南昌亭

從其下鄉南昌亭長寄食。（淮陰侯傳）

【集解】張晏曰：「下鄉，縣，屬淮陰也。」

【索隱】案：楚漢春秋「南昌」作「新昌」。

〔案〕寰宇記：「古南昌亭在山陽縣西三十五里。」今淮陰縣東南。下鄉恐非縣名。

淮陽

①張良學禮淮陽。（留侯世家）

②淮陽，天下勁兵處。（韓王信傳）

③淮陽天下交，勁兵處。（魏其武安傳）

④淮陽，楚地之郊。（汲黯傳）

【正義】今陳州也。（留侯世家）

〔案〕今河南淮陽縣治。

淮陽

①高祖封淮陽國，都陳。（漢興以來諸侯年表）

②孝惠後宮子彊封淮陽王。（呂后本紀）

③孝文三，復置淮陽國。（漢興以來諸侯年表）

④孝文次子代王武徙為淮陽王。

⑤淮陽王武徙為梁王。（梁孝王世家）

⑥孝景前二年，皇子餘為淮陽王。（五宗世家）

⑦三年，徙淮陽王餘為魯王。（孝景本紀）

【集解】韋昭曰：「今陳留郡。」（呂后本紀）徐廣曰：「都陳。」（梁孝王世家）

【正義】淮陽國今陳州。（孝景本紀）即古陳國城也。（梁孝王世家）

〔案〕晉地道記：「陳城西南角有淮陽城，漢淮陽王故治。」今淮陽縣西南。

淮陽

高祖封梁國，都淮陽。（漢興以來諸侯年表）

〔案〕梁王彭越都定陶。孝文子梁孝王武徙都睢陽，「淮陽」乃字譌。

淮東　淮西

①六年，分韓信地為二國。劉賈為荆王，王淮東。弟交為楚王，王淮西。（高祖本紀）

②劉賈為荆王，王淮東五十二城；交為楚王，王淮西三十六城。（荆燕世家）

【索隱】表云：「劉賈都吳。」又漢書：「以東陽郡封賈」，東陽即臨淮，故云「王淮東」。

【正義】淮以西徐、泗、濠等州也。（荆燕世家）

淮夷

①淮夷蠙珠泉魚。（夏本紀）

②周成王少時，管、蔡作亂，淮夷畔周。（齊世家）

③管、蔡、武庚等果率淮夷而反。

④淮夷、徐戎亦並興反。（魯世家）

⑤周公東伐淮夷，殘奄。（周本紀）

⑥寧淮夷東土。（魯世家）

【集解】孔安國曰：「淮浦之夷，徐州之戎，並起為寇。」（魯世家）

【正義】括地志云：「泗水徐城縣北三十里古徐國，中即淮夷。」（周本紀）

沂

①淮、沂其治。

②道淮桐柏，東會於泗、沂，入於海。（夏本紀）

③沂、泗水以北，宜五穀、桑麻、六畜，地小人眾，數被水旱之害，民好畜藏。（貨殖傳）

④晉兵圍臨菑，盡燒屠其郭中。東至膠，南至沂，齊皆城守。（晉世家）

【集解】鄭玄曰：「地理志沂水出泰山蓋縣。」孔安國曰：「淮與泗、沂二水合入海也。」

【索隱】沂水出泰山蓋縣汶山，南過下邳縣入泗。（夏本紀）

〔案〕沂水源出今山東蒙陰縣北，南至江蘇邳縣境。

沂

①季平子請遷沂上。（魯世家）

②曾蔵曰：「浴乎沂，風乎舞雩。」（仲尼弟子傳）

【集解】杜預曰：「魯城南自有沂水。」（魯世家）

〔案〕此稱西沂水，源出曲阜縣東南尼山之麓，經曲阜縣南，東合於泗。

泗

①泗濱浮磬。

②浮於淮、泗，通於河。

③淮東會泗、沂，東入於海。（夏本紀）

④還，過彭城，欲出周鼎泗水下。（秦始皇本紀）

⑤漢軍皆走，相隨入穀、泗水。（項羽本紀）

⑥宋太丘社亡，而鼎沒泗水彭城下。

⑦新垣平言：「周鼎亡在泗水，今河溢通泗。」（封禪書）

⑧河決於瓠子，東南注鉅野，通於淮、泗。

⑨齧桑浮兮淮、泗滿。（河渠書）

【集解】鄭玄曰：「泗水出濟陰乘氏。」孔安國曰：「淮與泗、沂二水合入海也。」

【正義】括地志云：「泗水源在兗州泗水縣東陪尾山。其源有四道，因以為名。」又云：「泗水至彭城呂梁，出石磬。」（夏本紀）

〔案〕泗水源出今山東泗水縣東陪尾山，西流經曲阜，合沂水；南至濟寧，合洸水，入運河故道。自濟寧南經鄒、滕至江蘇境；歷宿遷、泗陽，至淮陰縣入淮。

泗上

①孔子葬魯城北泗上。（孔子世家）

②鄒、魯濱洙、泗，俗好儒，備於禮，其民齪齪。頗有桑麻。（貨殖傳）

【集解】駰案：皇覽曰：「孔子冢去城一里。冢塋百畝。」（孔子世家）

泗上

①越與魯泗東方百里。（越世家）

②越滅吳，不能正江、淮北；楚東侵，廣地至泗上。（楚世家）

③江南、泗上不足以待越。（越世家）

④若夫泗上十二諸侯。（楚世家）

⑤東取，泗上十二諸侯皆來朝。

⑥泗上諸侯鄒、魯之君皆稱臣。（田齊世家）

⑦舉宋而東指，則泗上十二諸侯盡王之有。（張儀傳）

⑧齊人南面攻楚，泗上必舉。此皆平原四達，膏腴之地。（春申君傳）

⑨案齊之故，有膠、泗之地。（淮陰侯傳）

【索隱】邊近泗水之側，當戰國之時有十二諸侯，宋、魯、邾、莒之比也。（張儀傳）

泗水亭

①高祖為泗水亭長。（高祖本紀）

②還，過沛泗上亭，與高祖語。（夏侯嬰傳）

【集解】徐廣曰：「沛縣有泗水亭。」（蕭相國世家）

【正義】括地志云：「泗水亭在徐州沛縣東一百步，有高祖廟也。」（高祖本紀）

泗水郡

①蕭何給泗水卒史。（蕭相國世家）

②秦泗川監平將兵圍豐，沛公破之。引兵至薛，泗川守壯敗於薛，走至戚。（高祖本紀）

③曹參擊泗水守軍薛郭西。（曹相國世家）

④周勃東定楚地泗川、東海郡，凡得二十二縣。（絳侯世家）
⑤周勃定泗水、東海。（高祖功臣侯年表）
⑥擊泗水監豐下。（樊噲傳）
⑦殺泗水守。拔薛西。（秦楚之際月表）
⑧周昌、周苛為泗水卒史。（張丞相傳）
⑨孝武元鼎三，初置泗水國，都郯。（漢興以來諸侯年表）
⑩武帝封常山王子商三萬戶，為泗水王。（五宗世家）
【集解】文穎曰：「泗川，今沛郡也，高祖更名沛。」徐廣曰：「泗水屬東海。」又曰：「沛縣有泗水亭。秦以沛為泗水郡。」
〔案〕秦泗水郡，漢更名沛，治相，今安徽宿縣西北。

卷六　夏殷地名

夏

①自洛汭延於伊汭，居易毋固，其有夏之居。

②伊、洛竭而夏亡。（周本紀）

③夏桀之居，左河、濟，右泰、華，伊闕在其南，羊腸在其北。（孫吳傳）

④潁川、南陽，夏人之居。南陽至今謂之「夏人」。（貨殖傳）

⑤夏路以左，不足以備秦。（越世家）

⑥陳在楚、夏之交。

⑦陳、夏千畝漆。（貨殖傳）

【集解】徐廣曰：「夏居河南，初在陽城，後居陽翟。」韋昭曰：「禹都陽城，伊、洛所近。」（周本紀）瓚曰：「夏桀之居，今河南城為直之。」（孫吳傳）

【索隱】劉氏云：「楚適諸夏，路出方城，人向北行，以西為左。」（越世家）

【正義】括地志云：「自禹至太康與唐、虞皆不易都城。」然則居陽城為禹避商均時之都也。帝王世紀云：「禹封夏伯，今河南。」汲冢古文云：「太康居斟尋，羿亦居之，桀又居之。」括地志云：「故鄩城在洛州鞏縣西南五十八里。」（周本紀）

夏臺　鈞臺

①桀囚湯夏臺。（夏本紀）

②夏啟有鈞臺之饗。（楚世家）

【索隱】獄名。夏曰鈞臺。皇甫謐云：「地在陽翟」，是也。（夏本紀）

【集解】杜預曰：「河南陽翟縣南有鈞臺陂。」（楚世家）

〔案〕今禹縣南。

夏墟

封虞仲於周之北故夏虛。（吳世家）

【集解】徐廣曰：「在河東太陽縣。」

【索隱】夏都安邑，虞仲都太陽之虞城，在安邑南，故曰夏虛。

〔案〕虞城，今平陸縣東北六十里。

大夏

①遷實沈於大夏，唐人是因。（鄭世家）

②禹鑿龍門，通大夏。（秦始皇本紀、李斯傳。）

③桓公西伐大夏，涉流沙，束馬懸車，上卑耳之山。（封禪書、齊世家。）

④瑯邪刻石曰：北過大夏。（秦始皇本紀）

【集解】服虔曰：「大夏在汾、澮之間。」杜預曰：「大夏，今晉陽縣。」（鄭世家）

〔案〕卑耳山，今平陸縣西北。唐，今冀城縣南。大夏以服虔說為是，杜說非也。

卑耳

①齊桓公西伐大夏，涉流沙，束馬懸車，上卑耳之山。（封禪書）

②束馬懸車登太行，至卑耳山。（齊世家）

【集解】韋昭曰：「卑耳即齊語所謂『辟耳』。」

【索隱】卑耳，山名，在河東大陽。又「辟」音「僻」，賈逵云：「山險也。」（封禪書）

〔案〕今山西平陸縣西北。

塗山

①禹娶塗山。（夏本紀）

②禹之興也以塗山。（外戚世家）

③穆王有塗山之會。（楚世家）

【集解】孔安國曰：「塗山，國名。」（夏本紀）

【索隱】韋昭云：「塗山，國名，禹所娶，在今九江。」應劭曰：「九江當塗有禹墟。」（外戚世家）杜預云：「塗山在壽春東北」，皇甫謐云：「今九江當塗有禹廟」，則塗山在江南也。系本曰：「塗山氏女名女媧」，是禹娶塗山氏號女憍也。（夏本紀）

三塗

南望三塗。（周本紀）

【索隱】杜預曰：三塗在陸渾南。

〔案〕今嵩縣西南。漢武帝紀，武帝祀中嶽，見夏后啟母石。水經注：「伊水出陸渾縣之西南王母澗，澗北山上有王母祠，即古三塗山也。」禹娶塗山氏女傳說，當指此。

陽城

①禹避舜之子商均於陽城。（夏本紀）

②韓文二，伐鄭，取陽城。（六國表、鄭世家、韓世家。）

③秦取韓陽城負黍。（周本紀、秦本紀。）

④陳勝，陽城人。（陳涉世家）

⑤沛公戰雒陽東，不利，還至陽城。（高祖本紀）

⑥漢王至河南，韓信急擊韓王昌陽城。（韓王信傳）

【集解】劉熙曰：「今潁川陽城是也。」（夏本紀）

【索隱】韋昭云：「陽城屬潁川」，地理志屬汝南。蓋陽城舊屬汝南。

【正義】括地志云：「陽城，洛州縣也。」（周本紀）今河南府縣也。（秦本紀。案：「府」字誤。以唐書地理志考之，或應作「告成」二字。）又云：夏禹所都。（高祖本紀）即河南陽城縣也。（陳涉世家）

〔案〕左昭四：「晉司馬侯曰：『陽城、太室，九州之險。』」則陽城本山名。傳說禹所避是也。漢潁川陽城縣以山得名。城邑之興，蓋起戰國。故城今登封縣東南，山在登封縣東北。

陽城

與南陽守齮戰陽城郭東，陷陣。（曹相國世家、樊噲傳。）

【集解】徐廣曰：「陽城在南陽。」應劭云：「今堵陽。」

【索隱】堵陽是南陽之縣。（曹相國世家）

〔案〕今河南裕縣東六里。

箕山

①益讓禹子啟，避居箕山之陽。（夏本紀）

②太史公登箕山，其上有許由冢。（伯夷傳）

【集解】駰案：孟子「陽」字作「陰」。劉熙曰：「崈高之北。」

【正義】案：「陽」即陽城也。括地志云：「陽城縣在箕山北十三里。」又恐「箕」字誤，本是「嵩」字。陽城縣在嵩山南二十三里，則為嵩山之陽也。（夏本紀）又：皇甫謐高士傳云：「許由遁於中嶽潁水之陽，箕山之下，洗耳於潁水濱。許由歿，葬此山，亦名許由山。」在洛州陽城縣南十三里。（伯夷傳）

〔案〕箕山，今登封縣東南，不得云「崈高之北」。

有扈

啟即天子位，有扈氏不服。（夏本紀）

【索隱】地理志曰：扶風鄠縣是扈國。

【正義】括地志云：「雍州南鄠縣本夏之扈國也。地理志云：『鄠縣，古扈國，有戶亭。』訓纂云：『戶、扈、鄠三字，一也。』」

〔案〕鄠，今陝西鄠縣治；然疑有扈不在此。

扈

①晉靈公初立，諸侯會趙盾，盟於扈。

②成公與楚莊王爭彊，會諸侯於扈。（晉世家）

【集解】杜預曰：「鄭地。滎陽卷縣西北有扈亭。」

〔案〕今河南舊原武縣西北。水經注：「河水逕卷之扈亭。紀年：『晉出公時，河絕於扈』，是也。」疑有扈氏亦在此。舊說在陝西鄠縣，殊無據。左昭元：「夏有觀、扈。」觀即觀津，今山東觀城縣西。

甘

啟伐有扈，戰於甘。（夏本紀）

【集解】馬融曰：「甘，有扈氏南郊地名。」

【索隱】夏啟所伐，鄠南有甘亭。

〔案〕東周惠王子、襄王弟叔帶封於甘，左傳稱甘昭公。括地志云：「故甘城在洛州河南縣西南二十五里。」洛陽記云：「河南縣西南二十五里，有水出焉，北流入洛山，上有甘城，即甘公采邑。」今洛陽縣西南。又考竹書，殷王武丁居於河，學於甘盤。則先尚有甘，為近河之邑，或即「啟戰於甘」之甘。

陽夏

①吳廣，陽夏人。（陳涉世家）

②項王南走陽夏。（彭越傳）

③漢王追項王至陽夏南。（項羽本紀、留侯世家。）

④楚發兵距漢陽夏。（高祖本紀）

⑤陽夏侯陳豨。（高祖功臣侯年表）

【索隱】韋昭云：「縣名，屬淮陽，後屬陳。」（高祖本紀）

【正義】括地志云：「陳州太康縣，本漢陽夏縣也。續漢書郡國志云：陽夏縣屬陳國。」案：太康縣城夏后太康所築，隋改陽夏為太康。（項羽本紀）

〔案〕今太康縣治。

過

昔有過氏殺斟灌以伐斟尋。（吳世家）

【集解】賈逵曰：「過，國名也。」

【索隱】過，寒浞之子澆所封國也。猗姓國。晉地道記曰：「東萊掖縣有過鄉，北有過城，是古之過國者也。」

〔案〕今山東掖縣北。然斟灌、斟尋皆近在今河南境，而說者羣以山東濱海地推之；則此過疑亦不在掖縣。寒浞處澆於過，處豷於戈。戈在宋、鄭之間，疑過或「韋、顧」之顧，今山東范縣東南五十里。

斟戈

禹後分封，以國為姓，有斟戈氏。（夏本紀）

【索隱】按：左傳、系本皆云斟灌氏。

斟灌

昔有過氏殺斟灌以伐斟尋。（吳世家）

【集解】賈逵曰：「斟灌，夏同姓也。」

【索隱】按：地理志北海壽光縣，應劭云：「古㪷灌，禹後，今灌亭是也。」

〔案〕臣瓚漢書注：「汲郡古文：『相居斟灌』，東郡灌是也。」左昭元：「夏有觀、扈。」

觀　觀津　觀澤

①魏惠三，齊伐魏觀津。

②（同年）齊威十一，伐魏，取觀。（六國表）

③魏惠三，齊敗魏觀。（魏世家）

④齊敗魏於濁澤，圍惠王，惠王請獻觀以和。（田齊世家）

⑤趙武靈九，齊敗趙、魏觀澤。（六國表、趙世家。）

⑥齊湣七，與宋攻魏，敗之觀澤。（六國表、田齊世家。）

⑦魏哀二，齊敗魏觀津。（六國表、魏世家、張儀傳。）

⑧齊湣王西摧三晉於觀津。（樂毅傳）

⑨觀津人朱英。（春申君傳）

⑩河決觀，梁、楚之地數困。（平準書）

【集解】徐廣曰：「觀，縣名也。屬東郡。光武改曰衛，公國。（平準書）今衛縣也。」（魏世家）

【正義】魏州魏城縣，（春申君傳注作「觀城縣」，是也。）古之觀國。國語云：「觀國，夏啟子太康第五弟之所封也，夏衰，滅之。」（魏世家）括地志云：「觀澤故城在魏州頓邱縣東十八里也。」（趙世家）

〔案〕左昭元：「夏有觀、扈。」杜注：「觀國，今頓邱衛縣。」楚語：「啟有五觀。」平準書：「河決觀。」觀臨河津，故亦曰觀津。漢置畔觀縣，故城今山東觀城縣西。

觀津

①秦取趙氏觀津，且與趙觀津。（穰侯傳）

②趙封樂毅於觀津。（樂毅傳）

③竇太后，趙清河觀津人。

④竇皇后親葬觀津。（外戚世家）

⑤竇嬰父世觀津人。（魏其侯傳）

【索隱】地理志觀津，縣名，屬信都。漢初屬清河。（樂毅傳）

【正義】括地志云：「觀津城在冀州棗陽縣東南（外戚世家作「棗強縣東北」。）二十五里。」（魏世家）又：觀津在冀州武邑縣東南二十五里。（樂毅傳）又：括地志云：「竇少君墓在冀州武邑縣東南二十七里。」（外戚世家）

〔案〕今河北城邑縣東南。

斟尋

①禹後分封，以國為姓，有斟尋氏。（夏本紀）

②昔有過氏殺斟灌以伐斟尋。（吳世家）

【集解】徐廣曰：「一云『斟氏、尋氏』。」（夏本紀）賈逵曰斟尋，夏同姓也。（吳世家）

【索隱】系本「尋」作「鄩」。（夏本紀）按：地理志北海平壽縣，應劭云：「故抖尋，禹後，今抖城是也。」「抖」與「斟」同。（吳世家）

〔案〕左昭二十三：「王師、晉師圍郊、鄩。」杜注：「鞏縣西南有地名鄩中。」郡國志：「鞏有尋谷水。」其水東入洛。入洛處謂之洛口，張儀傳「塞斜谷之口」是也。尋城，今鞏縣西南。尋水，今偃師縣東北，與鞏縣接界。汲冢古文：「太康居抖尋，羿亦居之，桀又居之。」書序：「太康失國，兄弟五人，須於洛汭。」

斜谷

楚下兵三川，塞斜谷之口。（張儀傳）

【集解】徐廣曰：「一作『尋』。成皋鞏縣有尋口。」

【索隱】「尋」、「斜」聲相近，故其名惑也。戰國策作「轘轅、緱氏之口」，亦其地相近也。斜谷，地名。

【正義】括地志云：「溫泉水即尋，源出洛州鞏縣西南四十里。」注水經云：「鄩城水出北山鄩溪。又有故鄩城，在鞏縣西南五十八里。」按：洛州緱氏縣東南四十里，與鄩溪相近之地。

伊闕

①夏桀之居，伊闕在其南。（孫吳傳）

②出伊闕攻秦，令秦無得通陽城。（周本紀）

③昭襄十四，白起攻韓、魏於伊闕。（秦本紀、六國表、楚世家、魏世家、韓世家、白起傳。）

④下潁川兵塞轘轅、伊闕之道。（淮南傳）

【正義】括地志云：「伊闕山在洛州南十九里。注水經云：『昔大禹疏龍門以通水，兩山相對，望之若闕，伊水歷其間，故謂之伊闕。』」按：今洛南猶謂之龍門也。（秦本紀）

羊腸

①夏桀之居，伊闕在其南，羊腸在其北。（吳起傳）

②昔魏伐趙，斷羊腸，拔閼與，趙分而為二。（魏世家）

③羊腸之西，句注之南。（趙世家）

【集解】皇甫謐曰：「壺關有羊腸阪，在太原晉陽西北九十里。」（吴起傳）

【正義】太行山坂道名，南屬懷州，北屬澤州。（趙世家）又羊腸坂道在太行山上，南口懷州，北口潞州。（魏世家）

〔案〕羊腸坂，南者在晉城縣南天井關之南；北在壺關縣東南，所謂「夏桀之居，羊腸在北」，亦指此羊腸言。皇甫謐誤以夏居安邑，故謂羊腸在晉陽。

仍

①帝相之妃后緡方娠，逃於有仍而生少康。少康為有仍牧正。（吴世家）

②桀為有仍之會，有緡叛之。（楚世家）

【集解】賈逵曰：「有仍，國名。」（吴世家）

〔案〕左傳「仍叔」，穀梁作「任叔」。「任」、「仍」，古文通。任，太皞後，風姓，今山東濟寧縣。

綸

少康奔有虞，有虞妻少康而邑之於綸。（吴世家）

【集解】賈逵曰：「綸，虞邑。」

〔案〕今河南虞城縣東南。

有緡

桀為有仍之會，有緡叛之。（楚世家）

【集解】賈逵曰：「緡，國名。」

東緡

攻爰戚、東緡。（絳侯周勃世家）

【集解】徐廣曰：「屬山陽。」

【索隱】戶牖，東緡。音「昬」，是屬陳留者。屬山陽者音「旻」。

【正義】括地志云：「東緡故城，在兗州金鄉縣界。」

〔案〕今金鄉縣東北二十里。春秋僖二十三：「齊侯伐宋，圍緡」，即夏有緡也。

鳴條

①桀走鳴條。（夏本紀）

②桀敗於有娀之虛，奔於鳴條。（殷本紀）

③湯敗桀於鳴條。（秦本紀）

【集解】孔安國曰：「地在安邑之西。」鄭玄曰：「南夷地名。」（夏本紀）

【正義】括地志云：「高涯原在蒲州安邑縣北三十里南坡口，即古鳴條陌也。鳴條戰地，在安邑西。」（殷本紀）

〔案〕太平御覽八二引許慎淮南注：「鳴條在今陳留平邱。」尚書疏：「陳留平邱有鳴條亭是也。」桀敗於有娀之虛，奔於鳴條，在此為合。又舊説昆吾、夏桀同以乙卯日亡。昆吾宅舊許，亦與陳留平邱接壤。桀自此奔三夋，則在定陶。

杞

①禹，姒姓，其後分封，有杞氏。（夏本紀）

②湯伐桀，封其後於杞。（留侯世家）

③周封夏後於杞。（夏本紀、樂書。）

④周武王克殷，求禹後，得東樓公，封于杞。（陳杞世家）

⑤孔子曰：「夏禮吾能言之，杞不足徵也。」（孔子世家）

⑥楚惠四十四，滅杞。杞，夏之後。（六國表、楚世家。）

【集解】宋忠曰：「杞，今陳留雍邱縣。」

【索隱】地理志云：「雍丘縣，故杞國，周武王封禹後為東樓公」，是也。春秋時杞已遷東國，故左氏隱四年傳云：「莒人伐杞，取牟婁。」牟婁者，東邑也。僖十四年傳云：「杞遷緣陵。」地理志北海有營陵，淳于公之縣。臣瓚云：「即春秋緣陵。」又：州，國名。杞後改國號曰州而稱淳于公，故春秋桓五年經云：「州公如曹」，傳曰：「淳于公如曹」，是也。（陳杞世家）

【正義】括地志云：「汴州雍丘縣，古杞國城也。周武王封禹後，號東樓公也。」（夏本紀）

雍丘

①宋景三十一，鄭圍宋，宋敗鄭於雍丘。（十二諸侯年表）

②韓景元，伐鄭，取雍丘。（六國表、鄭世家、韓世家。）

③秦攻魏雍丘、山陽城。（秦始皇本紀）

④項羽、沛公攻定陶未下，西略地至雍丘，大破秦軍，斬李由。還攻外黃。（項羽本紀、高祖本紀。）

⑤沛公、項羽斬三川守李由於雍丘。（秦楚之際月表）

⑥曹參取臨濟，南救雍丘，擊李由軍。

⑦參以中尉圍取雍丘。（曹相國世家）

〔案〕雍丘故城，今河南杞縣治。營陵故城，今山東昌樂縣東南。淳于故城，今安丘縣東北三十里。左襄二十九，晉人城杞之淳于，杞又遷都淳于是也。

有男氏

禹，姒姓，其後分封，以國為姓，有男氏。（夏本紀）

【索隱】系本「男」作「南」。

〔案〕水經注引韓嬰詩序：「南在南陽、南郡之間。」逸書史記篇有有南氏。詩出車：「王命南仲。」

彤城氏

禹後分封，以國為姓，有彤城氏。（夏本紀）

【索隱】系本不云彤城。按：周有彤伯，蓋彤城氏之後。

彤

①魏惠二十一，與秦遇彤。（六國表、魏世家。）

②秦孝二十四，商君反，死彤地。（六國表）

【索隱】彤，地名。商君死彤地。劉氏云：「阡陌道」，非也。

〔案〕尚書顧命：「乃同召彤伯。」胡三省謂秦、魏會彤，即彤伯國，當在鄭縣界。舊志華縣西南有古彤城。

〔又案〕商君傳：「殺之於鄭黽池。」徐廣曰：『黽』，或作『彭』。」索隱引鹽鐵論：「商君困於彭池。」水經穀水注：「黽池，亦或謂之彭池。」「彤地」必「彭池」之誤；亦如惠文後五年，誤書「戎地」為「戎池」也。鞅果死彤，不須加「地」字。

褒

①禹後分封，以國為姓，有褒氏。（夏本紀）

②幽王嬖愛褒姒。（周本紀）

③漢王之國，良送至褒中。（留侯世家）

【索隱】褒，國名，夏同姓，姓姒氏。（周本紀）系本不云褒。（夏本紀）

【正義】括地志云：「褒國故城在梁州褒城縣東二百步，古褒國也。」（周本紀）又云：「褒谷在梁州褒城縣北五十里南中山。號曰石牛道。蜀賦以石門在漢中之西、褒中之北是。」（留侯世家）

〔案〕褒中故城，今陝西褒城縣東南。

褒斜道

①張湯言：「抵蜀從故道，多阪，回遠。穿褒斜道，少阪，近四百里；褒水通沔，斜水通渭。漕從南陽上沔入褒，褒之絕水至斜，間百餘里，以車轉，從斜下渭。如此，漢中穀可致。」

②褒斜材木竹箭之饒，擬於巴蜀。

③發數萬人作褒斜道五百餘里。道果便近，而水湍石，不可漕。（河渠書）

④巴蜀四塞，棧道千里，無所不通，惟褒斜綰轂其口。（貨殖傳）

【集解】韋昭曰：「褒中縣也。斜，谷名。」瓚曰：「褒，斜，二水名。」

【正義】括地志云：「斜水源出褒城縣西北九十里衙嶺山，與褒水同源而派流。」褒城即褒中縣也。（河渠書）

〔案〕褒斜道一名石牛道。斜谷在郿縣西南三十里，入谷口二百二十里抵鳳縣界；出連雲棧，復百五十里出谷，抵褒城；長四百七十里。谷口有關，曰斜谷關。

繒

①禹為姒姓，其後分封，以國為姓，有繒氏。（夏本紀）

②申侯與繒、西夷犬戎攻幽王。（周本紀）

〔案〕左哀四：「楚人謀北方，致方城之外於繒關。」此必繒之故國與申接壤。正義謂即嶧縣之繒，則聲氣不相及矣。

繒

①魯哀七，會吳王於繒。（十二諸侯年表、孔子世家。）

②吳北敗齊師於艾陵。至繒，召魯哀公，徵百牢。（吳世家）

③靳歙略地東至繒、郯、下邳。（靳歙傳）

④朐、繒以北，俗則齊。（貨殖傳）

【集解】杜預曰：「琅邪繒縣。」（吳世家）

【正義】國語云：「繒，姒姓，夏禹後。」括地志云：「繒縣在沂州承縣，古侯國。」（周本紀）地理志云：「繒縣屬東海郡也。」（孔子世家）

〔案〕今嶧縣東八十里。

冥氏

禹，姒姓，其後分封，以國為姓，有冥氏。（夏本紀）

【正義】括地志云：「故鄍城在陝州河北縣東十里，虞邑也。杜預云：『河東太陽有鄍城』，是也。」（楚世家）

〔案〕左僖二：「荀息假道於虞，曰：『冀為不道，入自顛軨，伐鄍三門。』」杜注：「鄍，虞邑。」

括地志：「故鄍城在平陸縣東十里。」寰宇記：「在縣東北二十里。」今山西平陸縣東北二十里，此冥氏或是也。

殷

①殷契。
②契後分封有殷氏。（殷本紀）
③殷人都河內。（貨殖傳）
④殷紂之國，左孟門，右太行，常山在其北，大河經其南。（孫吳傳）
⑤武王使其弟管叔鮮、蔡叔度相祿父治殷。（周本紀）
⑥趙將司馬卬定河內，有功，立為殷王，王河內，都朝歌。（項羽本紀、高祖本紀。）
⑦王卬於殷。（自序）
⑧沛公以宛守為殷侯。（高祖本紀）

【索隱】契始封商，其後裔盤庚遷殷，殷在鄴南，遂為天下號。

【正義】括地志云：「相州安陽本盤庚所都，即北冢殷墟，南（北）去朝歌城百三十六里。（案：殷本紀正義作「百四十六里」，此據高祖本紀。）南去鄴四十里，西南三十里有洹水，南岸三里有安陽城，西有城名殷墟，所謂北冢者也。」今案：洹水在相州北四里，安陽城即相州外城。（殷本紀）

殷虛

①項羽與章邯期殷虛。（秦楚之際月表）

②項羽與章邯期洹水南殷虛上。（項羽本紀）

【集解】駰案：應劭曰：「洹水在湯陰界。殷虛，故殷都也。」瓚曰：「洹水在今安陽縣北，去朝歌殷都一百五十里。然則此殷虛非朝歌也。汲冢古文曰：『盤庚遷於此』，汲冢曰：『殷虛南去鄴三十里』，是舊殷虛，然則朝歌非盤庚所遷者。」

【索隱】案：釋例云：「洹水出汲郡林慮縣，東北至長樂入清水」，是也。汲冢古文云：「盤庚自奄遷于北冢，曰殷虛，南去鄴州三十里」，是殷虛南舊地名號北冢也。（項羽本紀）

〔案〕此即今安陽小屯發見商人龜甲骨片者。

北殷氏

契後分封有北殷氏。（殷本紀）

【索隱】北殷氏蓋秦寧公所伐亳主，湯之後也。

洹水

①項羽與期洹水南殷虚上。（項羽本紀）

②令天下將相會於洹水之上。（蘇秦傳）

〔案〕左成十七，聲伯夢涉洹水，自今山西長子流經河南林縣、安陽、內黃，入衞河。

商丘　商墟

①遷閼伯於商丘。（鄭世家）

②周公以殷餘民封康叔為衞君，居河、淇間故商墟。（衞世家）

③河竭而商亡。（周本紀）

【集解】賈逵曰：「商邱在漳南。」（鄭世家）韋昭曰：「商人都衞，河水所經也。」（周本紀）杜預曰：「商邱，宋地。」（鄭世家）

【索隱】宋忠云：「今定昌也。」（衞世家）

〔案〕「章」、「商」聲近，商即以漳得名，賈說是。後人皆知宋為商丘，遂不知商之在漳矣。帝王世紀：「顓頊自窮桑徙商丘。」寰宇記：「濮州，顓頊遺墟，古曰帝丘，亦曰商丘。」紀年：「夏后相出居商丘。」左傳：「相奪予享。」蓋衞即處相故墟也。方輿紀要：「舊濮陽城東有商丘。」商墟即商丘也。

商

①契封於商。（殷本紀）

②孝公十一，城商塞。（六國表）

③秦封衛鞅為列侯，號商君。（秦本紀、楚世家。）

④衛鞅既破魏，秦封之於商十五邑，號為商君。（商君傳）

【集解】鄭玄曰：「商國在太華之陽。」皇甫謐曰：「今上洛商是也。」（殷本紀）徐廣曰：「弘農商縣。」

【索隱】於、商，二縣名，在弘農。（商君傳）

【正義】括地志云：「商州東八十里（秦本紀作「八十九里」。）商洛縣，本商邑，古之商國。」（殷本紀）鞅所封也。（秦本紀）又：於商在鄧州內鄉縣東七里，古於邑。（商君傳）

〔案〕左文十，楚使子西為商公。商洛故城，今陜西商縣東。商君封商，徐廣說是；索隱、正義皆牽說南陽商於，恐非。謂契封於商在此，更不可信。

奄

周公東伐淮夷，殘奄。（周本紀）

【集解】鄭玄曰：「奄國在淮夷之北。」

【正義】兗州曲阜縣奄至，即奄國之地也。

〔案〕今本竹書紀年：「南庚自庇遷於奄。」尚書盤庚云：「盤庚涉河以民遷。」正義引汲冢古文：「盤庚自奄遷於殷。」殷在河北，則奄在河南可知。孟子：「周公相武王誅紂，伐奄，三年討其君。」尚書多士：「昔朕來自奄。」多方：「王來自奄，至於宗周。」知周初商國自殷外，猶以奄為要。左昭元：「周有徐、奄。」知奄當近徐，則在殷、徐之間。左昭九：「蒲姑、商奄，吾東土也。」又定四：「使之職事於魯，因商奄之民。」此皆商奄連文，疑奄即商之異名。左襄九：「陶唐氏之火正閼伯居商邱，相土因之。」蓋「奄」即「閼」之聲譌，則商奄即商宋，今歸德也。史記稱「盤庚渡河南，復居成湯之故居」，實則此乃南庚事；盤庚則重復自成湯故居渡河而北耳。漢藝文志：「禮古經出魯奄中。」此必伯禽封魯，多商奄遺民，故魯地亦有名奄者。許氏說文作「郁」，云：「周公所誅郁國，在魯。」正義本之，殊不足守。鄭玄亦僅據淮夷、奄連文，約略推說。蓋奄之故土，許、鄭皆已不能確指，而鄭較近是。

商阪

韓西有宜陽、商阪之塞。（蘇秦傳）

【索隱】劉氏云：「商阪之塞，蓋在商、洛之間，適秦、楚之險塞也。」

【正義】商阪即商山也，在商洛縣南一里，亦曰楚山，武關在焉。

〔案〕商山，今商縣東，丹水之南，路通武關。

商於

①商於、析、酈、宋胡之地。（越世家）

②故秦所分楚商於之地方六百里。（楚世家）

③臣請獻商於之地六百里。（張儀傳、屈原傳。）

【集解】商於之地在今順陽郡南鄉、丹水二縣，有商城在於中，故謂之商於。

【索隱】地理志丹水及商屬弘農，魏晉始分置順陽郡，商城、丹水俱隸之。（楚世家）又：商於屬南陽，楚之西南。（越世家）劉氏云：「商，今之商州，有古商城，其西二百餘里有古於城。」（張儀傳）

【正義】括地志云：「商洛縣則古商國城也。荆州圖副云：『鄧州內鄉縣東七里於村，即於中地也。』」括地志又云：「鄧州內鄉縣楚邑也。」（越世家）

〔案〕通典：「今內鄉縣東七里有於村，亦曰於中，即古商於地。」今淅川縣西。方輿紀要謂：「商即商州，自商州至內鄉六百里皆古商於地」，蓋得之。

於中

曲沃、於中，以至無假之關者三千七百里。（越世家）

〔案〕曲沃在陝。「曲沃、於中」猶云「自曲沃以迄於中」，即猶云「商於」也。自此再折而東，以至無假之關。

商顔

穿渠，自徵引洛水至商顔下。為井渠以絕商顔。（河渠書）

【集解】或曰商顔，山名。

〔案〕今陝西大荔縣北十里，接朝邑縣界，有商原，即古商顔。

有娀

①契母簡狄，有娀氏之女。（殷本紀）

②殷之興也以有娀。（外戚世家）

③桀敗於有娀之虛，奔鳴條。（殷本紀）

【集解】駰案：淮南子曰：「有娀在不周之北。」（殷本紀）

【索隱】有娀，國名。（外戚世家）

【正義】案：記云：「桀敗於有娀之墟」，有娀當在蒲州。（殷本紀）

〔案〕有娀，說在「高辛」條。「桀敗於有娀之墟」，與下文「湯伐三嵏」在曹州濟陰縣古定陶，地亦相接。正義誤說鳴條，故曰有娀在蒲州。

子氏

契封於商，賜姓子氏。（殷本紀）

【正義】括地志云：「故子城在渭州華城縣東北八十里，蓋子姓之別邑。」

〔案〕商之先世，恐不在西土。

亳

①自契至湯八遷，始居亳。

②湯居亳，從先王居。（殷本紀）

③擊秦軍，出亳南。破河間守軍於杠里。（樊酈滕灌傳）

【集解】孔安國曰：「契父帝嚳都亳，湯自商邱遷焉。」皇甫謐曰：「梁國穀熟為南亳，即湯都也。」

【正義】括地志云：「宋州穀熟縣西南三十五里（樊酈滕灌傳注作「四十里」，貨殖傳注作「四十五里」。）南亳故城，即湯都也。宋州北五十里大蒙城為景亳，湯所盟地，因景山為名。」湯即位，都南亳，後徙西亳。括地志云：「亳邑故城在洛州偃師縣西十四里，本帝嚳之墟，商湯之都，盤庚亦徙都之。」（殷本紀）

〔案〕南亳城，今商邱縣西南。景亳亦作「薄」，今商邱縣西北。孟子云：「湯居亳，與葛鄰。」皇甫謐云：「寧陵葛鄉去湯地七十里。」若湯居偃師，則去寧陵八百餘里。又孟子曰：「伊尹放太甲於桐。」桐在今虞城縣，去偃師亦八百餘里。湯亳仍屬穀熟方近。

亳

既葬伊尹於亳。（殷本紀）

【集解】駰案：皇覽曰：「伊尹冢在濟陰己氏平利鄉，亳近己氏。」

【正義】括地志云：「伊尹墓在洛州偃師縣西北八里。又云宋州楚邱縣西北十五里有伊尹墓，恐非也。」

〔案〕己氏即楚邱，今曹縣東南，與虞城、商邱接界。

亳

①商湯有景亳之命。（楚世家）

②堯作游成陽，舜漁於雷澤，湯止於亳。其俗猶有先王遺風。（貨殖傳）

③公子禦説奔亳。（宋世家）

④亳人薄忌。（孝武本紀）

【集解】服虔曰：「亳，宋邑。」杜預曰：「蒙縣西北有亳城也。」（宋世家）徐廣曰：「今梁國薄縣。」（貨殖傳）

【索隱】亳，山陽縣名。（孝武本紀）

〔案〕此即北亳，又謂蒙薄是也。

亳

①盤庚涉河南，治亳。（殷本紀）

②擊秦軍亳南、開封東北。（靳歙傳）

【集解】鄭玄曰：「治於亳之殷地，商家自此徙，而改號曰殷亳。」皇甫謐曰：「今偃師是也。」（殷本紀）

〔案〕史文謂：「盤庚之時，殷已都河北，盤庚渡河南，復居成湯之故居。」今據竹書，則盤庚已居洹水南殷墟，未渡河南；成湯亦未都偃師。至謂契父帝嚳已都偃師之亳，更無據。尚書：「三亳阪尹。」偃師乃周初以處殷頑，因亦有亳名；而後人乃由此誤說。

亳

①作事必於東南，收功實者常於西北。禹興於西羌，湯起於亳，周以豐、鎬，秦用雍州，漢興自蜀、漢。（六國表序）

②秦寧公遣兵伐蕩社。與亳戰，亳王奔戎，遂滅蕩社。（秦本紀）

【集解】徐廣曰：「京兆杜縣有亳亭。」皇甫謐云：「亳王號湯，西夷之國也。」（秦本紀）

〔案〕今長安縣西南。湯亳疑不在此。

蕩社　蕩氏

①秦寧公二年，遣兵伐蕩社。三年，與亳戰，亳王奔戎，遂滅蕩社。

②十二年，伐蕩氏，取之。（秦本紀）

【集解】徐廣曰：「『蕩』，音『湯』。『社』，一作『杜』。」

【索隱】西戎之君號曰亳王，蓋成湯之胤。其邑曰蕩社。徐廣云一作「湯杜」，言湯邑在杜縣之界，故曰湯杜也。

【正義】括地志云：「雍州三原縣有湯陵。又有湯臺，在始平縣西北八里。」按：其國蓋在三原始平之界矣。

〔案〕左襄二十四：「范宣子曰：『匄之祖，自虞以上為陶唐氏，在夏為御龍氏，在商為豕韋氏，在周為唐杜氏。』」疑此蕩杜即唐杜。「湯」亦「唐」也。武帝作建章宮，其西有唐中池數十里。湯、唐之在關中，蓋跨渭南北均有之。

社亳

於社亳有三社主之祠。（封禪書）

【集解】韋昭曰：「湯所都。」瓚曰：「濟陰薄縣是。」

【索隱】徐廣曰：「京兆杜縣有亳亭，則『社』字誤，合作『杜亳』。」案：秦寧公與亳王戰，亳王奔戎，遂滅湯社。皇甫謐亦云：「周桓王時自有亳王號湯，非殷也。」案：謂杜、亳二邑有三社主之祠也。

〔案〕封禪書：「杜主，故周之右將軍，其在秦中，最小鬼之神者。」

杜

①秦武公初縣杜、鄭。（秦本紀）

②六公子戮死於杜。（秦始皇本紀）

③十公主矺死於杜。（李斯傳）
④夏太后獨別葬杜東。（呂不韋傳）
⑤二世葬杜南宜春苑中。（秦始皇本紀）
⑥漢王從杜南入蝕中。（高祖本紀）
⑦張湯，杜人。（酷吏傳）
⑧安陵、杜杜氏。（貨殖傳）
⑨蘇建，杜陵人。（衛霍傳）

【集解】駰案：地理志京兆有杜縣。（秦本紀）

【索隱】地理志杜陵，故杜伯國，有杜主祠。（封禪書）

【正義】括地志云：「下杜故城在雍州長安縣東南九里。（秦本紀）杜祠，長安縣西南二十五里。（封禪書）杜陵故城萬年縣東南十五里。漢杜陵縣，漢宣帝陵邑也，北去宣帝陵五里。廟記云故杜伯國。」（高祖本紀）夏太后陵在萬年縣東南三十五里。（呂不韋傳）

〔案〕杜縣故城，今長安縣東南。下杜城在故杜縣西。宣帝紀：「曾孫尤樂杜、鄠之間，率常在下杜」，是也。正義以「秦武公初縣杜、鄭」為下杜，恐非。

杜平

①秦孝七，與魏惠王會杜平。（秦本紀、六國表、魏世家。）

②灌嬰食杜平鄉。（灌嬰傳）

【正義】在同州澄城縣界。（秦本紀）

杜陽

封小令尹以杜陽。（樗里甘茂傳）

【索隱】杜陽，秦之地。

〔案〕杜陽無考。杜平、杜郵皆在渭北，則渭北有湯陵、湯臺，（正義說，見前。）又多名「杜」之地，疑此皆殷人移殖之迹，皆唐杜氏也。

杜衍

杜周，南陽杜衍人。（酷吏傳）

【索隱】地名也。

〔案〕今南陽縣西南二十三里。

葛

①湯始伐葛。（殷本紀）

②桓公内寵葛嬴生昭公。（齊世家）

【集解】地理志曰：「葛，今梁國寧陵之葛鄉。」（殷本紀）

〔案〕今河南寧陵縣北。水經汳水注：「戰國屬魏，以封信陵君。」

葛

孝成王十九，趙與燕易土，燕以葛、武陽、平舒與趙。（趙世家）

【集解】徐廣曰：「葛城在高陽。」

【正義】括地志云：「故葛城又名西河城，在瀛州高陽縣西北五十里。」

〔案〕今河北安新縣治。

葛

齊宣四十四，伐魯、葛及安陵。（田齊世家）

【正義】長葛故城在許州長葛縣北十二里，鄭之葛邑也。

〔案〕六國表作「伐魯、莒及安陽」。正義以魯城在許昌，遂并以河南境地説之，在今長葛縣北，非魯境，正義殆非也。

信陵

①魏公子信陵君。

②魏亦復以信陵奉公子。（信陵君傳）

【索隱】地理志無信陵，或曰是鄉邑名。

〔案〕據水經汳水注，即寧陵葛鄉。

昆吾

①陸終生子六人，一曰昆吾。

②昆吾，夏時嘗為侯伯，桀之時湯滅之。（楚世家）

③昔之傳天數者，高辛之前，重、黎；於唐、虞，羲、和；有夏，昆吾；殷商，巫咸；周室，史佚、萇弘。（天官書）

④夏桀荒淫，諸侯昆吾氏為亂。（殷本紀）

【集解】虞翻曰：「昆吾名樊，己姓，封昆吾。」世本曰：「昆吾者，衛是也。」（楚世家。天官書正義同。）

【索隱】宋忠曰：「昆吾，國名，己姓所出。」左傳曰：「衛侯夢見披髮登昆吾之觀。」今濮陽城中有昆吾臺是。

【正義】括地志云：「濮陽縣，古昆吾國也。昆吾故城在縣西三十里，臺在縣西百步，即昆吾墟也。」（楚世家）

〔案〕濮陽，今濮陽縣西南。

昆吾

皇祖昆吾舊許是宅。（楚世家）

〔案〕許國，今許昌縣西南。

三㚇

湯伐三㚇。（殷本紀）

【集解】孔安國曰：「三㚇，國名，今定陶也。」

【正義】括地志云：「曹州濟陰縣即古定陶也，東有三㚇亭是也。」

〔案〕當在今曹縣西南。

三㚇

陵三嵕之危。（司馬相如傳）

【集解】漢書音義曰：「三嵕，三成之山。」

泰卷

湯歸至於泰卷陶。（殷本紀）

【索隱】鄒誕生「卷」作「餉」，又作「洞」，則「卷」當為「埛」，與尚書同。其下「陶」字是衍耳。解尚書者以大埛今定陶是也，舊本或傍記其地名，後人轉寫，遂衍斯字。

南巢

成湯有南巢之伐，以殄夏亂。（律書）

【正義】南巢，今廬州巢縣。淮南子云：「湯伐桀，放之歷山，與末喜同舟浮江，奔南巢之山而死。」按：巢即山名，古巢伯之國。云南巢者，在中國之南也。

〔案〕古人下「東」、「西」、「南」、「北」字，不當以後人目光繩之。此云南巢，即廬州巢縣是也。司馬貞疑曰：「南巢，其國蓋遠。謂巢伯來朝，乃居之淮南楚地。」曲說無據。

巢　居巢　居鄛

①吴諸樊十三，伐楚，迫巢門，傷射以薨。（十二諸侯年表）

②平王十，太子建母在居巢，開吴。吴攻楚，滅鍾離、居巢。（楚世家）

③王僚八，公子光敗楚師，迎楚故太子建母於居巢以歸。（吴世家）

④王僚九，拔楚居巢、鍾離。（吴世家、伍子胥傳。）

⑤闔廬六，敗楚豫章，取楚之居巢。（十二諸侯年表、吴世家、伍子胥傳。）

⑥惠王二，子西召故平王太子建之子勝於吴，以為巢大夫，號曰白公。（楚世家）

⑦居鄛人范增。（項羽本紀）

【索隱】地理志居巢屬廬江。（吴世家）楚縣也。古國。桀奔南巢，其國蓋遠。尚書序「巢伯來朝」，蓋因居之淮南楚地。（伍子胥傳）又：荀悦漢紀：「范增，阜陵人。」（項羽本紀）

【正義】廬州巢縣是也。（楚世家）

〔案〕春秋文十二：「楚人圍巢。」昭二十四：「吴滅巢。」今安徽巢縣東北五里。白公勝不居巢，特以巢為封號。

桐宫

①伊尹放太甲於桐宫。（殷本紀）

②太甲居桐。（自序）

【正義】晉太康地記云：「尸鄉南有亳坂，東有城，太甲所放處也。按：尸鄉在洛州偃師縣西南五里也。（殷本紀）

〔案〕左哀二十六，宋北門曰桐門。因虞城南五里有桐邑，門以所向之邑名。郡國志：「虞有空桐地，有桐地，有桐亭」，是也。太甲桐宮在此。

隞

帝仲丁遷于隞。（殷本紀）

【集解】皇甫謐曰：「或云河南敖倉是。」

【索隱】「隞」，亦作「囂」，並音「敖」。

【正義】括地志云：「滎陽故城在鄭州滎澤縣西南十七里，殷時敖地也。」

〔案〕敖山在河南舊滎澤縣西北河陰廢縣境內。字亦作「囂」。左宣十二：「晉師在敖、鄗之間。」

敖倉

①田臧令諸將守滎陽城，自以精兵西迎秦軍於敖倉。（陳涉世家）

②漢軍滎陽，南築甬道屬之河，以取敖倉粟。（項羽本紀、高祖本紀。）

③據敖倉之粟，塞成皋之口。（黥布傳、酈食其傳。）

④敖倉，天下轉輸久，其下乃有藏粟甚多。（酈食其傳）

⑤疾西據雒陽武庫，食敖倉粟。（吳王濞傳）

【集解】瓚曰：「敖，地名，在滎陽西北山，臨河有太倉。」（項羽本紀）

【索隱】案：太康地記云：「秦建敖倉於成皋。又立庾，故亦云『敖庾』也。」（黥布傳）

【正義】孟康云：「敖，地名，在滎陽西北，山上臨河有大倉。」（高祖本紀）括地志云：「敖倉在鄭州滎陽縣西（酈食其傳「西」作「四」。）十五里，縣（當依酈食其傳作「石」。）門之東，北臨汴水，南帶三皇山。秦時置倉于敖山上，故名敖倉云。」（項羽本紀）

相

河亶甲居相。（殷本紀）

【集解】孔安國曰：「地名，在河北。」

【正義】括地志云：「故殷城在相州內黃縣東南十三里，即河亶甲所築都之，故名殷城也。」

〔案〕內黃在古河東，非河北，則正義說誤也。通典：「相州治安陽縣，河亶甲居相，即其地。」此在今安陽縣南。又相縣故城，今安陽縣西，帝王世紀謂「亶甲城在安陽西北五里洹水南岸」是也。此二說實近。要之，河亶甲居相，當在今安陽西南，與盤庚以下殷墟為近。

相

①魏攻留、方與、銍、湖陵、碭、蕭、相，故宋必盡。（春申君傳）

②章邯定楚地，屠相，至碭。（高祖本紀）

③還定竹邑、相、蕭、留。（曹相國世家）

④降留、薛、沛、酇、蕭、相。（灌嬰傳）

【索隱】韋昭云：「相，沛縣。」

【正義】括地志云：「故相城在徐州符離縣西北九十里。及輿地志云：『宋共公自睢陽徙相子城，又還睢陽。』」（曹相國世家）

〔案〕今宿縣西北。元和志：「蓋相土舊都。」

邢

祖乙遷於邢。（殷本紀）

【索隱】「邢」音「耿」。近代本亦作「耿」。今河東皮氏縣有耿鄉。

【正義】括地志云：「絳州龍門縣東南十二里耿城，故耿國也。」

〔案〕水經注：「汾水西逕耿鄉城北，故殷都也。祖乙自相徙此。」索隱、正義皆本為說。今河津縣南十二里有古耿城是也。疑殷都不遠遷及此。祖乙所都，當在河內平皋邢丘。水經沁水注：「朱溝逕懷城南，又東逕殷城北。郭緣生述征記曰：『懷縣有殷城，或謂楚、漢之際，殷王卬治之』，非也。紀年云：『秦師伐鄭，次於懷，城殷』，即是城也。然則殷之為名久矣。」竊疑殷城之名，即起祖乙耳。

邢

①衛人迎桓公弟晉於邢而立之。（衛世家）

②申公巫臣奔晉，以為邢大夫。（十二諸侯年表、晉世家。）

【集解】賈逵曰：「邢，周公之胤，姬姓國。」（衛世家）又曰：「邢，晉邑。」（晉世家）

〔案〕左隱四：「衛人逆公子晉於邢。」左隱五：「曲沃以鄭人、邢人伐翼。」舊說以河北邢臺說之，既與衛、鄭皆遠，更不能及晉。宣十五：「晉敗赤狄於曲梁，始滅潞。」其前河北之邢臺，何緣與山西曲沃晉翼相通？然則狄滅邢衛，殆亦河內之邢矣。郡國志：「河內平皋有邢丘，故邢國。周公子所封。」周公之胤，凡、蔣、邢、茅、胙，封地皆近。及邢國既遷，其故地乃稱邢邱。宣六：「赤狄圍邢邱。」襄八：「晉會諸侯邢邱。」昭五：「子產相鄭，會晉邢邱。」皆是也。邢遷於夷儀，郡國志：「東郡聊城有夷儀聚。」故城今聊城縣西南十二里。齊師、宋師、曹師次於聶北以救邢，聶即攝城。左昭二十：「晏子曰：『聊、攝以東。』」注：「聊、攝，齊西界。」今博平縣西。

又河北清豐縣東北有故聶城，地亦相當。邢之所遷，與衛正近，故衛復滅之。其後地入晉。左定九：「齊伐晉夷儀，晉車千乘在中牟」，是也。齊桓公築五鹿、中牟、鄴以衛諸夏，若邢遷夷儀在邢臺，是尚遠在五鹿、中牟、鄴北，何衛之及？應劭謂：「邢侯自襄國徙平皋，即夷儀」，亦失之。巫臣封邢大夫，不知是邢丘抑夷儀？

邢丘

①伐魏，拔懷。後二歲，拔邢邱。（范雎傳）

②昭襄四十一，攻魏，取邢丘、懷。（秦本紀。案：六國表作「廩丘」，魏世家作「郪丘」。）

③舉河內，拔燕、酸棗、虛、桃，入邢。（春申君傳）

④秦固有懷、茅、邢丘。（魏世家）

⑤秦嘗攻韓，圍邢丘、上黨。（白起傳）

⑥韓昭六，伐東周，取陵觀、邢丘。（韓世家。案：六國表作「廩丘」。）

【集解】徐廣曰：「邢丘在平皋。」騆案：韓詩外傳武王伐紂，到于邢丘，勒兵於寧，更名邢丘曰懷，寧曰修武。

【正義】括地志：「平皋故城本邢丘邑，漢置平皋縣，在懷州武德縣（白起王翦列傳作「武陵縣」，乃字譌。）東南二十里。」（秦本紀）以其在河之皋地也。（魏世家）

〔案〕平皋故城，今溫縣東。春秋晉邢丘，左宣六：「赤狄伐晉，圍邢丘」，是也。武德，今武陟縣東南。

〔又案〕魏世家：「秦拔魏懷」，在安釐九；「拔邢丘」，在安釐十一。又無忌謂魏王曰：「秦固有懷、茅、邢丘。」則懷與邢丘非一。

傅險

①傅說為胥靡，築於傅險。

②武丁得傅說於傅險中。（殷本紀）

③傅說匿於傅險。（游俠傳）

【集解】徐廣曰：「尸子云傅巖在北海之洲。」孔安國曰：「傅氏之巖在虞、虢之界，通道所經，有澗水壞道，常使胥靡刑人築護此道。」

【正義】（括地）志云：「傅險即傅說版築之處，在今陝州河北縣北七里，即虞國、虢國之界。又有傅說祠。注水經云：『沙澗水北（出）虞山，（東）南經傅巖傅說隱室前，俗名聖人窟。』」（殷本紀）

〔案〕今山西平陸縣東二十五里。

朝歌

①紂為朝歌北鄙之音。（樂書）

②齊莊四，伐晉，取朝歌。（十二諸侯年表）

③齊莊以兵隨欒盈，上太行，入孟門。欒盈敗，齊兵還，取朝歌。（齊世家、晉世家。）

④范、中行走朝歌。（晉世家、趙世家。）

⑤晉趙鞅圍范、中行於朝歌。（燕世家、趙世家。）

⑥邑號朝歌，墨子迴車。（鄒陽傳）

⑦魏文侯太子擊逢田子方於朝歌。（魏世家）

⑧秦始皇六，拔魏朝歌。衛從濮陽徙野王。（六國表、魏世家。）

⑨司馬卬為殷王，王河內，都朝歌。（項羽本紀、高祖本紀。）

【集解】賈逵曰：「晉邑。」（齊世家）

【正義】朝歌在衛州東北七十三里，本妹邑。（周本紀）

〔案〕今淇縣東北；古商都沬邑，入周為衛國。

沙丘

①紂廣沙丘苑臺。（殷本紀）
②李兌囚主父於沙邱。（范雎傳）
③武靈王餓死沙丘宮。（趙世家、樂毅傳。）
④齊之北地去沙邱、鉅鹿斂三百里。（趙世家）
⑤溫、軹地薄人眾，猶有沙丘紂淫地餘民。（貨殖傳）
⑥始皇至沙丘崩。（封禪書、李斯傳。）
⑦始皇崩於沙丘平臺。（秦始皇本紀）

【集解】駰案：爾雅曰：「池邐，沙丘也。」地理志曰：在鉅鹿東北七十里。

【正義】括地志云：「沙丘臺在邢州平鄉東北二十里。（范雎蔡澤傳、封禪書作「三十里」，始皇本紀又作「四十里」。）竹書紀年云：『自盤庚徙殷，至紂之滅，七百七十三年，更不徙都。紂時稍大其邑，南距朝歌，北據邯鄲及沙丘，皆為離宮別館。』」（殷本紀）

〔案〕今河北平鄉縣東北。

牧野

①武王至於商郊牧野。（周本紀）
②伐紂，至牧野。（魯世家）

③紂發兵距周牧野。（殷本紀）

④武王制紂於牧野。（蘇秦傳）

⑤汝獨未聞牧野之語乎？（樂書）

【集解】鄭玄曰：「牧野，紂南郊地名也。」（殷本紀）

【正義】括地志云：「衛州城，故老云周武王伐紂至于商郊牧野，乃築此城。酈元注水經云：『自朝歌南至清水，土地平衍，據皋跨澤，悉牧野也。』」（周本紀）又：今衛州所理汲縣，即牧野之地。（樂書）

〔案〕牧野，今淇縣南。説文作「坶」。

鹿臺

①紂厚稅以實鹿臺之錢。

②紂兵敗走，入鹿臺。（殷本紀）

【集解】瓚曰：「鹿臺，臺名，今在朝歌城中」徐廣曰：「『鹿』，一作『廩』。」

【正義】括地志云：「鹿臺在衛縣西南二十二里。」

鉅橋

紂盈鉅橋之粟。（殷本紀）

【正義】服虔曰：「鉅橋，倉名。許慎曰：『鉅鹿水之大橋，有漕粟也。』」

〔案〕今濬縣西五十里有鉅橋鄉。

孟門

①上太行，入孟門。（齊世家）

②殷紂之國，左孟門，右太行。（吳起傳）

【集解】賈逵曰：「孟門、太行皆晉山隘也。」

【索隱】孟門山在朝歌東北。（齊世家）又：劉氏按：「紂都朝歌，今孟山在其西。今言左，則東邊別有孟門也。」（吳起傳）

〔案〕左襄二十三：「取朝歌，入孟門，登大行」，則孟門明在朝歌西。或疑即白陘，為太行第三陘；今輝縣西。

九侯

紂以西伯昌、九侯、鄂侯為三公。（殷本紀、魯仲連傳。）

【集解】徐廣曰：「一作『鬼侯』。鄴縣有九侯城。」

【索隱】「九」，鄒誕生音「仇」。

【正義】括地志云：「相州滏陽縣西南五十里有九侯城，亦名鬼侯城，蓋殷時九侯城也。」（殷本紀）

〔案〕司馬彪曰：「鄴西有九侯城。」當在今臨漳縣西。

邘

文王伐邘。（周本紀）

【集解】徐廣曰：「邘城在野王縣西北，音『于』。」

【正義】括地志云：「故邘城在懷州河內縣西北二十七里，古邘國城也。左傳云：『邘、晉、應、韓，武之穆也。』」

〔案〕邘故城，今為邘臺鎮，在沁陽縣西北三十里。

汙水

項羽擊秦兵汙水上。（項羽本紀）

【集解】徐廣曰：「在鄴西。」

【索隱】郡國志鄴縣有汙城。酈元云：「汙水出武安山東南，經汙城北入漳。」

【正義】括地志云：「汙水源出懷州河內縣北太行山。」

〔案〕今臨漳縣西。

羑里

①紂囚西伯羑里。（殷本紀、周本紀、齊世家、魯仲連傳。）

②西伯拘羑里。（自序）

【集解】駰案：地理志曰：河內湯陰有羑里城。

【正義】羑城在相州湯陰縣北九里。（殷本紀）

〔案〕今湯陰縣北；亦名牖里。

阢　飢　耆

①西伯伐飢國。（殷本紀）

②西伯昌修德滅阢。（宋世家）

③明年，敗耆國。（周本紀）

【集解】徐廣曰：「『飢』，一作『阢』，又作『耆』。」（殷本紀）

【索隱】耆，即黎也。鄒誕生云：「本或作『⿱𥝢邑』，音『黎』。」孔安國云：「黎在上黨東北，即今之黎亭。」（宋世家）

【正義】括地志云：「故黎城，黎侯國也，在潞州黎城縣東北十八里。」（周本紀）

〔案〕左宣十五，潞酆舒奪黎氏地，晉滅潞，立黎侯而還。杜注：「上黨壺關縣有黎亭。」漢志上黨壺關縣，應劭曰：「黎侯國也，今黎亭是。」續志：「壺關有黎亭，故黎國。」劉昭曰：「文王戡黎即此。」今長治縣西南。又上黨記：「潞縣東北八十里，有黎城。」括地志：「黎國在黎城縣東北十八里。」今黎城縣，與長治相去幾二百里。寰宇記以黎城為晉滅潞所立，或是也。

九黎

①少皞之衰也，九黎亂德。

②其後三苗服九黎之德。（曆書）

【集解】駰案：漢書音義曰：「少皞時諸作亂者。」

黎山

紂為黎山之會，東夷叛之。（楚世家）

【集解】服虔曰：「黎，東夷國名也，子姓。」

〔案〕漢志魏郡黎陽，晉灼曰：「黎山在其南。」臣瓚曰：「今黎陽縣山臨河，乃大伾也。」（此誤，辨詳「大邳」。）今河南濬縣東南二十里。自此以東，古東夷地；自此以西，蓋古苗疆也。

邶

歌邶、鄘、衛。（吳世家）

〔案〕鄭氏詩箋：「周初自紂朝歌而北為邶國。」今湯陰縣東南三十里有邶城鎮。

鄘

歌邶、鄘、衛。（吳世家）

〔案〕通典：「鄘城在新鄉縣西南三十二里。」今汲縣東南。

來氏

契後分封，有來氏。（殷本紀）

〔案〕左襄十四：「齊人以郲寄衛侯。」玉篇：「滎陽東郲城，齊滅之。」或此來氏即郲。

箕

箕子。（宋世家）

【集解】馬融曰：「箕，國名也。」

【索隱】杜預云：「梁國蒙縣有箕子冢。」〔案〕今山西榆社縣南三十里，有故箕城；又潞城縣東有微子城；昔人疑為箕、微二國封地，蓋近是。

比干墓

武王命閎夭封比干之墓。（周本紀）

【正義】括地志云：「比干墓在衞州汲縣北十里二百五十步。」

〔案〕北魏書：「太和十八年，自鄴南巡，過比干墓。」今汲縣北。

稚氏

契後分封，有稚氏。（殷本紀）

【索隱】案：系本子姓無稚氏。

目夷氏

契後分封，有目夷氏。（殷本紀）

卷七　周地名

周

①太王亶父亡走岐下，豳人悉從邑焉，作周。（匈奴傳）

②文王改制，爰周郅隆。（司馬相如傳）

【正義】因太王所居周原，因號曰周。地理志云：「右扶風（美陽）縣，岐山（在）西北中水鄉，周太王所邑。」括地志云：「故周城一名美陽城，在雍州武功縣西北二十五里，即太王城也。」（周本紀）

〔案〕就岐山地望言之，則岐周在咸陽渭北，不在武功。

周

①武王至于周。

②營周居於雒邑。（周本紀）

③成王朝步自周，至豐。（魯世家）

【集解】馬融曰：「周，鎬京也。」（魯世家）

【正義】周，鎬京也。（周本紀）

〔案〕周本紀下云：「『我南望三塗，北望嶽鄙，顧詹有河，粤詹雒、伊，毋遠天室。』營周居於雒邑而後去。」然後曰：「縱馬於華山之陽，牧牛於桃林之虚。」則武王至周，明非鎬京；蓋即指成周。馬融説「成王朝步自周」為鎬京，則得之。

周

①周人都河南。（貨殖傳）

②封虞仲於周北故夏虚。

③晉獻公滅周北虞公。（吳世家）

④群臣皆山東人，爭言不如都周。（劉敬傳）

〔案〕此河南之周。

周

歌秦。曰：「此之謂夏聲。其周之舊乎？」（吳世家）

〔案〕此陝西之周。

周

周公旦。（魯世家）

【集解】譙周曰：「以太王所居周地為其采邑，故謂周公。」

【索隱】周，地名，在岐山之陽，本太王所居，後以為周公之采邑，故曰周公。即今扶風雍東北故周城也。

〔案〕郡國志：「美陽有周城。」水經注：「岐水屈逕周城南，城在岐山之陽。又歷周原下，北則中水鄉成周聚，故曰有周也。」其地今岐山縣東北。又有召亭，在今岐山縣西南。此必西周盛世，周、召二公采地所在，因以得名；然未必即周公始封。至岐山之名，則又因周名而增飾也。

宗周

成王自奄歸，在宗周。（周本紀）

【正義】鎬京也。

成周

①周公營成周雒邑。（魯世家、劉敬傳。）

②武庚祿父作亂，欲攻成周。（衞世家）

③周公病，將沒，曰：「必葬我成周，以明吾不敢離成王。」周公既卒，成王亦讓，葬周公於畢，從文王，以明不敢臣周公。（魯世家）

④晉文公入襄王成周。（鄭世家）

【索隱】成周，洛陽。（衞世家）

東西周

①及周之衰，分而為兩。（劉敬傳）

②趙成侯八，與韓分周以為兩。（趙世家）

③王赧時東、西周分治。（周本紀）

④我下軹，道南陽，封冀，包兩周。（蘇秦傳）

⑤秦莊襄王滅東、西周。（周本紀）

【集解】徐廣曰：「周比亡之時，凡七縣，河南、洛陽、穀城、平陰、偃師、鞏、緱氏。」

【索隱】西周，河南也。東周，鞏也。王赧微弱，西周與東周分主政理，各居一都，故曰東、西周。案：高誘曰：「西周王城，今河南。東周成周，故洛陽之地。」（周本紀）

【正義】公羊傳云：「東周者何？成周也。西周者何？王城也。」按：周自平王東遷，以下十二王皆都王城，至敬王乃遷都成周，王赧又居王城也。（劉敬傳）兩周，王城及鞏。（蘇秦傳）

〔案〕河南、洛陽，漢二縣名，東西相距四十里。河南，古郟鄏地，是為王城。洛陽，古成周城，是為下都。蓋武王克商，定鼎於郟鄏。至成王卜澗水東、瀍水西，而宅洛邑，王城是也；又於瀍水東卜之，亦吉，遷殷頑民居之，則下都是也。平王東遷，居王城。至敬王與子朝爭立，出奔，晉定公使魏舒率諸侯之大夫會於狄泉，城成周居王。時子朝在王城，故萇弘云：「西王天棄之，東王必大克。」蓋以成周在王城東故也。成周本王城、下都之總號，至是以下都為成周，以別於王城焉。敬王既遷成周，而王城其後遂名河南。至考王，封其弟桓公於河南，以續周公之官職。至孫惠公，乃封少子於鞏，號東周惠公；蓋以鞏別於河南而為東、西也。其後鞏入於韓，遂以雒陽與河南為東、西周。王赧立，東、西周分理，又徙都西周，則舊王城，即河南也。平王以前，以雒邑與豐鎬為東、西，故雒邑稱東都，亦稱王城；敬王以下，以洛陽與河南分東、西，故洛陽稱下都，又稱成周；考王以下，則王城為西周，而鞏與雒陽為東周。高誘、司馬貞各得其一，而剖之未晰也。

西周

①王赧徙都西周。（周本紀）
②西周之地，絕長補短，不過百里。名為天下共主。（楚世家）
③魏昭十二，與秦王會西周。（六國表、魏世家。）
【正義】即王城也。今河南郡城也。（魏世家）西周武公居焉。（周本紀）

東周

①東周惠公。（周本紀）
②韓昭六，伐東周。（韓世家）
③蘇秦，東周雒陽人。
④臣棄老母於東周。
⑤周人之俗，治產業，力工商，逐什二以為務。（蘇秦傳）
⑥周人以商賈為資，而劇孟以任俠顯。（游俠傳）
⑦周人纖。（貨殖傳）
⑧過雒陽，聞周人愛老人。（扁鵲傳）

【索隱】考王封其弟于河南，為桓公。卒，子威公立。卒，子惠公立。長子曰西周公。又封少子於鞏，仍襲父號曰東周惠公。於是有東、西二周也。按：世本：「西周桓公名揭，居河南；東周惠公名班，居洛陽」，是也。（周本紀。案：據史記，東周惠公封鞏，其時周王尚居洛陽；至王赧乃遷西周。世本以東周公居洛陽，誤。）

【正義】河南鞏縣。（韓世家）又：敬王以子朝之亂從王城東遷雒陽故城，乃號東周，以王城為西周。（蘇秦傳）又：郭緣生述征記：「鞏縣，周地，鞏伯邑。史記周顯王二年，西周惠公封少子班於鞏，為東周惠公也。子武公，為秦所滅。」（周本紀）

〔案〕惠公封鞏，與河南桓公為東、西周公。其後王赧還河南西周，而雒陽亦為東周公地，故亦名東周。

周南

①為歌周南、召南。（吳世家）

②太史公留滯周南。（自序）

【集解】徐廣曰：「摯虞曰：古之周南，今之洛陽。」

【索隱】張晏曰：「自陝以東，皆周南之地也。」（自序）

周

漢求周苗裔，封號周子南君。（周本紀）

【正義】括地志云：「周承休城一名梁雀塢，在汝州梁縣東北二十六里。」

〔案〕承休故城，今河南臨汝縣東。

邰

①舜封棄於邰。（周本紀）

②周興而邑邰，立后稷之祠。（封禪書）

③周之先自后稷，堯封之邰。（劉敬傳）

【集解】徐廣曰：「今斄鄉在扶風。」

【正義】括地志云：「故斄城一名武功城，在雍州（武功）縣西南二十二里，（劉敬傳注引作「二十三里」。）古邰國，后稷所封也。有后稷及姜原祠。」說文云：「邰，炎帝之後，姜姓所封國，弃外家也。」（「說文」以下，見劉敬傳注。）毛萇云：「邰，姜嫄國也。」（周本紀）

〔案〕注家皆以陝西之斄說邰，亦由邠、岐地望已失而誤。今山西稷山縣南五十里有稷山，一名稷神山，俗呼稷王山，相傳為后稷始教稼穡地。左宣十五：「晉侯治兵於稷」，是也。周陽城在聞喜縣東二十九里。古山、古水在絳縣西北。蓋古公所居董澤，在聞喜縣東北四十里。疑詩云「篤公劉」，「篤」、「董」聲轉而譌。左傳：「魏、駘、芮、岐、畢，吾西土也。」岐、畢近在河西，魏、芮則在河東；駘即有郃，不能獨至武功之𣏌。疑駘之得名，以古臺駘氏之所處，則正與上述稷山、周陽、古水、董澤地望相近。論周人之始起者，當於此尋之。

豳

①公劉子慶節國於豳。（周本紀）

②公劉避桀居豳。太王以狄伐，去豳居岐。（劉敬傳）

③公劉變於西戎，邑於豳。

④太王亶父亡走岐下，而豳人悉從。（匈奴傳）

⑤古公去豳，度漆、沮。（周本紀）

⑥歌豳。曰：「其周公之東乎？」（吳世家）

【集解】徐廣曰：「新平漆縣之東北有豳亭。」

【索隱】豳即邠也。

【正義】括地志云：「豳州新平縣即漢漆沮縣，詩豳國，公劉所邑之地也。」（周本紀）

〔案〕邠乃汾旁之邑，如酆灃、鄗滈之例。歌豳而曰「周公之東」，知豳不在扶風漆縣。

邰

①公劉適邰。（貨殖傳）

②孟軻稱太王去邰。（孟子荀卿傳）

〔案〕詩稱「篤公劉」，疑猶古公亶父之例，「篤」、「古」皆地名。左文六：「蒐於董。」疑「篤」、「董」聲轉字譌；今聞喜縣東北四十里。古山、古水，今新絳縣西北。后稷始起稷山，今稷山縣南。地望皆近。自河東踰梁山，走馬朝邑，（「來朝走馬」。）而至漆、沮，今陝西富平境，則在岐山之下矣。自此渡渭南，則為豐、鎬。此西周遷徙邰、岐間之眞相也。自邰、岐地望迷失，遂於周初地理紛紛解說，而終不可通。

豳

武王登豳之阜，以望商邑。（周本紀）

【正義】括地志云：「豳州三水縣西十里有豳原，周先公劉所都之地也。豳城在此原上。」蓋武王登此城望商邑。

〔案〕唐三水縣乃今陝西栒邑縣，豈能登此以望商邑？且按史文，其時武王尚未還至鎬。據周書，作「升汾之阜」。後漢郡國志：「潁川襄城縣有汾丘」，殆武王登此以望河南之故商邑耳。武王克紂，蓋渡河南至商宋之野，而至成周，自此返鎬。

崇　豐

①文王伐崇。（周本紀）

②文王伐崇、密須、犬夷，大作豐邑。（齊世家）

③文王作豐邑。（周本紀、貨殖傳）

④自岐下徙都豐。（周本紀）

⑤周文王都豐。（秦始皇本紀）

⑥文王在豐，武王在鎬，百里之君。（孔子世家）

⑦武王伐紂，營雒邑，復居於酆、鄗。（匈奴傳）

⑧王朝步自周，至豐。

⑨周公在豐，病，將沒。（魯世家）

⑩康王有豐宮之朝。（楚世家）

⑪平王去酆、鄗，東徙雒邑。（匈奴傳）

⑫平王曰：「戎無道，侵奪我岐、豐之地。」（秦本紀）

【集解】徐廣曰：「豐在京兆鄠縣東，有靈臺。」（周本紀）馬融曰：「豐，文王廟所在。」（魯世家）

服虔曰：「豐宮，成王廟所在也。」杜預曰：「豐在始平鄠縣東，有靈臺，康王於是朝諸侯。」（楚世家）

【索隱】豐，文王所作邑。後武王都鎬，於豐立文王廟。按：豐在鄠縣東，臨豐水，東去鎬二十五里也。（魯世家）

【正義】皇甫謐曰：「崇，夏鯀封。虞、夏、商、周皆有崇國，崇國蓋在豐、鎬之間。詩云：『既伐于崇，作邑于豐』，是國之地也。」括地志云：「周豐宮，周文王宮也，在雍州鄠縣東三十五里。」（周本紀）

〔案〕豐，今鄠縣東。武王改邑於鎬，每遇大事，如伐商、作洛之類，皆步自宗周而往，以其事告於豐廟。皇甫謐謂鯀封崇在此，恐未可信。

豐

秦襄公以女弟繆嬴為豐王妻。（秦本紀）

〔案〕是時周尚未失豐岐，此豐王當在豐水上游南山中，蓋亦戎王也。

豐

秦文公伐南山大梓，豐大特。（秦本紀）

【集解】徐廣曰：「今武都故道有怒特祠。」

【正義】錄異傳云：「秦文公時，雍南山有大梓樹，文公伐之，中有一青牛出，走入豐水中。其後牛出豐水中，故置髦頭。漢、魏、晉因之。武都郡立怒特祠，是大梓牛神也。」

鎬

①文王在豐，武王在鎬，百里之君。（孔子世家）

②武王都鎬。（秦始皇本紀）

③武王治鎬。（貨殖傳）

【集解】徐廣曰：「鎬在上林昆明北，有鎬池，去豐二十五里。皆在長安南數十里。」（周本紀）

【正義】鎬在雍州西南三十二里。（周本紀）

〔案〕周鎬京，今長安縣西南。三輔決錄：「鎬在豐水東，豐在鎬水西，相去二十五里。」

畢

①武王上祭于畢。（周本紀）

②成王葬周公於畢，從文王。（魯世家）

③太史公曰：所謂「周公葬我畢」，畢在鎬東南杜中。（周本紀）

【集解】馬融曰：「畢，文王墓地名也。」（周本紀）

【正義】括地志云：「周公墓在雍州咸陽北十三里畢原上。」（魯世家）

〔案〕畢原，今長安縣西南。漢書臣瓚注：「汲郡古文：『畢西於豐三十里。』」括地志：「畢原在萬年縣（即今西安縣治。）西南二十八里。」又有畢原在咸陽縣北。左傳富辰曰：「畢，文之昭也。」杜注：「畢在長安西北。」水經注：「三秦記曰：『長安城北有平原，廣數百里。』」通典：「初，王季都之，後畢公高封焉。」元和志：「亦謂之畢陌，漢朝諸陵竝在其上。」咸陽縣志：「亦名咸陽原，亦謂之咸陽北阪。」此非文、武、周公所葬。

畢

①魏之先，畢公高之後。

②武王伐紂，而高封於畢。（魏世家）

【集解】杜預曰：「畢在長安縣西北。」（魏世家）

【索隱】左傳富辰說文王之子十六國，有畢、原、豐、郇。

【正義】括地志云：「畢原在雍州萬年縣西南二十八里。」（魏世家）

雒邑

①武王營周居於雒邑。（周本紀、匈奴傳。）

②成王七年二月，使太保召公先之雒相土。其三月，周公往營成周雒邑，卜居焉。（魯世家）

③周公營成周洛邑，以此為天下之中，諸侯四方納貢職，道里均。（劉敬傳）

④平王東遷雒邑。（周本紀、秦本紀、匈奴傳。）

⑤戎狄至洛邑，伐周襄王。（匈奴傳）

【正義】括地志云：「故王城一名河南城，本郟鄏，周公新（劉敬傳注作「所」。）築，即雒誥云『我卜澗水東，瀍水西』者也，（「雒誥」句見秦本紀。）在洛州河南縣北九里苑內東北隅。自平王以下十二王，皆都此城；至敬王乃遷都成周；至赧王又居王城也。帝王世紀云：『王城西有郟鄏陌。』左傳云：『成王定鼎於郟鄏。』京相璠地名云：『郟，山名。鄏，邑名。』」（周本紀）

〔案〕今洛陽縣西五里。

雒陽

①蘇秦，東周雒陽人。（蘇秦傳）

②呂不韋食河南洛陽十萬戶。（呂不韋傳）

③項羽立瑕丘申陽為河南王，都雒陽。（項羽本紀）

④雒陽東有城皋，西有殽、黽，倍河，向伊、雒，其固亦足恃。其中小，不過數百里，田地薄，四

面受敵，非用武之國。（留侯世家）

⑤吾行天下，獨見洛陽與曲逆。（陳丞相世家）

⑥雒陽有武庫、敖倉，天下衝阸，漢國之大都。先帝以來，無子王於雒陽者。（三王世家）

⑦洛陽有武庫、敖倉，當關口，天下咽喉。自先帝傳不為置王。（滑稽傳）

⑧洛陽東賈齊、魯，南賈梁、楚。

⑨洛陽街居在齊、秦、楚、趙之中，貧人學事富家，相矜以久賈，數過邑不入門。（貨殖傳）

⑩桑弘羊，雒陽賈人子。（平準書）

【正義】括地志云：「洛陽故城在洛州洛陽縣東北（劉敬傳注引無「北」字。）二十六里，周公所築，即成周城也。輿地志云：成周之地，秦莊襄王以為洛陽縣，三川守理之。後漢都洛陽，改為『雒』。」（周本紀）

〔案〕今洛陽縣東北三十里。

雒陽南宮

高祖置酒雒陽南宮。（高祖本紀）

【正義】括地志云：「南宮在雒州雒陽縣東北二十六里洛陽故城中。輿地志云：『秦時已有南、北宮。』」

〔案〕沈欽韓云：「秦雖都關中，猶放周東都之制。」

郟鄏

周成王定鼎於郟鄏。（楚世家）

【集解】杜預曰：「郟鄏今河南，縣西有郟鄏陌。武王遷之，成王定之。」

【索隱】案周書，郟，雒北山名。鄏，謂田厚鄏，故以名焉。

〔案〕北邙山，一名郟山，「周營王城，北枕郟山」是也；今洛陽縣北。左桓七：「遷盟、向之民於郟」，杜注：「郟，王城。」則郟鄏亦即指王城言。

驪戎

①周閎夭之徒求驪戎之文馬。（周本紀）

②晉獻五，伐驪戎，得姬。（十二諸侯年表、晉世家。）

【集解】韋昭曰：「西戎之別在驪山也。」（晉世家）

【正義】括地志云：「驪戎故城在雍州新豐縣東南十六里，殷、周時驪戎國城也。」（周本紀）

〔案〕今臨潼縣東。

酈山　麗山

①申侯言：「昔我先酈山之女，為戎胥軒妻。」（秦本紀）

②西戎犬戎與申侯伐周，殺幽王酈山下。（秦本紀）

③犬戎殺幽王驪山下。（周本紀）

④昭襄四十二，宣太后葬芷陽酈山。（秦本紀）

⑤二世葬始皇酈山。（秦始皇本紀）

⑥布論輸麗山，麗山之徒數十萬人。（黥布傳）

【正義】申侯之先，娶於酈山。（秦本紀）酈山在雍州新豐縣南十四里。（秦本紀）驪山之陽即藍田山。（周本紀）

〔案〕今臨潼縣東南，與藍田縣藍田山相連。

麗邑　酈邑

①始皇十六，置麗邑。（秦始皇本記、六國表。）

②始皇葬酈邑。（秦始皇本紀）

新豐

高祖十，更命酈邑曰新豐。（高祖本紀）

【正義】括地志云：「新豐故城在雍州新豐縣西南四里，漢新豐宮也。」

〔案〕今臨潼縣東北。

芮

①虞、芮有獄不能決。（周本紀）

②西伯斷虞、芮之訟。（齊世家）

【集解】芮在馮翊臨晉縣。

【正義】括地志云：「故芮城縣西二十里，（此應云「故芮城在芮城縣西二十里」。）古芮國也。晉太康地記云：『虞西百四十里有芮城。』」括地志云：「又閑原在河北縣西六十五里。詩云：『虞、芮質厥成。』二國君相讓所爭地以為閑原，至今尚在。」注引地理志芮在臨晉者，恐疎。然閑原在河東，復與虞、芮相接，臨晉在河西同州，非臨晉芮城明矣。（周本紀）

芮

①秦德公元，梁伯、芮伯來朝。
②成公元，梁伯、芮伯來朝。
③繆公二十，滅梁、芮。（秦本紀）

【索隱】芮，姬姓。芮國，馮翊臨晉。

【正義】括地志云：「南芮鄉故城在同州朝邑縣南三十里，又有北芮城，皆古芮伯國。鄭玄云：『周同姓之國，在畿內，為王卿士者。』左傳云：『桓公三年，芮伯出居魏。』」今按：州芮城縣界有芮國城，（「州」上脫一字。唐書地理志：「芮城縣武德初屬芮州，貞觀時屬陝州。」當是「陝」字。）蓋是殷末虞、芮爭田之芮國是也。

〔案〕今山西芮城縣西二十里有芮村，相傳即古虞、芮爭田之芮。魏書地形志：「河北縣有芮城」，是也。又陝西朝邑縣南有芮城，漢志：「臨晉有芮鄉，故芮國」，是也。正義既辨虞、芮爭田在河東，此又言在河西，何其疏！秦滅梁、芮，與虞、芮爭田，不必一芮。古國遷徙不常，亦不必一地。

芮

景公寵妾芮姬生子荼，立，是為晏孺子。悼公遷晏孺子，而逐孺子母芮子。（齊世家）

【索隱】左傳：「鬻姒之子荼嬖」，則荼母姓姒。此作「芮姬」，不同。譙周依左氏作「鬻姒」，鄒誕生本作「芮姁」。

密須

①西伯伐密須。（周本紀）

②文王伐崇、密須、犬夷。（齊世家）

③共王游於涇上，密康公從。共王滅密。（周本紀）

【集解】應劭曰：「密須氏，姞姓之國。」瓚曰：「安定陰密縣是。」（周本紀）

【索隱】郡國志密須在東郡廩邱縣北，今曰顧城。密須，姞姓，在河南密縣東，故密城是也。與安定姬姓密國各不同。（齊世家）

【正義】括地志云：「陰密故城在涇州鶉觚縣西，其東接縣城，即古密國。」杜預云：「姞姓國，在安定陰密縣」也。（周本紀）

〔案〕西伯初用師，豈即遠至隴西？秦宣公作密畤，近在渭南，此密亦在渭南何疑！索隱說亦誤。

密

密姬生懿公。（齊世家）

〔案〕索隱東郡廩丘縣北顧城有密須。顧城，今范縣南三十里，詩商頌：「韋、顧既伐」，是也。

姒

①臺駘宣汾、洮，處太原。國於汾川。沈、姒、蓐、黃實守其祀。晉主汾川而滅之。（鄭世家）

②武王母太姒。（管蔡世家）

【正義】國語云：「杞、繒二國，姒姓，夏禹之後。太姒，文王之妃，武王之母。」禹後姒氏之女也。太姒之家在郃之陽，在渭之涘。文王親迎于渭。（管蔡世家）

庸

①庸、蜀、羌、髳、微、纑、彭、濮人。（周本紀）

②熊渠甚得江、漢間民和，乃興兵伐庸。（楚世家）

③楚莊三，滅庸。（十二諸侯年表、楚世家。）

【集解】庸、濮在江、漢之南。（周本紀）杜預曰：「庸，今上庸。」（楚世家）

【正義】括地志云：「房州竹山縣，（下注又作「竹邑縣」。）本漢上庸縣，古之庸國。昔周武王伐紂，庸蠻在焉。」（楚世家）

〔案〕上庸故城，今湖北竹山縣東四十里。

上庸

①昭王三，與楚會黄棘，與楚上庸。（秦本紀、六國表。）

②今將以上庸地六縣賂楚。（楚世家、張儀傳。）

③懷王與秦盟約於黄棘，秦復與楚上庸。

④襄王十九，割上庸、漢北地予秦。（楚世家）

⑤昭二十七，擊楚，楚與秦漢北及上庸地。（六國表）

⑥昭三十四，與魏、韓上庸地為一郡，南陽免臣遷居之。（秦本紀）

⑦濟東王彭離遷上庸。（漢興以來諸侯年表、梁孝王世家。）

【集解】駰案：地理志漢中有上庸縣。

【正義】括地志云：「上庸，今房州竹邑縣及金州是也。」（秦本紀）

〔案〕上庸本楚地，蓋秦敗楚屈丏所取；黄棘之會，復以歸楚；越後二十四年，而復取之。

〔又案〕六國表：「秦昭三十四年，魏與秦南陽以和。」魏世家同。無秦與韓、魏上庸事。蓋此處文字有誤，當是「與韓、魏和，以上庸地為南陽郡」。「免臣遷居之」，即遷居上庸也。

微

庸、蜀、羌、髳、微、纑、彭、濮人。（周本紀）

【集解】髳、微在巴蜀。

【正義】戎府之南，古微、盧、彭三國之地。有微州。

〔案〕唐置西利州，更名微州，尋廢；故治在今雲南大姚縣北，周初決不能及。國名記：「夏后氏後有微」，註曰：「郿，子爵，本扶風郿陽。春秋：『莊公築郿』，公羊傳作『微』。」然則古「微」、「郿」同音通用。然此微疑尚非陝西之郿。考楚祖芈姓，或「芈」、「微」同音，則微、纑、彭、濮皆在漢域。

微

微子開。（宋世家）

【集解】孔安國曰：「微，畿內國名。」

〔案〕今潞城縣東。魏書地形志：「上黨郡壺關縣有微子城。」

纑

庸、蜀、羌、髳、微、纑、彭、濮人。（周本紀）

【集解】孔安國曰：「纑、彭在西北。」（案：書疏：「『在西北』者，在東蜀之西北也。」）

【正義】戎府之南，古微、盧、彭三國之地。有盧府。

〔案〕湖北南漳縣東北五十里，有中盧城，春秋時盧戎國。左傳文十六年，楚伐庸，自盧以往，即此。

彭

庸、蜀、羌、髳、微、纑、彭、濮人。（周本紀）

【集解】纑、彭在西北。

【正義】戎府之南，古微、盧、彭三國之地。有彭州。

〔案〕舊注微、纑、彭、濮，皆在極遠，疑非也。左桓十二：「楚伐絞，師分涉於彭」，杜注：「彭水在新城昌魏縣。」昌魏故城，今湖北房縣西南；縣西一里有筑水，源出竹山，即彭水也。古彭人在此，正在纑、庸之間。又河西亦有彭，與周更為近隣，然恐非此彭也。

彭衙

秦晉戰於彭衙。（秦本紀）

【集解】杜預曰：「馮翊郃陽縣西北有衙城。」

【正義】括地志云：「彭衙故城在同州白水縣東北六十里。」

〔案〕今白水縣東北。

彭

彭戲氏

①秦武公伐彭戲氏，至於華山下。（秦本紀）

②秦武元，伐彭，至華山。（十二諸侯年表）

【正義】彭戲，戎號。蓋同州彭衙故城是也。（秦本紀）

彭

彭侯。（高祖功臣侯表）

【索隱】漢表屬東海郡。

濮

庸、蜀、羌、髳、微、纑、彭、濮人。（周本紀）

【集解】庸、濮在江漢之南。

【正義】濮在楚西南。有濮州。

〔案〕隋於濮陽郡置濮州，今猶為濮縣。唐有羈縻州曰濮，當在甘肅舊慶陽府境。又唐置西濮州，更名髳州，在今雲南牟定縣。然周武王不獲恢遠至此，會於盟津之濮，殆亦在漢水附近，周之東南。左文十六：「庸人率羣蠻以叛楚，麇人率百濮聚於選。楚出師，旬有五日，百濮乃罷。自廬以往，侵庸。」是則當時濮族亦與庸、盧、彭諸族相近也。楚世家：「楚武王與隨人盟而去。於是始開濮地而有之。」蓋濮族當是雜居楚、隨之間。或此族本與濮陽之濮相通，古人往來無常，然要之亦不能大違遠。

濮

①叔堪避難於濮。

②武王與隨人盟，於是始開濮地而有之。（楚世家）

【集解】杜預曰：「建寧郡南有濮夷。」

【正義】按：建寧，晉郡，在蜀南，與蠻相近。劉伯莊云：「濮在楚西南。」孔安國云：「庸、濮在漢之南。」按：成公元年：「楚地千里」，孔說是也。

濮

①衛殺州吁於濮。（衛世家）

②魏哀七，擊齊，虜聲子於濮。（六國表）

③王又割濮磿之北。（春申君傳）

【集解】服虔曰：「濮，陳地。」

【索隱】賈逵云：「濮，陳地。」按：濮水首受河，又受汴，汴亦受河，東北至離狐分為二，俱東北至鉅野入濟。則濮在曹、衛之間，賈言陳地，非也。若據地理志陳留封邱縣濮水受沛（濟），當言陳留水也。（衛世家）

〔案〕水經注：「濮出封丘者，首受濟；別出酸棗者，首受河。」在濮陽南者，此受河之濮；在封丘西南者，此受濟之濮。自黄河遷，濮流亦湮。服、賈謂陳地水，誤矣。

濮

①桑間濮上之音。

②衛靈公將之晉，至於濮水之上舍。（樂書）

【集解】徐廣曰：「濮水北於鉅野入濟。」（春申君傳）

【正義】括地志云：「在曹州離狐縣界，即師延投處。」

〔案〕離狐故城，今菏澤縣西北。

康

周公封康叔為衛君。（管蔡世家、衛世家。）

【索隱】孔安國曰：「康，畿內國名，地闕。」（管蔡世家）宋忠曰：「康叔從康徙封衛。」（衛世家）

〔案〕水經注：「潁水東，歷康城南，夏少康故邑也。魏明帝封尚書衛臻為康鄉侯，邑於此。」故城今禹縣西北。康叔初封應在此。

管

①武王封弟叔鮮於管。（周本紀、管蔡世家。）

②管侯。（惠景間侯者年表）

【正義】括地志云：「鄭州管城縣外城，古管國地也。」（周本紀）

【集解】杜預曰：「管在滎陽京縣東北。」（管蔡世家）

〔案〕今鄭縣治。

祭

祭公謀父。（周本紀）

【集解】韋昭曰：「祭，畿內之國，周公之後，為王卿士。」

【正義】括地志云：「故祭城在鄭州管城縣東北十五里，鄭大夫祭仲邑也。釋例云：『祭城在河南，上有敖倉，周公後所封也。』」

〔案〕祭城，今鄭縣東北。

彘

厲王出奔彘。（周本紀、齊世家。）

【集解】韋昭曰：「彘，晉地，漢為縣，屬河東，今曰永安。」

【正義】括地志云：「晉州霍邑縣本漢彘縣，後改彘曰永安。」（周本紀）鄭玄云：「霍山在彘，本秦（周）時霍伯國。」（齊世家）

〔案〕今霍縣東北。

共

①召公、周公二相行政，號曰「共和」。（周本紀）

②鄢潰，太叔段出奔共。（鄭世家）

③城垝津以臨河內，河內共、汲必危。

④通韓上黨於共、甯。（魏世家）

⑤秦虜齊王建，遷之共。（田齊世家）

⑥王建動心，乃遷於共。（自序）

⑦共侯。（高祖功臣侯年表）

【集解】賈逵曰：「共，國名也。」杜預曰：「今汲郡共縣也。」（鄭世家）駰案：地理志河內有共縣。（田齊世家）

【正義】魯連子云：「衞州共城縣本周共伯之國也。厲王奔彘，諸侯奉和行天子事，號曰『共和』。宣王立，共伯復歸國於衞。」（周本紀）

〔案〕河南輝縣北九里有共山。漢書地理志：「共，北山，淇水所出。」水經注：「共山在共伯故國北，所謂共北山也。」呂氏春秋誠廉篇：「武王使召公盟微子於共頭之下。」縣志：「亦謂之九峯山，蘇門之別阜也。」共城故城，今輝縣治。

南國

①武四成而南國是疆。（樂書）

②宣王亡南國之師。（周本紀）

③秦葉陽、昆陽與舞陽隣，繞舞陽之北，以東臨許，南國必危。（魏世家）

【集解】南國，漢、江之門。唐固曰：「南國，南陽也。」（周本紀）

【正義】南國，即許。此時屬韓，在魏之南，故言南國。（魏世家）

西州

西州三川皆震。（周本紀）

【集解】韋昭曰：「西州，鎬京。」

澤

敬王不得入，居澤。（周本紀）

【集解】賈逵曰：「澤邑，周地也。」

〔案〕春秋傳說彙纂引賈逵曰：「澤即翟泉。」其說殊誤。春秋經：「天王居於狄泉。」在昭二十三年之秋；而傳：「王師在澤邑。」則在是年之春；明非一地。下二十六年十一月，召伯逆王於尸，遂軍圉澤，次於隄上；十二月，入於成周。尸鄉在偃師西。先是二十二年秋，王師伐東圉，杜氏云：「洛陽東南有圉鄉。」澤或是圉澤，則亦在洛陽東南也。

澤

秦孝二十，會諸侯於澤。朝天子。（六國表）

【集解】徐廣曰：「紀年作『逢澤』。」

平陰

①沛公北攻平陰，絕河津。（高祖本紀）

②從度平陰，遇淮陰侯兵襄國。（蒯成侯傳）

③漢王從臨晉渡，下河内。南渡平陰津，至雒陽。（高祖本紀）

【集解】駰案：地理志河南有平陰縣，今河陰是也。（高祖本紀）

〔案〕今孟津縣東。左昭二十二，子朝作亂，晉師軍於平陰是也。應劭曰：「在平城南，故曰平陰。」

平陰

益食平陰二千戶。（樊噲傳）

【正義】平陰故城在濟陽東北五里。

〔案〕今山東平陰縣東北。左襄十八：「晉伐齊，入平陰」，是也。然是時漢尚未得齊，疑噲所益食仍是河南平陰也。

平陰

王遷五，代地大動，自樂徐以西，北至平陰。（趙世家）

【正義】平陰在汾也。

河津

①沛公略韓地轘轅。時司馬卬方欲渡河入關，沛公乃北攻平陰，絕河津。南，戰雒陽東，軍不利，還至陽城。（高祖本紀）

②二世三年三月，攻開封。四月，攻潁陽，略韓地，北絕河津。（秦楚之際月表）

③從攻陽武，下轘轅、緱氏，絕河津，還擊趙賁軍尸北。（曹相國世家、絳侯世家。）

④攻緱氏，絕河津。（酈商傳）

⑤絕河津，東攻秦軍於尸南。（樊噲傳）

⑥破秦軍尸北，北絕河津。（灌嬰傳）

【正義】括地志云：「平陰故津在洛州洛陽縣東北五十里。」（曹相國世家）

河梁

悼襄五，慶舍將東陽河外師，守河梁。（趙世家）

【正義】河梁，橋也。

尸

①絕河津，還擊趙賁軍尸北。（曹相國世家、絳侯世家。）

②絕河津，東攻秦軍於尸南。（樊噲傳）

③破秦軍尸北，北絕河津。（灌嬰傳）

④乘傳詣雒陽，未至三十里，至尸鄉廄置。（田儋傳）

【集解】徐廣曰：「尸在偃師。」

【正義】括地志云：「尸鄉亭在洛州偃師縣，在洛州東南也。」（曹相國世家）

〔案〕今偃師縣西十里，古西亳，左昭二十六：「劉人敗王城之師於尸氏」，是也。

畢狐

秦遷西周公於畢狐。（周本紀）

【集解】徐廣曰：「畢狐聚與陽人聚相近，在洛陽南百五十里梁、新城之間。」

【正義】括地志云：「汝州外古梁城即畢狐聚也。梁亦古梁城也，在汝州梁縣西南十五里。新城，今洛州伊闕縣。」

〔案〕今臨汝縣西北四十里。

陽人

①秦祀周以陽人地。（秦本紀）

②秦以陽人地賜周，奉其祭祀。（秦始皇本紀）

【集解】駰案：地理志河南梁縣有陽人聚。（秦本紀）

【正義】括地志云：「陽人故城即陽人聚，在汝州梁縣西四十里。」（周本紀）

〔案〕今臨汝縣西。

卷八　秦地名

秦

①周孝王召非子，使主馬於汧、渭之間，分土為附庸，邑之秦。

②文公東獵。至汧、渭之會，曰：「昔周邑我先秦嬴於此。」乃卜居之。（秦本紀）

【集解】徐廣曰：「今天水隴西縣秦亭。」

【正義】括地志云：「秦州清水縣本名秦，嬴姓邑。十三州志云：『秦亭，秦谷』，是也。」

〔案〕非子邑秦，在汧、渭之會。汧水在今寶雞縣東入渭。元和志：「秦城在隴州東南二十五里」，是也。詳「汧」字條。舊說天水秦亭，誤。

秦

①秦四塞之國，被山帶渭，東有關河，西有漢中，南有巴蜀，北有代馬，此天府也。」（蘇秦傳）

②秦被山帶河，四塞以為固。（張儀傳、劉敬傳。）

③秦北有甘泉、谷口，南帶涇、渭，右隴、蜀，左關、阪。（范雎傳）

④秦北有甘泉、谷口之固，南有涇、渭之沃，擅巴、漢之饒，右隴、蜀之山，左關、殽之險。（刺客傳）

⑤歌秦。曰：「此之謂夏聲。其周之舊乎？」（吳世家）

⑥秦、夏、梁、魯好農而重民。

⑦燕、秦千樹栗。（貨殖傳）

⑧秦、楚、吳、越，夷狄也。（天官書）

⑨秦與戎翟同俗。（魏世家）

⑩始秦戎翟之教，父子無別，同室而居。商君更制其教，為男女之別。（商君傳）

⑪秦棄禮義而尚首功。（魯仲連傳）

⑫秦人愛小兒。（扁鵲傳）

秦

秦之先，嬴姓。其後分封，有秦氏。（秦本紀）

〔案〕春秋莊三十一：「築臺於秦」，杜注：「東平范縣西北有秦亭。」此秦氏不知是否？

駱　大駱

①申、駱重婚，西戎皆服。

②西戎反王室，滅犬丘大駱之族。

③周宣王復予秦莊公其先大駱地犬丘并有之，為西垂大夫。（秦本紀）

〔案〕今陝西盩厔縣西南有駱谷；又有駱谷水，在盩厔縣東，亦名沙河。大駱與駱谷名字相關，殆居渭北。犬丘跨渭而南，兼有今盩厔縣境也。

犬丘

①非子居犬丘。

②秦莊公及其先大駱地犬丘并有之。

③西戎滅犬丘大駱之族。（秦本紀）

【集解】徐廣曰：「今槐里也。」

【正義】括地志云：「犬丘故城，一名槐里，亦曰廢丘，在雍州始平縣東南十里。」

西犬丘

莊公居其故西犬丘。（秦本紀）

〔案〕「犬丘大駱之族」，乃申侯女所生子為大駱適者，名成，居犬丘，其後為犬戎所滅。莊公乃成之弟非子居秦之後嗣，在大駱之西。宣王雖仍予以大駱地犬丘，惟其地已毀於戎，故莊公仍居其故，當在大駱犬丘之西，故曰西犬丘，以別於大駱之犬丘也。槐里故城，今興平縣東南，本周犬丘邑。又有小槐里城，在興平縣西，接武功縣界。三國時魏楊阜為武都太守，徙郡小槐里，即槐里之西城。疑莊公所居西犬丘即是。

犬丘

宋平四，楚侵宋，取犬丘。（十二諸侯年表）

〔案〕此即郊祀志「太丘社亡」之「太丘」也；今河南永城縣西北三十里。左襄元：「鄭侵宋，取犬丘」，杜注疑其地遠。蓋是年楚方侵宋呂、留，鄭服楚，蓋為楚取之，故史竟以為楚取。

廢邱

①立章邯為雍王，王咸陽以西，都廢邱。（項羽本紀）

②引兵圍廢丘。（曹相國世家、絳侯世家。）

③灌廢丘，最。（樊噲傳）

【集解】李奇曰：「廢丘即槐里。上有槐里，此又言者，疑此是小槐里。」（樊噲傳）

【索隱】孟康曰：「縣名。今槐里是也。」韋昭曰：「周時名太（犬）邱，懿王所都，秦欲廢之，故曰廢邱。」（項羽本紀）又：地理志：「高祖三年更名槐里。」而此云槐里者，據後而書之。又云廢丘者，以章邯本都廢丘而亡，亦據舊書之。（絳侯世家）

〔案〕絳侯世家先敘「攻槐里、好畤，最」，又曰「圍章邯廢丘」，則槐里、廢丘似非一地。索隱曲說未是，當從李奇說。

槐里

①攻槐里、好畤，最。圍章邯廢丘。（絳侯世家）

②下郿、槐里、柳中、咸陽；灌廢丘，最。（樊噲傳）

③漢引水灌廢丘，廢丘降，更名槐里。（高祖本紀）

④王太后，槐里人。（外戚世家）

⑤李廣，故槐里。（李將軍傳）

西垂

①中潏歸周，保西垂，西垂和睦。

②秦莊公伐破西戎，周宣王復予秦仲後，及其先大駱地犬丘并有之，為西垂大夫。（秦本紀）

③秦襄公既侯，居西垂。（封禪書）

④秦文公元年，居西垂宮。（秦本紀）

⑤襄公、文公皆葬西垂。

⑥文公立，居西垂宮。死，葬西垂。（秦始皇本紀）

【正義】括地志云：「秦州上邽縣西南九十里，漢隴西郡（西）縣是也。」（秦本紀）

〔案〕漢上邽縣在今甘肅天水縣西南。據秦紀：「秦武公十年，伐邽、冀戎，初縣之。」上距秦莊公元一百三十四年，豈有莊公已為其地大夫之事？申侯曰：「中潏歸周，保西垂，西垂和睦。」此特西邊之通稱。所謂「西垂大夫」者，亦通稱，非專名。又春秋隱八年：「宋、衛遇於垂」，傳作「犬丘」，則「西垂」殆即西犬丘也。莊公居西犬丘；襄公徙汧；文公未卜居汧、渭之會以前，居西垂宮，當即在汧，亦不得至甘肅境。秦本紀文公、寧公皆葬西山，而不記襄公葬地；秦始皇本紀則云「襄公、文公皆葬西垂」；則西垂又即西山。而後人皆以隴西西縣說之，大誤。

西

西亦有數十祠。（封禪書）

【索隱】西即隴西之西縣，秦之舊都，故有祠焉。

〔案〕此特謂長安之西。「數十」統詞，對上文「百餘廟」言之。地理志西縣下無一祠，知索隱誤說。

西

①圍章邯廢丘，破西丞。（絳侯世家）

②還定三秦，別擊西丞白水北。（樊噲傳）

【集解】徐廣曰：「天水有西縣。」（絳侯世家）

【索隱】案：西謂隴西之西縣。（樊噲傳）

【正義】括地志云：「西縣故城在秦州上邽縣西南九十里。」（絳侯世家）

〔案〕西縣故城，今甘肅天水縣西南百二十里。

西山

①秦文公葬西山。

②寧公葬西山。（秦本紀）

【集解】徐廣曰：「皇甫謐云葬於西山，在今隴西之西縣。」

【正義】括地志云：「秦寧公墓在岐州陳倉縣西北三十七里秦陵山。帝王世紀云：『秦寧公葬西山大麓，故號秦陵山也。』」按：文公亦葬西山，蓋秦陵山也。

〔案〕漢西縣，今甘肅天水縣西南。西周秦地皆在今陝西境，文公卜居汧、渭之會，豈有遠葬隴西之理？正義之辨是也。今寶雞縣西北。

西山

①韓昭元，秦敗我西山。（六國表、韓世家。）

②楚人起彭城，逐北至於滎陽，然兵困於京、索之間，迫西山而不能進。（淮陰侯傳）

西山

登彼西山兮，采其薇矣。（伯夷列傳）

【索隱】西山即首陽山。

西新邑

憲公居西新邑。死，葬衙。（秦始皇本紀）

【索隱】憲公滅蕩社，居新邑。本紀：「憲公徙居平陽。」

〔案〕西新邑殆即指平陽。若以蕩社為新邑，更在平陽東。

衙

①憲公死，葬衙。

②出子葬衙。（秦始皇本紀）

【集解】駰案：地理志馮翊有衙縣。

【索隱】本紀：「憲公葬西山。」

〔案〕馮翊衙縣，春秋之彭衙，即彭戲，今白水縣東北六十里彭衙堡。「憲公」，秦本紀作「寧公」，亦葬西山，與襄公、文公葬地皆近，非馮翊之衙也。

鄙衍

賊出子鄙衍。（秦始皇本紀）

〔案〕鄙衍，地名，當在平陽。

平陽

①秦寧公徙居平陽。

②武公居平陽封宮。卒，葬雍平陽。

③武公子白不立，封平陽。（秦本紀）
【集解】徐廣曰：「郿之平陽亭。」
【正義】按：岐山縣有陽平（平陽）鄉，鄉內有平陽聚。括地志云：「平陽故城在岐州岐山縣西四十六里。」
〔案〕平陽，今岐山縣西南，接寶雞縣界。秦始皇本紀云：「憲公居西新邑。」平陽在當時見稱為「西」，可見「西垂」不遠踰隴外。又始皇本紀亦稱「西雍」。

平陽封宮

武公居平陽封宮。（秦本紀、秦始皇本紀。）
【集解】徐廣曰：「一云居平封宮。」（秦始皇本紀）
【正義】宮名，在岐州平陽城內。（秦本紀）

平陽

①韓貞子徙居平陽。（韓世家）
②絳水可以灌平陽。（魏世家）
③韓先王墓在平陽。（楚世家）

④我起乎宜陽而觸平陽。（蘇秦傳）

⑤從魏王豹為西魏王，王河東，都平陽。（項羽本紀、魏豹傳。）

⑥生得魏王豹，取平陽。

⑦賜食邑平陽。（曹相國世家）

⑧王太后長女號平陽公主。（外戚世家）

⑨楊、平陽陳西賈秦、翟，北賈種、代。

⑩楊、平陽陳椽其間，得所欲。（貨殖傳）

【索隱】平陽在山西。宋忠曰：「今河東平陽縣。」

【正義】平陽，晉州城是。（韓世家）

〔案〕今臨汾縣西南。

平陽

①始皇十三，攻趙平陽。

②十四，定平陽、武城。（秦始皇本紀、六國表。）

③平陽君。（白起傳）

④從攻下邯鄲，別下平陽，降鄴。（傅靳蒯成傳）

【集解】徐廣曰：「鄴有平陽城。」（傅靳蒯成傳）

【索隱】平陽，邑名，在趙之西。（貨殖傳）

【正義】括地志云：「平陽故城在相州臨漳縣西二十五里。」（秦始皇本紀、傅靳蒯成傳。）

〔案〕今臨漳縣西。

平陽

擊破楚騎於平陽，遂降彭城。（灌嬰傳）

【索隱】小顏云：「此平陽在東郡。」地理志太山有東平陽縣。

【正義】南平陽縣城，今兗州鄒縣也，在兗州東南六十二里。

〔案〕今鄒縣治。春秋邾地，後為魯邑，左哀二十七：「越后庸來盟平陽」，是也。戰國時齊南陽，孟子：「一戰勝齊，遂有南陽」；魯仲連謂：「楚攻南陽」；皆是。

宣陽聚

武公葬宣陽聚東南。（秦始皇本紀）

【索隱】紀云「葬平陽」。

〔案〕宣陽聚殆即在平陽也。

雍

①秦武公葬雍平陽。

②秦德公初居雍城大鄭宮。

③秦繆公卒，葬雍。

④秦與晉粟，自雍相望至絳。（秦本紀）

⑤秦文、孝、繆居雍。（貨殖傳）

⑥出公自殺，葬雍。（秦始皇本紀）

⑦太后時徙宮居雍。

⑧遂遷太后於雍。（呂不韋傳）

⑨項羽立章邯為雍王，都廢丘。（項羽本紀、高祖本紀。）

⑩還定三秦，攻下辯、故道、雍、斄。（曹相國世家）

⑪從攻雍、斄城。（樊酈滕灌傳）

⑫淮南王徙蜀郡嚴道邛郵，至雍。（淮南傳）

⑬道死雍。（漢興以來將相名臣年表）

⑭西至雍、陳倉。（滑稽傳）

⑮候騎至雍甘泉。（匈奴傳）

【集解】徐廣曰：「今縣在扶風。」駰案：皇覽曰：「秦繆公冢在橐泉宮祈年觀下。」（秦本紀）

【索隱】說苑云：「秦始皇遷太后咸（棫）陽宮。」地理志雍縣有咸（棫）陽宮，秦昭王所起。（呂不韋傳）

【正義】括地志云：「岐州雍縣南七里故雍城，秦德公大鄭宮城也。」廟記云：「橐泉宮，秦孝公造。祈年觀，德公起。在雍州城内。」括地志云：「秦穆公冢在雍縣東南二里。」（秦本紀）

〔案〕雍縣故城，今鳳翔縣南。晉地道記以為西虢地。應劭曰：「四面積高曰雍。」

西雍

先王廟或在西雍，或在咸陽。（秦始皇本紀）

【正義】西雍在咸陽西，今岐州雍縣故城是也。又一云西雍，雍西縣也。

〔案〕平陽稱西新邑，雍稱西雍，知秦人所謂「西」，不越汧、渭之交。又一說誤。

大鄭宮

德公居雍大鄭宮。（秦始皇本紀）

〔案〕鄭世家索隱引世本：「鄭桓公居棫林。」漢志：「雍棫陽宮，秦昭王起。」蓋棫林近雍，故德公居雍，而宫名大鄭。

蘄年宫

始皇宿雍，嫪毐欲攻蘄年宫為亂。（秦始皇本紀、吕不韋傳）

【集解】駰案：地理志蘄年宫在雍。

【正義】括地志云：「蘄年宫在岐州城西故城内。」（秦始皇本紀）

〔案〕今鳳翔縣南。

陽

①德公葬陽。

②宣公居陽宫。葬陽。

③成公居雍之宫。葬陽。（秦始皇本紀）

〔案〕秦本紀：「繆公葬雍。」此陽蓋雍之邑聚之名，如平陽、宣陽之類。

竘社

①康公居雍高寢。葬竘社。

②共公居雍高寢。葬康公南。（秦始皇本紀）

義里

桓公居雍太寢。葬義里丘北。（秦始皇本紀）

丘里

景公居雍高寢。葬丘里南。（秦始皇本紀）

【正義】「丘」，一作「二」也。

〔案〕上云「桓公居雍太寢。葬義里丘北」，此云「景公居雍高寢。葬丘里南」，疑當作「義里丘南」而譌脫。

車里

①畢公葬車里北。

②惠公葬車里康景。（秦始皇本紀）

〔案〕康公居雍高寢，葬竘社。惠公葬車里，蓋與康公葬地相近。「康景」二字不知為何字所譌。凌稚隆曰：「『康景』二字疑衍，或下有闕文。」

左宫

夷公不享國。死，葬左宫。（秦始皇本紀）

城雍

悼公葬僖公西城雍。（秦始皇本紀）

〔案〕索隱：「景公，一作僖公。」蓋城雍，悼公葬地名，在僖公葬地之西。

入里

剌龔公葬入里。（秦始皇本紀）

【集解】徐廣曰：「一作『人』。」

櫟　圉氏　高櫟

①懷公葬櫟圉氏。（秦始皇本紀）

②擊三秦軍壤東及高櫟，破之。（曹相國世家）

【索隱】案：文穎云：「高櫟，地名」，在右扶風，今其地闕。

【正義】村邑名。高櫟近壤鄉也。（曹相國世家）

〔案〕當在今乾縣東南。疑懷公所葬即此櫟，以獻公城櫟陽，故此稱高櫟以別之。

櫟陽

①獻公二，城櫟陽。（秦本紀、六國表。）

②獻公即位，徙治櫟陽。（秦本紀）

③獻公十一，縣（徙）櫟陽。（六國表、魏世家。）

④獻孝公徙櫟邑，北卻戎翟，東通三晉，亦多大賈。（貨殖傳）

⑤項羽立司馬欣為塞王，王咸陽以東至河，都櫟陽。（項羽本紀、高祖本紀。）

⑥漢二年，令太子守櫟陽，諸侯子在關中者皆集櫟陽為衛。（高祖本紀）

⑦蕭何侍太子，治櫟陽，立宗廟、社稷、宮室、縣邑。（蕭相國世家）

⑧周勃還守雒陽、櫟陽。（絳侯世家）

⑨太上皇終不得制事，居於櫟陽。（韓長孺傳）

【集解】徐廣曰：「今萬年是也。」（秦本紀）

【索隱】因葬太上皇，改名曰萬年。（高祖本紀）

【正義】括地志云：「櫟陽故城一名萬年城，在雍州櫟陽東北二十五里。（案：秦本紀正義作「去雍州東北百二十里」，此據項羽暨高祖本紀。）漢七年，分櫟陽城内為萬年縣。隋文帝開皇三年，遷都于龍首川，今京城也。改萬年為大興縣。至唐武德元年，又改曰萬年，置在州東七里。」（秦本紀）

〔案〕漢書溝洫志：「白渠首起谷口，尾入櫟陽。」水經注：「白渠支渠東南逕高陵縣故城北。又東逕櫟陽城北。」是櫟陽在渭北高陵東也。又水經注：「濁谷水東南出原，注鄭渠。又東逕太上陵南原下，北屈，與沮水合。至白渠與澤泉合，俗謂之漆水，又謂之漆沮水。絕白渠，東逕萬年縣故城北，為櫟陽渠，城即櫟陽宫也。漢高帝葬皇考於是縣。」地理志馮翊萬年縣，闞駰曰：「縣西有涇、渭，北有小河，謂此水也。」據此，萬年在渭水北、涇水東，近高陵，不在臨潼驪山阯下明甚。元和志：「周明帝二年，始於長安城中置萬年縣。」自是說地者率指漢萬年在臨潼，誤也。

櫟

景公十五，救鄭，敗晉兵於櫟。（秦本紀、十二諸侯年表、晉世家。）

【集解】杜預曰：「晉地。」（秦本紀）

【索隱】釋例云在河北，地闕。（晉世家）

【正義】括地志云：「洛州陽翟縣，古櫟邑也。」（秦本紀）

櫟

①惠王居鄭之櫟。（周本紀、晉世家。）

②鄭厲四，出居櫟。（十二諸侯年表、鄭世家。）

【集解】服虔曰：「櫟，鄭大都。」（周本紀）宋衷曰：「今潁川陽翟縣。」（鄭世家）

【索隱】故鄭之十邑，有櫟有華。（晉世家）

【正義】杜預云：「櫟，今河南陽翟縣也。」

涇陽

①肅靈公居涇陽。葬悼公西。（秦始皇本紀）

②秦昭王同母弟高陵君、涇陽君。（蘇秦傳、穰侯傳、范睢傳。）

【正義】涇陽，雍州縣也。（蘇秦傳）

〔案〕漢涇陽縣屬安定郡，故城今甘肅平涼縣西四十里。然秦昭同母弟不遠封至此。蓋涇陽猶云渭陽之類，初不專指一地。苻秦涇陽在今涇陽縣東南，疑涇陽君封邑亦當就今涇陽附近尋之。詩：「出車彭彭，至於涇陽」，亦當在陝境涇水下流。

陵圉

惠公葬陵圉。（秦始皇本紀）

囂圉

獻公葬囂圉。（秦始皇本紀）

弟圉

孝公葬弟圉。（秦始皇本紀）

公陵

惠文王葬公陵。（秦始皇本紀）

【正義】括地志云：「秦惠文王陵在雍州咸陽縣西北一十四里。」

〔案〕今咸陽縣北。

永陵

悼武王葬永陵。（秦始皇本紀）

【集解】徐廣曰：「皇甫謐曰葬畢，今安陵西畢陌。」

【正義】括地志云：「秦悼武王陵在雍州咸陽縣西十里，俗名周武王陵，非也。」

〔案〕今咸陽縣北。

邽

①秦武公伐邽、冀戎，初縣之。（秦本紀）

②攻上邽。（絳侯世家）

【集解】駰案：地理志隴西有上邽縣。應劭曰：「即邽戎邑。」（秦本紀）

【正義】秦州縣也。（絳侯世家）

〔案〕上邽故城，今甘肅天水縣西南。

下邽

①於下邽有天神。（封禪書）

②下邽翟公。（汲鄭傳）

【索隱】縣名，屬京兆。（汲鄭傳）

〔案〕下邽故城，今渭南縣東北。

梁

①梁伯、芮伯來朝。

②秦繆公滅梁、芮。（秦本紀）

③晉獻二十三，夷吾奔梁。

④秦繆十九，滅梁。（十二諸侯年表、晉世家。）

【索隱】梁，嬴姓。梁國，馮翊夏陽。（秦本紀）

〔案〕夏陽故城在今韓城縣南，古梁國。

少梁

①隨會奔秦，而司馬氏入少梁。（太史公自序）

②康公四，晉伐秦，取少梁。（秦本紀、十二諸侯年表、晉世家。）

③秦靈六，魏文六，晉城少梁，秦擊之。（秦本紀、魏世家。）

④秦靈七，魏文七，秦與魏戰少梁。（六國表）

⑤秦靈八，魏復城少梁。

⑥秦獻二十三，魏惠九，秦、魏戰少梁。（六國表、魏世家。）

⑦趙成侯十二，秦攻魏少梁，趙救之。（趙世家。案：較六國表、魏世家差一年。）

⑧秦孝八，魏惠十七，秦取魏少梁。（六國表、魏世家。）

⑨秦惠文八，魏入少梁河西地於秦。（六國表。案：魏世家僅言河西地，不及少梁。）

⑩秦惠文十一，更名少梁曰夏陽。（秦本紀、張儀傳、太史公自序。）

【索隱】少梁，古梁國也。秦滅之，改曰少梁，後名夏陽也。（太史公自序）

【正義】少梁故城在同川韓城縣南二十二里，（張儀列傳作「二十三里」。）古少梁國也。（趙世家）嬴姓。（太史公自序）

夏陽

①韓信伏兵從夏陽以木罌缻渡軍，襲安邑。（淮陰侯傳）

②置其母家室夏陽。（游俠傳）

【集解】徐廣曰：「夏陽在梁山龍門。」（張儀傳）又曰：屬馮翊。（游俠傳）

【索隱】「夏」，音「下」。山名。亦曰大夏，禹所都。

【正義】夏陽城在韓城縣南二十里。（張儀傳）又：夏陽在同州北渭城界。（淮陰侯傳）

〔案〕夏陽故城，今韓城縣南二十里，其地曰西少梁里。又東少梁里在縣東南澽水東，即古少梁城。

王城

①秦繆公與晉侯盟王城。

②文公微行，會秦繆公於王城。（晉世家）

③秦伐大荔，取王城。（秦本紀）

【集解】杜預曰：「馮翊臨晉縣東有王城。」

【索隱】今名武鄉城。（晉世家）

【正義】括地志云：「同州東三十里朝邑縣東三十步故王城。」（秦本紀）即大荔王城。（匈奴傳）

〔案〕今朝邑縣東。僖、文之時，王城之名三見，其時秦、晉方強，何緣有大荔王城介於其間？後漢書西羌傳：「洛川有大荔之戎。」洛川在唐為延、慶、鄜、坊四州地。洛水出今甘肅合水縣北白於山。又鄜縣東南六十里有洛川縣。大荔戎當在洛水上流，故史文謂「岐、梁山、涇、漆之北」也；則大荔王城決不近在臨晉。蓋大荔戎亦名芮戎，而芮伯國在臨晉，漢志誤合而一之，司馬彪、劉昭沿其誤；全祖望、沈欽韓皆辨之。此王城當是周盛時所築，蓋此乃至河東之要道也。

大荔

①岐、梁山、涇、漆之北有義渠、大荔、烏氏、朐衍之戎。（匈奴傳）

②秦厲共公十六，伐大荔，取王城。（秦本紀、六國表。）

③秦孝公二十四，秦（案：此字誤。）大荔圍合陽。（六國表）

【集解】徐廣曰：「後更名臨晉，在馮翊。」（匈奴傳）

臨晉

①魏文十六，伐秦，築臨晉、元里。（六國表、魏世家。）

②秦惠文王十二，與魏王會臨晉。（秦本紀、六國表、魏世家。）

③魏哀十七，與秦會臨晉。（六國表、魏世家。）

④秦武三，與韓襄王會臨晉。（秦本紀、六國表、韓世家。）

⑤漢王從臨晉渡，下河內。（高祖本紀）

⑥漢王還定三秦，渡臨晉。（彭越傳）

⑦曹參從漢王出臨晉關。至河內。（曹相國世家）

⑧魏王豹盛兵蒲坂，塞臨晉，韓信陳船欲渡臨晉。（淮陰侯傳）

⑨齊趙定河間、河內，或入臨晉關，或與寡人會雒陽。（吳王濞傳）

⑩北尙有臨晉關。（淮南傳）

⑪身至臨晉。（游俠傳）

⑫河祠臨晉。

⑬河巫祠河於臨晉。（封禪書）

⑭臨晉民願穿洛以溉重泉以東。（河渠書）

【索隱】地理志：「臨晉，故大荔國。」（匈奴傳）有河水祠。（封禪書）

【正義】括地志云：「同州本臨晉城也。一名大荔城，亦曰馮翊城。」（河渠書）故大荔，秦獲之，更名。（封禪書）故城在同州馮翊縣西南二里。（游俠傳）臨晉關即蒲津關也。在臨晉縣，故言臨晉關。（曹相國世家）括地志云：「大河祠在同州朝邑縣南三十里。」（封禪書）

〔案〕臨晉，今大荔縣。臨晉關在朝邑縣東，自河東而言，亦曰蒲坂津；自關中而言，亦曰夏陽津。入關中有三道：潼為入關正道也；武關為入關孔道，高祖由此入咸陽；及後往來關中，常由臨晉，又入關之隙道也。

河關

魏王豹至國，即絕河關反漢。（淮陰侯傳）

【索隱】今蒲津關。

河橋

昭襄五十，初作河橋。（秦本紀）

【正義】此橋在同州臨晉縣東，渡河至蒲州，今蒲津橋也。

汪

①晉襄三，秦伐晉，敗於汪。（十二諸侯年表）

②鄭繆三，從晉伐秦，敗秦兵於汪。（鄭世家）

③秦孟明伐晉，報殽之敗，取晉汪以歸。（晉世家）

【索隱】左傳文公二年，秦報殽，無取汪事。其年冬，晉伐秦，取汪、彭衙。則汪是秦邑。彭衙在郃陽北，汪不知所在。（晉世家）

〔案〕汪當與彭衙相近，應在今白水、澄城縣境。

北徵

①晉靈四，秦取晉北徵。（十二諸侯年表）

②穿渠，自徵引洛水至商顏下。（河渠書）

【集解】應劭曰：「徵在馮翊。」

【索隱】「徵」，音「懲」。小顏云：「即今之澄城也。」（河渠書）

〔案〕國語楚范無宇曰：「秦有徵、衙。」故城今澄城縣西南二十五里，接蒲城縣界，俗名避難堡。

武城

①秦康伐晉於武城。（秦本紀）

②厲共公二十一，晉取武成。（秦本紀）

③惠公十，（魏文侯三十五）與晉戰武城。（六國表）

④文侯三十八，伐秦，敗於武下。（魏世家。案：與六國表差三年。）

⑤孝公十九，城武城。（六國表）

⑥武城侯王離。（秦始皇本紀）

⑦賜食邑武成六千戶。（酈商傳）

【索隱】武下，魏地。（魏世家）

【正義】括地志云：「故武城一名武平城，在華州鄭縣東北（案：魏世家、酈商傳引無「北」字。）十三里也。」（秦本紀）

〔案〕今陝西華縣東北。

武城　東武城

①平原君封東武城。（平原君傳）

②王遷二，（始皇十三。）秦攻武城。（趙世家）

③十四，攻趙，定平陽、武城。（秦始皇本紀）

④二世三年，十月，沛公攻破東郡尉及王離軍於武城南。（秦楚之際月表）

⑤齊悼惠王子賢為菑川王，本武城侯。（漢興以來諸侯年表）

【集解】徐廣曰：「屬清河。」（平原君傳）

【正義】即貝州武城縣外城是也。七國時趙邑。（秦始皇本紀）

〔案〕平陽近鄴，今河南臨漳縣西；則武城即東武城，今山東武城縣西；正義謂屬泯州，是也。

趙策：「封孟嘗君以武城。」亦即此。

武城

楚共二十七，伐鄭，師於武城。（十二諸侯年表）

〔案〕今河南南陽縣北。春秋申地，後屬楚。

南武城

①曾參，南武城人。

②澹臺滅明，武城人。

③言偃為武城宰。（仲尼弟子傳）

南城

吾臣有檀子，使守南城，則楚人不敢為寇。（田齊世家）

【索隱】武城屬魯。當時魯更有北武城，故言南也。

【正義】括地志云：「武城在兗州，即南城也。輿地志云：『南武城縣，魯武城邑，子游為宰者也，在泰山郡。』」（仲尼弟子傳）

〔案〕今費縣西南九十里。程大昌曰：「漢武城名縣有四：左馮翊、泰山、清河、定襄。清河特曰東武城，以與定襄皆屬趙，而定襄在西故也。子游所宰乃魯邑，以東武城在魯北，故漢儒又加『南』以別之；並有獨稱南城者。」

羈馬

秦伐晉，取羈馬。（秦本紀、晉世家。）

【集解】服虔曰：「晉邑。」

〔案〕今山西永濟縣南，陝西郃陽縣東，皆稱有羈馬故城。春秋秦、晉間地，今河東、西兩岸同有其名者，如羈馬、王官之類，其例不一，諒由後代昧其所在，故各以意說之。是必有一誤，而地望既近，殊難詳辨。

麻隧

晉伐秦。至涇，敗秦於麻隧。（晉世家）

〔案〕今涇陽縣北。

棫林

①晉伐秦，渡涇，至棫林。（秦本紀）

②晉悼十四，伐秦，敗棫林。（十二諸侯年表）

③晉伐秦，渡涇，大敗秦軍，至棫林。（晉世家）

【集解】杜預曰：「秦地。」

〔案〕漢志：「雍棫陽宮，秦昭王起。」晉師渡涇，蓋越興平、武功而西矣。

〔又案〕鄭世家索隱引世本：「鄭桓公居棫林，徙拾。」而秦始皇本紀云：「秦德公居雍大鄭宮。」是鄭桓居棫林在雍，故秦德公有大鄭宮也。晉師所至，殆即鄭桓所居矣。

龐

①秦厲共十六，塹阿（河）旁。伐大荔。補龐戲城。

②秦靈十，補龐。（六國表）

③魏文十三，圍繁龐，出其民。（六國表、魏世家。）

④魏惠文九，秦、魏戰少梁，秦取龐。（魏世家）

【集解】徐廣曰：「一作『寵』。」

【正義】龐，楚邑，出粟之地。（越世家）

〔案〕韓城縣志：「繁龐城在縣東南。」即龐城也。「龐戲城」應作「彭戲」。

龐

讎、龐、長沙，楚之粟也。（越世家）

〔案〕此龐疑乃「不羹」（「羹」，音「郎」。）之合音。春秋楚大城陳、蔡、不羹。西不羹城，今襄城縣東南；東不羹城，今舞陽縣西北。

頻陽

①秦厲共公二十一，初縣頻陽。（秦本紀）

②王翦，頻陽東鄉人。（王翦傳）

③西定汧。還下郿、頻陽。圍章邯廢丘。（絳侯世家）

【集解】駰案：地理志馮翊有頻陽縣。（秦本紀）

【索隱】應劭曰：「在頻水之陽也。」（王翦傳）

【正義】括地志云：「頻陽故城在雍州同官縣界，古頻陽縣城也。」（秦本紀）又云：「頻陽故城在宜州土門縣南三里。」今土門縣併入同官縣，屬雍州，宜州廢也。（絳侯世家）

〔案〕今富平縣東北五十里。

南鄭

①秦厲共二十六，左庶長城南鄭。（六國表）

②躁二，南鄭反。（秦本紀、六國表。）

③惠公十三，伐蜀，取南鄭。（秦本紀）

④惠公十三，蜀取秦南鄭。（六國表。案：紀、表相反，未知孰是。）

⑤親魏善楚，下兵三川，塞斜谷之口，當屯留之道，魏絕南陽，楚臨南鄭。（張儀傳）

⑥韓襄十二，秦王曰：「請道南鄭、藍田，出兵於楚。」（韓世家）

⑦秦昭四十六，之南鄭。（六國表）

⑧沛公為漢王，王巴、蜀、漢中，都南鄭。（項羽本紀、高祖本紀。）

【正義】括地志云：「南鄭，今梁州所理縣也。」（秦本紀）

〔案〕故城今陝西南鄭縣東。水經注：「縣故褒之附庸。南鄭之號，始於鄭桓公。桓公死於犬戎，其民南奔，故以南鄭為稱。」據此，則秦中與南鄭之交通，其來夙矣。

籍姑

秦靈十三，城籍姑。（秦本紀、六國表。案：表作「秦靈十」。）

【正義】括地志云：「籍姑故城在同州韓城縣北三十五里。」（秦本紀）

〔案〕今韓城縣北。

重泉

①簡公壍洛，城重泉。（秦本紀、六國表。）

②重泉人李必、駱甲。（灌嬰傳）

③臨晉民願穿洛以溉重泉以東萬餘頃故鹵地。（河渠書）

【集解】駰案：地理志重泉縣屬馮翊。（秦本紀）

【正義】括地志云：「重泉故城在同州蒲城縣東南四十五里，在同州西北亦四十五里。」（河渠書）

〔案〕今蒲城縣東南重泉里。

雒陰

①魏文十七，攻秦，至鄭而還，築雒陰、合陽。（魏世家）

②魏文十七，伐秦至鄭，還築洛陽。（六國表。案：此條誤，當作「洛陰」。）

【正義】雒，漆沮水也，城在水南。括地志云：「雒陰在同州西也。」

〔案〕故城今大荔縣西。

上雒

西河之外，上雒之地。（蘇秦傳）

〔案〕此上雒在西河外，則洛乃「涇洛」之洛；注家皆以伊洛上源之地說之，誤。

洛陽

秦獻十九，敗韓、魏洛陽。（六國表）

〔案〕此當亦在河西洛水陽也。

合陽

①文侯十七，西攻秦，至鄭而還，築雒陰、合陽。（魏世家。案：六國表作「築洛陽」。）

②秦孝二十四，秦（？）大荔圍合陽。（六國表）

③八年，漢廢代王劉仲為合陽侯。（高祖本紀）

【正義】郃陽，郃水之北。括地志云：「郃陽故城在同州河西縣南三里。」（魏世家）

〔案〕今郃陽縣東南。

善明氏

秦獻六，初縣蒲、藍田、善明氏。（六國表）

石門

①獻公二十一，與晉戰於石門。（秦本紀）

②章蟜與晉戰石門，天子賀。（六國表）

【集解】徐廣曰：「『石門』，一作『石阿』。」（六國表。案：趙世家作「石阿」。）

【正義】括地志云：「堯門山俗名石門，在雍州三原縣西北三十三里。武德年中於此山南置石門縣，貞觀中改為雲陽縣。」（秦本紀）

〔案〕堯門山，今三原縣西北。又栒邑縣東，接淳化縣北境，有石門山。

石門

先陷尋陝，破石門。（南越傳）

【索隱】廣州記：「石門在番禺縣北二十里。昔呂嘉拒漢，積石於江，名曰石門。又俗云石門水名『貪泉』，飲之則令人變。故吳隱之至石門，酌水飲，乃為歌也。」

〔案〕晉書：「吳隱之為廣州刺史。未至州二十里，地名石門，有水曰貪泉」，是也。

黽池　澠池

①今秦有敝甲凋兵，軍於澠池，願渡河踰漳，據番吾，會邯鄲之下。

②秦發三將軍：一軍軍於澠池。（張儀傳）

③秦使告趙，欲為好會於西河外澠池。（藺相如傳）

④趙惠文二十，與秦會黽池。（六國表）

⑤周文敗，走出關，次曹陽，復走次澠池。（陳涉世家）

【正義】澠池，河南府縣也。（陳涉世家）

〔案〕今河南舊黽池縣西。

黽池

秦發兵攻商君，殺之鄭黽池。（商君傳）

【集解】徐廣曰：「『黽』，或作『彭』。」

【索隱】時澠池屬鄭。鹽鐵論：「商君困於彭池。」

【正義】黽池去鄭三百里，蓋秦兵至鄭破商邑兵，商君東走至黽，乃擒殺之。

郱　元里

①晉襄五，伐秦，圍郱、新城。（十二諸侯年表）

②魏文十六，伐秦，築臨晉、元里。（六國表、魏世家。）

③秦孝八，魏惠十七，秦、魏戰元里。（秦本紀、六國表。）

【正義】祁（郱）城在同州澄城縣界。（秦本紀）

〔案〕元里故城，今澄城縣南。郱即元里。

陰晉

①魏文三十六，秦侵魏陰晉。（魏世家）

②趙肅侯二，與魏惠王遇於陰晉。（趙世家）

③惠文君五年，陰晉人犀首為大良造。

④六年，魏納陰晉，更名寧秦。（秦本紀、六國表。）

寧秦

曹參賜食邑於寧秦。（曹相国世家）

【集解】徐廣曰：「今之華陰。」

【正義】地理志云：「華陰縣，故陰晉，秦惠王五年（案：當作「六年」。）更名寧秦，高祖八年更名華陰。」（秦本紀）今屬華州。（趙世家）華山記云：「此山分秦晉之境，晉之西鄙則曰陰晉，秦之東邑則曰寧秦。」（蘇秦列傳）

〔案〕今華陰縣東南。

華陰

①始皇三十六，使者從關東夜過華陰平舒道。（秦始皇本紀）

②漢鑿直渠自長安至華陰。（平準書）

③龍門南至華陰。（夏本紀、河渠書。）

【正義】華陰縣在華山北，本魏之陰晉。（夏本紀）

雕陰

①魏襄二，秦敗魏雕陰。（六國表）

②魏襄五，秦敗龍賈於雕陰。（魏世家）

③周天子致文、武胙於秦惠王。惠王使犀首取魏雕陰。（蘇秦傳。案：文與表合。）

④傅寬賜食邑雕陰。（傅寬傳）

【集解】徐廣曰：「在上郡。」（魏世家）

【索隱】劉氏云：「在龍門河之西北。」（蘇秦傳）

【正義】括地志云：「雕陰故縣在鄜州洛交縣北三十里。」（魏世家。案：蘇秦傳作「三十四里」。）

〔案〕漢志上郡雕陰，應劭曰：「雕山在西南。」故城今陝西鄜縣北。

丹　犂

①惠文王十四，丹、犂臣蜀。

②武王元，伐義渠、丹、犂。（秦本紀）

【正義】丹、犂，二戎號也，臣伏於蜀。蜀相殺蜀侯，并丹、犂二國降秦。在蜀西南姚府管內，本西南夷，戰國時蜀、滇國，唐初置犁州、丹州也。

〔案〕唐姚州都督府，今雲南姚安縣北。丹、犁決不在此，正義說誤。今地無考。

陰密

昭襄五十，白起有罪，遷陰密。（秦本紀、白起傳。）

【集解】徐廣云：「屬安定。」（白起傳）

【正義】括地志云：「陰密故城在涇州鶉觚縣西，即古密須國也。」（秦本紀）

〔案〕今甘肅靈臺縣西五十里。詩大雅：「密人不恭，侵阮徂共。」又周語：「恭王遊於涇上，密康公從。」舊說皆以為在此，恐誤。

李伯

義渠襲秦，大敗秦人李伯之下。（張儀傳）

【索隱】李伯人名或邑號。戰國策「伯」作「帛」。

壽陵

①趙肅侯十五，起壽陵。（趙世家）

②始皇六，五國共擊秦，取壽陵。（秦始皇本紀）

【正義】徐廣曰：「在常山。」（秦始皇本紀）

壽陵

①孝文王葬壽陵。（秦始皇本紀）

②華陽太后與孝文王會葬壽陵。（呂不韋傳）

【正義】秦孝文王陵在雍州萬年縣東北二十五里。（呂不韋傳）

〔案〕韓、魏、趙、衞、楚五國共擊秦，何攻取者乃在常山？據趙世家：「悼襄王元，龐煖將趙、楚、魏、燕之鋭師，攻秦蕞，不拔。」徐廣曰：「蕞在新豐。」與此正一事。是五國兵固已深入秦地矣。孝文王葬壽陵，或即五國所取，蓋亦一時張大其辭也。秦孝文王壽陵，今長安縣東北。趙肅侯壽陵，即莊子所謂「壽陵餘子，學步邯鄲」，今不知何在。徐廣曰「常山」，漢常山郡有靈壽，中山桓公居此，非壽陵也。肅侯陵決不遠在中山境。

三十六郡

始皇二十七，天下為三十六郡。（六國表）

〔案〕三十六郡，據漢志可考者，曰河東、太原、上黨、三川、東郡、潁川、南陽、南郡、九江、泗水、鉅鹿、齊郡、琅邪、會稽、漢中、蜀郡、巴郡、隴西、北地、上郡、雲中、雁門、代郡、上谷、漁陽、右北平、遼西、遼東、邯鄲、碭郡、薛郡、長沙，凡三十二。其南海、桂林、象郡、九原四郡，建置皆在二十七年後，不當入三十六郡數。其史文有明證可補者，曰閩中、黔中、楚郡，（卽陳郡；據楚世家、陳涉世家。）尚缺其一。全祖望、梁玉繩皆本水經注增廣陽。竊疑酈說後起，前無其證；當據張耳陳餘傳補常山。（參看「常山」條。）蓋常山當燕、趙交，秦先滅趙，立常山郡；滅燕，仍其邊郡，而以腹地幷入常山；則無需乎有廣陽也。尚有東海，亦秦郡。（參看「東海」條。）竊疑乃秦人立石東海上朐界中時置郡，（詳「朐」字條。）亦不在三十六郡數。然則秦郡三十六，增以後建南海、桂林、象郡、九原、郯郡，（卽東海郡。）共四十一。若幷內史計之，當為四十二。

朐

①始皇三十五，立石東海上朐界中，以為秦東門。（秦始皇本紀）

②朐、繒以北，俗則齊。（貨殖傳）

【正義】朐縣在海州。（貨殖傳）

〔案〕今東海縣南。據陳涉世家：「秦嘉等將兵圍東海守於郯」，則秦時已有東海郡。其建置，竊疑即在始皇三十五年立石朐界以為秦東門之時。蓋其時秦方南立桂林、南海、象郡，北逐匈奴，開榆中，立九原郡，疆土恢廓，因於東海上立石，表為秦東門，以示得意，遂於其時增一東海郡也。

綱成

蔡澤號綱成君。（范雎蔡澤列傳）

〔案〕國策作「剛成」。史稱蔡澤「謝病，居秦十餘年」。或說剛成乃水經注雁門于延水所逕之罡城；或謂寰宇記許昌縣有剛城，蔡澤所封；恐均未是。

黃

①秦之先嬴姓，其後分封，以國為姓，有黃氏。（秦本紀）

②楚成二十三，伐黃。（十二諸侯年表。案：楚世家作「二十二」。）

③江、黃、胡、沈之屬。（陳杞世家）

【索隱】汝南弋陽縣，故黃國。

【正義】括地志云：「黃國故城，漢弋陽縣也。在光州定城縣（西）四十里。」（楚世家）

〔案〕今潢川縣西十二里。左傳：「楚伐黃。」在魯僖十一年冬。十二年，滅黃。世家乃伐黃之年，年表則當滅黃之年也。

黄

臺駘宣汾、洮，處太原。帝用嘉之，國之汾川。沈、姒、蓐、黄實守其祀。今晉主汾川而滅之。（鄭世家）

〔案〕此黄應近汾，今山西境。

黄

齊宣四十三，伐晉，毁黄城，圍陽狐。（六國表、田齊世家。）

〔案〕漢志山陽郡有黄縣。春申君傳正義：「故黄城在曹州考城縣東二十四里。」唐考城縣，今河南舊考城縣東南，正接山東曹縣境；此黄城當是也。

黄

秦幷蒲、衍、首、垣，以臨仁、平邱，黄、濟陽，嬰城。（春申君傳）

【集解】徐廣云：「蘇代云：『決白馬之口，魏無黄、濟陽。』」

【正義】故黄城在曹州考城縣東二十四里。（「二十四里」四字，據灌嬰傳注增。）

〔案〕漢志陳留郡有小黄縣，今陳留縣東北，此黄恐是。

黃

①敬侯八，拔魏黃城。

②肅侯十七，圍魏黃，不克。（趙世家）

【集解】杜預曰：「陳留外黃縣東有黃城。」駰案：地理志云：山陽有黃縣。

【正義】括地志云：「故黃城在魏州冠氏縣南十里，（「十里」二字，據田齊世家注增。）因黃溝為名。」

按：陳留外黃城非隨所別也。

〔案〕漢志魏郡有黃縣，今河南內黃縣西北；此黃或是。

黃

①王武反於黃。（曹相國世家、灌嬰傳。）

②攻下黃，西軍於滎陽。（灌嬰傳）

【集解】徐廣曰：「內黃縣有黃澤。」（曹相國世家）

〔案〕此黃恐亦陳留之小黃。地名黃者既錯出，諸家率相牽引，因一一辨析之。

黃

①始皇二十八，並渤海以東，過黃、腄，窮成山。（秦始皇本紀）

②使黃錘史寬舒受其方。（孝武本紀。封禪書。）

【集解】駰案：地理志東萊有黃縣、腄縣。

【正義】括地志云：「黃縣故城在萊州城以東南二十五里，古萊子國也。」（秦始皇本紀）

〔案〕今山東黃縣東南。

菟裘氏

①秦之先為嬴姓，其後分封，以國為姓，有菟裘氏。（秦本紀）

②吾方營菟裘之地而老焉。（魯世家）

【集解】服虔曰：「菟裘，魯邑也。」杜預曰：「菟裘在泰山梁父縣南。」（魯世家）

〔案〕左昭五：「鄭伯勞屈生於菟氏。」寰宇記：「菟氏城在尉氏縣西北四十里。」又水經注：「沙水東南逕陳留縣裘氏鄉裘氏亭西。」寰宇記：「裘氏城在陳留縣南六十里。」菟氏、裘氏兩邑相距不甚遠。不知秦後菟裘氏是否即魯菟裘，今泰安縣境。

將梁氏

秦之先嬴姓，其後分封，以國為姓，有將梁氏。（秦本紀）

〔案〕漢有將梁侯，漢表云在涿，不知是此將梁否？

白冥氏

秦之先嬴姓，其後分封，以國為姓，有白冥氏。（秦本紀）

蜚廉氏

秦之先嬴姓，其後分封，以國為姓，有蜚廉氏。（秦本紀）

〔案〕元和志「蜚廉故城在龍門縣南七里。」龍門，今河津縣，不知即古蜚廉國否？

卷九　齊地名

齊

①歌齊。曰：「泱泱乎大風。表東海者，其太公乎？」（吳世家）

②太史公曰：齊自泰山屬之琅邪，北被於海，膏壤二千里。（齊世家）

③齊南有泰山，東有琅邪，西有清河，北有勃海，此所謂四塞之國。齊地方二千餘里。（蘇秦傳）

④天下彊國無過齊。負海之國，地廣民眾。（張儀傳）

⑤樂毅下齊七十餘城。（樂毅傳）

⑥齊七十餘城皆復為齊。（田單傳）

⑦項王立田都為齊王，都臨菑。（項羽本紀、田儋傳。）

⑧酈生掉三寸舌，下齊七十餘城。

⑨案齊之故，有膠、泗之地。（淮陰侯傳）

⑩從陳以東傅海，與齊王信。（彭越傳）

⑪齊悼惠王劉肥食七十城，諸民能齊言者皆予齊王。諸侯大國無過齊。（齊悼惠王世家）

⑫曹參定齊，凡得七十餘縣。參相齊，召長老諸儒以百數。（曹相國世家）

⑬常山以南，太行左轉，度河、濟，阿、甄以東薄海，為齊、趙國。

⑭齊都臨菑。（漢興以來諸侯年表）

⑮高后分齊國為四。（索隱：「謂濟南、琅邪、城陽幷齊為四。」）

⑯孝文分齊，凡七王：濟北、濟南、菑川、膠西、膠東、城陽、齊。（齊悼惠王世家）

⑰漢定百年之間，齊分為七。

⑱武帝元狩五，復置齊國。（漢興以來諸侯年表）

⑲武帝曰：「關東之國無大齊。齊東負海而城郭大，天下膏腴地莫盛於齊。」立皇子閎為齊王。（三王世家）

⑳齊帶山海，膏壤千里，宜桑麻，人民多文綵布帛魚鹽。齊冠帶衣履天下，海岱之間斂袂而往朝焉。（貨殖傳）

㉑齊負海阻河、濟，南近楚，人多變詐。（酈食其傳）

㉒齊人多詐而無情實。（平津侯傳）

㉓齊號為怯。（孫吳傳）

㉔齊僞詐多變，反覆之國。（淮陰侯傳）

㉕齊俗賤奴虜。

㉖齊、趙設智巧，仰機利。（貨殖傳）

㉗齊、魯禮義之鄉。（三王世家）

㉘雖齊、魯諸儒質行。（萬石君傳）

㉙齊、魯之門，學者獨不廢。

㉚齊、魯之間於文學，自古以來，其天性也。（儒林傳）

㉛太史公講業齊、魯之都，觀孔子之遺風。（自序）

【正義】齊國，青州臨菑縣也。（項羽本紀）

營丘

①武王封師尚父於營丘，曰齊。（周本紀）

②太公望封於營丘，地潟鹵，人民寡。（貨殖傳）

③萊侯來爭營邱。

④齊都營邱。胡公徙都薄姑。獻公徙薄姑都，治臨菑。（齊世家）

【集解】駰案：爾雅曰：「水出其前而左曰營丘。」郭璞曰：「今齊之營丘，淄水過其南乃東。」

【正義】水經注：「今臨菑城中有邱」云。古縣（營）邱之地，呂望所封。營邱在縣北百步外城中。輿地志云：「秦立為縣，城臨淄水，故曰臨淄也。」（周本紀）

〔案〕臨淄營邱，今臨淄縣西北。趙一清曰：「太公始封營邱，宜在北海營陵。迨獻公徙臨淄，取營丘舊名，猶晉稱新田為絳，楚稱鄀為郢耳。」北海營陵，今昌樂縣東南。

薄姑

①周公東伐淮夷，殘奄，遷其君薄姑。（周本紀）

②齊胡公自營邱徙都薄姑。（齊世家）

【集解】馬融曰：「齊地。」

【正義】括地志云：「薄姑故城在青州博昌縣東北六十里。薄姑氏，殷諸侯，封於此，周滅之也。」（周本紀）

姑棼

襄公遊姑棼，遂獵沛邱。（齊世家）

【集解】賈逵曰：「齊地。」

〔案〕即薄姑，亦名蒲姑，今博興縣東北。

臨菑　臨淄

①獻公徙薄姑都，治臨菑。（齊世家）

②齊靈二十七，晉圍臨淄。（十二諸侯年表）

③晉兵圍臨菑，焚郭中而去。（齊世家、晉世家。）

④燕昭二十八，與秦、三晉擊齊，燕獨入臨菑。（六國表、田齊世家。）

⑤項羽立田都為齊王，都臨菑。（項羽本紀、田儋傳。）

⑥義帝元，項羽殺田榮，分齊為三國。齊更名臨淄，都臨淄。又分濟北、膠東。（秦楚之際月表）

⑦韓信襲齊歷下軍，因至臨菑。（淮陰侯傳、田儋傳。）

⑧齊都臨菑。（漢興以來諸侯年表）

⑨臨菑之中七萬戶，不下戶三男子。臨菑甚富而實，其民無不吹竽鼓瑟，彈琴擊筑，鬬鷄走狗，六博蹋鞠者。臨菑之塗，車轂擊，人肩摩。（蘇秦傳）

⑩臨菑十萬戶，市租千金，人眾殷富，巨於長安。（齊悼惠王世家）

⑪臨菑中十萬戶。（三王世家）

⑫臨菑亦海岱之間一都會也。其俗寬緩闊達，而足智，好議論，怯於眾鬬，多劫人，大國之風也。其中具五民。（貨殖傳）

【正義】括地志云：「青州臨菑縣，即古臨菑地也。一名齊城，古營丘之地，（師尚父）所封齊之都也。少昊時有爽鳩氏，虞、夏時有季萴，殷時有逢伯陵，殷末有薄姑氏，為諸侯，國此地。後太公封，方五百里。」（項羽本紀）

〔案〕今臨淄縣北八里。

穆陵

齊為大國，東至海，西至河，南至穆陵，北至無棣。（齊世家）

【索隱】舊說云穆陵在會稽，非也。按：今淮南有故穆陵門，是楚之境。

〔案〕今山東臨朐縣南一百里大峴山，古穆陵關。隋書地理志：「北海郡臨朐有穆陵山」，是也。又湖北麻城縣北一百里有穆陵關，見梁書夏侯夔傳，恐非此所指。

無棣

齊北至無棣。（齊世家）

【索隱】無棣在遼西孤竹。

〔案〕今河北慶雲縣東。

沛邱　涓丘

①襄公游姑棼，遂獵沛邱。（齊世家）

②朝射東莒，夕發涓丘，夜加即墨。（楚世家）

【集解】杜預曰：「樂安博昌縣南有地名貝邱。」（齊世家）徐廣曰：「涓丘在清河。」（楚世家）

【正義】括地志云：「涓丘在青州臨淄縣西北二十五里。」（楚世家）

〔案〕今博興縣南。

紀

齊襄八，伐紀，紀遷去其都邑。（十二諸侯年表、齊世家。）

〔案〕左隱元：「紀人伐夷」，杜注：「紀國在東莞劇縣。」應劭曰：「古紀國，今壽光縣紀亭是。」齊乘：「紀城在壽光南三十里，即劇城。」國語齊桓公初立，正封域，東至於紀、酅。酅，今臨菑縣東。是齊之東境甚狹，迨滅紀滅郕後，復稍并莒、杞之地；至魯襄六，滅萊、棠，始盡有登、萊，東至海。

雍林

無知游於雍林。（齊世家）

【集解】賈逵曰：「渠邱大夫也。」

【索隱】本亦作「雍廩」。左傳曰：「雍廩殺無知」，杜預曰：「雍廩，齊大夫。」此云「游雍林」，蓋以為邑名。

〔案〕齊西門曰雍門。左襄十八，晉伐齊，「伐雍門之萩」，知其處有林。水經注：「時水西北經西安縣故城南，本渠丘，齊大夫雝廩之邑。」

乾時

齊、魯戰於乾時。（齊世家）

【集解】杜預曰：「乾時，齊地也。時水在樂安界，岐流，旱則涸竭，故曰乾時。」

〔案〕時水一名耏水，源出臨淄縣西南二十五里，地名矮槐樹。平地出泉謂之「耏」，源淺易涸亦名「乾時」。其水黑，俗又謂之烏河。水道提綱：「烏河上流，即古時水，出臨淄西南愚公山。」齊敗魯當在此。樂安故城在今博興縣北，尚在臨淄西北五十里，魯師豈得越齊都至此？

笙瀆

魯殺子糾於笙瀆。（齊世家）

【集解】賈逵曰：「魯地句瀆也。」
【索隱】案：鄒誕生本作「莘瀆」，「莘」、「笙」聲相近。論語作「溝瀆」。

句竇

莊公執太子牙於句竇之邱，殺之。（齊世家）

〔案〕漢志濟陰郡句陽，應劭曰：「左氏傳『句瀆之丘』也。」春秋又謂之「穀丘」，故城今菏澤縣北句陽店。

堂阜

鮑叔牙迎受管仲，及堂阜。（齊世家）

【集解】賈逵曰：「堂阜，魯北境。」杜預曰：「堂阜，齊地。東莞蒙陰縣西北有夷吾亭，或曰鮑叔解夷吾縛於此。」

〔案〕今蒙陰縣西北三十里。

葵丘

①齊桓公會諸侯於葵丘。（秦本紀、封禪書、齊世家、晉世家。）

②至於葵邱之會，有驕矜之志，畔者九國。（蔡澤傳）

【索隱】杜預云：「陳留外黃縣東。」（齊世家）

【正義】括地志云：「葵丘在曹州考城縣東南一里一百五十步（案：封禪書注引作「一里五十步」。）郭內。」（秦本紀）

〔案〕今河南舊考城縣東三十里。

葵丘

齊襄公使連稱、管至父戍葵邱。（齊世家）

【索隱】杜預云：「臨淄西有地名葵邱。」（齊世家）

【正義】括地志：「青州臨淄縣有葵丘。」（秦本紀）

〔案〕今臨淄縣西。

鄄　甄

①齊桓伯於鄄。（秦本紀）

②齊桓七，會諸侯於甄，桓公始霸。（齊世家）

③齊桓七，始霸，會諸侯於鄄。（十二諸侯年表）

④齊景公時，晉伐阿、甄。（司馬穰苴傳）
⑤孫臏生阿、鄄之間。（孫吳傳）
⑥趙成五，伐齊於甄。（六國表、田齊世家。）
⑦成侯五，伐齊於鄄。（趙世家）
⑧趙成十，攻衛，取甄。（趙世家）
⑨齊宣八，與魏會於甄。（六國表、魏世家、田齊世家、孟嘗君傳。）
⑩追至濮陽，下甄城。（絳侯世家）

【集解】杜預曰：「甄，衛地，今東郡甄城也。」（齊世家）
【索隱】甄，齊邑。地理志云甄城縣屬濟陰。（司馬穰苴傳）
【正義】濮州鄄城縣是。（趙世家。案：田齊世家注作「濮州甄城縣」。）
〔案〕鄄故城，今山東濮縣東二十里。漢末為兗州治，曹操創業於此。水經注：「鄄城在河南十八里。河上之邑，最為峻固」也。

馬陵

魏惠二，敗韓馬陵。（六國表、魏世家、韓世家。）
【正義】在魏州元城縣東南一里。（韓世家）

〔案〕今大名縣東南。

馬陵

①秦孝二十一，齊敗魏馬陵。（秦本紀、六國表、魏世家、田齊世家。）

②馬陵道狹，旁多阻隘。（孫吳傳）

【集解】徐廣曰：「在元城。」

【正義】虞喜志林云：「馬陵在濮州鄄城縣東北六十里，澗谷深峻，可以置伏。」徐說馬陵在魏州。魏世家云：「太子為上將軍，過外黃。」又孫臏傳云：「齊田忌直走大梁。龐涓聞之，去韓而歸齊，軍已過而西矣。」按：孫子減竈退軍，三日行至馬陵，遂殺龐涓，當如虞喜之說，從汴州外黃退至濮州六十里是也。齊師走大梁，豈合更渡河北，至魏州元城哉？徐說定非也。（魏世家）

〔案〕正義說是。馬陵，今濮縣北三十里。

馬陵

晉軍追齊至馬陵。（齊世家）

【集解】徐廣曰：「一作『陘』。」駰案：賈逵曰：「馬陘，齊地也。」

〔案〕齊乘：「淄水出益都岳陽山，北徑萊蕪谷。又北徑長峪道，亦曰馬陵，即郤克追齊侯處，所謂『弇中』狹道，亦即在此。」今益都縣西南，蓋已逼近齊都矣。

柯

①齊桓五，與魯會柯。（十二諸侯年表、齊世家。）

②於柯之會，桓公欲背曹沫之約。（管晏傳、刺客傳。）

【集解】杜預曰：「此柯，今濟北東阿，齊之阿邑。猶祝柯今為祝阿。」（齊世家）

〔案〕東阿，今陽穀縣東北五十里阿城鎮。方輿紀要謂在今東阿縣西二十五里，是也。

柯

①趙悼襄三，趙相、魏相會魯柯，盟。（六國表）

②頃公卒於柯。（魯世家）

【索隱】春秋：「齊及魯盟于柯」，杜預云：「柯，齊邑，今濟北東阿。」（魯世家）

〔案〕春秋襄十九：「叔孫豹會晉士匄於柯。」今河南內黃縣東北。趙悼襄三，魯滅已七年，豈兩國相會魯君於此而謀復興歟？則魯君卒柯亦當在此。索隱以東阿說之，疑誤；否則「會魯」之文必有譌。

東阿　阿

①齊景公時，晉伐阿、甄。（司馬穰苴傳）

②孫臏生阿、鄄之間。（孫吳傳）

③趙成九，與齊戰阿下。（趙世家）

④有濟西，趙之阿東國危。

⑤威王召阿大夫曰：「趙攻甄，子弗能救。衛取薛陵，子弗知。」（田齊世家）

⑥魏惠王與齊宣王會東阿南。（孟嘗君傳。案：六國表作「平阿」。）

⑦田榮走東阿。（田儋傳）

⑧項梁與齊救東阿。（項羽本紀）

⑨項梁北攻亢父，救東阿。（高祖本紀）

⑩曹參攻爰戚及亢父，北救東阿。（曹相國世家）

⑪擊秦軍阿下，追至濮陽。（絳侯世家）

⑫彭越渡河擊楚東阿。（項羽本紀）

⑬阿縞之衣。（李斯傳）

【集解】徐廣曰：「齊之東阿縣，繒帛所出。」（李斯傳）

【索隱】韋昭云：「東阿，東郡之縣名。」

【正義】括地志云：「東阿故城在濟州東阿縣西南二十五里，漢東阿縣城，秦時齊之阿也。」（項羽本紀）

〔案〕今山東陽穀縣東北五十里，即春秋之柯。

阿

趙成十九，與燕會阿。（六國表、趙世家。）

【正義】括地志云：「故葛城一名依城，又名西阿城，在瀛州高陽縣西北五十里，以徐、兗二水並過其西，又徂經其北。曲曰阿，以齊有東阿，故曰西阿城。」（趙世家）

〔案〕趙孝成十九，與燕易土，燕以葛與趙，即此。說詳彼。

平阿

齊宣七，魏惠三十五，齊、魏會平阿南。（六國表、魏世家、田齊世家。）

【集解】駰案：地理志沛郡有平阿縣。（魏世家）

【正義】沛郡平阿縣也。（田齊世家）

〔案〕孟嘗君傳作「東阿」。沛平阿故城，今安徽懷遠縣西南六十里平阿集，非齊、魏會地。

遂邑

魯莊公請獻遂邑。（齊世家、刺客傳。）

【集解】杜預曰：「遂在濟北蛇邱縣東北。」（齊世家）

【正義】故城在兗州龔邱縣西北七十六里。（刺客傳）

〔案〕今肥城縣南。

柏寢

①上有故銅器，李少君曰：「齊桓公十年陳於柏寢。」（孝武本紀、封禪書。）

②彗星見。景公坐柏寢，嘆曰。（齊世家）

【集解】服虔曰：「地名，有臺也。」瓚曰：「晏子書柏寢，臺名也。」

【正義】括地志云：「柏寢臺在青州千乘縣東北二十一里。韓子云：『齊景公與晏子遊於少海，登柏寢之臺而望其國。』」（孝武本紀）

〔案〕今廣饒縣東北。

申池

懿公游於申池。（齊世家）

【集解】杜預曰：「齊南城門名申門。齊城無池，惟此門左右有池，疑此是也。」左思齊都賦註曰：「申池，海濱齊藪也。」

〔案〕水經注：「系水出齊城西南，東北流直申門西，為申池。」則申池即系水上游。

靡笄

晉郤克救魯、衞，與齊侯兵合靡笄下。（齊世家）

【集解】徐廣曰：「『靡』，一作『摩』。」賈逵曰：「靡笄，山名也。」

【索隱】靡，如字。靡笄，山名，在濟南，與代地磨笄不同。

靡

晉平公元，伐齊，齊靈公與戰靡下。（晉世家）

【集解】徐廣曰：「『靡』，一作『歷』。」

【索隱】劉氏云：「即靡笄也。」

〔案〕水經注：「濟水又東北逕華不注山，下有華泉。」齊乘：「左傳：『師至於靡笄之下。逢丑父使公下，如華泉取飲。』則此山亦名靡笄。」今地在歷城縣東北。

摩笄之山

趙襄子姊為代王夫人，代滅，摩笄自殺，所死地名摩笄之山。（趙世家）

【正義】括地志云：「摩笄山一名磨笄山，亦名為山（？），在蔚州飛狐縣東北百五十里。魏土地記云：『代郡東南二十五里有馬頭山。趙襄子姊磨笄自殺而死。』」

〔案〕代在今蔚縣東。今蔚縣東南有馬頭山，即魏土地記所指摩笄也。飛狐距此遠，當非是。

磨

又割濮磨之北，注齊、秦之要，絕楚、趙之脊。（春申君傳）

【索隱】地名，近濮。

〔案〕水經注：「濮水於酸棗首受河，東至鉅野入濟。」今延津、濮陽、濮縣有故渠是也。「濮磨之北」，當舊山東東昌、河北大名兩府境。或說「磨」係「歷」字之譌，即歷城歷山。

鞍

①晉與魯、衛共伐齊，戰於鞌。（晉世家）

②齊頃十，晉郤克敗齊於鞍。（十二諸侯年表、魯世家、韓世家。）

【正義】括地志云：「故鞍城今俗名馬鞍城，在濟州平陰縣十里。」（韓世家）

〔案〕穀梁傳「鞍去齊五百里。」括地志云在平陰，里數差合。惟左傳：「壬申，師至於靡笄之下。翌日癸酉，師陳於鞍。齊師敗績。逐之，三周華不注。」靡笄即華不注也，（說詳「靡笄」下。）山在濟南城北。鞍在平陰，距濟南二百三十里，殊不合。近志云：「鞍即古之歷下」，蓋是也。

高唐

①晉平十，伐齊至高唐，報太行之役。（十二諸侯年表、晉世家。）

②莊公即位，晉伐齊，至高唐。（齊世家。案：年表伐高唐在太行之役後，齊世家在前，自相乖錯。）

③肅侯六，攻齊，拔高唐。

④惠文二十五，城高唐，取之。（趙世家）

⑤吾臣有盼子者，使守高唐，則趙人不敢東漁於河。（田齊世家）

【集解】杜預曰：「高唐在祝阿縣西北。」（齊世家）

〔案〕高唐故城，今禹城縣西南。

崔

太子成請老於崔杼，二相弗聽，曰：「崔，宗邑。」（齊世家）

【集解】杜預曰：「濟南東朝陽縣西北有崔氏城也。」

〔案〕山東通志：「今章邱縣西北七十里大清河之濱。舊謂縣西北二十五里之故城為崔城者誤。」

駘

悼公遷晏孺子於駘。（齊世家、田齊世家。）

【集解】賈逵曰：「齊邑。」（齊世家）

〔案〕顧氏大事表：「或云今青州府臨朐縣界。」

讙

悼公元，齊伐魯，取讙、闡。（齊世家）

【索隱】邑名。在博城縣。

〔案〕今肥城縣西南。

闡

悼公元，取魯驩、闡。（齊世家）

【集解】杜預曰：「闡在東平剛縣北。」

剛

①昭襄三十六，攻齊取剛、壽。（秦本紀。案：六國表、田齊世家在三十七。）

②穰侯欲伐齊取剛、壽，以廣其陶邑。（穰侯傳。案：范雎傳作「綱」。）

【集解】徐廣曰：「濟北有剛縣。」（穰侯傳）

【正義】括地志云：「故剛城在兗州龔丘縣界。」（秦本紀）

〔案〕今寧陽縣東北三十五里。

壽

①秦昭三十六，攻齊取剛、壽。（秦本紀）

②相國穰侯欲伐齊取剛、壽，以廣其陶邑。（穰侯傳、范雎傳。）

③齊襄十四，（秦昭三十七。）秦擊齊剛、壽。（六國表、田齊世家。）

【正義】括地志云：「壽，鄆州之縣。」（秦本紀）

張

襲取臨濟，攻張，以前至卷。（絳侯世家）

【集解】漢書音義曰：「攻壽張。」
【索隱】地理志：「東郡壽梁縣，光武改曰壽張。」
〔案〕壽張故城，今東平縣西南。

賴

晉趙鞅伐齊，至賴而去。（齊世家）
【集解】服虔曰：「賴，齊邑。」
〔案〕郡國志：「菅縣有賴亭。」今章邱縣西北。

闞

闞止有寵。（齊世家）
【索隱】左氏「監」作「闞」。闞在東平須昌縣東南。
〔案〕今汶上縣西南南旺湖中。

豐丘

追之豐丘。（齊世家）

【集解】賈逵曰：「豐丘，陳氏邑也。」

郭關

殺之郭關。（齊世家）

【集解】服虔曰：「齊關名。」

艾陵

吳北伐齊，敗齊師於艾陵。（吳世家、越世家、伍子胥傳、仲尼弟子傳、春申君傳。）

【集解】杜預曰：「艾陵，齊地。」（吳世家）

【正義】括地志云：「艾山在兗州博城縣南百六十里，（春申君傳作「博縣南六十里」。）本齊博邑。」（伍子胥傳）

〔案〕今萊蕪縣東境。

安平

①割齊安平以東至琅邪為田氏封邑。（齊世家、田齊世家。）

②田單走安平。（田單傳）

③齊封田單為安平君。（田齊世家、趙世家。）

【集解】徐廣云：「安平在北海。（田齊世家）今之東安平也。在青州臨菑縣東十九里。古紀之酅邑，齊改為安平；秦滅齊，改為東安平縣，屬齊郡；以定州有安平，故加『東』字。」（田單傳）

【索隱】地理志東安平屬淄川國。（田單傳）又：涿郡有安平縣。（齊世家）

【正義】括地志云：「安平城在青州臨淄縣東十九里，古紀國之酅邑。」青州即北海郡也。（田齊世家）

〔案〕今臨淄縣東十里。

安平

降曲逆、盧奴、上曲陽、安國、安平。（灌嬰傳）

【正義】安平，定州安平縣。

〔案〕今河北安平縣治。

陽狐

①齊宣四十三，伐晉，毀黃城，圍陽狐。（六國表、田齊世家。）

②秦簡十四，伐魏，至陽狐。

③（同年）魏文二十四，秦伐魏，至陽狐。（六國表）

④（同年）秦伐魏，至陽狐。（魏世家）

【正義】括地志云：「陽狐郭在魏州元城縣東北三十里。」（魏世家。案：田齊世家注作「三十二里」。）

〔案〕元城，今大名；此非秦、魏所爭。左僖十六：「北狄侵晉，取狐、厨。」水經注：「平陽水東逕狐谷亭北。」今山西襄陵縣西。又左僖二十四「令狐」，今猗氏縣西十五里。又左襄元，晉邑有「瓠丘」，杜注：「河東垣縣有壺邱亭。」水經注謂之陽壺城。魏武侯二，城安邑、王垣，則秦兵亦可抵此。

都

齊宣四十五，伐魯，取都。（六國表）

都關

追至濮陽，下甄城。攻都關、定陶。（絳侯世家）

【索隱】地理志縣名，屬山陽。

〔案〕都關故城，今濮縣東南，與鄆城相近。或齊宣取魯都即此。

西城

齊宣四十九，與鄭會於西城。（六國表、田齊世家。）

西城

①破匈奴西城數萬人，至祁連山。

②單于復以其父之民予昆莫，令長守於西城。（大宛傳）

毌丘

齊宣四十九，伐衞，取毌丘。（六國表、田齊世家。）

【索隱】「毌」，音「貫」，古國名，衞之邑。

【正義】括地志云：「故貫城即古貫國，今名濛澤城，在曹州濟陰縣南五十六里也。」（田齊世家）

〔案〕蒙澤故城，今曹縣南十里，即春秋之貫。

廩丘

①齊宣五十一，田會以廩丘反。（六國表、田齊世家。）

②康公立，田會反廩丘。（齊世家）

③趙敬侯三，救魏於廩邱，大敗齊人。（趙世家）

【索隱】廩，邑名，東郡有廩丘縣也。（齊世家）

〔案〕左定八：「公侵齊，攻廩丘之郛。」哀二十：「公會齊人於廩丘。」二十四：「臧石會晉師，取廩丘。」漢置廩丘縣，故城今山東范縣東南七十里。

廩丘

韓昭六，伐東周，取陵觀、廩丘。（六國表）

【集解】徐廣曰：「或作『邢丘』。」

〔案〕韓世家：「昭侯六，伐東周，取陵觀、邢丘。」徐廣說本此。廩丘，齊地，後入趙；邢丘，魏地，後入秦；東周所有惟鞏。胡三省云：「陵觀、廩丘，皆邑聚名，史無所考。」

廩丘

魏安釐十一，秦拔魏廩丘。（六國表）

【集解】徐廣曰：「或作『邢丘』。」

〔案〕秦本紀：「昭襄四十一，攻魏，取邢丘、懷。」即此年也。徐廣說本此。魏世家作「郪丘」。

最

齊康十一，伐魯，取最。（六國表）

平陸

①齊康十五，魯敗齊平陸。

②趙成十九，與齊、宋會平陸。（六國表、田齊世家。）

③魏攻平陸。（魯仲連傳）

④有陶、平陸，梁門不開。（田齊世家）

⑤平陸侯。（惠景間侯者年表）

【集解】徐廣曰：「東平平陸。」

【正義】兖州縣在大梁東界。（田齊世家）

〔案〕平陸，今汶上縣北，本古厥國。

桑丘

楚悼二，三晉伐楚，至桑丘。（六國表）

〔案〕桑丘，楚世家作「乘丘」，是也。今山東滋陽縣西北，春秋魯地。

桑邱

①魏武七，韓文七，伐齊，至桑丘。（六國表、魏世家、韓世家、田齊世家。）

②（同年）齊康二十五，伐燕，取桑邱。

③（同年）趙敬七，伐齊，至桑丘。（六國表）

④趙肅侯二十三，韓舉與齊、魏戰，死於桑邱。（趙世家）

【集解】駰案：地理志云：泰山有桑邱縣。（趙世家）

【正義】括地志云：「桑邱城俗名敬城，（「俗名」四字見魏世家注、田齊世家注。）在易州遂城縣界。」或云在泰山，非也。此時齊伐燕桑邱，三晉皆來救之，不得在泰山有桑邱縣。此說甚誤也。（趙世家。案：齊取燕桑邱，三晉救燕，在趙敬七，趙世家不著。正義此注繫之肅侯之二十三，則非矣。）

〔案〕易州桑邱，今徐水縣西南，燕之南界。然三晉與齊不得遠途合兵於此。方輿紀要山東平原縣西有桑邱城，蓋齊伐燕，三晉救燕伐齊至是。又謂「齊伐燕，取桑邱」，則譌文也。

靈邱

①敬侯二，敗齊於靈邱。（趙世家）

②魏武九、趙敬九、韓文九，三晉伐齊至靈丘。（六國表、魏世家、韓世家、田齊世家）
③惠文十四，相國樂毅將趙、秦、韓、魏、燕攻齊，趙取靈邱。
④孝成七，趙以靈邱封楚相春申君。（趙世家）

【集解】駰案：地理志云：代郡有靈邱縣。（趙世家）
【正義】括地志云：「靈丘故城在蔚州靈丘縣東十里，漢縣也。」（絳侯世家）
〔案〕齊之靈邱，當是齊西北邊邑。集解、正義皆以山西靈邱說之，誤矣。方輿紀要滕縣東三十里有靈邱城，則當魏武時尚非齊地，樂毅時趙師亦何獨至南境？恐亦非也。

靈丘

①定鴈門、雲中。因復擊陳豨靈丘。（絳侯世家）
②樊噲軍斬陳豨於靈丘。（韓王信陳豨傳）
〔案〕今山西靈邱縣東。

林營

①燕釐三十，敗齊林營。（六國表）
②釐公三十，伐齊，敗於林營。（燕世家）

【索隱】林營，地名。一云：林，地名，於林地立營，故曰林營。（燕世家）

博陵　博闕　鱄陵　博關

①齊威六，晉伐齊，至博陵。（田齊世家。案：六國表字譌作「鱄陵」。）

②秦攻齊，趙涉河（漳）、博闕。（蘇秦傳）

③悉趙兵渡清河，指博關，臨菑、即墨非王之有。（張儀傳）

【集解】徐廣曰：「博關即博陵。東郡有博平縣。」（蘇秦傳）

【正義】博陵在濟州西界。（田齊世家）博關在博州。（張儀傳）

〔案〕今博平縣西北三十里。

博望

三晉之王朝齊王於博望。（田齊世家）

【正義】括地志云：「博望故城在鄧州向城縣東南四十五里。」

〔案〕正義說大誤。博望城，今山東博平縣舊城西南。

清河

①趙東有清河。

②齊西有清河。（蘇秦傳）

③告齊使興師渡清河，軍於邯鄲之東。

④趙兵渡清河，指博關，臨菑、即墨非王之有。（張儀傳）

⑤降定清河、常山凡二十七縣。（樊噲傳）

〔案〕清河故瀆自今山東館陶縣流經河北威縣東，又東北逕清河縣西，又東北入山東武城縣界；即淇水也。

清河

①中三年，立皇子方乘為清河王。都濟陽。（孝景本紀。案：「都濟陽」三字見漢興以來諸侯年表。）

②國除，地入漢，為清河郡。（五宗世家）

③武帝復置清河國。（漢興以來諸侯年表）

④徙代王王清河。（梁孝王世家）

⑤竇太后，趙之清河觀津人。

⑥竇姬家在清河。（外戚世家）

【集解】徐廣曰：「都清陽。」

【正義】括地志云：「清陽故城在貝州清(陽)縣西北八里也。」(梁孝王世家)

〔案〕清陽故城，今清河縣東。濟陽屬陳留郡，蓋「清陽」字譌。

鄃

武安侯田蚡奉邑食鄃。鄃居河北，河決而南則鄃無水菑。(河渠書)

【索隱】「鄃」，音「輸」。韋昭云：「清河縣也。」

【正義】貝州縣也。

〔案〕詳武安侯邑。

稷下

①齊之稷下先生。(孟荀傳)

②宣王喜文學游説之士，齊稷下學士復盛。(田齊世家)

【集解】駰案：劉向別録曰：「齊有稷門，城門也。談説之士期會於稷下也。」

【索隱】齊地記曰：「齊城西門側，系水左右有講室址。」因側系水，故曰稷門，古「側」、「稷」音相近。又：虞喜曰：「齊有稷山，立館其下，以待游士」；春秋傳曰：「莒子如齊，盟於稷門」；是也。(田齊世家)

〔案〕稷山，今臨淄縣西南十三里。系水，今臨淄縣西。又臨淄南門曰稷門，見左昭二十二傳。

莒

①秦之先為嬴姓。其後分封，以國為姓，有莒氏。（秦本紀）

②小白奔莒。（齊世家）

③慶父奔莒。（魯世家）

④齊宣四十四，伐魯、莒及安陽。（六國表）

⑤簡王元，北伐滅莒。（六國表、楚世家。）

⑥朝射東莒。（楚世家）

⑦齊湣王亡走莒。（孟嘗君傳、樂毅傳。）

⑧願齊之試兵南陽莒地，以聚常、郯之境。（越世家）

⑨齊城之不下者，惟莒、即墨。（燕世家、樂毅傳。）

⑩莒人共立襄王以保莒城，五年。（田齊世家）

⑪楚考烈八，取魯，魯君封於莒。（六國表）

【正義】括地志云：「密州莒縣，故莒子國。在齊東南。（四字見魏世家注。）地理志云：『周武王封少昊之後嬴姓於莒，始都計斤，春秋時始居莒也。』」（楚世家）

〔案〕今莒縣治。

即墨

①威王召即墨大夫。（田齊世家）

②齊城之不下者，惟莒、即墨。（燕世家、樂毅傳。）

③田單東保即墨。（田單傳）

④以即墨攻破燕軍。（田齊世家）

⑤悉趙兵渡清河，指博關，臨菑、即墨非王之有。（張儀傳）

⑥秦為雄而齊為雌，雌則臨淄、即墨危矣。（孟嘗君傳）

⑦田市為膠東王，都即墨。（秦楚之際月表、田儋傳。）

【正義】萊州（孝景本紀注作「密州」，誤。）膠水縣（齊悼惠王世家作「膠東」。）南六十里即墨故城是也。

（田齊世家）

〔案〕今平度縣東南。

棠

棠公。（齊世家）

【集解】賈逵曰：「棠公，齊棠邑大夫。」

〔案〕左襄六：「齊滅萊。萊共公浮柔奔棠。」杜注：「棠，萊邑。北海即墨縣有棠鄉。」今平度縣東南。孟子：「國人皆以夫子將復為發棠。」蓋即墨，齊大都，倉廩在焉。又左襄十八，晉師至臨菑，「齊侯駕，將走郵棠」，或亦是也。

棠

魯隱五，觀魚于棠。（十二諸侯年表、魯世家。）

【集解】賈逵曰：「棠，魯地。」杜預曰：「高平方與縣北有武棠亭，魯侯觀漁臺也。」（魯世家）

〔案〕武唐亭，今魚臺縣北十二里。春秋隱二：「公及戎盟於唐」，水經注：「菏水東逕武棠亭北」，皆是也。

聊城

①齊城之不下者，惟聊、莒、即墨。（燕世家）

②燕將攻下聊城。（魯仲連傳）

③破陳豨將張春於聊城。（韓王信傳、陳豨傳。）

④十一年，張春渡河擊聊城。（高祖本紀）

【集解】徐廣曰：「在平原。」

【正義】括地志云：「故聊城在博州聊城縣西二十里。春秋時齊之西界。聊，攝也。戰國時亦為齊地。秦漢皆為東郡之聊城。」又劉伯莊云：「彼時聊城在黄河之東，王莽時乾，今濁河西北也。」今在博州西北。深丘道里記云：「王莽，元城人，居近河側，祖父墳墓為水所衝，引河入深川，此王莽河因枯也。」（高祖本紀）

〔案〕今山東聊城縣西北十五里。

昔陽

趙惠文十五，取齊昔陽。（六國表。案：趙世家在惠文十六。）

【正義】括地志云：「昔陽故城一名陽城，在幷州樂平縣東。春秋釋地名云：『昔陽，肥國所都也。樂平城沾縣東昔陽城。肥國，白狄別種也。樂平縣城，漢沾縣城也。』」（趙世家）

〔案〕今河北晉縣治，春秋鼓國昔陽邑。漢志鉅鹿下曲陽，應劭曰：「晉荀吳滅鼓，今鼓聚昔陽亭是也。」水經注：「斯洨水東逕昔陽城南，本鼓聚。」左昭十二：「荀吳偽會齊師，假道鮮虞，遂入昔陽。」杜預以山西昔陽説之，大誤。此處昔陽亦當在晉縣。正義並誤。

麥邱

惠文十九，趙奢攻齊麥邱，取之。（趙世家）

〔案〕今山東商河縣西北。

滕

滕、薛、騶，夏、殷、周之間封也，小，不足齒列。（陳杞世家）

【索隱】滕，蓋軒轅氏之子有滕姓，後周封文王子錯叔繡於滕，故宋忠云：「今沛國公邱是滕國也。」

〔案〕今山東滕縣西南十四里。

薛

①滕、薛、騶，夏、殷、周之間封也，小，不足齒列。（陳杞世家）

②齊湣三，封田嬰於薛。（六國表、田齊世家、孟嘗君傳。）

③孟嘗君在薛，招致天下任俠，姦人入薛中蓋六萬餘家。

④太史公曰：吾過薛，其俗閭里率多暴桀子弟，與鄒、魯殊。（孟嘗君傳）

⑤高祖為泗水亭長，求盜之薛。（高祖本紀）

⑥項梁引兵入薛。（項羽本紀）

⑦東下薛，擊泗水守軍薛郭西。（曹相國世家）

⑧太史公戹困鄱、薛、彭城。（自序）

【集解】薛，魯國縣也。（高祖本紀）

【索隱】薛，奚仲之後，任姓，蓋夏、殷所封，故春秋有滕侯、薛侯。（陳杞世家）

【正義】括地志云：「故薛城古薛侯國也，黄帝之所封。左傳定公元年薛宰云『薛之祖奚仲居薛，為夏車正』，後為孟嘗君田文封邑也。」（項羽本紀）故城在今徐州滕縣南四十四里。（孟嘗君傳）

〔案〕故城今滕縣東南四十四里薛河之北，春秋之季曰徐州。

薛

①公孫弘，齊菑川國薛縣人。（平津侯傳）

②薛人公孫弘。（儒林傳）

【索隱】案：薛縣本屬魯，漢置菑川國，後割入齊也。

【正義】地理志云薛縣屬魯國。按：薛與劇隔兖州及太山，未詳。公孫弘墓又在青州北魯縣西二十里也。（平津侯傳）

薛陵

①齊威七，衛伐齊，取薛陵。

②威王召阿大夫曰：「衛取薛陵，子弗知。」（田齊世家）

〔案〕薛陵，今陽穀縣東北。

嘗

①孟嘗君田文代立於薛。

②孟嘗君歸老於薛。（孟嘗君傳）

【集解】駰案：皇覽曰：「孟嘗君冢在魯國薛城中向門東。向門，出北邊門也。」詩云「居常與許」，鄭玄曰：「『常』，或作『嘗』，在薛之南。」孟嘗邑于薛城。

【索隱】嘗邑在薛之旁。

【正義】括地志云：「孟嘗君墓在徐州滕縣五十二里。」

常

願齊之試兵南陽莒地，以聚常、郯之境。（越世家）

【索隱】常，邑名，蓋田文所封之邑。齊之南也。

〔案〕今滕縣東南有孟嘗集。

靖郭

孟嘗君父曰靖郭君田嬰，封於薛。（孟嘗君傳）

【集解】駰案：皇覽曰：「靖郭君冢在魯國薛城中東南陬。」〔案〕左襄十九：「取邾田，自漷水。」水經注：「漷水西南流入邾。又逕魯國鄒山東南。又西南逕蕃縣。又西逕薛城及仲虺城北。」又曰：「仲虺城在薛城西三十里。（此卽上邳。）」蓋靖郭、孟嘗，皆以地名為封號，而封邑亦相近。

右壤

①齊右壤可拱手而取。（春申君傳）

②齊棄南陽，斷右壤。（魯仲連傳）

【索隱】齊右壤之地平陸是也。（魯仲連傳）

右壤

隨水右壤。（春申君傳）

晝

晝邑人王蠋。（田單傳）

【集解】劉熙曰：「齊西南近邑。」

【正義】括地志云：「戟里城在臨淄西北三十里，春秋時棘邑，又云澅邑。」蠋所居即此邑，因澅水為名也。

〔案〕今臨淄縣西北。澅水在臨淄西，西北流入時水。

於陵

於陵子仲辭三公為人灌園。（鄒陽傳）

【索隱】孟子云：陳仲子適楚，居于於陵。

〔案〕於陵，漢置縣，屬濟南郡，今長山縣西南。縣境有長白山，相傳陳仲子所隱。然不得謂「適楚」。

尼谿

齊景公欲以尼谿田封孔子。（孔子世家）

鉅防

齊有長城、鉅防，足以為塞。（蘇秦傳）

【集解】徐廣曰：「濟北盧縣有防門，又有長城東至海。」

【正義】竹書紀年云：「梁惠王二十年，齊閔王築防以為長城。」

〔案〕左襄十八：「晉伐齊，齊禦諸平陰，塹防門而守之，廣里。」今平陰縣東北。

蓋

還蓋，長城以為防。（楚世家）

【集解】徐廣曰：「『蓋』，一作『益』。益縣在樂安，蓋縣在泰山。」

午道

①朝射東莒，夕發浿丘，夜加即墨，顧據午道。（楚世家）

②秦發三軍：一軍塞午道，告齊使興師渡清河。（張儀傳）

【索隱】午道當在趙之東，（「趙之東」三字據張儀傳增。）齊西界。一從一橫為午道，蓋亦未詳其處。

【正義】劉伯莊云：「齊西界。」按：蓋在博州之西境也。（楚世家）

五都

齊令章子將五都之兵，因北地之衆以伐燕。（燕世家）

【索隱】五都即齊也。按：臨淄是五都之一。

三齊

①田榮幷王三齊。（項羽本紀）

②田榮盡幷三齊之地。（田儋傳）

【集解】駰案：漢書音義曰：「齊與濟北、膠東。」

【正義】三齊記云：「右即墨，中臨淄，左平陸，謂之三齊。」（項羽本紀）

博 博陽

①項羽立田安為濟北王，都博陽。（項羽本紀、田儋傳。）

②齊相田橫走博陽。（田儋傳）

③追田橫至嬴、博。

④攻下嬴、博。（灌嬰傳）

⑤屬相國參，殘博。（傅寬傳）

⑥復博、奉高、蛇丘、歷城。（孝武本紀、封禪書。）

【索隱】博，太山縣也。（傅寬傳）

【正義】在濟北。（項羽本紀）

〔案〕春秋齊博邑，亦曰博陽，今泰安縣東南。

博陽

攻博陽，前至下相。（灌嬰傳）

〔案〕此「博陽」當是「傅陽」字譌，即偪陽，嶧縣南五十里。

嬴

灌嬰敗田横軍嬴下。（田儋傳）

【集解】晉灼曰：「泰山嬴縣也。」

【正義】故嬴城在兖州博城縣東北百里。

〔案〕今萊蕪縣西北。春秋桓三：「會齊侯於嬴」；左哀十一：「會吳伐齊，克博，至嬴」；是也。

著

還定濟北郡，攻著、漯陰、平原、鬲、盧。（曹相國世家）

【索隱】地理志著縣屬濟南。

〔案〕今濟陽縣西南。

鬲

還定濟北郡，攻著、漯陰、平原、鬲、盧。（曹相國世家）

【索隱】地理志鬲屬平原。

【正義】括地志云：「故鬲城在德州安德縣西北十五里。」

〔案〕今德縣北，古鬲國。

盧

還定濟北郡，攻著、漯陰、平原、鬲、盧。（曹相國世家）

【索隱】地理志盧縣屬泰山。

【正義】盧縣，今濟州理縣是也。

〔案〕今長清縣南，春秋齊邑。

茌平

尹齊，東郡茌平人。（酷吏傳）

【索隱】茌，音士疑反。

〔案〕今茌平縣西。

祝

①武王封黃帝後於祝。（周本紀）

②封帝堯之後於祝。（樂書）

【正義】左傳云：「祝其，實夾谷。」杜預云：「夾谷即祝其也。」服虔云：「東海郡祝其縣也。」（周本紀）又：地理志云：平原即（郡）祝阿縣也。（樂書）

〔案〕呂覽慎大云：「封黃帝之後于鑄。」古「鑄」、「祝」同音。韓詩外傳、潛夫論皆謂「封堯後於鑄」，史蓋承呂覽之誤。郡國志：「濟北蛇丘有鑄鄉城。」劉昭注：「武王封堯後。」正義以為東海祝其，非也。蛇丘故城，今山東肥城縣。祝其，今江蘇贛榆縣南。

蛇丘

復博、奉高、蛇丘、歷城。（孝武本紀、封禪書。）

【集解】鄭玄曰：「『蛇』音『移』。」（孝武本紀）

〔案〕今肥城縣南，春秋魯蛇淵囿，亦曰鑄鄉。禮記：「周武王封堯後也。」

千乘

①灌嬰殺齊將田吸於千乘。（田儋傳）

②千乘兒寬。（儒林傳）

【正義】千乘故城在淄州高苑縣北二十五里。（田儋傳）

〔案〕今高苑縣北二十五里。

菑川

①孝文分齊為菑川國，都劇。（漢興以來諸侯年表）

②菑川地比齊。（齊悼惠王世家）

③公孫弘，齊菑川國薛縣人。（平津侯傳）

④菑川唐里公孫光善為古傳方。（倉公傳）

劇

①孝文分齊為菑川國，都劇。（漢興以來諸侯年表）

②劇侯。

③劇魁侯。（建元以來王子侯者年表）

【正義】括地志云：「菑州縣也。故劇城在青州壽光縣南三十一里，故紀國。」（案：此條見孝景本紀。）

〔案〕今壽光縣東南。

北海

①項羽徇齊至北海。（項羽本紀）

②問君何以治北海。（滑稽傳）

【正義】今青州。（滑稽傳）

〔案〕漢志：「北海郡，景帝中二年置。」蓋文帝時屬甾川國，景帝分置也。在秦當屬齊郡。然此言「徇齊至北海」，則似北海分置，不始於漢。其治所無考；或曰即首縣營陵，今昌樂縣東南，左傳十四「城緣陵遷杞」是也。

北海

①極臨北海，西湊月氏。（三王世家）

②留郭吉，遷之北海。（匈奴傳）

③奄蔡臨大澤，無崖，蓋乃北海云。（大宛傳）

鉅定

東海引鉅定。（河渠書）

【集解】瓚曰：「鉅定，澤名。」

〔案〕漢志齊郡有鉅定。故城今廣饒縣北。壽光縣西北八十里鉅淀湖，即清水泊，去東海甚遠，疑當作「北海」。

膠

①晉圍齊臨菑。東至膠，南至沂，皆城守。（晉世家）

②案齊之故，有膠、泗之地。（淮陰侯傳）

〔案〕膠水源膠縣西南膠山，北流經膠、高密、平度，至掖縣境入海。

膠東

①以膠東委於燕，以濟西委於趙。（蘇秦傳）
②項羽徙齊王田市為膠東王，都即墨。（項羽本紀、秦楚之際月表、田儋傳。）
③田既軍於膠東。（田儋傳）
④文帝分齊為膠東，都即墨。（漢興以來諸侯年表）
⑤膠東王雄渠。（孝景本紀、齊悼惠王世家。）
⑥膠東康王寄。（五宗世家）
〔案〕漢膠東國都即墨。

膠西

①蓋公教於齊高密、膠西。（樂毅傳）
②孝文分齊為膠西，都宛。（漢興以來諸侯年表）
③膠西王卬。（孝景本紀、齊悼惠王世家。）
④膠西于王端。

⑤膠西小國。

⑥國除，地入漢，為膠西郡。（五宗世家）

【正義】都密州高密縣。（孝景本紀）又：年表云都高苑。括地志云：「高苑故城在淄州長山縣北四里。」（齊悼惠王世家）

〔案〕膠西國都高密，宣帝更為高密國。史稱「都宛」，字譌。水經注云「都高苑」，不可據。

夷維

①晏平仲，萊之夷維人。（管晏傳）

②齊湣王將之魯，夷維子為執策而從。（魯仲連傳）

【正義】齊記云：「齊城三百里有夷安，即晏平仲之邑。漢為夷安縣，屬高密國。應劭云：『故萊夷維邑。』」（管晏傳）

【索隱】維，東萊之邑，其居夷也，號夷維子。（魯仲連傳）

〔案〕夷安，今高密縣治。章懷太子曰：「夷安亦稱上假密。」水經注：「夷安城西去濰水四十里。」疑夷維亦以濰水得名。

上假密

擊龍且軍於上假密。（曹相國世家）

【集解】文穎曰：「或以為高密。」

【索隱】漢書亦作「假密」。按：下「定齊七十縣」，則上假密非高密，亦是齊地，今闕。

〔案〕水經注：「濰水逕高密縣故城西。又北，韓信斬龍且於是水。」「高」、「假」雙聲。有下密，故此稱上假密。

高密

①齊王烹酈生，東走高密。（高祖本紀、淮陰侯傳、田儋傳。）

②攻龍且、留公於高密。（灌嬰傳）

③蓋公教於齊高密、膠西。（樂毅傳）

④廣陵王少子弘立為高密王。（三王世家）

【集解】徐廣曰：「『高』，一作『假』。」（田儋傳）

【索隱】高密，縣名，在北海。漢書作「假密」。假密，地名，不知所在。（樊酈滕灌傳）

【正義】括地志云：「高密故城在密州高密縣西南四十里。」（三王世家）

〔案〕今高密縣西南。

當利

以衛長公主妻欒大，更名其邑曰當利公主。（孝武本紀）

【集解】地理志云：「東萊有當利縣。」

〔案〕今掖縣西南。

淳于

①淳于人光子乘羽。（仲尼弟子傳）

②太倉公姓淳于。（倉公傳）

【正義】括地志云：「淳于國，在密州安丘縣東三十里。（仲尼弟子傳）春秋：『州公如曹』，傳云：『冬，淳于公如曹。』注水經云：『淳于縣，古夏后氏之斟灌國也。周武王以封淳于公，號淳于國。』」（倉公傳）

〔案〕今安邱縣東北三十里。

東武

東武人王子中同。（仲尼弟子傳）

【集解】徐廣曰：「屬琅邪。」

【正義】括地志云：「東武縣，今密州諸城縣是也。」

〔案〕今諸城縣治。

溫陽

最為溫陽侯。（朝鮮傳）

【集解】韋昭曰：「屬齊。」

卷十　魯地名

魯

①武王封弟周公旦於曲阜，曰魯。（周本紀）

②魯，其城薄以卑，其地狹以泄，其士民惡甲兵之事。（仲尼弟子傳）

③秦、夏、梁、魯好農而重民。

④齊、魯千畝桑麻。（貨殖傳）

⑤魯侯。（高祖功臣侯年表）

⑥景三年，分楚，復置魯國，徙淮陽王餘為魯王。（孝景本紀、漢興以來諸侯年表、五宗世家。）

魯南宮

申公見高祖於魯南宮。（儒林傳）

【正義】括地志云："泮宮在兗州曲阜縣西南二百里魯城內宮之內。"

〔案〕泮宮在曲阜縣城中東南隅，詩魯頌："既作泮宮"，是也。正義有誤字。

魯

齊宣四十四，伐魯、葛及安陵。（田齊世家）

【正義】括地志云："故魯城在許昌縣南四十里，本魯朝宿邑。"

〔案〕六國表此年"伐魯、莒及安陽"，正義皆以今河南境內地說之。魯城，今許昌縣東南。

曲阜　少昊之虛

①武王封弟周公旦於曲阜，曰魯。（周本紀）

②封周公旦於少昊之虛曲阜。（魯世家）

【集解】應劭曰："曲阜在魯城中，委曲長七八里。"

【正義】帝王世紀云："炎帝自陳營都於魯曲阜。黃帝自窮桑登帝位，後徙曲阜。少昊邑于窮桑，以登帝位，都曲阜。顓頊始都窮桑，徙商丘。"窮桑在魯北，或云窮桑即曲阜也。又為大庭氏之故國，又是商奄之地。（周本紀）括地志云："兗州曲阜縣外城即魯公伯禽所築也。"（魯世家）

〔案〕今曲阜縣治。帝王世紀云云，炎、黃、少昊、顓頊莫不都曲阜，此必魯國儒生之所飾說。

運奄氏

秦之先為嬴姓。其後分封，以國為姓，有運奄氏。（秦本紀）

〔案〕武庚之叛，有淮夷、徐戎、熊盈十六族。或運奄即是奄，而為嬴姓，「運」即「嬴」之聲譌也。又魯地尚有名鄆者，或亦嬴姓在東方之遺迹歟？

鄪　費

①魯釐元，以汶陽鄪封季友。（魯世家）

②公山不狃以費畔。（孔子世家）

③鄒、費、郯、邳。（楚世家）

④曾參處費。（甘茂傳）

【索隱】「鄪」，今作「費」，在汶水之北。地理志東海費縣，班固云：「魯季氏邑。」蓋尚書費誓即是其地。（魯世家）

〔案〕今費縣西北二十里。其外城即祊邑。

肹

伯禽率師伐之於肹，作肹誓。（魯世家）

【集解】徐廣：「一作『鮮』，一作『獮』」。駰案：尚書作「粊」。孔安國曰：「魯東郊之地名也。」

【索隱】尚書作「粊誓」。今尚書大傳作「鮮誓」。鮮，獮也。言於肹地誓衆，因行獮田之禮。粊，地名，即魯卿季氏之費邑。

祊

①鄭莊二十九，與魯祊，易許田。（十二諸侯年表、鄭世家。）

②魯隱八，與鄭易天子之太山之邑祊及許田。（魯世家）

【索隱】祊者，鄭所受助祭太山之湯沐邑。鄭以天子不能巡守，故以祊易許田，各從其近。（鄭世家）

費

禹，姒姓。其後分封，以國為姓，有費氏。（夏本紀）

【索隱】系本「費」作「弗」。

〔案〕左成十三：「呂相絕秦曰：『殄滅我費滑』」，杜注：「滑國都費，今緱氏縣。」夏後之費，或指此。今河南偃師縣南。

昌平鄉

孔子生魯昌平鄉陬邑。（孔子世家）

【索隱】陬是邑名，昌平，鄉號。孔子居魯之陬邑昌平鄉之闕里也。

【正義】括地志云：「昌平山在泗水縣南六十里。孔子生昌平鄉，蓋鄉取山為名。故闕里在泗水縣南五十里。輿地志云：『鄒城西界闕里有尼丘山。』」按：今尼丘山在兖州鄒城，闕里即此也。括地志云：「兖州曲阜縣魯城西南三里有闕里，中有孔子宅，宅中有廟。伍緝之從征記云：『闕里背洙面泗』，即此也。」按：夫子生在鄒，長徙曲阜，仍號闕里。

〔案〕昌平山，今曲阜縣東南五十里尼山之西，接鄒縣界。

陬邑　郰

①孔子生魯昌平鄉陬邑。

②郰人輓父之母誨孔子父墓。（孔子世家）

【集解】徐廣曰：「『陬』，音『騶』。孔安國曰：『陬，孔子父叔梁紇所治邑。』」

【正義】故鄒城在兖州泗水縣東南六十里。

〔案〕騶邑故城，今曲阜縣東南。左傳作「郰」，史記作「陬」；與邾婁之改名鄒者有別。

陬鄉

孔子西至河，聞竇鳴犢、舜華之死，乃還息乎陬鄉。（孔子世家）

【索隱】此陬鄉非魯之陬邑。家語云作「槃操」也。

尼丘

禱於尼丘得孔子。（孔子世家）

【正義】括地志云：「叔梁紇廟亦名尼丘山祠，在兗州泗水縣（南）五十里尼丘山東址。」地理志云：「魯縣有尼丘山，有叔梁紇廟。」

〔案〕尼山，今曲阜縣東南六十里，連泗水、鄒縣界，一名尼邱山。

防山

①叔梁紇葬於防山。

②防山在魯東。（孔子世家）

【正義】括地志云：「防山在兗州曲阜縣東二十五里。禮記云孔子母合葬於防也。」

〔案〕防山，今曲阜縣東三十里。左僖十四：「季姬及鄫子遇於防。」

五父之衢

孔子母死，殯五父之衢。（孔子世家）

【集解】徐廣曰：「魯縣有闕里，孔子所居。又有五父之衢。」

【正義】括地志云：「五父衢在兗州曲阜縣西南二里，魯城内衢道也。」

〔案〕左襄十一：「季武子詛諸五父之衢」，杜注：「五父衢，道名，在魯國東南。」山東通志：「五父衢在曲阜縣東南五里。」正義引括地志作「西南」係字譌。

郈

①郈昭伯。

②叔孫氏先墮郈。（孔子世家）

③子路使子羔為費郈宰。（仲尼弟子傳）

【集解】杜預曰：「東平無鹽縣東南郈鄉亭。」

【正義】括地志云：「郈亭在鄆州宿城縣東三十二里。」（孔子世家。案：仲尼弟子傳作「二十三里」。）

〔案〕今東平縣南四十里。

龜陰

齊歸所侵魯之鄆、汶陽、龜陰之田以謝過。（孔子世家）

【集解】杜預曰：「太山博縣北有龜山。」

【正義】故謝城在龔邱縣東七十里。齊歸侵魯龜陰之田以謝魯，魯築城於此，因名謝城。

〔案〕龜山，今新泰縣西南四十里，山南即泗水縣界。詩：「奄有龜、蒙。」謝過城，今泰安縣東北三十里。

姑蔑

費人北。國人追之，敗諸姑蔑。（孔子世家）

【集解】杜預曰：「魯國卞縣有姑蔑城。」

【正義】括地志云：「姑蔑故城在兗州泗水縣東四十五里。」按：泗水縣本漢卞縣也。

〔案〕姑蔑，今泗水縣東。春秋隱元：「公及邾儀父盟於蔑。」

屯

孔子遂行，宿乎屯。（孔子世家）

郎

【集解】駰案：屯在魯之南。
【索隱】屯，地名。
〔案〕漢志：「魏郡館陶，河水別出為屯氏河。」館陶，今山東館陶縣西南四十里。蓋館陶境有邑名屯氏，故河水別出即名屯氏河也。孔子自魯適衛經此。裴駰謂在魯南，恐非。

郎

冉有為季氏將師，與齊戰於郎。（孔子世家）
【正義】括地志云：「郎亭在徐州滕縣西五十三里。」
〔案〕左隱元：「費伯城郎。」桓十：「齊、衛、鄭來戰於郎。」莊十：「齊師、宋師次於郎。」杜注：「高平方與縣東南有郁郎亭。」今魚臺縣東北八十里，接滕縣界。

孔里

弟子及魯人從孔子冢而家者百有餘室，因命曰孔里。（孔子世家）

郳　騶

①滕、薛、騶，夏、殷、周之間封也，小，不足齒列。（陳杞世家）

②吳夫差九，為騶伐魯。（吳世家、魯世家。）

③吳大敗齊師於艾陵，遂滅鄒、魯之君以歸。（伍子胥傳）

④鄒、費、郯、邳。（楚世家）

⑤孟軻，鄒人。（孟子荀卿傳）

⑥齊湣王不得入於魯，將之薛，假途於鄒。（魯仲連傳）

⑦薛俗多暴桀子弟，與鄒、魯殊。（孟嘗君傳）

⑧鄒、魯濱洙、泗，俗好儒，備於禮，其民齪齪。頗有桑麻之業，無林澤之饒。地小人眾，儉嗇，畏罪。及其衰，好賈趨利，甚於周人。

⑨魯人俗儉嗇，而曹邴氏以鐵冶起，富至巨萬。鄒、魯多去文學而趨利，以曹邴氏也。（貨殖傳）

⑩攻鄒、魯、瑕丘、薛。（樊噲傳）

嶧陽　鄒嶧山　騶嶧山

①嶧陽孤桐。（夏本紀）

②始皇二十八，東行郡縣，上鄒嶧山。（秦始皇本紀）

③秦始皇即帝位三年，東巡郡縣，祠騶嶧山。（封禪書）

④太史公鄉射鄒、嶧。（自序）

【集解】韋昭曰：「鄒，魯縣，山在其北。」（秦始皇本紀）【索隱】騶縣之嶧山。騶縣本邾國，（封禪書）曹姓之國，陸終氏之子會人之後。（陳杞世家）魯穆公改作「鄒」。（封禪書）今魯國騶縣是也。（陳杞世家）從征記：「北巖有秦始皇所勒之銘。」（封禪書）【正義】鄒，兗州縣，在州東南六十二里。（樊噲傳）國系云：「邾嶧山亦名鄒山，在兗州鄒縣南三十二里。」（秦始皇本紀。案：夏本紀、太史公自序注作「二十二里」。）言絡繹相連屬也。今猶多桐樹。（夏本紀）魯穆公改「邾」作「鄒」，其山遂從「邑」變。山北去黃河三百餘里。（秦始皇本紀）

〔案〕今鄒縣東南二十里。左文十三：「邾文公卜遷於繹。」

隆

①魯成元，齊取魯隆。（十二諸侯年表）

②成二春，齊伐取隆。（魯世家）

③晉景十一，齊伐魯，取隆。（晉世家）

【集解】駰案：左傳作「龍」。杜預曰：「魯邑，在泰山博縣西南。」（魯世家）

【索隱】劉氏云：「隆即龍也，魯北有隆山。」（晉世家）

〔案〕左成二：「圍龍。」魯、晉二世家與傳合。水經注：「汶水南逕博縣故城東。又西南逕龍鄉故城南。」博縣故城，今泰安縣東南。

鄆

①魯昭二十五，出居鄆。（十二諸侯年表）

②昭公請齊伐魯，取鄆以居昭公。（齊世家、魯世家。）

③齊歸所侵魯之鄆、汶陽、龜陰之田。（孔子世家）

【正義】鄆，鄆城也。（齊世家）今鄆州鄆城縣，在兗州龔邱縣東北五十四里。（孔子世家）

〔案〕魯有兩鄆：昭公所居為西鄆，今鄆城縣東十六里；又東鄆，今沂水縣北，則齊所歸鄆、汶陽、龜陰田是也。

乾侯

①魯昭二十八，如晉，晉處昭公於乾侯。（十二諸侯年表、魯世家。）

②昭公奔齊，齊處昭公乾侯。（孔子世家）

③昭公三十二，卒於乾侯。（魯世家）

④晉頃九，季氏逐昭公，昭公居乾侯。（晉世家）

【集解】杜預曰：「乾侯在魏郡斥丘縣，晉境內邑。」（魯世家）

【正義】相州城安縣東南三十里斥丘故城，本春秋時乾侯之邑。（孔子世家）

〔案〕晉頃九，魯昭出居鄆。晉頃十二，魯昭始如晉，居乾侯。晉世家簡言之，孔子世家更誤。斥丘，今成安縣東南。

陽關

①魯定八，陽虎奔陽關。（十二諸侯年表）

②陽虎居陽關。（魯世家）

③齊威六，魯伐齊，入陽關。（六國表、田齊世家。）

【集解】服虔曰：「陽關，魯邑。」（魯世家）徐廣曰：「在鉅平。」

【正義】括地志云：「魯陽關故城在兗州博城縣南二十九里，西臨汶水也。」（田齊世家）

〔案〕今寧陽縣東北。

夾谷

魯定十，會齊侯於夾谷。（十二諸侯年表、齊世家、孔子世家。）

【集解】服虔曰：「東海祝其縣是也。」（齊世家）

【索隱】司馬彪郡國志夾谷在祝其縣西南。（十二諸侯年表）

〔案〕左定十：「公會齊侯於祝其，實夾谷。」漢祝其縣屬東海郡。今江蘇贛榆縣南四十里有夾谷山，然齊、魯兩君之會不應忽來集此。考萊蕪縣南三十里接新泰縣界，有夾谷峽，水經注云：「舊說云：齊靈公滅萊，萊民播流此谷。邑落荒蕪，故曰萊蕪。夾谷之會，齊侯使萊人以兵劫魯侯。」是也。又淄川縣西南三十里有甲山。縣志：「舊名祝山。」金史地理志：「淄川縣有夾谷山。」顧炎武日知錄云：「齊、魯之境，正在萊蕪；淄川已入齊地百餘里。」顧棟高大事表亦主萊蕪，謂地位適中，較淄川甲山偏近齊境內者為可信。

下邑

①楚考烈十四，滅魯，頃公遷下邑。（六國表）

②魯頃公二十四年，楚滅魯。頃公亡遷下邑。（魯世家）

【集解】徐廣曰：「『下』，一作『卞』。」

【索隱】下邑，謂國外之小邑。本或作「卞邑」，然魯有卞邑，與此不同。（魯世家）

下邑

①周呂侯為漢將兵居下邑。（項羽本紀）

②沛公收碭兵，攻下邑，還軍豐。（高祖本紀）

③攻下邑以西，至虞。（曹相國世家）

④從東擊楚。至彭城，敗而還。至下邑。（留侯世家）

⑤項王留攻下邑。（黥布傳）

⑥脫孝惠、魯元下邑之間。（夏侯嬰傳）

⑦吳兵欲西，梁城守堅，不敢西，即走條侯軍，會下邑。（吳王濞傳）

【集解】徐廣曰：「在梁。」（項羽本紀）

【索隱】韋昭云：「下邑，縣名，屬梁國也。」（高祖本紀）

【正義】括地志云：「宋州碭山縣本下邑縣也，在宋州東一百五十里。」案：今下邑在宋州東一百一十里。

〔案〕故城今碭山縣東。戰國楚邑。楚滅魯，遷其君於此。

瑕邱

①攻鄒、魯、瑕丘、薛。（樊噲傳）

②瑕邱申陽者，張耳嬖臣。（項羽本紀）

③瑕丘蕭奮。（儒林傳）

④瑕丘侯。（建元以來王子侯者年表）

【集解】服虔曰：「瑕邱縣屬山陽。」（項羽本紀）

【正義】瑕丘，兗州縣。（樊噲傳）

〔案〕水經泗水注：「瑕邱，春秋之負瑕。哀公七年，『季康子伐邾，囚諸負瑕』是也。昔衛大夫公叔文子升於瑕邱。曾子弔諸負夏，鄭玄、皇甫謐並言『衛地』。魯、衛雖殊，土則一也。」其地當今山東滋陽縣西二十五里。又寰宇記：「瑕邱在濮陽縣東南三十里。」今河北濮陽縣東南十八里。竊謂公叔文子所升，應在濮陽；曾子所弔、邾君所囚，應在滋陽。酈氏之說，未必可從。

卞

仲由，卞人。（仲尼弟子傳）

〔案〕今泗水縣東五十里。

乘丘

湣公十，伐魯，戰於乘丘。（宋世家）

【集解】徐廣曰：「『乘』，一作『媵』。」駰案：杜預曰：「乘丘，魯地。」（宋世家）

【正義】地理志云：「乘丘故城在兗州瑕丘縣西北三十五里」，是也。（楚世家）

〔案〕今滋陽縣西北。

乘丘

悼王二，三晉伐楚，至乘丘。（楚世家）

〔案〕年表作「桑丘」，蓋字譌。

陵阪

公游於陵阪。（魯世家）

【集解】服虔曰：「陵阪，地名。」

有山氏

哀公復歸，卒於有山氏。（魯世家）

苑中

魯王好獵，相常從入苑中。（田叔傳）

【正義】括地志云：「矍相圃在兖州曲阜縣南三十里。」

〔案〕郡國志注：「矍相之圃在曲阜城中西南，近孔子廟。」元和志：「在曲阜縣西三里魯城中。」

括地志所云，未詳。

勝母

縣名勝母，曾子不入。（鄒陽傳）

【集解】駰案：漢書云「里名勝母」也。

【正義】淮南子、鹽鐵論皆云「里名」，尸子及此傳云「縣名」，未詳也。

〔案〕此里應在魯。

卷十一　晉地名

唐

①遷實沈於大夏，唐人是因。（鄭世家）

②昔唐人都河東。（貨殖傳）

③后稷創業於唐。（司馬相如傳）

④周公誅滅唐。封叔虞於唐。唐在河、汾之東，方百里。

⑤唐叔子燮，是為晉侯。（晉世家）

⑥歌唐。曰：「其有陶唐氏之遺風乎？」（吳世家）

【集解】杜預曰：「晉本唐國。」（吳世家）駰案：世本曰：「唐叔虞居鄂。」宋忠曰：「鄂地今在大夏。」（晉世家）

【索隱】唐有晉水，至子燮改其國號曰晉侯。且唐本堯後，封在夏墟，而都於鄂。鄂，今在大夏是也。及成王滅唐之後，又分徙之於許、郢之間，故春秋有唐成公，即今之唐州者也。

【正義】括地志云：「故唐城在絳州翼城縣西二十里，（鄭世家注引地記云：「絳城西北一百里有唐城。」）即堯裔子所封。春秋云夏后別封劉累之孫于大夏之墟為侯。至周成王，封太叔，更遷唐人子孫于杜，謂之杜伯，即范匄所云『在周為唐杜氏』。」又：括地志云：「故鄂城在慈州昌寧縣東二里。」按：與絳州夏縣相近。禹都安邑，故城在縣東北十五里，故云「在大夏」也。然封于河、汾二水之東，方百里，正合在晉州平陽縣，不合在鄂，未詳。（晉世家）

〔案〕左定四：「命以唐誥而封於夏虛。」故唐城，今翼城縣南。鄂，今鄉寧縣南一里。

唐

①昭王十一，滅唐。（楚世家）

②吳與唐、蔡西伐楚。（吳世家、楚世家、伍子胥傳。）

【集解】杜預曰：「義陽安昌縣東南上唐鄉。」

【正義】括地志云：「上唐鄉故城在隨州棗陽縣東南百五十里，古之唐國。世本云：唐，姬姓之國。」（楚世家）

〔案〕古唐城，今湖北隨縣西北九十里。

晉

叔虞封唐。唐在河、汾之東，方百里。子燮，是為晉侯。（晉世家）

【正義】括地志云：「故唐城在幷州晉陽縣北二里。城記云堯築也。國都城記：『唐叔虞之子燮父徙居晉水傍。今幷理故唐城。唐者，即燮父初徙之處也。』毛詩譜云：『叔虞子燮父以堯墟南有晉水，改曰晉侯。』」

晉

①獻公時，晉彊，西有河西，與秦接境，北邊翟，東至河內。

②周襄王賜晉河內陽樊之地。

③幽公之時，晉獨有絳、曲沃，餘皆入三晉。魏、韓、趙滅晉侯而三分其地。（晉世家）

晉

一周為二十晉，韓嘗以二十萬眾辱於晉下，而晉不拔。（楚世家）

〔案〕明統志：「晉城在平陽府太平縣南二十五里，晉士蔿所築，獻公都焉。」元和志：「故翼城在翼城縣東南十五里，今名故城村。」清統志稱晉城；閻百詩謂：「土人至今呼故晉城，遺址宛然」，是也。疑此晉即指故絳，即故翼城言。

晉

異日，秦在河西晉，國去梁千里，有河山以闌之，有周、韓以間之。秦乃在河西晉，去梁千里，而禍若是。（魏世家）

晉國

蠶食魏氏，又盡晉國。（穰侯傳）

【索隱】河西、河東、河內並是魏地，即故晉國。

三晉

三晉之兵素悍勇而輕齊。（孫吳傳）

二晉

二晉之事越。（越世家）

【正義】言韓、魏與楚鄰，令越合於二晉而伐楚。

翼

曲沃邑大於翼。翼，晉君都邑也。（晉世家）

【索隱】翼本晉都，自孝侯已下一號翼侯，平陽絳邑縣東翼城是也。

〔案〕即故絳，說詳彼。

鄂

西伯昌、九侯、鄂侯為紂三公。（殷本紀、魯仲連傳。）

【集解】徐廣曰：「一作『邘』，音『于』。野王縣有邘城。」（殷本紀）

鄂

晉孝侯十六，曲沃莊伯殺孝侯，晉人立孝侯子郤為鄂侯。（十二諸侯年表。案：晉世家作「十五」。）

【索隱】鄂，邑。

【正義】括地志云：「故鄂城在慈州昌寧縣東二里。」按：與絳州夏縣相近。（晉世家）

〔案〕左隱六年：「翼九宗五正頃父之子嘉父逆晉侯于隨，納諸鄂，晉人謂之鄂侯。」今山西鄉寧縣南一里有鄂侯故壘。隋書地理志：「昌寧縣有崿山。」今山西鄉寧縣東三十里，鄂水出其陰。

鄂

①熊渠甚得江、漢間民和，興兵伐庸、楊粵，至於鄂。

②立中子紅為鄂王。（楚世家）

【集解】駰案：九州記曰：「鄂，今武昌。」

【正義】劉伯莊云：「地名，在楚之西，後徙楚，今東鄂州是。」括地志云：「鄧州向城縣南二十里西鄂故城是。」又：括地志：「武昌縣，鄂王舊都。今鄂王神即熊渠子之神也。」

〔案〕漢志南陽郡有西鄂縣。熊渠子鄂王當在此，今河南南陽縣南。

曲沃

①晉昭元，封季弟成師於曲沃，曲沃大於國。

②曲沃武公滅晉，并其地為晉君。（十二諸侯年表、晉世家。）

③欒盈入晉曲沃。（齊世家）

④魏襄十三，秦取魏曲沃、平周。（魏世家）

【索隱】河東之縣名，漢武帝改曰聞喜。（晉世家）

【正義】絳州桐鄉縣，晉曲沃邑。（魏世家）

〔案〕今聞喜縣治。自桓叔始封，三世至武公并晉。獻公都絳，使太子申生居曲沃，亦謂新城，又謂下國。後為欒氏食邑；秦謂之左邑。

曲沃

①魏襄五，與秦河西地少梁。秦圍魏焦、曲沃。（六國表、魏世家。）

②（同年）秦惠八，伐曲沃，盡出其人，取其城。（樗里子傳）

③魏襄八，秦歸魏焦、曲沃。（六國表）

④（同年）秦惠文君十一，歸魏焦、曲沃。（秦本紀）

⑤魏哀五，秦拔魏曲沃，走犀首岸門。（六國表、魏世家。）

⑥北圍曲沃、於中，以至無假之關者三千七百里。（越世家）

【正義】括地志云：「曲沃在陝縣西南（越世家注無「南」字。）三十二里，因曲沃水為名。」（秦本紀）

案：今有曲沃店也。（魏世家）

〔案〕魏書地形志：「恆農郡北陝有曲沃城。」水經河水注：「菑水注之，西北逕曲沃城南。春秋（左傳）文十三：『晉使詹嘉守桃林之塞。』處此以備秦。時以曲沃之官守之，故名。」今陝縣西南四十里有曲沃鎮。

下國

狐突之下國。（晉世家）

【集解】服虔曰：「晉所滅國以為下邑。一曰曲沃有宗廟，故謂之國；在絳下，故曰下國。」

新城

晉太子申生死新城。（秦本紀、晉世家。）

【正義】韋昭云：「曲沃，新為太子城。」括地志云：「絳州曲沃縣有曲沃故城，土人以為晉曲沃新城。」（秦本紀）

〔案〕詳「曲沃」條。

新城

昭襄王七年，拔楚新城。（秦本紀）

【正義】年表云：「秦敗我襄城，殺景缺。」括地志云：「許州襄城縣即古新城縣也。」案世家、年表，則「新」字誤，作「襄」字。

新城

莊襄三，攻趙榆次、新城、狼孟。（秦本紀。案：六國表在二年。）

【正義】新城一名小平城，在朔州善陽縣西南四十七里。

〔案〕朔州新城，今朔縣西南，與榆次、狼孟俱遠，疑非也。此新城當近晉陽。

新城

晉襄五，伐秦，圍邧、新城。（十二諸侯年表、晉世家。）

【集解】服虔曰：「秦邑，新所築城也。」（晉世家）

〔案〕今陝西澄城縣東北二十里有古新城，即梁國地，而秦取之。左僖十八：「梁伯益其國而不能實，命曰新里，秦取之」；十九年：「遂城而居之」；是也。

新城

秦昭曰：「吾愛宋與愛新城、陽晉同。」（田齊世家）

【正義】括地志云：「新城故城在宋州宋城縣界。」

〔案〕今商邱縣南。左文十四：「同盟於新城。」此新城在宋。

新城

東取咸陽，更名曰新城。（曹相國世家）

【索隱】漢書高帝元年咸陽名新城，武帝改名曰渭城。

新城

①昭襄十三，白起攻韓新城。（秦本紀、白起傳。）

②二十五，與韓王會新城。（秦本紀）

③秦攻新城、宜陽，以臨二周之郊。（張儀傳）

④漢王南渡平陰津，至雒陽。新城三老董公。（高祖本紀）

【索隱】新城當在河南伊闕之左右。（張儀傳）

【正義】洛州福昌縣也。（張儀傳）又：括地志云：「洛州伊闕縣本是漢新城縣，隋文帝改為伊闕，取伊闕山為名也。（「取伊闕山」七字據高祖本紀增。）在洛州南七十里。」（秦本紀）

〔案〕今洛陽縣南。

絳

①晉獻八，城聚都之，名曰絳，始都絳。（晉世家。案：十二諸侯年表在獻九，與左傳合。）

②秦與晉粟，以船漕車轉，自雍相望至絳。（秦本紀）

【索隱】春秋莊二十六年傳：「士蔿城絳」，是也。杜預曰：「今平陽絳邑縣。」應劭曰：「絳水出西南」也。（晉世家）

〔案〕左莊二十五：「晉士蔿城聚處羣公子。冬，晉侯圍聚，盡殺羣公子。」莊二十六：「士蔿城絳，以深其宮。」則聚與絳非一地。（「聚」別詳。）晉故絳亦名翼；穆侯居絳，亦曰翼侯。左隱五：「曲沃伐翼。」桓八：「曲沃滅翼。」後漢郡國志：「絳邑有翼城。」曲沃既滅翼，遂徙都之。鄭氏詩譜謂：「穆侯遷絳；孝侯改絳曰翼；獻公北廣其城，命之曰絳。」則翼與絳為一地。魯成六，晉遷新田，此名故絳，今翼城縣東十里。

絳

絳侯周勃。（高祖功臣侯年表）

〔案〕魯成六，晉人去故絳，徙新田，遂命新田為絳。漢置絳縣，今曲沃縣西南。

絳水

絳水可以灌平陽。（魏世家）

【正義】括地志云：「絳水一名白水，今名弗泉，源出絳山。飛泉奮湧，揚波注縣，積壑二十許丈，望之極為奇觀矣。」按：引此灌平陽城也。

〔案〕絳水出今絳縣西北，又西北入曲沃縣界，北直平陽百五十里。水經注：「絳水灌平陽，未識所由。」據梁書韋叡傳：「汾水灌平陽，絳水灌安邑。」蓋「汾」、「絳」二字誤倒。然絳水源流甚短。惟涑水經夏縣、安邑西北，其上流即絳水，或借絳指涑也。

聚

獻公城聚都之，命曰絳。（晉世家）

【集解】賈逵曰：「聚，晉邑。」

〔案〕後魏有南絳縣，在今絳縣東南十里，一名車箱城，或說即晉城聚邑羣公子處。以晉故絳在今翼城，漢絳縣在今曲沃，皆非此絳；而晉世家稱「城聚都之，命曰絳」，遂疑即此。然考左氏莊二十五：「晉士蔿城聚處羣公子。冬，晉侯圍聚，盡殺羣公子。」二十六年：「夏，士蔿城絳，以深其宮。」「城聚」、「城絳」，本為二事。史云：「晉使士蔿盡殺諸公子，而城聚都之，命曰絳，始都絳。」是并聚與晉都故絳為一，恐史自有誤。晉之聚，殆亦如齊之聚，僅有邑聚而無城築之通名耳。必以後代南絳之名證之，轉為穿鑿。

聚邑

衛獻公奔齊，齊置獻公於聚邑。（衛世家）

蓐

臺駘宣汾、洮，國於汾川。沈、姒、蓐、黄實守其祀。晉主汾川而滅之。（鄭世家）

條

晉穆七，以伐條生太子仇。（十二諸侯年表、晉世家。）

【集解】杜預曰：「條，晉地。」（晉世家）

〔案〕後漢西羌傳：「宣王三十八年，伐條戎。」紀年：「王師及晉穆侯伐條戎、奔戎。」舊説皆以安邑鳴條岡説之。案：中條山緜延甚遠，此戎或盤踞中條山中，而不能説其的所。

千畞

①宣王戰於千畞，敗於姜氏之戎。（周本紀）

②晉穆十，以千畞戰生成師。（十二諸侯年表、晉世家。）

③造父下六世至奄父，周宣王時伐戎，為御。及千畝戰。（趙世家）

【集解】杜預曰：「西河界休縣南有地名千畝。」（晉世家）

【索隱】在西河介休縣。

【正義】括地志云：「千畝原在晉州岳陽縣北九十里。」（周本紀）

〔案〕元和志：「千畝原在晉州岳陽縣北九十里，周迴四十里。」正義之説得之。介休非當時周、晉兵力所及。岳陽故城，今安澤縣東。

耿

①晉滅霍、魏、耿。（秦本紀、晉世家。）

②始封趙夙耿。（十二諸侯年表、晉世家、趙世家。）

【集解】服虔曰：「耿，姬姓。」杜預曰：「平陽皮氏縣東南有耿鄉。」

【索隱】地記曰：「皮氏縣汾水南耿城，是故耿國也。」（晉世家）

【正義】括地志云：「故耿城今名耿倉城，在絳州龍門縣東南十二里，故耿國。都城記云：『耿，嬴姓國也。』」（秦本紀）

〔案〕今河津縣南十二里。

虢

①宣王不修籍於千畝，虢文公諫。（周本紀）

②秦武公滅小虢。（秦本紀）

【集解】駰案：班固曰：西虢在雍州。（秦本紀）

【正義】括地志云：「故虢城在岐州陳倉縣東南十里。（周本紀。案：秦本紀作「東四十里」。）次西十餘里又有城，亦名虢城。輿地志云：『此虢文王母弟虢叔所封，是曰西虢。』」按：此虢滅時，陝州之虢猶謂之小虢。又云：小虢，羌之別種。（秦本紀）

〔案〕漢右扶風有虢縣，今寶雞縣東。

虢

①周桓王二，使虢公伐晉之曲沃。（十二諸侯年表、晉世家。）

②晉獻公滅周北虞公，以開晉伐虢。（吳世家）

③晉假道於虞，遂伐虢。

④晉滅虢，虢公奔周。（晉世家）

【集解】賈逵曰：「虢在虞南。」又：駰案：皇覽曰：「虢公冢在河內溫縣郭東，濟水南大冢是也。」

其城南有虢公臺。」

【正義】馬融云：「周武王克商，封文王異母弟虢仲於夏陽。」（晉世家）陝州城古虢國。又陝州河北縣東北下陽故城，古虢，即晉獻公滅者。（扁鵲傳）

〔案〕左僖五：「晉圍上陽。滅虢。」上陽故城，今河南陝縣東南。

虢山

魏文二十六，虢山崩，壅河。（六國表、魏世家。）

【集解】徐廣曰：「在陝。」駰案：地理志曰：「弘農陝縣，故虢國。北虢在太陽，東虢在滎陽。」

【正義】括地志云：「虢山在陝州陝縣西二里，臨黃河。今臨河有崗阜，似是穨山之餘也。」（魏世家）

〔案〕今陝縣西。

虢

①虢、鄶果獻十邑。

②雒之東土，河濟之南，地近虢、鄶。（鄭世家）

③秦宣公三，鄭伯、虢叔殺子穨入惠王。（秦本紀）

【集解】虞翻曰：「十邑謂虢、鄶、鄢、蔽、補、丹、依、𣋉、歷、莘。」徐廣曰：「虢在成皋。」（鄭世家）

【正義】括地志云：「洛州汜水縣，古東虢國，亦鄭之制邑，漢之成皋，即周穆王虎牢城。」（秦本紀）

〔案〕今汜水縣西北。

虢

扁鵲過虢。（扁鵲傳）

【正義】未知扁鵲過何者，蓋虢至此並滅也。

下陽

①晉獻十九，伐虢，滅下陽。（十二諸侯年表）

②晉伐虢，取其下陽以歸。（晉世家）

【集解】服虔曰：「下陽，虢邑也，在大陽東北三十里。穀梁傳曰：『下陽，虞、虢之塞邑。』」（晉世家）

〔案〕今平陸縣東北二十里。

蒲　蒲陽

①蒲邊秦，使公子重耳居蒲。（晉世家）

②晉獻十二，重耳居蒲城。（十二諸侯年表）

③秦惠文十，圍蒲陽，降之。魏納上郡。（六國表、張儀傳。）

④（同年）魏襄七，魏盡入上郡於秦。秦降魏蒲陽。（魏世家）

【集解】韋昭曰：「蒲，今蒲阪。」杜預曰：「今平陽蒲子縣。」（晉世家）

【正義】蒲邑故城在隰州隰川縣北（魏世家注作「南」。）四十五里。在蒲水之北，故言蒲陽。即重耳所居邑。（秦始皇本紀）

〔案〕蒲城，今隰縣西北。杜預以為即重耳所居，水經注從其說。其地尚在平陽西北二百八十里，恐晉獻時疆境不至此；當依韋昭說。至惠文所降蒲陽，則為蒲子縣。

蒲

秦獻六，初縣蒲、藍田、善明氏。（六國表）

〔案〕今陝西蒲城縣東。秦簡公城重泉在其南。

蒲山

蒲山、岳嵴山之屬，為小山，亦皆歲禱賽。（封禪書）

〔案〕蒲山無考。今蒲縣城北三十里有堯山，或是也。

蒲 蒲陽

①孔子適陳，過匡。去即過蒲。

②孔子去陳。過蒲，會公叔氏以蒲叛。

③靈公曰：「蒲，衛之所以待晉、楚也。」（孔子世家）

④子路為蒲大夫。（仲尼弟子傳）

⑤秦昭元，伐蒲。

⑥衛之所以為衛者，以蒲。蒲入魏，衛必折而從之。（樗里子傳）

⑦始皇九，拔魏垣、蒲陽。（始皇本紀、六國表、魏世家。）

⑧幷蒲、衍、首、垣，以臨仁、平邱，黃、濟陽嬰城。（春申君傳）

【集解】徐廣曰：「長垣縣有匡城、蒲鄉。」（孔子世家）

【索隱】蒲，衛邑。（仲尼弟子傳）

【正義】括地志云：「故蒲城在滑州匡城縣北十五里。匡城本漢長垣縣。」（孔子世家）

〔案〕今長垣縣治。始皇九年，拔蒲陽，亦此蒲，正義誤謂在上郡。

蒲

屯留、蒲、鶮。（秦始皇本紀）

【集解】蒲，地名。

屈

①晉獻十二，夷吾居屈。（十二諸侯年表、晉世家。）

②屈邊翟。

③荀息以屈產之乘假道於虞。（晉世家）

【集解】韋昭曰：「屈，北屈，在河東。」何休曰：「屈產，出名馬之地。」（晉世家）

〔案〕水經注：「羊求水西逕北屈縣故城南，城即夷吾所奔邑。」今山西吉縣東北。又水經注引竹書紀年魏襄王十一年，「翟章救鄭，次於南屈。」應劭曰：「有南故加北。」

高梁

①魯釐九，齊伐晉亂，至高梁還。（十二諸侯年表、齊世家、魯世家、晉世家。）

②懷公奔高梁。

③欒、郤之黨殺懷公於高梁。（晉世家）

④酈犄封高梁侯。（酈食其傳）

【集解】服虔曰：「晉地也。」杜預曰：「在平陽縣西南。」（齊世家）

〔案〕水經注：「汾水逕高梁故城西。紀年：『智伯瑤城高梁。』酈食其子疥封高梁侯。」魏書地形志：「平陽有高城。」今臨汾縣東北高河鎮。

廬柳

秦兵圍令狐，晉軍於廬柳。（晉世家）

【集解】韋昭曰：「晉地名。」

〔案〕今猗氏縣北。

郇

咎犯與秦晉大夫盟於郇。（晉世家）

【集解】杜預曰：「解縣西北有郇城。」

〔案〕左傳：「畢、原、酆、郇，文之昭也。」又：「郇瑕氏之地，沃饒而近盬。」服虔云：「郇國在解縣東，郇瑕氏之墟也。」水經注：「涑水西逕郇城。京相璠曰：『桑泉、臼衰，並在解東南。傳言：「入桑泉，取臼衰」，不言解，明不至解。』今解故城東北二十四里有故城，在猗氏故城西北，鄉俗名之為郇城。服虔之說，賢於杜氏。」清統志：「郇城在猗氏縣西南」，是也。方輿紀要：「在臨晉北十五里」，恐不得為「沃饒而近盬」矣。

緜上　介山

介子推入緜上山中，文公環緜上山中封，以為介推田，號曰介山。（晉世家）

【集解】賈逵曰：「緜上，晉地。」杜預曰：「西河介休縣南有地名緜上。」

〔案〕介山，今介休縣南四十里。山下地名緜上，亦曰緜山。

茅津

①繆公自將伐茅津。

②繆公自茅津渡河，封殽中尸。（秦本紀）

【集解】徐廣曰：「在太陽。」

【正義】括地志云：「茅津及茅城在陝州河北縣西二十里。注水經云：『茅亭，茅戎號。』」

〔案〕茅故城，今平陸縣西南二里，河南為陜縣，乃黄河津濟處；亦曰大陽渡，以在大河之北也。

茅

秦固有懷、茅、邢丘。（魏世家）

【集解】徐廣曰：「在脩武軹縣，有茅亭。」

【正義】左傳云：周與鄭人蘇忿生十二邑，其一曰攢茅。括地志云：「在懷州獲嘉縣東北二十五里」也。獲嘉，古脩武也。

河曲

①繆公伐晉，戰於河曲。

②康公伐晉，戰於河曲。（秦本紀）

③秦康六，伐晉，取羈馬。晉怒，與秦大戰河曲。（十二諸侯年表、晉世家。）

【集解】駰案：公羊傳曰：「河千里而一曲也。」服虔曰：「河曲，晉地。」杜預曰：「河曲在蒲坂南。」

【正義】按：河曲在華陰縣界也。（秦本紀）

〔案〕蒲坂故城，今永濟東南，即晉河曲也。此為秦、晉東西往來渡河通道。左傳凡言「濟河」，如「自茅津濟」、「自南河濟」，皆多特舉；惟此處率僅言「濟」，如「濟河，圍令狐」之類是也。

曲河

王施以東山之險，帶以曲河之利，韓必為關內之侯。（春申君傳）

王官

①繆公敗晉，取王官及鄗。（秦本紀）

②秦渡河取王官。（晉世家）

【正義】括地志云：「王官故城在同州澄城縣西北九十里。（秦本紀。案：晉世家引作「六十里」。）左傳文三年：『秦伐晉，取王官』，即此。先言渡河，史文顛倒耳。」（晉世家）括地志云：「蒲州猗氏縣南二里又有王官故城，亦秦伯取者。」上文云「秦地東至河」，蓋猗氏王官是也。（秦本紀）

〔案〕秦師渡河敗晉，知王官應在河東。水經注：「涑水西逕王官城北。城在南原上。左傳呂相絕秦曰：『伐我涑川，俘我王官。』」故城今山西聞喜縣西境。又虞鄉縣南亦有王官城，近王官谷，見元和志，亦非此王官也。

鄗

秦敗晉，取王官及鄗。（秦本紀）

【集解】徐廣曰：「左傳作『郊』。」

【正義】括地志云：「南郊故城在同州澄城縣北十七里。又有北郊故城，又有西郊故城。左傳云：『文公三年，秦伯伐晉，濟河焚舟，取王官及郊』也。」

〔案〕王官在猗氏，郊亦不當在澄城。

鄗

①魏惠十四，與趙會鄗。（六國表、魏世家。）

②趙武靈二，城鄗。（六國表）

③武靈三，城鄗。

④中山負齊之強，引水圍鄗，鄗幾不守。（趙世家）

⑤王軍取鄗、石邑、封龍、東垣。中山獻四邑請和。（趙世家）

⑥趙王以鄗為信陵君湯沐邑。（信陵君傳）

⑦燕使栗腹攻鄗。（燕世家）

⑧廉頗大破栗腹軍於鄗。（廉頗傳）

⑨成安君軍敗鄗下，身死泜上。（淮陰侯傳）

【集解】徐廣曰：「在常山。」（趙世家）李奇曰：「今高邑是。」（淮陰侯傳）

〔案〕今河北柏鄉縣北，春秋晉邑。

令狐

①秦兵送晉公子雍至令狐。（秦本紀）

②秦兵圍令狐，晉軍於廬柳。

③晉發兵距秦，敗之令狐。（晉世家）

【集解】杜預曰：「在河東。」

【正義】括地志云：「令狐故城在蒲州猗氏縣界十五里也。」

〔案〕水經注：「闞駰曰：『令狐即猗氏。』」今令狐縣西十五里有令狐村；又臨晉東北十五里亦有令狐村。

猗

猗頓用盬鹽起。（貨殖傳）

【集解】孔叢曰：「猗頓，魯之窮士也。適西河，大畜牛羊于猗氏之南。以興富於猗氏，故曰猗頓。」

【正義】案：猗氏，蒲州縣也。

〔案〕今猗氏縣南二十里王寮村，傳為猗頓居牧處。

原

①晉以原封趙衰。（晉世家）

②晉文元，趙衰為原大夫，居原，任國政。（十二諸侯年表、趙世家。）

【集解】杜預曰：「河內沁水縣西北有原城。」（晉世家）

【索隱】宋忠云：「今鴈門原平縣也。」（趙世家）

【正義】括地志云：「原平故城，在代州崞縣南三十五里。」按：宋忠說非也。括地志云：「故原城在懷州濟源縣西北二里。原本周畿內邑。」（趙世家）

〔案〕今濟源縣西北，周初原國。

東山

太子申生伐東山。（晉世家）

【集解】賈逵曰：「東山，赤狄別種。」

〔案〕左閔二：「東山皋落氏。」水經注：「清水經皋落城北。」今垣曲縣西北五十里皋落堡。

東山

王施以東山之險，帶以曲河之利，韓必為關内之侯。（春申君傳）

咎如　廧咎如

①狄伐咎如。（晉世家）

②趙衰從翟伐廧咎如。（趙世家）

【集解】賈逵曰：「赤狄之别，隗姓。」（晉世家）

路

晉之滅路。（魯世家）

〔案〕國語史伯謂鄭桓公：「北有狄、路。」左宣十五，晉敗赤狄於曲梁，遂滅路。今山西路城縣東北。

瘣

①始皇十八，端和將河内，羌瘣伐趙。

②十九，王翦（此下似脫一字。）羌瘣定取趙地。（秦始皇本紀）

〔案〕赤狄，隗姓；此瘣疑即赤狄隗姓之遺。

狄鞮

俳優侏儒，狄鞮之倡。（司馬相如傳）

【集解】徐廣曰：「韋昭云：狄鞮，地名，在河內，出善倡者。」

銅鞮

①銅鞮伯華。（仲尼弟子傳）

②韓王信以馬邑降胡，擊太原。上自往擊，破信軍銅鞮。（韓王信傳）

③破胡騎武泉北，轉攻韓信軍銅鞮。還，降太原六城。（絳侯世家）

【集解】晉太康地記云：「銅鞮，晉大夫羊舌赤之邑。」

【索隱】地理志銅鞮，縣名，屬上黨。（仲尼弟子傳）

【正義】括地志云：「銅鞮故城在潞州銅鞮縣東十五里，州西六十五里，在幷州東南也。」（絳侯世家）

〔案〕故城今沁縣南。水經注：「銅鞮故城在銅鞮水南山中。」銅鞮水，今沁縣南四十里。

楊

①郅都，楊人。

②減宣，楊人。（酷吏傳）

③楊、平陽西賈秦、翟，北賈種、代。

④楊、平陽陳椽其間，得所欲。（貨殖傳）

【集解】徐廣曰：「屬河東。」（酷吏傳）

【索隱】楊，邑名，在趙之西。（貨殖傳）

【正義】括地志云：「故楊城本秦時楊國，漢楊縣城也，今晉州洪洞縣。以故洪洞鎮為名也。秦及漢皆屬河東郡。郅都墓在洪洞縣東南二十里。」漢書云：「郅都，河東大陽人」，班固失之甚也。大陽，今陝州河北縣是，亦屬河東郡也。（酷吏傳）

〔案〕今洪洞縣東南十五里。春秋晉有楊大夫。

鄔

擊趙相國夏說軍於鄔東。（曹相國世家）

【集解】徐廣曰：「鄔縣在太原。」

〔案〕今介休縣東北二十七里鄔城店。春秋晉有鄔大夫。

范

①范、中行氏伐趙鞅。（趙世家）

②決羊腸之險，塞太行之道，又斬范、中行之塗。（蔡澤傳）

【正義】案：會食邑於范，因為范氏。（趙世家）

〔案〕范故城在今范縣東南。士氏本居隨，隨武子稱范，在宣十五滅潞後。蓋其地初淪於狄，後范氏叛晉，齊、衛助之，范因入齊。孟子：「自范之齊」，是也。

范魁

嬴姓將大敗周人於范魁之西。（趙世家）

【正義】賈逵云「川阜曰魁」也。

【索隱】范魁，地名，不知所在，蓋趙地也。

范

鄭襄十八，晉欒書取鄭范。（十二諸侯年表）

〔案〕左成四：「晉欒書伐鄭，取氾、祭。」杜注：「成皋縣東有氾水。」

施惠之臺

晉平公置酒於施惠之臺。（樂書）

【正義】一本「慶祁之堂」。左傳云「虒祁之宮」。杜預云：「虒祁，地名也，在絳州西四十里，臨汾水也。」

〔案〕左昭八：「晉侯築虒祁之宮。」水經注：「宮在新田絳縣故城西，背汾面澮，西則兩川之交會也。」今新絳縣南。

桃園

趙穿襲殺靈公於桃園。（晉世家）

【集解】虞翻曰：「園名也。」

卷十二　楚地名

楚

①楚之先祖出自帝顓頊高陽。

②陸終生子六人，六曰季連，芈姓，楚其後也。

③周成王封熊繹於楚蠻。

④熊繹三子句亶王、鄂王、越章王，皆在江上楚蠻之地。（楚世家）

⑤楚汝、潁以為險，江、漢以為池，阻之以鄧林，緣之以方城。（禮書）

⑥齊負東海，楚介江、淮。（十二諸侯年表）

⑦秦、楚、吳、越，夷狄也。（天官書）

⑧楚曰：「我蠻夷也。」（楚世家）

楚

周公奔楚。（魯世家）

楚

楚伐隨，武王卒師中。（楚世家）

【集解】駰案：皇覽曰：「楚武王冢在汝南郡鮦陽縣葛陂鄉城東北，民謂之楚王岑。漢永平中，葛陵城北祝里社下於土中得銅鼎，而名曰『楚武王』，由是知楚武王之冢。」

【正義】有本注「葛陂鄉」作「葛陵鄉」者，誤也。地理志云：「新蔡縣西北六十里有葛陂鄉，即費長房投竹成龍之陂。」

〔案〕鮦陽故城，今新蔡縣東北。葛陵故城，今新蔡縣西北，以近葛陂名。水經注：「鮦陽縣有葛陵城。城東北有楚武王冢。」然楚在隨西，伐隨而卒軍中，無緣遠葬隨東北之新蔡。後世傳說，不可據信，率如此。

楚

①楚西有黔中、巫郡，東有夏州、海陽，南有洞庭、蒼梧，北有陘塞、郇陽，地方五千餘里。（蘇秦

傳）

②莊蹻起，楚分而為四。（禮書）

③秦滅楚，以為楚郡。（楚世家）

④楚之鐵劍利而倡優拙。（范雎傳）

【正義】括地志云：「師州、黎州在京西南五千六百七十里。戰國楚威王時，莊蹻王滇，則為滇國之地。」楚昭王徙都鄀，莊蹻王滇，楚襄王徙都陳，楚考烈王徙都壽春，咸被秦逼，乃四分也。（禮書）

楚

①漢五年，徙齊王信為楚王，都下邳。（淮陰侯傳）

②會諸侯於陳。陳，楚之西界。（陳丞相世家）

③楚元王交都彭城。（楚元王世家）

④高祖弟交為楚王，王淮西三十六城。（荊燕世家）

⑤楚王宣言曰：「我先王封三十二城，今地邑益少。」（三王世家）

⑥元王王楚四十餘城。（吳王濞傳）

⑦自陳以西，南至九疑，東帶江、淮、穀、泗，薄會稽，為梁、楚、吳、淮南、長沙國。（漢興以來

諸侯年表）

⑧滎陽下引河東南為鴻溝，以通宋、鄭、陳、蔡、曹、衛，與濟、汝、淮、泗會於楚。（河渠書）

⑨太史公曰：吾適楚，觀春申君故城宮室。（春申君傳）

【索隱】漢書云：「楚王王薛郡、東海、彭城三十六郡」也。（楚元王世家）

楚

①越、楚則有三俗。

②楚越之地，地廣人稀，飯稻羹魚，或火耕而水耨，果隋蠃蛤，不待賈而足，地勢饒食，無饑饉之患，以故呰窳偷生，無積聚而多貧。（貨殖傳）

③朱買臣楚士。（酷吏傳）

④四面皆楚歌。（項羽本紀）

【正義】越滅吳則有江淮以北，楚滅越兼有吳越之地，故言「越楚」也。（貨殖傳）故謂朱買臣為楚士。（酷吏傳）

〔案〕下分西楚、東楚、南楚。東楚，浙江南則越；南楚，豫章、長沙。凡南方皆言諸越，不專指春秋「吳、越」之越而言。

東楚

彭城以東，東海、吳、廣陵，此東楚也。俗類徐、僮。朐、繒以北，俗則齊。浙江南則越。（貨殖傳）

南楚

①衡山、九江、江南豫章、長沙，是南楚也。俗大類西楚。

②南楚好辭，巧說少信。（貨殖傳）

西楚

①項羽自立為西楚霸王，王九郡，都彭城。（項羽本紀）

②自淮北沛、陳、汝南、南郡，此西楚也。俗剽輕，易發怒，地薄，寡積聚。（貨殖傳）

張楚

陳涉立為王，號張楚。（陳涉世家）

【索隱】李奇云：「欲張大楚國，故稱張楚也。」

芈姓

陸終生子六人，六曰季連，芈姓，楚其後也。（楚世家）

【索隱】系本云：「季連者，楚是也。」宋忠曰：「季連，芈姓，諸楚所出。」

〔案〕說文：「䍵，米聲。」古音「麋」，與「芈」音同。則「芈」即「䍵」也。

丹陽

周成王封熊繹於楚蠻，姓芈氏，居丹陽。（楚世家）

【集解】徐廣曰：「在南郡枝江縣。」

【正義】穎容三傳例云：「楚居丹陽，今枝江縣故城是。」括地志云：「歸州巴東縣東南四里歸故城，楚子熊繹之始國也。又熊繹墓在歸州秭歸縣。輿地志云：『秭歸縣東有丹陽城，周迴八里，熊繹始封也。』」

丹陽

①秦惠文十三，擊楚丹陽，又攻楚漢中，取地六百里。（秦本紀）

②（同年）韓宣惠二十一，韓與秦共攻楚，敗楚將屈丐於丹陽。（韓世家）

③（同年）楚懷十七，與秦戰丹陽，秦遂取漢中之郡。（楚世家）

④殺屈匄，遂取丹陽、漢中之地。（張儀傳）

⑤秦大破楚師於丹、淅，遂取楚之漢中地。（屈原傳）

【索隱】此丹陽在漢中。（楚世家）故楚都，在今均州也。（韓世家）丹、淅，二水。謂於丹水之北，淅水之南。皆為縣名，在弘農，所謂丹陽、淅是也。（屈原傳）

〔案〕河南內鄉縣有丹水。此丹陽即丹水之陽。索隱說是也。楚先世封丹陽即在此，故曰「辟在荆山，篳路藍縷，以處草莽」。漢志以丹陽郡丹陽說之，大誤；正義說亦非。

丹陽

①浮江，渡海渚。過丹陽，至錢唐。（秦始皇本紀）

②將丹陽楚人五千人，教射酒泉、張掖。（李將軍傳）

【正義】括地志云：「丹陽郡故在潤州江寧縣東南五里，秦兼幷天下，以為鄣郡也。」（秦始皇本紀）

〔案〕漢丹陽縣，今安徽當塗縣東。丹陽郡治宛陵，今宣城縣治。漢志以此丹陽為熊繹所封，誤。

丹水

①沛公降下宛，引兵西，至丹水。（高祖本紀）

②丹水更其南。（司馬相如傳）

【集解】駰案：漢書音義曰：「丹水出上洛冢領山。」（司馬相如傳）

【正義】括地志云：「故丹城在鄧州内鄉縣西南百三十里，南去丹水二百步。汲冢紀年云：『后稷放帝子丹朱于丹水』，是也。輿地志云：『秦為丹水縣。』地理志云：『丹水縣屬弘農郡。』」（高祖本紀）

〔案〕丹水源今陝西商縣西北冢嶺山，東南流入河南境，合淅水，南至湖北境入漢。丹水故城，今淅川縣西，古鄀國。

丹穴

巴蜀寡婦清，其先得丹穴。（貨殖傳）

【集解】徐廣曰：「涪陵出丹。」

【索隱】漢書作「巴寡婦清」。

【正義】括地志云：「寡婦清臺山俗名貞女山，在涪州永安縣東北七十里也。」

〔案〕唐涪州永安縣，今四川長壽縣西南。

夔

成三十九，滅夔，夔不祀祝融、鬻熊故也。（楚世家）
【集解】服虔曰：「夔，楚熊渠之孫，熊摯之後。夔在巫山之陽，秭歸鄉是也。」
【索隱】譙周作「滅歸」，歸即夔之地名歸縣之鄉也。
〔案〕今湖北秭歸縣東。

郢

①楚文王始都郢。（十二諸侯年表、楚世家。）
②平王十，吳伐楚，敗陳、蔡。楚恐，城郢。
③吳攻楚，滅鍾離、居巢。楚乃恐而城郢。（楚世家）
④吳入郢。（秦本紀、楚世家、伍子胥傳。）
⑤昭王亡出郢，奔鄖。（吳世家、伍子胥傳。）
⑥昭王歸入郢，吳復伐楚，取番。楚恐，去郢，北徙都鄀。（楚世家、伍子胥傳。）
⑦蜀地之甲，乘船浮於汶，乘夏水而下江，五日而至郢。（蘇秦傳）
【正義】括地志云：「紀南故城在荆州江陵縣北五十里。（禮書注引作「十五里」。）杜預云：『國都於郢，今南郡江陵縣北紀南城』是。」括地志云：「又至平王，更城郢，在江陵縣東北六里，故郢城是也。」

【索隱】據左氏昭二十三年城郢，二十四年無重城郢之文，是史記誤也。（楚世家。案：楚世家雖重言城郢，而實一事，並不誤。）

〔案〕今江陵縣東南。

郢

①楚頃襄二十一，秦拔楚郢，燒夷陵，王亡走陳。（六國表、楚世家。）

②白起拔楚之郢，秦置南郡。（穰侯傳、白起傳。）

③景駒舉郢。（主父偃傳）

〔案〕此郢乃鄢郢也。

郢　郢陳

①考烈王東徙都壽春，命曰郢。（楚世家）

②始皇二十三，游至郢陳。（秦始皇本紀）

南郡

①昭襄二十九，白起攻楚，取郢，更東至竟陵，為南郡。（秦本紀、六國表。）

②秦以郢為南郡。（白起傳）

③昭襄四十四，攻韓南郡，取之。

④始皇二十八，西南渡淮水，至衡山、南郡。浮江，至湘山祠。（秦始皇本紀）

⑤漢虜臨江王共驩，地屬漢，為南郡。（秦楚之際月表）

⑥別定江陵，身得江陵王，因定南郡。（靳歙傳）

⑦景帝復置臨江國。後除為南郡。（漢興以來諸侯年表、五宗世家。）

⑧彊弩臨江而守，以禁南郡之下。（淮南傳）

⑨上巡南郡，至江陵而東。（孝武本紀、封禪書。）

〔案〕秦昭取鄢郢，立南郡，當治宜城。自共敖為臨江王，始都江陵。漢南郡亦治江陵。

臨江

①項羽立共敖為臨江王，都江陵。（項羽本紀）

②劉賈將九江兵，與盧綰西南擊臨江王共尉。

③共尉已死，以臨江為南郡。（荊燕世家）

④戴野以都尉擊籍，籍死，轉擊臨江。（高祖功臣侯年表）

⑤漢五年，分臨江為長沙國。（秦楚之際月表）

⑥孝景初置臨江國，都江陵。（漢興以來諸侯年表）

⑦七年，廢栗太子為臨江王。（孝景本紀）

⑧臨江國除，地入漢，為南郡。（五宗世家）

【集解】駰案：漢書音義曰：「本南郡，改為臨江國。」（項羽本紀）

【正義】臨江，忠州縣。雖王臨江而都江陵。（孝景本紀）

句亶

熊渠立長子康為句亶王。（楚世家）

【集解】張瑩曰：「今江陵。」

【索隱】地理志江陵，南郡之縣。文王自丹陽徙都之。

江陵

①江陵故郢都，西通巫、巴，東有雲夢之饒。（貨殖傳）

②共敖為臨江王，都江陵。（項羽本紀、高祖本紀。）

③別定江陵，身得江陵王。（靳歙傳）

④景帝徵臨江王榮，榮行，祖於江陵北門。（五宗世家）

⑤上巡南郡，至江陵而東。（孝武本紀、封禪書。）

⑥上取江陵木以為船。（淮南傳）

⑦蜀、漢、江陵千樹橘。（貨殖傳）

⑧趙嘉為江陵侯。（孝景本紀）

【正義】江陵，荊州縣。（項羽本紀）又：荊州圖副云：「漢臨江閔王榮始都江陵城。」（五宗世家）

〔案〕今江陵縣治。

鼇澤

靈王饑於鼇澤。（楚世家）

〔案〕鼇澤無考。水經沔水注有子胥瀆：「吳人入郢所開。水東入離湖，湖在華容縣東七十五里。國語所謂『楚靈王闕為石郭，陂漢，以象帝舜』者也。湖側有章華臺。」疑鼇澤即此離湖，當在今監利縣西北。

章華

①楚靈六，亡人入章華。

②七，就章華臺。

③魯昭八，如楚，賀章華臺。（十二諸侯年表）

④靈王七，就章華臺，下令內亡人實之。（楚世家）

【集解】杜預曰：「南郡華容縣有臺，在城內。」（楚世家）

〔案〕華容故城，今監利縣西北。應劭曰：「春秋『許遷於容城』是。」又郡國志：「城父縣有章華臺。」蓋非此章華。

章華

蘇代自燕入齊，見於章華東門。（田齊世家）

【集解】駰案：左思齊都賦註曰：「齊小城北門也。」而此言東門，不知為是一門非耶？

【正義】括地志云：「齊城章華之東有閭門、武鹿門也。」

〔案〕章華乃齊宮名，注家以齊城門說之，誤。

鄖

昭王亡出郢，奔鄖。鄖公與王奔隨。（吳世家、楚世家、伍子胥傳。）

【集解】服虔曰：「鄖，楚縣。」（吳世家）

【索隱】鄖，古之鄖國。（伍子胥傳）

【正義】括地志云：「安州安陸縣城，本春秋時鄖國城。」（楚世家）

〔案〕今安陸縣境。

隨

①武王三十五，侵隨。

②五十一，伐隨。（十二諸侯年表、楚世家。）

③昭王亡奔隨。（秦本紀、吳世家、楚世家、伍子胥傳。）

④寡人積甲宛東下隨。（蘇秦傳）

⑤王若不借路韓、魏，必攻隨水右壤。此皆廣川大水，山林谿谷，不食之地。（春申君傳）

【集解】杜預曰：「隨國，今義陽隨縣。」（楚世家）

【索隱】楚都陳，隨水之右壤蓋在隨之西，今鄧州之西，其地多山林者是也。（春申君傳）

【正義】括地志云：「隨州外城古隨國地。」世本云：「楚武王墓在豫州新息。」又云：「上蔡縣東北五十里。」又：「楚昭王城在隨州縣北七里。」（楚世家）

〔案〕今隨縣治。溠水入涓水，皆在今隨縣境。隨水當指此諸水言。隨水右壤，今大洪山脈也。

隨和

陛下有隨、和之寶。（李斯傳）

【正義】括地志云：「濆山一名崑山，二名斷蛇丘，在隨州隨縣北二十五里。」

鄀

楚昭十二，徙都鄀。（十二諸侯年表、吳世家、楚世家、伍子胥傳。）

【集解】服虔曰：「鄀，楚邑。」（吳世家）

【正義】括地志云：「楚昭王故城在襄州樂鄉縣東北三十三里，在故都城東五里，即楚國故昭王徙都鄀城也。」（楚世家）

〔案〕今宜城縣東南。

鄢

①靈王乘舟將欲入鄢。（楚世家）

②昭襄二十四，與楚王會鄢。（秦本紀、楚世家。）

③二十八，白起攻楚，取鄢、鄧五城。（秦本紀、白起傳。）

④（同年）拔鄢、西陵。（六國表）

【集解】服虔曰：「鄢，楚別都也。」杜預曰：「襄陽宜城縣。」

【正義】括地志云：「故鄢城在襄州安養縣北三里，在襄州北五里，南去荆州二百五十里。（楚世家）古偃子之國。（秦本紀）鄧之南鄙也。漢惠帝改曰宜城。」（禮書）又：括地志云：「鄢水源出襄州義青縣西界託仗山。水經云：『蠻水即鄢水』，是也。」（楚世家）

〔案〕鄢即鄢郢也，今宜城縣南。水經沔水注：「白起攻楚，引西山長谷水灌城。水潰城東北角，百姓隨水流死於城東者，數十萬，城東皆臭，因名其陂為臭池。」是也。「拔鄢、西陵」者，西陵即夷陵，在鄢郢西，楚先王冢墓所在。是年，先拔鄢郢之西山；至翌年而鄢郢始下。秦紀作「鄢鄧」，疑若兩城，蓋誤。又秦本紀、楚世家，秦昭二十四年，先會鄢；秋，復會穰。六國表惟著會穰，無會鄢。鄢既楚都，恐非會地。

鄢郢

①南取漢中，包九夷，制鄢郢。（李斯傳）

②秦起兩軍，一出武關，一下黔中，則鄢郢動矣。（蘇秦傳）

③白起南征鄢郢。（項羽本紀）

④南拔楚之鄢郢。（范雎傳）

⑤南定鄢郢、漢中。（白起傳）

⑥一戰舉鄢郢以燒夷陵。（蔡澤傳）

⑦拔鄢郢，東至竟陵。（春申君傳）

⑧一戰而舉鄢郢。（平原君傳）

⑨秦師至鄢郢，舉若振槁。（禮書）

⑩右臂傅楚鄢郢。（楚世家）

【集解】徐廣曰：「今南郡宜城。」

【正義】鄢鄉故城在襄州率道縣（白起傳作「夷道縣」。）南九里。有故鄢城，漢惠帝改曰宜城也。（「有故」十二字據禮書增。）安郢城在荆州江陵縣東北六里。秦兵出武關，則臨鄢矣；下黔中，則臨郢矣。（蘇秦傳）

〔案〕鄢郢，一城。楚本都郢，遷鄢，亦曰郢，又曰鄢郢；後遷陳，亦曰郢，又曰陳郢是也。正義說誤。楚黔中郡在今上庸，亦近鄢郢。

鄢郢

鄢郢繽紛，激楚結風。（司馬相如傳）

〔案〕此即楚辭之「祖鄉」。

鄢

京人畔太叔段，段出奔鄢。（鄭世家）

【集解】杜預曰：「鄢，今鄢陵也。」

【正義】「鄔」，音烏古反。今新鄭縣南鄔頭有村，多萬家。舊作「鄢」。

〔案〕此恐仍是鄢陵。正義說未是。

鄢

①惠王召勝，使居楚之邊邑鄢，號為白公。（伍子胥傳）

②韓宣惠十四，秦敗韓，取鄢。（六國表、韓世家。）

【集解】徐廣曰：「潁川鄢陵縣。」

【正義】今許州鄢陵縣西北十五里有鄢陵故城是也。（韓世家）括地志云：「故郾城在豫州郾城縣南五里，與褒信白亭相近。」（伍子胥傳）

鄢陵

①晉厲六，敗楚鄢陵。（十二諸侯年表、晉世家。）

②王以十萬戍鄭，許、鄢陵嬰城，而上蔡、召陵不往來。（春申君傳）

③鄢陵侯。（高祖功臣侯年表）

【集解】徐廣曰：「一作『焉』。」服虔曰：「鄢陵，鄭之東南地也。」（鄭世家）

〔案〕今鄢陵縣治。

五渚

漢中之甲，乘船出於巴，乘夏水而下漢，四日而至五渚。（蘇秦傳）

【集解】駰案：戰國策曰：「秦與荆人戰，大破荆，襲郢，取洞庭、五渚。」然則五渚在洞庭。

【索隱】五渚，五處洲也。劉氏以為五渚宛、鄧之間，臨漢水，不得在洞庭。

〔案〕五渚沿漢，近鄢，洞庭亦在其地。後人必以洞庭在岳陽，此處遂不可解。

沅

①浩浩沅、湘分流汩兮。（屈原賈生傳）

②太史公浮於沅、湘。（自序）

【索隱】水名。地理志云：沅即湘之後流也。

【正義】說文云：「沅水出牂牁，東北流入江。」按：沅、湘二水皆經岳州而入大江也。（屈原賈生傳）又：沅水出朗州。（自序）

〔案〕沅、湘各自入洞庭，中隔資水，相距匪近。然漢人每以「沅湘」兼稱，疑本楚人舊習。蓋湖北潕水即「沅」，襄水即「湘」。沅、湘之名，先起於此。

汨羅

①自投汨羅以死。

②側聞屈原兮，自沈汨羅。造託湘流兮，敬弔先生。（屈原賈生傳）

【集解】應劭曰：「汨水在羅，故曰汨羅也。」

【索隱】地理志長沙有羅縣，羅子之所徙。荆州記：「羅縣北帶汨水。去縣四十里是原自沈處，北岸有廟。」

【正義】故羅縣城在岳州相陰縣東北六十里。春秋時羅子國，秦置長沙郡而為縣也。案：縣北有汨水及屈原廟。

〔案〕汨水，今湘陰縣北七十里。然春秋羅國實不在此。水經注：「夷水歷宜城西山。又東南逕羅川城，故羅國。」此即春秋之羅，在宜城西山中。楚人所謂「湘」，即襄水；即屈原沈湘在羅初指，蓋即宜城西山之羅也。

湘

①浩浩沅、湘。

②賈生為長沙王太傅，過湘水，投書弔屈原。（屈原賈生傳）

③太史公浮於沅、湘。（自序）

【索隱】水名。地理志湘水出零陵海陽（陽海）山，北入江。

【正義】說文云：「湘水出零陵縣（陽）海山，北至（說文無「至」字。）入江。」按：湘水經岳州而入大江也。（屈原賈生傳）又：湘水出道州北，東北入海。（自序）

〔案〕此乃湖南之湘水。

夷陵

①襄二十一，白起拔郢，燒先王墓夷陵。（六國表、楚世家。）

②攻楚，拔郢，燒夷陵，遂東至竟陵。（白起傳）

③再戰而燒夷陵。（平原君傳）

④一戰舉鄢郢以燒夷陵。（蔡澤傳）

【集解】徐廣曰：「年表云拔郢，燒夷陵。」

【索隱】夷陵，陵名，後為縣，屬南郡。

【正義】括地志云：「峽州夷陵縣是也。在荊州西。應劭云夷山在西北。」（楚世家）夷陵，今硤州郭下縣。（白起傳）

〔案〕白起破楚都，乃鄢郢，即漢宜城。水經注：「沔水過宜城縣東，合夷水，下入若。夷水自中廬來，逕宜城西山，為夷溪。又東南逕羅川城，故羅國。又謂之鄢水，春秋『楚人伐羅，渡鄢』者也。夷水又東注於沔，昔白起攻楚，引西山長谷水，即是水也。」疑夷陵本指宜城外西山楚先王墓地，以夷水得名，非漢志之夷陵也。

西陵

①黃帝娶于西陵之女。（五帝本紀）

②高武侯鰓、襄侯王陵降西陵。（高祖本紀）

【正義】西陵，國名也。（五帝本紀）

〔案〕此西陵當近丹水，今淅川縣境。黃帝娶西陵氏女，或此也。

西陵

出子居西陵。（秦始皇本紀）

【索隱】一云「居西陂，葬衙」。

西陵

①頃襄二十，秦白起拔楚西陵。（楚世家）

②拔郢、西陵。（六國表）

【集解】徐廣曰：「屬江夏。」

【正義】括地志云：「西陵故城在黃州黃山西二里。」（楚世家）

〔案〕六國表明云「鄢、西陵」，不得在江夏。說詳「夷陵」條。

竟陵

①秦昭二十九，擊楚，拔郢，更東至竟陵。（六國表）

②拔鄢，燒夷陵，遂東至竟陵。（白起傳）

③拔鄢郢，東至竟陵。（春申君傳）

④讎、龐、長沙，楚之粟；竟澤陵，楚之材也。（越世家）

【索隱】劉氏曰：「『竟澤陵』當為『竟陵澤』。楚有七澤，蓋其一也。」（越世家）

【正義】竟陵屬江夏郡。（春申君傳）故城在郢州長壽縣南百五十里，今復州亦是其地也。（白起傳）

竟澤陵，楚邑，近長沙潭、衡之境。（越世家）

〔案〕今天門縣西北。

稷

昭王十一，敗吳於稷。（楚世家、伍子胥傳。）

【集解】賈逵曰：「楚地也。」（楚世家）駰案：稷丘，地名，在郊外。（伍子胥傳）

【索隱】左傳作「稷丘」。（伍子胥傳）

〔案〕大事表謂當在今河南桐柏縣境。然此役秦師初至，吳軍皆在楚境，不應會師於桐柏。考隨縣北四十里有厲山，一名烈山，乃神農社，年常祠之，疑即稷地。

祈陽

夏侯嬰賜食祈陽。（夏侯嬰傳）

【集解】徐廣曰：「『祈』，一作『沂』。」

【索隱】蓋鄉名也。漢書作「沂」，楚無其縣。

〔案〕漢書、水經注六並作「沂」，徐說所本。左定五：「楚先與吳戰，秦自稷會之，大敗夫概王於沂。」方輿紀要：「西塞山在武昌縣東百三十里，近山有流沂城。」

陳

①武王封帝舜後於陳。（周本紀、樂書。）

②陳胡公滿，帝舜之後。

③武王得嬀滿，封於陳。（陳杞世家）

④靈王曰：「我大城陳、蔡、不羹，賦皆千乘。」（楚世家）

⑤魏地南有鴻溝、陳、汝南、許、郾、昆陽。（蘇秦傳）

⑥楚頃襄二十一，秦拔楚郢，楚王亡走陳。（六國表）

⑦楚襄王兵散，東北保於陳城。（楚世家）

⑧頃襄王東徙治於陳縣。

⑨楚去陳徙壽春。（春申君傳）

⑩始皇二十三，擊荆，取陳以南至平輿，虜荆王。秦王游至郢陳。（秦始皇本紀）

⑪收兵，北至陳。

⑫卒數萬，攻陳，陳守令皆不在。（陳涉世家）

⑬偽游雲夢，會諸侯於陳。（陳丞相世家）

⑭高祖封淮陽國，都陳。

⑮武帝置六安郡（國），以故陳為都。（漢興以來諸侯年表）

⑯陳在楚、夏之交，通魚鹽之貨，其民多賈。

⑰三河、宛、陳好農重民，加以商賈。

⑱陳、夏千畝漆。（貨殖傳）

【索隱】地理志陳縣屬淮陽。

【正義】今陳州城也。本楚襄王築，古陳國城也。（陳涉世家）括地志云：「陳州宛丘縣在陳城中，即古陳國也。」（周本紀）

〔案〕今淮陽縣治。左昭十七：「梓慎曰：『陳，大皞之虛。』」

陳

①顓孫師，陳人。（仲尼弟子傳）

②子張居陳。（儒林傳）

【索隱】鄭玄目錄陽城人。陽城，縣名，亦屬陳郡也。（仲尼弟子傳）

〔案〕陽城，漢屬汝南郡，今汝南縣境。

鉅陽

楚考烈十，徙於鉅陽。（六國表）

〔案〕漢志：「九江郡壽春，楚考烈王自陳徙此。」不云自鉅陽，其地亦無聞。方輿紀要以為即汝南之細陽。

細陽

益食細陽。（夏侯嬰傳）

【索隱】地理志屬汝南。

〔案〕今安徽太和縣東。

壽春

①楚考烈二十二，東徙壽春，命曰郢。（六國表、楚世家。）

②楚去陳徙壽春。（春申君傳）

③郢之後徙壽春，亦一都會也。（貨殖傳）

④廉頗卒死於壽春。（廉頗傳）

⑤劉賈軍從壽春行，屠城父，至垓下。（項羽本紀）

⑥劉賈入楚地，圍壽春。（高祖本紀）

⑦劉賈南渡淮圍壽春。（荆燕世家）

⑧淮南都壽春。（漢興以來諸侯年表）

【正義】壽州壽春縣也。（項羽本紀）廉頗墓在壽州壽春縣北四里。（廉頗傳）

〔案〕壽春，今壽縣治；其在春秋，即豫章也。

蔡

①武王封弟叔度於蔡。（周本紀、蔡世家。）

②周公復封胡於蔡，以奉蔡叔之祀。（蔡世家）

③楚文六，伐蔡。（十二諸侯年表、楚世家。）

④靈王曰：「今吾大城陳、蔡、不羹。」

⑤棄疾君陳、蔡，方城外屬焉。（楚世家）

⑥楚圍蔡，蔡遷於吳。

⑦蔡遷於州來。（孔子世家）

⑧吳興師與唐、蔡伐楚。（吳世家、楚世家、伍子胥傳。）

⑨惠王四十二，楚滅蔡。（六國表、楚世家。）

【索隱】地理志汝南有上蔡縣，云：「古蔡國，至十八代平侯徙新蔡。」二蔡皆屬汝南。後二代至昭侯，徙下蔡，屬沛，六國時為楚地。（李斯傳）地理志下蔡縣屬汝南也。（甘茂傳）

【正義】括地志云：「豫州北七十里上蔡縣，古蔡國。縣東十里有蔡岡，因名也。」（周本紀）下蔡，

今潁州縣，即州來國。（甘茂傳）

〔案〕蔡國初封上蔡，今河南上蔡縣西。平侯徙新蔡，今新蔡縣治。昭侯徙下蔡，即州來，今安徽鳳臺縣治。

蔡

巴俞宋蔡。（司馬相如傳）

【索隱】張揖曰：「楚詞云：『吳謠蔡謳。』」

〔案〕此下蔡也。

上蔡

①中國之路絕，上蔡之郡壞。（楚世家）

②陳、上蔡不安。（越世家）

③若道河外，倍大梁，右蔡，左召陵，與楚兵決於陳郊，秦又不敢。（魏世家）

④王以十萬戍鄭，許、鄢陵嬰城，而上蔡、召陵不往來。（春申君傳）

⑤李斯，楚上蔡人。（李斯傳）

下蔡

①甘茂，下蔡人。（甘茂傳）

②西取下蔡。（黥布傳）

新蔡

宋留不能入武關，乃東至新蔡。（陳涉世家）

蔡

蔡、蒙旅平。（夏本紀）

【集解】孔安國曰：「蔡蒙，二山名。」鄭玄曰：「地理志蔡、蒙在漢嘉縣。」

【索隱】蔡山，不知所在。

〔案〕漢志蜀郡青衣，蒙山所在。青衣，順帝時改漢嘉，並不言蔡山；鄭説誤。導岷不在蜀郡湔氐道，蒙山亦不在青衣，則蔡山之不在西蜀可知。昔人已不得蔡山所在，後之説者，率出臆測。就禹貢本文論之，蔡、蒙應在今武當山脈中。

州來

①蔡昭二十六，畏楚，遷州來，州來近吳。（十二諸侯年表）

②楚伐蔡，吳救蔡，因遷蔡於州來。（蔡世家）

③魯哀三，（與年表差一歲。）蔡遷於州來。（孔子世家）

【索隱】州來在淮南下蔡縣。（蔡世家）

〔案〕州來本小國，後屬楚。魯成七，吳始爭州來。昭二十三雞父之戰，州來遂為吳有，以封季札，號延州來。蔡遷於此，為下蔡，戰國為楚地。考烈王遷壽春，在淮南；下蔡在淮北；相距三十里。二城對據，翼蔽淮濱，宋時謂之「南、北壽春」。魯定四，吳入郢，舍舟淮汭，即此；今鳳臺縣北三十里。

巴

①五羖大夫發教封內，而巴人致貢。（商君傳）

②楚自漢中，南有巴、黔中。（秦本紀）

③惠王西幷巴、蜀。（李斯傳）

④南取漢中，西舉巴、蜀。（秦始皇本紀、陳涉世家。）

⑤楚威王使莊蹻循江上，略巴、（蜀）黔中以西。（此衍一「蜀」字。）

⑥秦擊奪楚巴、黔中郡。（西南夷傳）

⑦漢中之甲，乘船出於巴，乘夏水而下漢，四日而至五渚。（蘇秦傳）

⑧擅巴、漢之饒。（刺客傳）

⑨秦西有巴、蜀，大船積粟，起於汶山，浮江以下，至楚三千餘里。舫船載卒，五十人與三月之食，下水而浮，一日行三百餘里，不十日而距扞關。（張儀傳）

⑩項王陰謀曰：「巴、蜀道險，巴、蜀亦關中地。」沛公為漢王，王巴、蜀、漢中。（項羽本紀、高祖本紀。）

⑪沛公為漢王，王巴、蜀。使請漢中地。（留侯世家）

⑫山東被河菑，下巴、蜀粟以振之。（平準書）

⑬開西南夷，廣巴、蜀。（平準書）

⑭巴、蜀民竊出商賈，取筰馬、僰僮、髦牛，以此巴、蜀殷富。（西南夷傳）

⑮巴、蜀沃野，地饒巵、薑、丹沙、石、銅、鐵、竹、木之器。南御滇、僰，西近邛、笮。然四塞，棧道千里，無所不通。（貨殖傳）

⑯巴、蜀四郡通西南夷道，戍轉相饟。（西南夷傳。案：集解徐廣曰：「漢中、巴郡、廣漢、蜀郡。」）

⑰褒斜材木竹箭之饒，擬於巴蜀。（河渠書）

⑱太史公西征巴、蜀以南。（自序）

【索隱】巴，水名，與漢水相近。

【正義】巴嶺山在梁州南一百九十里。周地志云：「南渡老子水，登巴嶺山。南回記大江。此南是古巴國，因以名山。」（蘇秦傳）

〔案〕元和志：「巴嶺在南鄭縣南百九里。山南即古巴國。」此謂巴嶺即今米倉山，與大巴山相接。巴水兩源：東曰宕水，出鎮巴縣西北；西曰諾水，出南鄭縣界。皆自米倉山南流入四川，合南江，入嘉陵江。古巴國境以巴山、巴水求之，大體可知。

巴俞

巴俞宋蔡。（司馬相如傳）

【集解】郭璞曰：「巴西閬中有渝水，獠人居其上，皆剛勇好舞，漢高募此以平三秦。後使樂府習之，因名巴渝舞也。」

〔案〕水經注：「漢水南入嘉陵道，而為嘉陵水。」今所稱嘉陵江也。自此以下，至葭萌為白水、潛水；至閬中為渝水、閬水；至墊江為涪水；隨地異名，皆即嘉陵江水也。

黔中

①楚自漢中，南有巴、黔中。（秦本紀）

②楚西有黔中、巫郡。（蘇秦傳）

③秦一軍出武關，一軍下黔中，則鄢郢動。（蘇秦傳）

④秦欲得黔中地，欲以武關外易之。

⑤扞關驚，則從境以東盡城守，黔中、巫郡非王之有。（張儀傳）

⑥秦擊奪楚巴、黔中郡。（西南夷傳）

⑦楚頃襄二十二，秦拔楚巫、黔中。（六國表、楚世家。）

⑧昭襄二十七，發隴西，因蜀攻楚黔中。

⑨昭襄三十，蜀守若伐取巫郡，及江南為黔中郡。（秦本紀）

⑩楚威王使莊蹻循江上、略巴、（蜀）黔中以西。（西南夷傳。案：此衍一「蜀」字。）

【集解】徐廣曰：「今之武陵地。」

【正義】括地志云：「黔中故城在辰州沅陵縣西二十里。江南，今黔府亦其地也。」（秦本紀）又：今朗州，楚黔中郡，皆盤瓠後也。（蘇秦傳）

〔案〕華陽國志卷一：「司馬錯自巴涪水取楚商於地，為黔中郡。」又：「涪水本與楚商於之地接，秦將司馬錯由之取楚商於地為黔中郡。」戰國黔中，當在今湖北竹山、房縣境。六國表：「秦昭二十七，擊楚，楚與秦漢北及上庸地。」楚世家同。而秦本紀則謂「攻楚黔中」，以黔中本在上庸也。故曰：「楚自漢中，南有巴、黔中」，又曰：「秦分兩軍，出武關、黔中，則鄢郢動。」後人以湖南沅陵說之，凡此諸文，均不可解。

巫郡

①楚西有黔中、巫郡。（蘇秦傳）
②扞關驚，則從境以東盡城守，黔中、巫郡非王之有矣。（張儀傳）
③秦留楚王，要以割巫、黔中之郡。（楚世家）
④楚頃襄二十二，秦拔楚巫、黔中郡。（六國表、楚世家。）
⑤昭襄三十，蜀守若伐取巫郡。（秦本紀）
⑥江陵故郢都，西通巫、巴。（貨殖傳）

【集解】徐廣曰：「巫郡者，南郡之西界。」（蘇秦傳）
【正義】括地志云：「巫郡在夔州東百里。」（秦本紀）又：巫郡，夔州巫山縣是。（蘇秦傳）
〔案〕三國魏志明帝紀：「太和二年，分新城之上庸、武陵、巫縣為上庸郡。」晉有北巫縣，宋、齊因之，即魏之巫縣，當近上庸、（今竹山縣東。）武陵。（今竹溪縣東。）宋玉所賦巫山神女，以及楚之巫郡，皆當於此求之。並詳「黔中」條。

巫山

雲夢緣以大江，限以巫山。（司馬相如傳）

【集解】郭璞曰：「巫山今在建平巫縣也。」

〔案〕晉建平，今巫山縣，與雲夢不涉。後人多以此處巫山說楚辭巫山，其實非也。楚策：「秦舉鄢郢、巫、上蔡、陳之地。」又曰：「蔡聖侯南游乎高陂，北陵乎巫山，食湘波之魚，馳騁高蔡之中。」高蔡即上蔡。巫山當在鄢郢與上蔡間，而當雲夢之北，疑在今大洪山脈中。曰「巫」、曰「湏」、曰「洪」，皆楚人語聲轉字變，遂失其本。

扞關

①蜀伐楚，取茲方。楚為扞關以距之。（楚世家）

②秦西有巴、蜀，大船積粟，起於汶山，浮江以下，不至十日而距扞關。（張儀傳）

【集解】徐廣曰：「巴郡魚復有扞水、扞關。」（張儀傳）駰案：李熊說公孫述曰：「東守巴郡，距扞關之口。」（楚世家）

【索隱】扞關在楚之西界。（張儀傳）郡國志曰：「巴郡魚復縣有扞關。」（楚世家）

【正義】在硤州巴山縣界。（張儀傳）

〔案〕魚復故縣，今四川奉節縣東北；則扞關即瞿唐關也。漢志「魚復縣有江關」是已。巴山故縣，今湖北長陽縣西。寰宇記「廢巴山縣即古扞關」是已。據張儀傳，扞關以在魚復為是。

郇陽

楚北有陘塞、郇陽。（蘇秦傳）

【集解】析縣有鈞水，或者郇陽今之順陽乎？

【索隱】郇陽地當在汝南、潁川之界。檢地理志及太康地記，北境並無郇邑。郇邑在河東，晉地。「郇陽」當是「新陽」，聲相近字變耳。汝南有新陽縣，應劭云：「在新水之陽」，猶「豳邑」變為「栒邑」，「圁陰」變為「圜陰」爾。徐氏云：「郇陽當是順陽」，蓋疎。

【正義】順陽故城在鄭州穰縣西百四十里。

〔案〕漢志「漢中旬陽縣」，今陝西洵陽縣北，以洵水得名。郇陽或是洵陽。

旬關

別攻旬關，定漢中。（酈商傳）

【集解】駰案：漢書音義曰：「漢中旬陽縣。音『詢』。」

【索隱】漢中旬陽縣，旬水上之關。

〔案〕旬關在洵陽縣東。

鄖關

南陽西通武關、鄖關。（貨殖傳）

【集解】徐廣曰：「按：漢中。亦作『狥』字。」

【索隱】「鄖」，音「雲」。

【正義】地理志云：「宛，西通武關」，而無鄖關。蓋「鄖」當為「狥」。狥水上有關，在金州洵陽縣。徐按漢中，是也。「狥」，亦作「郇」，與「鄖」相似。

均陵

殘均陵，塞鄳阨。（蘇秦傳）

【索隱】均陵在南陽，今之均州。

【正義】均州故城在隨州西南五十里，蓋均陵也。

〔案〕今湖北均縣北。

堵陽

張釋之，堵陽人。（張釋之馮唐傳）

【索隱】屬南陽。

【正義】應劭曰：「哀帝改為順陽，水東南入蔡。」括地志云：「順陽故城在鄧州穰縣西三十里，楚之郇邑也。及蘇秦傳云『楚北有郇陽』，並謂此也。」

〔案〕漢志：「南陽郡博山，哀帝置。故順陽。」又：「堵陽，莽曰陽城。」則堵陽非順陽，正義誤說。堵陽，今方城縣東六里。順陽，今淅川縣東。

三戶

楚雖三戶，亡秦必楚。（項羽本紀）

【索隱】案：左氏：「以畀楚師於三戶」，杜預註云：「今丹水縣北三戶亭。」則是地名不疑。

【正義】括地志云：「濁漳水又東經葛公亭北，經三戶峽，為三戶津，在相州滏陽縣界。」

〔案〕三戶亭，今河南淅川縣西南，丹水之陽。楚起丹陽，其後疆境南廓，而名其故所起曰「三戶」者，指楚昭、屈、景三族。又陝西商縣南有三戶城，亦丹水所經，見水經注。

三戶

項羽引兵渡三戶。（項羽本紀）

【集解】服虔曰：「漳水津也。」張晏曰：「三戶，地名，在梁淇西南。」【索隱】水經注云：「漳水東經三戶峽，為三戶津」也。「淇」，當為「湛」。按：晉八王故事云：「王浚伐鄴，前至梁湛。」孟康云：「在鄴西四十里。」又闞駰十三州志云：「鄴北五十里梁期故縣也」，字又不同。

〔案〕今河南臨漳縣西。

王陵城

王吸出武關，因王陵兵南陽。（高祖本紀）

【正義】括地志云：「王陵故城在商州上洛縣南三十一里。荊州記云：『昔漢高祖入秦，王陵起兵丹水以應之。此城王陵所築，因名也。』」

〔案〕王陵城，今陝西商縣南。水經注：「丹水逕一故城南，名曰三戶城。昔漢祖入關，王陵起兵丹水，以歸漢祖。此城疑陵所築。」

析

①商於、析、酈、宋胡之地。（越世家）

②秦兵出武關攻楚，取析十五城。

③楚之故地漢中、析、酈可得復有。（楚世家）

④沛公降析、酈。（高祖本紀）

【集解】駰案：地理志弘農有析縣。（楚世家）

【索隱】析屬南陽，楚之西南。（越世家）左傳云：析一名白羽。今内鄉縣。（高祖本紀）

【正義】括地志云：「鄧州内鄉縣城本楚析邑，一名丑，漢置析縣，因析水為名也。」（楚世家）

〔案〕今内鄉縣西北。

酈

①商於、析、酈、宋胡之地。（越世家）

②沛公攻胡陽，降析、酈。（高祖本紀）

③東攻宛，西至酈。（樊噲傳）

④酈侯。（高祖功臣侯年表）

【索隱】酈屬南陽，出地理志。今菊潭縣也。（高祖本紀）

【正義】括地志云：「故酈縣在鄧州新城縣西北三十里。」（樊噲傳作「四十里」。）案：商於、析、酈在商、鄧二州界，縣邑也。（越世家）

〔案〕今内鄉縣東北。

胡陽

沛公兵至丹水，降西陵。還攻胡陽。（高祖本紀）

【索隱】韋昭云：「南陽縣。」

〔案〕漢志作「湖陽」，今唐河縣南八十里。春秋蓼國先在此。

宋胡

商於、析、酈、宋胡之地。（越世家）

【索隱】宋胡屬南陽，楚之西南是也。「宋胡」作「宗胡」。

申

①四嶽佐禹平水土，虞、夏之際封於呂，或封於申，姓姜氏。（齊世家）

②申駱重婚，西戎皆服。（秦本紀）

③周幽王寵褒姒，與申侯有郤。申侯與犬戎共攻殺周幽王驪山下。（匈奴傳）

④鄭武公娶申侯女。（鄭世家）

⑤楚文王二，伐申過鄧。（十二諸侯年表、楚世家。）

⑥楚靈王會諸侯於申。（秦本紀、楚世家。）

⑦蔡靈侯十二，楚誘侯於申，殺之。（管蔡世家）

【索隱】地理志申在南陽宛縣，申伯之國。（齊世家）

【正義】括地志云：「故申城在鄧州南陽縣北三十里。晉太康地志云周宣王舅所封。」（楚世家）

〔案〕今河南南陽縣北三十里。

呂

四嶽佐禹平水土，虞、夏之際封於呂，或封於申。（齊世家）

【集解】徐廣曰：「呂在南陽宛縣西。」

〔案〕今南陽縣西南三十里。水經注亦謂：「宛西呂城，四岳受封。」郡國志：「汝南新蔡有大呂亭。」注引地道記曰：「故呂侯國。」水經注：「新蔡縣東青陂之東，對大呂亭；西南有小呂亭。」

呂

①酈侯呂台封呂王。（呂后本紀）

②割齊之濟南郡為呂王奉邑。呂氏之變，齊王乃西取其故濟南郡。（齊悼惠王世家）

③又以台弟呂產為呂王。

④呂王產徙為梁王，立皇子平昌侯太為呂王。更名梁曰呂，呂曰濟川。（呂后本紀）

〔案〕呂縣故城，今江蘇銅山縣北，春秋宋邑。左襄元，晉伐鄭，楚救鄭，侵宋呂、留。杜注：「呂、留，二縣。」漢更梁曰呂，呂曰濟川，則此呂取名，本於彭城之呂，非南陽之呂也。濟川即後陳留郡。

甫

甫侯言於王，作修刑辟。（周本紀）

〔案〕尚書呂刑孔傳：「後為甫侯，故或稱甫刑。」正義：「詩崧高云：『生甫及申。』揚之水云：『不與我戍甫。』不知因呂國改作甫名，不知別封而為甫號。」通志氏族略謂：「呂」、「甫」聲相近。又說文云：「郙，甫侯所封。」「郙」即「許」字。

鄧

①楚文二，伐申，過鄧。（十二諸侯年表、楚世家。）

②白起攻楚，拔鄢、鄧五城。（秦本紀、白起傳。）

【集解】服虔曰：「鄧，曼姓。」（楚世家）

【索隱】鄧在漢水北，故鄧侯城。（屈原傳）

【正義】括地志云：「故鄧城在襄州安養縣北二十里。春秋之鄧國，莊十六年楚文王滅之。」（楚世家）

〔案〕今河南鄧縣治。漢志：「南陽郡鄧縣，故國。」晉志義陽郡有鄧縣。義陽治新野，今鄧縣東南七十里；故鄧縣屬之。唐鄧縣在襄陽北，非古鄧國。正義說誤。

鄧

①公子比見棄疾，盟于鄧。（楚世家）

②秦、楚戰於藍田，韓、魏南襲楚，至鄧。（楚世家、屈原傳。）

③韓卒之劍戟出於鄧師、宛馮。（蘇秦傳）

【集解】杜預曰：「潁川邵陵縣西有鄧城。」

【正義】括地志云：「故鄧城在豫州郾城縣東三十五里。」按：在古召陵縣西十里是也。（楚世家）

〔案〕今郾城縣東南三十五里，春秋蔡地。

鄧

①秦取軹及鄧。

②封公子悝鄧。（秦本紀）

【集解】駰案：地理志云：南陽有鄧縣。

【正義】括地志云：「故鄧城在懷州河陽縣西三十一里，六國時魏邑。」軹、鄧二城相連，故云「及」。

〔案〕今孟縣西南。正義說是，集解失之。

鄧林

阻之以鄧林。（禮書）

【索隱】劉氏以為今襄州南鳳林山是古鄧祁侯之國，在楚之北境，故云「阻以鄧林」也。

〔案〕鳳林山亦名鳳皇山，今襄陽縣東南十里。隋志：「襄陽有鳳山」，是也。春秋鄧國近新野，不近襄陽。鄧林當在鄧之西北鄙，接內鄉、淅川境；索隱失之。

穰

①韓東有宛、穰、洧水。（蘇秦傳）

②韓襄十一，秦取韓穰。（六國表、韓世家。）

③穰侯魏冉封於穰，復益封陶。（穰侯傳）

④昭襄二十四，與楚會鄢，又會穰。（秦本紀、楚世家。案：六國表作「會穰」，無「鄢」。）

⑤下宛、穰，定十七縣。（鄽商傳）

⑥寧成，穰人。（酷吏傳）

【索隱】地理志穰，縣名，屬南陽。（蘇秦傳）

【正義】鄧州縣也。郭仲產南雍州記云：「楚之別邑。秦初侵楚，封公子悝為穰侯。後屬韓，秦昭王取之也。」（韓世家）

〔案〕今河南鄧縣，即楚之鄧也。

襄陵

①昭襄二十九，與楚王會襄陵。（秦本紀）

②魏文三十五，齊取魏襄陵。（魏世家）

③不如南攻襄陵。

④於是使田忌南攻襄陵。（田齊世家）

⑤魏惠十九，諸侯圍魏襄陵。（六國表、魏世家。）

⑥楚懷六，敗魏襄陵，得八邑。（六國表、楚世家、魏世家。）

⑦襄陵侯。（建元以來王子侯者年表）

【集解】駰案：地理志河東有襄陵縣。（秦本紀）徐廣曰：「今在南平陽縣也。」（魏世家）

【索隱】襄陵，縣名，在河東。（楚世家）

【正義】括地志云：「襄陵在晉州臨汾縣東南三十五里。闞駰十三州志云：『襄陵，晉大夫犨邑也。』」（秦本紀）又：襄陵故城在兗州鄒縣也。（田齊世家）

〔案〕秦、楚相會，豈至河東？注說大誤。考秦昭取韓穰，封魏冉為侯，在今河南鄧縣。或「襄陵」即「穰」之異名。又春秋宋承匡地，宋襄公所葬，故曰「襄陵」，戰國屬魏，秦改襄邑；今河南葵丘縣西。田齊世家「田忌南攻襄陵」，即楚、魏世家「諸侯圍魏襄陵」。對北救邯鄲言，故曰「南攻」。索隱謂在河東、正義謂在鄒縣，亦誤。

宛

①百里傒亡秦走宛。

②昭襄十五，攻楚，取宛。封公子市宛。（秦本紀）

③韓東有宛、穰、洧水。（蘇秦傳）

④取宛、葉以北以彊韓、魏。（孟嘗君傳）

⑤韓釐五（昭襄十六），秦拔韓宛。（六國表、韓世家。）

⑥昭襄二十一，涇陽君封宛。（秦本紀）

⑦昭襄二十二，楚與秦會宛。（六國表、楚世家。）

⑧寡人積甲宛東下隨。（蘇秦傳）

⑨南陽守齮走，保城守宛。（高祖本紀）

⑩破陽城。東攻宛。（樊噲傳）

⑪下宛、穰，定十七縣。（酈商傳）

⑫曹參取宛，盡定南陽郡。（曹相國世家）

⑬漢王出滎陽，南走宛、葉。（項羽本紀、高祖本紀、淮陰侯傳。）

⑭鞏、洛、宛、葉、淮陽，皆天下勁兵處。（韓王信傳）

⑮宛之鉅鐵。（禮書）

⑯韓卒之劍戟皆出鄧師、宛馮。（蘇秦傳）

⑰宛孔氏以鐵冶為業。（貨殖傳）

⑱宛珠之簪。（李斯傳）

⑲宛亦一都會也。俗雜好事，業多賈。其任俠，交通潁川，故至今謂之「夏人」。

⑳三河、宛、陳好農重民，加以商賈。（貨殖傳）

【集解】駰案：地理志南陽有宛縣。

【正義】今鄧州縣。（秦本紀）括地志云：「南陽縣故城在宛大城之南隅，其西南有二面，皆故宛城。」（高祖本紀）

〔案〕今河南南陽縣治。

宛

孝文十五年，齊分為膠西，都宛。（漢興以來諸侯年表）

【集解】徐廣曰：「樂安有宛縣。」

〔案〕齊悼惠王世家正義引年表云：「膠西都高苑。括地志云：「高苑故城在淄州長山縣北四里。」水經注：「時水又西逕東高苑城。史記：『漢文帝十五年，分齊為膠西王國，都高苑。』徐廣音義曰：『樂安有高苑城，故俗謂之東高苑也。』」然膠西當都高密，「宛」乃字譌。水經注蓋據誤字疑為高苑，而正義從之，非也。

葉　葉陽

①楚共十五，許畏鄭，請徙葉。（十二諸侯年表）

②孔子自蔡如葉。葉公問政。（孔子世家）

③韓之攻楚，覆軍殺將，則葉、陽翟危。（越世家）

④取宛、葉以北以彊韓、魏。（孟嘗君傳）

⑤秦葉陽、昆陽與武陽鄰。（魏世家）

⑥漢王出滎陽，南走宛、葉。（項羽本紀、高祖本紀、淮陰侯傳。）

⑦鞏、洛、宛、葉、淮陽，皆天下勁兵處。（韓王信傳）

【正義】括地志云：「葉陽今許州葉縣也。」（魏世家）又：葉，汝州縣。水經注云：「本楚惠王封諸梁子兼，號曰葉城。」（高祖本紀）又：葉在許州。（淮陰侯傳）

〔案〕今葉縣南三十里舊縣店。

津

孔子自蔡如葉，使子路問津。（孔子世家）

【正義】括地志云：「黃城山俗名菜山，在許州葉縣西南二十五里。聖賢冢墓記云：『黃城山即長沮、桀溺所耕處。下有東流，則子路問津處也。』」

〔案〕黃城山，今葉縣北十里。其說又見水經注。

方城

①楚緣之以方城。（禮書）

②屈完曰：「楚方城以為城，江、漢以為溝。」（齊世家）

③棄疾君陳、蔡，方城外屬焉。（楚世家）

④齊、魏、韓共攻楚方城。（秦本紀）

⑤危兩周以厚三川，方城之外必為韓弱。（楚世家）

⑥方城之外不南。（越世家）

⑦楚兵十餘萬在方城外，何不令楚王築萬室之都雍氏之旁。（韓世家）

【集解】服虔曰：「方城山在漢南。」韋昭曰：「方城，楚北之阨塞。」杜預曰：「方城山在南陽葉縣南」，是也。

【索隱】地理志葉縣南有長城，號曰方城，則杜預、韋昭說為得；而服氏云在漢南，未知有何依據。（齊世家）

【正義】括地志云：「方城山在許州葉縣西（韓世家注作「西南」。）十八里也。」又：方城之外，許州葉縣東北也。（楚世家）又：方城之外謂許州、豫州等。（越世家）又：括地志云：「方城，房州竹山縣東南四十一里。山南有城，長十餘里，名為方城，即此山也。」（禮書）又云：「故長城在鄧州內鄉縣東七十五里，南入穰縣，北連翼望山，無土之處累石為固。楚襄王控霸南土，爭強中國，多築列城於北方，以適華夏，號為方城。」（越世家）

〔案〕方城山，今河南葉縣南四十里，跨方城縣境。又湖北竹山縣東南三十里亦有方城山，此服氏所謂漢南之方城也。當以葉縣南者為是。

方城

燕喜十二，趙悼襄二，李牧攻燕，拔武遂、方城。（六國表、燕世家、趙世家、廉頗藺相如傳。）

【集解】徐廣曰：「方城，屬涿，有督亢亭。」（燕世家）

【索隱】方城屬廣陽也。（廉頗藺相如傳）

【正義】方城故城在幽州固安縣南十七里。（趙世家。案：廉頗藺相如傳作「十里」。）

〔案〕今固安縣南。

黃棘

昭襄王三年，與楚王會黃棘。（秦本紀、六國表、楚世家。）

【正義】蓋在房、襄二州也。（秦本紀）

〔案〕方輿紀要謂河南新野縣東北，漢置棘陽縣，即楚黃棘。今考後漢書：「吴漢與秦豐戰黃郵水上，破之。」注：「南陽新野縣有黃郵水、黃郵聚。」今新野縣東。水經赭水注：「南逕棘陽縣故城西，是為棘水。又南逕新野縣，歷黃郵聚，謂之黃郵水。」黃棘之名本此。

新市

①昭襄八，攻楚，取新市。（秦本紀）

②新市侯。（惠景間侯者年表）

【集解】駰案：晉帝紀曰：「江夏有新市縣。」（秦本紀）

〔案〕漢新市縣，今京山縣東北。然秦兵力是時不應及此，當在漢北或南陽。又考魏有新都，今新野縣東。或楚新市與魏新都壤接境連，即漢新野縣地。

魯陽

楚肅十，魏武十六，魏取楚魯陽。（六國表、楚世家、魏世家。）

【集解】駰案：地理志云：南陽有魯陽縣。

【正義】括地志云：「汝州魯山本漢魯陽縣也。古魯縣以古魯山為名。」（楚世家）

〔案〕今魯山縣治。左昭二十九：「劉累學擾龍，以事孔甲，遷於魯縣。」

魯關

惠文九，趙梁將，與齊合軍攻韓，至魯關。（趙世家）

【正義】劉伯莊云：「蓋在南陽魯陽關。」按：汝州魯山縣，古穀陽城。

〔案〕魯陽關，今魯山縣西南六十里，與南召縣分界。趙、梁、齊三國伐韓，無緣至此，劉說殆誤。

應

①成王封小弟以應縣。（梁孝王世家）

②秦惠文王九，與魏王會應。（秦本紀、魏世家、六國表。）

③秦武三，魏哀十一，秦、魏會應。（六國表、魏世家。）

④昭襄五，魏王來朝應亭。（秦本紀。案：魏世家及年表作「會臨晉」。）

⑤客曰：「公不若譽秦王之孝，因以應為太后養地。」（周本紀）

⑥封范雎於應，號為應侯。（范雎傳）

【集解】徐廣曰：「地理志云：應，今潁川城父縣（魏世家注作「父城」。）應鄉是也。」（周本紀）

【索隱】劉氏云：「河東臨晉有應亭」，則秦地有應也。又按：本紀以應為太后養地，解者云：「在潁川之應鄉」，未知孰是。（范雎傳）

【正義】括地志云：「故應城，故應鄉也，（四字見魏世家。）因應山為名，古之應國，在汝州魯山縣東三十里。（梁孝王世家、范雎傳作「四十里」。）左傳云：『邘、晉、應、韓，武之穆也。』」（秦本紀）

〔案〕潁川之應，今河南舊寶豐縣西南。秦、魏亟會，據六國表及魏世家，知以索隱劉說為是。

城父

①楚昭二十七，救陳，死城父。（十二諸侯年表、陳杞世家、楚世家、孔子世家。）

②平王六，使太子建居城父。（楚世家、伍子胥傳。）

③引兵而西，與蒙恬會城父。（王翦傳）

【索隱】城父，本陳邑，楚伐陳而有之。（伍子胥傳）在汝南，即應鄉。（王翦傳）

【正義】括地志云：「城父故城在許州葉縣東北四十五里，即杜預云『襄城城父縣』也。又許州襄城縣東四十里有父城，服虔云：『城父，楚北境』，乃是父城，非建所守。十三州志云：『太子建所居城父，謂今亳州城父縣。』」地理志云潁川有父城縣，沛郡有城父縣，此二名別耳。（楚世家）言引兵而會城父，則是汝州郟城縣東父城者也。括地志云：「汝州郟城縣東四十里有父城故城，即服虔云『城父，楚北境』者也。」（王翦傳）

〔案〕此當為潁川城父，今河南舊寶豐縣東四十里。郟城縣，今郟縣東南，所指乃一地。應劭曰：「故應鄉，應侯國。」

城父　下城父

①陳王之汝陰，還至下城父。（陳涉世家）

②章邯等殺陳勝城父。（秦始皇本紀）

③漢軍從壽春屠城父，至垓下。（項羽本紀）

【索隱】顧氏按郡國志，山桑縣有下城父聚，在城父縣東。（陳涉世家）

【正義】括地志云：「城父，亳州所理縣。」（秦始皇本紀）

〔案〕今安徽亳縣東南，漢屬沛郡，春秋陳夷邑。左昭九：「楚遷許於夷，實城父」，是也。

郟

郟壯士韓千秋。（南越傳）

【集解】徐廣曰：「縣屬潁川。」

【正義】今汝州郟城縣。

〔案〕今河南郟縣東南。國語史伯謂鄭桓公曰：「謝、郟之間，其冢君侈驕。」左昭元，楚城郟；十九年，又城之。

湛坂

晉平元，伐敗楚於湛坂。（十二諸侯年表）

〔案〕水經汝水注：「湛水出犨縣北魚齒山。於父城東南，湛水之北，有長阪，即水以名阪，故有湛阪之名。」父城，今河南舊寶豐縣東四十里。楚師敗績，遂侵方城之外也。

陘　陘山

①楚成十六，齊伐楚，至陘。（十二諸侯年表）

②齊桓侵楚，至陘山。（楚世家）

③楚威十一，魏敗楚陘山。（六國表）

④魏襄六，伐楚，敗之陘山。（魏世家。據楚世家，當是惠王後元六年事。）

⑤韓南有陘山。

⑥楚北有陘塞、郇陽。（蘇秦傳）

【集解】徐廣曰：「在密縣。」（魏世家）又：「召陵有陘亭。密縣有陘山。」（蘇秦傳）

【正義】杜預云：「陘，楚地。潁川召陵縣南有陘亭。」括地志：「陘山在鄭州西南一百一十里。」（楚世家。案：又一條云：「新鄭縣西南三十里。」）

〔案〕爾雅疏：「山形連延，中忽斷絕者名『陘』。」齊師侵蔡，遂伐楚，進至陘，退次召陵；則此陘當在召陵與楚方城之間。召陵南陘亭，今不可確指；密縣陘山則非也。又考郡國志：「密有陘山。」今新鄭縣西南。新鄭、陽翟，韓都所在；密之陘山，正在新鄭、陽翟間，不能為楚、魏邊塞兵爭之地。蘇秦說韓曰：「韓南有陘山」，韓之南境，豈盡於新鄭？今考「陘塞、郇陽」，一本作「汾、陘之塞」。左襄十八，楚伐鄭，治兵於汾。水經注有汾丘城，今襄城縣東北。竊疑陘山當以在今襄城縣南境為是；則戰國陘山亦不在密。

陘城

①韓桓惠九，秦拔韓陘城汾旁。（六國表、韓世家。）

②（同年）秦昭四十三，白起攻韓陘城，拔五城。（白起傳）

③（同年）秦攻韓汾陘，拔之。（范雎傳）

【正義】陘庭故城在絳州曲沃縣西北二十里，汾水之陽。（范雎傳）

陘庭

哀侯八年，晉侵陘廷。陘廷與曲沃武公伐晉於汾旁。（晉世家）

【集解】賈逵曰：「翼南鄙邑名。」

〔案〕陘庭故城，今曲沃縣東北十里。說者以汾陘二塞，謂在新鄭之陘。然白起兵鋒，特在上黨，故知非也。

陘氏

哀公如陘氏。（魯世家）

【集解】杜預曰：「陘氏即有山氏。」

陘

①武靈二十一，攻中山。趙希并將胡、代。趙與之陘，合軍曲陽。（趙世家）

②田叔，陘城人。（田叔傳）

【集解】徐廣曰：「一作『陸』，又作『陘』。或宜言『趙與之陘』。陘者，山絕之名。常山有井陘，中山有苦陘，上黨有閼與。」（趙世家）

【索隱】縣名，屬中山。（田叔傳）

【正義】陘，陘山也，在并州陘縣東南十八里。（趙世家）

〔案〕漢志「中山國苦陘縣」，今無極縣東北。又「常山郡井陘縣」，今井陘縣北。未知此所謂「陘」者何指。

召陵　邵陵

①齊桓公伐楚，至邵陵。（秦本紀）

②南伐至召陵，登熊耳山，以望江、漢。（封禪書、齊世家。）

③齊師退次召陵。（齊世家）

④蔡昭侯十三，與衛靈公會邵陵。（管蔡世家）

⑤魏南有鴻溝、陳、汝南、許、郾、昆陽、召陵、舞陽、新都、新郪。（蘇秦傳）

⑥若道河外，倍大梁，右蔡左召陵，與楚兵決於陳郊，秦又不敢。（魏世家）

⑦以十萬戍鄭，許、鄢陵嬰城，而上蔡、召陵不往來。（春申君傳）

⑧秦惠文王十四，伐楚，取召陵。（秦本紀）

【集解】杜預曰：「召陵，潁川縣。」（齊世家）

【索隱】地理志召陵屬汝南。（蘇秦傳）

【正義】括地志云：「邵陵故城在豫州郊（案：據魏世家注引當作「郾」。）城縣東四十五里也。」（封禪書）

〔案〕召陵故城，今郾城縣東三十五里。

召　召南

①召公奭與周同姓。

②召公治西方，甚得民和。巡行鄉邑，有棠樹。（燕世家）

③為歌周南、召南。（吳世家）

【索隱】召者，畿內采地。或說者以為文王受命，岐周故墟召地分爵二公，故詩有周、召二南，言皆在岐山之陽，故言「南」也。後武王封之北燕，在今幽州薊縣故城是也。

【正義】括地志云：「召伯廟在洛州壽安縣西北五里。有棠在九曲城東阜上。」（燕世家）

〔案〕召亭，今陝西岐山縣西南，相傳為召公之畿內采地。壽安，今河南宜陽縣治，傳為召伯聽政之所。惟二南之詩，多涉江、漢。春秋有郾城召陵；又秦置郾縣，即燕也；疑召南應在此。今河南濟源縣西有郫邵，延津縣北有南燕，則召公支庶分封所及蓋甚廣。

許

①禹封皋陶之後於英、六，或在許。（夏本紀）

②成王十八，北伐許。（十二諸侯年表、楚世家。）

③昔我皇祖伯父昆吾舊許是宅。（楚世家）

④繞舞陽之北，以東臨許。（魏世家）

⑤魏南有鴻溝、陳、汝南、許、郾、昆陽、召陵、舞陽。（蘇秦傳）

⑥王以十萬戍鄭，梁氏寒心，許、鄢陵嬰城，而上蔡、召陵不往來。（春申君傳）

⑦銍人伍徐將兵居許。（陳涉世家）

【集解】駰案：地理志曰：「潁川許昌縣，故許國也。」（楚世家）

【正義】括地志云：「許故城在許州許昌縣南三十里，（魏世家作「四十里」。）故許國也。（夏本紀）武王伐紂所封。（魏世家）姜姓，四岳之後，為楚所滅，漢以為縣。魏文帝即位，改許曰許昌也。」（陳涉世家）

〔案〕今許昌縣西南。

許

鄭宛與魯易許田。（周本紀、十二諸侯年表、魯世家、鄭世家。）

【索隱】許田，近許之地，魯朝宿之邑。（鄭世家）

【正義】括地志云：「許州許昌縣南四十里，有魯城，周公廟在城中。祊田在沂州費縣東南。」（周本紀）

〔案〕魯頌：「居常與許，復周公之宇。」魯城故城，今許昌縣東南。又汝州有魯山縣，以魯山得名，山在縣東十八里。兩魯東西相距百數十里間耳。又許東有郾縣故城，今郾城縣南；有召陵故城，今郾城縣東。然則其地或為周初周、召之始封也。

汝

汝潁以為險。（禮書）

【正義】括地志云：「汝水源出汝州魯山縣西伏牛山，亦名猛山。汝水至豫州郾城縣名濆水。爾雅云：『河有灉，汝有濆』，亦汝之別名。地理志：『高陵山，汝水出，東南至新蔡縣入淮。』」

〔案〕此即今稱北汝河，源出嵩縣西南天息山，歷伊陽、臨汝、郟縣、襄城，合沙河，（溵水。）歷郾城、西華、商水入潁。

汝南

①魏南有鴻溝、陳、汝南、許、鄢。（蘇秦傳）

②孝景初置汝南國，三年，徙江都。（漢興以來諸侯年表）

③汝南王非。（孝景本紀、五宗世家。）

④汝南、九江引淮。（河渠書）

【正義】陳、汝南，今汝州、豫州縣也。（蘇秦傳）汝南國，今豫州。（孝景本紀）

〔案〕漢汝南郡治上蔡。蘇秦傳應作「陳、汝、許、鄢」，疑衍一「南」字。

襄城　襄邑

①楚懷二十九，秦取楚襄城。（六國表）

②魏昭元，秦擊魏襄城，拔之。（六國表、魏世家。）

③項羽攻拔襄城。（項羽本紀、高祖本紀。）

④絕楚軍餉道，起陽武至襄邑。擊項冠於魯下。（灌嬰傳）

⑤絕楚饟道，起滎陽至襄邑。（靳歙傳）

⑥孝惠後宮子山封襄城侯。（呂后本紀）

⑦襄城侯。（建元以來侯者年表）

【索隱】韋昭云：「潁川縣。」（高祖本紀）

【正義】許州襄城縣。（項羽本紀）

〔案〕今襄城縣西。

讎　犨

①讎、龐、長沙，楚之粟也。（越世家）

②沛公戰雒陽東，不利，還至陽城，與南陽守齮戰犨東。（高祖本紀）

③南攻犨，與南陽守齮戰陽城郭東。（曹相國世家、樊噲傳。）

【集解】駰案：地理志南陽有犨縣。（高祖本紀）

【正義】在汝州魯山縣東南。（樊噲傳）

〔案〕今河南魯山縣東南五十五里。左昭元：「楚城犨。」

不羹

靈王曰：「吾大城陳、蔡、不羹，賦皆千乘。」（楚世家）

【集解】潁川定陵有東不羹，襄城有西不羹。

【正義】括地志云：「不羹故城在許州襄城縣東三十里。地理志云此乃西不羹也。」

〔案〕西不羹城，今襄城縣東南二十里；東不羹城，今舞陽縣西北。「讎、龐、長沙」之「龐」，疑即不羹。

長沙

讎、龐、長沙，楚之粟也。（越世家）

【正義】長沙，楚邑出粟之地。戰國時永、郴、衡、潭、岳、鄂、江、洪、饒並是東南境，屬楚也。袁、吉、虔、撫、歙、宣並越西境，屬越也。

〔案〕犨在南陽，今河南魯山縣境，則長沙決不在湖南可知。楚策：「長沙之難，楚太子横為質於齊。」聚之六國表，即「秦取楚襄城，殺景缺」事。襄城，今河南襄城縣西。水經注：「汝水東南，逕襄城縣故城南。又東南，逕郾縣故城北。」南為大㶏水。㶏水，一名沙河。疑長沙之名，即指此；則長沙、犨正相近。

長沙

①項羽徙義帝長沙郴縣。（項羽本紀）

②項氏立懷王為義帝，徙都長沙。（黥布傳、叔孫通傳。）

③漢五年，分臨江為長沙國。徙衡山王吳芮為長沙王。（秦楚之際月表）

④孔子襄為孝惠皇帝博士，遷為長沙太守。（孔子世家）

⑤賈誼為長沙王太傅，聞長沙卑溼。（賈生傳）

⑥孝景復置長沙國。（漢興以來諸侯年表）

⑦孝景前二年以皇子發為長沙王。（五宗世家）

⑧越直長沙者，因王子定長沙以北，西走蜀、漢中。臣願循江淮而上，收淮南、長沙，入武關。（吳王濞傳）

⑨燕、代無北邊郡，吳、淮南、長沙無南邊郡。（漢興以來諸侯年表）

⑩衡山、九江、江南豫章、長沙，是南楚也。

⑪長沙出連、錫，然堇堇，取之不足以更費。（貨殖傳）

⑫太史公適長沙，觀屈原所自沈淵。（屈賈傳）

【集解】應劭曰：「景帝後二年，諸王來朝，有詔更前稱壽歌舞。定王但張袖小舉手。左右笑其

拙，上怪問之，對曰：『臣國小地狹，不足迴旋。』帝以武陵、零陵、桂陽屬焉。」（五宗世家）

【索隱】荆州記：「長沙城西北隅有賈誼祠及誼坐石牀在。」

【正義】括地志云：「吳芮故城在潭州長沙縣東南三百里。賈誼宅在縣南三十步。」（賈生傳）

〔案〕漢長沙國都臨湘，今湖南長沙縣治。

垂涉

兵殆於垂涉，唐眛死焉。（禮書）

【集解】許慎曰：「垂涉，地名也。」

〔案〕荀子議兵篇作「垂沙」。此殆即楚策所謂「長沙之難」也。互詳「重丘」條。

重丘

①楚懷二十八，秦、韓、魏、齊敗楚於重丘。（六國表、楚世家。）

②齊湣二十二（楚懷二十七），與秦擊敗楚於重丘。（田齊世家）

③齊湣王南敗楚相唐眛於重丘。（樂毅傳）

【索隱】地理志重邱，縣名，屬平原。

【正義】在冀州城武縣界。（樂毅傳）

〔案〕胡三省通鑑注：「春秋時有二重丘：衛孫蒯飲馬於重丘，杜曰：『曹邑。』諸侯同盟於重丘，杜曰：『齊地。』時楚境皆不至此。呂氏春秋（處方）：『齊令章子與韓、魏攻荆，荆使唐蔑應之，夾沘而軍；章子斬蔑是水之上。』水經注：『沘水又西，澳水注之。水北出茈丘山，南入於沘水。』意重丘即茈丘。」今考澳水，今河南泌陽縣西北；沘水，今泌陽東北。又泌陽西北方城縣即楚方城。秦本紀：「共攻楚方城，取唐眛。」又荀子：「兵殆於垂沙，唐蔑死。」垂沙即長沙。疑唐蔑之死，應在今方城縣北，楚方城外。水經注：「汝水逕襄城、西不羹城。又東南，逕繁丘城南。」重丘或即繁丘也。互詳「長沙」條。

冥阸　鄳阸　鄳塞

①秦以南陽委於楚。曰：「殘均陵，塞鄳阸，苟利於楚，寡人如自有之。」（蘇秦傳）

②秦伐楚，道涉山谷，行三千里，而攻冥阸之塞。（魏世家）

③秦踰黽隘之塞而攻楚，不便。（春申君傳）

④涉鄳塞，而待秦之倦，山東、河内可得而一。（楚世家）

【集解】孫檢曰：「楚之險塞也。」徐廣曰：「或以為今江夏鄳縣。」

【正義】中州羅山縣本漢鄳縣。中州有平清關，蓋古鄳縣之阸塞。（蘇秦傳）括地志云：「石城山在申州鍾山縣東南二十一里。魏攻冥阸即此，山上有故石城。呂氏春秋云『九塞』，此其一也。」

（魏世家）

冥山

韓卒之劍戟皆出於冥山、棠谿。（蘇秦傳）

【集解】徐廣曰：「莊子曰：『南行至郢，北面而不見冥山。』」駰案：司馬彪曰：「冥山在朔州北。」

【索隱】郭象云：「冥山在乎太極。」李軌云：「在韓國。」

〔案〕石城山，今信陽縣東南七十里。左定四：「還塞大隧、直轅、冥阨。」今平靖關在河南信陽縣東南九十里。

無假

①曲沃、於中，以至無假之關者三千七百里。

②越窺兵通無假之關。（越世家）

【正義】案：無假之關當在江南長沙之西北。言從曲沃、於中西至漢中、巴、巫、黔中千餘里，不備秦、魯也。

〔案〕曲沃在陝縣。自此以南，經於中，即「商於」之「於」，而至無假之關。關地今無考，以越窺兵言之，當與陘塞、鄳阸相近。正義云「在江南」，必誤。

堂谿　棠谿

①楚封夫槩於堂谿，為堂谿氏。（吳世家、楚世家、伍子胥傳。）

②韓卒之劍戟皆出冥山、棠谿、墨陽、合賻。（蘇秦傳）

【集解】徐廣曰：「在慎縣。」駰案：地理志汝南有吳房縣。應劭曰：「夫槩奔楚，封於堂谿，本房子國，以封吳，故曰吳房。」然則不得在慎縣也。（伍子胥傳）司馬彪曰：「汝南吳房有堂谿亭。」（吳世家）

【正義】括地志云：「豫州吳房縣在州西北九十里。」（吳世家）又：地理志云：「堂谿故城在豫州偃城縣西八十五里。」（楚世家。案：蘇秦傳作「八十里」。）鹽鐵論云「有棠谿之劍」是。（蘇秦傳）

〔案〕今西平縣西北百里。

房

上蔡人房君蔡賜。（陳涉世家）

【正義】豫州吳房縣，本房子國。

州

楚考烈元，秦取楚州。（六國表、楚世家。）

【集解】徐廣曰：「南郡有州陵縣。」（楚世家）

〔案〕漢南郡州陵縣，今沔陽縣東南。然恐未必是此州。楚策江乙曰：「州侯相楚，貴甚。」莊辛曰：「左州侯，右夏侯。」州地當在今湖北省北部。

州

韓宣子徙居州。（韓世家）

【索隱】州，今在河内是也。

【正義】括地志云：「懷州武德縣本周司寇蘇忿生之州邑也。」

〔案〕今沁陽縣東南。

息

息侯亦娶陳。（管蔡世家）

【集解】杜預曰：「息國，汝南新息縣。」

〔案〕今河南息縣東。

白

①子西召太子建之子勝於吳，以為巢大夫，號曰白公。（楚世家）

②惠王召勝，使居楚之邊邑鄢，號曰白公。（伍子胥傳）

【集解】杜預曰：「汝陰褒信縣西南有白亭。」

【正義】括地志云：「白亭在豫州褒信東南三十二里。（伍子胥傳作「褒南四十二里」。）褒信本漢鄎縣之地，後漢分鄎置褒信縣，在今褒信縣東七十七里。（楚世家）又許州扶溝縣北四十五里北又有白亭也。」（伍子胥傳）

〔案〕褒信故城，舊息縣東北七十里。包信集，今息縣治。白公城，舊息縣西南七里。又魏書地形志：「扶溝有白亭城」，今扶溝縣北四十五里；恐非白公所居。

雩婁

楚伐吳，至雩婁。（吳世家）

【集解】服虔曰：「雩婁，楚之東邑。」

【索隱】昭五年左傳曰：「楚子伐吳，使沈尹射待命於巢，薳啟疆待命雩婁。」今直言至雩婁，略耳。

〔案〕淮南子：「孫叔敖決期思之水，而灌雩婁之野。」御覽「水」作「陂」。期思陂即芍陂也。雩婁，漢縣，屬廬江，今商城縣東北，霍邱縣西南。

頓

昭二十，滅頓。（楚世家）

【集解】駰案：地理志：「汝南頓縣，故頓子國。」

【正義】括地志云：「陳州南頓縣，故頓子國。應劭云：『姬姓也，逼於陳，後南徙，故曰南頓。』」

〔案〕南頓故城，今項城縣北五十里。

項

項氏世世為楚將，封於項。（項羽本紀）

【索隱】地理志項城縣屬汝南。

【正義】括地志云：「今陳州項城縣城即古項子國。」

〔案〕今河南項城縣東北。

沈

①蔡為晉滅沈。（管蔡世家）

②陳惠十五，吳伐陳，取胡、沈。（十二諸侯年表、陳杞世家。）

③江、黃、胡、沈之屬。（陳杞世家）

【集解】杜預曰：「汝南平輿縣有沈亭。」（管蔡世家）

〔案〕春秋文三年：「叔孫得臣會晉、宋、陳、衛、鄭人伐沈。」杜注：「汝南平輿縣北有沈亭。」平輿廢縣，今安徽阜陽縣南。縣西北一百二十里有沈邱鎮，即春秋時沈國，沈亭在鎮東五里。鎮即古寢邱，楚相孫叔敖所封。又河南沈邱縣東南有沈亭，蓋與阜陽沈邱接壤。

沈

臺駘宣汾、洮，處太原，國於汾川。沈、姒、蓐、黃實守其祀。晉主汾川而滅之。（鄭世家）

〔案〕此沈應在汾水境，今無考。

平輿　平與

①始皇二十三年，擊荆，取陳以南至平輿。（秦始皇本紀）

②李信攻平與。（王翦傳）

【正義】平輿，豫州縣也。（秦始皇本紀）在預東北五十四里。（王翦傳）

〔案〕今汝南縣東南六十里，春秋沈國。

寑 寑丘

①乃召孫叔敖子，封之寑丘。（滑稽傳）

②蒙恬攻寑。（王翦傳）

【集解】徐廣曰：「今固始寑丘。」

【索隱】固始，縣，屬淮陽。寑丘，地名也。（王翦傳）

【正義】今光州固始縣，本寑邱邑也。（滑稽傳）

〔案〕元和志：「在潁州西北一百二十里。」今安徽阜陽縣西北，屬河南沈邱縣東南境。漢為寑縣，後漢改曰固始，屬淮陽國；於唐屬陳州，非光州之固始也。

胡

①陳惠十五，吳取陳胡、沈。

②楚昭二十一，滅胡。（十二諸侯年表）

③昭王二十，滅胡。（楚世家）

④江、黃、胡、沈之屬。（陳杞世家）

⑤鄭武公襲胡，取之。（老莊申韓傳）

【集解】徐廣曰：「胡國，今之汝陰。」（越世家）杜預曰：「汝南縣西北胡城。」（楚世家）

【索隱】系本云：「胡，歸姓國，在汝南。」（陳杞世家）

【正義】括地志云：「故胡城在豫州偃城縣界。」（楚世家）

〔案〕左襄二十八：「胡子朝晉。」定十五：「楚滅胡。」杜注：「汝陰縣西北有胡城。」今安徽阜陽縣西北。則吳取胡、沈必此也。下距楚昭滅胡尚二十五年。殆其時胡已屬陳，後又屬吳，國小君微，至楚昭滅之，君統始絕耳。

青陽

荆王獻青陽以西，已而畔約，擊秦南郡。（秦始皇本紀）

【集解】駰案：漢書鄒陽傳曰：「越水長沙，還舟青陽。」蘇林曰：「青陽，長沙縣是也。」

〔案〕青陽疑指青陂水之陽。始皇時，楚西土久失，何至至是始獻長沙以西？鄒陽說吳王濞謂：「越水長沙，還舟青陽。雖使梁幷淮陽之兵，下淮東，越廣陵，以遏越人之糧」云云。若青陽乃長沙縣，遠在今湖南境，梁兵越廣陵，豈遽足以遏其糧乎？文選注蘇林曰：「青陽，水名。」此又以為縣名。一人異說，本無確據。特就「越水長沙」語，而謂是長沙縣；又就「還舟」云云，而謂是水名。今考長沙之名，戰國本指汝河而言。（詳「長沙」條。）新蔡青陂水一入淮，一入汝，則鄱陽所謂「越水長沙，還舟青陽」，亦即今河南境，故可云「東越廣陵，以遏其糧」也。楚兵自此而西，即至秦南郡地，故曰「既獻青陽以西，復畔約，擊秦南郡」也。又九域志：「臨淮有青陽。」泗州志：「州北一百三十里有青陽鎮。」亦較長沙青陽為近情。

清波　青波

①呂將軍聚鄱盜當陽君黥布之兵，擊秦，破之青波。（陳涉世家）

②黥布北擊秦左右校，破之清波。（黥布傳）

〔案〕清波即青陂。水經注：「淮水東逕白城南，楚白公勝之邑也。又東，青陂水注之。」今新蔡縣西南，接息縣界，久廢。

夏州

楚東有夏州、海陽。（蘇秦傳）

【集解】徐廣曰：「楚考烈王元年，秦取夏州。」駰案：左傳：「楚莊王伐陳，鄉取一人焉以歸，謂之夏州。」而注者不說夏州所在。車胤撰桓溫集云：「夏口城上數里有洲，名夏州。」「東有夏州」謂此也。

【索隱】裴駰據左傳及車胤說夏州，其文甚明，而劉伯莊以為夏州，州侯之本國，亦未之為得。

【正義】大江中州也。夏水口在荆州江陵縣東南二十五里。

〔案〕漢志沛郡有夏邱縣。水經注：「淮水自鍾離來東，逕夏丘縣南，又合渙水」，是也。故城今泗縣治。夏州即夏邱也。此為楚之東境，三家說皆誤。

海陽

楚東有夏州、海陽。（蘇秦傳）

【索隱】地理志海陽地闕。劉氏云「楚之東境」也。

〔案〕漢志：「臨淮郡海陵，有江海會祠。」吳師道注國策：「海陽即海陵也。」晉志廣陵屬縣有海陽，無海陵。又晉志江海會祠在海陽，知吳說有據。故城今江蘇泰縣治。

洞庭

①三苗氏左洞庭，右彭蠡。（吳起傳）

②楚南有洞庭、蒼梧。（蘇秦傳）

【索隱】今青草湖是也，在岳州界。（蘇秦傳）

〔案〕三苗洞庭不指此。古謂水穴潛通皆曰「洞庭」。南方洞庭，其名後起。

茲方

楚肅四，蜀伐楚茲方。（六國表、楚世家。）

【正義】古今地名云：「荊州松滋縣古鳩茲地，即茲方。」（楚世家）

下東國　東國

①「予我下東國，吾為王殺太子」，然則東國必可得。（楚世家）

②有淮北，楚之東國危。（田齊世家）

③今楚割東國以與齊。（孟嘗君傳）

【正義】東國謂下相、僮、取慮也。（田齊世家）

東國

有濟西，趙之阿東國危。（田齊世家）

【正義】阿，東阿也。爾時屬趙，故云「東國危」。

春申

封黃歇為春申君，賜淮北地十二縣。（春申君傳）

【正義】四君封邑檢皆不獲，唯平原有地，又非趙境，並蓋號謚，而孟嘗是謚。

〔案〕寰宇記：「江陰縣有申浦，春申君所闢。」今吳、淞下游稱黃浦，亦名申江，皆後起。春申若係地名，應在淮北。又考寰宇記有黃閭山，在今鳳臺縣東北五十里，云為黃歇所遊處。又鳳陽縣有春申臺，相傳黃歇所築。壽春本為東楚重鎮，考烈王終於自陳徙都於此。或黃歇初封淮北，即在今壽縣、鳳臺境，則其號「春申」，應與壽春有關。

海春

楚海春侯大司馬曹咎守成皋。（項羽本紀、高祖本紀。）

蘭陵

荀卿適楚，春申君以為蘭陵令。荀卿因家蘭陵。卒，因葬蘭陵。（孟子荀卿傳、春申君傳。）

【正義】蘭陵，縣，屬東海郡。今沂州承縣有蘭陵山。（孟子荀卿傳）

〔案〕今嶧縣東五十里。

高府

白公劫惠王，置之高府。（楚世家）

【集解】賈逵曰：「高府，府名。」杜預曰：「楚別府。」

華屋

歃血華屋之下。（平原君傳）

陽雲之臺

楚王登陽雲之臺。（司馬相如傳）

【集解】徐廣曰：「宋玉云楚王游於陽雲之臺。」駰案：郭璞曰：「在雲夢之中。」

卷十三　魏地名

魏

①晉滅霍、魏、耿。（秦本紀、晉世家、魏世家。）

②始封畢萬魏。（十二諸侯年表、晉世家。）

③歌魏。曰：「以德輔，此則盟主也。」（吳世家）

【集解】服虔曰：「魏，姬姓。魏在晉之蒲坂河東也。」

【索隱】地理志河東河北縣，古魏國。地記亦以為然。服虔云在蒲坂，非也。（晉世家）

【正義】魏城在陝州芮城縣北五里。鄭玄詩譜云：「魏，姬姓之國，武王伐紂而封焉。」（魏世家）

〔案〕河北故城，今芮城縣東北里許。水經注：「縣在河之北，故曰河北。今城南、西二面，並去大河可二十餘里，北去首山一十里許，處河山之間，土地迫隘，故魏風著十畝之詩也。」

魏

①魏悼子徙治霍。

②魏絳徙治安邑。（魏世家）

③魏居嶺阸之西，都安邑，與秦界河。（商君傳）

【索隱】系本居篇曰：「魏武子居魏，悼子徙霍。」宋忠曰：「霍，地名，今河東彘縣也。」然魏，今河北魏縣是也。

魏

①魏地方不至千里，地四平，諸侯四通輻湊，無名山大川之限。（張儀傳）

②魏氏悉其百縣勝甲以上戍大梁，臣以為不下三十萬。（穰侯傳）

③韓、魏，中國之處而天下之樞。（范雎傳）

〔案〕此指大梁，河南之魏。

西魏　北魏

①項羽徙魏王豹為西魏王，王河東，都平陽。（項羽本紀、秦楚之際月表、魏豹傳。）

②棘丘侯襄以上郡守擊定西魏地。（高祖功臣年表）

③曹參盡定魏地，凡五十二城。（曹相國世家）

④破北魏，舉三十二城。（酈食其傳）

【索隱】北魏謂魏豹。豹在河北故也。亦謂之「西魏」，以大梁在河南故也。（酈食其傳）

霍

①封叔處於霍。（管蔡世家）

②晉滅霍、魏、耿。（秦本紀、晉世家、趙世家、魏世家。）

③魏悼子徙治霍。（魏世家）

【集解】服虔曰：「霍，姬姓。」杜預曰：「永安縣東北有霍太山也。」（晉世家）

【索隱】地理志云河東彘縣，霍太山在東北，是霍叔之所封。（管蔡世家）案：永安縣西南汾水西（應作「東」。）有霍城，古霍國；有霍水，出霍太山。（晉世家）

【正義】括地志云：「晉州霍邑縣本漢彘縣也。」（管蔡世家）後漢改曰永安，隋改曰霍邑。（魏世家）鄭玄注周禮云：「霍山在彘，本春秋時霍伯國地。」（管蔡世家）

〔案〕霍故城，今霍縣西南十六里。

安邑

①魏絳徙治安邑。

②汾水可以灌安邑。（魏世家）

③魏武二，城安邑、王垣。（六國表、魏世家。）

④魏居嶺阸之西，都安邑，與秦界河。（商君傳）

⑤秦孝十，衛鞅圍魏安邑，降之。

⑥昭襄二十一，攻魏河内。魏獻安邑。（秦本紀、六國表。）

⑦我舉安邑，塞女戟，韓氏太原卷。（蘇秦傳）

⑧秦有安邑，韓氏必無上黨。（穰侯傳）

⑨秦昭十四，涉河取韓安邑以東，到乾河。（白起傳）

⑩韓信襲安邑。（淮陰侯傳）

⑪安邑千樹棗。（貨殖傳）

【集解】駰案：地理志曰：河東有安邑縣。

【正義】括地志云：「安邑故城在絳州夏縣東北十五里，本夏之都。」（秦本紀）亦魏都。汾水東北歷安邑西南入河。（魏世家）

〔案〕安邑故縣，今夏縣北。

安邑

①秦惠文王九，取趙中都、西陽、安邑。

②（同年）趙武靈十，秦取趙中都、西陽、安邑。（六國表）

〔案〕秦本紀正義云：「秦紀：『伐取趙中都、西陽。』趙世家云：『西都及中陽。』年表秦表云：『取趙中都、西陽、安邑。』趙表云：『秦取中都、安陽。』本紀、世家、年表其縣名異，年歲實同，所伐唯一處。」今六國趙表亦作「中都、西陽、安邑」，與正義所引又異，蓋後人據秦表改之。安邑非趙地，至秦昭王、趙惠文王時，魏始獻安邑於秦；此必誤。

大梁

①楚悼十一，三晉敗楚大梁、榆關。（楚世家）

②魏去安邑，徙都大梁。（商君傳）

③魏惠徙治大梁。（魏世家）

④田忌疾走大梁，敗魏桂陵。

⑤田忌直走大梁，敗魏馬陵。（孫吳傳）

⑥秦引河溝灌大梁。（秦始皇本紀）

⑦太史公適故大梁之墟，墟中人曰：「秦之破梁，引河溝而灌大梁，三月城壞。」（魏世家）

【索隱】臣瓚云：「今陳留大梁城是也。」（張耳傳）

【正義】今汴州浚儀也。（魏世家）

〔案〕今開封市西北。

梁

①梁南與楚境，西與韓境，北與趙境，東與齊境，卒戍四方，守亭鄣者不下十萬。梁之地勢，固戰場也。（張儀傳）

②齊使者如梁，孫臏以刑徒陰見。（孫吳傳）

③梁七仞之城。（穰侯傳）

梁

①彭越為梁王，都定陶。（彭越傳）

②高祖封梁國，都淮陽。

③孝文復置梁國。（漢興以來諸侯年表）

④以次子勝為梁王。勝卒，徙淮陽王武為梁王。

⑤梁最親，為大國，居天下膏腴地。地北界泰山，西至高陽，四十餘城，皆多大縣。

⑥漢定百年之間，梁分為五。（漢興以來諸侯年表、梁孝王世家。）

⑦梁餘尚有十城。（梁孝王世家）

【集解】徐廣曰：「都睢陽。（梁孝王世家）梁分為五：濟陰、濟川、濟東、山陽也。」（漢興以來諸侯年表）

【正義】括地志云：「宋州宋城縣在州南二里外城中，本漢之睢陽縣也。漢文帝封子武於大梁，以其卑濕，徙睢陽，故改曰梁也。」（梁孝王世家）

梁楚之地

①自陳以西，南至九疑，東帶江、淮、穀、泗，薄會稽，為梁、楚、吳、淮南、長沙國。（漢興以來諸侯年表）

②河決瓠子，歲數不登，梁、楚之地尤甚。

③塞瓠子，道河北行二渠，而梁、楚之地復寧。（河渠書）

④河決觀，梁、楚之地已數困。（平準書）

⑤太史公過梁、楚以歸。（自序）

梁宋

自鴻溝以東，芒、碭以北，屬巨野，此梁、宋也。陶、睢陽亦一都會也。（貨殖傳）

【集解】徐廣曰：「今陶之浚儀。」

【正義】鴻溝以東，芒、碭以北至鉅野，梁、宋二國之地。

梁魯

①然近梁、魯，微重而矜節。

②秦、夏、梁、魯好農而重民。（貨殖傳）

南梁

齊宣二，魏與韓、趙戰於南梁。（田齊世家）

【索隱】晉太康地記曰：「戰國謂梁為南梁者，別之於大梁、少梁也。」

【正義】括地志云：「故梁在汝州西南二百步。古蠻子邑也。」

〔案〕今臨汝縣東。左哀四：「楚為一昔之期，襲梁及霍。」國語：「楚惠王以梁與魯陽文子，辭曰：『梁險而在北境。』」是也。

三梁

梁惠王伐趙，戰勝三梁，拔邯鄲。（穰侯傳）

【集解】徐廣曰：「田完世家云：『魏伐趙，趙不利，戰於南梁。』」

【索隱】三梁即南梁也。

〔案〕三梁應在趙地。左宣十五：「晉敗赤狄於曲梁。」今河北永年縣治。恐「三」乃字譌。

夷門

①侯嬴為大梁夷門監者。

②夷門，大梁東門也。（信陵君傳）

〔案〕御覽百五十八：「大梁城有十二門，東門曰夷門。」

開封

①韓釐二十一，暴鳶救魏，為秦所敗，走開封。（六國表、韓世家。）

②酈商將陳留兵，與沛公偕攻開封。（高祖本紀）

③擊破趙賁軍開封北。（樊噲傳）

④開封侯陶青。（孝景本紀）

【索隱】韋昭云：「河南縣。」（高祖本紀）

【正義】汴州縣。（樊噲傳）

〔案〕開封，六國時魏邑，漢屬河南郡，晉改屬滎陽郡。至梁惠王所都大梁，在漢爲陳留郡浚儀縣；晉屬陳留國；唐貞觀初，省開封入浚儀，嗣復置；明初又省開封入祥符。（宋改浚儀爲祥符。）浚儀廢縣，今城西北；開封廢縣，在縣南五十里。范守己豫譚謂：「古開封縣在中牟之南，尉氏之西。」則實當今城之西南也。

逢澤

①秦公子少官率師會諸侯逢澤。（秦本紀）

②秦孝二十，會諸侯於澤，朝天子。（六國表）

【集解】徐廣曰：「開封東北有逢澤。」

【正義】括地志云：「逢澤亦名逢池，在汴州浚儀縣東南十四里。」（秦本紀）

〔案〕今開封市南。左哀十四：「逢澤有介麋。」紀年：「梁惠王發逢忌之藪以賜民。」

曲遇

①沛公與秦戰白馬，又戰曲遇東。（高祖本紀）
②圍趙賁開封。西擊楊熊於曲遇。（曹相國世家）
③擊楊熊曲遇、陽武。（傅寬傳）
④擊楊熊曲遇。（樊噲傳）
【集解】徐廣曰：「在中牟。」
【索隱】司馬彪郡國志：「中牟有曲遇聚。」（曹相國世家）
〔案〕曲遇聚在中牟縣東。（方輿紀要：「在縣西。」）

三亭

待我於三亭之南。（范雎蔡澤傳）
【索隱】三亭，亭名，在魏境之邊，道亭也，今無其處。一云魏之郊境，總有三亭，皆祖餞之處。
【正義】括地志云：「三亭岡在汴州尉氏縣西南三十七里。」蓋「岡」字誤為「南」。
〔案〕此等恐皆出後人附會，不足深考。

北宅

①魏惠五，與韓會宅陽。（六國表、魏世家、韓世家。）

②走芒卯，入北宅，遂圍大梁。（穰侯傳）

【正義】竹書云：「宅陽，一名北宅。」括地志云：「宅陽故城在鄭州滎陽縣西南十七里。」（穰侯傳）

〔案〕今河南舊滎澤縣東北。

林鄉

從林鄉軍以至於今，秦七攻魏，五入囿中。（魏世家）

【集解】徐廣曰：「林鄉在宛縣。」

【索隱】劉氏云：「林，地名，蓋春秋時鄭地之棐林，在大梁之西北。」徐廣云：「在宛縣」，非也。

【正義】括地志云：「宛陵故城在鄭州新鄭縣東北三十八里，本鄭舊縣。」

〔案〕林鄉，今新鄭縣東二十五里。郡國志：「苑陵有棐林」，是謂棐林即林鄉也。別有林亭，在鄭縣東南，杜預謂之北林。而水經注：「華水東逕棐城北，即北林亭」，是謂棐林即北林也；故曰：「杜預以林鄉為棐，亦或疑焉。」索隱引劉說，略同酈氏；並以此林鄉亦在大梁西北，與酈又異。徐廣則同杜預、劉昭。

林中

以塞鄳阨為楚罪。兵困於林中。（蘇秦傳）

【集解】徐廣曰：「河南苑陵有林鄉。」

圁中

秦七攻魏，五入圁中。（魏世家）

【集解】徐廣曰：「一作『城』也。」

【索隱】圁即圃田，鄭藪，屬魏。戰國策作「國中」。

【正義】括地志云：「圃田澤在鄭州管城縣東三里。周禮云：豫州藪曰圃田也。」

〔案〕古圃田澤，今中牟縣西。詩小雅：「東有甫草」；爾雅「十藪」：「鄭有圃田」；左僖三十三傳謂之「原圃」；紀年：「惠成王入河水於甫，又為大溝而引甫水」；是也。孟子：「梁惠王曰：『寡人之囿方四十里。』」

安成

通韓上黨於共、甯，使道安成，出入賦之。（魏世家）

【正義】括地志云：「故安城在鄭州原武縣東南二十里。」時屬魏也。

〔案〕今河南舊原武縣東南。

安城

昭襄二十四，秦取魏安城，兵至大梁而還。（秦本紀、六國表、魏世家。）

【集解】駰案：地理志云：汝南有安城縣。

【正義】括地志云：「安城在豫州汝陽縣東南十七里。」（秦本紀。案：魏世家注引作「汝陵縣東南七十一里」。）

〔案〕漢志汝南有安成縣，今汝南縣東南。然此安成恐不在此，仍當在原武。

新明邑

昭襄二十五，與魏王會新明邑。二十六，赦罪人遷之。（秦本紀）

華陽

①赧王四十二，秦破華陽。（周本紀）

②秦昭襄三十三，擊芒卯華陽，敗之。（秦本紀）

③昭襄三十四，白起擊魏華陽。（六國表）

④趙惠文王二十五（秦昭三十三），白起破趙華陽。（趙世家）

⑤韓釐二十三（昭襄三十四），趙、魏攻韓華陽。秦救韓，敗趙、魏華陽之下。（韓世家）

【索隱】司馬彪曰：「華陽，亭名，在密縣。」（秦本紀）

【正義】括地志云：「故華陽城在鄭州管城縣南四十里是。」（周本紀。案：秦本紀、穰侯傳作「三十里」。）又：「國語云：史伯對鄭桓公，虢、鄶十邑，華其一也。」（秦本紀）

〔案〕今新鄭縣東南，古華國。

華陽

①魏冉同父弟芈戎，為華陽君。（穰侯傳）

②穰侯，華陽君，昭王母宣太后弟。（范雎傳）

【集解】徐廣曰：「『華』，一作『葉』。」（范雎傳）

【索隱】華陽，韓地，後屬秦。芈戎後又號新城君。（穰侯傳）

華陽

①武靈二十一，攻中山。合軍曲陽，攻取丹邱、華陽、鴟之塞。（趙世家）

②馮亭封華陽君。（白起王翦傳）

【正義】括地志云：「北岳有五別名：一曰蘭臺府，二曰列女宮，三曰華陽臺，四曰紫臺，五曰太一宮。」按：北岳恆山在定州恆陽縣北百四十里。（趙世家）

華山之陽

戰於牧野，破之華山之陽。（龜策傳）

〔案〕此恐有誤。

長社

①秦攻魏卷、蔡陽、長社。（秦本紀）

②破芒卯華陽下，取魏之卷、蔡陽、長社。（穰侯傳）

③酈商從起岐，攻長社以南。（高祖功臣侯年表、酈商傳。）

④周勃攻長社。（絳侯世家）

⑤從攻長社、轘轅。（樊噲傳）

【集解】駰案：地理志潁川有長社縣。

【正義】括地志云：「長社故城在許州長社縣西一里，魏邑也。」（秦本紀）

〔案〕今宛陵縣西。

蔡陽

①秦攻魏卷、蔡陽、長社。（秦本紀）

②破芒卯華陽下，取魏之卷、蔡陽、長社。（穰侯傳）

【正義】括地志云：「蔡陽，今豫州上蔡水之陽，古城在豫州北七十里。魏邑也。」（秦本紀）

〔案〕蔡溝在今上蔡縣東南三十里，即正義所謂上蔡水。

鴻溝　洪渠

①魏地南有鴻溝、陳、汝南、許、郾。（蘇秦傳）

②自鴻溝以東，芒、碭以北，屬巨野，此梁、宋也。（貨殖傳）

③楚、漢約中分天下，鴻溝以西為漢，鴻溝而東為楚。（項羽本紀、高祖本紀。）

④滎陽下引河東南為鴻溝，以通宋、鄭、陳、蔡、曹、衛，與濟、汝、淮、泗會於楚。

⑤東方則通鴻溝江、淮之間。（河渠書）

⑥與楚界洪渠。（漢興以來將相名臣年表）

【集解】文穎曰：「即今官渡水也。」（項羽本紀）

【索隱】楚、漢中分之界，蓋為二流：一南經陽武，為官渡水；一東經大梁城，即河溝，今之汴河是也。（河渠書）又：北征記云：「中牟臺下臨汴水，是為官渡水也。」（高祖本紀）【正義】應劭云：「在滎陽東二十里，蓋引河東南入淮、泗也。」（九字見高祖本紀。）張華云：「大梁城在浚儀縣北，縣西北渠水東經此城南，又北分為二渠。其一渠東南流，經浚儀，（三字見高祖本紀。）始皇鑿引河水以灌大梁，謂之鴻溝，楚、漢會此處也。其一渠東經陽武縣南，為官渡水。」（項羽本紀）

〔案〕鴻溝為楚、漢分界者，在今滎陽縣境。水經注：「故尉氏有鴻溝鄉、鴻溝亭。今蕭縣西亦有鴻溝亭，睢陽東有鴻口亭。」蘇秦所云「南有鴻溝」也。秦始皇引河水灌大梁，即今賈魯河，古汴水之分流，亦名鴻溝。

河溝

①始皇二十二，王賁引河溝灌大梁。（秦始皇本紀）

②秦引河溝而灌大梁。（魏世家）

〔案〕河溝，即鴻溝，亦作「陰溝」。

郾

魏南有鴻溝、陳、汝南、許、郾、昆陽。（蘇秦傳）

【集解】徐廣曰：「在潁川。」

【索隱】戰國策作「鄢」。地理志潁川有許、郾二縣，又有鄢陵縣。「鄢」、「郾」不同，必有一誤。

〔案〕郾，今郾城縣南五里。

昆陽

①秦葉陽、昆陽與舞陽鄰。（魏世家）

②魏地南有昆陽、召陵、舞陽、新都、新郪。（蘇秦傳）

【集解】駰案：地理志云：潁川有昆陽。（蘇秦傳）

【正義】昆陽故城在葉縣北二十五里。（魏世家）

〔案〕今葉縣治。水經注：「昆水逕昆陽城西、南，蓋藉水以氏縣也。」

舞陽

①秦葉陽、昆陽與舞陽鄰。

②繞舞陽之北，以東臨許。（魏世家）

③魏南有昆陽、召陵、舞陽、新都、新郪。（蘇秦傳）

④舞陽侯樊噲。（樊噲傳）

【集解】駰案：地理志云：潁川有舞陽縣。（蘇秦傳）

【正義】舞陽故城在葉縣東十里。（魏世家）又：舞陽在許州。（蘇秦傳）

〔案〕今舞陽縣西。

新都

①魏地南有昆陽、召陵、舞陽、新都、新郪。（蘇秦傳）

②張敖子侈封新都侯。（呂后本紀）

【集解】駰案：地理志云：南陽有新都縣。

【索隱】新都屬南陽。戰國策直云新郪，無「新都」二字。（蘇秦傳）

〔案〕今新野縣東，王莽侯國。

新郪　郪丘

①魏南有召陵、舞陽、新都、新郪。（蘇秦傳）

②魏安釐十一，秦拔魏郪丘。（魏世家）

【集解】駰案：地理志汝南有新郪縣。（蘇秦傳）徐廣曰：「『郪丘』，一作『廩丘』，又作『邢丘』。今為宋公縣。」（魏世家）

【正義】地理志云汝南郡新郪縣。應劭曰：「秦伐魏，取郪丘，漢興為新郪；章帝建初四年，（四字據蘇秦傳索隱增。）封殷後，更名宋也。」（魏世家）

〔案〕今安徽太和縣北七十里宋王城。

煮棗

①煑棗將拔，齊兵又進。（田齊世家）

②魏東有淮、潁、煑棗、無胥。（蘇秦傳）

③攻項籍，屠煑棗。（樊噲傳）

【集解】徐廣曰：「在濟陰宛朐。」（田齊世家）

【索隱】晉灼云：檢地理志無「煑棗」。功臣表則有煑棗侯，清河有煑棗城。小顏以為「攻項籍，屠煑棗，合在河南，非清河之城明矣」。今案續漢書郡國志，在濟陰宛朐也。（樊噲傳）

【正義】宛朐，曹州縣也。（蘇秦傳）按：其時項羽未度河北，冀州信都縣東北五十里煑棗非矣。（樊噲傳）

〔案〕水經注：「北濟自濟陽縣北，東北逕煑棗城南。」今菏澤縣西南。

無胥

魏東有萯棗、無胥。（蘇秦傳）

【索隱】其地闕。

宿胥

決宿胥之口，魏無虛、頓丘。（蘇秦傳）

【集解】徐廣曰：「紀年曰：魏救山塞集胥口。」

【正義】淇水出衛州淇縣界，東至黎陽入河。魏志云：「武帝於淸淇口東因宿胥故瀆開白溝，道青、淇二水入焉。」

〔案〕宿胥水，水經注稱「宿胥故瀆」，淇水合衛河處，在今濬縣西南，已堙。

焦

①武王封神農後於焦。（周本紀）

②秦惠文君八，圍魏焦、曲沃。（六國表、魏世家。）

③九，焦降。

④十一，歸魏焦、曲沃。（秦本紀、六國表、魏世家。）

⑤惠文王十一，攻魏焦，降之。（秦本紀。案：六國表、魏世家作「拔魏曲沃」。）

【集解】駰案：地理志弘農陝縣有焦城，故焦國也。（周本紀）

【正義】括地志云：「焦城在陝州城內東北百步，古虢城中東北隅（七字見魏世家注。），因焦水為名。周同姓所封。左傳云：『虞、虢、焦、滑、霍、陽、韓、魏，皆姬姓也。』杜預云：『八國皆為晉所滅。』」按：武王克商，封神農之後于焦，而後封姬姓也。（秦本紀）

〔案〕焦，今陝縣南。左僖三十：「許君焦、瑕，朝濟而夕設版焉。」

陝

①秦惠十，與晉戰武城。縣陝。（六國表）

②孝公元，東圍陝城。（秦本紀）

③惠文君十三，張儀伐取陝。（秦本紀、六國表。）

④張儀立惠王為王。居一歲，為秦取陝，築上郡塞。（張儀傳）

〔案〕今河南陝縣治。秦惠十年已縣陝，其後陝又為魏有，秦本紀謂：「秦以往者數易君，君臣乖亂，故晉復彊，奪秦河西地」，是也。

陜

①武王時，自陜以西，召公主之；自陜以東，周公主之。（燕世家）

②武五成而分陜，周公左，召公右。（樂書）

【集解】王肅曰：「分陜東西而治。」（樂書）何休曰：「今弘農陜縣是也。」（燕世家）

〔案〕公羊釋文：「『陜』，一云當作『郟』，王城郟鄏。」唐扶碑作「分郟之治」。陜東西廣狹懸殊，作「郟」為是。又魯山在西，召陵在東，疑二南當周南在西，召南在東，與「周左召右」亦背。

陜

陜韓孺。（游俠傳）

【集解】徐廣曰：「『陜』，疑當作『郟』字，潁川有郟縣。南越傳曰『郟壯士韓千秋』也。」

知

魏、韓、趙共伐滅知伯。（魏世家）

【正義】括地志云：「故智城在蒲州虞鄉縣西北四十里。古今地名云解縣有智城，蓋謂此也。」

〔案〕郡國志河東解縣，劉昭注：「有智邑。」今虞鄉縣西。

段干

老子之子名宗，為魏將，封於段干。（老莊申韓傳）

〔案〕舊說段干木故居有三：一在今安邑縣東南，曰下段里；一安邑縣西南，曰上段里；一芮城縣西北二十七里山麓段村。段干木墓在芮城縣東北十五里，則段干封邑應在此安邑、芮城之間。

東張　張

①與韓信攻魏軍東張。（曹相國世家）

②張儀，魏人。（張儀傳）

【集解】徐廣曰：「張者，地名。功臣表有張侯毛澤之。」駰案：蘇林曰：「屬河東。」（曹相國世家）

【索隱】晉有大夫張老，又河東有西張城，張氏為魏人必也。（張儀傳）

【正義】括地志云：「張陽故城一名東張城，在蒲州虞鄉縣西北四十里。」（曹相國世家）

濁澤　涿澤

〔案〕今虞鄉縣西北。

①齊康十六（田太公三），與晉、衛會濁澤。（六國表、田齊世家。）

②趙成六，敗魏涿澤。（六國表、趙世家。）

③韓懿侯、趙成侯伐魏，戰於濁澤。（魏世家）

【集解】徐廣曰：「長社有濁澤。」（魏世家）

【正義】「涿」，音「濁」。括地志云：「濁水源出蒲州解縣東北平地。」（趙世家）

〔案〕濁澤一名涿澤，今解縣西二十五里。

濁澤

韓宣惠十六，秦敗韓脩魚，虜得韓將鯁、申差於濁澤。（韓世家）

【正義】濁澤蓋誤，當作「觀澤」。魏哀王二年，齊敗魏觀澤。趙武靈九年，與韓、魏擊秦。齊湣王七，敗魏、趙於觀澤是也。

濁澤

齊威王敗魏於濁澤，圍惠王，惠王請獻觀以和。（田齊世家）

〔案〕年表：「魏惠三，齊伐我觀津。齊威十一，伐魏取觀。」田齊世家作「濁澤」，蓋亦「觀津」字誤。前年趙成六，趙敗魏涿澤，齊師無緣越韓、趙境至濁澤也。

澮

①魏武九，翟敗魏澮。（六國表、魏世家。）

②韓莊九，趙成十三，魏敗韓、趙於澮。（六國表、趙世家。）

③（同年）魏惠九，魏敗韓於澮。（魏世家、韓世家。）

【正義】括地志云：「澮水縣在絳州翼城縣東南二十五里。」（趙世家）又：括地志云：「澮高山又云澮山，在絳州翼城縣東北二十五里，澮水出此山也。」（魏世家）又：在陵（絳）州澮水之上也。（韓世家）

〔案〕澮水源出今翼城縣東南，西經絳縣、曲沃，至新絳縣界入汾。

平周

魏襄十三，秦取魏曲沃、平周。（六國表、魏世家、張儀傳。）

【正義】十三州志云：「古平周縣在汾州介休縣西五十里。」（魏世家）

〔案〕漢西河郡平周縣故城，今介休縣西，然非魏境。文帝封趙兼周陽侯。魏書地形志：「聞喜縣有周陽城。」故城在今聞喜縣東二十九里。戰國曲沃即漢聞喜，平周、曲沃蓋相近。

周陽

以淮南王舅父侯周陽。（酷吏傳）

【正義】周陽故城在絳州聞喜縣東二十九里。

平州

路博德，平州人。（衛將軍驃騎傳）

【正義】漢書云：西河平州。按：西河郡，今汾州。

〔案〕漢書本傳作「西河平州人」。地理志西河有平周，無平州。王莽傳：「民棄城郭，流亡為盜賊，幷州、平州尤甚。」或「州」、「周」通假。

鹽氏

昭襄十一，齊、韓、趙、魏、宋、中山共攻秦，至鹽氏。（秦本紀）

【集解】徐廣曰：「『鹽』，一作『監』。」

【正義】括地志云：「鹽故城一名司鹽城，在蒲州安邑縣。」按：掌鹽池之官，因稱氏。

〔案〕司鹽城，今安邑縣西南十五里。

高都

能為君得高都。（周本紀）

【集解】徐廣曰：「今河南新城縣高都城也。」

【正義】括地志云：「高都故城一名郜都城，在洛州伊闕縣北三十五里。」

〔案〕今洛陽縣南。

高都

莊襄王三，攻魏高都、汲。（秦本紀）

【正義】括地志云：「高都故城，今澤州是。」

〔案〕今晉城縣東北。

垣　王垣　武垣

①魏武二，城安邑、王垣。（六國表、魏世家。）

②昭襄十五，攻魏取垣。

③十七，以垣為蒲坂、皮氏。（秦本紀）

④白起攻垣城，拔之。（白起傳）

⑤十八，攻垣。（秦本紀）

⑥擊魏王豹於曲陽，追至武垣，生得豹。取平陽。（曹相國世家）

【索隱】徐廣曰：「垣縣有王屋山，故曰王垣。」（魏世家）秦以垣為蒲坂、皮氏。「為」當為「易」，蓋字訛也。（秦本紀）

【正義】括地志云：「故城漢垣縣，本魏王垣也，在絳州垣縣西北二十里。」（魏世家）

〔案〕今山西垣曲縣西北二十里。魏得蒲坂、皮氏，則秦不能守垣，故以垣易二城；索隱說得之。六國表：「秦昭十七，魏入河東四百里。」蓋即以垣易蒲坂、皮氏事也。曹參取武垣，集解謂在河東，是也；正義說在河北，誤。

首垣

①肅侯七，公子刻攻魏首垣。（趙世家）

②始皇九，攻拔魏垣、蒲陽。（秦始皇本紀、六國表、魏世家。）

③幷蒲、衍、首、垣，以臨仁、平邱，黄、濟陽嬰城。（春申君傳）

【集解】徐廣曰：「長垣縣有蒲鄉。」（春申君傳）

【索隱】首蓋牛首，垣即長垣，非河東之垣也。（春申君傳）

【正義】蓋在河北。（趙世家）

〔案〕秦始皇本紀正義以絳州垣縣說此垣，誤。又牛首在通許，索隱亦誤。戰國策：「兵至首垣，遠薄梁郭」，水經注：「長垣，故首垣」，是也。故城今河北長垣縣東北。

武垣

孝成王七，武垣令傅豹、王容、蘇射率燕眾反燕地。（趙世家）

【集解】徐廣曰：「河間有武垣縣，本屬涿郡。」

【正義】括地志云：「武垣故城今瀛州城是也。」此時屬趙，與燕接境。

〔案〕今河間縣西南。

新垣

魏昭九，秦拔魏新垣、曲陽之城。（六國表、魏世家。）

【正義】新垣近曲陽，未詳端的所在之處也。（魏世家）

〔案〕此曲陽乃春秋陽樊，皆非漢上、下曲陽也。新垣疑即王垣，魏武侯二所城。

陽樊

周襄王賜晉河內陽樊之地。（晉世家）

【集解】服虔曰：「陽樊，周地。陽，邑名也，樊仲山之所居，故曰陽樊。」

〔案〕今濟源縣西南。

曲陽

魏昭九，秦拔魏新垣、曲陽之城。（六國表、魏世家。）

【正義】括地志云：「曲陽故城在懷州濟源縣西十里。」（魏世家）

〔案〕紀要：「濟源縣西南十五里有曲陽城，即古陽樊。」

曲陽

擊魏王於曲陽，追至武垣，生得魏王。取平陽。（曹相國世家）

【正義】括地志云：「上曲陽，定州恆陽縣是。（趙世家注作「曲陽縣西五里」。）下曲陽在定州鼓城縣西五里。」（曹相國世家）

〔案〕下曲陽，今河北晉縣西。然此二曲陽，皆非上、下曲陽也。方輿紀要：「絳縣東南有曲陽城。或曰：在曲沃之陽，故曰曲陽。」

曲陽

①趙伐中山，合軍曲陽。（趙世家）

②降曲逆、盧奴、上曲陽、安國、安平。（灌嬰傳）

【集解】徐廣曰：「上曲陽在常山，下曲陽在鉅鹿。」

【正義】括地志云：「上曲陽故城在定州曲陽縣西五里。」（趙世家）

〔案〕今河北曲陽縣西。水經注：「本岳牧朝宿之邑。縣在山曲之陽，是曰曲陽。有下，故此為上。」

汾

①臺駘宣汾、洮，國汾川。沈、姒、蓐、黄守其祀。晉主汾川而滅之。（鄭世家）

②唐在河、汾之東，方百里，故曰唐叔虞。

③陘廷與曲沃武公伐晉於汾旁。（晉世家）

④汾水可以灌安邑。（魏世家）

⑤穿渠引汾溉皮氏、汾陰。（河渠書）

⑥番係欲省砥柱之漕，穿汾、河渠以為溉田。（平準書）

【正義】括地志云：「汾水源出嵐州靜樂縣北百三十里管涔山北，東南流，入幷州，即西南流，入至絳州、蒲州入河也。」（河渠書）

〔案〕「汾水灌安邑」，乃「平陽」字譌。

汾陰

①秦惠文公九，渡河，取汾陰、皮氏。（秦本紀、六國表、魏世家。）

②引汾溉皮氏、汾陰。

③引河溉汾陰、蒲坂。（河渠書）

④新垣平言：「望東北汾陰直有金寶氣。」上使治廟汾陰南，臨河，欲祠出周鼎。（封禪書）

⑤始立后土祠汾陰脽上。

⑥汾陰巫為民祠魏脽后土營旁。（孝武本紀、封禪書。）

⑦汾陰侯周昌。（高祖功臣侯表）

【集解】駰案：地理志汾陰屬河東。（秦本紀）如淳曰：「河之東岸特堆堀，長四五里，廣二里餘，高十餘丈。汾陰縣在脽之上，后土祠在縣西。汾在脽之北，西流與河合也。」（孝武本紀）

【正義】括地志云：「汾陰故城俗名殷湯城，在蒲州汾陰縣北九里。」（河渠書）

〔案〕汾陰故城，今榮河縣北。

汾陽

惠公遺里克書：「誠得立，請封子汾陽之邑。」（晉世家）

【集解】賈逵曰：「汾，水名。汾陽，晉地也。」

【索隱】國語云：「命里克汾陽之田百萬，命邳鄭以負蔡之田七十萬。」

兹氏

益食兹氏。（夏侯嬰傳）

【索隱】縣名也。地理志屬太原。

〔案〕今汾陽縣治。又汾陽縣西北有美稷縣；兹氏與美稷皆言農事。國策又言「蔡皋狼之地」，則負蔡與汾陽亦相近。或言「蔡皋狼」乃「藺皋狼」之譌，則負蔡即北藺也。

汾城

昭襄五十，益發卒軍汾城旁。（秦本紀）

【正義】括地志云：「臨汾故城在絳州正平縣東北二十五里，即古臨汾縣城也。」按：汾城即此城是也。

〔案〕臨汾故城，今新絳縣東北。舊志：「一名晉城。」

汾旁

韓桓惠九，秦拔韓陘城汾旁。（六國表、韓世家。）

【正義】秦拔陘城於汾水之旁。陘故城在絳州曲沃縣西北二十里汾水之旁也。（韓世家）

〔案〕秦本紀是年白起攻韓，拔九城。翌年，即擊韓太行，韓上黨遂入趙。

汾門

孝成王十九，與燕易土：以龍兌、汾門、臨樂與燕。（趙世家）

【集解】汾門在北新城。

【正義】括地志云：「北新城故城在易州遂城縣西南二十里。」又云：「易州永樂縣有徐水，出廣昌嶺，三源奇發，同瀉一澗，流至北平縣東南，歷石門中，俗謂之龍門，水經其間，奔激南出，觸石成井。」蓋「汾」字誤也，遂城及永樂、北新城地也。

〔案〕北平故城，今完縣東北，龍門在其東南；參看「龍脫」條。

皮氏

①秦惠文九，渡河，取汾陰、皮氏。（秦本紀、六國表、魏世家。）

②昭襄元，擊魏皮氏，未拔。（六國表、樗里子傳。）

③昭襄十七，以垣為蒲坂、皮氏。（秦本紀）

④引汾溉皮氏、汾陰。（河渠書）

【集解】駰案：地理志云：皮氏屬河東。

【正義】括地志云：「皮氏故城在絳州龍門縣西一百八十步。」（秦本紀。案：河渠書作「百三十步」，樗里子甘茂傳作「百四十步」。）自秦、漢、魏、晉，皮氏縣皆治也。（河渠書）

〔案〕今河津縣西二里。

蒲坂

①秦昭襄四，取蒲阪。（秦本紀）

②（同年）魏哀十六，秦拔魏蒲阪、陽晉、封陵。十七，秦予魏蒲阪。（六國表、魏世家。案：陽晉，六國表作「晉陽」。）

③魏王盛兵蒲坂，塞臨晉。（淮陰侯傳）

④引河溉汾陰、蒲坂。（河渠書）

【正義】括地志云：「蒲坂故城在蒲州河東縣南，堯舜所都也。」（秦本紀）

〔案〕今永濟縣東南。

封陵

①魏哀十六，秦拔魏蒲阪、陽晉、封陵。（六國表、魏世家。）

②昭襄十一，與韓、魏河北及封陵以和。（秦本紀、六國表。）

【正義】封陵在古蒲坂縣西南河曲之中。（秦本紀）

〔案〕封陵，亦作「風陵」。水經注：「潼關直北，隔河有層阜，巍然獨秀，孤峙河陽，世謂之風陵。」今永濟縣南風陵堆。

封

我下軹，道南陽，封冀，包兩周。（蘇秦傳）

【索隱】封，封陵也。

〔案〕此「封」疑非地名，詳「冀」。

軹

①昭襄十六，取軹及鄧。（秦本紀）

②昭十八，擊魏，至軹，取城大小六十一。（六國表）

③秦下軹道，則南陽危。

④我下軹，道南陽，封冀，包兩周。（蘇秦傳）

⑤溫、軹西賈上黨，北賈趙、中山。（貨殖傳）

⑥聶政，軹深井里人。（刺客傳）

⑦郭解，軹人。（游俠傳）

⑧孝惠後宮子朝為軹侯。（呂后本紀、惠景間侯者年表。）

⑨薄太后弟昭封為軹侯。（外戚世家）

【集解】駰案：地理志河內有軹縣。（秦本紀）又：徐廣曰：「霸陵有軹道亭。」（蘇秦傳）

【索隱】軹是河內軹縣，「道」，衍字。徐廣引「霸陵有軹道亭」，非魏之境，蓋誤。（蘇秦傳）

【正義】括地志云：「故軹城在懷州濟源縣東南十三里，六國時魏邑也。」（秦本紀）

〔案〕軹，今河南濟源縣南十三里。秦本紀昭十七，以垣易蒲坂、皮氏；十八，又攻垣。秦兵及軹，必經垣曲，秦先以垣曲易蒲坂、皮氏；既得蒲坂、皮氏，即再攻垣曲。秦紀言「攻垣」，舉其最主要者言之；六國表言「軹」，舉其遠者言之。自山西蒲坂以往，至軹，大小六十一城，而垣曲其最主要者。然則此事當依年表在昭十八為是。

深井里

聶政，軹深井里人。（刺客傳）

【索隱】深井，軹縣之里名也。

【正義】在懷州濟源縣南三十里。

冀

我下軹，道南陽，封冀，包兩周。（蘇秦傳）

【集解】徐廣曰：「河東皮氏有冀亭也。」

〔案〕杜氏注左：「平陽皮氏縣東北有冀亭。」徐廣所祖；今河津縣北十五里。然與此處文義殊不類。蓋秦兵「下軹，道南陽」，則北封冀州，南包兩周。大河兩岸交通隔絕，乃輕舟乘夏水而下，故下云「陸攻則擊河內，水攻則滅大梁」。蓋自軹道以西，大河北岸皆得「冀」稱；如云「黃帝殺蚩尤，殺之中冀」是也。冀州之名亦本此。

冀

秦武公伐邽、冀戎，初縣之。（秦本紀）

【集解】冀縣屬天水郡。

〔索〕今甘肅甘谷縣南。

溫

①惠王奔溫。

②王子帶居溫。（周本紀）

③晉發兵至陽樊，圍溫。

④文公會諸侯於溫。（晉世家）

⑤齊破宋，宋王在魏，死溫。（秦本紀、六國表、田齊世家。）

⑥秦昭三十二，拔魏兩城，軍大梁下，與秦溫以和。（六國表、魏世家。）

⑦趙亡，徙居溫。（萬石君傳）

⑧溫、軹西賈上黨，北賈趙、中山。中山（此二字衍。）地薄人眾，猶有沙丘紂淫地餘民，俗懁急，仰機利而食。丈夫相聚游戲，悲歌慨慷，起則相隨椎剽，休則掘冢作巧姦冶，多美物，為倡優。女子鼓鳴瑟，跕屣，游媚貴富，入後宮，徧諸侯。（貨殖傳）

【正義】左傳云蘇忿生十二邑之一也。杜預云河內溫縣。又：括地志云：「故溫城在懷州溫縣西三十里，漢、晉為縣。地理志云：溫縣，故國，己姓。」（周本紀）

〔案〕今溫縣西南三十里。

覃懷

覃懷致功。（夏本紀）

【集解】鄭玄曰：「懷縣屬河内。」

【索隱】按：地無名「覃」者，蓋「覃懷」二字或當時共為一地之名。

【正義】括地志云：「故懷城在懷州武陟縣西十一里。」

懷

①趙成五，魏敗趙懷。（六國表、趙世家。）

②魏惠二，敗趙於懷。（魏世家。案：較六國表、趙世家差一年。）

③魏安釐九，秦拔魏懷。（六國表、魏世家。）

④卒聽范雎謀，伐魏，拔懷。後二歲，拔邢邱。（范雎傳）

⑤昭襄四十一，攻魏，取邢丘、懷。（秦本紀。案：誤後兩年。）

⑥秦固有懷、茅、邢丘。（魏世家）

⑦從擊項籍，待懷。（傅寬傳）

〔案〕禹貢：「覃懷厎績。」左隱十一，周王與鄭蘇忿生之田十二邑，有懷。漢置懷縣，今河南武陟縣西南。

卷

①魏北有卷、衍、酸棗。（蘇秦傳）

②秦攻河外，據卷、衍、酸棗，劫衛取陽晉，則趙不南。（張儀傳）

③據衛取淇、卷，則齊必入朝秦。（蘇秦傳。案：索隱：「戰國策無『卷』字。」）

④昭襄三十三，攻魏卷、蔡陽、長社。（秦本紀）

⑤破芒卯華陽下，取魏之卷、蔡陽、長社。（穰侯傳）

⑥始皇二，攻卷。（秦始皇本紀）

⑦周勃，其先卷人。

⑧攻張，以前至卷。（絳侯世家）

【集解】徐廣曰：「卷縣在滎陽。」（絳侯世家）有長城，經陽武到密。」（蘇秦傳）駰案：地理志河南有卷縣。（秦本紀）

【索隱】韋昭云屬河南，地理志亦然。然則後置滎陽郡，而卷隸焉。（絳侯世家）

【正義】括地志云：「故卷城在鄭州原武縣西北七里，即衡雍也。」（秦本紀）釋例地名云：「卷縣

所理垣雍城也。」（絳侯世家）

〔案〕今河南舊原武縣西北。

衡雍

①晉師還至衡雍，作王宮於踐土。（晉世家）

②莊王十七，大敗晉師河上，遂至衡雍而歸。（楚世家）

【集解】杜預曰：「衡雍，鄭地，今滎陽卷縣也。」（晉世家）

垣雍

①秦昭四十八，韓獻垣雍。（秦本紀、白起傳。）

②有鄭地，得垣雍，決熒澤水灌大梁，大梁必亡。（魏世家）

【集解】司馬彪曰：「河南卷縣有垣雍城。」（秦本紀）徐廣曰：「垣雍城在卷縣，卷屬魏。」（魏世家）

〔案〕垣雍即衡雍。水經注：「陰溝左瀆東絕長城，逕垣雍城南。」春秋曰衡雍是也。

踐土

①晉文公召襄王，會河陽踐土。（周本紀、齊世家。）

②晉文公會諸侯於溫，使人言周襄王狩於河陽，遂率諸侯朝王於踐土。（晉世家）

③踐土之會實召周天子，而春秋諱之曰「天王狩於河陽」。（孔子世家）

【集解】踐土，鄭地名，在河内。

【正義】括地志云：「故王宫在鄭州滎澤縣西北十五里王宫城中。左傳云：晉文公敗楚於城濮，至於衡雍，作王宫於踐土也。」按：王城則所作在踐土城内，東北隅有踐土臺，東去衡雍三十餘里也。（周本紀）

【索隱】左氏：「五月，盟于踐土；冬，會諸侯于溫，天王狩于河陽；壬申，朝于王所。」此文亦説冬朝于王，當合于河陽溫地，不合取五月踐土之文也。（晉世家）

踐土

晉師還至衡雍，作王宫於踐土。（晉世家）

【索隱】杜預云踐土，鄭地。然據此文，「晉師還至衡雍」，衡雍在河南，故劉氏云踐土在河南。下文踐土在河北，今元城縣西有踐土驛，義或然也。

〔案〕左傳盟衡雍，在僖二十八五月丙午。翌日丁未，獻楚俘於王；此即踐土王宫，在今河南舊滎澤縣西北者是也。冬，會於溫。晉侯召王，且使王狩於河陽，此在河北孟縣西南者是也。踐土在滎澤，史公誤言河陽踐土，索隱糾之誠是；至謂元城縣有踐土驛，則更與河陽之溫相去遠矣。

又考孟縣西南有冶坂城、冶坂津，述征記：「即春秋踐土」，此即史公之所謂「河陽踐土」矣。

衍氏

①魏北有河外、卷、衍、酸棗。（蘇秦傳）

②秦下兵攻河外，據卷、衍、酸棗，劫衛取陽晉，則趙不南。（張儀傳）

③始皇九，秦攻衍氏。（秦始皇本紀）

④（同年）魏景湣五，秦拔魏垣、蒲陽、衍。（六國表、魏世家。）

⑤秦并蒲、衍、首、垣，以臨仁、平邱，黃、濟陽嬰城。（春申君傳）

⑥柱天侯反於衍氏。（曹相國世家）

【索隱】衍氏，魏邑。（秦始皇本紀）又：衍在河南，與卷相近。（春申君傳）

【正義】衍在鄭州。（秦始皇本紀）

〔案〕始皇本紀垣、蒲陽與衍分言之，以一在河內（北岸），一在河外（南岸）也。六國表、魏世家連言之，蓋略辭耳。故城今鄭縣北三十里。

酸棗

①魏文三十二，伐鄭，城酸棗。（六國表、魏世家。）

②魏北有河外、卷、衍、酸棗。（蘇秦傳）

③秦攻河外，據卷、衍、酸棗，劫衛取陽晉，則趙不南。（張儀傳）

④始皇五，攻魏，定酸棗。（秦始皇本紀）

⑤舉河內，拔燕、酸棗、虛、桃，入邢。（春申君傳）

⑥孝文時河決酸棗，東潰金堤。（河渠書）

【集解】駰案：地理志陳留有酸棗縣。

【正義】括地志云：「酸棗故城在滑州酸棗縣北十五里古酸棗縣南。」（秦始皇本紀）

〔案〕今延津縣北十五里。春秋鄭廩延亦曰酸棗。

桃

舉河內，拔燕、酸棗、虛、桃，入邢。（春申君傳）

【集解】徐廣曰：「燕縣有桃城。」

〔案〕今延津縣北。

虛

①決宿胥之口，魏無虛、頓丘。（蘇秦傳）

②始皇五，攻魏酸棗、燕、虛、長平、雍丘、山陽城，皆拔之，初置東郡。（秦始皇本紀）

③舉河內，拔燕、酸棗、虛、桃，入邢。（春申君傳）

【索隱】邑名。春秋桓十二年：「會于虛。」又戰國策曰：「拔燕酸棗、虛、桃人。」桃人亦魏邑，虛地今闕，蓋與諸縣相近。按：今東郡燕縣東三十里有故桃城，則亦非遠。

【正義】姚虛在濮州雷澤縣東十三里。孝經援神契云：「帝舜生於姚墟」，即東郡也。（秦始皇本紀）又：虛謂殷墟，今相州所理是。（蘇秦傳）

〔案〕今延津縣東南。索隱說是，正義兩說皆誤。

仁

并蒲、衍、首、垣，以臨仁、平邱，黃、濟陽嬰城。（春申君傳）

【索隱】仁及平邱二縣名。

〔案〕後漢書延熹二年，封歐陽参為修武仁亭侯。修武，今獲嘉縣治，仁亭當在其境。

平邱

并蒲、衍、首、垣，以臨仁、平邱，黃、濟陽嬰城。（春申君傳）

【集解】徐廣曰：「屬陳留。」

〔案〕今河北長垣縣西南五十里。

頓邱

決宿胥之口，魏無虛、頓邱。（蘇秦傳）

【索隱】頓邱，地名，與酸棗相近。

【正義】頓州故城在魏州頓邱縣東北二十里。

〔案〕頓邱故城，今濬縣西，春秋衛邑；詩：「送子涉淇，至于頓邱。」

平監

長驅梁北，東至陶衛之郊，北至平監。（魏世家）

【集解】徐廣曰：「平縣屬河南。」

〔案〕平縣故城，今孟津縣東，似非也。春秋昭十三：「會平邱」，漢縣屬陳留，故城今長垣縣西南，或差近之。

白馬津

①守白馬之津。（張儀傳）

②決白馬之口，魏無外黃、濟陽。（蘇秦蘇）

③武臣等從白馬渡河。（張耳陳餘傳）

④漢王軍小修武南，使盧綰、劉賈渡白馬津，入楚地。（高祖本紀、荆燕世家。）

⑤擊桓嬰白馬下，以騎渡河南，送漢王到雒陽。（灌嬰傳）

⑥距蜚狐之口，守白馬之津。（酈食其傳）

【索隱】即黎陽津也。南界東郡白馬縣。（高祖本紀）其地與黎陽對岸。（張耳陳餘傳）

【正義】括地志云：「黎陽（津），一名白馬津，在滑州白馬縣北三十里。」（荆燕世家）

〔案〕白馬故城，今河南滑縣東二十里，本衛漕邑，詩：「言至於漕」，左閔二：「衛人立戴公以廬於曹」，是也。白馬水在滑縣北，舊為河水分流處；一曰白馬津，水經注：「津東南有白馬城，故津取名焉。」今湮。

白馬

沛公攻開封，未拔。西與秦將楊熊戰白馬。（高祖本紀）

【索隱】韋昭云：「東郡縣。」

【正義】括地志云：「白馬故城在滑州衛南縣西南二十四里。戴延之西征記云：白馬故城，衛之漕邑。」

〔案〕白馬舊屬衞輝府，東接河北東明，在今開封東北可二百里。沛公攻開封，（在今城西南。）未拔。又西與秦將楊熊戰白馬，又戰曲遇東，熊遂走之滎陽。則似非東郡之白馬也。下文有「北攻平陰，絕河津」云云，豈史公誤平陰津為白馬津，遂有「戰白馬」之說歟？要之不能至東郡。漢紀亦襲史而誤。

圍津

下修武，渡圍津。（曹相國世家）

【集解】徐廣曰：「東郡白馬有圍津。」

【索隱】顧氏按：水經注白馬津有韋鄉、韋津城。「圍」與「韋」同，古今字變爾。

【正義】帝王世紀云：「白馬縣南有韋城，故豕韋國也。」續漢書郡國志云：「白馬縣有韋城。」

〔案〕韋城廢縣，今滑縣東南。

垝津

城垝津以臨河內，河內共、汲必危。（魏世家）

【索隱】垝津在河北。

【正義】「垝」，字誤，當作「延」。括地志云：「延津故俗字名臨津，故城在衞州清淇縣西南二十六里。杜預云：『汲郡城南有延津』，是也。」

〔案〕延津，今延津縣治。春秋鄭廩延有延津水在北，今湮。後漢書注：「白馬縣東南有韋城，古豕韋氏之國。」故城今滑縣東南。或「垝」是「韋」之聲譌，正義說疑非。

汲

①莊襄三，秦攻魏高都、汲。（秦本紀）

②七年，攻龍、孤、慶都，還兵攻汲。（秦始皇本紀、六國表、魏世家。）

③城垝津以臨河內，河內共、汲必危。（魏世家）

④汲侯。（高祖功臣侯年表）

【集解】徐廣曰：「一作『波』。波縣亦在河內。」（秦本紀）

【正義】括地志云：「汲故城在衛州所理汲縣西南二十五里。孟康云漢波縣，今郗城是也。」括地志云：「故郗城在懷州河內縣西三十二里。左傳云蘇忿生十二邑，郗其一也。」（秦本紀）

〔案〕汲故城，今汲縣西南。波，今濟源縣東南。

山陽

①秦攻魏山陽城。

②嫪毐封長信侯，予之山陽地。（秦始皇本紀）

③山陽侯。（惠景間侯者年表）

【集解】駰案：地理志河內有山陽縣。

【正義】括地志云：「山陽故城在懷州修武縣西北大行山東南。」（秦始皇本紀）

〔案〕今修武縣西北三十五里。

山陽

①中六年，立梁孝王子定為山陽王。（孝景本紀）

②國除，地入漢，為山陽郡。（梁孝王世家）

【正義】地理志云：山陽國屬兗州。（孝景本紀）

〔案〕漢山陽郡治昌邑，今金鄉縣西北四十里。

鄴

①西門豹為鄴令。（滑稽傳）

②西門豹守鄴，而河內稱治。（魏世家）

③西門豹引漳水溉鄴。（河渠書）

④信陵君行至鄴，矯魏王令代晉鄙。（信陵君傳）

⑤始皇十一，攻鄴、閼與，取九城。（秦始皇本紀、六國表、趙世家。）

⑥又取鄴、安陽。

⑦十五，大興兵，一軍至鄴，一軍至太原。（秦始皇本紀）

【索隱】大河在鄴東，故名鄴為河內。（魏世家）

【正義】鄴，相州之縣。（河渠書）

〔案〕管子：「齊桓公築五鹿、中牟、鄴以衛諸侯。」故城今河南臨漳縣西。

寧新中

昭襄五十，拔寧新中。（秦本紀）

【正義】括地志云：「寧新中，七國時魏邑，秦昭襄王拔魏寧新中，更名安陽城，即今相州外城是也。」

新中

①秦昭五十，圍趙邯鄲，還軍，拔新中。（六國表）

②楚考烈七，救趙新中。（六國表、楚世家。）

【索隱】趙地無其名。字誤。鉅鹿有新市，「中」當為「市」也。

【正義】新中，魏寧新中邑。（楚世家）

〔案〕秦紀作「寧新中」，六國表、楚世家作「新中」，乃一地。楚、魏救趙，秦還軍而拔魏地；恐當如正義說。

安陽

①趙惠文二十四，廉頗取魏安陽。（趙世家）

②廉頗攻魏防陵、安陽，拔之。（廉頗傳）

③始皇十一，取鄴、安陽。（秦始皇本紀）

④秦更寧新中名安陽。（秦本紀）

【索隱】徐廣曰：「魏郡有安陽縣。」（秦本紀）

〔案〕今安陽縣南。

安陽

①齊宣四十四，伐魯、莒及安陽。（六國表）

②卿子冠軍行至安陽。（項羽本紀）

③從攻安陽、杠里。（傅寬傳）

④安陽侯。（高祖功臣侯年表）

【索隱】安陽與杠里俱在河南。顏師古以為今相州安陽縣。此兵猶未渡河，不應即至相州安陽。今檢後魏書地形志云：「己氏有安陽城，隋改己氏為楚邱。」今宋州楚邱西北四十里（傅寬傳正義引作「西十里」。）有安陽故城。

【正義】張耳傳云：「章邯軍鉅鹿南，築甬道屬河。項羽數絕邯甬道，悉引兵渡河，遂破章邯，圍鉅鹿。」下又云：「渡河湛船，持三日糧。」按：從滑州白馬津齎三日糧不至邢州，明此渡河，相州漳河也。宋義遣子相齊，送之無鹽，即今鄆州之東宿城是也。若依顏監說，在相州安陽，宋義送子不可棄軍渡河，南向齊，西南入魯界。由宋州安陽理順，然向鉅鹿甚遠，不能數絕章邯甬道及持三日糧至。均之二理，安陽送子至無鹽為長。濟河絕甬道，持三日糧，寧有遲留？史家多不委曲說之。（項羽本紀）

〔案〕今山東曹縣東。

安陽

武靈王封長子章為代安陽君。（趙世家）

【正義】括地志云：「東安陽故城在朔州定襄縣界。地理志云：東安陽縣屬代郡。」

〔案〕今察哈爾蔚縣西北，漢屬代郡；以五原有安陽，故此爲東安陽。

防陵

廉頗攻魏之防陵、安陽。（廉頗藺相如傳）

【集解】徐廣曰：「一作『房子』。」

【索隱】按：防陵在楚之西，屬漢中郡。魏有房子，蓋「陵」字誤也。

【正義】城在相州安陽縣南二十里，因防水爲名。

〔案〕水經注：「防水東逕防城北。」故城今安陽縣南。

伯陽

①惠文十七，樂毅將趙師攻魏伯陽。

②十九，趙與魏伯陽。（趙世家）

【正義】括地志云：「伯陽故城一名邯會城，在相州鄴縣西五十五里，七國時魏邑，漢邯會城。」

〔案〕今安陽縣西北。

棘蒲

①敬侯六，伐魏，取棘蒲。（趙世家）

②從攻安陽以東，至棘蒲。（靳歙傳）

【正義】今趙州平棘縣，古棘蒲邑也。（趙世家）

〔案〕左哀元：「齊侯、衛侯會于乾侯，救范氏。師及齊師、衛孔圉、鮮虞人伐晉，取棘蒲。」漢志常山平棘，應劭曰：「即棘蒲。」齊、衛既近救朝歌、邯鄲，何為遠師至於常山之平棘（今河北趙縣南）？應說疑非也。趙敬侯時，魏地亦不能遠跨趙境，而遙領常山之平棘，則正義說亦誤。據靳歙傳，棘蒲應在安陽東。而方輿紀要：「趙州臨城縣南有安陽城。」沈欽韓據謂即靳歙所攻，亦誤。靳歙此役，亦在河內朝歌，乃至邯鄲一帶，亦不能違忽而至臨城趙縣。因知舊說皆非也。惟自安陽以東，今內黃、南樂、清豐諸地，亦殊無棘蒲之名可尋。豈棘蒲或在棘津（今延津縣東北）、蒲城（今長垣縣治）附近，應在安陽之東南乎？疑莫能定，以俟續考。

蕩陰

晉鄙救趙，止於蕩陰。（魯仲連傳）

【集解】駰案：地理志河內有蕩陰縣。

【正義】相州縣。（魯仲連傳）又：括地志云：「魏德故城一名晉鄙城，在衛縣西北五十里，即公子無忌奪晉鄙兵地。」（魏世家）

〔案〕蕩陰故城，今湯陰縣西南。魏德故城，今湯陰縣南三十里。

幾

惠文二十三，攻魏幾。（趙世家、廉頗傳。案：廉頗傳作「齊幾」。）

【正義】傳云：「伐齊幾，拔之。」又戰國策云：「秦敗閼與，及攻魏幾。」按：幾邑或屬齊，或屬魏，當在相、潞之間也。（趙世家）

〔案〕今大名縣東南。

繁陽

孝成二十一，廉頗攻繁陽，取之。（趙世家、燕世家、廉頗傳。）

【集解】徐廣曰：「屬魏郡。」（廉頗傳）又曰：「在頓邱。」（趙世家）

【正義】括地志云：「繁陽故城在相州內黄縣東北二十七里。應劭云：『繁水之北，故曰繁陽。』」（趙世家）

〔案〕今內黄縣東北。應劭曰：「在繁水北，故名。」

外黄

①太子申將兵過外黃。（魏世家）
②決白馬之口，魏無外黃、濟陽。（蘇秦傳）
③沛公、項羽西略地至雍丘，還攻外黃。
④項王東行擊陳留、外黃。（項羽本紀、高祖本紀。）
⑤彭越攻下睢陽、外黃十七城。（彭越傳）
【索隱】韋昭云：「陳留縣。」（高祖本紀）
【正義】括地志云：「故周城即外黃之地，在雍丘縣東。」張晏曰：「魏郡有內黃縣，故加『外』也。」臣瓚曰：「縣有黃溝，故名。」（項羽本紀）
〔案〕外黃故城，今河南杞縣東。

暘　有詭

始皇三，攻魏氏暘、有詭。（秦始皇本紀）
【索隱】音「暢」。魏之邑。
〔案〕左哀十二：「宋、鄭之間有隙地焉，曰彌作、頃丘、玉暢、嵒、戈、錫。」凡六邑。今杞縣東北三十里有玉帳，或云古玉暢；疑北暘即玉暢也。「詭」或係「戈」之聲譌。

桂陵

①魏惠十八，齊敗魏桂陵。（六國表、趙世家、魏世家、田齊世家。）

②齊引兵疾走大梁，魏果去邯鄲，與齊戰於桂陵。（孫吳傳）

【正義】括地志云：「故桂城在曹州乘氏縣東北二十一里，故老云此即桂陵也。」（趙世家）

〔案〕今菏澤縣東北二十里。

文臺

文臺墮，垂都焚。（魏世家）

【索隱】文臺，臺名。列士傳曰：「信陵君施酒文臺」也。

【正義】括地志云：「文臺在曹州宛句縣西北六十五里。」

〔案〕唐宛句故縣，今菏澤縣西南。

垂都

文臺墮，垂都焚。

【集解】徐廣曰：「一云『魏山都焚』。句陽有垂亭。」

【索隱】垂，地名。有朝曰都。

〔案〕晉句陽故城，今菏澤縣北。左隱八年：「遇於垂」，即此。

齧桑

①秦惠文王二，張儀與齊、楚大臣會齧桑。（秦本紀、六國表、楚世家、田齊世家、張儀傳。）

②（同年）魏惠十二，諸侯執政與張儀會齧桑。（魏世家。案：史原誤為魏襄。）

③周勃攻齧桑，先登。（絳侯世家）

④齧桑浮兮淮、泗滿。（河渠書）

【集解】徐廣云：「在梁與彭城之間。」（魏世家。楚世家正義同。）

〔案〕後書王梁傳：「梁進與杜茂擊佼彊、蘇茂於楚、沛間，拔大梁、齧桑。」故城今江蘇沛縣西南。

齧桑

獻公二十五，伐翟，翟亦擊晉於齧桑。（晉世家）

【集解】駰案：左傳作「采桑」，服虔曰「翟地」。

【索隱】裴氏云：左傳作「采桑」。按：今平陽縣南七十里河水有采桑津，是晉境。服虔云翟地，亦頗相近。然字作「齧桑」，齧桑衛地，恐非也。

〔案〕今山西鄉寧縣西。

齧乘

高邑以客從起齧乘。（高祖功臣侯年表）

〔案〕此「齧乘」乃「齧桑」字譌。

圉

王朝張弓而射大梁之南，還射圉之東，解魏左肘。（楚世家）

【正義】「圉」，音「語」。城在汴州雍丘縣東。

〔案〕今杞縣南；春秋鄭地，漢縣，屬淮陽國。

儀臺

魏惠六，伐宋，取儀臺。（六國表、魏世家。）

【索隱】表亦作「義臺」。（魏世家）

〔案〕莊子「義臺」，崔曰：「靈臺也。」寰宇記：「靈臺在虞城縣西南四十里。」今虞城縣西南。

鴻臺　桑林

秦東取成皋、滎陽，則鴻臺之宮、桑林之苑非王之有。（張儀傳）

〔案〕湯禱桑林；（見呂氏春秋順民。）鴻臺不知即儀臺否？

卷十四　韓地名

鄭

①宣王封庶弟友於鄭。（鄭世家）

②秦武公初縣杜、鄭。（秦本紀）

③簡公二，與晉戰，敗鄭下。（六國表）

④簡公七，魏伐秦，至鄭。（六國表、魏世家。）

⑤商君復入秦，走商邑，發邑兵北出擊鄭。秦發兵攻商君，殺之於鄭黽池。（商君傳）

⑥彭越傳處蜀青衣。西至鄭。（彭越傳）

【集解】駰案：地理志京兆有鄭縣。（秦本紀）

【索隱】系本云：「桓公居棫林，徙拾。」宋忠云：「棫林與拾皆舊地名。」是封桓公乃名為鄭耳。（鄭世家）

【正義】華州鄭縣也。毛詩譜云：鄭國者，周畿内之地。宣王封其弟於咸林之地，是為鄭桓公。按：秦得皆縣之。（秦本紀）又：黽池去鄭三百里，蓋秦兵至鄭破商邑兵，商君東至黽，乃擒殺之。（商君傳）

〔案〕今陝西華縣北。

鄭　新鄭

①鄭桓公徙其民雒東，而虢、鄶獻十邑，竟國之。（鄭世家）

②韓哀侯二，滅鄭，因徙都鄭。（六國表、韓世家。）

③秦伐野王，上黨道絕。其守馮亭曰：「鄭道已絕。」（白起傳）

④有鄭地，得垣雍，決熒澤水灌大梁，大梁必亡。（魏世家）

⑤從鄭至梁二百餘里，車馳人走，不待力而至。（張儀傳）

⑥始皇二十一，新鄭反。（秦始皇本紀）

【集解】韋昭曰：「今河南新鄭也。」虞翻曰：「十邑謂虢、鄶、鄢、蔽、補、丹、依、𪁺、歷、莘也。」（鄭世家）

〔案〕今河南新鄭縣北。左昭十七：「梓慎曰：『鄭，祝融之墟也。』」秦滅韓，為新鄭縣。

鄭

①歌鄭。（吳世家）

②鄭衛之曲動而心淫。

③治道虧缺而鄭音起。（樂書）

④荆吳鄭衛之聲。（司馬相如傳）

⑤鄭、衛俗與趙相類，然近梁、魯，微重而矜節。（貨殖傳）

【集解】賈逵曰：「鄭風，東鄭是。」（吳世家）

鄭

昭襄五十，張唐攻鄭，拔之。益發卒軍汾城旁。（秦本紀）

〔案〕此「鄭」字誤，不知應爲何地。

鄚

扁鵲，勃海郡鄚人。（扁鵲倉公傳）

【集解】徐廣曰：「『鄭』當爲『鄚』。鄚，縣名，今屬河間。」

【索隱】案：勃海無鄭縣，徐説是也。

會人

陸終生子六人，四曰會人。（楚世家）

【集解】駰案：世本曰：「會人者，鄭（鄶？）是也。」（楚世家）徐廣曰：「鄶在密縣。」虞翻曰：「鄶，妘姓。」（鄭世家）

【索隱】宋忠曰：「姬姓所出，鄶國也。」

【正義】括地志云：「故鄶城在鄭州新鄭縣東北二十二里。（案：鄭世家注作「三十三里」。）毛詩譜云：『昔高辛氏之土，祝融之墟，歷唐至周，重黎之後妘姓處其地，是為鄶國，為鄭武公所滅。』」（楚世家）

鄶

①地近虢、鄶。（鄭世家）

②自鄶以下，無譏焉。（吳世家）

〔案〕今密縣東北五十里，接新鄭縣界。國語：「史伯曰：『妘姓，鄔、鄶、路、偪陽。』」

參胡

陸終生子六人，二曰參胡。（楚世家）

【集解】駰案：世本曰：「參胡者，韓是也。」

【索隱】宋忠曰：「參胡，國名，斯姓，無後。」

韓

①秦晉合戰韓地。（秦本紀）

②帝許罰有罪矣，斃於韓。

③秦晉合戰韓原。（晉世家）

④韓武子封於韓原。（韓世家）

【集解】賈逵曰：「韓，晉韓原。」

【索隱】在馮翊夏陽北二十里，今之韓城縣是。（晉世家）

【正義】括地志云：「韓原在同州韓城縣西南十八里。（案：韓世家注引作「八里」。）十六國春秋云魏顆夢父結草抗秦將杜回，亦在韓原。」（秦本紀）

〔案〕今陝西韓城縣西南。

韓

①韓，姓姬氏。苗裔事晉，得封韓原。

②韓宣子徙居州。

③貞子徙平陽。

④哀侯徙都鄭。（韓世家）

⑤韓北有鞏、洛、成皋之固，西有宜陽、商阪之塞，東有宛、穰、洧水，南有陘山，地方九百餘里。（蘇秦傳）

⑥韓已得武遂於秦，以河山為塞。（楚世家）

⑦趙西有林胡、樓煩、秦、韓之邊。（趙世家）

⑧韓地險惡山居，五穀所生，非菽而麥，民大抵飯菽藿羹，不厭糟糠。地不過九百里。（張儀傳）

⑨韓、魏，中國之處而天下之樞。（范雎傳）

【索隱】高誘曰：「韓都潁川陽翟。」（刺客傳）

【正義】晉、洺、潞、澤等州皆七國時韓地，為並趙西境。（趙世家）

韓

張良其先韓人。（留侯世家）

【索隱】顧氏按：後漢書云：「張良出於城父」，城父縣屬潁川也。

韓皋

悼襄二，城韓皋。（趙世家）

陽翟

①韓景九，鄭圍韓陽翟。（六國表、鄭世家、韓世家。）

②韓攻楚，覆軍殺將，則葉、陽翟危（越世家）

③呂不韋，陽翟大賈人。（呂不韋傳）

④韓王成因故都，都陽翟。（項羽本紀）

⑤五年，立故韓王信為韓王，都陽翟。（高祖本紀）

【索隱】地理志縣名，屬潁川。戰國策以呂不韋為濮陽人。（呂不韋傳）

【正義】括地志云：「陽翟，洛州縣也。左傳云：『鄭伯突入于櫟。』杜預云：「櫟，鄭別都，今河南陽翟縣』，是也。地理志云陽翟縣是，屬潁川郡，夏禹之國。」（項羽本紀）

〔案〕今禹縣治。

潁

①管夷吾，潁上人。（管晏傳）

②楚汝潁以為險。（禮書）

③魏東有淮、潁、煑棗、無胥。（蘇秦傳）

【索隱】潁，水名。地理志潁水出陽城。漢有潁陽、臨潁二縣，今有潁上縣。（管晏傳）

【正義】淮陽、潁川二郡。（蘇秦傳）

〔案〕潁水出今河南登封縣西境，經禹縣、臨潁、西華、商水諸縣，至安徽境。潁州郡在魏西，淮陽郡在魏南。蘇秦傳「魏東有淮、潁」，正如楚之「汝、潁以為險」之例，不當泥說。正義以潁川、淮陽二郡當之，非也。

潁川

①公奚不為韓求潁川於楚？（樗里甘茂傳）

②始皇十七，盡得韓地，以為潁川郡。（始皇本紀、六國表、韓世家。）

③韓王信為韓王，王潁川。潁川北近鞏、洛，南迫宛、葉，東有淮陽，皆天下勁兵處。（韓王信傳）

④灌夫宗族賓客為權利，橫於潁川。（魏其傳）

⑤潁川、南陽，夏人之居。

⑥潁川敦愿。（貨殖傳）

【正義】潁川，許州也。（樗里甘茂傳）

〔案〕漢潁川郡治陽翟。

潁谷

潁谷之考叔。（鄭世家）

【集解】賈逵曰：「潁谷，鄭地。」

【正義】括地志云：「潁水源出洛州嵩高縣東南三十里陽乾山，今俗名潁山泉，即酈元注水經所謂潁谷也。」

城潁

莊公遷其母武姜於城潁。（鄭世家）

【集解】賈逵曰：「鄭地。」

【正義】疑許州臨潁縣是也。

〔案〕臨潁故城，今臨潁縣西北。

潁陽

①沛公破秦曲遇東，南攻潁陽，遂略韓地轘轅。（高祖本紀）
②二世三年三月，沛公攻開封，楊熊走滎陽。四月，攻潁陽，略韓地。（秦楚之際月表）
③攻潁陽、緱氏。（絳侯世家）
【正義】括地志云：「潁陽故城在陳州南頓縣西北。」（絳侯世家）
〔案〕今河南許昌縣西南，漢屬潁川郡。

潁陰

灌夫，潁陰人。（魏其武安傳）
〔案〕今許昌縣治。

岸門

①秦孝二十三，與晉戰岸門。（六國表）
②惠文十一，敗韓岸門。（秦本紀）
③魏哀五（秦惠文十一），走犀首岸門。（六國表、魏世家。）

④（同年）韓宣惠十九（秦惠文十一），秦大破韓岸門。（韓世家）

【集解】徐廣曰：「潁陰有岸亭。」（魏世家）

【索隱】劉氏云：「河東皮氏縣有岸頭亭。」（魏世家）

【正義】括地志云：「岸門在許州長社縣西北二十八里，（案：魏、韓兩世家注作「十八里」。）今名西武亭。」（秦本紀）

〔案〕秦、韓戰岸門，應在潁陰，今河南許昌縣西北二十八里；一作「岑門」。集解、正義說是也。孝公時與晉戰岸門，應在河東，今山西河津縣南岸頭亭；索隱說是也。

三川

西州三川皆震。（周本紀）

【正義】案：涇、渭二水在雍州北。洛水一名漆沮，在雍州東北，南流入渭。此時以王城為東周，鎬京為西周。

三川

①秦攻三川。

②危兩周以厚三川。（楚世家）

③楚施三川而歸。（韓世家）

④韓亡三川，魏亡晉國。（趙世家）

⑤楚塞三川守之，公不能救也。（韓世家）

⑥武王曰：「寡人欲容車通三川，窺周室。」（秦本紀）

⑦惠王用張儀之計，拔三川之地。（李斯傳）

⑧莊襄元，初置三川郡。（秦本紀、燕世家。）

⑨滅二周，置三川郡。（秦始皇本紀）

⑩李由為三川守。（陳涉世家）

⑪據三川之險，招山東之兵。（淮南衡山傳）

【集解】韋昭曰：「有河、洛、伊，故曰三川。」駰案：地理志漢高祖更名河南郡。（秦本紀）

【索隱】三川，今洛陽也。地有伊、洛、河，故曰三川。秦曰三川，漢曰河南郡。（陳涉世家）

【正義】洛州也。又：三川，兩周之地，韓多有之。（楚世家）又：三川，周太子都也。（韓世家）

〔案〕秦三川郡治滎陽。

河南

①周人都河南。（貨殖傳）

②考王封其弟於河南。（周本紀）
③楚將瑕丘申陽為河南王，都洛陽。（項羽本紀、高祖本紀。）
④河南王瑕丘申陽地屬漢，為河南郡。
⑤塞王司馬欣降漢，國除，為河南郡。（秦楚之際月表）
【正義】在黃河之南，故曰河南，即今河南府。（高祖本紀）
〔案〕漢河南郡治雒陽。

河南

①始皇三十二，蒙恬北擊胡，略取河南地。（秦始皇本紀、蒙恬傳。）
②冒頓南幷樓煩、白羊河南王。（匈奴傳）
③匈奴河南白羊、樓煩王，去長安近者七百里，輕騎一日一夜可以至秦中。（劉敬傳）
④文帝三，匈奴入北地，居河南為寇。（孝文本紀）
⑤衛青出雲中以西至高闕，遂略河南地，走白羊、樓煩王，以河南地為朔方郡。（衛霍傳）
⑥衛青取匈奴河南地，築朔方。（平準書）
【正義】今靈、夏、勝等州。（秦本紀）

雍氏

①秦惠文王十三，楚圍雍氏。（周本紀、秦本紀、韓世家、田齊世家。）

②昭王初立，楚圍韓雍氏。（甘茂傳）

③何不令楚王築萬室之都雍氏之旁。（韓世家）

【集解】徐廣曰：「在陽翟，屬韓。」（田齊世家）

【正義】括地志云：「故雍城在洛州陽翟縣東北二十五里，（案：甘茂傳注引作「二十里」。）故老云黄帝臣雍父作杵臼也。」（周本紀、韓世家。）

〔案〕今禹縣東北。左襄十八：「楚侵雍梁」，是也。

負黍

①韓景二，鄭敗韓於負黍。（六國表、鄭世家、韓世家。）

②韓列六，鄭負黍反。

③楚悼九（韓列七），伐韓，取負黍。（六國表）

④韓桓惠十七，秦取韓陽城、負黍。（周本紀、秦本紀、韓世家。）

【集解】徐廣曰：「陽城有負黍聚。」

【正義】括地志云：「負黍亭在陽城縣西南三十五里。（案：韓世家注作「西三十七里」。）故周邑。左傳云：『鄭伐周負黍』，是也。」（秦本紀）

〔案〕今登封縣西南。

鬼谷

蘇秦東事師於齊，而習之於鬼谷先生。（蘇秦傳）

【集解】徐廣曰：「潁川陽城有鬼谷。」

【索隱】鬼谷，地名也。扶風池陽、潁川陽城並有鬼谷墟。

〔案〕陽城鬼谷，今登封縣東南。

鬼谷

甘茂居秦累世，自殽塞及至鬼谷，其地形險易皆知之。不若迎之，來置之鬼谷。（甘茂傳）

【索隱】鬼谷在關內雲陽是也。

【正義】劉伯莊云：「此鬼谷，關內雲陽，非陽城者也。」

〔案〕郡國志池陽注引地道記：「有鬼谷。」晉池陽即唐雲陽，今涇陽縣境。又隋書地理志韓城縣有鬼谷，今韓城縣境。

轘轅

①沛公略韓地轘轅。（高祖本紀）

②從攻陽武，下轘轅、緱氏。（曹相國世家）

③沛公從雒陽南出轘轅。（留侯世家）

④從攻長社、轘轅，絕河津。（樊噲傳）

⑤下潁川兵塞轘轅、伊闕之道。（淮南傳）

【集解】瓚曰：「轘轅，險道名，在緱氏東南。」

【索隱】案：十三州志云：「河南緱氏縣，以山為名。一云：轘轅為九十二曲，是險道也。」（高祖本紀）

【正義】括地志云：「轘轅故關在洛州緱氏縣東南四十里。十三州志云：『轘轅道凡十二曲，險道也。』」（曹相國世家）又：轘轅門在緱氏縣東南三十里。（樊噲傳）

〔案〕轘轅山，今偃師縣東南，接鞏、登封二縣界，春秋周地。

氾

①襄王十六，奔氾。氾，鄭地也。（十二諸侯年表、匈奴傳。）

②鄭居襄王於氾。（周本紀、鄭世家。）

③晉景十三，伐鄭，取氾。（晉世家）

【集解】杜預曰：「鄭南氾在襄城縣南。」（周本紀）

【索隱】蘇林：「『氾』，音『汎』。今潁川襄城是。」（匈奴傳）

【正義】「氾」，音「凡」。括地志云：「故氾城在許州襄城縣一里。」（周本紀）

〔案〕今襄城縣南一里。

注　注人

①文侯三十二，敗秦於注。（魏世家）

②孝成元，田單將趙師攻韓注人。（趙世家）

【集解】司馬彪曰：「河南梁縣有注城。」（魏世家）

【正義】邑名也。括地志云：「注城在汝州梁縣西十五里。」（趙世家）『注』，或作『鑄』。」（魏世家）

〔案〕郡國志梁縣有注城，今河南臨汝縣西。

洧

①鄭悼十三，晉伐鄭，兵次洧上。（十二諸侯年表、鄭世家。）

②韓東有宛、穰、洧水。(蘇秦傳)

【集解】服虔曰：「洧，水名。」

【正義】括地志云：「洧水在鄭州新鄭縣北三里，古新鄭城南。韓詩外傳云：『鄭俗，二月桃花水出時，會於溱、洧水上，以自祓除。』」按：在古城城南，與溱水合。(鄭世家)流入潁。(蘇秦傳)

〔案〕元和志：「洧水在新鄭縣西北二十里。」新鄭故城在今新鄭縣北。左昭十九：「鄭大水，龍鬬於時門之外洧淵。」杜注：「時門，鄭城門。」洧水在城南，則時門是鄭南門。

〔又案〕溱水即溱水也。

宛陵

攻宛陵。(樊噲傳)

【索隱】地理志屬河南。

【正義】宛陵故城在鄭州新鄭縣東北三十八里。

〔案〕宛陵故城，今新鄭縣東北。

虎牢

晉悼二，伐鄭，城虎牢。(十二諸侯年表)

〔案〕左莊二十一：「鄭伯定王室，王與之武公之略，自虎牢以東。」杜注：「虎牢，河南成皋縣。」水經注：「河水逕成皋縣北，縣治大伾山上，縈帶伾阜，絕岸峻周，高四十許丈，即虎牢也。」韓策：「三家分知伯地，韓臣段規曰：『分地必取成皋。』韓取鄭，果自成皋始。」

成皋

①韓北有鞏、洛、成皋之固。（蘇秦傳）

②下河東，取成皋，韓必入臣。

③塞成皋，絕上地，則韓之國分。（張儀傳）

④東據成皋之險，割膏腴之壤，遂散六國之從。（李斯傳）

⑤莊襄元，韓獻成皋、鞏。秦界至大梁。（秦本紀）

⑥（同年）韓桓惠二十四，秦拔韓成皋、滎陽。（六國表、韓世家。）

⑦項王使曹咎守成皋。（彭越傳）

⑧漢王從滎陽城西門出，走成皋。（項羽本紀）

⑨與項羽戰滎陽，爭成皋之口，大戰七十，小戰四十。（劉敬傳）

⑩漢王坐河南宮成皋臺。（外戚世家）

⑪吳何知反，漢將一日過成皋者四十餘人。（淮南傳）

⑫卜式為成皋令，將漕最。（平準書）

⑬據敖倉之粟，塞成皋之口。（黥布傳、酈食其傳。）

⑭絕成皋之口，天下不通。（淮南傳）

【索隱】案：成皋臺，漢書作「成皋靈臺」。西征記云：「武牢城內有高祖殿，西南有武庫」也。（外戚世家）

【正義】括地志云：「洛州汜水縣西南二里，（案：「西南二里」見項羽本紀注。）古之虢國，亦鄭之制邑，又名虎牢，漢之成皋。」（秦本紀）又：成皋城在河南澠水縣東南二里。（淮南傳）

〔案〕今河南舊汜水縣西北。

鞏

①惠公封其少子於鞏，號東周惠公。（周本紀）

②韓北有鞏、洛、成皋之固。（蘇秦傳）

③莊襄元，韓獻成皋、鞏。（秦本紀）

④楚拔成皋，欲西。漢使兵距之鞏。（項羽本紀）

⑤項羽拔漢滎陽，漢兵遁保鞏、洛。（酈食其傳）

⑥漢王將數十萬之眾，距鞏、雒。（淮陰侯傳）

⑦楚漢相距鞏洛。（自序）

⑧鞏、洛、宛、葉、淮陽，皆天下勁兵處。（韓王信傳）

【正義】郭緣生述征記：「鞏縣，周地，鞏伯邑。顯王二年西周惠公封少子班於鞏，以奉王室，為東周惠公也。子武公，為秦所滅。」（周本紀）又：鞏，今洛州鞏縣。（秦本紀）

〔案〕今鞏縣西南。

滎陽

①秦莊襄元，拔韓成皋、滎陽。（六國表、韓世家。）

②下兵而攻滎陽，則鞏、成皋之道不通。（范雎傳）

③楊熊走之滎陽。（高祖本紀）

④李由為三川守，守滎陽。（陳涉世家）

⑤楚漢相守滎陽數年。（蕭相國世家）

⑥楚與漢戰滎陽南京、索間。（項羽本紀）

⑦急進兵，收取滎陽，據敖倉之粟，塞成皋之險。（酈食其傳）

⑧與項羽戰滎陽，爭成皋之口。（劉敬傳）

⑨灌嬰留兵屯滎陽。（齊悼惠王世家。）

⑩太尉周亞夫會兵滎陽。（絳侯世家、吳王濞傳。）

⑪吾據滎陽，滎陽以東無足憂者。（吳王濞傳）

⑫竇嬰守滎陽，監齊趙兵。（魏其侯傳）

⑬滎陽下引河東南為鴻溝。（河渠書）

【索隱】韋昭云：「故衛地，河南縣也。」

〔案〕今河南舊滎澤縣西南。

京

①莊公封弟段於京。（鄭世家）

②韓景元，伐鄭，取雍丘。鄭城京。（六國表）

③申不害，京人。（老莊申韓傳）

④楚漢戰滎陽南京、索間。（項羽本紀）

⑤漢王與項羽相距京索之間。（蕭相國世家）

【集解】賈逵曰：「京，鄭都邑。」杜預曰：「今滎陽京縣。」（鄭世家）

【索隱】別錄云：「京，今河南京縣。」

【正義】括地志云：「京縣城在鄭州滎陽縣東南二十里，鄭之京邑也。」（項羽本紀）

〔案〕今成皋（舊滎陽）縣東南。

索

①楚漢戰滎陽南京、索間。（項羽本紀）

②漢王與項羽相距京、索之間。（蕭相國世家）

【集解】應劭曰：「京縣有索亭。」

【正義】滎陽縣即大索城。杜預云：「成皋東有大索城，又有小索故城，在滎陽縣北四里。」京相璠地名云：「京縣有大索亭、小索亭。」（項羽本紀）

〔案〕大索城，今滎陽縣。左昭五：「晉韓宣子如楚，鄭人勞諸索氏。」

汜

曹咎守成皋，渡兵汜水。（項羽本紀、高祖本紀。）

【集解】張晏曰：「汜水在濟陰界。」瓚曰：「高祖攻曹咎成皋，渡汜水而戰，今成皋城東汜水是也。」

【索隱】案：今此水見名汜水，音「似」。張晏云在濟陰，亦未全失。按：古濟水當此截河而南，又東流，溢為滎澤。然水南曰陰，此亦在濟之陰，非彼濟陰郡耳。臣瓚之說是。（項羽本紀）

【正義】括地志云：「汜水源出洛州汜水縣東南三十二里方山。山海經云：『浮戲之山，汜水出焉。』」（項羽本紀）在成皋故城東。（高祖本紀）

〔案〕汜河，舊汜水縣西。

廣武

①秦昭四十三，攻韓汾陘，拔之，因城河上廣武。（范雎蔡澤傳）

②漢王復取成皋，軍廣武，就敖倉食。（項羽本紀）

③陳平屬韓王信，軍廣武。（陳丞相世家）

【集解】孟康曰：「於滎陽築兩城相對為廣武，在敖倉西三皇山上。」

【正義】括地志云：「東廣武、西廣武在鄭州滎陽縣西二十里。戴延之西征記云：『三皇山上有二城，東曰東廣武，西曰西廣武，各在一山頭，相去百步。汴水從廣澗中東南流，今涸無水。城各有三面，在敖倉西。』郭緣生述征記云：『一澗橫絕上過，名曰廣武。相對皆立城塹，遂號東、西廣武。』」（項羽本紀）

〔案〕廣武山在舊滎澤縣西，河陰縣北五里，西接汜水。據范雎傳，廣武城似起戰國。水經注：「西廣武，漢所築；東廣武，項羽所築。」未可確信。

廣武

①匈奴萬餘騎屯廣武以南，至晉陽。（韓王信盧綰傳）

②械繫敬廣武。遂往，至平城。（劉敬傳）

③荀彘，太原廣武人。（衛霍傳）

【索隱】地理志縣名，屬鴈門。（劉敬傳）

【正義】廣武故城在代州鴈門縣界也。（韓王信傳）又：廣武故縣在句注山南。（劉敬傳）

〔案〕今代縣西十五里。

宜陽

①韓西有宜陽、商阪之塞。（蘇秦傳）

②宜陽，大縣，上黨、南陽積之久矣。名曰縣，其實郡。（甘茂傳）

③韓事秦，秦必求宜陽、成皋。宜陽效則上郡絕。（蘇秦傳）

④秦惠文王三，拔韓宜陽。（六國表、韓世家。）

⑤秦惠九，伐韓宜陽，取六邑。（六國表）

⑥赧王八，秦攻宜陽。（周本紀）

⑦秦武三，謂甘茂曰：「寡人欲容車通三川，窺周室。」其秋，伐宜陽。四年，拔之。（秦本紀、六國表、韓世家。）

⑧昭十七，王之宜陽。（秦本紀）

⑨已得宜陽、少曲。（蘇秦傳）

⑩秦下甲據宜陽，韓之上地不通。

⑪秦攻新城、宜陽，以臨二周之郊。（張儀傳）

⑫我起乎宜陽而觸平陽，二日而莫不盡繇。（蘇秦傳）

⑬秦破韓宜陽，而韓猶事秦者，以先王墓在平陽，而秦之武遂去之七十里。（楚世家）

⑭竇少君為人略賣，至宜陽，為其主入山作炭。（外戚世家）

【索隱】弘農之縣，在澠池西南。韓之平陽，秦之武遂，並當在宜陽左右。（楚世家）

【正義】括地志云：「故韓城一名宜陽城，在洛州福昌縣東十四里。」（周本紀）韓之大郡，伐取之，三川路乃通。（秦本紀）又：宜陽、平陽皆韓大都，隔河。（蘇秦傳）

〔案〕今宜陽縣西。戰國策：「東周君曰：『宜陽城方八里，材士十萬。』」漢光武降赤眉亦在此。秦拔宜陽，乃武王三年事，秦惠時或拔而未能有。韓以宜陽通上黨，秦以宜陽通二周，此乃秦、韓所必争。韓失宜陽，則秦越二周而與韓争成皋之險；成皋失，韓無以為國矣。

武遂

①秦武四，拔宜陽。涉河，城武遂。（秦本紀、六國表。）

②秦破韓宜陽，而韓猶事秦者，以先王墓在平陽，而秦之武遂去之七十里，故尤畏秦。

③韓已得武遂於秦，以河山為塞。（楚世家）

④秦昭元，復與韓武遂。

⑤四，取韓武遂。

⑥十一，與韓河外及武遂和。

⑦十七，韓與秦武遂地方二百里。（六國表、韓世家。）

⑧秦破趙，殺將扈輒於武遂城。（廉頗傳）

【集解】徐廣曰：「韓邑。」（秦本紀）

【索隱】韓之平陽，秦之武遂，並當在宜陽左右。（楚世家）

【正義】案：此邑本屬韓，近平陽。（秦本紀。案：韓世家注云近「宜陽」，殆字譌。）

〔案〕此韓武遂，今山西臨汾縣西南。蓋秦得宜陽，乃築此以逼韓之平陽也。

武遂

①燕喜十二，趙拔燕武遂、方城。（六國表、趙世家、燕世家。）

②酈疥封高梁侯，更食武遂。（酈食其傳）

【集解】徐廣曰：「屬河間。」（燕世家）又曰：「屬安平。」（趙世家）

【正義】括地志云：「易州遂城，戰國時武遂城也。」（趙世家）

〔案〕此燕武遂，今河北武強縣東北。

上黨

①魏咎得王錯，挾上黨，固半國也。（魏世家）

②成侯十三，與韓昭侯遇上黨。（趙世家）

③韓桓惠十（秦昭襄四十四），秦擊韓於太行，韓上黨郡守以上黨降趙。

④十四（昭襄四十八），秦拔趙上黨。（韓世家）

⑤昭襄四十五，伐韓野王，上黨道絕。（白起傳）

⑥昭襄四十七，攻韓上黨，上黨降趙。（秦本紀）

⑦韓之上黨去邯鄲百里。（趙世家）

⑧莊襄四，攻上黨，初置太原郡。（秦本紀。案：六國表在三年。）

⑨秦攻王之上黨，羊腸之西，句注之南，非王有已。（趙世家）

⑩韓信定魏地，置三郡，曰河東、太原、上黨。（高祖本紀）

⑪韓信虜魏豹，地屬漢，為河東、上黨郡。（秦楚之際月表。案：月表又謂漢滅趙歇，地屬漢，為太原郡；較高祖本紀為是。）

⑫溫、軹西賈上黨。（貨殖傳）

【正義】韓上黨。從太行山西北澤、潞等州是也。（韓世家）秦上黨郡，今澤、潞、儀、沁等四州之地，兼相州之半，韓揔有之。至七國時，趙得儀、沁二州之地，韓猶有潞州及澤州之半，半屬趙、魏。沁州在羊腸坂之西，儀、并、代三州在句注山之南。（趙世家）

〔案〕漢上黨郡治長子，今長子縣西。

上黨

自常山以至代上黨，東有燕、東胡之境。（趙世家）

〔案〕代在常山北，故曰「代上黨」。「上黨」猶「上地」，亦猶言高處也。此趙之上黨。

上地

①秦下甲據宜陽，斷韓之上地，下河東，取成皋，韓必入臣。

②夫塞成皋，絕上地，則韓之國分。（張儀傳）

③始皇十八，王翦將上地，下井陘。（秦始皇本紀）

【正義】上郡上縣，今綏州等是也。（秦始皇本紀）

〔案〕「上地」猶云「上黨」。王翦將上地，下井陘，則代上黨也；正義說誤。

乾河

取韓安邑以東，到乾河。（白起王翦傳）

【集解】徐廣曰：「音『干』。」駰案：郭璞曰：「今河東聞喜縣東北有乾河口，因名乾河里，但有故溝處，無復水也。」

〔案〕今翼城縣南。水經注：「乾河，即教水之枝川。」

女戟

我舉安邑，塞女戟，韓氏太原卷。（蘇秦傳）

【索隱】女戟，地名，在太行山之西。劉伯莊曰：「『太原』當為『太行』。」

〔案〕水經涑水注：「鹽水出薄山，西北流逕巫咸山北。地理志曰：『山在安邑縣南。』海外西經曰：『巫咸國在女丑北。』其水又逕安邑故城南，又西流，注於鹽池。」巫咸山，今夏縣東五里。疑「女丑」即「女戟」聲轉字譌。韓氏太原即指安邑以東，詳「太原」條；劉說非是。

少曲

①我起乎少曲，一日而斷太行。

②已得宜陽、少曲。（蘇秦傳）

③秦昭四十二，東伐少曲、高平，拔之。（范雎傳）

【索隱】劉氏以為蓋在太行西南。（范雎傳）。又：地名，近宜陽也。（蘇秦傳）

【正義】在懷州河陽縣西北。（蘇秦傳）當與高平相近。（范雎傳）

〔案〕左襄二十三年傳：「齊伐晉，取朝歌。入孟門，登太行。張武軍於熒庭，戍郫邵，封少水乃還。」水經注：「少水，今沁水也。」沁水流經濟源縣北之太行山。漢沁水故城，今濟源縣東北，正與高平為近。然則少曲即沁水之曲耳，正義說是；索隱謂近宜陽，誤。蓋此乃韓宜陽踰河通上黨之要道，故蘇秦傳二地並舉。

朱

韓昭二，魏取韓朱。（六國表、韓世家。）

〔案〕水經注：「沁水南逕石門，世謂之沁口。其水南分為二水，一水南出，為朱溝水。沁水東逕野王縣故城北。又東，朱溝枝津入焉。」疑朱或以朱溝名，當在今沁陽縣境。

野王

①昭襄四十五，伐韓之野王。野王降秦，上黨道絕。（白起傳）

②始皇六，秦拔衛，迫東郡，其君角徙居野王，阻其山以保魏之河內。（秦始皇本紀）

③魏景湣二，秦拔我朝歌。衛從濮陽徙野王。（六國表、魏世家。）

④秦拔魏東地，初置東郡，更徙衛野王縣，而幷濮陽為東郡。（衛世家）

⑤秦徙衛元君之支屬於野王。（刺客傳）

⑥濮上之邑徙野王，野王好氣任俠，衛之風也。（貨殖傳）

【索隱】地理志野王縣屬河內，在太行東南。孟康曰：「古邢國也。」（白起傳）

【正義】懷州河內縣。（刺客傳）

〔案〕左宣十七：「晉人執晏弱於野王。」故城今沁陽縣治。

修魚

①秦為嬴姓，其後分封，有修魚氏。（秦本紀）

②秦惠文王七，韓、趙、魏、燕、齊帥匈奴共攻秦。秦與戰修魚。（秦本紀）

③韓宣惠十六（秦惠文八），秦敗韓修魚。（六國表、韓世家。）

【正義】修魚，韓邑也。（秦本紀）

〔案〕左成十年：「晉、鄭盟於修澤。」注：「卷縣東有修武亭。」水經注：「濟水自滎澤東逕滎陽卷縣之修武亭南」，是也。或說修魚即修武，今河南原武縣東。

寧

通韓上黨於共、寧。（魏世家）

【集解】徐廣曰：「朝歌有寧鄉。」

【正義】寧，懷州修武縣，本殷之寧邑。韓詩外傳云：「武王伐紂，勒兵於寧，故曰修武。」

〔案〕左文五：「晉陽處父聘於衛，反過寧。」是自春秋以迄戰國，皆稱寧。韓非書：「秦昭王去邯鄲，西攻修武。」無寧。修武之名轉後起，外傳說不可信。

修武　小修武

①至河內，下修武，渡圍津，東擊定陶。（曹相國世家）

②漢王出成皋北門，渡河走修武。（項羽本紀）

③漢王自成皋北渡河，馳宿修武。復引兵臨河，南饗軍小修武南。（高祖本紀）

【集解】晉灼曰：「小修武在大修武城東。」（高祖本紀）

【正義】今懷州獲嘉縣，古修武也。（曹相國世家）

〔案〕修武，今獲嘉縣治。小修武在縣境。

林慮

王太后次女為林慮公主。（外戚世家）

【索隱】林慮，縣名，屬河內。本名隆慮，避殤帝諱，改名林慮。

【正義】林慮，相州縣也。

〔案〕今河南林縣治。荀子：「秦地東在韓者，乃有臨慮。」

武始

①昭襄十三，伐韓，取武始。（秦本紀）

②武始侯。（建元以來王子侯者年表）

【集解】駰案：地理志魏郡有武始縣。

【正義】括地志云：「武始故城在洛州武始縣西南十里。」

〔案〕今邯鄲縣西南。

高商

高商之戰。（蘇秦傳）

【集解】駰案：此戰事不見。

南陽

①潁川、南陽，夏人之居。（貨殖傳）

②以南陽委於楚。（蘇秦傳）

③昭襄二十七，攻楚。赦罪人遷之南陽。

④昭襄三十四，初置南陽郡。（秦本紀）

⑤秦末世，遷不軌之民於南陽。（貨殖傳）

⑥銍人宋留將兵定南陽。（陳涉世家）

⑦孔僅，南陽大冶。（平準書）

⑧秦伐魏，遷孔氏南陽。大鼓鑄，連車騎，遊諸侯，南陽行賈盡法孔氏之雍容。

⑨南陽西通武關、鄖關，東南受漢、江、淮。宛亦一都會也。（貨殖傳）

⑩漕從南陽上沔入褒。（河渠書）

⑪南陽、漢中以往郡，各以地比給初郡。（平準書）

【正義】今鄧州也。秦置南陽郡，在漢水之北。張衡南都賦云：「陪京之南，居漢之陽。」（秦本紀）

〔案〕秦、漢南陽郡治宛。

南陽

①秦不敢踰河而攻南陽。（周本紀）

②親魏善楚，下兵三川，塞斜谷之口，當屯留之道，魏絕南陽，楚臨南鄭。（張儀傳）

③秦下軹道，則南陽危。

④我下軹，道南陽，封冀，包兩周。（蘇秦傳）

⑤昭襄三十三，魏入南陽以和。（秦本紀）

⑥魏安釐四（昭襄三十四），魏與秦南陽以和。（六國表、魏世家。）

【集解】徐廣曰：「河內修武，古曰南陽，秦始皇更名河內，魏地。」

【正義】括地志云：「懷州獲嘉縣即古之南陽。杜預云：『在晉州山南河北，故曰南陽。』」（秦本紀）

〔案〕左僖二十五：「晉於是始啟南陽。」馬融曰：「晉地自朝歌以北至中山為東陽，朝歌以南至軹為南陽。」應劭曰：「南陽，秦改修武。」水經注：「修武，古寧也，亦曰南陽。」故城今獲嘉縣北。

南陽

①秦昭四十四，攻韓，取南陽。（六國表）

②白起攻南陽太行道，絕之。（白起傳）

③始皇十六，發卒受韓南陽地。（秦始皇本紀、六國表。）

【集解】徐廣曰：「『南陽』，一作『南郡』。」（六國表）

〔案〕秦本紀作「昭四十四，攻韓南郡，取之」，徐廣所本。韓世家、韓表皆云是年「秦擊韓於太行」。蓋上年取韓汾旁陘城等九城，今年擊太行，而韓之上黨路絕，遂以入趙。則此處作「南陽」為是，當據白起傳。

南陽

①願齊之試兵南陽莒地，以聚常、郯之境。

②景翠之軍北聚魯、齊、南陽。（越世家）

③楚攻齊之南陽。（魯仲連傳）

【索隱】南陽在齊之西界，莒之西。（越世家）即齊之淮北、泗上之地也。（魯仲連傳）

墨陽

韓卒之劍戟皆出於冥山、堂谿、墨陽、合膊。（蘇秦傳）

【集解】駰案：淮南子曰：「墨陽之莫邪也。」

〔案〕水經注：「黄水南逕丹水縣，南注丹水。黄水北有墨山。」隋書地理志：「淅陽郡南鄉有石墨山。」今稱黑山，在内鄉縣西北五十里。墨陽或此墨山之陽，則與冥山、堂谿、鄧、宛諸地皆在南陽也。

合膊

韓卒之劍戟皆出於冥山、堂谿、墨陽、合膊。（蘇秦傳）

【集解】駰案：音「附」。徐廣曰：「一作『伯』。」

【索隱】戰國策作「合伯」，春秋後語作「合相」。

馮

鄧師、宛馮、龍淵、太阿。（蘇秦傳）

【集解】徐廣曰：「滎陽有馮池。」

【索隱】宛人於馮池鑄劍，故號宛馮。

〔案〕左定六：「鄭伐馮、滑、胥靡、負黍、狐人、闕人。」杜注：「周六邑。」東觀漢記：「魏之別封曰華侯，華侯孫長卿食采於馮城」，是也。

龍淵　太阿

韓卒之劍戟皆出於冥山、棠谿、墨陽、合賻、鄧師、宛馮、龍淵、太阿。（蘇秦傳）

【索隱】案：晉太康地理記曰：「汝南西平有龍泉水，可以淬刀劍，特堅利，故天下寶劍韓為眾。」其劍皆出西平縣，今有鐵官令，別領戶，是古鑄劍之地。

〔案〕西平故城，今河南西平縣西。今縣境西南三十里有五龍池，西北四十五里有白龍池。又西七十五里有冶爐城，相傳韓王鑄劍處；漢、晉皆於此置鐵官。唐李愬別將馬少良等下嵖岈山，又進取西平之冶爐城是也。

滑

①鄭伐滑。（周本紀、鄭世家。）

②秦襲鄭，滅滑。滑，晉之邊邑也。（秦本紀）

③秦師過周，至滑，鄭賈人弦高遇之。滅滑而去。（晉世家）

【正義】杜預云：「滑故國都河南緱氏縣，（案：左成十三年：「呂相絕秦，曰：『殄滅我費滑』」，杜注：「滑國都于費，今緱氏縣。」）為秦所滅。」括地志云：「緱氏故城本費城也，在洛州緱氏縣南東二十五里也。」（周本紀）韋昭云：「姬姓小國也。」（秦本紀）

〔案〕緱氏故城，今偃師縣南二十里。

緱氏

①秦昭四十六，攻韓緱氏、藺。（白起傳）

②從攻陽武，下轘轅、緱氏。（曹相國世家）

③攻潁陽、緱氏。（絳侯世家）

④攻緱氏，絕河津。（酈商傳）

⑤公孫卿候神河南，見僊人跡緱氏城上。

⑥東幸緱氏，禮登中嶽太室。（孝武本紀、封禪書。）

【索隱】地理志緱氏縣屬河南。（曹相國世家）

皇門

莊王克鄭，入自皇門。（楚世家）

【集解】賈逵曰：「鄭城門。」何休曰：「郭門也。」

陵觀

韓昭六，伐東周，取陵觀、廩丘。（六國表、韓世家。案：韓世家作「邢丘」。）

〔案〕胡三省云：「陵觀、廩丘，皆邑聚名。」

夏山

韓釐十，秦敗韓夏山。（六國表、韓世家。）

石章

惠文王十，取韓石章。（秦本紀）

【正義】韓地名。

卷十五　趙地名

趙城

①周繆王以趙城封造父。（秦本紀、趙世家。）

②秦以其先造父封趙城，為趙氏。（秦本紀）

【集解】徐廣曰：「趙城在河東永安縣。」

【正義】括地志云：「趙城，今晉州趙城縣是。本彘縣地，後改曰永安，即造父之邑。」（秦本紀）

〔案〕趙城故城，今山西趙城縣西南。

趙城

①高帝八年，擊韓信反虜於趙城。（漢興以來將相名臣年表）

②吳楚反，趙王城守邯鄲。漢兵引水灌趙城，趙城壞，邯鄲遂降。（楚元王世家）

〔案〕此趙城即邯鄲也。

趙

①趙北有燕，東有胡，西有林胡、樓煩、秦、韓之邊。（趙世家）

②今山東建國莫彊於趙。趙地方二千里，西有常山，南有河漳，東有清河，北有燕國。（蘇秦傳）

③趙，四戰之國，其民習兵。（燕世家、樂毅傳。）

④下趙五十餘城。（淮陰侯傳）

⑤高祖封趙，都邯鄲。（漢興以來諸侯年表）

⑥高祖八年，從東垣過趙。（淮南衡山傳）

⑦常山以南，太行左轉，度河、濟，阿、甄以東薄海，為齊、趙國。（漢興以來諸侯年表）

⑧高后王呂祿於趙。一歲，誅，乃立幽王子遂。（楚元王世家）

⑨景帝三，趙王遂反。

⑩廣川王彭祖徙為趙王。（孝景本紀）

⑪漢定百年之間，趙分為六。（漢興以來諸侯年表。集解徐廣曰：「河間、廣川、中山、常山、清河。」）

⑫溫、軹西賈上黨，北賈趙、中山。

⑬燕大與趙、代俗相類。（貨殖傳）

皋狼

①孟增幸於周成王，是為宅皋狼。（秦本紀、趙世家。）

②皋狼侯。（建元以來王子侯者年表）

【集解】徐廣曰：「或云皋狼地名，在西河。」

【索隱】案：地理志，皋狼是西河郡之縣名。（趙世家）

【正義】案：孟增居皋狼而生衡父。（秦本紀）

〔案〕漢西河郡皋狼，今離石縣西北。

郭狼

我先王取藺、郭狼，敗林人於荏。（趙世家）

〔案〕通鑑地理通釋：「『郭狼』，疑是『皋狼』。」又水經沮水注：「石川水逕郭獀城入渭」，非此郭狼。

仇猶

知伯伐仇猶。（樗里子甘茂列傳）

【集解】許慎曰：「仇猶，夷狄之國。」

【索隱】高誘注戰國策，以「仇酋」為「厹由」。韓子作「仇由」。地理志臨淮有仇酋縣也。

【正義】括地志云：「幷州盂縣外城俗名原仇山，亦名仇猶，夷狄之國也。」

〔案〕原仇山，今盂縣北八里，上有仇猶廟。隋書地理志：「盂縣，開皇十六年置，曰原仇；大業初，改盂縣。」

王澤

襄子奔晉陽。原過從，後，至於王澤。（趙世家）

【正義】括地志云：「王澤在絳州正平縣南七里。」

〔案〕今絳縣西南七里，其上有王橋。水經：「澮水西至王橋，注於汾水。」

常

常、衛既從。（夏本紀）

【集解】鄭玄曰：「地理志恆水出恆山。」

【索隱】此文改恆山、恆水皆作「常」，避漢文帝諱也。常水出常山上曲陽縣，東入滱水。

〔案〕周禮職方：「幷州川虖池、嘔夷。」嘔夷即滱水。恆水入滱，衛水入滹沱。或說禹貢「恆、衞」即指滱水、滹沱，否則不應捨大川，舉小流。

常山

①太行、常山。（夏本紀）

②殷紂之國，左孟門，右太行，常山在其北，大河經其南。（孫子吳起傳）

③從常山上臨代，代可取也。

④自常山以至代、上黨。（趙世家）

⑤趙西有常山。

⑥燕守常山之北。（蘇秦傳）

⑦席卷常山之險，必折天下之脊。（張儀傳）

⑧李良略常山。

⑨李良已定常山。（張耳陳餘傳）

⑩塡趙塞常山以廣河內。（自序）

⑪張耳為常山王，王趙地，都襄國。（項羽本紀、張耳陳餘傳。）

⑫常山二十五城，陳豨反，亡其二十城。（韓王信傳）

⑬降定清河、常山凡二十七縣。（樊噲傳）

⑭孝惠後宮子不疑封常山王。（呂后紀）

⑮孝景復置常山國。（漢興以來諸侯年表）

⑯常山王勃遷房陵，國絕。（五宗世家）

⑰武帝時，漢廣關，以常山為限，而徙代王王清河。（梁孝王世家）

⑱淮北、常山已南，河濟之間千樹萩。（貨殖傳）

恆山

①獻恆山之尾五城。（張儀傳）

②自殽以東，名山五：太室、恆山、泰山、會稽、湘山。

③至泰山修封，還過祭恆山。

④十一月，巡狩至北岳。北岳，恆山也。（封禪書）

⑤壬、癸，恆山以北。

⑥恆山之北，氣下黑上青。（天官書）

【正義】括地志云：「恆山在定州恆陽縣西北百四十里。周禮云：『并州鎮曰恆山。』」（封禪書）地道記云：「恆山在上曲陽縣西北百四十里。」（趙世家）括地志云：「常山故城在恆州眞定縣南八里，本漢東垣邑。」（呂后紀）

〔案〕恆山，今河北曲陽縣西北，以避文帝諱，曰常山。漢志：「常山郡上曲陽縣，恆山在西北」，是也。後世以為在山西渾源，非是。漢志：「常山郡，高帝置。」然項羽已封張耳為常山王；又其前李良略定常山；是常山為一政區，似自秦已爾。全祖望疑秦滅燕，沿邊置上谷、漁陽、右北平、遼西、遼東郡，而獨燕本土不聞建郡，因據水經注補廣陽郡。然酈說不知所起。恐秦先滅趙，後定燕，燕南趙北之地，蓋有常山郡，張耳陳餘傳可證，不必別采酈說。

襄國

①項羽立張耳為常山王，王趙地，都襄國。（項羽本紀）

②戰襄國，破柏人。（樊噲傳）

③遇淮陰侯兵襄國。（蒯成侯傳）

【正義】括地志云：「邢州城本漢襄國縣，秦置三十六郡，於此置信都縣，屬鉅鹿郡。地理志云：故邢侯國也。史記云：周武王封周公旦之子為邢侯。左傳云：『凡、蔣、邢、茅，周公之胤也。』」（項羽本紀）

信都

①趙歇立為趙王，居信都。

②項羽立張耳為常山王，治信都。信都更名襄國。（張耳傳）

〔案〕襄國故城，今邢臺縣西南。舊說殷祖乙遷邢及春秋邢國在此，皆誤；辨詳「邢」。

信都　廣川

①孝景初置廣川國，都信都。

②五年，徙王趙，國除為信都郡。中元年，復置廣川國。（漢興以來諸侯年表）

③董仲舒，廣川人。（儒林傳）

④廣川侯。（建元以來王子侯者年表）

〔案〕漢信都國治信都，今河北冀縣治。廣川縣屬信都國，今棗彊縣東三十里。

夏屋

趙襄子元，登夏屋，誘代王。（六國表、趙世家。）

【集解】徐廣曰：「山在廣武。」

【正義】括地志云：「夏屋山一名賈屋山，今名賈母山，在代州鴈門縣東北三十五里。夏屋與句注山相接。」（趙世家）

〔案〕今代縣東北六十里。

句注

①羊腸之西，句注之南。（趙世家）

②趙襄子欲幷代，約與代王遇於句注之塞。（張儀傳）

③趙襄子踰句注而破幷代。

④趙有代、句注之北。

⑤匈奴引兵南踰句注，攻太原，至晉陽下。（匈奴傳）

⑥漢兵已踰句注。（劉敬傳）

⑦擊胡騎句注北。（夏侯嬰傳）

⑧胡騎入代句注邊，烽火通於甘泉、長安。（匈奴傳）

⑨蘇意軍句注。（孝文本紀）

【集解】應劭曰：「山險名也，鴈門陰館。」（孝文本紀）

【索隱】韋昭云：「山名，在陰館。」（匈奴傳）

【正義】句注山在代州鴈門縣西北三十里。（劉敬傳。案：趙世家作「四十里」。）

〔案〕句注山，今代縣西北二十五里。呂氏春秋天下「九塞」，句注其一。以山形句轉，水勢注流名；與雁門山岡隴相接，夏屋山亦相附近。大抵代境諸山皆其支脈。

巠分

反巠分、先俞於趙。（趙世家）

【集解】徐廣曰：「一作『王公』。」

【正義】「巠」，音「邢」。「分」字誤，當作「山」字。括地志云：「句注山一名西陘山。」

〔案〕戰國策作「三公、什清」，徐廣說所本；今作「王公」，乃字譌。郡國志常山元氏縣有三公塞。今元氏縣西七十里，相近有十餘寨，皆連接山西界。不知與正義說孰是？

休溷

奄有河宗，至於休溷諸貉。（趙世家）

【正義】自河宗、休溷諸貉，乃戎狄之地也。

〔案〕漢太原郡有界休縣，今介休縣東南。又西河郡有土軍縣，今石樓縣治。疑「溷」即「土軍」之合音。休溷諸貉應在介休、離石一帶河、汾之間。河宗蓋指龍門以上。

黑姑

北滅黑姑。（趙世家）

【正義】亦戎國。

百邑

①女立我百邑。

②遂祠三神於百邑。（趙世家）

〔案〕水經汾水注：「彘水西流，逕觀阜北，故百邑也。」觀堆祠，今霍縣東南，祠霍山神。

中牟

①佛肸為中牟宰。趙簡子攻范、中行，伐中牟。（孔子世家）

②獻侯即位，治中牟。

③魏欲通平邑、中牟之道，不成。（趙世家）

【集解】駰案：地理志云：「河南中牟縣，趙獻侯自耿徙此。」瓚曰：「中牟在春秋之時是鄭之疆內也，及三卿分晉，則在魏之邦土。趙界自漳水以北，不及此。春秋傳曰：『衛侯如晉，過中牟。』按：中牟非衛適晉之次也。汲郡古文曰：『齊師伐趙東鄙，圍中牟。』此中牟不在趙之東也。按：中牟當漯水之北。」（趙世家）

【索隱】此趙中牟在河北，非鄭之中牟。（趙世家）蓋在漢陽西。（孔子世家）

【正義】相州湯陰縣西五十八里有牟山。蓋中牟邑在此山側也。（趙世家）

〔案〕管子：「齊桓公築五鹿、中牟、鄴以衛諸夏。」國語：「晉侯問趙武曰：『中牟，邯鄲之肩髀。』」牟山在今湯陰縣西四十里。方輿紀要：「中牟城在湯陰縣西五十里。」顧棟高謂在邢臺、邯鄲間，誤也。

平邑

①趙獻十三，城平邑。（六國表、趙世家。）

②惠文二十八，攻齊，至平邑。（六國表、趙世家、藺相如傳。）

③魏欲通平邑、中牟之道。（趙世家）

【集解】駰案：地理志云：代郡有平邑縣。（趙世家）

【正義】括地志云：「平邑故城在魏州昌樂縣東北三十里。（趙世家、藺相如傳。案：趙世家又一條作「四十里」。）

〔案〕故城今河北南樂縣東北；正義說是也。代郡平邑，今山西陽高縣東南，差失遠矣。

邯鄲

①晉定十五，趙鞅欲殺邯鄲大夫午，午與中行寅、范吉射攻趙鞅。（晉世家、趙世家。）

②是年中行文子奔邯鄲。（趙世家）

③晉定二十一，趙鞅拔邯鄲、栢人。（十二諸侯年表）

④敬侯元，始都邯鄲。（趙世家）

⑤魏武元，襲邯鄲。

⑥趙成二十一，魏圍邯鄲。

⑦二十二，拔邯鄲。

⑧二十四，魏歸邯鄲。（六國表、趙世家、魏世家。）

⑨秦昭四十八，攻趙邯鄲。（秦本紀）

⑩章邯至邯鄲，徙其民河內，夷其城郭。（張耳陳餘傳）

⑪降邯鄲郡六縣。（傳靳蒯成傳）

⑫高祖封趙國，都邯鄲。（漢興以來諸侯年表）

⑬吳楚反，趙王城守邯鄲。漢兵引水灌趙城，趙城壞，趙王自殺，邯鄲遂降。（楚元王世家）

⑭四年，以趙國為邯鄲郡。（孝景本紀）

⑮邯鄲，漳、河之間一都會也。北通燕、涿，南有鄭、衛。（貨殖傳）

⑯邯鄲貴婦人。（扁鵲傳）

⑰邯鄲郭縱以鐵冶成業，與王者埒富。（貨殖傳）

【正義】邯鄲，洺州縣也。（楚元王世家）

〔案〕漢志趙國治邯鄲縣，今邯鄲縣西南。

兔臺

趙敬四，魏敗我兔臺。（六國表、趙世家。）

【正義】兔臺在河北。（趙世家）

剛平

①敬侯四，魏敗我兔臺。築剛平以侵衛。

②五，齊、魏為衛攻趙，取剛平。（趙世家）

【正義】兔臺、剛平並在河北。

〔案〕漢剛縣，晉置剛平。或此剛平即剛。魏侵趙兔臺，與趙築剛平侵衛，乃兩事，正義并説「並在河北」，未可據。

中山

①獻侯十，中山武公初立。

②烈侯元，魏文伐中山，使太子擊守之。（趙世家）
③樂羊為魏文侯將，伐取中山。（樂毅傳）
④敬侯十，與中山戰于房子。
⑤十一，伐中山，戰於中人。
⑥成侯六，中山築長城。（趙世家）
⑦魏惠二十八（趙肅侯七），中山君相魏。（魏世家）
⑧魏惠二十九，中山君為相。（六國表）
⑨武靈十七，出九門，為野臺，以望齊、中山之境。
⑩十九，北略中山地，至房子。
⑪曰：「中山在我腹心。」
⑫吾東有河、薄洛之水，與齊、中山同之。
⑬二十，略中山地，至寧葭。
⑭二十一，攻中山。取鄗、石邑、封龍、東垣。
⑮惠文三，滅中山，代道大通。（趙世家）
⑯中山之國地方五百里，趙獨吞之。（范雎傳）
⑰孝景初置中山國，都盧奴。（漢興以來諸侯年表）

【索隱】中山，古鮮虞國，姬姓也。系本云：「中山武公居顧，桓公徙靈壽，為趙武靈王所滅」，不言誰之子孫。徐廣云：「西周桓公之子」，亦無所據。（趙世家）又：魏文侯滅中山，使子擊守之，後尋復國，後又為趙所滅。（魏世家）

【正義】今定州也。（樂毅傳）

〔案〕漢中山國治盧奴，今河北定縣治。水經注：「滱水南有盧奴故城。城內有水淵而不流，水色正黑。或云：黑水曰盧，不流曰奴，故城藉水以取名。」

中山

①汾陰得鼎，迎至甘泉。至中山。（孝武本紀、封禪書。）

②秦鑿涇水自中山西邸瓠口為渠。（河渠書）

【索隱】小顏云：「『中』，音『仲』，即今九嵕山之東中山是也。」（河渠書）此山在馮翊谷口縣西，近九嵕山，土人呼為中山。（孝武本紀）

〔案〕仲山，今涇陽縣西北，東北接嵯峨中麓，中隔冶谷，西南連九嵕山；涇水逕其間。

盧奴　廬奴

①孝景初置中山國，都盧奴。（漢興以來諸侯年表）

②降曲逆、盧奴、上曲陽、安國、安平。（灌嬰傳）

③湛疥以燕相國定盧奴。（高祖功臣侯者年表）

【正義】盧奴，定州安喜縣是。（灌嬰傳）

房子

①敬侯十，與中山戰於房子。

②武靈十九，北略中山地，至房子。（趙世家）

【正義】趙州房子縣是。

〔案〕今高邑縣西南。

房子

惠文二十四，廉頗將，攻魏房子。（趙世家）

【集解】徐廣曰：「屬常山。」

〔案〕常山房子，乃趙武靈北略中山所得，何緣魏人越邯鄲而有之？徐説定非也。水經濟水注：「濟水逕陽武故城南，又東逕房城北，又東逕封邱縣南。」則今博浪、封邱間，別有房城，疑即魏之房子。

中人

敬侯十一，伐中山，戰於中人。（趙世家）

【集解】徐廣曰：「中山唐縣有中人亭。」

【正義】括地志云：「中山故城一名中人亭，在定州唐縣東北四十一里，春秋時鮮虞國之中人邑也。」（趙世家）

〔案〕今唐縣西北。

藺　北藺　藺陽

①昔我先王取藺、郭狼，敗林人。（趙世家）

②趙成三，魏敗趙藺。（六國表、趙世家。）

③（同年）魏武十五，敗趙北藺。（六國表、魏世家。）

④趙成二十四，秦攻趙藺。

⑤肅侯二十二，秦取代藺、離石。（趙世家）

⑥武靈十三，秦拔我藺，虜將趙莊。（六國表、趙世家。）

⑦秦惠文王十二，擊藺陽，虜趙將。（六國表）

⑧（同年）惠文二十五，虜趙將莊豹，拔藺。（樗里子傳）

⑨秦取趙藺、離石。（周本紀）

⑩已得宜陽、少曲，致藺、石，因以破齊為天下罪。（蘇秦傳）

【正義】藺近離石（周本紀），在石州。（樗里子傳）地理志屬西河郡。（趙世家）

〔案〕今離石縣西。

藺

秦昭四十六，攻韓緱氏、藺。（白起王翦傳）

【集解】徐廣曰：「屬潁川。」

【正義】案：檢諸地記，潁川無藺。括地志云：「洛州嵩縣本夏之綸國，在緱氏東南六十里。」地理志云：「綸氏屬潁川郡。」恐「綸」、「藺」聲相似，字隨音而轉作「藺」。

高安

成侯四，與秦戰高安。（趙世家）

【正義】蓋在河東。

長子

成侯五，韓與趙長子。（趙世家）

【集解】駰案：地理志云：上黨有長子縣。

〔案〕今長子縣城西。竹書紀年：「梁惠成王十二年，鄭取屯留、尚子。」即長子之異名，則「長」不音丁丈反。

石阿

成侯十一，秦攻魏，趙救之石阿。（趙世家）

【正義】蓋在石、隰等州界。

〔案〕六國表：「是年，秦章蟜與晉戰石門」，徐廣曰：「一作『石阿』」，即據此故城；今隰縣北。

端氏

成侯十六，與韓、魏分晉，封晉君以端氏。（趙世家）

【集解】徐廣曰：「在平陽。」

【正義】端氏，澤州縣。

〔案〕今沁水縣東北。

葛孽

成侯十七，與魏惠王遇葛孽。（趙世家）

【集解】徐廣曰：「在馬邱。」

〔案〕今肥鄉縣西南二十里。國策：「魏王抱葛孽、陰成為趙養邑」，是也。六國表：「魏惠十四，與趙會鄗。」魏世家同，為成侯之十八年，恐與此非一事。

檀臺

成侯二十，魏獻榮椽，以為檀臺。（趙世家）

【集解】徐廣曰：「襄國縣有檀臺。」

【索隱】括地志云：「檀臺在洺州臨洺縣北二里。」

〔案〕趙檀臺，今沙河縣南。臨洺，今永年縣西。

檀臺

簡公與婦人飲檀臺。（田齊世家）

【正義】在青州臨淄縣東北一里。

大陵

①肅侯十六，游大陵，出於鹿門。

②武靈十六，遊大陵。（趙世家）

③建陵侯衛綰，代大陵人。（萬石張叔傳）

【集解】徐廣曰：「太原有大陵縣，亦曰陵。」（趙世家）

【索隱】案：地理志縣名，在代。（萬石張叔傳）

【正義】括地志云：「大陵城在幷州文水縣北十三里。」（趙世家）按：代王是時都中都，大陵屬焉，故言代大陵人也。（萬石张叔傳）

〔案〕漢大陵縣，今文水縣東北二十五里；春秋晉平陵邑。然距邯鄲趙都甚遠，趙君無為屢來遊此；蓋注家誤說。劉卲趙都賦：「國乃講武，狩於清源。北連昭餘，南屬呼沲，西眄太陵，東結繚河。」邯鄲城西有牛首水，出於堵山，水經注謂其「洪湍雙逝，澄映兩川」；而洪波臺亦在邯鄲城西，與城東叢臺齊名。疑大陵當在堵山牛首水附近，蓋與洪波臺同為趙都西郊勝遊之地也。餘詳「鹿門」下。

鹿門

肅侯十六，游大陵，出於鹿門。（趙世家）

【正義】并州盂縣西有白鹿泓，源出白鹿山南渚，蓋鹿門在北山水之側也。

〔案〕白鹿山，今盂縣北三十八里。就使趙君自邯鄲北首取道井陘，直過太原而至文水，亦不必繞程出盂縣之北境。據史文：「肅侯游大陵，出於鹿門，大戊午扣馬曰：『耕事方急，一日不作，百日不食。』肅侯下車謝。」則大陵乃邯鄲郊外，鹿門乃邯鄲城門耳。（左昭十，齊城有鹿門。）否則豈有遠自邯鄲至盂縣，已踰千里之遙而始諫，而諫又曰「一日不作」乎？只緣注家輕據漢志有大陵縣，率謂即是趙君所遊，乃更妄舉盂縣白鹿山，謂鹿門在此。不循上下文，單就地名近似說之，其誤率類此；而此尤其較顯者。

離石

①秦取趙藺、離石。（周本紀）

②肅侯二十二，秦取代藺、離石。（趙世家）

③漢大破匈奴，追至於離石。（韓王信傳）

④離石侯。（建元以來王子侯者年表）

【正義】括地志云：「離石縣，今石州所理縣也。」（周本紀）

〔案〕今離石縣治。

石

已得宜陽、少曲，致藺、石，因以破齊為天下罪。（蘇秦傳）

〔案〕疑亦「離石」，脫「離」字。

石城

趙惠文十八，秦拔趙石城。（六國表、趙世家、藺相如傳。）

【索隱】劉氏云：「蓋謂石邑也。」（藺相如傳）

【正義】地理志云：右北平有石城縣。括地志云：「石城在相州林慮縣西南九十里。」（廉頗傳注無「西」字。）疑相州石城是。（趙世家）

〔案〕相州石城，今河南林縣西南八十五里；應屬魏境。胡注通鑑謂即西河離石。肅侯二十二，秦已取之，或重復入趙。

石　石邑

①趙攻中山，取鄗、石邑、封龍、東垣。（趙世家）

②李良略太原，至石邑，秦兵塞井陘，未能前。（張耳陳餘傳）

③種、代，石北也。（貨殖傳）

【集解】徐廣曰：「在常山。」

【正義】括地志云：「石邑故城在恆州鹿泉縣南三十五里，六國時舊邑。」（趙世家）

〔案〕石邑，今獲鹿縣東南。漢志：「井陘山在石邑西。」蓋此當井陘之口。

區鼠

武靈四，與韓會區鼠。（六國表、韓世家、趙世家。）

【正義】蓋在河北。（趙世家）

西都

武靈十，秦取趙西都及中陽。（趙世家）

〔案〕錢坫曰：「今孝義縣地。」

中陽

①武靈十，秦取趙西都及中陽。（趙世家）

②昭襄二十二，與趙王會中陽。（秦本紀、六國表、趙世家。）

【集解】徐廣曰：「太原有中都縣，西河有中陽縣。」

西陽

①秦惠文後元九，伐取趙中都、西陽、安邑。（秦本紀、六國表。）

②（同年）趙武靈十，秦取趙中都、西陽、安邑。（六國表）

【正義】括地志云：「西陽即中陽也，在汾州隰城縣南十里。」（秦本紀）

〔案〕漢志西河郡有中陽。趙世家：「武靈王十年，秦取我中陽」，又：「惠文王十四年，與秦會中陽」，是也。今寧鄉縣西有中陽故城。西河郡，前漢治富昌，故城在今綏遠境；而後漢治離石，即今離石縣；其所領諸縣，皆夾黃河兩岸。故西河中陽與太原中都地境毗連，秦所取必中陽無疑。惟正義云：「西陽即中陽」，不知何據。

中陽

①燕武成七，齊田單拔中陽。（六國表、燕世家。）

②孝成王元，田單將趙師攻燕中陽，拔之。（趙世家）

【正義】燕無中陽。括地志云：「中山故城一名中人亭，在定州唐縣東北四十一里，爾時屬燕國也。」（趙世家）

〔案〕六國表、趙、燕世家皆稱「中陽」，不應有誤。中人，今河北唐縣西北。

中陽里

高祖，沛豐邑中陽里人。（高祖本紀）

中都

①惠文王九，伐取趙中都、西陽。（秦本紀、六國表。）

②高祖十一年，定代地，立子恆為代王，都中都。（孝文本紀、漢興以來諸侯年表、韓王信傳。）

③三年，幸太原，復晉陽、中都民。（孝文本紀）

【集解】駰案：地理志太原有中都縣。

【正義】括地志云：「中都故縣在汾州平遙縣西十二里。」（秦本紀）

〔案〕秦本紀：「取趙中都、西陽」；趙世家作「西都、中陽」；年表一作「中都、西陽」，一作「中都、西陽、安邑」。考漢志西河郡有西都、中陽，疑非此秦所取。又漢志太原郡中都，故城今平遙縣西北。又有中陽，故城今寧鄉縣西。疑此實當作「中都、中陽」也。

中都

孔子為中都宰。（孔子世家）

〔案〕郡國志：「須昌有致密城，古中都。」今汶上縣西。

九門

①武靈十七，出九門。②惠文二十八，罷城北九門大城。（趙世家）

【集解】徐廣曰：「在常山。」

【正義】本戰國時趙邑。又曰：恆州九門縣城。

〔案〕今藁城縣西北，漢置縣。

野臺

武靈王出九門，為野臺，以望齊、中山之境。（趙世家）

【集解】徐廣曰：「『野』，一作『望』。」

【正義】括地志云：「野臺一名義臺，在定州（新）樂縣西南六十三里。」

〔案〕今新樂縣西南。魏書地形志：「新市縣有義臺城。」疑史文當作「望燕、中山之境」也。

黄華

武靈十九，北至無窮，西至河，登黄華之上。（趙世家）

【正義】黄華蓋西河側之山名也。

〔案〕水經注：「黄水出隆慮縣神囷山黄華谷」，今河南林縣西二十里。舊説即武靈所登，恐未是；仍當從正義。

滏

①我先王屬阻漳、滏之險。（趙世家）

②秦若道河内，倍鄴、朝歌，絶漳、滏水，與趙決於邯鄲之郊，是知伯之禍也。（魏世家）

〔案〕滏水古為入漳之流，漳水南徙，始成巨川。今稱滏陽河，經大陸澤東北流，與滹沱河合，北流為子牙河。

荏

我先王取藺、郭狼，敗林人於荏。（趙世家）

薄洛

①吾國東有河、薄洛之水，與齊、中山同之。②無舟楫之用，將何以守河、薄洛之水。（趙世家）

【集解】徐廣曰：「安平經縣西有漳水，津名薄洛津。」

〔案〕經縣，今河北之廣宗縣。今平鄉縣西五里有落漠水，合洺河入大陸澤，寰宇記謂即古薄洛津。

寧葭

武靈王略中山地，至寧葭。（趙世家）

【索隱】一作「蔓葭」，縣名，在中山。

丹邱

趙攻中山，合軍曲陽，取丹邱、華陽、鴟之塞。（趙世家）

【正義】蓋邢州丹邱縣。

〔案〕今曲陽縣西北。

鴟

趙攻中山，合軍曲陽，取丹邱、華陽、鴟之塞。（趙世家）

【正義】徐廣曰：「『鴟』，一作『鴻』。」鴻上故關今名汝城，在定州唐縣東北六十里，本晉鴻上關城也。又有鴻上水，源出唐縣北葛洪山，接北岳恒山，與鴻上塞皆在定州。

〔案〕今唐縣西北。

封龍

趙攻中山，取鄗、石邑、封龍、東垣。（趙世家）

【正義】括地志云：「封龍山一名飛龍山，在恒州鹿泉縣南四十五里。邑因山為名。」

〔案〕今獲鹿縣南，接元氏縣界。晉書懷帝紀、水經注皆謂之飛龍山。

東垣

①趙之攻燕，發號出令，不十日而數十萬軍軍於東垣矣。（蘇秦傳）

②趙伐中山，取鄗、石邑、封龍、東垣。（趙世家）

③高祖八，東擊韓王信餘反寇於東垣。（高祖本紀）

④東垣降，更命東垣為眞定。（韓王信傳）

⑤上從東垣還。（張耳陳餘傳）

【正義】趙之東邑，在恆州眞定縣南八里，故常山城是也。（蘇秦傳）

〔案〕今正定縣南。

眞定

①尉佗，眞定人。（南越傳）

②親戚昆弟墳墓在眞定。（陸賈傳）

③武帝更常山為眞定國。（漢興以來諸侯年表）

④常山王有罪，遷，天子封其弟於眞定，而以常山為郡。（封禪書）

⑤元鼎四，封常山王子為眞定王三萬戶。（五宗世家）

【索隱】眞定，趙地。本名東垣，屬常山。（陸賈傳）韋昭云：「眞定，故郡名，後更為縣。」（南越傳）

〔案〕漢眞定國都眞定。

柏人

①晉定二十一，趙鞅拔邯鄲、栢人，有之。（十二諸侯年表、趙世家。）

②王遷元，城柏人。（趙世家）

③戰襄國，破柏人。（樊噲傳）

④高祖之東垣，過柏人。（高祖本紀）

⑤上從東垣還，過趙，貫高等乃壁人柏人。（張耳陳餘傳）

【正義】括地志云：「柏人故城在邢州柏人縣西北十二里。」（高祖本紀）

〔案〕今堯山縣西。

膚施

①趙滅中山，遷其王於膚施。（趙世家）

②與漢關故河南塞，至朝那、膚施。（匈奴傳）

【集解】徐廣曰：「在上郡。」（趙世家）

【正義】膚施，縣，秦因不改，今延州膚施縣是也。（匈奴傳。案：當云：「膚施，秦縣，漢因不改。」）

〔案〕漢上郡治膚施縣，今陝西綏德縣東南。

靈壽

①魏文侯封樂羊以靈壽。（樂毅傳）

②趙滅中山，遷其王於膚施。起靈壽，北地方從，代道大通。（趙世家）

【集解】徐廣曰：「在常山。」（趙世家）

【索隱】地理志常山有靈壽縣，中山桓公所都之地。

【正義】今鎮州靈壽。（樂毅傳）

〔案〕今靈壽縣西北。

鄚

①惠文王五，與燕鄚、易。（趙世家）

②扁鵲，勃海郡鄚人。（扁鵲傳）

【集解】徐廣曰：「屬涿郡。」（趙世家）

〔案〕今任邱縣北三十五里。明統志：「任邱縣北廢鄚州東門外，有藥王祖業莊，云是扁鵲故宅。」

長平

①昭襄四十七，白起破趙長平。（秦本紀、六國表、白起傳。）

②惠文七，趙括軍降，有長平之禍。（趙世家。案：較六國表差一年。）

【集解】徐廣曰：「在泫氏。」

【索隱】地理志泫氏在上黨郡。（白起傳）

【正義】括地志云：「長平故城在澤州高平縣西二十一里。」（趙世家。案：白起傳注作「西北一里」。）

〔案〕今高平縣西北。

鄣

秦陷趙軍，取二鄣四尉。（白起傳）

【正義】括地志云：「趙鄣故城一名都尉城，今名趙東城，在澤州高平縣西二十五里。又有故穀城。此二城即二鄣也。」

西壘

趙軍築二壘，秦奪西壘壁。（白起傳）

【正義】趙西壘在澤州高平縣北六里。即廉頗堅壁以待秦，王齕奪趙西壘壁者。

秦壘

趙軍逐勝，追造秦壁。（白起傳）

【正義】秦壁一名秦壘，今亦名秦長壘。

趙壁

趙築壁堅守。（白起傳）

【正義】趙壁今名趙東壘，亦名趙東長壘，在澤州高平縣北五里，即趙括築壁自敗處。

長平

①始皇五，攻魏，定酸棗、燕、虛、長平。（秦始皇本紀）

②衛青封長平侯。（建元以來侯者年表、外戚世家。）

【集解】徐廣曰：「一作『千』。」駰案：地理志汝南有長平縣。

【正義】長平故城在陳州宛丘縣西六十六里。（秦始皇本紀）

〔案〕六國表作「取酸棗二十城。初置東郡」。魏世家僅云「二十城」。長平故城，今河南西華縣東北十八里。

武安

①趙肅侯封蘇秦為武安君。（蘇秦傳）
②昭襄二十九，秦封白起為武安君。
③四十八，伐趙武安、皮牢。（秦本紀）
④秦軍軍武安西。
⑤悼襄王封李牧為武安君。（廉頗藺相如傳）

【集解】徐廣曰：「屬魏郡，在邯鄲西。」（廉頗藺相如傳）

【正義】武安故城在潞州武安縣西南五十里。（外戚世家作「洺州武安縣西南七里」。）七國時趙邑，即趙奢救閼與處也。（秦本紀）

〔案〕武安故城，今河南武安縣西南。秦紀：「伐趙武安、皮牢。」梁氏志疑云：「白起傳言王齕攻拔皮牢，不言武安。蓋前二十年，秦封白起武安君，其地久屬秦。」然案之地理，秦未得韓南陽、野王，兵力不能及武安，豈得二十年前已有其地？白起傳明言王齕分兵攻皮牢，自不得兼及武安。又秦攻趙武安，尚在白起封武安君後十九年，白起封號恐別有義。武安、閼與非一地，辨見「閼與」條。

武安

田蚡為武安侯。（孝景本紀、孝武本紀、惠景間侯者年表、外戚世家。）

皮牢

①魏惠九，敗趙於澮。十，取趙皮牢。（六國表）

②魏惠九，敗韓於澮。十，取趙皮牢。（魏世家）

③趙成侯十三，魏敗趙於澮，取皮牢。（趙世家。案：取皮牢應在趙成十四。）

④昭襄四十八，攻趙武安、皮牢，拔之。（秦本紀）

⑤秦分軍為二：王齕攻皮牢，司馬梗定太原。（白起傳）

【正義】皮牢當在澮之側。（趙世家）又曰：故城在絳州龍門縣西一里。（白起傳）

〔案〕皮牢故城，今山西翼城縣東三十里，名牢寨村。

南行唐

惠文八，城南行唐。（趙世家）

【集解】徐廣曰：「在常山。」

【正義】括地志云：「行唐縣屬冀州。」

〔案〕今行唐縣北。

梗陽

惠文十一，秦取梗陽。（趙世家。案：六國表作「桂陽」，誤。）

【集解】杜預曰：「太原晉陽縣南梗陽城也。」

【索隱】地理志云：太原榆次有梗陽鄉。與杜預所據小別也。

【正義】括地志云：「梗陽故城在并州清源縣南百二十步，分晉陽縣置，本漢榆次縣地，春秋晉大夫祁氏邑也。」

〔案〕梗陽，春秋晉大夫祁氏邑。晉滅祈氏，分為七縣，魏戊為梗陽大夫。今清源縣治。

東陽

①惠文十八，王再之衛東陽，決河水，伐魏氏。

②悼襄五，慶舍將東陽河外師，守河梁。（趙世家）

③始皇十九，王翦取趙地東陽，得趙王。（秦始皇本紀）

④東陽田君孺。（游俠傳）

⑤東陽侯張相如。（孝文本紀、高祖功臣侯年表。）

【正義】括地志云：「東陽故城在貝州歷亭縣界。」按：東陽先屬衛，今屬趙。河歷貝州南，東北

流，過河南岸即魏地也。故言「王再之衛東陽伐魏氏」也。（趙世家）

〔案〕左襄二十三：「齊伐晉，趙勝率東陽之師追之。」又昭二十二：「晉荀吳略東陽，滅鼓。」杜注：「東陽，晉之山東邑，魏郡廣平以北。」正義：「山東曰朝陽。」知「東陽」是寬大之語，總謂晉之山東。六國表、趙世家皆謂是年王翦虜王遷於邯鄲，是也。漢始置東陽縣，屬清河；今恩縣西北。

東陽

①項梁聞陳嬰已下東陽。（項羽本紀）

②東陽寧君。（高祖本紀）

【集解】晉灼曰：「東陽縣本屬臨淮郡，漢明帝分屬下邳，後復分屬廣陵。」

【正義】括地志云：「東陽故城在楚州盱眙縣東七十里，在淮水南。」

〔案〕今安徽天長縣西北。

平原

①平原君趙勝封東武城。（平原君傳）

②田榮與項羽戰城陽。田榮敗，走平原。（項羽本紀、高祖本紀、田儋傳。）

③淮陰已受命東，未渡平原。（高祖本紀、淮陰侯傳。）

④韓信度平原，襲破齊歷下軍，因入臨淄。（田儋傳）

⑤還定濟北郡，攻著、漯陰、平原、鬲、盧。（曹相國世家）

⑥尊皇太后母臧兒為平原君。（外戚世家）

【索隱】地理志平原屬平原。

【正義】括地志云：「平原故城在德州平原縣東南十里。」（曹相國世家）又：懷州有平原津。（淮陰侯傳）

〔案〕平原，今山東平原縣南；東武城，今山東武城縣西；兩邑相距三十里，戰國時其地為齊、趙邊境。平原蓋大名，故趙勝食邑東武城而稱平原君也。

平原津

始皇三十七，至之罘，並海西，至平原津。（秦始皇本紀）

【正義】今德州平原縣南六十里有張公故城，城東有水津焉，後名張公渡，恐此平原郡古津也。漢書公孫弘平津侯，亦近此。

〔案〕古黃河自今恩縣、平原、德縣入河北境。水經注：「大河北逕平原縣，枝津百出」，是也。

高平

①反高平、根柔於魏。（趙世家）

②秦昭四十二，東伐韓少曲、高平，拔之。（范雎傳）

【集解】徐廣曰：「紀年云：『魏襄王四年改河陽曰河雍，向曰高平。』」（趙世家）向在軹之西。」（秦本紀）

【正義】括地志云：「南韓王故城在懷州河陽縣西北（趙世家注引作「西」。）四十里。俗謂之韓王城，非也。春秋時周桓王以與鄭。紀年云：『鄭侯使辰歸晉（此處應脫一「河」字。）陽、向。（范雎傳）魏哀王改向曰高平也。』」（趙世家）

〔案〕此即春秋蘇忿生之向邑。水經注：「天漿水出軹南睾，向城北，俗謂之韓王城。十三州志：『軹縣南山西曲，有故向城。』」今濟源縣南。

根柔

反高平、根柔於魏。（趙世家）

【集解】徐廣曰：「『根柔』，一作『棍柔』，一作『平柔』。」

【正義】根柔未詳，魏地。

武平

①惠文二十一，趙徙漳水武平西。

②二十七，徙漳水武平南。（趙世家）

【正義】括地志云：「武平亭今名渭城，在瀛州文安縣北七十二里。」

〔案〕今河北文安縣東北七十里有勝芳鎮，濁漳、滹沱會流於此。縣志疑即武平。

昌　昌國

①惠文二十五，燕周將，攻昌。（趙世家）

②燕昭封樂毅於昌國，號為昌國君。（樂毅傳）

【集解】徐廣曰：「屬齊郡。」

【正義】括地志云：「故昌城在淄州淄川縣東北四十里。」

〔案〕今淄川縣東北三十五里。

閼與

①昔魏伐趙，斷羊腸，拔閼與，趙分而為二。（魏世家）

②昭襄三十八，攻趙閼與。（秦本紀）

③昭襄三十七，拔趙閼與。三十八，擊閼與城，不拔。（六國表）

④惠文二十九（昭襄三十七），秦圍閼與，趙奢大破秦軍閼與下。（趙世家、廉頗藺相如傳。）

⑤許歷曰：「先據北山上者勝。」（廉頗傳）

⑥始皇十一，王翦攻閼與、橑陽。（秦始皇本紀）

⑦韓信破代兵，禽夏說閼與。（淮陰侯傳）

【集解】孟康曰：「音『焉與』，邑名，在上黨涅縣西。」（秦本紀）

【索隱】司馬彪郡國志上黨沾（涅）縣有閼與聚。（淮陰侯傳）

【正義】括地志云：「閼與，聚落。（趙世家）一名烏蘇城，在潞州銅鞮縣西北二十里。又儀州和順縣即古閼與城。儀州與潞州相近，二所未詳。又閼與山在洺州武安縣西南五十里，趙奢拒秦軍於閼與，（北山）即此山也。（秦本紀）按：洺州既去邯鄲三十里，而又云「趨之二日一夜，至閼與五十里而軍壘成」，據今洺州去潞州三百里間而隔相州，恐潞州閼與聚城是所拒據處。（廉頗傳）

〔案〕「閼與」，「烏蘇」聲轉而譌。烏蘇城，今山西沁縣西北二十里。秦、趙戰閼與，當在此。隋志：「武安縣有閼與山。」疑出後人增飾，不可信。方輿紀要謂趙奢閼與在河南，王翦閼與在山西，亦調停未是。王翦閼與與橑陽並言，固明在山西；至趙奢閼與，亦當在山西，如正義所辨。

馬服

趙奢賜號馬服君。（趙世家）

【正義】因馬服山為號。括地志云：「馬服山，邯鄲縣西北十里。」

〔案〕紫山在邯鄲縣西北，一名馬服山，上有趙奢墓。

太原

①既修太原。（夏本紀）

②臺駘宣洮、汾，障大澤，以處太原。（鄭世家）

③薄伐獫狁，至于太原。（匈奴傳）

④宣王料民於太原。（周本紀）

【集解】服虔曰：「太原，汾水名。」（鄭世家）孔安國曰：「太原今為郡名。」（夏本紀）杜預曰：「太原，晉陽也。」（鄭世家）

〔案〕春秋昭元：「晉荀吳敗狄于大鹵。」穀梁傳：「中國曰太原，夷狄曰大鹵。」今解縣、安邑間有大鹽池，故曰大鹵。服說是也，孔、杜皆非。

太原

①昭襄四十八，伐趙武安、皮牢，北定太原，盡有韓上黨。

②莊襄元，攻趙，定太原。（秦本紀）

③莊襄三，攻趙榆次、新城、狼孟，取三十七城。四年，攻上黨，初置太原郡。（秦本紀、六國表。）

④始皇八，以河西太原郡更為嫪毐國。

⑤十五年，大興兵，一軍至鄴，一軍至太原，取狼孟。（秦始皇本紀、六國表。）

⑥李良略太原。（張耳陳餘傳）

⑦高祖三，韓信定魏地，置三郡，曰河東、太原、上黨。（高祖本紀）

⑧漢滅趙歇，地屬漢，為太原郡。（秦楚之際月表。案：紀、表兩歧，當依表。）

⑨六年，徙韓王信太原，都晉陽。（高祖本紀、韓王信傳。）

⑩七年，韓王信與匈奴同謀反太原、白土。（高祖本紀）

⑪匈奴得信，引兵南踰句注，攻太原，至晉陽。（匈奴傳）

⑫十一年，太尉周勃道太原入，定代地。（高祖本紀）

⑬攻銅鞮，還，降太原六城。（絳侯世家）

⑭文帝三，幸太原，復晉陽、中都民三歲。留游太原十餘日。（孝文本紀）

⑮孝文初，置太原國，都晉陽。嗣太原王更號代王，實居太原，武帝時為太原郡。（漢興以來諸侯年表）

⑯孝文次子參為太原王。二歲，以代盡與太原王，號曰代王。武帝徙代王王清河。（梁孝王世家）

【正義】括地志云：「并州太原地名大明城，即古晉陽城。智伯與韓魏攻趙襄子於晉陽，即此城是也。」（梁孝王世家）

〔案〕漢太原郡治晉陽，今太原縣治。

太原

秦正告魏曰：「我舉安邑，塞女戟，韓氏太原卷。」（蘇秦傳）

【索隱】太原，縣名。魏地不至太原。「太」衍字。原當為「京」。京及卷皆屬滎陽，是魏之境。

【正義】劉伯莊云：「太原當為太行。卷猶斷絕。」

〔案〕依文義，當如正義說。韓地有至安邑境者，白起傳：「取韓安邑以東，到乾河」，是也。故曰舉安邑，塞女戟，而韓氏太原之路斷。東周策：「秦盡韓、魏之上黨、太原。」後人必疑太原在晉陽，屬趙境，乃煩改字矣。

晉水

知氏決晉水以灌晉陽之城。（魏世家）

【正義】括地志云：「晉水源出幷州晉陽縣西懸甕山。山海經云：『懸甕之山，晉水出焉，東南流注汾水。』」

〔案〕懸甕山，今陽曲縣西南十里。

晉陽

①趙鞅走保晉陽。定公圍晉陽。（晉世家、趙世家。）

②趙襄子奔保晉陽。（趙世家）

③知伯信韓、魏，從而伐趙，攻晉陽城。（春申君傳）

④知伯決晉水以灌晉陽之城。（魏世家）

⑤魏桓子、韓康子、趙襄子敗智伯於晉陽。（六國表）

⑥始皇初立，晉陽反。（秦始皇本紀）

⑦始皇元，秦拔趙晉陽。（六國表、趙世家。）

⑧詔徙韓王信王太原，都晉陽。信上書曰：「晉陽去塞遠，請治馬邑。」（韓王信傳）

⑨匈奴引兵南踰句注，攻太原，至晉陽下。（匈奴傳）

⑩擊韓信胡騎晉陽下，破之，下晉陽。（絳侯世家）

⑪十一年，分趙山北，立子恆為代王，都晉陽。（高祖本紀）

⑫三年，幸太原，復晉陽、中都民三歲。（孝文本紀）

⑬孝文初，置太原國，都晉陽。四年，太原王更號代王，實居太原。（漢興以來諸侯年表）

【正義】晉陽故城在汾州平遙縣西南十三里。（孝文本紀。案：此當注中都，謌為晉陽。）

〔案〕今陽曲縣治。

晉陽　陽晉

①魏哀十六，秦拔魏蒲阪、晉陽、封陵。（六國表）

②（同年）秦拔魏蒲阪、陽晉、封陵。（魏世家）

【索隱】紀年作「晉陽、封谷」。

【正義】「陽晉」當作「晉陽」，史文誤。括地志云：「晉陽故城今名晉城，在蒲州虞鄉縣西三十五里。」（魏世家）

〔案〕晉陽故城，今虞鄉縣西。其地在大河之陽，又本晉地，故謂之「陽晉」，或稱「晉陽」。

昌壯

孝成十，燕攻昌壯。（趙世家）

【集解】徐廣曰：「一作『社』。」

【正義】「壯」字誤，當作「城」。括地志云：「昌城故城在冀州信都縣西北五里。」

〔案〕今冀縣西北。

元氏

孝成十一，城元氏。（趙世家）

【集解】地理志常山有元氏縣。

【正義】元氏，趙州縣。

〔案〕今元氏縣西北。

上原

孝成十一，縣上原。（趙世家）

〔案〕今元氏縣西，因地勢高平名。

尉文

孝成十五，以尉文封廉頗為信平君。（趙世家、廉頗傳。）

【集解】徐廣曰：「尉文，邑名。」按：漢書表有「尉文節侯」，云在南郡。（廉頗傳）

【正義】尉文蓋蔚州地也。（趙世家）

龍兊

孝成十九，趙與燕易土：以龍兊、汾門、臨樂與燕。（趙世家）

【集解】徐廣曰：「龍兊在北新城。」

【正義】括地志云：「北新城故城在易州遂城縣西南二十里。按：遂城西南二十五里有龍山，邢子勵趙記云：『龍山有四麓，各有一穴，春風出東，秋西，夏南，冬北，不相奪倫。』按：蓋謂龍兊也。」

龍脫

擊臧荼，戰龍脫，先登陷陣，破荼軍易下。（樊酈滕灌傳）

【集解】徐廣曰：「在燕趙之界。」駰案：漢書音義曰：「地名。」

【索隱】其地闕。

〔案〕龍脫即龍兊。北新城、遂城皆今河北徐水縣縣西，有龍山。又易縣西南有龍山，方輿紀要謂即龍兊，清統志從之。

臨樂

孝成十九，趙與燕易土：以龍兑、汾門、臨樂與燕。（趙世家）

【集解】徐廣曰：「方城有臨鄉。」

【正義】括地志云：「臨鄉故城在幽州同安南十七里。」

〔案〕今寧津縣北。

武陽

①孝成十一，武陽君鄭安平死，收其地。

②孝成十九，趙與燕易土：燕以葛、武陽、平舒與趙。（趙世家）

〔案〕水經注：「易水東逕武陽南。」今易縣東南。

故安

因故邑封為故安侯。（張丞相傳）

【正義】今易州界武陽城中東南隅故城是也。

〔案〕漢故安縣即趙武陽。

平舒

孝成十九，趙與燕易土：燕以葛、武陽、平舒與趙。（趙世家）

【集解】徐廣曰：「平舒在代郡。」

【正義】括地志云：「平舒故城在蔚州靈邱縣北九十三里。」

〔案〕今山西廣靈縣西。

光狼城

白起攻趙，取代光狼城。（秦本紀、白起傳。）

【索隱】地理志不載光狼城，蓋屬趙國。（白起傳）

【正義】括地志云：「光狼故城在澤州高平縣西二十里。」（秦本紀。案：白起王翦傳作「二十五里」。）

〔案〕今高平縣西三十里，名秦趙村，今名強營村。

榆次

①知伯見伐趙之利而不知榆次之禍。（春申君傳）

②莊襄三，攻趙榆次、新城、狼孟。（秦本紀、六國表。）

③秦拔趙榆次三十七城。（趙世家）

④荆軻嘗游過榆次。（刺客傳）

鑿臺

殺智伯鑿臺之下。（春申君傳）

【集解】徐廣曰：「榆次在太原。（趙世家）鑿臺在榆次。」（春申君傳）

【索隱】地理志榆次屬太原，有梗陽鄉是也。

【正義】括地志云：「榆次，并州縣。」（秦本紀）注水經云：「榆次縣南洞渦水側有鑿臺。」（春申君傳）

〔案〕今榆次縣西；春秋時晉魏榆。郡國志榆次縣有鑿臺。

狼孟

①莊襄三，攻趙榆次、新城、狼孟，取三十七城。（秦本紀、六國表。）

②十五，一軍至太原，取狼孟。（秦始皇本紀、六國表。）

【集解】駰案：地理志太原有狼孟縣。（秦始皇本紀）

【正義】狼孟故城在并州陽曲縣東北二十六里。（秦本紀）

〔案〕狼孟故城，今陽曲東北三十六里。左右夾澗幽深，南面大壑，俗謂之狼馬澗，今名黄頭寨。秦軍自此踰太行，取番吾。

平都

①君不如遣春平君而留平都。②王必厚割趙而贖平都。（趙世家）

【正義】括地志云：「平都縣在新興郡，與陽周縣相近。」

〔案〕正義所說，今陝西安定縣地；恐非。此平都，東魏武定末，高洋謀受魏禪，自晉陽擁兵東至平都城，今山西和順縣西，或是也。

蕞

悼襄四，龐煖將趙、楚、魏、燕之鋭師，攻秦蕞，不拔。（趙世家）

【集解】徐廣曰：「在新豐。」

〔案〕郡國志新豐有蕞城。今臨潼縣東北。然恐非此所指。

饒安

悼襄四，龐煖攻秦蕞，不拔，移攻徐，取饒安。（趙世家）

【集解】徐廣曰：「在渤海。又云：饒屬北海，安屬平原。」

【正義】饒安，滄州縣也，七國時屬齊，戰國時屬趙。

〔案〕今滄縣東南。

饒

悼襄六，封長安君以饒。（趙世家）

【正義】即饒陽也。瀛州饒陽縣東二十里饒陽故城，漢縣也，明長安是號也。

〔案〕郡國志：「饒陽，故名饒。」今饒陽縣東。

赤麗

王遷三，秦攻赤麗、宜安。（趙世家）

〔案〕當在今藁城縣境，與宜安、肥纍相近。

肥下

王遷三，秦攻赤麗、宜安，李牧與戰肥下。（趙世家）

【正義】括地志：「肥纍故城在恒州稾城縣西七里，春秋時肥子國，白狄別種也。」

〔案〕今稾城縣西南。

番吾　鄱吾

①秦甲渡河踰漳，據番吾，則兵必戰於邯鄲之下。（蘇秦傳）

②願渡河踰漳，據番吾，會邯鄲之下。

③秦趙再戰於番吾之下。（張儀傳）

④番吾君自代來。（趙世家）

⑤王遷四，秦攻番吾，李牧卻之。（趙世家、廉頗藺相如傳。）

⑥趙遷四，秦拔趙狼孟、鄱吾，軍鄴。（六國表）

【集解】徐廣曰：「常山有蒲吾縣。」

【正義】括地志云：「蒲吾故城在鎮州常山縣東二十里。」（蘇秦傳）又云：「番吾故城在恒州房山縣東二十里。」「番」、「蒲」，古今音異耳。（趙世家）

〔案〕常山故城，今正定縣西南。房山故城，今平山縣治。番吾在平山縣東南，當在常山縣西。蘇秦傳正義或有誤字。

樂徐

王遷五，代地大動，自樂徐以西，北至平陰。（趙世家）

【集解】徐廣曰：「樂徐，一作『除』。」

〔案〕故徐城，今河北徐水縣東。又故樂鄉城，今清苑縣東南，樂徐殆指此。

龍

始皇七，攻龍、孤、慶都。（秦始皇本紀）

【正義】括地志云：「定州恆陽縣西南四十里有白龍水，又有挾龍山。」

〔案〕唐恆陽縣，今河北曲陽縣。縣境有見龍山；又有龍泉河，入唐縣界。

孤　慶都

始皇七，攻龍、孤、慶都，還兵攻汲。（秦始皇本紀）

【集解】徐廣曰：「『慶』，一作『麃』。」

【正義】帝王（世）紀云：「望（都），堯母慶都所居。」張晏云：「堯山在北，堯母慶都山在南，相去五十里，北登堯山，南望慶都山也。」注水經云：「望都故城東有山，不連陵，名之曰孤。」

「孤」、「都」聲相近，疑即都山，孤山及望都故城三處相近。又定州唐縣東北五十四里有孤山，蓋都山也。

〔案〕望都故城，今河北縣西北；即戰國趙慶都邑。

屯留

①肅侯元，奪晉君端氏，徙處屯留。（趙世家）

②秦下兵三川，塞斜谷之口，當屯留之道。（張儀傳）

③始皇八，成蟜死屯留。

④卒屯留、蒲鶮。（秦始皇本紀）

【索隱】高誘云：「屯留，上黨縣名。」（秦始皇本紀）

【正義】括地志云：「屯留故城在潞州長子縣東北三十里，本漢屯留縣城。」（趙世家）漢屯留，（春秋留）吁國也。（秦始皇本紀。案：「吁」字前疑有敓誤，今補「春秋留」三字。）屯留道即太行羊腸阪道。（張儀傳）

〔案〕春秋：「晉滅赤狄甲氏及留吁」，遂為純留，即戰國之屯留；今屯留縣南。

鶮

屯留、蒲、鶮。（秦始皇本紀）

【集解】徐廣曰：「『鶮』，一作『鷵』。」

【正義】蒲，鶮，皆地名。

橑楊

始皇十一，攻閼與、橑陽。（秦始皇本紀）

【集解】徐廣曰：「『橑』音『老』，在幷州。」

【正義】漢表在清河。十三州志云：「橑陽，上黨西北百八十里也。」

〔案〕今山西遼縣治。

宜安

①始皇十四，攻趙於平陽，取宜安。（秦始皇本紀。案：六國表作「定平陽、武城、宜安」。）

②王遷三，秦拔趙宜安。（六國表）

③秦攻赤麗、宜安。（趙世家）

④李牧大破秦軍於宜安。（廉頗藺相如傳）

【正義】括地志云：「宜安故城在恆州槀城縣西南二十五里。」（秦始皇本紀。案：趙世家、廉頗傳引作

「二十里」。）

〔案〕宜安故城，今藁城縣西南。

井陘

①始皇十八，王翦下井陘。

②三十七，行從井陘，抵九原。（秦始皇本紀）

③張耳、韓信東下井陘擊趙。（高祖本紀）

④趙王與陳餘聚兵井陘口。（淮陰侯傳）

⑤張耳、韓信擊破趙井陘。（張耳陳餘傳）

⑥井陘之道，車不得方軌，騎不得成列。（淮陰侯傳）

【集解】服虔曰：「山名，在常山，今為縣。」（秦始皇本紀）

【索隱】案：地理志常山石邑縣，井陘山在西。又穆天子傳云：「至于陘山之隧，升于三道之磴」，是也。（淮陰侯傳）

〔案〕井陘關在井陘縣東北井陘山上，與獲鹿縣接界，亦曰土門關；呂氏春秋「九塞」之一，「太行八陘」之第五陘也。其山四面高中央下，故曰「井陘」。

井陘

信使萬人先行，出，背水陳。信平旦鼓行出井陘口，趙開壁擊之。（淮陰侯傳）

【正義】綿蔓水，一名阜將，一名回星，自并州流入井陘界；信背水陣，即此水也。又恆州鹿泉縣，即六國時趙壁。

〔案〕水經注：「井陘水出井陘山，世謂之鹿泉水。東北流，屈逕陳餘壘西。又南逕樂陽縣城西，東注綿蔓水。」元和志：「鹿泉水一名陘水，南去石邑縣十里。」此水今堙。鹿泉、石邑皆今獲鹿縣境。

苦陘

陳餘數游趙苦陘。（張耳陳餘傳）

【集解】張晏曰：「苦陘，漢章帝改曰漢昌。」（案：魏文帝改魏昌。）

【索隱】地理志屬中山。

【正義】音「邢」。邢州唐昌縣。（案：隋開皇改隋昌，唐武德改唐昌。）

〔案〕今無極縣東北。

泜水

斬陳餘泜水上。（張耳陳餘傳、淮陰侯傳。）

【集解】徐廣曰：「在常山。」

【索隱】郭景純注山海經云：「泜水出常山中邱縣。」

【正義】在趙州贊皇縣界。（張耳陳餘傳）

〔案〕今名槐河，源出贊皇縣西，東北經元氏縣南，又東流入高邑界；漢志稱泜水。

河間

①趙割河間以事秦。（張儀傳）

②秦欲與燕共伐趙，以廣河間之地。（樗里子甘茂傳）

③破河間守軍於杠里。（樊噲傳）

④立趙幽王少子辟彊為河間王。（孝文本紀）

⑤取趙之河間郡為河間王。（楚元王世家）

⑥孝文分趙為河間，都樂成。

⑦孝景復置河間國。（漢興以來諸侯年表）

⑧河間獻王好儒學。（五宗世家）

【索隱】河漳之間邑。

【正義】河間，瀛州縣。（張儀傳）

樂成

孝文分趙為河間國，都樂成。（漢興以來諸侯年表）

【索隱】韋昭云：「河間縣。」（孝武本紀）

〔案〕漢河間國治樂成，今獻縣東南。

李

李同戰死，封其父為李侯。（平原君虞卿傳）

【集解】徐廣曰：「河內成皋有李城。」（案：「成皋」應是「平皋」之誤。）

【正義】懷州溫縣，本李城也，李同父所封。隋煬帝從故溫城移縣於此。

〔案〕今溫縣治。郡國志平皋有李城。

奉陽

趙肅侯弟成號奉陽君。（蘇秦傳）

〔案〕水經河水注：「奉溝水即濟沇之故瀆。」又濟水注曰：「濟水故瀆，東南合奉溝水。水上承朱溝於野王城西，東南逕陽鄉城北，又東南逕李城西。李同所封。」疑奉陽即奉水之陽，當與李同封地不甚遠。

譙石　陽馬

厲行而攻趙，兵傷於譙石，遇敗於陽馬。（蘇秦傳）

【索隱】譙石、陽馬，趙之地名，非縣邑。

〔案〕燕策作「兵傷於離石，遇敗於馬陵」。

鉅鹿

①齊之北地，去沙邱、鉅鹿斂三百里。（趙世家）

②章邯北渡河，擊趙王歇等於鉅鹿。（秦始皇本紀）

③王離圍趙王及張耳鉅鹿城。（王翦傳、張耳陳餘傳。）

【正義】括地志云：「邢州平鄉縣城，本鉅鹿。」（秦始皇本紀）

〔案〕今平鄉縣治。應劭曰：「鹿者，林之大者也。」

廣平

素居廣平時，皆知河内豪姦之家。（酷史傳）

〔案〕漢分鉅鹿為廣平郡，後置廣平國；有廣平縣，今鷄澤縣東。

棘原

①章邯軍棘原，項羽軍漳南。（項羽本紀）

②章邯軍鉅鹿南棘原，築甬道屬河。（張耳陳餘傳）

【集解】張晏曰：「在漳南。」（項羽本紀）

〔案〕今平鄉縣南。明史地理志順德府平鄉縣，南有棘原，西南有漳河。平鄉即故鉅鹿也。今鉅鹿縣南七里，別有棘城，一名棘陽寨，俗以為章邯棘原，蓋非。

錢穆先生全集

一

錢穆先生全集

［新校本］

史記地名考（下）

九州出版社

目次

卷十六　梁宋地名

宋

①封微子於宋，以奉殷祀。（殷本紀、魯世家、宋世家。）

②契為子姓，其後分封，有宋氏。（殷本紀）

③武王封殷之後於宋。（樂書、留侯世家。）

④孔子曰：「殷禮吾能言之，宋不足徵也。」（孔子世家）

⑤齊湣王與魏、楚伐滅宋，三分其地。（宋世家）

⑥外擊定陶，則魏之東外棄而大宋、方與二郡者舉矣。（楚世家）

⑦魏攻留、方與、銍、湖陵、碭、蕭、相，故宋必盡。（春申君傳）

⑧巴俞宋蔡。（司馬相如傳）

【集解】駰案：世本曰：「宋更曰睢陽。」
【索隱】張揖曰：「禮樂記云：『宋音宴女溺志。』」（司馬相如傳）
【正義】徐州西，宋州東，兗州南，並故宋地。（春申君傳）

睢水

楚追擊至靈壁東睢水上。（項羽本紀、高祖本紀。）
【集解】徐廣曰：「睢水於彭城入泗水。」
【正義】括地志云：「睢水首受浚儀縣莨蕩水，東經取慮，入泗過郡，其西行至一千二百六十里者矣。」（項羽本紀）
〔案〕睢水在今宿縣北二十里，自河南永城縣界流入，與江蘇蕭縣接界。

睢陽

①項王降外黃，東至睢陽。（項羽本紀）
②彭越攻下睢陽、外黃十七城。（彭越傳）
③睢陽以北至穀城，皆與彭越。（項羽本紀、彭越傳。）
④灌嬰，睢陽販繒者。（灌嬰傳）

⑤梁孝王城守睢陽。

⑥廣睢陽城七十里。（梁孝王世家）

⑦陶、睢陽亦一都會也。（貨殖傳）

⑧睢陽侯。（高祖功臣侯年表）

【索隱】太康地理記云：「城方十三里，梁孝王築之。鼓倡節杵而後下和之者，稱睢陽曲。樂家有睢陽曲，蓋採其遺音也。」（梁孝王世家）

【正義】括地志云：「宋州外城本漢睢陽縣也。地理志云：睢陽縣，故宋國也。」（項羽本紀）

〔案〕故城今商邱縣南。唐張、許守一城捍天下，蔽遮江、淮，即此。

東苑

梁孝王築東苑，方三百餘里。（梁孝王世家）

【正義】括地志云：「苑（兎）園在宋州宋城縣東南十里。」

〔案〕梁苑在商邱縣東，一名兔園，亦名修竹園。

平臺

梁孝王廣睢陽城，大治宮室，為複道，自宮連屬於平臺五十餘里。（梁孝王世家）

【集解】徐廣曰：「睢陽有平臺里。」駰案：如淳曰：「在梁東北，離宮所在也。」晉灼曰：「或説在城中東北角。」

【索隱】按：今城東二十里臨新河，有故臺址，不甚高，俗云平臺，又一名修竹院。西京雜記云：「有落猿巖、鳧洲、鴈渚，連亙七十餘里」，是也。

〔案〕今商邱縣東北十七里有平臺集，接虞城界。

横陽

①韓諸公子横陽君成。（留侯世家、韓王信傳。）

②傅寬起横陽。（高祖功臣侯年表、傅寬傳。）

【正義】括地志云：「故横城在宋州宋城縣西南三十里，按蓋横陽也。」（傅寬傳）

〔案〕今商邱縣西南；春秋宋邑，見左昭二十一。

盂

襄公十二，諸侯會宋公盟于盂。（宋世家、楚世家。）

【集解】杜預曰：「盂，宋地。」（宋世家）

〔案〕今河南葵丘縣有盂亭。

首止

齊襄公會諸侯於首止。（鄭世家）

【集解】服虔曰：「首止，近鄭之地。」杜預曰：「首止，衛地。陳留襄邑縣東南有首鄉。」

〔案〕今葵丘縣東南。

鹿上

襄公十二，為鹿上之盟。（宋世家）

【集解】杜預曰：「鹿上，宋地。汝陰有原鹿縣。」

【索隱】按：汝陰原鹿，其地在楚，僖二十一年：「宋人、楚人、齊人盟于鹿上」，是也。然襄公求諸侯于楚，楚纔許之，計未合至汝陰鹿上。今濟陰乘氏縣北有鹿城，蓋此地也。

〔案〕原鹿，今安徽阜陽縣南，在宋西南，較濟陰乘氏為近是。然左成十六：「晉侵陳，至鳴鹿」，注：「武平縣西南有鹿邑。」水經注：「濄水東逕鹿邑城北。」故城今河南鹿邑縣西。以地望覈之，恐鹿上即鳴鹿。

泓

①宋襄十三，伐鄭。楚救鄭，宋敗於泓。（十二諸侯年表、宋世家、楚世家。）
②襄公傷於泓。（自序）
【集解】駰案：穀梁傳曰：「戰于泓水之上。」（宋世家）
〔案〕古泓水，今柘城縣西渙水支流也。

太丘

①秦惠文二，宋太丘社亡。（六國表）
②或曰宋太丘社亡，而鼎沒於泗水彭城下。（封禪書）
【集解】駰案：爾雅曰：「古（右）陵，太丘。」
【索隱】郭璞云：「宋有太丘社。」以社名此地也。（封禪書）
〔案〕左襄元：「鄭侵宋，取犬丘（太丘）。」漢置敬丘縣，後漢曰太丘，今河南永城縣西北三十里。

建成

①曹參號建成君。
②封參為建成侯。（曹相國世家）

【索隱】地理志建成縣屬沛郡。

〔案〕今河南永城縣東南。

栗

①章邯軍至栗。（項羽本紀）

②秦二世三年十月，沛公攻破東郡尉及王離軍於武城南。十二月，救趙至栗。（秦楚之際月表）

③定魏地。攻爰戚、東緡，以往至栗。（絳侯世家）

④沛公遇彭越昌邑，俱攻秦軍，不利，還至栗。（高祖本紀）

【集解】徐廣曰：「縣名，在沛。」（項羽本紀）

【索隱】韋昭云：「縣名，屬沛。」（高祖本紀）

〔案〕今河南夏邑縣治。

湖陵　胡陵

①魏攻留、方與、銍、湖陵、碭、蕭、相，故宋必盡。（春申君傳）

②項梁追秦嘉，軍胡陵。

③項王南從魯出胡陵。（項羽本紀）

④沛公收沛子弟，攻胡陵、方與。（高祖本紀、曹相國世家。）

⑤圍項籍於陳，大破之。屠胡陵。（樊酈滕灌傳）

⑥呂祿封胡陵侯。（呂后本紀、高祖功臣侯年表。）

【集解】鄧展曰：「胡陵，縣名，屬山陽。漢章帝改曰胡陸。」（項羽本紀。案：「縣名」二字據呂后本紀正義增。）

【正義】胡陵在方與南。（曹相國世家）又：在兗州南。（樊酈滕灌傳）

〔案〕今山東魚臺縣東南六十里。

方與

①魏攻留、方與、銍、湖陵、碭、蕭、相，故宋必盡。（春申君傳）

②外擊定陶，則魏之東外棄而大宋、方與二郡者舉矣。（楚世家）

③秦嘉引兵之方與，欲擊秦軍定陶下。（陳涉世家）

④沛公攻胡陵、方與。（高祖本紀、曹相國世家。）

【集解】屬山陽郡。

【正義】方與，兗州縣也。

〔案〕今山東魚臺縣北，春秋宋邑。

徐州

①海岱及淮維徐州。（夏本紀）

②奎、婁、胃，徐州。（天官書）

【集解】孔安國曰：「東至海，北至岱，南及淮。」

〔案〕爾雅：「濟東曰徐州。」蔡氏書傳謂：「岱陽濟東為徐州。」杜氏通典謂：「在天文，魯之分野，兼得宋、齊、吳之交。」今考徐州得名，當本徐戎徐國。春秋徐在今安徽泗縣，戰國徐在今山東滕縣。今曰「海岱及淮維徐州」，明係戰國後起之說。

徐

①徐偃王作亂。（秦本紀、趙世家。）

②楚靈十一，伐徐以恐吳，次乾谿。（十二諸侯年表、楚世家。）

③季札北過徐，還，解劍繫之徐君冢樹而去。（吳世家）

④楚發兵與戰徐、僮間。（黥布傳）

⑤徐、僮、取慮，則清刻，矜己諾。

⑥東楚俗類徐、僮。（貨殖傳）

【集解】駰案：地理志曰臨淮有徐縣，云故徐國。

【正義】括地志云：「大徐城在泗州徐城縣北三十里，（黥布傳作「四十里」。）古徐國也。（秦本紀）又云：「徐君廟在泗州徐城縣西南一里，即延陵季子掛劍之徐君也。」（吳世家）

〔案〕徐縣故城，今安徽泗縣西北。尚書：「淮夷、徐戎並興。」春秋魯昭三十：「吳滅徐，徐子章禹奔楚。」

徐

①秦後分封有徐氏。（秦本紀）

②齊桓公夫人徐姬。（齊世家）

【索隱】系本徐，嬴姓。禮，婦人稱國及姓，今此言「徐姬」者，姬是眾妾之總稱，未必盡是姓。

〔案〕下有晏孺子母芮姬，又稱芮子。

徐戎

①我甲戌築而征徐戎。

②遂平徐戎，定魯。（魯世家）

【集解】孔安國曰：「淮浦之夷，徐州之戎，並起為寇。」

徐州

①句踐以兵北渡淮，與齊、晉諸侯會於徐州。

②楚威王北破齊於徐州。（越世家、田齊世家。）

③魏襄元，齊宣九，與諸侯會徐州，相王。（六國表、魏世家、田齊世家、孟嘗君傳。）

④明年，楚圍齊徐州。（六國表、楚世家。）

⑤楚伐魯，取徐州。（魯世家）

【集解】春秋作「舒州」。賈逵曰：「陳氏邑也。」（齊世家）徐廣曰：「徐州在魯東，今薛縣。」（魯世家）

【索隱】「徐」音「舒」，其字從「人」。左氏作「舒」。說文作「𨛬」。（齊世家）說文：「𨛬，邾之下邑，在魯東。」又郡國志曰：「魯國薛縣，六國時曰徐州。」又紀年云：「梁惠王三十一年，（孟嘗君傳正義引作「三十年」。）下邳遷于薛，故（孟嘗君傳正義作「改」。）名曰徐州。」則「徐」與「𨛬」並音「舒」。（魯世家）

〔案〕今山東滕縣東南四十四里。

徐州

①田常執簡公於徐州。（齊世家、魯世家、田齊世家。）

②吾吏有黔夫者，使守徐州，則燕人祭北門，趙人祭西門。（田齊世家）

【正義】齊之西北界上地名，在勃海郡東平（舒）縣也。（田齊世家）

〔案〕竹書紀年薛稱徐州，乃戰國時事。田恆放其君，宜在齊境，豈肯遠置邾、魯之間？且其時滕、薛尚未滅；當依正義。東平舒，今河北大城縣治。漢時無棣、東平舒並屬渤海，蓋齊之極北境也。

徐

①悼襄三，攻徐取饒安。

②王遷五，代地大動，自樂徐以西，北至平陰。（趙世家）

〔案〕今河北安肅縣東，有古徐縣城。

臨淮

孔安國為臨淮太守。（孔子世家）

〔案〕晉志：「武帝分沛、東陽，置臨淮郡。」治徐。

僮

①黥布渡淮擊楚，與戰徐、僮間。（黥布傳）
②下相以東南僮、取慮、徐。（灌嬰傳）
③徐、僮、取慮，則清刻，矜己諾。
④東楚俗類徐、僮。（貨殖傳）

【集解】徐廣曰：「在下邳。」（貨殖傳）
【索隱】案：地理志臨淮有徐縣、僮縣。
【正義】杜預云：「徐在下邳僮縣東。」（黥布傳）
〔案〕僮縣故城，今安徽泗縣東北。

取慮

①取慮人鄭布。（陳涉世家）
②攻博陽，前至下相以東南僮、取慮、徐。（灌嬰傳）
③徐、僮、取慮，則清刻，矜己諾。（貨殖傳）

【集解】徐廣曰：「在下邳。」（貨殖傳）
【索隱】地理志取慮，縣名，屬臨淮。（陳涉世家）
【正義】取慮縣在下邳，今泗州。（貨殖傳）
〔案〕今睢寧縣西南，安徽泗縣北一百二十里，僮都城。

盱台

①懷王都盱台。（項羽本紀、高祖本紀。）
②盱台人武涉。（淮陰侯傳）
③盱台侯。（建元以來王子侯者年表）
【集解】張華曰：「武涉墓在盱眙城東十五里。」（淮陰侯傳）
【索隱】韋昭云：「臨淮縣。」
【正義】盱眙，今楚州，臨淮水。（項羽本紀）
〔案〕今安徽盱眙縣東北。

富陵

黥布反，荆王賈戰不勝，走死富陵。（荆燕世家、黥布傳。）

【索隱】地理志縣名，屬臨淮。

【正義】括地志云：「富陵故城在楚州盱眙縣東北六十里。」（荆燕世家）

〔案〕今安徽盱眙縣東北。

陵

陵人秦嘉。（陳涉世家）

【集解】駰案：地理志泗水國有陵縣。

〔案〕今宿遷縣東南。

下相

①項籍，下相人。（項羽本紀）

②前至下相以東南僮、取慮、徐。（灌嬰傳）

③下相侯冷耳。（高祖功臣侯年表）

【集解】駰案：地理志臨淮有下相縣。

【索隱】案：應劭云：「相，水名，出沛國。沛國有相縣，其水下流，又因置縣，故名下相也。」

【正義】括地志云：「相故城在泗州宣預縣西北七十里，秦縣。」（項羽本紀）

〔案〕今江蘇宿遷縣西七里。

邳　下邳

①鄒、費、郯、邳。（楚世家）

②略地東至繒、郯、下邳。（靳歙傳）

③騶忌封下邳，號曰成侯。（田齊世家）

④張良亡匿下邳。（留侯世家）

⑤項梁軍下邳。（項羽本紀）

⑥齊王韓信徙楚王，都下邳。（高祖本紀、淮陰侯傳。）

【索隱】按：地理志下邳縣屬東海。又云：邳在薛，後徙此。有上邳，故此云下邳。（留侯世家）

【正義】下邳，泗水縣也。（項羽本紀）

〔案〕今江蘇邳縣東三里。

沛

①沛公起沛。（秦始皇本紀）

②高祖，沛豐邑中陽里人。（高祖本紀）

③曹參，沛人。（曹相國世家）

④降留、薛、沛、酇、蕭、相。（灌嬰傳）

⑤立濞於沛，為吳王。（吳王濞傳）

⑥沛侯。（高祖功臣侯年表）

【集解】李斐曰：「沛，小沛也。」

【索隱】漢改泗水為沛郡，治相城，故注以沛為小沛也。（高祖本紀）

【正義】按：沛，今徐州縣也。（曹相國世家）

〔案〕故城今江蘇沛縣東。

豐邑

①高祖，沛豐邑中陽里人。

②秦泗川監將兵圍豐。

③豐，故梁徙。

④攻胡陵、方與，還守豐。（高祖本紀）

【集解】孟康曰：「後沛為郡，豐為縣。」文穎曰：「梁惠王孫假為秦所滅，轉東徙於豐，故曰：『豐，梁徙。』」

〔案〕故城今江蘇豐縣治，本秦沛縣豐邑。

豐枌榆社

高祖初起，禱豐枌榆社。（封禪書）

【集解】張晏曰：「枌，白榆也。社在豐東北十五里。或曰枌榆，鄉名，高祖里社。」

彭祖

①陸終生子六人，三曰彭祖。

②彭祖氏，殷時嘗為侯伯，殷之末世滅彭祖氏。（楚世家）

【集解】虞翻曰：「封於大彭。」世本曰：「彭祖者，彭城是也。」

【正義】括地志云：「彭城，古彭祖國也。外傳云殷末滅彭祖國也。」

彭城

①宋平三，楚伐彭城，封魚石。

②四，晉誅魚石，歸宋彭城。（十二諸侯年表、宋世家。）

③韓文二，伐宋，到彭城，執宋君。（六國表、韓世家。）

④始皇二十八還，過彭城。（秦始皇本紀）

⑤秦嘉已立景駒為楚王，軍彭城東。

⑥懷王從盱眙之彭城。

⑦項羽自立為西楚霸王，王九郡，都彭城。（項羽本紀）

⑧高祖封楚國，都彭城。（漢興以來諸侯年表、楚元王世家。）

⑨戹困鄱、薛、彭城。（自序）

⑩地節二年，楚王謀反，國除，為彭城郡。（楚元王世家）

【正義】彭城，徐州所理縣也。州東外城，古之彭國也。（秦始皇本紀）又：括地志云：「徐州彭城縣，古相國也。」（項羽本紀）

〔案〕今銅山縣治。

蘭臺

綪繳蘭臺，飲馬西河，定魏大梁。（楚世家）

【正義】蘭臺，桓山之別名。

〔案〕桓山，今銅山縣東北二十七里。

蘄

①王負芻四，秦王翦破楚軍於蘄。（楚世家）
②大破荊軍，至蘄南，殺項燕。（王翦傳）
③蘄獄掾曹咎。（項羽本紀）
④陳勝等起蘄。（高祖本紀）
⑤陳勝、吳廣攻大澤鄉，收而攻蘄。（陳涉世家）
⑥南至蘄、竹邑。（靳歙傳）
⑦擊黥布軍，大破之。南至蘄。（曹相國世家）
⑧布與上兵遇蘄西會甀。（黥布傳）
【集解】蘇林曰：「縣，屬沛國。」（項羽本紀）
【正義】徐州縣也。（王翦傳）
〔案〕今安徽宿縣南。

大澤鄉

①陳涉等九百人屯大澤鄉。

②陳勝、吳廣攻大澤鄉，收而攻蘄。（陳涉世家）

【集解】徐廣曰：「在沛郡蘄縣。」

〔案〕今宿縣西南。

會甀

①黥布與上兵遇蘄西會甀。（黥布傳、吳王濞傳。）

②高祖已擊布軍會甀。（高祖本紀）

【集解】徐廣曰：「在蘄縣西。」

【索隱】韋昭云：「蘄之鄉名。」

〔案〕據史文，會甀乃一名。漢志：「蘄，垂鄉。高祖破黥布。」後世遂相沿以蘄西垂鄉說之，似誤；其地當在蘄西，則今宿縣西南也。

庸城

布與上兵遇蘄西會甀。上壁庸城，望布軍。（黥布傳）

【集解】鄧展曰：「地名也。」

碭

①魏攻留、方與、銍、湖陵、碭、蕭、相，故宋必盡。（春申君傳）

②陳勝葬碭。（陳涉世家）

③高祖隱芒、碭山澤間。

④章邯將兵北定楚地，屠相，至碭。（高祖本紀）

⑤沛公軍碭。（項羽本紀）

【集解】應劭曰：「碭屬梁國。」（高祖本紀）

【正義】括地志云：「宋州碭山縣，本漢碭縣也，在宋州東百五十里。（項羽本紀）碭山在縣東。」（高祖本紀）

〔案〕今碭山縣南。

碭

①二世二年正月，沛公聞景駒王在留，往從，與擊秦軍碭西。二月，攻下碭。（秦楚之際月表）

②擊秦司馬尼軍碭東，破之，取碭、狐父、祁善置。（曹相國世家）

③擊秦軍碭東。還軍留及蕭。復攻碭，破之。（絳侯世家）

④與司馬𡰖戰碭東。（樊噲傳）

【集解】徐廣曰：「『碭西』，一作『蕭西』。」（秦楚之際月表）

〔案〕蕭在碭東五十里。碭尚未下，不得戰碭之西；高祖紀作「蕭西」是也。曹相國世家、絳侯世家作「碭東」，亦不誤。

碭郡

懷王以沛公為碭郡長。（高祖本紀、曹相國世家。）

【正義】括地志云：「宋州本秦碭郡。」

〔案〕秦碭郡治碭縣；漢改梁國，治睢陽。

芒

①高祖隱芒、碭山澤間。（高祖本紀）

②自鴻溝以東，芒、碭以北，屬巨野，此梁、宋也。（貨殖傳）

③芒侯。（高祖功臣侯表）

【集解】徐廣曰：「芒，今臨淮縣也。」（高祖本紀）

〔案〕今河南永城縣東北甫城鄉，俗呼大睢城。

穀

①漢軍相隨走入穀、泗水。（項羽本紀）

②東帶江、淮、穀、泗。（漢興以來諸侯年表）

【集解】穀、泗二水皆在沛郡彭城。

〔案〕穀水在碭山縣南，亦名碭水，為睢水分流，久湮。

穀　穀城

①成王三十九，伐齊，取穀。（楚世家）

②彭越將兵北走穀城。（彭越傳）

③睢陽以北至穀城與彭越。（項羽本紀、彭越傳。）

【集解】杜預曰：「濟北穀城縣。」（楚世家）

【正義】括地志云：「穀城故（城）在齊州東阿縣東二十六里。」（項羽本紀）

〔案〕穀城，今東阿縣治。

穀城山

孺子見我濟北，穀城山下黃石即我矣。（留侯世家）

【正義】括地志云：「穀城山一名黃山，在濟州東阿縣東。」

〔案〕穀城山在今東阿縣東北五里。水經注：「山出文石。」

穀城

漢葬項王穀城。（項羽本紀）

【集解】駰案：皇覽曰：「項羽冢在東郡穀城，東去縣十五里。」

【正義】括地志云：「項羽墓在濟州東阿縣東二十七里，穀城西三里。述征記項羽墓在穀城西北三里半許。」

〔案〕春秋莊三十二：「城小穀。」范寧曰：「魯邑。」孫復曰：「曲阜縣西北有小穀城。」漢以魯公禮葬項王當在此。後世多以東郡穀城說之，疑無據。

狐父

①取碭、狐父。（曹相國世家）

②破於大梁，敗於狐父。（淮南傳）

【集解】徐廣曰：「在梁碭之間。」（淮南傳）

【正義】括地志云：「狐父亭在宋州碭山縣東南三十里。」（曹相國世家）

〔案〕今碭山縣南三十里狐父聚。

祁　善置

取碭、狐父、祁善置。（曹相國世家）

【集解】文穎曰：「善置，置名也。」孫檢曰：「漢謂驛曰置。」

【索隱】司馬彪郡國志穀熟有祁亭。

【正義】括地志云：「故祁城在宋州下邑縣東北四十九里。」言取碭、狐父及祁縣之善置。

〔案〕今夏邑縣北有祁邑鄉。

留

①魏攻留、方與、銍、湖陵、碭、蕭、相，故宋必盡。（春申君傳）

②秦嘉立景駒為假王，在留。（高祖本紀）

③破黥布軍於蘄，還定竹邑、相、蕭、留。（曹相國世家）

④降留、薛、沛、酇、蕭、相。（灌嬰傳）

【索隱】韋昭云：「今彭城留縣也。」（高祖本紀）漢初亦屬沛。（曹相國世家）

【正義】括地志云：「留城在徐州沛縣東南五十里。」（高祖本紀）

〔案〕今沛縣東南。

蕭

①諸公子奔蕭。（宋世家）

②魏攻留、方與、銍、湖陵、碭、蕭、相，故宋必盡。（春申君傳）

③章邯屠相，至碭。沛公引兵西，與戰蕭西。（高祖本紀）

④還定竹邑、相、蕭、留。（曹相國世家）

⑤項王引兵從魯出胡陵，至蕭，晨擊漢軍東，至彭城，日中。（項羽本紀、高祖本紀。）

【集解】服虔曰：「蕭，宋邑也。」杜預曰：「今沛國有蕭縣。」（宋世家）

【索隱】地理志蕭屬沛。（曹相國世家）又：韋昭云：「蕭，沛之縣名。」（高祖本紀）

【正義】括地志云：「徐州蕭縣，古蕭叔之國，春秋時為宋附庸。」（項羽本紀）

〔案〕今蕭縣西北。

符離

符離人葛嬰。（陳涉世家）

【索隱】韋昭云：「符離屬沛郡。」

〔案〕今宿縣治。戰國策：「楚南有符離之塞。」

靈壁

楚追擊至靈壁東睢水上。（項羽本紀、高祖本紀。）

【集解】徐廣曰：「在彭城。」

【索隱】孟康曰：「故小縣，在彭城南。」（項羽本紀）

【正義】在徐州符離縣西北九十里。（高祖本紀）

〔案〕今宿縣西北。

竹邑

①南至蘄，還定竹邑、相、蕭、留。（曹相國世家）

②南至蘄、竹邑。（靳歙傳）

【索隱】地理志云竹邑屬沛。（曹相國世家）竹即竹邑。（靳歙傳）

【正義】括地志云：「徐州符離縣城，漢竹邑城也。李奇云：『今竹邑也。』」（曹相國世家）

〔案〕今宿縣北。

銍 餁

①百里奚游困於齊，而乞食餁人。（秦本紀）

②蘄下，攻銍、酇、苦、柘、譙皆下之。（陳涉世家）

③魏攻留、方與、銍、湖陵、碭、蕭、相，故宋必盡。（春申君傳）

【集解】徐廣曰：「『餁』，一作『銍』。（秦本紀）銍在沛。」（陳涉世家）

〔案〕今宿縣西南，春秋宋邑。梁普通中，置臨渙郡，以臨渙水名。

酇

①攻銍、酇、苦、柘、譙皆下之。（陳涉世家）

②降留、薛、沛、酇、蕭、相。（灌嬰傳）

【集解】徐廣曰：「酇在沛。」（陳涉世家）

〔案〕今河南永城縣西南。春秋襄公十：「會吳於柤」，是也。

苦

①老子，楚苦縣人。（老莊申韓傳）

②攻銍、酇、苦、柘、譙。（陳涉世家）

③攻苦、譙。（灌嬰傳）

【集解】駰案：地理志曰：苦縣屬陳國。

【索隱】苦縣本屬陳，春秋時楚滅陳，苦又屬楚。至高帝十一年，立淮陽國，陳縣、苦縣皆屬焉。

【正義】括地志云：「苦縣在亳州谷陽縣界。有老子宅及廟，在今亳州眞源縣。」（老莊申韓傳）

〔案〕今鹿邑縣東十里。

厲鄉　曲仁里

老子，楚苦縣厲鄉曲仁里人。（老莊申韓傳）

【正義】「厲」，音「賴」。晉太康地記云：「苦縣城東有瀨鄉祠，老子所生地也。」

〔案〕魏書地形志：「武平有賴鄉城。」水經注：「谷水東逕賴鄉城南。」今鹿邑縣東十里。

頤鄉

與漢王會頤鄉。（灌嬰傳）

【集解】徐廣曰：「苦縣有頤鄉。」

〔案〕今鹿邑縣境。

柘

①攻銍、酇、苦、柘、譙。（陳涉世家）

②破柘公王武，軍於燕西。（灌嬰傳）

【集解】徐廣曰：「柘屬陳。」

【正義】柘屬淮陽國。（灌嬰傳）

〔案〕今柘城縣北。

棘壁

①楚與吳西攻梁，破棘壁。至昌邑南。（楚元王世家、梁孝王世家。）

②遂西敗棘壁。（吳王濞傳）

【索隱】按：左氏傳宣公二年：「宋華元戰于大棘。」杜預云：「在襄邑東南。」蓋即棘壁是也。（梁孝王世家）

【正義】括地志云：「大棘故城在宋州寧陵縣西（梁孝王世家、吳王濞傳均作「西南」。）七十里，州即梁棘壁。」（楚元王世家）

〔案〕大棘故城，今河南柘城縣西北。

寧陵

魏後故寧陵君咎。（陳涉世家、魏豹傳。）

【索隱】晉灼云：「寧陵今在梁國。」

【正義】括地志云：「宋州寧陵縣城，古寧陵城也。」（陳涉世家）

〔案〕今河南舊寧陵縣南。

譙

①攻銍、酇、苦、柘、譙。（陳涉世家）

②攻苦、譙。（灌嬰傳）

【集解】徐廣曰：「譙在沛。」（陳涉世家）

〔案〕今安徽亳縣治，春秋陳焦邑。

固陵

①漢追楚至陽夏南，乃與韓、彭期會而擊楚，至固陵。（項羽本紀、高祖本紀。）

②漢王追項籍至固陵。（荆燕世家）

③為項籍所敗固陵。（彭越傳）

④丁義破鐘離眛軍固陵。（高祖功臣侯年表）

【集解】徐廣曰：「在陽夏。」駰案：晉灼曰：「即固始也。」

【正義】括地志云：「固陵，縣名（荆燕世家作「陵名」。）也。在陳州宛邱縣西北四十二里。」（項羽本紀。案：彭越傳作「三十二里」。）

〔案〕今淮陽縣西北。

垓下

①屠城父，至垓下。（項羽本紀）

②彭越悉引兵會垓下。（彭越傳）

③卒破子羽於垓下。（自序）

【集解】徐廣曰：「在沛之洨縣。」（項羽本紀）堤塘之名也。」（自序）李奇曰：「沛洨縣聚邑名也。」（項羽本紀）

【索隱】張揖三蒼注云：「垓，堤名，在沛郡。」（項羽本紀）又云：「在洨縣。」（漢興以來將相名臣年表）

【正義】按：垓下是高岡绝巖，今猶高三四丈，其聚邑及堤在垓之側，因取名焉。今在亳州眞源

縣東十里，與老君（廟）相接。（項羽本紀）

〔案〕今靈壁縣東南。

洨

洨孔車。（平津主父傳）

【集解】沛有洨縣。

〔案〕今靈壁縣南五十里。

陰陵

項王渡淮，至陰陵。（項羽本紀）

【集解】徐廣曰：「在淮南。」

【正義】括地志云：「陰陵縣故城在濠州定遠縣西北六十里。地理志云：陰陵縣屬九江郡。」

〔案〕今定遠縣西北。

東城

①葛嬰至東城，立襄彊為楚王。（陳涉世家）

②項王引兵東，至東城。（項羽本紀）

③追項籍至東城。（灌嬰傳）

④東城侯。（惠景間侯者年表）

【集解】駰案：漢書音義曰：「縣名，屬臨淮。」（項羽本紀）

【索隱】東城，縣名。地理志屬九江。（陳涉世家）

【正義】括地志云：「東城縣故城在濠州定遠縣東南五十里。（案：樊酈滕灌列傳作「五十五里」。）地理志云：東城縣屬九江郡。」（項羽本紀）

〔案〕今定遠縣東南。

烏江

項王欲東渡烏江。（項羽本紀）

【集解】瓚曰：「在牛渚。」

【索隱】按：晉初屬臨淮。

【正義】括地志云：「烏江亭即和州烏江縣是也。晉初為縣。注水經云：『水又北，左傳黃律口，漢書所謂烏江，即此也。』」（案：此條今本水經注無之。）

〔案〕烏江浦，今安徽和縣東北四十里。

歷陽

①下東城、歷陽。（灌嬰傳）

②歷陽侯范增。（項羽本紀）

【正義】括地志云：「和州歷陽縣，本漢舊縣也。淮南子云：『歷陽之都，一夕而為湖。』漢帝時，歷陽淪為歷湖。」（項羽本紀）

〔案〕歷陽，今和縣治。寰宇記：「南有歷水，故名歷陽。」

東海

①彭城以東，東海、吳、廣陵，此東楚也。其俗類徐、僮。（貨殖傳）

②秦嘉等將兵圍東海守於郯。（陳涉世家）

③項王已定東海。（項羽本紀）

④周勃定泗水東海郡，凡得二十二縣。（高祖功臣侯年表、絳侯世家。）

⑤東海引鉅定。（河渠書）

【正義】今海州也。（貨殖傳）

〔案〕秦、漢東海郡治郯。

東海　海

①歌齊。曰：「表東海者，其太公乎？」（吳世家）

②太公望呂尚，東海上人。

③或曰：呂尚處士，隱海濱。（齊世家）

④呂望、伯夷自海濱來歸之。（劉敬傳）

⑤田太公遷齊康公於海上，食一城。（田齊世家）

⑥田橫與其徒屬五百餘人入海，居島中。（田儋傳）

【正義】按：海州東北縣有島山，去岸八十里。（田儋傳）

〔案〕北史楊愔傳：「避讒東入田橫島。」元和志：「小鬲山在東海北六十里，田橫避漢所居。」今江蘇東海縣東北。此與正義說合。又寰宇記：「田橫島在即墨縣東北一百里，去岸二十五里。」今即墨縣東北。未知孰是。

東海　海

①吳王夫差將從海入討齊。（齊世家）

②吳從海上攻齊。（吳世家）

③范蠡浮海出齊，耕於海畔。（越世家）

④私吳越之富而擅江海之利。（楚世家）

⑤越散，濱於江南海上。（越世家）

⑥越東海王搖，都東甌。

⑦漢發兵浮海救東甌。

⑧韓說出句章，浮海從東方往，入東越。（東越傳）

郯

①秦之先為嬴姓，其後分封，以國為姓，有郯氏。（秦本紀）

②願齊之試兵南陽莒地，以聚常、郯之境。（越世家）

③鄒、費、郯、邳。

④膺擊郯國，大梁可得而有。（楚世家）

⑤略地東至繒、郯、下邳。（靳歙傳）

⑥武帝初置泗水國，都郯。（漢興以來諸侯年表）

【索隱】郯，故郯國。齊之南境。（越世家）

〔案〕春秋郯滅於越，漢東海郡治郯。今山東郯城縣西二十里故城社，又西南三十里故縣社；蓋皆其遺址。

郯

桓公二，伐滅郯，郯子奔莒。（齊世家）

【集解】徐廣曰：「一作『譚』。」

【索隱】春秋魯莊十：「齊師滅譚。」杜云：「譚國在濟南平陵縣西南。」

〔案〕今歷城縣東。

郯

陽城人鄧說將兵居郯，章邯別將擊破之，軍散走陳。（陳涉世家）

【索隱】「郯」，當作「郟」，郟是郟鄏之地；或者是「陜」。

【正義】「郯」，當作「郟」，即春秋時郟地，楚郟敖葬之，今汝州郟城縣是。鄧悅，陽城人，與郟城縣相近，又走陳，蓋字誤作「郯」。

伊廬

項王亡將鐘離眛家在伊廬。（淮陰侯傳）

【集解】徐廣曰：「東海朐縣有伊廬鄉。」駰案：韋昭曰：「今中廬縣。」

【索隱】徐注出司馬彪郡國志。

【正義】括地志云：「中廬在義清縣北二十里，本春秋時廬戎之國也，秦謂之伊廬，漢為中廬縣。項羽之將鍾離眛冢在焉。」

〔案〕今灌雲縣境，正義說非。

海西

既夷李氏，後憐其家，乃封海西侯。（外戚世家）

【正義】漢武帝令李廣利征大宛，國近西海，故號海西侯也。

〔案〕郡國志：「廣陵海西，故屬東海。」沈約宋志：「臨淮郡海西縣，前漢屬東海，後漢、晉屬廣陵。」蜀志糜竺傳：「先主轉軍廣陵海西。」今漢志東海郡有海曲，無海西，蓋字譌。李侯封邑應在此，今江蘇東海縣南百二十里。

游水

游水發根。（孝武本紀）

【集解】服虔曰：「游水，縣名。」晉灼曰：「地理志游水，水名，在臨淮（淮）浦也。」

〔案〕水經注：「淮水自淮浦縣枝分，北為游水。歷朐縣與沭合。」即晉灼所云，今稱漣水。

平曲

廣陵王四子：一子為平曲侯。（三王世家）

【正義】地理志云：平曲縣屬東海郡。又云：在瀛州文安縣北七十里。

〔案〕東海平曲，今沭陽縣東北。

廣陵

①楚懷十，城廣陵。（六國表）

②彭城以東，東海、吳、廣陵，此東楚也。（貨殖傳）

③廣陵人召平為陳王徇廣陵。（項羽本紀）

④渡淮，盡降其城邑，至廣陵。（灌嬰傳）

⑤孝景三年，初起兵於廣陵。（吳王濞傳）

⑥元狩二，江都國除，為廣陵郡。五年，更為廣陵國。（漢興以來諸侯年表）

⑦立皇子胥為廣陵王。

⑧廣陵在吳越之地，其民精而輕。（三王世家）

【集解】徐廣曰：「荆王劉賈都吳，吳王移廣陵。」（吳王濞傳）

【正義】揚州。（項羽本紀）

〔案〕杭世駿謂：「水經注：『廣陵城，楚、漢之間為東陽郡。高祖六年為荆國，十一年為吳城。景帝四年，更名江都。武帝元狩三年，更曰廣陵。』項羽紀言『廣陵人召平』，蓋史家追書之。」然灌嬰傳、吳王濞傳皆言廣陵；據六國表，則廣陵之名遠始楚懷時；杭說未是。故城今江蘇江都縣東北。

江都

①孝景初置臨江國，都江都。

②三年，國除，汝南王非遷江都。（漢興以來諸侯年表）

③三年，以汝南王非為江都王，王吳故地。（孝景本紀、吳王濞傳。）

④武帝時，國除為廣陵郡。（漢興以來諸侯年表）

⑤東收江都、會稽。（淮南傳）

【正義】江都國，今揚州也。吳王濞所都。（孝景本紀）

〔案〕今江都縣西南。

卷十七　衛曹地名

衛

①收殷餘民，封康叔於衛。（魯世家）

②居河、淇間故商墟。（衛世家）

③歌邶、鄘、衛。（吳世家）

④謀召燕、衛師。（周本紀）

【索隱】衛即殷墟昌定之地。（衛世家）

【正義】衛，澶州衛南也。（周本紀）

衛

①齊桓公伐翟，為衛築楚邱。（衛世家）

②長驅梁北，東至陶衛之郊。（魏世家）

③據衛取淇、卷，則齊必入朝秦。

④秦之攻齊，倍韓、魏之地，過衛陽晉之道，徑乎亢父之險。（蘇秦傳）

⑤秦攻衛陽晉，必大關天下之胸。（張儀傳）

⑥成侯十六，衛更貶號曰侯。

⑦衛嗣君五，更貶號曰君，獨有濮陽。

⑧衛元君十四，秦徙衛野王縣，并濮陽為東郡。（衛世家）

【正義】衛即宋州楚丘縣，衛文公都之。（魏世家）故城在宋州楚丘縣北三十里。（樂書）又：衛地濮陽也。又曰：衛地曹、濮等州也。杜預云：「曹，衛下邑。」（蘇秦傳）

〔案〕楚邱，今滑縣東六十里。

衛

①衛靈公將之晉，至於濮水之上舍。

②鄭衛之曲動而心淫。

③鄭衛之音，亂世之音也，桑間濮上之音，亡國之音也。

④衛音趣數煩志。（樂書）

淇　淇園

①據衛取淇、卷，則齊必入朝秦。（蘇秦傳）

②下淇園之竹以為楗。（河渠書）

【集解】晉灼曰：「淇園，衛之苑也。多竹篠。」（河渠書）

〔案〕淇故城今淇縣治，殷之沬邑，周初為衛，春秋為朝歌。

鶴

衛懿公好鶴。（衛世家）

【正義】括地志云：「故鶴城在滑州匡城縣西南十五里。左傳云：『衛懿公好鶴。』俗傳懿公養鶴於此城，因名也。」

〔案〕今河北長垣縣西南。

楚邱

齊桓二十八，為衛築楚邱。（十二諸侯年表、齊世家、衛世家。）

【集解】賈逵曰：「衛地也。」（齊世家）

【索隱】杜預曰：「楚邱，武城縣南。」即今之衛南縣是也。（齊世家）

【正義】括地志云：「城武縣有楚邱亭。」（衛世家）

〔案〕今河南滑縣東六十里。

東郡

①始皇五，攻魏，定酸棗、燕、虛、長平、雍丘、山陽城，皆拔之，取二十城。初置東郡。（秦始皇本紀、六國表、信陵君傳、蒙恬傳。）

②秦幷濮陽為東郡。（衛世家）

③秦徙衛野王，作置東郡。（春申君傳）

④孝文七，河決東郡金堤。（漢興以來將相名臣年表）

⑤孝文時河決酸棗，東潰金堤，於是東郡大興卒塞之。（河渠書）

【正義】濮、滑州兼河北置東郡。（春申君傳）

〔案〕秦、漢東郡治濮陽。

濮陽

①衛嗣君獨有濮陽。

②秦更徙衛野王縣，而并濮陽為東郡。（衛世家）

③濮上之邑徙野王。（貨殖傳）

④始皇六，秦拔魏朝歌。衛從濮陽徙野王。（六國表）

⑤沛公、項羽別攻城陽，屠之。西破秦軍濮陽東。（項羽本紀）

⑥沛公、項羽北救東阿，破秦軍濮陽，東屠城陽。（秦楚之際月表）

【集解】駰案：世本曰：「成公徙濮陽。」宋忠曰：「濮陽，帝邱，地名。」

【索隱】魏都大梁，濮陽、黎陽並是魏之東地，故立郡名東郡也。（衛世家）

【正義】括地志云：「濮陽縣在濮州西八十六里，本漢（案：二字據高祖本紀注增。）濮縣也，古昆（昆吾）之國。」（項羽本紀）

〔案〕濮陽，今濮陽縣西南。春秋僖三十一：「衛遷於帝邱。」左昭十七：「梓慎曰：『衛，顓頊之虛，故名帝邱。』」

陽地

有宋，衛之陽地危。（田齊世家）

【集解】駰案：陽地，濮陽之地。

【正義】按：衛此時河南獨有濮陽也。

城濮

晉文公敗楚於城濮。（秦本紀、齊世家。）

【正義】賈逵云：「衛地也，今濮州。」（齊世家。案：「今濮州」三字據秦本紀注增。）

〔案〕隋開皇十六年，析雷澤，置臨濮縣；唐武德復置，屬濮州。今山東濮縣南六十里臨濮集，或曰即古城濮。

五鹿

①重耳過衛五鹿。（晉世家）

②晉文五，侵曹伐衛，取五鹿。（十二諸侯年表、晉世家。）

【集解】賈逵曰：「衛地。」杜預曰：「今衛縣西北有地名五鹿，平陽元城縣東亦有五鹿。」

〔案〕晉之衛縣，今山東之觀城縣也。京相璠曰：「五鹿在衛國縣西北三十里。」元和志：「五鹿墟在元城縣東十二里。」司馬彪云：「五鹿墟，故沙鹿。」則此「五鹿」乃「沙鹿」之譌。太平寰宇記：「濮陽縣五鹿城在縣南三十里。」據水經注：「浮水故瀆上承大河於頓邱縣（今清豐縣西南。）而北出，東逕繁陽縣故城（今內黄東北。）南。又東絶大河故瀆，東逕五鹿之野。又東，逕衛國縣。」則五鹿應在今濮陽（即開州。）之東北，不得在濮陽南。清一統志據太平寰宇記，謂在開州南，實誤。

斂盂

晉侯、齊侯盟于斂盂。（晉世家）

【集解】杜預曰：「衛地。」

〔案〕今濮陽縣東南。

襄牛

衛侯居襄牛。（晉世家）

【集解】服虔曰：「衛地。」

〔案〕水經濟水注：「濮渠東逕須城（今河南滑縣東南。）北。又北，逕襄丘亭南。」疑「襄牛」即「襄丘」，當在今濮陽、滑縣間，蓋近衛都。應劭以襄陵為襄牛，顏師古已辨之。衛人出君，當不出其國境。江永以水經注襄丘為今山東濮縣地，亦誤。

桑間

桑間濮上之音。（樂書）

【集解】鄭玄曰：「濮水之上，地有桑間，在濮陽南。」

戚

①衛靈四十二，晉納太子蒯聵於戚。（十二諸侯年表）

②衛靈公卒。趙簡子送蒯聵居戚。（趙世家、孔子世家。）

【正義】括地志云：「故戚城在相州澶水縣東三十里。杜預云：『戚，衛邑，在頓邱縣西有戚城』，是也。」

〔案〕今濮陽縣北。

戚

①秦泗川守壯敗於薛，走至戚。（高祖本紀）

②高祖封李必為戚侯。（高祖功臣侯年表）

【索隱】晉灼云：「東海縣也。」

【正義】括地志云：「沂州臨沂縣有漢戚縣故城。地理志云：臨沂縣屬東海郡。」

〔案〕今山東滕縣南七十里。

戚

曹參還戚公，屬碭郡。（曹相國世家）

【正義】即爰戚縣也，是時屬沛郡。

〔案〕漢志爰戚屬山陽郡，廣戚屬沛郡，故城今沛縣東。正義謂爰戚是時屬山陽，未知何據。

宿

①自衛如晉，將舍於宿。（吳世家）

②孫文子、甯惠子怒，如宿。

③殤公封孫文子林父於宿。

④太子蒯聵在宿。（衛世家）

【索隱】左傳作「戚」，此亦音「戚」。（衛世家）

〔案〕今河北濮陽縣北有戚城。水經注：「衛之河上邑。」

鐵

鄭聲公八，晉敗鄭於鐵。（十二諸侯年表、鄭世家。）

【集解】杜預曰：「戚城南鐵邱。」

【正義】括地志云：「鐵邱在滑州衛南縣東南十五里。」（鄭世家）

〔案〕今濮陽縣北。

醎　鹹

①魯文十一，敗長翟于醎。（十二諸侯年表）

②魯敗翟於鹹，獲長翟喬如。（魯世家）

【集解】服虔曰：「魯地也。」（魯世家）

〔案〕左僖十三：「會於鹹。」杜注：「衛地。東郡濮陽縣東南有鹹城。」後漢志：「濮陽，春秋時曰濮。有鹹城，或曰古鹹國。」亦見水經瓠子水注。紀要：「鹹城在開州東南六十里。」又春秋文十一：「叔孫得臣敗狄於鹹。」杜注：「魯地。」蓋疑濮陽地遠，故變文說之。顧棟高曰：「濮陽，濮水之北，當在今山東曹縣境。」殊無據。春秋魯境西北及鄆城、高魚，與范接壤。自此踰濮，兵鋒乘勝可以及鹹。紀要徑以一地說之，是也。又左桓七：「焚咸丘。」杜注：「高平鉅野縣西有咸亭。」地在今鉅野縣南。或此「醎」是「咸」，則地望更洽矣。

長丘

①宋昭四，敗長翟長丘。（十二諸侯年表、宋世家。）

②宋武公之世，鄋瞞伐宋，宋敗翟於長丘。（魯世家）

【集解】杜預曰：「宋地名。」（魯世家）

〔案〕地理志陳留郡封邱縣，孟康曰：「春秋傳：『敗狄於長丘』，今翟溝是。」地在今縣南八里，即白溝也。

戎州

①衛莊三，辱戎州人。戎州人與趙簡子攻莊公。（十二諸侯年表）

②莊公上城，見戎州。曰：「戎虜何為？」戎州告趙簡子。（衛世家）

【集解】賈逵曰：「戎州，戎人之邑。」

【索隱】左傳隱二年：「公會戎於潛」，杜預云：「陳留濟陽縣東南有戎城。」濟陽與衛近。又七年：「戎伐凡伯於楚丘。」是戎與衛相近也。（衛世家）

〔案〕今菏澤縣西南。

宛朐

①起宛朐，攻濟陽。（高祖功臣侯年表、靳歙傳。）

②襲取宛朐。（絳侯世家）

③陳豨，宛朐人。（陳豨傳）

④公孫卿有札書曰：「黄帝得寶鼎宛朐。」（封禪書）

【索隱】地理志屬濟陰。下云：「陳豨，梁人」，是褚先生之説異。（陳豨傳）

【正義】今曹州縣，在州西四十七里。（絳侯世家）太史公云：「豨，梁人。」按：宛朐，六國時屬梁。（陳豨傳）

〔案〕今菏澤縣西南。

曹

武王克殷，封叔振鐸於曹。（管蔡世家）

【集解】宋忠曰：「濟陰定陶縣。」

〔案〕定陶故城，今定陶縣西北四里。魯哀八，宋滅曹，遂為宋邑，亦曰陶曹。叔振鐸墓在定陶縣髣山；叔振鐸以下二十五代皆葬此。

陶丘

滎東出陶丘北。（夏本紀）

陶

【集解】孔安國曰：「陶丘，丘再成者也。」鄭玄曰：「地理志陶丘在濟陰定陶西北。」

【正義】括地志云：「陶丘在濮州鄄城西南二十四里。又云在曹州城中。徐才宗國都城記云：此城中高丘，即古之陶丘。」

〔案〕陶丘，今定陶縣西南七里。墨子以為「釜邱」，紀年魏襄王十九：「薛侯來會於釜邱」，是也。

陶

舜陶河濱。（五帝本紀）

【集解】皇甫謐曰：「濟陰定陶西南陶丘亭是也。」

【正義】括地志云：「陶城在蒲州河東縣北三十里，即舜所都也。南去歷山不遠，何必定陶方得為舜陶之陶也？」

〔案〕河東陶城，今永濟縣北。雷水在永濟縣南雷首山下。既曰「舜陶河濱」，則宜以在河東者為是，而雷澤亦當與陶城相近也。

陶

①范蠡止於陶，以為此天下之中，交易有無之路通。（越世家）

②范蠡之陶，以為陶天下之中，諸侯四通，貨物所交易。（貨殖傳）
③陶、睢陽亦一都會也。（貨殖傳）
④范蠡老死於陶。（越世家）
【集解】徐廣曰：「今之濟陰定陶。」
【正義】括地志云：「陶山在濟州平陰縣（貨殖傳引作「齊州平陽縣」。）東三十五里。（又一條云「三十里」。）」今山南五里猶有朱公冢。盛弘之荆州記云：「荆州華容縣西有陶朱公冢，樹碑云是越范蠡。」（越世家）又云：「曹州濟陽縣東南三里有陶朱公冢，未詳也。」（貨殖傳）
〔案〕陶朱公墓，今定陶縣東北五里。史謂「天下之中，交易有無之路通」，則必濟陰定陶矣。肥城、滕縣皆有陶山，稱朱公墓，合之荆州華容陶朱公冢，皆不可信。

陶

①秦封魏冉於穰，復益封陶。（穰侯傳）
②秦昭襄十六，封魏冉陶，為諸侯。（秦本紀）
③穰侯欲伐齊綱、壽，欲以廣其陶封。（穰侯傳、范睢傳。案：「綱」，穰侯傳作「剛」。）
④魏必效絳安邑。又為陶開兩道，幾盡故宋，衛必效單父。（穰侯傳）
⑤穰侯卒於陶，秦復收陶為郡。（穰侯傳）

【索隱】陶即定陶也。王劭案：定陶見有魏冉冢。

【正義】穰故封定陶，故宋及單父是陶之南道也，魏之安邑及絳是陶北道。（穰侯傳）

〔案〕水經注：「濟水又東，逕秦相魏冉冢南。」今曹縣冉堌村，世謂之安平陵。然「冉堌」之名，或由冉氏，不必為魏冉。大抵古人冢墓頗多不可信，如陶朱、魏冉皆是。惟兩人封居在陶則可信。或疑魏冉封陶在河東，此恐未是。

陶衛

①裂地定封，富比乎陶衛。（魯仲連傳）

②長驅梁北，東至陶衛之郊。（魏世家）

③有陶、平陸，梁門不開。（田齊世家）

【索隱】延篤注戰國策云：「陶，陶朱公也；衛，公子荊」，非也。王劭云：「魏冉封陶，商君姓衛。」富比陶、衛，謂此云爾。（魯仲連傳）

〔案〕陶衛即「天下之中，交易有無」所湊，以衛為商君、公子荊，皆非。

氾

高祖五，即皇帝位氾水之陽。（高祖本紀）

【正義】括地志云：「高祖即位壇在曹州濟陰縣界。張晏曰：『汜水在濟陰界，取其汜愛弘大而潤下。』」

〔案〕今曹縣北四十里，與定陶分界。

陽晉

①吾愛宋與愛新城、陽晉同。（田齊世家）

②秦之攻齊，倍韓、魏之地，過衛陽晉之道。（蘇秦傳）

③劫衛取陽晉，則趙不南。

④秦下甲攻衛陽晉，必大關天下之胸。（張儀傳）

⑤趙惠文十六，廉頗伐齊取陽晉。（廉頗傳）

【索隱】陽晉，魏邑也。劉氏云：「在衛國之西南。」（蘇秦傳）以常山為天下脊，則此衛及陽晉當天下胸，蓋其地是秦、晉、齊、楚之交道也。（張儀傳）

【正義】陽晉故城在曹州乘氏縣西北三十七里。（田齊世家。案：廉頗傳注作「四十七里」。）

〔案〕今鄆城縣西。

陽晉

魏哀十六，秦拔魏蒲阪、陽晉、封陵。（魏世家）

〔案〕此詳「晉陽」。

成武

攻東郡尉，破之成武南。（曹相國世家、絳侯世家、樊噲傳、灌嬰傳。）

【索隱】地理志成武縣屬山陽。（曹相國世家）

【正義】曹州縣。（樊噲傳）

〔案〕今城武縣治，春秋郜國地。

單父

①子賤為單父宰。（仲尼弟子傳）

②衛必效單父。（穰侯傳）

③單父人呂公。（高祖本紀）

④襲取宛朐，得單父令。（絳侯世家）

【索隱】韋昭云：「單父，縣名，屬山陽。」（高祖本紀）

【正義】宋州縣也。（絳侯世家）

〔案〕今山東單縣南一里。

昌邑

①彭越，昌邑人。

②沛公從碭北擊昌邑。（彭越傳）

③沛公至成陽，西，遇彭越昌邑。（高祖本紀）

④吳、楚攻梁，破棘壁。至昌邑南。（楚元王世家）

⑤吳方攻梁，周亞夫引兵東北走昌邑，深壁而守。（絳侯世家、吳王濞傳。）

【正義】地理志云昌邑屬山陽。括地志云：「在曹州成武縣東北三十二里，（吳王濞傳作「四十二里」。）有梁邱故城是也。」（高祖本紀）

〔案〕昌邑，今山東金鄉縣西北四十里。漢志昌邑有梁邱鄉，郡國志有梁邱城，今城武縣境，與金鄉縣接壤。

成

①成叔武。

②周公封叔武於成。（管蔡世家）

【索隱】按：春秋隱五年：「衛師入郕」，杜預曰：「東平剛父縣有郕鄉。」後漢地理志以爲成本國。又地理志云廩丘縣南有成故城。應劭曰：「武王封弟季載於成。」是古之成邑，應仲遠誤云季載封耳。

【正義】括地志云：「濮州雷澤縣在東南九十一里，漢郕陽縣。古郕伯，姬姓之國，其後遷於成之陽。」

〔案〕今寧陽縣北，後漢置成縣。

成陵

請罷魏兵，免成陵君。（魏世家）

成陽　城陽

①堯作游成陽。（貨殖傳）

②昭襄十七，城陽君入朝。（秦本紀）

③沛公、項羽別攻城陽，屠之。西破秦軍濮陽東。（項羽本紀、高祖本紀。）

④二世二年七月，沛公、項羽北救東阿，破秦軍濮陽，東屠城陽。（秦楚之際月表）

⑤沛公西略地，道碭至成陽與杠里。引兵西，遇彭越昌邑。（高祖本紀）

⑥擊王離軍成陽南。（曹相國世家）

⑦從攻城陽，先登。下戶牖。（樊噲傳）

⑧項羽北至城陽，田榮戰，不勝，走至平原。（項羽本紀、田儋傳。）

【集解】如淳曰：「成陽在定陶。」（貨殖傳）

【索隱】地理志縣名，在濟陰。成，地名。周武王封弟季載於成，其後代遷於成之陽，故曰成陽。（曹相國世家）韋昭云：「在潁州」，非也。（高祖本紀）

〔案〕今濮縣東南。

城陽

①田橫反城陽。（項羽本紀、田儋傳。）

②齊連子羽城陽，漢得間入彭城。（自序）

③田光走城陽。（田儋傳）

④齊王廣亡去。信追北至城陽。（淮陰侯傳）

⑤齊王上城陽之郡。（呂后本紀）

⑥二年，以齊劇郡立朱虛侯為城陽王。（孝文本紀、齊悼惠王世家。）

⑦十五年，復置城陽國。淮南王喜徙王城陽。（漢興以來諸侯年表）

⑧周丘北略城邑，比至城陽，引兵歸下邳。（吳王濞傳）

〔案〕齊策：「襄王走之城陽山中，安平君棧道木閣，迎王於城陽山中。」今山東莒縣治，即春秋莒國。

成陽

成陽侯。（高祖功臣侯年表）

〔案〕此汝南成陽。

成　郕

①遂墮費。將墮成。

②墮成，齊人必至於北門。（孔子世家）

③齊宣四十八，取魯之郕。（六國表、田齊世家。）

④騶忌號曰成侯。（田齊世家）

【集解】杜預曰：「泰山鉅平縣東南有成城。」（孔子世家）

【正義】音「城」。括地志云：「故郕城在兗州泗水縣西北五十里。說文云：『郕，魯孟氏邑』，是也。」（田齊世家）

〔案〕今寧陽縣東北九十里。

冉

①冉季載。

②封季載於冉。（管蔡世家）

【索隱】冉，國也。或作「䣅」。莊十八年：「楚武王克權，遷于那處。」杜預曰：「那處，楚地。南郡編縣有那口城。」

【正義】「冉」，一作「枏」，或作「䣅」，國名也。

〔案〕後漢書王常傳：「與成丹、張印入南郡藍口，號下江兵。」郡國志：「南郡編有藍口聚。」殆即那處。「那」、「藍」聲近。藍口聚，今荆門縣北；編縣故城，今荆門縣西。然疑冉不封此。考魯有冉耕、冉雍、冉求，今曹縣東北五十里接定陶界，有冉堌集，疑冉、成封邑實相近。

杠里

①沛公西略地，道碭至成陽與杠里。（高祖本紀）

②擊王離軍成陽南，復攻之杠里。追北，西至開封。（曹相國世家）

③出亳南，破河間守軍於杠里。（樊噲傳）

④從攻安陽、杠里。（傅寬傳）

【索隱】服虔云：「杠里，縣名。」（高祖本紀）

【正義】地名，近城陽。（樊噲傳）

〔案〕杠里非縣名。方輿紀要：「在成陽西。」

爰戚

①攻爰戚及亢父。（曹相國世家）

②攻爰戚、東緡。（絳侯世家）

【索隱】蘇林云：「爰戚，縣名，屬山陽。」

【正義】今在兗州南，近亢父縣。（曹相國世家）

〔案〕今嘉祥縣西南。

亢父

①徑乎亢父之險，車不得方軌，騎不得比行。（蘇秦傳）

②項梁引兵攻亢父。（項羽本紀）

③沛公還軍亢父。（高祖本紀）

④曹參攻爰戚及亢父，北救東阿。（曹相國世家）

【集解】屬任城郡。（高祖本紀）

【索隱】地理志云：「亢父，縣名，屬東平。」（曹相國世家）又：地理志縣名，屬梁國。（蘇秦傳。

案：志屬東平，此蓋字譌。）

【正義】括地志云：「亢父故城在兗州任城縣南五十一里。」（曹相國世家）

〔案〕今山東濟寧縣南五十里。

任城

周文，任城人。（萬石張叔傳）

【正義】任城，兗州縣。

〔案〕今濟寧縣治。

無鹽

宋義身送其子相齊至無鹽。（項羽本紀）

【索隱】按：地理志東平郡之縣，在今鄆州之東。

〔案〕今東平縣東二十里，春秋宿國。

良山

北獵良山。（梁孝王世家）

【索隱】漢書作「梁山」。述征記云：「良山際淸水。」今壽張縣南有良山，服虔云是此山也。

【正義】括地志云：「梁山在鄆州壽張縣南三十五里。」

〔案〕梁山，今東平縣西南五十里，接壽張縣界；其下為梁山濼，宋政和中，盜宋江保據於此。

陳留

①項羽去外黃攻陳留。

②項王東行擊陳留、外黃。（項羽本紀）

③陳留，天下之衝，四通五達之郊，其城又多積粟。

④陳留，天下之據衝，兵之會地，積粟數千萬石。（酈生陸賈傳）

【正義】括地志云：「陳留，汴州縣也。在州東五十里，本漢陳留郡及陳留縣之地。」孟康云：「留，鄭邑也。後為陳所幷，故曰陳留。」臣瓚又按：宋有留，彭城留是也。此留屬陳，故曰陳留。（項羽本紀）

〔案〕今陳留縣治。

黃池

①夫差大會諸侯於黃池。(伍子胥傳)

②晉吳爭長於黃池。(秦本紀)

③晉定三十，吳夫差十四，會黃池爭長。(十二諸侯年表、吳世家、晉世家、仲尼弟子傳。)

④韓昭二，宋取韓黃池。(六國表、韓世家。)

⑤魏惠十六，侵宋黃池，宋復取之。(六國表、魏世家。)

【集解】杜預曰：「陳留封邱縣南有黃亭，近濟水。」(吳世家)徐廣曰：「在平丘。」(韓世家。)

【正義】在汴州封丘縣南七里。(伍子胥傳)

〔案〕封丘，今封丘縣治。平丘，今長垣縣西南五十里。左傳云：「吳囚子服景伯以還。及户牖，歸之。」户牖，今東仁縣東北二十里。據此知應劭以黃池在內黃固非，臣瓚謂在外黃亦誤，當以在封邱南七里者為是。張琦曰：「水經濟水篇：『東過封邱縣北。又東過平邱縣南。』注次南、北濟所蹥，皆逕大梁，而至平邱，則封邱在大梁西北，平邱在大梁東北；而黃池實在今封邱南。蓋今封邱，乃古平邱；古封邱應更在西。」黃池應在平邱南。徐廣說據郡國志也。

陽武

①始皇二十九，東游至陽武博狼沙中。（秦始皇本紀）

②從攻陽武，下轘轅、緱氏。（曹相國世家）

③攻陽武以西至雒陽。（灌嬰傳）

④擊楊熊曲遇、陽武。（傅寬傳）

⑤陳平，陽武戶牖鄉人。（陳丞相世家）

⑥張蒼，陽武人。（張丞相傳）

【集解】駰案：地理志河南陽武縣有博狼沙。（秦始皇本紀）徐廣曰：「陽武屬魏地。」（陳丞相世家）

【索隱】地理志屬河南郡，蓋後陽武分屬梁國耳。（陳丞相世家）又曰：縣名，屬陳留。（張丞相傳）

【正義】括地志云：「陽武故城在鄭州陽武縣東北十八里。」（曹相國世家）

〔案〕今博浪（陽武）縣東南。

博狼沙

①始皇東游，至陽武博狼沙中。（秦始皇本紀）

②張良與客狙擊秦皇帝博浪沙中。（留侯世家）

【索隱】服虔曰：「地在陽武南。」按：今浚儀西北四十里有博浪城。

【正義】晉地理記云：「鄭陽武縣有博浪沙。」按：今當官道也。（留侯世家）

〔案〕博浪，今博浪縣東南。

户牖

①陳平，陽武户牖鄉人。

②封平户牖侯。（陳丞相世家）

③先登。下户牖。（樊噲傳）

【集解】徐廣曰：「户牖，今為東昏縣，屬陳留。」

【索隱】按：秦時户牖鄉屬陽武，至漢以户牖為東昏縣，隸陳留郡。

【正義】陳留風俗傳云：「東昏縣，衛地，故陽武之户牖鄉也。」括地志云：「東昏故城在汴州陳留縣東北九十里。」（陳丞相世家）

〔案〕東昏故城，今河南東仁（蘭陽）縣東北二十里。左哀十三年：「會于黄池。吳人囚子服景伯還，及户牖」，是也。

武彊

追至葉，還攻武彊。（曹相國世家）

【集解】瓚曰：「武彊城在陽武。」

【正義】括地志云：「武彊故城在鄭州管城縣東北三十一里。」

〔案〕今鄭縣東北。

臨濟

①章邯滅魏咎臨濟。（秦始皇本紀、魏豹傳、田儋傳。）

②二世二年正月，章邯圍咎臨濟。六月，咎自殺，臨濟降秦。（秦楚之際月表）

③擊章邯軍東阿，追至濮陽。攻定陶，取臨濟。（曹相國世家）

④襲取宛朐，得單父令。夜襲取臨濟，攻張。（絳侯世家）

【正義】今齊州縣。（秦始皇本紀）又：淄州高苑縣西北（案：魏豹傳作「北」。）二里北狄故城，安帝改曰臨濟。（曹相國世家）

〔案〕郡國志平邱有臨濟亭，是也。平邱，今長垣縣西南五十里。注家以千乘狄縣說之，誤。

匡

①孔子去衛。將適陳，過匡。（孔子世家）

②仲尼畏匡。（游俠傳）

【正義】故匡城在滑州（匡）城縣西南十里。（孔子世家）

〔案〕故匡城，今長垣縣西南。

城安

韓安國，梁城安人。（韓長孺傳）

【集解】徐廣曰：「在汝潁之間。」

【索隱】漢書地理志云：縣名，屬陳留。

【正義】括地志云：「城安故城在汝州梁縣東二十三里。」括地志云：「成安屬潁川郡。陳留郡又有城安縣，亦屬梁，未知孰是也。」

〔案〕城安屬梁，當在陳留，今河南舊考城縣東北。後魏孝昌中，置成安縣。

成安

①成安君陳餘。（項羽本紀）

②成安侯。（建元以來侯者年表）

【正義】案：地理志云：成安縣在潁川郡，屬豫州。（項羽本紀）

〔案〕潁川成安，今河南臨汝縣東南三十里。陳留亦有成安，今河南舊考城縣境。疑陳餘所封，應以陳留成安為近；是即城安也。

菑

擊邢說軍菑南。（傅靳蒯成傳）

【集解】徐廣曰：「今曰考城。」

【索隱】今為考城，屬濟陰也。

〔案〕漢菑縣屬梁國，故春秋戴，今河南考城縣東南。

卷十八　豫章長沙地名

豫章

①楚昭七，吳敗楚豫章，取楚之居鄛而還。（十二諸侯年表、吳世家、楚世家、伍子胥傳。）

②陳嬰屬漢，定豫章、浙江。（高祖功臣侯年表）

③遂定吳、豫章、會稽郡。（灌嬰傳）

④黥布為淮南王，九江、廬江、衡山、豫章郡皆屬布。（黥布傳）

⑤衡山、九江、江南豫章、長沙，是南楚也。（貨殖傳）

【集解】駰案：豫章在江南。

【索隱】按：杜預云：「昔豫章在江北，蓋後徙之於江南。」（伍子胥傳）

【正義】今洪州也。（貨殖傳）

〔案〕左昭六：「楚伐吳，師於豫章，次於乾谿。吳人敗其師於房鍾。」又昭三十一：「吳伐弦，楚救弦，及豫章。」又定二：「桐叛楚。吳使舒鳩氏誘楚。楚伐吳，師於豫章。吳人見舟於豫章，而潛師於巢；敗楚師於豫章，遂克巢。」（此當楚昭八年，左傳與史記差一歲。）又定四：「吳與唐、蔡伐楚，舍舟於淮汭，自豫章與楚夾漢。」考春秋弦國，今河南光山縣西北境；房國，今河南遂平縣，房鍾地或相近。所謂「淮汭」，當是潁、淮相會之口，當安徽壽縣境。春秋豫章殆即在此。「豫章」本大木，莊子：「上古有大椿，以八千歲為春，八千歲為秋。」疑壽春即「壽椿」，蓋即豫章矣。自楚考烈王徙壽春，豫章之名，遂漸不著。漢九江郡治壽春，即古豫章也。自楚漢之際分九江江南地為豫章郡，而豫章遂移於江南。杜預注左，僅曰：「豫章，漢東江北地名。」已不能確指其所在。顧棟高曰：「左傳豫章凡六見，地極廣大，跨大江南北，以及淮南。蓋鳳陽以西，壽、霍、光、固之境，皆近淮壖，為吳、楚交兵處。」更失之汗漫荒唐之域矣。①

豫章

①結九江之浦，絶豫章之口。（淮南衡山傳）

②建元六，王恢出豫章，討閩越。（東越傳）

③元鼎五，楊僕出豫章，破南越。

---

① 編者案：作者後著古豫章考，定古豫章在河南新野附近，說與此異。該文另收載古史地理論叢，可參看。

④六，楊僕出豫章，破東越。（漢興以來將相名臣年表）

⑤楊僕出豫章，下橫浦。（南越傳）

【正義】豫章之口即彭蠡湖口，北流出大江者。（淮南衡山傳）

〔案〕秦九江郡治廬江。項氏先分廬江郡，又自廬江分豫章郡，遂為江南地。

豫章　章山

①吳有豫章郡銅山。（吳王濞傳）

②豫章出黃金。

③吳有章山之銅。（貨殖傳）

【集解】韋昭曰：「今故章。」

【索隱】案：鄣郡後改曰故章。或稱「豫章」為衍字也。

【正義】括地志云：「秦兼天下，以為鄣郡，今湖州長城縣西南八十里故章城是也。」（吳王濞傳）

〔案〕故鄣城，今浙江安吉縣西北十五里。縣東三十五里有銅峴山，漢志：「丹陽郡，故鄣郡，有銅官。」豫章乃淮南厲王封域。

銅山

吴有豫章郡銅山。（吴王濞傳）

【正義】銅山，今宣州及潤州句容縣有，並屬章也。

〔案〕寰宇記：「銅山、小銅山並在永貞縣西北八十里。」今江蘇儀徵縣西北二十五里。宋時淮南鼓鑄，莫盛於眞州，舊有廣陵、丹陽二監，又置冶官於小銅山西北五里。又寰宇記：「江都縣西七十二里有大銅山，即吴王濞鑄錢處。」今無此山。又儀徵西北四十里尚有冶山，相傳亦吴王鑄錢所。「豫章郡」當作「鄣郡」，即丹陽郡也。

銅山

賜鄧通蜀嚴道銅山。（佞幸傳）

【正義】括地志云：「雅州榮經縣北三里有銅山，即鄧通得賜銅山鑄錢者邑。」榮經即嚴道。

〔案〕明統志：「銅山在榮經縣東北三十里。」

舒

①楚莊十三，伐陳，滅舒、蓼。（十二諸侯年表）

②莊十三，滅舒。（楚世家）

③楚封吴公子燭庸、蓋餘於舒。

④吳闔廬三，伐楚，拔舒。（吳世家、伍子胥傳。）

⑤周殷叛楚，以舒屠六。（項羽本紀）

【集解】杜預曰：「廬江六縣東有舒城。」（楚世家）

【索隱】左氏昭二十七年曰：「掩餘奔徐，燭庸奔鍾吾。」三十年經曰：「吳滅徐，徐子奔楚。」左傳曰：「吳子使徐人執掩餘，使鍾吾人執燭庸。二公子奔楚，楚子大封而定其徙。」無封舒之事。當是「舒」、「徐」字亂，又且疏略也。（吳世家）

【正義】括地志云：「舒，今廬江側故舒城是也。」（項羽本紀）

〔案〕左傳文十二：「羣舒叛楚。」成十七：「楚滅舒庸。」襄二十四：「舒鳩人叛楚。」杜注：「羣舒，偃姓，舒庸、舒鳩之屬。廬江有舒城，舒城西南有龍舒。」舒縣故城，今安徽廬江縣西。龍舒城即舒鳩城，今安徽舒城縣。吳燭庸、蓋餘先奔徐；徐亡，又奔楚。楚處徐子於夷，處吳二公子於舒。吳又拔舒，而殺二公子。事為左傳所未備。

荼

①荊荼是徵。（建元以來侯者年表）

②朱濞以都尉擊籍、荼。（高祖功臣侯年表）

【索隱】「荼」，音「舒」。（建元以來侯者年表）

廬江

①黥布為淮南王，九江、廬江、衡山、豫章郡皆屬布。（黥布傳）

②立淮南厲王子三人為淮南、衡山、廬江王。（孝文本紀）

③廬江王邊越，數使使相交。（淮南衡山傳）

④孝景徙廬江王於衡山，國除為郡。（漢興以來諸侯年表）

⑤建元三，東甌眾四萬餘人來降，處廬江郡。（漢興以來將相名臣年表）

〔案〕廬江國都舒，後為郡治，今廬江縣西。

英

①禹封皋陶之後於英六。（夏本紀）

②皋陶之後，或封英六。（陳杞世家）

③黥布，六人，姓英氏。（黥布傳）

【索隱】英地闕，不知所在。（夏本紀）又：「英六」，本或作「蓼六」，皆通。然蓼、六皆咎繇之後。據系本，二國皆偃姓，故春秋文五年傳云：「楚人滅六。臧文仲聞六與蓼滅，曰：『皋陶、庭堅，不祀忽諸。』」地理志云：「六安故國，皋陶後，偃姓，為楚所滅。」又僖十七年：「齊人、徐

人伐英氏。」杜預曰：「英、六皆皋陶後，國名。」是有英、蓼，英、六實未能詳。或者英改號蓼。（陳杞世家）

【正義】英蓋後改為蓼。（黥布傳）括地志云：「光州固始縣，本春秋時蓼國。左傳云：『子燮滅蓼。』太康地志云：『蓼國先在南陽故縣，今豫州郾縣界故胡城是，後徙於此。』」（夏本紀）

〔案〕春秋僖十七：「齊人、徐人伐英氏。」故城今湖北英山縣東北。舊志：「六安州西有英氏城。」蓋境相接。又今安徽六安西與河南固始接界；英山北接霍山，羅田亦與固始為近。然英山縣名起於宋，故索隱、正義皆不據以為說。然十二諸侯年表：「楚成二十六，滅六英。楚穆四，滅六蓼。」英、蓼分舉，則舊疑英即蓼之說亦非。或「偃」與「英」聲近，「蓼」與「六」聲近。據太康地志之說，蓋其先六國在郾，後東徙分為二：一曰英，一曰蓼也。

英

①楚成二十六，滅六英。（十二諸侯年表）

②楚成二十六，滅英。（楚世家）

【正義】英國在淮南，蓋蓼國也，不知改名時也。

〔案〕考證：「世家云『滅英』，無『六』字。徐廣曰：『一本作「黃」。』」春秋：『楚成二十四，滅黃。二十九年，齊人、徐人伐英。楚穆四年秋，楚人滅六。』據此，則楚成二十六年，六、英俱未滅；當從『滅黃』，其編年亦當從春秋。」今案：楚成所滅，乃六英；楚穆時叛即東夷，重滅之，又滅六蓼。蓋其先有英之六，其後復有蓼之六。蓼之六在固始，英之六在六安。故分言六英、六蓼，亦可專言英、蓼。故世家於成王滅六英，僅云「滅英」也。左僖十七年：「齊人為徐伐英氏，以報婁林之役」，杜注：「英氏，楚與國。」此在史表「楚成二十六，滅六英」後三年，必楚滅英，英人既服，而復其國。此例春秋時多有之，不足疑。考證辨之未諦，互詳「蓼」字。

六

①禹封臯陶之後於英六。（夏本紀、陳杞世家。）

②楚穆四，滅六蓼。六蓼，臯陶之後。

③楚昭五，吳伐楚六、灊。（十二諸侯年表、楚世家。）

④王僚十三，圍楚六、灊。

⑤闔廬四，取六與灊。（吳世家、伍子胥傳。）

⑥黥布，六人，姓英氏。（黥布傳）

⑦項羽立英布為九江王，都六。（項羽本紀、黥布傳。）

【集解】杜預曰：「六國，今廬江六縣。」（楚世家）

【索隱】地理志六安國六縣，咎繇後偃姓所封國。（夏本紀）又曰：地理志廬江有六縣。蘇林曰：

「今為六安也。」（黥布傳）

【正義】括地志云：「故六城在壽州安豐縣南百三十二里。（夏本紀。案：黥布傳作「西南百三十三里」。）

又：春秋傳六與蓼，咎繇之後，或封於英、六，蓋英後改為蓼也。（黥布傳）

〔案〕春秋文公五：「楚人滅六。」傳：「六人叛楚即東夷。秋，楚滅六。冬，滅蓼。臧文仲聞六與蓼滅，曰：『皋陶、庭堅，不祀忽諸。』」杜注：「六國，今廬江六縣。蓼國，今安豐蓼縣。」漢有蓼侯，後置縣，屬六安國；故城今河南固始縣東北七十里有蓼城岡是也。據史表：「楚成二十六年，滅六英。楚穆四，滅六蓼」，相距二十五年。蓋英與蓼，皆六也。楚成先滅六英，而未絕其君統。六人叛楚，楚復滅之，此謂「英六」，今安徽六安境。既滅英六，復滅「蓼六」，今河南固始境。如晉之滅虞、虢然。英與蓼皆滅，而六絕，故曰「皋陶、庭堅，不祀忽諸」。自漢以來，地名有六、有蓼，而無英。蓋英即英六，與蓼分舉。宋後又有英地，於是六、英、蓼遂為三；而唐人復有誤英為蓼者；於是春秋經、傳、史記之文，皆不可通矣。

六安國

①武帝初置六安國，以故陳為都。（漢興以來諸侯年表）

②武帝封膠東王子慶於故衡山地，為六安王。（五宗世家）

〔案〕六安國都六。

蓼

①楚穆四，滅六蓼。六蓼，皋陶之後。（十二諸侯年表、楚世家。）

②楚莊十三，伐陳，滅舒蓼。（十二諸侯年表。案：楚世家作「滅舒」，無「蓼」。）

③孔藂封蓼侯。（高祖功臣侯年表）

【集解】杜預曰：「蓼國，今安豐蓼縣。」

【索隱】縣名，屬六安。

〔案〕漢蓼縣，今河南固始縣東北七十里蓼城岡。

潛　灊

①吳闔廬四，伐楚，取六、潛。（十二諸侯年表、楚世家、伍子胥傳。）

②王僚十三，以兵圍楚之六、灊。（吳世家）

③吳王僚使其二弟圍楚之潛。（刺客傳）

④登禮潛之天柱山。（孝武本紀、封禪書。）

【集解】應劭曰：「潛縣屬廬江。」（孝武本紀）杜預曰：「灊在廬江六縣西南。」（吳世家）

【索隱】地理志廬江有灊縣，天柱山在南。（刺客傳）

【正義】灊城，楚之灊邑，在霍山縣東二百步。（楚世家）

〔案〕今霍山縣東北。

灊

浮於灊。（夏本紀）

〔案〕詳「涔」字條。

終黎氏

秦之先為嬴姓。其後分封，以國為姓，有終黎氏。（秦本紀）

【集解】徐廣曰：「世本作『鍾離』」。應劭曰：「氏姓注云有姓終黎者是也。」

鍾離

①魯成十五，始與吳通，會鍾離。（十二諸侯年表、魯世家。）

②楚平十一，吳伐取楚鍾離。（十二諸侯年表、楚世家。）

③公子光拔楚居巢、鍾離。（吳世家）

④楚邊邑鍾離與吳邊邑卑梁氏爭桑，吳公子光拔楚居巢、鍾離而歸。（伍子胥傳）

⑤與潁陽侯共食鍾離。（絳侯世家）

【集解】服虔曰：「鍾離，州來西邑。」

【索隱】地理志居巢屬廬江，鍾離屬江南。（絳侯世家注作「九江」，是也，此譌。）應劭曰：「鍾離子之國。」（吳世家）鍾離在六安，世本謂之「終犂」，嬴姓。（伍子胥傳）

【正義】括地志云：「鍾離故城在濠州鍾離縣東（案：絳侯世家注作「東北」。）五里。」（魯世家）

〔案〕今安徽鳳陽縣。

鍾離

靈公十九，會諸侯盟於鍾離。（十二諸侯年表、齊世家。）

【正義】括地志：「鍾離故城在沂州承縣界。」（齊世家）

〔案〕今山東嶧縣西南三十五里。

卑梁

①楚平十一，吳卑梁人爭桑，伐取楚鍾離。（十二諸侯年表、楚世家。）

②楚邊邑卑梁氏之處女與吳邊邑女爭桑。（吳世家）

③楚邊邑鍾離與吳邊邑卑梁氏俱蠶，兩女子爭桑，相攻。（伍子胥傳）

【正義】卑梁邑近鍾離也。（楚世家）

合肥

合肥受南北潮，皮革、鮑、木輸會也。（貨殖傳）

【正義】合肥，縣，廬州治也。言江淮之潮，南北俱至廬州也。

〔案〕合肥故城在今縣北。爾雅：「水歸異出同曰肥。」三國魏志武帝紀：「建安十四年，軍至譙。自渦入淮，出肥水，軍合肥。」古巢湖水北合肥河，故魏窺江南，則循渦入淮，自淮入肥，由肥而趨巢湖。吳人撓魏，亦必由此也。

肥陵

葬之肥陵邑。（淮南衡山傳）

【正義】括地志云：「肥陵故縣在壽州安豐縣東六十里，在故六城東北百餘里。」

〔案〕寰宇記：「壽春縣八公山，一名肥陵山。」今鳳臺縣北五里。唐肥陵廢縣，今壽縣東南。

新陽

呂臣為倉頭軍，起新陽。（陳涉世家）

【集解】徐廣曰：「在汝南也。」

【正義】括地志云：「新陽故城在豫州眞陽縣西南四十二里，漢新陽縣城。應劭云：在新水之陽也。」

〔案〕今安徽太和縣西北。

乾谿

①楚靈五，伐吳，次乾谿。（十二諸侯年表、吳世家。）

②靈王十一伐徐，次乾谿。（楚世家）

【集解】杜預曰：「乾谿在譙國城父縣南，楚東境。」

〔案〕今安徽亳縣東南。

槖皋

①魯哀十二，與吳會槖皋。（十二諸侯年表）

②吳召魯、衛之君會於槖皋。（吳世家、伍子胥傳。）

【集解】服虔曰：「槖皋，地名也。」杜預曰「在淮南逡遒縣東南。」（吳世家）

【索隱】縣名，在壽春。

【正義】橐皋故縣在廬州巢縣西北五十六里。（伍子胥傳）

〔案〕橐皋故城，今巢縣西北；宋史之「柘皋」。「拓」、「橐」聲近，「柘」、「拓」形似而譌。

鄱　番　番陽　鄱陽

①衡山王吳芮始，故番君。（秦楚之際月表）

②鄱君吳芮率百越佐諸侯。（項羽本紀）

③閩越王無諸、東海王搖率越歸鄱陽令吳芮，所謂鄱君者也。（東越傳）

④番君吳芮為衡山王，都邾。（高祖本紀）

⑤呂將軍聚鄱盜當陽君黥布之兵。（陳涉世家）

⑥黥布故與番君婚，以故長沙哀王紿布，偽與亡，走越，故信而隨之番陽。（黥布傳）

⑦番陽令唐蒙風指曉南越。（西南夷傳）

【集解】韋昭曰：「今鄱陽縣是也。」（項羽本紀）

【索隱】番陽，鄱縣之鄉。（黥布傳）

〔案〕番陽，今江西鄱陽縣治。从邑為「鄱」，从水為「潘」，指江水盤旋成淵處，即「彭蠡」也。最先所指應在江北。

茲鄉

番陽人殺黥布茲鄉民田舍。（黥布傳）

【正義】英布冢在饒州鄱陽縣北五十二里十三步。

〔案〕顏師古曰：「茲鄉，鄡陽縣之鄉。」寰宇記：「廢鄡陽縣在鄱陽縣西北百二十里。」

鄱

戹困鄱、薛、彭城。（自序）

【集解】徐廣曰：「『鄱』音『皮』。屬魯。」

【索隱】地理志魯國蕃縣，應劭曰：「邾國也，音『皮』。」

【正義】括地志云：「徐州滕縣，漢蕃縣，音『翻』。」

〔案〕漢蕃縣，今山東滕縣治。應劭曰「邾國」，蓋邾人自江域北遷來此，地名隨民族俱遷也。

番

楚昭十二，吳伐楚，取番。楚恐，徙都鄀。（十二諸侯年表、吳世家、楚世家、伍子胥傳。）

【索隱】左傳曰：「獲潘子臣、小惟子及大夫七人，楚於是乎遷郢於鄀。」此言番，「番」音

「潘」，楚邑名，子臣即其邑之大夫也。（吳世家）又：蓋鄱陽也。（伍子胥傳）

【正義】括地志云：「饒州鄱陽縣，春秋時為楚東境，秦為番縣，屬九江郡，今為鄱陽縣也。」（楚世家）

〔案〕水經注：「淮水東逕八公山北，歷潘城南，置潘溪戍。戍東側潘溪，吐川納淮，更相引注。」八公山，今鳳臺縣西北；疑楚潘邑在此。鄱陽非春秋吳、楚兵爭之地。

當陽

①英布為當陽君。（黥布傳）

②呂將軍復聚鄱盜當陽君黥布之兵。（陳涉世家）

③項羽遣當陽君、蒲將軍將卒二萬渡河。（項羽本紀）

④項羽封當陽君黥布為九江王。（項羽本紀、高祖本紀。）

【索隱】韋昭云：「當陽，南郡縣名。」

〔案〕漢南郡當陽縣，今湖北當陽縣東。然疑英布當陽不在此。漢九江郡當塗縣，今安徽懷遠縣東南。又有當利浦，通鑑：「漢興平元年，劉繇遣將張英屯當利口。」在今安徽和縣東南，亦與當塗相近。或英布當陽乃指在當塗之陽也。今當塗縣自隋以來始有，於漢為丹陽縣。

洮

漢將別擊布軍洮水南北，皆大破之，追斬布鄱陽。（高祖本紀）

【集解】徐廣曰：「洮在江、淮間。」

〔案〕顧祖禹疑洮乃震澤之洮湖，全祖望謂洮乃九江之沘水。沘水今稱淠水，源出霍山縣南境，北入霍邱縣界，注淮水；逕六安故城西。蓋布軍敗於蕲西，反走其國，又敗於沘水之兩岸，所謂「渡淮，數止戰，不利」是也；及其走江南，僅數百人。顧說殊與史文不合；王先謙轉取之，殊欠別擇。

洮

臺駘宣汾、洮，障大澤，以處太原。（鄭世家）

【集解】賈逵曰：「洮，水名。」

〔案〕郡國志聞喜有洮水。今聞喜縣東南，源出絳縣横嶺山，西合涑水；涑水又洮水之兼稱。

下雉

有尋陽之船，守下雉之城。（淮南衡山傳）

【集解】徐廣曰：「在江夏。」駰案：蘇林曰：「下雉，縣名。」

【索隱】縣名，在江南。

〔案〕今湖北陽新縣東南。

曹姓

陸終生子六人，五曰曹姓。（楚世家）

【集解】駰案：世本曰：「曹姓者，邾是也。」

【索隱】宋忠曰：「曹姓，諸曹所出。」

邾

項羽立吳芮為衡山王，都邾。（項羽本紀、高祖本紀。）

【集解】文穎曰：「邾，縣名，屬江夏。」（項羽本紀）

【索隱】太康地理志云：「楚滅邾，遷其人於江南，因名縣。」（高祖本紀）

【正義】括地志云：「故邾城在黃州黃岡縣東南二十里，（案：楚世家引作「百二十一里」，誤。）本春秋時邾國。邾子，曹姓。狹居。至魯隱公徙蘄。」（項羽本紀。考證云：「春秋隱公世無邾徙蘄事。」案：恐係「鄒」字譌。此與太康地理志兩歧，不知孰是。）又：故邾城在潭州東南百二十里。（貨殖傳。案：衡山國在大江之北，（索隱及正義此條皆以江南之邾說之，誤。）

〔案〕漢江夏郡邾縣，今湖北省黄岡縣西北二十里，即吴芮爲衡山王所都。又黄岡縣西北十里有邾城，道地記：「楚滅邾，遷其君於此。」通鑑地理通釋：「今蘄、舒、黄三州之北，有大山，綿亙八百里，俗呼爲西山，邾城在山之南。」

邾

季友自陳如邾。（魯世家）

〔案〕此即鄒。詳「鄒」條。

廬山

太史公南登廬山，觀禹疏九江。（河渠書）

〔案〕今星子縣西北二十里。

泉陽

①江使神龜使於河，至於泉陽。

②使人馳往問泉陽令。（龜策傳）

臨湘

漢徙衡山王吳芮為長沙王，都臨湘。（高祖本紀）

【正義】括地志云：「潭州長沙縣，本漢臨湘縣，長沙王吳芮都之。芮墓在長沙縣北四里。」

〔案〕臨湘故城，今長沙縣南。

卷十九　吴越地名

句吴

①太伯之犇荆蠻，自號句吴。

②中國之虞與荆蠻句吴兄弟也。（吴世家）

【集解】宋忠曰：「句吴，太伯始所居地名。」

【索隱】顔師古註漢書，以吴言「句」者，夷之發聲，猶言「於越」耳。系本居篇云：「孰哉居藩籬，孰姑徙句吴。」吴人不聞别有城邑謂名句吴，則系本之文或難依信。

吴

①吴太伯。（吴世家）

②楚考烈十五，春申君徙封於吴。（六國表）

③春申君因城故吳墟，自為都邑。（春申君傳）

④始皇三十七，上會稽，還過吳。（秦始皇本紀）

⑤項梁殺人，避仇於吳中。（項羽本紀）

⑥渡江，破吳郡長吳下，遂定吳、豫章、會稽郡。（灌嬰傳）

⑦高祖二，荆都吳。

⑧高祖十二，荆更為吳國。（漢興以來諸侯年表）

⑨東取吳，西取楚。（黥布傳）

⑩立劉濞為吳王，王故荆地。（荆燕世家）

⑪立濞於沛為吳王，王三郡五十三城。（吳王濞傳）

⑫吳王四郡之眾，地方數千里，鑄銅為錢，煮海為鹽，上取江陵木以為船。（淮南衡山傳）

⑬吳已破，孝景皇子汝南王非徙為江都王，治吳。（五宗世家）

⑭燕、代無北邊郡，吳、淮南、長沙無南邊郡。（漢興以來諸侯年表）

⑮於吳，則通渠三江、五湖。（河渠書）

⑯秦、楚、吳、越，夷狄也。（天官書）

⑰黑齒雕題，卻冠秫絀，大吳之國也。（趙世家）

⑱吳自闔廬、春申、王濞三人招致天下喜游子弟，東有海鹽之饒，章山之銅，三江、五湖之利，亦

江東一都會也。

⑲東海、吳、廣陵，此東楚也。（貨殖傳）

【正義】吳，國號也。太伯居梅里，在常州無錫縣東南六十里。至十九世孫壽夢居之，號句吳。壽夢卒，諸樊南徙吳。至二十一代孫光，使子胥築闔閭城都之，今蘇州也。（吳世家）荆王劉賈都吳，蘇州闔廬城也。（黥布傳）吳王濞都江都。（孝景本紀）

〔案〕今吳縣治。

姑蘇

①越伐吳，敗之姑蘇。（吳世家）

②臣今見麋鹿游姑蘇之臺也。（淮南衡山傳）

③越復棲吳王於姑蘇之山。（越世家）

④太史公上姑蘇，望五湖。（河渠書）

【索隱】姑蘇，臺名，在吳縣西三十里。（吳世家）

〔案〕今吳縣西南，俗稱胥臺山、連横山。

姑蘇

越敗吳於姑蘇，傷闔廬指。（伍子胥傳）

【正義】「姑蘇」當作「檇李」，乃文誤也。左傳：「戰檇李，傷將指，卒於陘」，是也。

會稽

①禹封泰山，禪會稽。（封禪書）

②禹致群神於會稽山。（孔子世家）

③禹東巡狩，至於會稽而崩。

④或言禹會諸侯江南而崩，因葬焉，命曰會稽。（夏本紀）

⑤禹葬於會稽。（李斯傳）

⑥太史公上會稽，探禹穴。（自序）

⑦自殽以東，名山五，太室，恒山，泰山，會稽，湘山。（封禪書）

⑧句踐以甲兵五千人棲會稽。（吳世家、越世家、伍子胥傳。）

⑨越封於會稽。（越世家）

⑩吳伐越，墮會稽。（孔子世家）

⑪北遊目於燕之遼東而南登望於越之會稽。（楚世家）

⑫始皇三十七，臨浙江，從狹中渡。上會稽，祭大禹。（秦始皇本紀）

【集解】駰案：皇覽曰：「禹冢在山陰縣會稽山上。會稽山本名苗山，在縣南，去縣七里。越傳曰：禹到大越，上苗山，大會計，因而更名苗山曰會稽。因病死，葬。」（夏本紀）

【索隱】晉灼云：「本名茅山。」吳越春秋云：「禹巡天下，登茅山，以朝群臣，乃大會計，更名茅山為會稽。」（封禪書）張勃吳錄云：「本名苗山，一名覆釜。」（自序）

【正義】括地志云：「會稽山一名衡山，在越州會稽縣東南一十二里也。」（封禪書）又云：「石箐山一名玉笥山，又名宛委山，即會稽山一峯也，在會稽縣東南十八里。」（自序）

〔案〕會稽山，今浙江紹興縣南。謂大禹登會稽，其事殊不可信。古會稽本名防山，又名茅山、苗山，此皆在古河東之山名；又名釜山。此如云「黃帝合符釜山」，「會稽」即猶「合符」矣。其山初指確在何地，今不可說。

會稽

①始皇二十五，王翦定荊江南地；降越君，置會稽郡。（秦始皇本紀）

②始皇帝游會稽，渡浙江。（項羽本紀）

③項梁定江東會稽。（黥布傳）

④遂定吳、豫章、會稽郡。（灌嬰傳）

⑤吳、會稽輕悍。（吳王濞傳）

⑥東收江都、會稽。（淮南衡山傳）

⑦建元六，王恢出豫章，韓安國出會稽討閩越。（東越傳）

⑧孝武元鼎六，韓説出會稽，楊僕出豫章，王溫舒出會稽，皆破東越。（漢興以來將相名臣年表）

⑨太史公至會稽太湟。（河渠書）

⑩朱買臣，會稽人。（酷吏傳）

【正義】時會稽郡所理在吴闔閭城中。（黥布傳）又：會稽，蘇州也。（淮南衡山傳）

〔案〕秦、漢會稽郡治吴，今江蘇吴縣治。

延陵

①季札封於延陵，故號延陵季子。（吴世家）

②吴延陵季子來。（晉世家）

③近世延陵、孟嘗、春申、平原、信陵之徒，皆因王者親屬。（游俠傳）

【集解】徐廣曰：「代郡亦有延陵縣。」駰案：韓子云：「趙襄子召延陵生。」襄子時趙已并代，可有延陵之號，但未詳是此人非耳。（游俠傳）

【索隱】杜預曰：「延州來，季札邑。」又曰：「季子本封延陵，後復封州來，故曰延州來。」地理志云：「會稽毗陵縣，季札所居。」太康地理志曰：「故延陵邑，季札所居，粟頭有季札祠。」公羊傳曰：「季子去之延陵，終身不入吳國」，何休曰：「不入吳朝廷也。」此云「封於延陵」，謂國而賜之以采邑。杜預春秋釋例土地名則云：「延州來，闕」，不知何故而為是言。（吳世家）

〔案〕吳稱句吳，越號於越；壽夢、壽越、惠牆伊戾，皆夷言發聲。「陵」、「來」雙聲，故發聲成「州來」；「延州來」即「延陵」。左傳三言「延州來」，不言「延陵」；史、漢僅言「延陵」，不云「延州來」；明延州來、延陵是一非二。游俠傳「延陵」即指季札，故云「王者親屬」。集解說誤。漢志：「毗陵縣，季札所居。」今江蘇武進縣治。

延陵

孝成王十八，延陵鈞率師助魏攻燕。（趙世家）

【集解】徐廣曰：「代郡有延陵縣。」

〔案〕今綏遠興和縣境。

笠澤

越敗吳師於笠澤。（吳世家）

〔案〕左哀十七：「越伐吳。吳子禦之笠澤，夾水而陣。」國語：「吳師軍於江北，越軍江南。」地理志吳縣有南江。韋昭曰：「笠澤即松江，去吳五十里。」水經注：「松江上承太湖，更逕笠澤，在吳南松江左右。」即吳、越戰處。江永謂即今平望湖。

胥山

吳人為立祠江上，因名曰胥山。（伍子胥傳）

【集解】張晏曰：「胥山在太湖邊，去江不遠百里，故云江上。」

【正義】吳地記云：「胥山，太湖邊胥湖東岸山，西臨胥湖，山有古葬（丞）、胥二王廟。」按：其廟不干子胥事。

〔案〕水經注引虞氏曰：「松江北去吳國五十里，江側有丞、胥二山，山各有廟。昔越使二大夫伐吳，死之，故立廟山上。」周必大吳郡諸山錄：「太湖之東，兩山對峙，南曰胥山，北曰香山。中一水曰胥口水，東流入胥門運河，曰胥塘。」胥山，今吳縣西南。

〔又案〕河渠書：「上姑蘇，望五湖。」寰宇記：「一名姑胥山。」「胥」、「蘇」聲近。吳地山有名胥，不為伍胥也。

干遂　干隧

①句踐禽夫差於干遂。（蘇秦傳）

②吳見伐齊之便而不知干隧之敗。（春申君傳）

【正義】在蘇州吳縣西北四十餘里萬安山前遂西南山太湖。（案：春申君傳注作「萬安山西南一里太湖，即吳王夫差自剄處」。此處有誤字。）夫差敗於姑蘇，禽於干遂，相去四十餘里。（蘇秦傳）

〔案〕今吳縣西北三十里陽山，一名秦餘杭山，一名萬安山。山之別阜曰隧山。

朱方

①楚靈三，伐吳朱方。（十二諸侯年表、楚世家。）

②吳予慶封朱方之縣。（吳世家）

【集解】駰案：吳地記曰：「朱方，秦改曰丹徒。」（吳世家）

丹徒

①吳王濞亡走江南丹徒。（絳侯世家）

②走丹徒，保東越。（吳王濞傳）

③東甌受漢購，殺吳王丹徒。（東越傳）

【索隱】地理志縣，屬會稽。

【正義】括地志云：「丹徒故城在潤州丹徒縣東南十八里。」（絳侯世家）

〔案〕丹徒故城在今縣東南。陸龜蒙詩：「江南戴白尚能言，此地曾為慶封宅」，是也。

陵水

子胥出昭關，至於陵水。（范雎傳）

【索隱】陵水即栗水也。

〔案〕戰國策作「溧水」，今江蘇溧陽縣西北，又名瀨水。

厲門

越亂，楚南塞厲門而郡江東。（甘茂傳）

【集解】徐廣曰：「一作『瀨胡』。」

【正義】劉伯莊云：「厲門，度嶺南之要路。」

〔案〕瀨湖即溧水。漢志應劭注：「溧陽縣有溧水，出南湖。」建康志：「溧水一名瀨水，東流為永陽江，有瀨渚，即子胥乞食投金處。又東流為瀨溪，入長蕩湖。」今永陽江一名九陽江，亦名潁陽江，在溧陽縣西北四十里。此乃古中江水道，楚境極東至此，故曰「塞厲門而郡江東」。劉伯莊誤看「南塞」云云，故疑謂「度嶺南之要路」，不知古人下「東」、「南」等字，時有不拘；此云「南塞厲門」者，據淮泗東楚言，此為極南也。

江乘

三十七年，還過吳，從江乘渡。（秦始皇本紀）

【集解】駰案：地理志丹陽有江乘縣。

【正義】江乘故縣在潤州句容縣北六十里，本秦舊縣也。

〔案〕今句容縣北。

堂邑

專諸，吳堂邑人。（刺客傳）

【索隱】地理志臨淮有堂邑縣。

〔案〕今江蘇六合縣北。

昭關

①奔吳，到昭關。（伍子胥傳）

②伍子胥橐載而出昭關。（范雎傳）

【索隱】其關在西江，乃吳楚之境。

〔案〕今安徽含山縣北。

海渚

始皇三十七，浮江下，觀籍柯，渡海渚。（秦始皇本紀）

【正義】括地志云：「舒州周（同）安縣東。」按：舒州在江中，疑「海」字誤，即此州也。

〔案〕正義有誤字。隋同安縣即古樅陽，唐屬舒州，嗣改曰桐城。江渚或即牛渚山，一名采石磯，在今安徽當塗縣西北二十里，故括地志謂在同安東也。

檇李

吳伐越，越迎擊之檇李。（吳世家、越世家。）

【集解】賈逵曰：「檇李，越地。」杜預曰：「吳郡嘉興縣南有檇李城。」（吳世家）

〔案〕今嘉興縣西南七十里。

浙江

①楚威王大敗越，殺越王無彊，盡取故吳地至浙江。（越世家）

②浙江南則越。（貨殖傳）

③三十七年，至錢唐，臨浙江。（秦始皇本紀）

④始皇帝游會稽，渡浙江。（項羽本紀）

⑤陳嬰屬漢，定豫章、浙江。（高祖功臣侯年表）

【集解】晉灼曰：「江水至會稽山陰為浙江。」（秦始皇本紀）

【索隱】韋昭云：「浙江在今錢塘。」蓋其流曲折，莊子所謂「制河」，即其水也。（項羽本紀）

折

陳嬰定豫章、浙江，都折，自立為王。（高祖功臣侯年表）

錢唐

①始皇三十七，過丹陽，至錢唐。（秦始皇本紀）

②錢唐轅終古。（東越傳）

【正義】錢唐，今杭州縣。（秦始皇本紀）

〔案〕今杭縣西。

夫椒　夫湫

①吳伐越，敗之夫椒。（吳世家、越世家。）

②吳敗越於夫湫。（伍子胥傳）

【集解】賈逵曰：「夫椒，越地。」（吳世家）杜預曰：「夫椒在吳郡吳縣，太湖中椒山是也。」（越世家）駰案：夫湫，音「椒」。（伍子胥傳）

【索隱】賈逵云越地，蓋近得之。然其地闕，不知所在。杜預以為太湖中椒山，非戰所。夫椒與椒山不得為一。且夫差以報越為志，又伐越，當至越地，何乃不離吳境，近在太湖中？又按：越語云：「敗五湖也。」（吳世家）

〔案〕越絶書記地傳：「夫山者，句踐絶糧困地，去山陰縣十五里。」此夫椒在越之證。而地志不載，吳縣太湖中包山遂偏得夫椒之名。

山陰

薄太后，吳人，父死山陰，因葬焉。（外戚世家）

【索隱】顧氏按：「冢墓記：『薄父冢在會稽縣西北襍山上。』」「襍」，音莊洽反。

【正義】括地志云：「樴山在越州會稽縣西北三里，一名稷山。」

【案】山陰故城，今紹興縣治。蕺山在縣西北。

甬東

①句踐欲遷吳王於甬東。（吳世家）

②曰：「吾置王甬東，君百家。」（越世家）

【集解】賈逵曰：「甬東，越東鄙，甬江東也。」韋昭曰：「句章，東海口外州也。」（吳世家）杜預曰：「甬東，會稽句章縣東海中洲也。」（越世家）

【索隱】按：今鄮縣即是其處。（吳世家）

〔案〕甬江在鄞縣東北二里，東入鎮海縣界，為大浹江，至縣東入海，曰大浹口；晉時置浹口戍，孫恩自此竄入海。春秋所謂甬東，當指今鄞、鎮海二縣境。「海中洲」即舟山，今定海縣；縣東三十里有翁山，舊說即春秋甬東。

太湟

太史公至會稽太湟。（河渠書）

【集解】徐廣曰：「一作『濕』。」

湖陽

陳賀定會稽、浙江、湖陽。（高祖功臣侯年表）

卷二十　燕地名

燕

①武王封召公奭於燕。（周本紀）

②周武王滅紂，封召公於北燕。（燕世家）

【正義】封帝堯之後於薊，封召公奭於燕，觀其文稍似重也。水經注云：「薊則西北隅有薊丘，因取名焉。」括地志云：「燕山，幽州漁陽縣東南六十里。」宗國都城記云：「周武王封召公奭於燕，地在燕山之野，故國取名焉。」按：周封以五等之爵，薊、燕二國俱武王立，因燕山、薊丘為名，其地足自立國。薊微燕盛，乃并薊居之，薊名遂绝焉。今幽州薊縣，古燕國也。（周本紀）

〔案〕燕山在今薊縣東南五十五里，與玉田、遵化接界。然疑周初燕國並不在此，正義蓋強為之說。

燕

①王子克奔燕。

②謀召燕、衛師。（周本紀）

③秦宣元，衛、燕伐周。（秦本紀、燕世家、衛世家。）

④燕與宋、衛共伐周惠王，惠王出奔溫。（燕世家）

【集解】譙周曰：「乃南燕姞姓。」（燕世家）

【正義】南燕，滑州胙城。（周本紀）括地志云：「滑州故城，古南燕國。應劭云：南燕，姞姓之國，黄帝之後。」（秦本紀）

〔案〕南燕，今延津縣北。然此燕未必是姞姓，蓋燕、衛俱王族，故有伐周納王之事；若是姞姓，鄭何獨伐燕而不伐衛？昔人强分南姞北姬，殊無確證。

燕

①山戎伐燕，齊桓公救燕，遂伐山戎，至於孤竹而還。（齊世家、燕世家。）

②燕君送齊桓公出境，因割燕所至地予燕。（燕世家）

【正義】括地志云：「燕留故城在滄州長蘆縣東北十七里，即齊桓公分溝割燕君所至地與燕，因

築此城，故名燕留。」（燕世家）

〔案〕公羊莊三十一：「齊桓伐山戎，旗獲而過我。」則此山戎不在齊北。蓋滅邢、衞而病燕者，皆一戎，應在今豫、晉之交太行山中。管子小問篇：「桓公北伐山戎，未至卑耳之谿十里。」卑耳在河東，則山戎不在薊北。此燕仍是南燕，燕留城之說，殊不可信。

燕

鄭文公之賤妾曰燕姞。（鄭世家）

【集解】賈逵曰：「姞，南燕姓。」

〔案〕既曰「賤妾」，未必即燕之公族；此不足即為南燕姞姓之證。

燕

①晉平二十二，伐燕。（晉世家）

②晉平公與齊伐燕，入惠公。惠公至燕而死。（燕世家）

【索隱】春秋昭三年：「北燕伯款奔齊」，至六年，又云：「齊伐北燕」，一與此文合。（燕世家）

〔案〕此北燕疑即南燕所遷。史記燕世家於南、北燕事牽連敘述，實未為誤。

燕

①始皇五，攻魏，定酸棗、燕、虛、長平、雍丘、山陽城，皆拔之，取二十城。初置東郡。（秦始皇本紀）

②舉河內，拔燕、虛、酸棗、桃，入邢。（春申君傳）

③破柘公王武，軍於燕西。（灌嬰傳）

④劉賈渡白馬津，入楚地，與彭越擊破楚軍燕郭西。（高祖本紀）

⑤程處反於燕。（曹相國世家）

【正義】括地志云：「南燕城，古燕國也，滑州胙城縣是也。」（秦始皇本紀）

燕

①燕國小，西迫彊趙，南近齊。（蘇秦傳）

②燕國小，辟遠。（樂毅傳）

③北迫蠻貊，內措齊、晉，崎嶇彊國之間。（燕世家）

④燕東有朝鮮、遼東，北有林胡、樓煩，西有雲中、九原，南有嘑沱、易水，地方二千餘里，南有碣石、鴈門之饒，北有棗栗之利，此所謂天府。（蘇秦傳）

⑤項羽立燕將臧荼為燕王，都薊。（項羽本紀）

⑥定燕地，凡縣十八，鄉邑五十一。（樊噲傳）

⑦高祖封燕，都薊。

⑧自雁門、太原以東至遼陽，為燕、代國。

⑨漢定百年之間，燕、代無北邊郡，吳、淮南、長沙無南邊郡。（漢興以來諸侯年表）

⑩燕王劉澤，文帝封，元朔元年，國除為郡。（荆燕世家）

⑪武帝元狩五，復置燕國。（漢興以來諸侯年表）

⑫立皇子旦為燕王。（三王世家）

⑬燕亦勃、碣之間一都會也。南通齊、趙，東北邊胡。上谷至遼東，地踔遠，人民希，數被寇，大與趙、代俗相類，而民雕捍少慮，有魚鹽棗栗之饒。北鄰烏桓、夫餘，東綰穢貉、朝鮮、眞番之利。

⑭燕、秦千樹栗。

⑮燕、代田畜而事蠶。（貨殖傳）

⑯燕土墝埆，北迫匈奴，其人民勇而少慮。

⑰生子當置齊魯禮義之鄉，乃置之燕趙，果有爭心，不讓之端見矣。（三王世家）

⑱騶衍以陰陽主運顯於諸侯，而燕齊海上之方士傳其術不能通。（封禪書）

⑲彭吳滅朝鮮，置滄海郡，燕齊之間靡然發動。（平準書）

薊

①武王封帝堯後於薊。（周本紀）

②封黄帝之後於薊。（樂書）

③始皇二十一，拔薊，燕王徙遼東。（秦始皇本紀、六國表、燕世家。）

④王翦定燕薊。（王翦傳）

⑤項羽立臧荼為燕王，都薊。（項羽本紀）

⑥高祖封燕國，都薊。（漢興以來諸侯年表）

【集解】駰案：地理志燕國有薊縣。（周本紀）

【正義】「薊」音「計」，幽州縣是也。（樂書）

〔案〕今大興縣西南。史稱「封帝堯後」；召公，周之宗親，不遠封僻壤。蓋春秋何時，燕徙而北，乃并薊，立國於此。

薊邱

薊邱之植植於汶篁。（樂毅傳）

【索隱】薊邱，燕所都之地。
【正義】幽州薊地西北隅有薊邱。

寧臺　元英　磨室

齊器設於寧臺，大呂陳於元英，故鼎反乎磨室。（樂毅傳）
【索隱】寧臺，燕臺也。元英，燕宮殿名也。磨室，戰國策作「歷室」，亦宮名。
【正義】括地志云：「按：元英、磨室二宮，皆燕宮，在幽州薊縣西四里寧臺下。」
〔案〕今薊縣西。

嘑沱

燕南有嘑沱、易水。（蘇秦傳）
【集解】駰案：周禮曰：「正北曰并州，其州（川）嘑沱。」鄭玄曰：「嘑沱出鹵城。」
【索隱】嘑沱，水名，并州之川也。地理志鹵城，縣名，屬代郡。嘑沱河自縣東至參谷，又東至文安入海也。
【正義】呼沱出代州繁畤縣，東南流經五臺山北，東南流過定州，流入海。
〔案〕鹵城，今山西繁峙縣；滹沱源出縣境泰戲山，山海經：「大戲之山，滹沱之水出焉」，是也。文安，今河北文安縣東。今滹沱於靜海縣獨流鎮東注沽河。

衞

常、衞既從。（夏本紀）

【集解】鄭玄曰：「地理志衞水在靈壽。」

【索隱】衞水出常山靈壽縣，東入滹沱。

〔案〕漢志：「靈壽縣，禹貢衞水出東北。」源出今河北靈壽縣東北十四里良同村，於縣東南合滹沱。此特小水，而名見禹貢、漢志，是當時必為大河。或謂衞水即滹沱。禮記：「晉人有事於河，必先有事於惡池。」當為「虖池」字誤。蓋自嘔夷、虖池之名著，而恆、衞之名隱也。

易水

①燕南有嘑沱、易水。

②趙之攻燕，渡嘑沱，涉易水，不四五日而距國都。（蘇秦傳）

③長城之南，易水以北，未有所定。（刺客傳）

④秦兵臨易水。（燕世家）

⑤白衣冠送之易水之上。（刺客傳）

⑥始皇二十，破燕易水之西。（秦始皇本紀）

【集解】徐廣曰：「出涿郡故安。」（燕世家）

【正義】易水出易州縣，東流過幽州歸義縣，東與呼沱河合。（蘇秦傳）

〔案〕周官職方氏：「幷州，其浸淶、易。」易水，今易縣南流入定興縣界。

易

①惠文五，與燕鄚、易。（趙世家）

②擊燕王臧荼，破之易下。（絳侯世家）

③破臧荼軍易下。（酈商傳）

【索隱】易，水名，因以為縣，在涿郡。

【正義】括地志云：「易縣故城在幽州歸義縣東南十五里，燕桓侯所徙都臨易是也。」（絳侯世家）

〔案〕今雄縣西北。

涿

①北通燕、涿。（貨殖傳）

②酈商食邑涿五千戶。（酈商傳）

【正義】涿，幽州。（酈商傳）

〔案〕今涿縣治。

貍　陽城

悼襄九，趙攻燕，取貍、陽城。（趙世家）

【正義】燕無貍陽，疑當作「漁陽」。趙東界至瀛州，則檀州在北，趙攻燕取漁陽城也。

〔案〕燕策：「使燕攻陽城及貍。齊復使蘇子應之，戰於陽城。燕大勝，樂毅大起兵伐齊。」是貍與陽城乃二地，燕取之齊，而趙又取之燕；正義誤說。又考郡國志蒲陰有陽城。水經注：「博水逕陽城縣，散為澤渚，謂之陽城澱。」故城今完縣東南。又漢有蠡吾縣，今博野縣西南。疑「貍」即「蠡吾」聲轉而字變。

曲逆

①十一年，王黃軍曲逆。（高祖本紀）

②斬陳豨將王黃於曲逆下。（韓王信陳豨傳）

③高帝過曲逆曰：「壯哉縣！吾獨見洛陽與是。」問：「戶口幾何？」曰：「秦時三萬餘戶，今見五千。」（陳丞相世家）

【集解】駰案：地理志縣，屬中山。（陳丞相世家）文穎曰：「今中山蒲陰是。」（高祖本紀）

【索隱】章帝改蒲陰。（陳丞相世家）

【正義】定州北平縣東南十五里蒲陰故城是也。（韓王信陳豨傳）

〔案〕今河北完縣東南。

宋子

①燕軍至宋子。（燕世家）

②高漸離匿作於宋子。（刺客傳）

【集解】徐廣曰：「屬鉅鹿。」（燕世家）

【正義】宋子故城在邢州平鄉縣北三十里。（刺客傳）

〔案〕今河北趙縣北。

督亢

燕使荆軻獻督亢地圖於秦。（燕世家）

【索隱】徐廣云：「涿有督亢亭。」地理志屬廣陽。然督亢之田在燕東，甚良沃。

〔案〕水經注：「督亢澤苞方城縣。」漢方城縣，今河北固安縣西南有方城村，或其故址。又水經

注：「督亢地在涿郡故安縣南，幽州南界。」漢故安縣，今易縣東南，寰宇記：「督亢陂跨連涿州新城之界。」唐書地理志：「太和六年，以故督亢地置新城縣。」據是則今涿縣、定興、新城、固安之間，當盡屬古督亢地。

衍水

①逐燕太子丹衍水中。（王翦傳）

②丹匿衍水中。（刺客傳）

【索隱】水名，在遼東。（刺客傳）

〔案〕今遼寧遼陽縣北十五里有太子河，舊説即太子丹所匿衍水。清統志謂：「太子河土名塔思哈河。『塔思哈』，虎也；音近訛為『太子』，遂加附會。」

廣陽

立燕故太子建為廣陽王。（三王世家）

【正義】括地志云：「廣陽故城，今在幽州良鄉縣東北三十七里。」

〔案〕今良鄉縣東北。

范陽

①引兵東北擊范陽。（張耳陳餘傳）

②范陽辯士蒯通。（淮陰侯傳）

〔案〕今定興縣南。

安國

降曲逆、盧奴、上曲陽、安國、安平。（灌嬰傳）

〔案〕今河北安國縣治。

南皮

①陳餘在南皮，因環封三縣。（項羽本紀、張耳陳餘傳。）

②南皮侯。（惠景間侯者年表、外戚世家。）

【索隱】縣名，屬勃海。（惠景間侯者年表）

【正義】括地志云：「故南皮城在滄州南皮縣北四里，本漢皮縣城。」（項羽本紀）

〔案〕今南皮縣東北。

樂鄉

高帝封樂叔於樂鄉，號曰華成君。（樂毅傳）

【集解】徐廣曰：「在北新城。」

【正義】地理志云：信都有樂鄉縣。

〔案〕今河北深縣東南。

安定

燕王旦子為安定侯。（三王世家）

【正義】漢表在鉅鹿郡。

〔案〕今東鹿縣西北。

平陵

蘇建封平陵侯。（衞青霍去病傳）

〔案〕寰宇記：「大城縣東北一百十里有平陵城，蘇建所封。」今河北大城縣是也。前漢為渤海東平舒縣。

卷二十一　關中地名

關中

①關中阻山河四塞。（項羽本紀）

②鄭國渠就，溉澤鹵之地四萬餘頃，收皆畝一鍾。於是關中為沃野。（河渠書）

③懷王與諸將約，先入定關中者王之。（高祖本紀）

④楚漢相守滎陽數年，蕭何轉漕關中，給食不乏。（蕭相國世家）

⑤關中左殽函，右隴蜀，沃野千里，南有巴蜀之饒，北有胡苑之利，阻三面而守，獨以一面專制諸侯。諸侯安定，河渭漕輓天下；諸侯有變，順流而下，足以委輸。（留侯世家）

⑥高帝五年，入都關中。（漢興以來將相名臣年表）

⑦關中輔渠、靈軹。（河渠書）

⑧關中地於天下三分一，而人眾不過什三，然量其富，什居六。（貨殖傳）

⑨「關中實少人，北近胡寇。」乃徙關中十餘萬口。（劉敬傳）

⑩關中自汧、雍以東至河、華，膏壤沃野千里，其民好稼穡，殖五穀，重為邪。（貨殖傳）

⑪巴、蜀亦關中地。（項羽本紀）

【集解】徐廣曰：「東函谷，南武關，西散關，北蕭關。」（項羽本紀）

【索隱】韋昭曰：「函谷、武關也。」又三輔舊事云：「西以散關為限，東以函谷為界，二關之中謂之關中。」（高祖本紀）

〔案〕諸說當以韋昭為是。

秦中

①田肯說高祖：「陛下治秦中。」（高祖本紀）

②劉敬言：「匈奴河南白羊、樓煩王，去長安近者七百里，輕騎一日一夜可以至秦中。秦中新破，少民，地肥饒，可益實。」（劉敬傳）

【集解】如淳曰：「時山東人謂關中為秦中。」（高祖本紀）

新秦中

①徙貧民於關以西，及朔方以南新秦中。（平準書）

②徙關東貧民處所奪匈奴河南、新秦中。（匈奴傳）

③上北出蕭關，獵新秦中，新秦中或千里無亭徼。（平準書）

【集解】如淳云：「在長安以北，朔方以南。」駰案：漢書食貨志云：「徙貧民充朔方以南新秦中」，是也。

【正義】服虔云：「地名，在北地，廣六七百里。史記以為秦始皇遣蒙恬斥逐北（方），故得肥饒之地七百里，徙內郡人民皆往充實之，號曰新秦中也。」（匈奴傳）

三秦

①三分關中，王秦降將章邯為雍王，王咸陽以西，都廢丘。長史欣為塞王，王咸陽以東至河，都櫟陽。董翳為翟王，王上郡，都高奴。

②漢還定三秦。（項羽本紀）

咸陽

①孝公十二，作為咸陽。（秦本紀）

②作為築冀闕宮庭於咸陽。（商君傳）

③秦武、昭治咸陽，因以漢都，長安諸陵，四方輻湊並至而會。（貨殖傳）

④呂氏春秋布咸陽市門。（呂不韋傳）

⑤始皇九，發卒攻嫪毐，戰於咸陽。（秦始皇本紀）

⑥見燕使者咸陽宮。（刺客傳）

⑦秦每破諸侯，寫放其宮室，作之咸陽北阪上，南臨渭。（秦始皇本紀）

⑧高祖常繇咸陽。（高祖本紀）

⑨始皇二十六，徙天下豪富於咸陽十二萬戶。（秦始皇本紀）

⑩三十四，置酒咸陽宮。（秦始皇本紀、李斯傳。）

⑪三十五，始皇以為咸陽人多，先王之宮廷小，豐鎬之間，帝王之都。乃營作朝宮渭南上林苑中。

⑫項籍屠咸陽。（秦始皇本紀）

【集解】徐廣曰：「在長安西北，漢武時別名渭城。」（秦始皇本紀）

【索隱】地理志右扶風渭城縣，故咸陽，高帝更名新城，武帝更名渭城。（呂不韋傳）高祖繇咸陽，應劭云：「今長安也。」按：關中記云：「孝公都咸陽，今渭城是，在渭北。始皇都咸陽，今城南大城是也。」名咸陽者，山南曰陽，水北亦曰陽，其地在渭水之北，又在九嵕諸山之南，故曰咸陽。（高祖本紀）

【正義】括地志云：「咸陽故城亦名渭城，在雍州咸陽縣東十五里，京城北四十五里，今咸陽縣，古之杜郵，白起死處」。（秦本紀）又：三輔黃圖云：「秦始兼并天下，都咸陽，因北陵營宮殿。」

（刺客傳）

〔案〕秦都咸陽在渭北，今咸陽縣東。關中記謂：「秦始皇咸陽在渭南」，今長安縣東。然秦宮室多在咸陽北阪上，南臨渭，則始皇咸陽亦在渭北，特自三十五年後，始稍稍經營渭以南。

渭城

論棄市渭城。（魏其侯傳）

【正義】故咸陽。

杜郵

①武安君去咸陽七里而死於杜郵。（樗里甘茂傳）

②武安君出咸陽西門十里，至杜郵。（白起傳）

③賜死杜郵。（自序）

【索隱】按：故咸陽城在渭北。杜郵，今在咸陽城中。（白起傳）又：三秦記：「其地後改為里李。」（自序）

【正義】今咸陽縣城，本秦之郵也，在雍州西北三十五里。（白起傳）

〔案〕杜郵亭，今咸陽縣東。唐初咸陽縣治。

長安

①高帝六年，更命咸陽曰長安。（漢興以來將相名臣年表）

②盧綰封長安侯。長安，故咸陽也。（盧綰傳）

③七年，高祖自平城過趙、雒陽，至長安。丞相以下徙治長安。（高祖本紀）

④相國為民請曰：「長安地狹。」（蕭相國世家）

⑤孝惠元，始作長安城西北方。（漢興以來將相名臣年表）

⑥孝惠三，方築長安城，四年就半，五年六年城就。（呂后本紀）

⑦令祝官立蚩尤之祠於長安。（封禪書）

⑧秦武、昭治咸陽，因以漢都，長安諸陵，四方輻湊並至而會，地小人眾，故其民益玩巧而事末。（貨殖傳）

【索隱】三輔舊事：「渭城，本咸陽地，高帝為新城，七年屬長安也。」（高祖本紀）漢宮闕疏：「惠帝四年築東面，五年築北面。」漢舊儀：「城方六十三里，經緯各十二里。」三輔舊事云：「城形似北斗」也。（呂后本紀）

【正義】秦咸陽在渭北，長安在渭南，蕭何起未央宮處也。（盧綰傳）

〔案〕今長安縣西北。

內史

漢有三河、東郡、潁川、南陽，自江陵以西至蜀，北自雲中至隴西，與內史凡十五郡。（漢興以來諸侯年表）

【正義】京兆也。

京輔

拜京輔都尉。（田叔傳）

【正義】百官表云：「右扶風、左馮翊、京兆尹是為三輔。元鼎四年，置三輔都尉。」服虔云：「皆治長安城中。」

九嵕

九嵕、巀嶭，南山峩峩。（司馬相如傳）

【集解】駰案：漢書音義曰：「九嵕山在左馮翊谷口縣西。」

〔案〕今醴泉縣東北。西京賦：「九嵕甘泉，涸陰沍寒。」山之南麓即咸陽北阪。

巀嶭

九嵕、巀嶭，南山峩峩。（司馬相如傳）

【集解】駰案：漢書音義曰：「巀嶭山在池陽縣北。」

〔案〕今涇陽縣北，東入三原縣界。又名嵯峨山，頂有三峯，疑即周人所謂岐山也。

谷口

①北有甘泉、谷口。（范雎傳、刺客傳。）

②孝文六，淮南厲王令男子但等反谷口。（淮南王安傳）

③孝文後元三，置谷口邑。（漢興以來將相名臣年表）

④所謂寒門者，谷口也。（孝武本紀、封禪書。）

【集解】駰案：漢書音義曰：「谷口在長安北，故縣也。」（淮南王安傳）

【正義】九嵕山西謂之谷口，即古寒門也。在雍州醴泉縣東北四十里。」（范雎傳）

〔案〕谷口故城，今醴泉縣東北七十里，在九嵕山東、仲山西，當涇水出山之處；亦曰冶谷。

谷口

谷口蜀刻道近山。（田叔傳）

【正義】括地志云：「駱谷間在雍州之盩厔縣西南二十里，開駱谷道以通梁州也。」

〔案〕駱谷，今盩厔縣西南，谷長四百二十里。自長安取道駱谷，路至漢中南鄭六百五十二里，為漢、魏舊道。

寒門

①黃帝接萬靈明廷。明廷者，甘泉也。所謂寒門者，谷口也。（孝武本紀、封禪書。）

②軼先驅於寒門。（司馬相如傳）

【集解】漢書音義曰：「黃帝仙於寒門也。」（孝武本紀）徐廣曰：「一作『塞』。」（封禪書）寒門，天北門。（司馬相如傳）

【索隱】服虔云：「寒門，黃帝所僊之處。」小顏云：「谷，中山之谷口，漢時為縣，今呼為治谷，去甘泉八十里。盛夏凜然，故曰寒門。」（孝武本紀）

瓠口

秦鑿涇水自中山西邸瓠口為渠。（河渠書）

【索隱】瓠口即谷口，郊祀志所謂「寒門谷口」是也。與池陽相近，故曰「田於河所，池陽谷口」也。

焦穫

犬戎殺幽王驪山下，遂取周之焦穫，而居涇、渭之間。（匈奴傳）

【正義】括地志云：「焦穫亦名瓠口，亦曰瓠中，在雍州涇陽縣北城（外）十數里。周有焦穫也。」

〔案〕焦穫澤，爾雅「十藪」之一，今涇陽縣西北，即漢瓠口。

北山

①秦鑿涇水自中山西邸瓠口為渠，並北山東注洛。（河渠書）

②以北山石為槨。（張釋之傳）

【正義】顏師古云：「美石出京師北山，今宜州石是。」

【索隱】秦本紀云：「作阿房，作酈山，發北山石槨」，是也。（張釋之傳）

鄭國渠

①韓令水工鄭國說秦，鑿涇水自中山西邸瓠口為渠，並北山東注洛三百餘里。渠就，溉澤鹵之地四

萬餘頃，收皆畝一鍾。關中為沃野。因命曰鄭國渠。（河渠書）

②韓人鄭國來間秦，作注溉渠。（李斯傳）

【正義】鄭國渠首起雍州雲陽縣西南二十五里，自山邸郚口為渠，傍北山，東注洛，三百餘里以溉田。（李斯傳）

〔案〕漢書溝洫志：「太始二年，趙中大夫白公奏穿渠。引涇水，首起谷口，尾入櫟陽，注渭中，袤二百里，溉田四千五百頃，名白渠。民歌曰：『田於何所？池陽、谷口。鄭國在前，白渠起後。』」鄭渠起今涇陽縣西北仲山下，歷三原、富平、蒲城入洛；白渠自鄭渠北鑿南岸，歷高陵、櫟陽注渭；皆分涇水，後世統名涇渠，亦曰鄭白渠。

漕渠　直渠

①引渭起長安，並南山下，至河三百餘里，穿漕渠，三歲而通。（河渠書）

②鄭當時為渭漕渠回遠，鑿直渠。（平準書）

〔案〕今長安縣城南，自昆明池東，傍南山，東至河。水經注曰「昆明故渠」。

龍首渠

穿渠，自徵引洛水至商顏下，往往為井，井下相通行水。以绝商顏，井渠之生自此始。名曰龍首

渠。（河渠書）

【正義】括地志云：「伏龍祠在同州馮翊縣西北四十里。故老云漢時自徵穿渠引洛，得龍骨，其後立祠。」

〔案〕今大荔縣西。周書：「武帝保定二年，初於同州開龍首渠。」元和志：「同州西三十里乾坑，即龍首之尾。」今名界溝。

輔渠

關中輔渠、靈軹。（河渠書）

【索隱】案：溝洫志兒寬為左內史，奏請穿六輔渠。小顏云：「今尚謂之輔渠，亦曰六渠也。」

〔案〕今涇陽縣西，北及三原縣界。

靈軹

關中輔渠、靈軹。（河渠書）

【集解】如淳曰：「地理志盩厔有靈軹渠。」

〔案〕今盩厔縣北。

堵水

關中輔渠、靈軹引堵水。（河渠書）

【集解】徐廣曰：「一作『諸川』。」

〔案〕漢書溝洫志作「諸川」，「堵」蓋字譌。

滈池

①灃、滈有昭明。（封禪書）

②酆、鄗、潦、潏。（司馬相如傳）

③有人持璧遮使者曰：「為吾遺滈池君。」（秦始皇本紀）

【集解】孟康曰：「長安西南有滈池。」（秦始皇本紀）

【索隱】張揖曰：「滈水在昆明池北。」郭璞云：「鎬水，豐水下流也。」（司馬相如傳）

【正義】括地志云：「滈水源出雍州長安縣西北滈池。酈元注水經云：『滈水承滈池，北流入渭。』

今按：滈池水流入來通渠，蓋酈元誤矣。」（秦始皇本紀）

〔案〕滈水源出高山谷中，北流經故長安城西南，注昆明池。又北為滈池。又北入於灃水。自唐堰灃、滈入昆明池，二水之流遂绝。今則昆明池亦涸為民田。

蘭池

①始皇三十一，為微行咸陽，逢盜蘭池。（秦始皇本紀）

②六年，伐馳道樹，殖蘭池。（孝景本紀）

【集解】駰案：地理志渭城縣有蘭池宮。

【正義】括地志云：「蘭池陂即古之蘭池，在咸陽縣界。（三）秦記云：『始皇都長安，引渭水為池，築為蓬、瀛，刻石為鯨，長二百丈。』逢盜之處也。」（秦始皇本紀）

〔案〕今咸陽縣東。

昆明池

①適作昆明池。

②越欲與漢用船戰逐，乃大修昆明池。（平準書）

【索隱】案：黃圖：「武帝穿昆明池，周四十里，以習水戰。」

〔案〕今長安縣西南三十里鸛鵲莊。通鑑注：「武帝作石闥堰交水為池。」唐太和後，堰廢而池涸。

曲江

臨曲江之隑州。（司馬相如傳）

【集解】駰案：漢書音義曰：「苑中有曲江之象，泉中有長洲也。」

【索隱】有宫閣路，今猶謂之曲江，在杜陵西北五里。又三輔舊事云：「樂游原在西北」，是也。

〔案〕今長安縣東南十里。

牛首

濯鷁牛首。（司馬相如傳）

【集解】駰案：漢書音義曰：「牛首，池名，在上林苑西頭。」

〔案〕今長安縣西北。寰宇記：「名野韮澤。」

澇　潦

①灃、澇、涇、渭皆非大川，以近咸陽，得比山川祠。（封禪書）

②酆、鄗、潦、潏。（司馬相如傳）

【集解】駰案：漢書音義曰：「水名，在鄠縣界。」（封禪書）

【索隱】姚氏云：「『潦』，或作『澇』。澇水出鄠縣，北注渭。」（司馬相如傳）

〔案〕今鄠縣西南，至長安縣界入潏水。

潏

酆、鄗、潦、潏。（司馬相如傳）

【索隱】張揖云：「潏水，出南山。」姚氏云：「潏水出杜陵，今名沉水，自南山皇子陂西北流注昆明池入渭。」

〔案〕今長安縣南。

產　滻

①灞、產、長水。（封禪書）

②終始霸、滻。（司馬相如傳）

【索隱】張揖曰：「滻出藍田谷，北至霸陵入霸。」（司馬相如傳）

【正義】滻水即荆溪狗枷之下流也，在雍州萬年縣。（封禪書）

〔案〕滻水源出藍田縣西南谷中，至長安縣東南合灞水入渭。

長水

灞、産、長水、灃、澇、涇、渭，皆非大川。（封禪書）

【索隱】百官表有長水校尉。沈約宋書云：「營近長水，因以為名」，水經云：「長水出白鹿原」，今之荊溪水是也。

〔案〕荊谿水源出藍田縣，至長安縣東南境入滻水。

樊鄉

賜食邑杜之樊鄉。（樊酈滕灌傳）

【索隱】案：杜陵有樊鄉。三秦記曰：「長安正南，山名秦嶺，谷名子午，一名樊川，一名御宿。」樊鄉即樊川也。

〔案〕今長安縣南。

軹道

二世降軹道旁。（秦始皇本紀、高祖本紀、李斯傳。）

【集解】徐廣曰：「在霸陵。」駰案：蘇林曰：「亭名，在長安東十三里。」（秦始皇本紀）

【索隱】漢書宮殿疏云：「枳道亭東去霸城觀四里，觀東去霸水百步。」蘇林云：「在長安東十三里。」

【正義】括地志云：「軹道在雍州萬年縣東北十六里苑中。」（高祖本紀）

〔案〕今咸陽縣東北。

曲郵

留侯病，彊起，至曲郵。（留侯世家）

【集解】司馬彪曰：「長安縣東有曲郵聚。」

【索隱】按：司馬彪漢書郡國志長安有曲郵聚。今在新豐西，俗謂之郵頭。

〔案〕今臨潼縣東七里。

鴻門

①楚師深入，戰於鴻門。（秦始皇本紀）

②項羽兵四十萬，在新豐鴻門。（項羽本紀）

③沛公從百餘騎，驅之鴻門。（高祖本紀）

【集解】孟康曰：「鴻門在新豐東十七里，舊大道北下阪口名。」（項羽本紀）

【索隱】姚察云：「在新豐古城東，未至戲水，道南有斷原、南北洞門」，是也。（高祖本紀）

〔案〕今臨潼縣東。

戲

①二世二年，周章等西至戲。（秦始皇本紀、高祖本紀、陳涉世家。）

②周章軍入關，至戲卻。（張耳陳餘傳）

③項羽擊破函谷關，遂入，至戲西。（項羽本紀）

④諸侯罷戲下，各就國。（項羽本紀）

【集解】應劭曰：「戲，弘農湖西界。」孟康曰：「水名，今戲亭是也。」蘇林曰：「邑名，在新豐東南三十里。」（秦始皇本紀）

【索隱】文穎云：「戲在新豐東二十里戲亭北。」又述征記云：「戲水自驪山馮公谷北流，歷戲亭，東入渭。」按：今其水東惟有戲驛存。（高祖本紀）言「戲下」，如許下、洛下然也。（項羽本紀）

【正義】括地志云：「戲水源出雍州新豐縣西南驪山。水經注云：『戲水出驪山馮公谷，東北流。』今新豐縣東北十一里戲水當官道，即其處。」（秦始皇本紀）戲即京東戲亭也。（陳涉世家）

〔案〕戲水，今臨潼縣東，下流入渭水。

戲

秦厲共十六，伐大荔。補龐戲城。（六國表）

平舒

使者夜過華陰平舒道。（秦始皇本紀）

【正義】括地志云：「平舒故城在華州華陰縣西北六里。水經注云：『渭水又東經平舒北，城枕渭濱，半破淪水，南面通衢。』」

〔案〕今華陰縣西北。

湖　湖關

①范雎入秦，至湖關。（范雎蔡澤傳）

②於湖有周天子祠。（封禪書）

【索隱】地理志：「京兆有湖縣，本名胡，武帝更名湖」，即今湖城也。

【正義】今虢州湖城縣也。（范雎蔡澤傳）

〔案〕今河南閿鄉縣東四十里。韓非子載鄭武公滅胡，殺關其思事；此當即鄭武所滅之胡。

息壤

秦武王迎甘茂於息壤。（甘茂傳）

【索隱】山海經、啟筮云「昔伯鮌竊帝之息壤以堙洪水」，或是此也。

【正義】秦邑。

殽　殽阨　殽函　殽黽　殽塞

①蹇叔哭師，曰：「軍敗，必於殽阨。」（秦本紀）

②晉襄元，敗秦兵於殽。（晉世家）

③秦孝公據殽函之固。（秦始皇本紀、陳涉世家。）

④關中左殽函，右隴蜀。

⑤雒陽西有殽黽。（留侯世家）

⑥自殽塞及至鬼谷。（甘茂傳）

⑦自殽以東，名山五。（封禪書）

【集解】韋昭曰：「殽謂二殽。」（陳涉世家）

【正義】括地志云：「三殽山又名嶔岑山，在洛州永寧縣西北二十里，（案：留侯世家注引作「二十八

里」。）即古之殽道也。」（秦本紀）

〔案〕崤山，今河南洛寧縣北六十里，西北接陝縣界，東接舊澠池縣界。

郩

靈公四，伐秦，取少梁。秦亦取晉之郩。（晉世家）

【集解】徐廣曰：「年表云北徵也。」

【索隱】按：左傳文十年春，晉人伐秦，取少梁。夏，秦伯伐晉，取北徵。今云郩者，字誤。

豪

穆公思義，悼豪之旅。（自序）

【索隱】「豪」即「崤」之異音。

【正義】穆公封崤山軍旅之尸。

桃林

①牧牛桃林之虛。（周本紀、留侯世家。）

②牛散桃林之野。（樂書）

③造父取驥之乘匹，與桃林盜驪、驊騮、騄耳，獻之繆王。（趙世家）

【集解】孔安國曰：「桃林在華山東。」（周本紀）徐廣曰：「在弘農縣，今曰桃丘。」（樂書）

【索隱】晉灼云：「在弘農閿鄉南谷中。」應劭十三州記：「弘農有桃丘聚，古桃林也。」（留侯世家）

【正義】括地志云：「桃林在陝州桃林縣，西至潼關，皆為桃林塞地。山海經云：夸父之山，其北有林焉，名曰桃林，廣闊三百里，中多馬。」（趙世家）

〔案〕桃林，今名桃原，在閿鄉縣西。自潼關至函谷，古謂之桃林之塞。

曹陽

①章邯殺周章於曹陽。（秦始皇本紀）

②周文敗，走出關，止次曹陽。章邯追敗之，復走次澠池。周文自剄。（陳涉世家）

【集解】晉灼曰：「亭名，在弘農東十三里。魏武帝改曰好陽。」（秦始皇本紀）

【索隱】小顏云：「曹水之陽也。其水出陝縣西南峴頭山，北流入河。」（陳涉世家）

【正義】括地志云：「曹陽故亭一名好陽亭，在陝州桃林縣東南十四里。（秦始皇本紀）崔浩云：『曹陽，坑名，自南出，北通於河。』」（陳涉世家）

〔案〕今靈寶縣東。

新安

楚軍夜坑秦卒二十萬新安城南。（項羽本紀、秦楚之際月表、黥布傳。）

【正義】括地志云：「新安故城在洛州澠池縣東一十三里。」（項羽本紀。案：黥布傳作「二十二里」。）

〔案〕今河南舊澠池縣東搭泥鎮。

函谷關

①蘇秦既約六國從親，秦兵不敢闚函谷關十五年。（蘇秦傳）

②孟嘗君夜半至函谷關。（孟嘗君傳）

③懷王十一，為從長。攻秦至函谷關。（楚世家）

④魏哀二十一，與齊、韓共擊秦於函谷。河、渭绝一日。（六國表、魏世家、韓世家、田齊世家。）

⑤乘勝逐秦軍至函谷關。（信陵君傳）

⑥始皇議欲大苑囿，東至函谷關。（滑稽傳）

⑦沛公使兵守函谷關。（高祖本紀）

⑧項羽略地至函谷關，有兵守關。（項羽本紀）

⑨益廣關，置左右輔。（平準書）

【集解】文穎曰：「時關在弘農縣衡山嶺，今移在河南穀城縣。」（項羽本紀）徐廣曰：「元鼎三年，徙函谷關於新安東界。」（平準書）

【索隱】顏師古云：「今桃林南有洪溜澗，古之函谷也。其水北流入河，西岸猶有舊關餘跡。」西征記云：「道形如函也。」（高祖本紀）

【正義】括地志云：「函谷關在陝州桃林縣西南十二里，（孟嘗君傳作「十三里」。）秦函谷關也。圖記云：『西去長安四百餘里，路在谷中，故以為名。』」（項羽本紀）

〔案〕東自崤山，西至潼津，通名函谷。秦函谷關在漢弘農郡弘農縣，今河南靈寶縣西南；武帝徙於新安，舊澠池縣東。建安十六年，曹操破馬超於潼關，函谷關遂移此。今潼關則隋大業七年所立。

關東

①關東群盜多。（李斯傳）

②關東漕粟從渭中上。（河渠書）

關阪　關殽

①右隴蜀，左關阪。（范雎傳）

②右隴蜀之山，左關殽之險。（刺客傳）

關

老子去之關，關令尹喜曰：「子將隱，彊為我著書。」（老莊申韓傳）

【索隱】李尤函谷關銘云：「尹喜要老子留作二篇」，而崔浩以尹喜又為散關令是也。

【正義】抱朴子云：「老子西遊，遇關令尹喜於散關。」或以為函谷關。括地志云：「散關在岐州陳倉縣東南五十二里。」

〔案〕老子時尚未有函谷關，故或以散關說之。然老子去周而隱，又當為函谷，非散關。此證其為傳說，不足據。

藍田

①秦獻六，初縣蒲、藍田、善明氏。（六國表）

②懷王襲秦，戰於藍田。（楚世家、張儀傳。）

③請道南鄭、藍田，出兵於楚。（韓世家）

④沛公攻武關，破之。與秦軍戰於藍田南。（高祖本紀）

⑤沛公攻下嶢及藍田。（秦楚之際月表）

⑥取武關、嶢關，前攻秦軍藍田南。（曹相國世家）

【正義】藍田在雍州東南八十里，因藍田山為名。（案：「因」下六字據曹相國世家注增。）從藍田關入藍田縣。（楚世家）

〔案〕藍田故城，今藍田縣西。藍田山在東，出美玉。藍田關在東南，本名嶢關。

嶢　嶢關

①沛公攻下嶢及藍田。（秦楚之際月表）

②周勃擊項羽，守嶢關。（高祖功臣侯年表）

③定南陽，西攻武關、嶢關，取之。（曹相國世家、絳侯世家。）

④沛公下宛，西入武關。欲擊秦嶢下軍。（留侯世家）

【正義】括地志云：「藍田關在雍州藍田縣東南九十里，即秦嶢關也。」（楚世家）

〔案〕漢書高紀注應劭曰：「嶢關，嶢山之關。」李奇曰：「在上洛北，藍田南，武關之西。」沈欽韓曰：「秦嶢關，後周明帝武成元年徙青泥故城側，改曰青泥關。武帝建德三年，改曰藍田關。隋大業元年徙復舊所，即今關是。嶢山在縣南二十里。」

武關

①王取武關、蜀、漢之地。

②秦約楚王會武關，伏兵，閉武關，遂與西至咸陽。（楚世家）

③始皇二十八，自南郡由武關歸。（秦始皇本紀）

④令銍人宋留將兵定南陽，入武關。（陳涉世家）

⑤沛公與皆，降析、酈。因襲破武關。（高祖本紀）

⑥盡定南陽郡。西攻武關、嶢關。（曹相國世家）

⑦出武關，兵南陽。（高祖本紀）

⑧陳定發南陽兵守武關。（淮南傳）

⑨南陽西通武關。（貨殖傳）

【集解】應劭曰：「武關，秦南關，通南陽。」文穎曰：「武關在析西百七十里弘農界。」（秦始皇本紀）

【索隱】左傳云：「楚司馬起營所（豐析）以臨上雒，謂晉人曰：『將通於少習。』」杜預以為商縣武關。又太康地理志：「武關當冠軍縣西，嶢關在武關之西。」（高祖本紀）

【正義】括地志云：「故武關在商州商洛縣東九十里，（案：楚世家注作「商州東一百八十里商洛縣界」。）春秋時少習也。杜預云：『（少）習，商縣武關也。』」（秦始皇本紀）

〔案〕今商縣東一百八十五里。

河上

漢二年，置隴西、北地、上郡、渭南、河上、中地郡。（高祖本紀）

【集解】徐廣曰：「馮翊。」

〔案〕漢馮翊郡治長安城中。光武東都後，出治高陵。

河上塞

漢二年，繕治河上塞。（高祖本紀）

【集解】晉灼曰：「晁錯傳秦時北攻胡，築河上塞。」

〔案〕河上塞即河上郡之北境，舊與匈奴邊界處，非蒙恬所取河南地，因河為塞者也。自諸侯叛秦，匈奴復稍度河南，與中國界於故塞。見匈奴傳。河上郡後為馮翊，前即塞王國。晉灼注以遠在朔方、五原者解之，蓋誤解「河上」字義。

懷德

還定三秦，賜食邑懷德。（絳侯世家）

【正義】括地志云：「懷德故城在同州朝邑縣西南四十三里。」

〔案〕漢懷德在今朝邑，不在富平。詳「荊山」條。

高陵

①秦涇陽君、高陵君。（蘇秦傳、穰侯傳、范雎傳。）

②宋昌、張武等乘傳詣長安。至高陵休止。（孝文本紀）

【集解】徐廣曰：馮翊高陵縣。（蘇秦傳）

【正義】括地志云：「高陵故城在雍州高陵縣西南一里。」（孝文本紀）

〔案〕高陵故城，今高陵縣西南。

高陵

①齊使者高陵君顯。（項羽本紀）

②高陵侯王周。（高祖功臣侯年表）

【集解】張晏曰：「高陵，縣名。」

【索隱】晉灼云：「高陵屬琅邪。」（項羽本紀）

池陽

食邑池陽。（蒯成傳）

【正義】雍州涇陽縣西北三里池陽故城。

〔案〕今涇陽縣西北。應劭曰：「在池水之陽。」

祋祤

①二年，置南陵及内史、祋祤為縣。（孝景本紀）

②將軍趙食其，祋祤人。（衞霍傳）

【索隱】縣名，在馮翊。

【正義】雍州同官縣，本漢祋祤縣也。（衞霍傳）

〔案〕今耀縣東一里。「祋祤」蓋軍士禱祀之名。

高門

卒，皆葬高門。（自序）

【集解】蘇林曰：「長安北門也。」瓚曰：「長安城無高門。」

【索隱】案遷碑，高門在夏陽西北，去華池三里。

【正義】括地志云：「高門原俗名馬門原，在同州韓城縣西南十八里。漢司馬遷墓在韓城縣南二十二里。夏陽縣故城東南有司馬遷冢，在高門原上也。」

〔案〕高門原，今韓城縣西南。

華池

司馬靳葬於華池。（自序）

【集解】晉灼曰：「地名，在鄠縣。」

【索隱】晉灼非也。案：司馬遷碑在夏陽西北四里。

【正義】括地志云：「華池在同州韓城縣西南七十里，在夏陽故城西北四里。」

中地

漢二年，置渭南、河上、中地郡。（高祖本紀）

【集解】徐廣曰：「扶風。」

〔案〕漢扶風郡治長安城中。光武東都後，改治槐里。

好畤

①嫪毐敗亡走，追斬之好畤。（呂不韋傳）

②章邯陳倉兵敗，還走；止戰好畤。（高祖本紀）

③擊章平軍好畤南，破之，圍好畤，取壤鄉。（曹相國世家、樊噲傳。）

④雍東有好畤，廢無祠。（封禪書）

⑤好畤田地善，可以家。（陸賈傳）

【集解】孟康曰：「縣名，屬右扶風。」（高祖本紀）

【正義】括地志云：「好畤城在雍州好畤縣東南十三里。」（曹相國世家）

〔案〕今陝西乾縣東十里好畤村。

武功

武功，扶風西界小邑也。（田叔傳）

【正義】括地志云：「漢武功縣在渭水南，今盩厔縣西界也。」

〔案〕今郿縣東。

斄

①初攻下辯、故道、雍、斄。（曹相國世家）

②從攻雍、斄。（樊噲傳）

③趙禹，斄人。（酷吏傳）

【集解】駰案：「斄」音「胎」。（樊噲傳）

【索隱】地理志云縣名。（曹相國世家）即后稷所封，今之武功故斄城是。（樊噲傳）

【正義】屬右扶風。括地志云：「故雍縣南七里。故斄城一名武功，縣西南二十二里，古邰國也。」（曹相國世家）后稷所封，漢斄縣也。（酷吏傳）

〔案〕今武功縣西南。

壤鄉

①圍好畤，取壤鄉。擊三秦軍壤東及高櫟，破之。（曹相國世家）

②擊章平軍好畤，從擊秦軍騎壤東。（樊噲傳）

【集解】文穎曰：「地名。」

【索隱】在右扶風，今其地闕。

【正義】村邑名。今在雍州武功縣東南二十餘里高壤坊是。（樊噲傳）

〔案〕今武功縣東南。

郿

①白起，郿人。（白起傳）

②下郿、頻陽。（絳侯世家）

③攻趙賁，下郿。（樊噲傳）

④減宣使郿令格殺信。（酷吏傳）

【索隱】地理志郿屬右扶風。

【正義】括地志云：「郿縣故城在岐州郿縣東北十五里。」（絳侯世家）今岐州岐縣北。（酷吏傳）

〔案〕今郿縣東北。詩：「申伯信邁，王餞於郿。」

蝕

漢王之國，從杜南，入蝕中。（高祖本紀）

【集解】李奇曰：「在杜南。」如淳曰：「蝕，入漢中道川谷名。」

【索隱】王劭按：說文作「鍾」，器名也。地形似器，故名之。

〔案〕讀史兵略云：「杜縣在長安縣西南。通鑑胡注引子午、駱谷二道證蝕中。然從杜南入，則子午谷也。」今考子午谷南口，尚在洋縣東一百六十里，自此徑赴南鄭，無緣更至褒城。史言張良送至褒中，此乃褒斜連雲棧，至是始已也。其後沛公引兵從故道出襲雍。漢雖有故道縣，疑本云從故所從道，即燒絶棧道處出襲雍耳。然則沛公當時蓋自杜南沿南山北麓西行而入褒斜也。

棧道

①棧道千里，通於蜀漢。（蔡澤傳）

②漢王從杜南入蝕中。去輒燒絶棧道。（高祖本紀）

【索隱】棧道，閣道也。崔浩云：「險絶之處，傍鑿山巖，而施版梁為閣。」

剗道

谷口蜀剗道近山。（田叔傳）

【正義】按：行谷有剗道也。

陳倉

①秦文公獲若石云，於陳倉北阪城祠之。（封禪書）

②始皇議欲大苑囿，東至函谷關，西至雍、陳倉。（滑稽傳）

③漢王舉兵東出陳倉。（淮陰侯傳）

④章邯迎擊漢陳倉。（高祖本紀）

【正義】陳倉，今岐州縣也。（高祖本紀）三秦記云：「太白山西有陳倉山。」括地志云：「陳倉山在

岐州陳倉縣南。」又云：「寶雞祠在漢陳倉縣故城中，今陳倉縣東。石雞在陳倉山上。」祠在陳倉城。（封禪書）

〔案〕陳倉故城，今陝西寶雞縣東。陳倉山，今寶雞縣南。陳寶祠在縣東二十里，久廢。

故道

①漢王從故道還，襲雍王章邯。（高祖本紀）

②初攻下辯、故道、雍、斄。擊章平軍於好畤南。（曹相國世家）

③抵蜀從故道，多阪，回遠。（河渠書）

【集解】駰案：地理志武都有故道縣。（高祖本紀）

【正義】括地志云：「鳳州兩當縣，本漢故道縣也，在州西五十里。」（河渠書）

〔案〕故道，今陝西鳳縣西北，接甘肅兩當縣界。水經注：「捍水逕武都故道縣故城西。」又：「兩當水逕故道城東。」

下辯

初攻下辯、故道。（曹相國世家）

【正義】括地志云：「成州同谷縣，本漢下辯道。」

〔案〕今甘肅成縣西。

成紀

①黄龍見成紀。(孝文本紀、封禪書、張丞相傳。)

②李廣,隴西成紀人。(李將軍傳)

③李蔡,成紀人。(衞霍傳)

【集解】韋昭曰:「成紀縣屬天水。」(孝文本紀)

【正義】按:成紀今秦州縣也。(封禪書)

〔案〕今秦安縣北。

白水

別擊西丞白水北。(樊噲傳)

【集解】徐廣曰:「白水在武都。」駰案:如淳曰:「地名也。」晉灼曰:「白水,今廣魏縣也。」

【索隱】白水,水名,出武都,經西縣東南流。言噲擊西縣之丞在白水北耳。

【正義】括地志云:「白馬水源出文州曲水縣西南,曾經孫山下。」

〔案〕白馬水,今甘肅文縣西南,東北流入白水河。西縣,今天水西南,與武都文縣相距殊遠;

則白水應如晉灼說，在廣魏郡治臨渭，今秦安縣東南。水經注：「伯陽谷水北流，有白水出東南白水溪，西北注伯陽水。伯陽水又北注渭水。」或即此白水也。

栒邑

破周類軍栒邑。（酈商傳）

【索隱】栒邑在豳州。地理志屬右扶風。

〔案〕今栒邑縣東北。晉書地理志作「郇邑」。

泥陽

破蘇駔軍於泥陽。（酈商傳）

【索隱】北地縣名。

【正義】故城在寧州羅川縣北三十一里。泥谷水源出羅川縣東北泥陽。源側有泉，於泥中潛流二十餘步而流入泥谷。又有泥陽湫，在縣東北四十里。

〔案〕今甘肅寧縣東南，以在泥水之陽名。

卷二十二　秦漢宮室陵廟名

離宮

范雎得見於離宮。（范雎傳）

【正義】長安故城本秦離宮，在雍州長安北十三里。

章臺

①懷王西至咸陽，朝章臺。（楚世家）

②諸侯莫不西面而朝於章臺之下。（蘇秦傳）

③樗里子葬渭南章臺之東。（樗里子傳）

④秦王坐章臺見相如。（藺相如傳）

⑤章臺、上林皆在渭南。（秦始皇本紀）

【索隱】按黃圖，在漢長安故城西。

〔案〕章臺在長安縣故城西南隅。

上林

①章臺、上林皆在渭南。（秦始皇本紀）

②長安地狹，上林中多空地，棄。（蕭相國世家）

③上問上林尉諸禽獸簿。（張釋之傳）

④故吏皆通適令伐棘上林。

⑤上曰：「吾有羊上林中，欲令子牧之。」（平準書）

⑥獨不聞天子之上林乎？左蒼梧，右西極，丹水更其南，紫淵徑其北；終始霸滻，出入涇渭；酆鄗潦潏，紆餘委蛇，經營乎其內。（司馬相如傳）

〔案〕今長安縣西，及盩厔、鄠縣界。

信宮

始皇作信宮渭南。（秦始皇本紀）

信宫

武靈元，梁、韓來朝信宮。（趙世家）

【正義】在洛州臨洛縣。

阿房

①始皇曰：「豐、鎬之間，帝王之都。」乃營作朝宮渭南上林苑中。先作前殿阿房。②阿房宮未成。作宮阿房，故天下謂之阿房宮。（秦始皇本紀）

③關東羣盜多，今上急發繇治阿房宮，臣欲諫，為位賤。此眞君侯之事。（李斯傳）

【索隱】此以其形名宮也，言其宮四阿旁廣，故云下可以建五丈之旗也。阿房，後為宮名。

【正義】括地志云：「秦阿房宮亦曰阿城，在雍州長安縣西北一十四里。」按：宮在上林苑中，雍州郭城西南面，即阿房宮城東面也。顏師古云：「阿，近也。以其去咸陽近，且號阿房。」（秦始皇本紀）

〔案〕據史文，阿房乃作宮所在之地名。三輔黃圖：「阿房宮，惠文王造，未成，始皇廣之。」今長安縣西北。

阿旁

秦厲共十六，塹阿旁。（六國表）

〔案〕秦本紀作「塹河旁」。

望夷宮

①二世齋於望夷宮，欲祠涇。（秦始皇本紀）

②二世出居望夷之宮。（李斯傳）

【集解】張晏曰：「宮在長陵西北長平觀道東故亭處是也。臨涇水作之，以望北夷。」

【正義】括地志云：「秦望夷宮在雍州咸陽縣東南八里。」（秦始皇本紀）

〔案〕今涇陽縣東南。

宜春苑　宜春宮

①趙高葬二世杜南宜春苑中。

②二世皇帝葬宜春。（秦始皇本紀）

③下棠梨，息宜春。（司馬相如傳）

【正義】括地志云：「秦宜春宮在雍州萬年縣西南三十里。宜春苑在宮之東，杜之南。（司馬相如傳）

胡亥陵在雍州萬年縣南三十四里。」（秦始皇本紀）

〔案〕宜春宮，今長安縣南。雍錄：「宜春下苑皆少陵地，其下亦為曲江；江北即樂遊原。」

雍門

秦每破諸侯，寫放其宮室，作之咸陽北阪上，南臨渭，自雍門以東至涇、渭，殿屋複道周閣相屬。（秦始皇本紀）

【集解】徐廣曰：「雍門在高陵縣。」

【正義】雍門，今岐州雍縣東。廟記云：「北至九嵕、甘泉，南至長楊、五柞，東至河，西至汧渭之交，東西八百里，離宮別館相望屬也。」

雍門

子方出雍門。（齊世家）

【集解】杜預曰：「齊城門。」

〔案〕齊西門。

棘門

①匈奴大入邊，祝茲侯徐厲軍棘門。（孝文本紀、絳侯世家。）

②渭北棘門。（匈奴傳）

【集解】駰案：孟康曰：「在長安北，秦時宮門也。」如淳曰：「三輔黃圖棘門在橫門外。」（孝文本紀）

【正義】孟康云：「秦時宮也。」地理志云：「棘門在渭北十餘里，秦王門名也。」（絳侯世家）

〔案〕今咸陽縣東北八十里，本秦闕門。

棘門

李園伏死士，殺春申君於棘門之內。（春申君傳）

【正義】壽州城門。

〔案〕楚都壽春，其有棘門，蓋猶秦闕門稱棘門也。

細柳

①匈奴大入邊。周亞夫居細柳。（孝文本紀、絳侯世家。）

②長安西細柳。（匈奴傳）

③登龍臺，掩細柳。（司馬相如傳）

【集解】駰案：如淳曰：「長安圖細柳倉在渭北，近石徼。」張揖曰：「在昆明池南，今有柳市是也。」

【索隱】案：三輔故事：「細柳在直城門外阿房宮西北維。」又匈奴傳云「細柳在長安西」，如淳云在渭北，非也。（孝文本紀）

【正義】括地志云：「細柳倉在雍州咸陽縣西南二十里也。」（絳侯世家）又：郭云：「細柳，觀名，在昆明南柳市。」（司馬相如傳）

柳中

下鄜、槐里、柳中、咸陽。（樊噲傳）

【索隱】案：柳中即細柳也，在長安西也。

〔案〕細柳倉，今咸陽縣西南，在渭北，周亞夫所屯。又長安縣西南三十二里細柳原，近昆明池，漢書游俠傳「城西柳市」，即張揖所說是也。

未央宮

①樗里子葬渭南章臺之東。漢興，長樂宮在其東，未央宮在其西。（樗里子傳）

②八年，蕭何營作未央宮，立東闕、北闕。（高祖本紀）

【索隱】秦家舊宮皆在渭北，立東闕、北闕，蓋取其便。

【正義】括地志云：「未央宮在雍州長安縣西北十里（樗里子傳作「十四里」。）長安故城中。」顏師古云：「未央殿雖南嚮，而當上書奏事謁見之徒皆詣北闕，公車司亦在北焉。是則以北闕為正門，而又有東門、東闕，至於西、南兩面，無門闕也。」按：北闕為正者，蓋象秦作前殿，渡渭水屬之咸陽，以象天極閣道絶漢抵營室。（高祖本紀）

〔案〕今長安縣西北。

宣室

文帝坐宣室。（賈生傳）

【集解】蘇林曰：「未央前正室。」

【索隱】三輔故事云：「宣室在未央殿北。」

高門

黯請間，見高門。（汲黯傳）

【集解】如淳曰：「按：三輔黃圖云：『未央宮中有高門殿。』」

金馬門

金馬門者，宦署門也。（滑稽傳）

長樂宮

①樗里子葬渭南章臺之東。漢興，長樂宮在其東，未央宮在其西。（樗里子傳）

②十年，淮南、梁、燕、荆、楚、齊、長沙王皆來朝長樂宮。（高祖本紀）

③使武士縛信，斬之長樂鍾室。（淮陰侯傳）

④惠帝為東朝長樂宮。（叔孫通傳）

【集解】駰案：關中記曰：「長樂宮本秦之興樂宮也，漢太后常居之。」（叔孫通傳）

【正義】漢長樂宮在長安縣西北十五里。（樗里子傳）括地志：「秦櫟陽故宮在雍州櫟陽縣北三十五里，秦獻公所造。三輔黃圖云：『高祖都長安，未有宮室，居櫟陽宮也。』」（高祖本紀）

〔案〕今長安縣西北。又考漢書高帝五年，治長樂宮；七年宮成。正義「櫟陽宮」一條，蓋他處羼此下。

北宮

獨置孝惠皇后居北宮。（外戚世家）

【索隱】在未央北，故曰北宮。

【正義】括地志云：「北宮在雍州長安縣西北十三里，與桂宮相近，在長安故城中。」

〔案〕今長安縣西北。

建章宮

①作建章宮，度為千門萬戶。（孝武本紀）

②衛青給事建章。（衛青傳）

③建章宮後閣重櫟中有物出焉。（滑稽傳）

【索隱】案：晉灼云：「建章，上林中宮名也。」（衛青傳）

【正義】括地志云：「建章宮在雍州長安縣西（案：滑稽傳作「西北」。）二十里長安故城西。」（案：「西」，滑稽傳作「下」。）（孝武本紀）

〔案〕今長安縣西。

唐中　虎圈

①其西則唐中，數十里虎圈。（孝武本紀）

②從行，登虎圈。（張釋之傳）

【索隱】西京賦曰：「前開唐中，彌望廣潒。」

【正義】括地志云：「虎圈今在長安城中西偏。」（孝武本紀）

〔案〕唐中池，今長安縣西北。三輔黃圖云：「太液池南。」

泰液池

其北治大池，漸臺，名曰泰液。（孝武本紀）

〔案〕今長安縣西北。

漸臺

①覺而之漸臺。（佞幸傳）

②其北治大池，漸臺。（孝武本紀）

【正義】括地志云：「漸臺在長安故城中。關中記云：未央宮西有蒼池，池中有漸臺，王莽死於

此臺。」（佞幸傳）顏師古云：「漸，浸也。臺在池中，為水所浸，故曰『漸』。」（孝武本紀）

〔案〕未央宮西池有漸臺，即文帝見鄧通與王莽死處。建章宮太液池亦有漸臺。

甘泉

①北有甘泉、谷口。（范雎傳、刺客傳。）

②宣太后詐殺義渠戎王於甘泉。（匈奴傳）

③使蒙恬通道，自九原抵甘泉。（蒙恬傳）

④三年，帝初幸甘泉。

⑤自甘泉之高奴。（孝文本紀）

⑥匈奴奇兵入燒回中宮，候騎至雍甘泉。（匈奴傳）

⑦黃帝接萬靈明廷。明廷者，甘泉也。

⑧方士多言古帝王有都甘泉者。（封禪書）

⑨甘泉則作益延壽觀。乃作通天臺，甘泉更置前殿，始廣諸宮室。（孝武本紀）

⑩又作甘泉宮，中為臺室，畫天、地、太一諸鬼神。（封禪書）

⑪令民入粟甘泉，太倉、甘泉倉滿。（平準書）

【索隱】應劭云：「甘泉，宮名，在雲陽。一名林光。」臣瓚云：「甘泉，山名。林光，秦離宮名。」又顧氏按：邢承宗西征賦註云：「甘泉，水名。」今按：因地有甘泉以名山，則山水皆通也。（孝文本紀）又：姚氏案：「揚雄云甘泉本因秦離宮，既奢泰，武帝復增通天、高光、迎風宮。」（孝武本紀）

【正義】括地志云：「甘泉山一名鼓原，俗名磨石嶺，在雍州雲陽縣西北九十里。（案：匈奴傳作「八十里。」）關中記云：『甘泉宮在甘泉山上。』」（范雎傳）

〔案〕甘泉山，今淳化縣西北。漢甘泉宮在其上，一名雲陽宮，即秦林光宮，胡亥所造。

雲陽

①秦留韓非，死雲陽。（秦始皇本紀）

②始皇三十五，除道，道九原抵雲陽。（秦始皇本紀、匈奴傳。）

③皇帝始郊見泰一雲陽。（孝武本紀、封禪書。）

【集解】徐廣曰：「表云道九原，通甘泉。」

【正義】括地志云：「雲陽城在雍州雲陽縣西八十里，秦始皇甘泉宮在焉。」（秦始皇本紀）

〔案〕雲陽故城，今淳化縣西北。

雲陽宮

鉤弋夫人死雲陽宮。（外戚世家）

【索隱】三輔故事云：「葬甘泉宮南。後昭帝起雲陵，邑三千戶。」

【正義】括地志云：「雲陽宮，秦之甘泉宮，在雍州雲陽縣西北八十里。（案：孝武本紀作「八十一里」。）秦始皇作甘泉宮，去長安三百里，黃帝以來祭圜丘處也。（外戚世家。案：匈奴傳作「雲陽雍縣，秦之林光宮，即漢之甘泉宮在焉」，其說為允。）武帝以五月避暑，八月乃還。」（孝武本紀）

甘泉宮

①十年，秦王迎太后入咸陽，復居甘泉宮。

②二十七，作信宮渭南，更命為極廟。自極廟道通酈山，作甘泉前殿。築甬道，自咸陽屬之。（秦始皇本紀）

【集解】徐廣曰：「表云咸陽南宮也。」

〔案〕秦甘泉宮在渭南，漢甘泉宮在雲陽，隋甘泉宮在鄠縣。秦時咸陽跨渭南、北，甘泉近上林，即鄠縣也。秦、隋甘泉宮正同一地。又文、景皆臨幸甘泉，而不曰甘泉有宮，以秦二世有林光宮，至漢猶存。武帝別創甘泉宮，在林光宮旁。

鼎湖

①天子病鼎湖甚。（孝武本紀）

②黄帝采首山銅，鑄鼎荆山下。鼎成，黄帝上天，後世因名其處曰鼎湖。（孝武本紀、封禪書。）

【集解】晉灼曰：「在湖縣。」韋昭曰：「地名，近宜春。」

【索隱】湖，縣名，屬京兆，後屬弘農。昔黄帝採首陽山銅，鑄鼎於湖，曰鼎湖，即今之湖城縣也。韋昭以為近宜春，亦甚疎。（孝武本紀）又：三輔黄圖云：「鼎湖，宮名，在藍田。」韋昭云：「地名，近宜春。」案：湖本屬京兆，後分屬弘農，恐非鼎湖處也。（封禪書）

【正義】括地志云：「湖水源出虢州湖城縣南三十五里夸父山，北流入河，即鼎湖也。」（孝武本紀）

〔案〕嵯峨山在今涇陽縣北，即王褒雲陽宮記「東有慈娥山」也。黄帝鑄鼎北山，本指此言。其山西抵冶谷，去雲陽宮八十里，即所謂寒門黄帝昇仙處。武帝病鼎湖，必近甘泉雲陽，諸家皆以弘農湖縣説之，大誤。

棠梨

下棠梨。（司馬相如傳）

【集解】漢書音義曰：「宮名，在雲陽縣東南三十里。」

通天臺

①天子方欲作通天臺。（酷吏傳）

②甘泉作益延壽觀，使公孫卿持節設具而候神人。乃作通天臺，置祠具其下。（孝武本紀）

【集解】徐廣曰：「在甘泉。」

【索隱】漢書作通天臺於甘泉宮。按：漢書舊儀臺高五十丈，去長安二百里，望見長安城。（孝武本紀）

居室

灌夫繫居室。（魏其武安侯傳）

【集解】如淳曰：「百官表居室為保宮，今守宮也。」（魏其武安侯傳）

【正義】按：居室，署名，武帝改曰保宮。「灌夫繫居室」是也。（衛青傳）

甘泉居室

青嘗從入至甘泉居室。（衛青傳）

〔案〕百官表少府屬官有居室及甘泉居室令丞，武帝更名居室為保宮，甘泉居室為昆臺。

宣曲

西馳宣曲。（司馬相如傳）

【集解】駰案：漢書音義曰：「宣曲，宮名，在昆明池西。」

宣曲

宣曲任氏。（貨殖傳）

【集解】徐廣曰：「高祖功臣有宣曲侯。」

【索隱】上林賦云：「西馳宣曲」，當在京輔，今闕其地也。

【正義】案：其地合在關內。張揖云：「宣曲，宮名，在昆（明）池西也。」

〔案〕任氏為督道倉吏。漢書音義：「若今吏督租穀使上道」，則不在京輔。韋昭以「督道為秦時邊縣」，非也。「楚、漢相距滎陽，米石至萬，而任氏以此起富」，則宣曲當近滎陽中州，蓋即宣房；詳見彼條。

柏梁臺

作柏梁臺，高數十丈。（平準書）

〔案〕今長安縣西北故城內。

長楊

從上至長楊獵。（司馬相如傳）

【正義】括地志云：「秦長楊宮在雍州盩厔縣東南三里。以宮内有長楊樹，以為名。」

〔案〕今盩厔縣東南。

龍臺

登龍臺。（司馬相如傳）

【集解】漢書音義曰：「觀名，在豐水西北近渭。」

〔案〕今鄠縣東北有龍臺坊，疑即觀址。

渭橋　中渭橋

①宋昌至渭橋，丞相以下皆迎。（孝文本紀）

②上行出中渭橋。（張釋之傳）

③五年，作陽陵、渭橋。（孝景本紀）

【集解】蘇林曰：「渭橋在長安北三里。」

【索隱】三輔故事：「咸陽宮在渭北，興樂宮在渭南，秦昭王欲通兩宮之間，作渭橋，長三百八十步。」又關中記云：「石柱以北屬扶風，石柱以南屬京兆也。」（孝文本紀）案：今渭橋有三所：一所在城西北咸陽路，曰西渭橋；一所在東北高陵路，曰東渭橋；其中渭橋在故城之北也。（張釋之傳）

〔案〕渭橋即中渭橋，在長安縣西北故長安城北。東渭橋在長安縣東北，殆即景帝築。西渭橋在咸陽縣西南，一名便橋，武帝作。

橫城門

旃騎至橫城門。（外戚世家）

【集解】如淳曰：「『橫』音『光』。三輔黃圖云：『北面西頭門。』」

【正義】括地志云：「渭橋本名橫橋，架渭水上，在淮（雍）州咸陽縣東南二十二里。」按：此橋對門也。

東都門

日食，軍東都門外。（孝景本紀）

【集解】按：三輔黃圖：「東出北第一門曰宣平門，外曰東都門。」

樗里

①樗里子名疾。

②室在昭王廟西渭南陰鄉樗里，故俗謂之樗里子。（樗里子傳）

〔案〕樗里，今長安縣西十四里故長樂宮南。

武庫

①樗里子葬渭南章臺之東。漢興，武庫正直其墓。（樗里子傳）

②迺作複道，方築武庫南。（叔孫通傳）

〔案〕黃圖：「武庫在未央宮。」畢沅彙訂長安圖志：「自未央宮東越武庫，南過鼎路門，取道高帝廟，南達長樂宮。」

武庫

疾西據雒陽武庫。（吳王濞傳）

長安門

①文帝出長安門，若見五人於道北，遂因其直北立五帝壇。

②後文帝怠於神明之事，而渭陽、長門五帝使祠官領，以時致禮，不往焉。（封禪書）

【集解】徐廣曰：「在霸陵。」駰案：如淳曰：「亭名也。」

【正義】括地志云：「長安門故亭在雍州萬年縣東北苑中，後館陶公主長門園，武帝以長門名宮，即此。」

〔案〕郡國志：「霸陵有長門亭。」漢長門宮在今長安縣東北。

北道　西道　南道　東道

北道姚氏，西道諸杜，南道仇景，東道趙他、羽公子。（游俠傳）

【索隱】蘇林云：「道，猶方也。」如淳云：「京師四出道也。」

霸昌廄

還，至霸昌廄。（梁孝王世家）

【正義】括地志云：「漢霸昌廄在雍州萬年縣東北三十八里。」

〔案〕今長安縣東北。

長陵

①高祖葬長陵。（高祖本紀）

②高后合葬長陵。（外戚世家）

【集解】皇甫謐曰：「長陵山東西廣百二十丈，高十三丈，在渭水北，去長安城三十五里。」（高祖本紀）駰案：關中記曰：「高祖陵在西，呂后陵在東。漢帝后同塋，則為合葬，不合陵也。諸陵皆如此。」（外戚世家）

【正義】括地志云：「長陵在雍州咸陽縣東三十里。」（高祖本紀）

〔案〕今咸陽縣東。

陽陵　弋陽

①四年，更以弋陽為陽陵。

②五年，作陽陵、渭橋。（孝景本紀）

③王太后合葬於陽陵。（外戚世家）

④周文家徙陽陵。

⑤張叔家於陽陵。（張叔傳）

⑥王溫舒，陽陵人。（酷吏傳）

⑦傳寬封陽陵侯。（高祖功臣侯年表）

【集解】徐廣曰：「屬馮翊。」（酷吏傳）

【索隱】景帝豫作壽陵也。案：趙系家趙肅侯十五年起壽陵，後代因之也。

【正義】括地志云：「在雍州咸陽縣東三十里。」（案：外戚世家作「四十里」。）按：豫作壽陵也。（孝景本紀）

〔案〕今咸陽縣東，高陵縣西南。

芷陽　茝陽

①昭襄四十，悼太子葬芷陽。（秦本紀、六國表。）

②昭襄王葬茝陽。（秦始皇本紀、呂不韋傳。）

③四十二，宣太后葬芷陽酈山。（秦本紀）

④太后與莊襄王會葬茝陽。（呂不韋傳）

⑤戰於藍田、芷陽，至霸上。（灌嬰傳）

⑥沛公步，從酈山下，道芷陽間行。（項羽本紀）

⑦孝文九，以芷陽鄉為霸陵。（漢興以來將相名臣年表）

【集解】徐廣曰：「今霸陵。」（秦本紀）

【索隱】地理志云：「京兆霸陵縣，故芷陽。」案：在長安東也。（呂不韋傳）
【正義】括地志云：「芷陽在雍州藍田縣西六里。三秦記云：『鹿原東有霸川之西坂，故芷陽也。』
（秦本紀）秦莊襄陵在雍州新豐縣西南三十五里，始皇陵在北，故俗亦謂之見子陵。」（秦始皇本紀）
〔案〕秦莊襄陵，今臨潼縣西南。始皇陵，今臨潼縣東。

程

其在周，程伯休甫其後也。（自序）

安陵

①籍孺、閎孺兩人徙家安陵。（佞幸傳）
②袁盎父故為群盜，徙處安陵。（袁盎傳）
③馮唐徙安陵。（馮唐傳）
④安陵阪里公乘項處病。（扁鵲倉公傳）
⑤安陵、杜杜氏，亦巨萬。（貨殖傳）
【正義】安陵，惠帝陵邑。（佞幸傳）括地志：「安陵故城在雍州咸陽東二十一里，周之程邑。」（自序）
〔案〕詩大雅：「度其鮮原，居岐之陽。」正義：「周書稱文王在程，作程寤、程典。皇甫謐云：

『文王徙宅於程。』蓋謂此也。」「程」，或作「郢」，即孟子所云「畢郢」，今咸陽縣東。又續志：「雒陽有上程聚。」劉昭曰：「古伯休甫之國。」

安陵

惡安陵氏於秦。（魏世家）

【集解】徐廣曰：「召陵有安陵鄉，征羌有安陵亭。」

【正義】括地志云：「鄢陵縣西北十五里。李奇云：『六國時為安陵也。』」

〔案〕召陵、征羌皆今郾城縣境。鄢陵，今鄢陵縣。李奇說見郡國志劉昭注，不知與徐廣說孰是。

安陵

齊宣四十四，伐魯、葛及安陵。（田齊世家）

〔案〕年表作「莒及安陽」。正義於此條統以今河南境內地說之，故以安陵即隱陵，恐未是。

霸陵

①孝文九，以芷陽鄉為霸陵。

②孝文後元七，葬霸陵。（漢興以來將相名臣年表）

③霸陵山川因其故。（孝文本紀）

④從行至霸陵，居北臨廁。（張釋之傳）

【集解】李奇曰：「霸陵北頭廁近霸水。」韋昭曰：「高岸夾水爲廁。」

【索隱】霸是水名。水徑於山，亦曰霸山，即芷陽地也。（孝文本紀）

〔案〕文帝霸陵，今長安縣東。

霸　灞

①灞、產、長水、灃、澇、涇、渭皆非大川，以近咸陽，盡得比山川祠。（封禪書）

②終始霸、滻。（司馬相如傳）

【正義】括地志云：「灞水，古滋水也，亦名曰藍谷水，即秦嶺水之下流，在雍州藍田縣。」（封禪書）

【索隱】張揖曰：「霸出藍田西北而入渭。」（司馬相如傳）

〔案〕灞水源出藍田，經長安東北流入渭。

灞上　霸上

①始皇自送至灞上。（王翦傳）

②沛公入武關，遂至霸上。（秦始皇本紀、高祖本紀、樊噲傳。）

③群臣居守，皆送至灞上。（留侯世家）

④匈奴大入邊。宗正劉禮軍霸上。（絳侯世家）

【集解】應劭曰：「霸水上地名，在長安東三十里。古名滋水，秦穆公更名霸水。」（秦始皇本紀）

【正義】廟記云：「霸陵即霸上。」（絳侯世家）在雍州萬年縣東北二十五里。漢霸陵，文帝之陵邑也，東南去霸陵十里。三秦記云：「霸城，秦穆公築為宮，因名霸城。漢於北置霸陵。」廟記云：「霸城，漢文帝築。沛公入關，遂至霸上，即此也。」（高祖本紀）

霸渭之會

文帝親拜霸渭之會，以郊見渭陽五帝。（封禪書）

【集解】如淳曰：「二水之會。」

【正義】渭陽五廟在二水之合北岸。

南陵

①二年，置南陵及內史、祋祤為縣。（孝景本紀）

②薄太后葬南陵。近孝文皇帝霸陵。（外戚世家）

【索隱】案：廟記云：「在霸陵南十里，故謂之南陵。」按：今在長安東滻水東原上，名曰少陵。

在霸陵西南，故曰「東望吾子，西望吾夫」是也。（外戚世家）

【正義】括地志云：「南陵故縣在雍州萬年縣東南二十四里。漢南陵縣，本薄太后陵邑。陵在東北，去縣六里。」（外戚世家）

〔案〕今長安縣南。

茂陵

茂陵初立，天下豪傑兼幷之家，皆可徙茂陵。（主父偃傳）

陵里

萬石君徙居陵里。（萬石傳）

【索隱】小顏云：「陵里，里名，在茂陵，非長安之戚里也。」

【正義】茂陵邑中里也。茂陵故城，漢茂陵縣也，在雍州始平縣東北二十里。

〔案〕茂陵，今興平縣東北。

太上皇廟

立太子，至太上皇廟。（高祖本紀）

【正義】三輔黃圖云：「太上皇廟在長安城香室南，馮翊府北。」括地志云：「漢太上皇廟在雍州長安縣西北長安故城中酒池之北，高帝廟北。高帝廟亦在故城中也。」

高寢　高廟

築複道高寢，衣冠月出游高廟。（叔孫通傳）

【集解】如淳曰：「三輔黃圖：『高寢在高廟西。』」

〔案〕漢書注：「晉灼曰：『黃圖高廟在長安城門街東，寢在桂宮北。』」

原廟

以沛宮為高祖原廟。（高祖本紀）

【集解】徐廣曰：「光武紀曰：『上幸豐，祠高祖於原廟。』」

原廟

願陛下為原廟渭北。（叔孫通傳）

德陽宮

中四年，置德陽宮。（孝景本紀）

【集解】瓚曰：「是景帝廟也，帝自作之，諱不言廟，故言宮。西京故事云景帝廟為德陽宮。」

〔案〕今咸陽縣東北。

戚里

徙其家長安中戚里。（萬石傳）

【索隱】小顏云：「於上有姻戚者皆居之，故名其里為戚里。」長安記戚里在城內。

景陵

參將兵守景陵。（曹相國世家）

【集解】漢書音義曰：「縣名。」

〔案〕景陵殆秦代陵名。

卷二十三　郊祀封禪地名

岱宗

①黄帝東登丸山及岱宗。（五帝本紀）

②歲二月，東巡狩，至於岱宗。岱宗，泰山也。（封禪書）

【正義】括地志云：「泰山，一曰岱宗，東嶽也，在兖州博城縣西北三十里。周禮云兖州鎮曰岱宗。」（封禪書）

泰山　太山

①古者封泰山禪梁父者七十二家。

②易姓而王，封泰山禪乎梁父者七十餘王。

③季氏旅於泰山，仲尼譏之。

④始皇即帝位三年，東巡郡縣，至泰山下。除車道，自泰山陽至巔，從陰道下。（封禪書）
⑤二十八年，始皇東行郡縣，上泰山。（秦始皇本紀）
⑥天下名山八，五在中國。曰華山、首山、太室、泰山、東萊。
⑦乃禱萬里沙，過祠泰山。（孝武本紀、封禪書。）
⑧封於太山，至梁父禪肅然。（司馬相如傳）
⑨泰山之陽則魯，其陰則齊。（貨殖傳）
⑩泰山下引汶水。（河渠書）
【集解】鄧展曰：「泰山自東復有小泰山。」瓚曰：「即今之泰山。」（孝武本紀）
〔案〕今泰安縣北五里。

東泰山

①黄帝封東泰山，禪凡山合符，然後不死。
②東泰山卑小，不稱其聲。（孝武本紀、封禪書。）
【集解】徐廣曰：「在琅邪朱虚縣，汶水所出。」（孝武本紀）
〔案〕沂山在臨朐縣南九十里，與沂水縣接界，即東泰山也。職方：「青州鎮曰沂山。」

海岱

①魁，海岱以東北也。

②丙、丁，江、淮、海岱也。戊、己，中州、河、濟也。庚、辛，華山以西。壬、癸，恆山以北。

③自華以南，氣下黑上赤。嵩高、三河之郊，氣正赤。恆山之北，氣下黑上青。勃、碣、海岱之間，氣皆黑。江淮之間，氣皆白。（天官書）

云云

無懷氏、虙羲、神農、炎帝、顓頊、帝嚳、堯、舜、湯皆封泰山，禪云云。（封禪書）

【集解】李奇曰：「云云山在梁父東。」

【索隱】晉灼云：「云云山在蒙陽縣故城東北，下有云云亭。」

【正義】括地志云：「云云山在兗州博野縣西南三十里。」

〔案〕今泰安縣東南一百二十里。

亭亭

黃帝封泰山，禪亭亭。（封禪書）

【集解】徐廣曰：「在鉅平。」駰案：服虔曰：「亭亭山在牟陰。」

【索隱】應劭云：「亭亭在鉅平北十餘里。」服虔云「在牟陰」，非也。

【正義】括地志云：「亭亭山在兗州博城縣西南三十里。」

〔案〕今泰安縣南五十里。

社首

周成王封泰山，禪社首。（封禪書）

【集解】應劭曰：「山名，在博縣。」晉灼曰：「在鉅平南十三里。」

〔案〕今泰安縣西南二里。

梁父

①管仲曰：「古者封泰山禪梁父者七十二家。」

②易姓而王，封泰山禪乎梁父者七十餘王。（封禪書）

③始皇二十八，東行，上泰山，禪梁父。（秦始皇本紀）

④始皇登泰山，從陰道下，禪於梁父。（封禪書）

⑤天子至梁父，禮祠地主。

⑥登封泰山，至於梁父，而后禪肅然。（孝武本紀、司馬相如傳。）

【集解】瓚曰：「亭亭或梁父，皆泰山下小山。」（秦始皇本紀）

【正義】括地志云：「梁父山在兗州泗水縣北八十里。」（封禪書）

〔案〕梁父山，今泰安縣南一百十里。

肅然

①禪泰山下阯東北肅然山。

②登封泰山，至於梁父，而后禪肅然。（孝武本紀、封禪書、司馬相如傳。）

【集解】服虔曰：「肅然，山名，在梁父。」（孝武本紀）

〔案〕今萊蕪縣西北六十里。

石閭

加禪祠石閭。石閭者，在泰山下阯南方。（孝武本紀、封禪書。）

〔案〕今泰安縣南四十五里。

奉高

①上宿留海上，還至奉高。

②復博、奉高、蛇丘、歷城。

③北至琅邪，並海上。至奉高脩封焉。

④上令奉高作明堂汶上。（孝武本紀、封禪書。）

〔案〕今泰安縣東北七十里。

明堂

①天子從封禪還，坐明堂。（孝武本紀）

②令奉高作明堂汶上。（孝武本紀、封禪書。）

【集解】漢書音義曰：「天子初封泰山，山東北阯古時有明堂處，則此所坐者。明年秋，乃作明堂。」

〔案〕今泰安縣東。

高里

上親禪高里，祠后土。臨渤海。（孝武本紀、封禪書。）

【集解】伏儼曰：「山名，在泰山下。」（孝武本紀）

〔案〕今泰安縣西南三里。

鄗上　北里

古之封禪，鄗上之黍，北里之禾，所以為盛。（封禪書）

【集解】應劭曰：「鄗上，山也。」蘇林曰：「鄗上、北里皆地名。」

【索隱】應劭云：「光武改高邑曰鄗。」姚氏云：「鄗縣屬常山。」一云：鄗上，山名。

凡山　丸山

①黄帝東登丸山。（五帝本紀）

②黄帝封東泰山，禪凡山。（孝武本紀、封禪書。）

【集解】駰案：地理志曰：丸山在琅邪朱虚縣。

【正義】括地志云：「丸山即丹山，在青州臨朐縣界朱虛故縣西北二十里，丹水出焉。」守節按：地志唯有凡山，蓋凡山、丸山是一山耳。漢書郊祀志云：「禪丸山」，顏師古云：「在朱虛」，亦與括地志相合，明丸山是也。

〔案〕今昌樂縣西南五十里，接臨朐縣界。「丹」、「凡」字相類，「丸」又「凡」之誤。

琅邪

①田常割齊自安平以東至琅邪，自為封邑。（田齊世家）
②齊南有琅邪。（司馬相如傳）
③始皇二十八，南登琅邪，徙黔首三萬戶琅邪臺下。（秦始皇本紀）
④三十七，並海上，北至琅邪。（秦始皇本紀、李斯傳。）
⑤起於東陲、琅邪負海之郡，轉輸北河。（主父偃傳）
⑥呂后六，初置琅邪國。（漢興以來諸侯年表）
⑦割齊琅邪郡，以劉澤為琅邪王。文帝徙澤為燕王，復以琅邪予齊。（荊燕世家、齊悼惠王世家。）
⑧過彭蠡，北至琅邪。（孝武本紀）
⑨八神：八曰四時主，祠琅邪。琅邪在齊東方。（封禪書）

【集解】郭璞曰：「琅邪，山名，在琅邪縣界。」（司馬相如傳）駰案：地理志越王句踐嘗治琅邪縣，起臺館。（秦始皇本紀）

【索隱】山海經云：琅邪臺在渤海間。案：是山形如臺。

【正義】今兗州東沂州、密州，即古琅邪也。括地志云：「密州諸城縣東南百七十里有琅邪臺，越王句踐觀臺也。」又：「琅邪山在密州諸城縣東南百四十里。（案：司馬相如傳注作「百三十里」。）始

皇立層臺於山上，謂之琅邪臺。」（秦始皇本紀）

〔案〕琅邪山，今諸城縣東南一百五十里，漢琅邪縣在其下。琅邪郡治東武，今諸城縣治。據史文，琅邪臺乃始皇築。越句踐琅邪在今安徽滁縣西南，漢志誤説。

榮成山

三十七年，自琅邪北至榮成山。（秦始皇本紀）

【正義】即（成）山也，在萊州。

〔案〕論衡紀妖篇引此作「勞成山」。寰宇記：「秦始皇登勞盛山，望蓬萊。勞、盛，二山名。盛即成山，在文登縣東北百五十里；勞山在即墨縣東南六十里。」今成山在榮成縣境。縣本漢不夜縣地，北齊置文登縣，唐至元因之，明分置成山衞，清升為榮成縣。蓋據史文誤字，並指縣西南五里有榮山與成山，並為始皇登眺遺蹟。

成山

①始皇二十八，東巡，窮成山，登之罘。

②三十七，自琅邪北至榮成山。（秦始皇本紀）

③八神：七曰日主，祠成山。成山斗入海。（封禪書）

④觀乎成山。（司馬相如傳）

【集解】韋昭曰：「成山在東萊不夜，斗入海。不夜，古縣名。」（封禪書）

【正義】括地志云：「成山在文登縣西北百九十里。」（秦始皇本記。案：司馬相如傳注作「東北百八十里」。）

〔案〕今榮成縣東三十里。三國魏志：「孫權使周賀等使遼東，還至成山。」唐顯慶五年，蘇定方討百濟，自成山濟海。

之罘

①始皇二十八，東巡，登之罘。（秦始皇本紀）

②八神：五曰陽主，祠之罘。（封禪書）

③射乎之罘。（司馬相如傳）

【集解】駰案：地理志之罘山在腄縣。（秦始皇本紀）又案：漢書音義曰：「之罘山在牟平縣。」（司馬相如傳）

【正義】括地志云：「在萊州文登縣東北百八十里。」（案：封禪書注作「西北九十里」。司馬相如傳注作「西北百九十里」。）封禪書云：「之罘山在海中。（案：封禪書言三神山在海中，不言之罘山。）文登縣，古腄縣也。」（秦始皇本紀）

〔案〕今福山縣東北三十五里。

腄　東腄

①始皇二十八，東巡，並渤海以東，過黄、腄。（秦始皇本紀）

②使黄錘史寬舒受其方。（孝武本紀、封禪書。）

③起於東腄、琅邪負海之郡，轉輸北河。（主父偃傳）

④錘侯。（惠景間侯者年表）

【集解】駰案：地理志東萊有腄縣。

【正義】括地志云：「牟平縣城在黄縣南百三十里。十三州志云：牟平縣古腄縣也。」（秦始皇本紀）

〔案〕今文登縣西。

萊

①萊夷為牧。（夏本紀）

②太公至國。萊侯來伐，與之爭營邱。營邱邊萊。

③齊魯會夾谷。進萊樂，孔子使有司執萊人斬之。

④景公逐群公子，遷之萊。（齊世家）

⑤晏嬰，萊之夷維人。（管晏傳）

【集解】孔安國曰：「萊夷，地名。」（夏本紀）服虔曰：「萊，齊東鄙邑。」（齊世家）駰案：劉向別錄曰：「萊者，今東萊地也。」（管晏傳）

【索隱】案：服虔以為東萊黃縣是。今按：地理志黃縣有萊山，恐即此地之夷。（夏本紀）

萊山

八神：六曰月主，祠之萊山。（封禪書）

【集解】韋昭曰：「萊山在東萊長廣縣。」（封禪書）

〔案〕漢書郊祀志：「宣帝祠萊山於黃。」地理志：「東萊郡黃縣有萊山。」今黃縣東南六十里。黃縣舊屬登州府，蓋舊登、萊二府皆古萊夷境。

東萊

①天下名山八，五在中國。曰華山、首山、太室、泰山、東萊。（封禪書）

②公孫卿言見神人東萊山，天子遂至東萊，宿留之。（孝武本紀、封禪書。）

〔案〕漢志：「東萊郡腄縣有之罘山陽主祠。黃縣有萊山松林萊君祠。曲成縣有參山萬里沙祠。不夜縣有成山日祠。」不知東萊山所指。

萬里沙

①天子禱萬里沙，過祠泰山。（孝武本紀、封禪書。）

②天子已用事萬里沙，則還自臨決河。（河渠書）

【集解】應劭曰：「萬里沙，神祠也，在東萊曲城。」孟康曰：「沙徑三百餘里。」（孝武本紀）

【正義】括地志云：「萬里沙在華州鄭縣東北二十里也。」（河渠書）

〔案〕曲成，今掖縣東北，正義說非。

三神山

①海上有三神山，名曰蓬萊、方丈、瀛洲。（秦始皇本紀）

②蓬萊、方丈、瀛州，此三神山，其傳在勃海中。（封禪書）

三山

八神：四曰陰主，祠三山。（封禪書）

【索隱】小顏以為下所謂三神山。顧氏案：「地理志東萊曲成有參山，即此三山，非海中之三神山也。」

〔案〕今掖縣北。

蓬萊　方丈　瀛州

①自齊威、宣、燕昭使人入海求蓬萊、方丈、瀛州。（封禪書）

②李少君言：「丹沙可化為黃金，海中蓬萊僊者乃可見。」

③安期生通蓬萊中。

④天子親祠竈，遣方士入海求蓬萊安期生之屬。

⑤入海求蓬萊者，言蓬萊不遠。

⑥方士更言蓬萊諸神若將可得。

⑦入海求蓬萊，終無有驗。（孝武本紀、封禪書。）

天齊

①所以為齊，以天齊也。

②八神：一曰天主，祠天齊。

③天齊淵水，居臨菑南郊山下者。（封禪書）

【索隱】顧氏案：解道彪齊記云：「臨菑城南有天齊泉，五泉並出，有異於常，言如天之腹臍也。」小顏云：「下者謂最下也。」

〔案〕天齊淵，今臨淄縣東南八里。

蚩尤

八神：三曰兵主，祠蚩尤。蚩尤在東平陸監鄉，齊之西境也。（封禪書）

【集解】徐廣曰：「屬東平郡。」

【索隱】皇覽云：「蚩尤冢在東平郡壽張縣闞鄉城中也。」

〔案〕古蚩尤冢，今汶上縣西南南旺湖中。

執期

方士有言：「黃帝時為五城十二樓，以候神人於執期。」（孝武本紀）

【集解】駰案：漢書音義曰：「執期，地名也。」

五岳

①五岳視三公。

②秦稱帝，都咸陽，則五岳、四瀆皆并在東方。

③濟北王上書獻泰山，常山王有罪，遷，以常山為郡，然後五岳皆在天子之邦。（封禪書）

四瀆

①四瀆視諸侯。

②四瀆，江、河、淮、濟也。

③四瀆咸在山東。（封禪書）

雍五畤

①雍旁故有吳陽武畤，雍東有好畤。

②秦德公卜居雍，後子孫遂都雍。雍諸祠自此興。

③惟雍四畤上帝為尊，三年一郊。拜於咸陽之旁，西畤、畦畤，祠如其故。（封禪書）

④上初至雍，郊見五畤。（孝武本記）

⑤有司議增雍五畤路車各一乘，西畤、畦畤禺車各一乘。（封禪書）

【索隱】雍有五畤而言四者，案：四畤，據秦舊而言。秦襄公始列為諸侯，而作西畤。文公卜居汧、渭之間，而作鄜畤，皆非雍也。至秦德公卜居雍，而後宣公作密畤，祠青帝。靈公作上畤，祠黃帝；下畤，祠炎帝。獻公作畦畤，祠白帝。是為四；并高祖增黑帝而五也。（封禪書）

【正義】括地志云：「漢五帝畤在岐州雍縣南。」案：五畤者，鄜畤、密畤、吳陽畤、北畤。先是秦文公作鄜畤，祭白帝；秦宣公作密畤，祭青帝；秦靈公作吳陽上畤，祭黃帝；下畤，祭赤帝；漢高祖作北畤，祭黑帝。是五畤也。（孝武本紀）

〔案〕西畤、畦畤不在雍五畤之列，史文已具。鄜畤在今洛川縣，密畤在渭南縣，亦與雍距隔。蓋吳陽本有武畤；好畤初雖廢無祠，後當興復；兼以上、下畤為四；增高帝北畤為五也。

武畤

雍旁故有吳陽武畤。（封禪書）

上畤　下畤

秦靈公作吳陽上畤，祭黃帝；作下畤，祭炎帝。（封禪書）

【索隱】上云「雍旁有故吳陽武畤」，今蓋因武畤又作上、下畤以祭黃帝、炎帝。

西畤

①秦襄公祠上帝西畤。（秦本紀）

②秦襄公既侯，居西垂，自以為主少皞之神，作西畤，祠白帝。（封禪書）

【索隱】西畤，縣名，故作西畤，祠白帝。（秦本紀）

〔案〕西畤非縣，索隱有誤字。西畤蓋在西垂，即西犬丘，詳彼條。

鄜衍　鄜畤

①秦文公初為鄜畤。（秦本紀）

②秦文公夢黃蛇自天下屬地，止於鄜衍。於是作鄜畤，郊祭白帝焉。（封禪書）

【集解】徐廣曰：「鄜縣屬馮翊。」（秦本紀）李奇曰：「山阪曰衍。」（封禪書）

【索隱】鄜，地名，後為縣，屬馮翊。衍者，鄭衆註周禮云：「下平曰衍」；又李奇云：「三輔謂山陵間為衍」也。（封禪書）於鄜地作畤，故曰鄜畤。（秦本紀）

【正義】括地志云：「三畤原在岐州雍縣南二十里。封禪書云秦文公作鄜畤，襄公作西畤，靈公作吳陽上畤，並此原上，因名也。」（秦本紀）

〔案〕漢鄜城故城，今洛川縣東南。又洛川縣南七十里有鄜畤山。文公初營邑於汧、渭之會，至德公始居雍，則無緣文公於雍立畤而稱鄜畤；則鄜畤自以在鄜為近。是文公已始逐戎，而擴地至岐，宜可於鄜作畤也。正義說未是。

密畤

①秦宣公作密畤。（秦本紀）

②秦宣公作密畤於渭南，祭青帝。（封禪書）

【正義】括地志云：「漢有五畤，在岐州雍縣南，則鄜畤、吳陽上畤、下畤、密畤、北畤。」（秦本紀）

〔案〕密畤臺在渭南縣西南。明統志：「今其址猶存。」

畦畤

櫟陽雨金，秦獻公自以為得金瑞，故作畦畤櫟陽而祀白帝。（封禪書）

【集解】晉灼曰：「漢注在隴西西縣人先祠山下，形如種韭畦，各一土封。」

【索隱】漢舊儀云：「祭人先於隴西西縣人先山，山上皆有土人，山下有畤，如種韭畦，畤中各有二土封，故云畦畤。」

〔案〕史文明云畦畤在櫟陽，豈得妄說以為在隴西之西縣？又臨潼舊志：「縣北四十里有雨金里，俗傳即秦時雨金處。」考秦櫟陽實在渭北，（詳「櫟陽」條。）則此亦後人附會。

北畤

高祖立黑帝祠，名曰北畤。（封禪書）

四大冢　鴻冢

①鬼臾區號大鴻，死葬雍，故鴻冢是也。（孝武本紀、封禪書。）
②自華以西，名山七，曰鴻冢。
③四大冢鴻岐吴岳，皆有嘗禾。（封禪書）
【集解】蘇林曰：「今雍有鴻冢。」（孝武本紀）
【索隱】黄帝臣大鴻葬雍，鴻冢蓋因大鴻葬為名也。（封禪書）
〔案〕古鴻冢，今鳳翔縣東。

天柱　南岳

①至江陵而東，登禮灊之天柱山，號曰南嶽。（孝武本紀、封禪書。）
②五月，巡狩至南嶽。南嶽，衡山也。（封禪書）
【集解】文穎曰：「天柱山在灊縣南，有祠。」（孝武本紀）
〔案〕霍山在今霍山縣西北五里，又名天柱山。寰宇記：「霍山一名衡山。」

柱天

柱天侯反於衍氏。（曹相國世家）

【索隱】地理志云：柱天在廬江灊縣。

〔案〕地理志：「廬江灊縣，天柱山在南。」非柱天也。是時王武反外黄，程處反燕，柱天侯反衍氏，皆漢將，漢王所封。時廬江尚屬楚，又安得以封？

陵陽

反太一而從陵陽。（司馬相如傳）

【正義】列僊傳云：「子明於沛銍縣旋溪釣得白龍，放之，後白龍來迎子明去，止陵陽山上百餘年，遂得仙也。」

〔案〕今陵陽山在安徽宣城縣城中。然恐本初陵陽不指此。

武夷

祠武夷君用乾魚。（封禪書）

【索隱】顧氏案：地理志建安有武夷山，溪有仙人葬處，即漢志書所謂武夷君。是時既用越巫勇之，疑即此神。今案：其祀用乾魚，兼不享牲牢，或如顧說也。

〔案〕今崇安縣南三十里。

卷二十四　漢侯邑名（一）

平陽

曹參。（高祖功臣侯年表）

【索隱】漢書地理志平陽縣屬河東。（高祖功臣侯年表）

【正義】晉州城即平陽故城也。（曹相國世家）

〔案〕故城今臨汾縣西南，春秋晉邑。應劭曰：「堯都也，在平河之陽。」

信武

靳歙。（高祖功臣侯年表）

【索隱】地理志無信武縣，當是後廢也。

〔案〕梁氏云：「此名號侯。」周壽昌云：「漢封名號侯皆不入表。漢縣廢無考者甚多，宜守『蓋闕』之義。今考名號侯如『從驃』、『冠軍』之類，非絶無據。侯邑亦有取鄉聚名，不盡為縣。」

清陽

王吸。（高祖功臣侯年表）

【索隱】漢表作「清河定侯」。地理志清陽縣屬清河郡也。

〔案〕漢志：「清河郡清陽，王都。」景帝中三年，封皇子乘為清河王；其時王吸國未絶，則吸封不在清陽可知。水經淇水注：「清河又東北，逕清陽縣故城西，漢高祖置清河郡，治此。景帝中三年，封皇子乘為王國，王莽之平河也。」此清陽故城在今河北清河縣東。又河水注：「屯氏別河又東北，逕清河郡南；又東北，逕清河故城西。漢高帝六年，封王吸為侯國。地理風俗記曰：『甘陵郡東南十七里，有清河故城者，世謂之鵲城也。』」此清河故城在今山東清平縣南，則王吸實封清河郡之清河，非清陽也。

〔又案〕清河郡有厝縣，莽曰厝治。應劭曰：「安帝以孝德皇后葬於厝，改曰甘陵。」水經河水注：「王莽河故瀆自貝丘來，東逕厝縣故城南，是周之甘泉市地也。」此甘陵故城，亦在今山東清平縣南。竊疑清河之稱鵲城，蓋即厝城。地望既近，名字又合，則王吸所封清河，即厝縣耳。酈氏殆亦未細考也。今史表作「清陽」，蓋後人誤認清河乃郡名，非封邑，乃逕改之。汾陰侯功比清陽，亦經改易矣。

汝陰

夏侯嬰。（高祖功臣侯年表）

【索隱】汝陰縣屬汝南。（高祖功臣侯年表）

【正義】汝陰即今陽城。（夏侯嬰傳）

〔案〕亦見水經潁水注。故城今安徽阜陽縣治。唐陽城縣在山西；又河南登封與汝陰皆遠，正義必有誤字。

陽陵

傅寬。（高祖功臣侯年表）

【集解】駰案：地理志云馮翊陽陵縣。（傅寬傳）

【索隱】陽陵縣屬馮翊。楚漢春秋作「陰陵」。（高祖功臣侯年表）

〔案〕漢志：「馮翊陽陵，景帝陵，故弋陽，景帝四年更名。」且陵縣不為侯國。左襄十年有陽陵，注云：「鄭地。」釋例土地名云：「在潁北。」今在河南許州西北。但景帝六年以封岑邁，此侯至元狩初失國。當作「陰陵」，屬九江郡，項羽至陰陵迷道，即其處。日知錄言「西漢三輔無侯國，陽陵、平陵皆鄉名」，亦非。

廣嚴

召歐。（高祖功臣侯年表）

【索隱】晉書地道記，廣縣在東莞。嚴，謚也。

〔案〕漢志廣屬齊郡。故城今益都縣西南四里。晉永嘉末改築廣固城，而此城廢。

廣

河間獻王子順。（建元以來王子侯者年表）

【索隱】表在渤海。

〔案〕廣屬齊郡，距河間遠。渤海無廣縣，不知并入何縣。

廣平

薛歐。（高祖功臣侯年表）

【索隱】縣名，屬臨淮。

〔案〕漢志臨淮郡、廣平國皆有廣平。臨淮廣平注「侯國」，索隱所本。孝景改封薛澤平棘，屬常山。錢大昭據此推初封屬廣平。然蕭何初封沛，後徙南陽，未必改封必近初地。薛歐從起豐，以擊楚將鍾離眛功侯，應以臨淮爲是。今地無考。

博陽

陳濞。（高祖功臣侯年表）

【索隱】博陽縣在汝南。

〔案〕故城今商水縣東北四十里。

博陽

周聚。（高祖功臣侯年表）

【索隱】縣名，屬彭城。

〔案〕梁氏云：「『博』乃『傅』字之譌，即春秋偪陽國，穀梁及漢志作『傅陽』，故索隱云：『屬彭城。』」故城今山東嶧縣南五十里。

博陽

齊孝王子就。（建元以來王子侯者年表）

【索隱】志屬汝南。

〔案〕漢表在濟南。方輿紀要謂：「泰山之盧，戰國謂之博陽，因其在博關南；項羽封田安濟北王，都博陽是也。」故城今長清縣南，春秋齊邑。水經沭水注謂是彭城傅陽，恐非。

曲逆

陳平。（高祖功臣侯年表）

【集解】騆案：地理志縣，屬中山也。（陳丞相世家）

【索隱】縣名，屬中山，章帝改曰蒲陰。（高祖功臣侯年表）

〔案〕亦見水經滱水注。故城今河北完縣東南。春秋晉之逆畤，戰國曰曲逆。張晏曰：「濡水於城北曲而逆流，故曰『曲逆』。」

堂邑

陳嬰。（高祖功臣侯年表）

【索隱】縣名，屬臨淮。

〔索〕故城今六合縣北。

周呂

呂澤。（高祖功臣侯年表）

【索隱】應劭云：「周呂，國也。」按：「周」及「呂」皆國名。濟陰有呂都縣。

〔案〕梁氏云：「周呂是號，意謂呂澤佐漢，猶周有呂尚。其食邑恐非南陽宛西呂城、濟陰呂都縣、汝南新蔡呂亭，當在彭城呂縣。」故城今銅山縣北，春秋宋邑。

令

令武侯呂澤。（高祖功臣侯年表）

【索隱】「令武」，謚也。一云：「令，邑；武，謚也。」又改封令，令，縣名，在滎陽，出晉地道記。

酈

呂台。（高祖功臣侯年表）

【集解】徐廣曰：「『酈』，一作『鄜』。」

【正義】案：「酈」，音呈益反。括地志云：「故酈城在鄧州新城縣西北四十里」，蓋此縣是也。（齊悼惠王世家）

【索隱】「酈」，音「歷」。一作「鄜」，音「敷」，皆縣名。（高祖功臣侯年表）又：鄜在馮翊，酈在南陽。（齊悼惠王世家。又云：「二字皆音『孚』」，恐有脫誤。）

〔案〕當以作「酈在南陽」者為是。故城今河南內鄉縣東北十里，有栗城，即「酈」之譌也；戰國楚邑。

下酈

甌駱左將黃同。（建元以來侯者年表）

【索隱】漢表作「酈」。

〔案〕漢表在南陽。水經湍水注：「湍水出弘農界翼望山，東南流逕南酈縣故城東，史記所謂『下酈』也。」下酈亦稱南酈，其北有北酈城，後周復合為酈縣。

建成

呂釋之。（高祖功臣侯年表）

【索隱】縣名，屬沛郡。

〔案〕漢志沛、豫章、渤海皆有建成，惟沛建成注「侯國」，索隱所本。故城今河南永城縣東南。初封曹參，後又封黃霸。

建成

長沙定王子拾。（建元以來王子侯者年表）

【索隱】表在豫章。

〔案〕今漢表無「在豫章」字。水經贛水注、淮水注兩出劉拾封邑，長沙定王子，宜封豫章。故城今江西高安縣治；以其創建城邑，故曰「建城」。

留

張良。（高祖功臣侯年表）

【索隱】韋昭云：「留，今在彭城。」（高祖功臣侯年表）

【正義】括地志云：「故留城在徐州沛縣東南五十五里。」（留侯世家）

〔案〕留屬楚國，亦見水經濟水注。故城今沛縣東南，戰國宋邑。

成信

漢王還定三秦，以張良為成信侯。（留侯世家）

射陽

項纏。（高祖功臣侯年表）

【索隱】縣名，屬臨淮。「射」，一作「貰」。（高祖功臣侯年表）

【正義】括地志云：「楚州山陽，本漢射陽縣。吳地志云：在射水之陽，故曰射陽。」（項羽本紀）

〔案〕亦見水經淮水注。故城今淮安縣城東南。

酇

蕭何。（高祖功臣侯年表）

【集解】瓚曰：「今南陽酇縣也。孫檢曰：『有二縣，音字多亂。其屬沛郡者音「嵯」，屬南陽者音「讚」。』按茂陵書，蕭何國在南陽，宜呼『讚』。」

【索隱】顧氏云：「南陽，郡名也。太康地理志云：『魏武帝建安中分南陽立南鄉郡，晉武帝改曰順陽郡是也。』」（蕭相國世家）

【索隱】「酇」，音「贊」，縣名，在沛。劉氏云：「以何子祿嗣，無後，國除；呂后封何夫人於南陽酇」，恐非也。（高祖功臣侯年表）

〔案〕蕭何封沛之鄌縣。班固十八侯銘：「文昌四友，漢有蕭何，序功第一，受封於鄌。」應劭謂此字音「嵯」，故與「何」為韻。其作泗水亭碑亦然。江統徂淮賦亦云：「戾酇城而倚軒，實蕭公之故園。」故城今河南永城縣西南，左襄十年「會吳于柤」是也。至呂后封何夫人，文帝封蕭延，武帝封蕭慶，宣帝封蕭建世，成帝封蕭喜，在南陽酇縣。漢志南陽酇注「侯國」，據後來改封書之；沛郡酇不書「侯國」，國已除。

酇

蕭慶，武帝封。（高祖功臣侯年表）

〔案〕南陽酇縣，故城在今湖北光化縣北。

武陵

二年，封故相國蕭何孫係為武陵侯。（孝景本紀）

【集解】徐廣曰：漢書亦作「係」。功臣表及蕭何傳皆云孫嘉，疑其人有二名。

〔案〕漢志漢中郡武陵，今湖北竹溪縣東。

曲周

酈商。（高祖功臣侯年表）

【索隱】縣名，屬廣平。（高祖功臣侯年表）

【正義】故城在洺州曲周南十五里。（酈商傳）

〔案〕漢志：「曲周，武帝建元四年置。」水經濁漳水注據此侯封，證曲周舊縣，非始孝武。商傳先封信成君，食邑武成；嗣封涿侯，食邑五千户。其時漢封爵之制未定，故以郡名稱侯國也。曲周故城，今河北曲周縣東北。

絳

周勃。（高祖功臣侯年表）

【索隱】縣名，屬河東。（高祖功臣侯年表）

【正義】括地志云：「絳邑城，漢絳縣，在絳州曲沃縣南二里。或以為秦之舊馳道也。」（絳侯世家）

〔案〕故城今曲沃縣西南，春秋晉遷新田即此。

舞陽

樊噲。（高祖功臣侯年表）

【索隱】縣名，屬潁川。

〔案〕亦見水經潕水注。故城今河南舞陽縣西，戰國魏邑。應劭曰：「舞水出南。」

臨武

樊噲賜爵列侯，號臨武侯。（樊噲傳）

【正義】桂陽臨武縣。

〔案〕荀子議兵篇：「楚有臨武君。」恐係名號，非封地；否則「武」即舞水。後封舞陽，還從其本。

潁陰

灌嬰。（高祖功臣侯年表）

【索隱】縣名，屬潁川。（高祖功臣侯年表）

【正義】今陳州南潁縣西北十三里潁陰故城是也。（灌嬰傳）

〔案〕亦見水經潁水注。故城今許縣治。

汾陰

周昌。（高祖功臣侯年表）

【索隱】縣名，屬河東。

〔案〕亦見水經河水注。故城今滎河縣北，戰國魏邑。

梁鄒

武儒。（高祖功臣侯年表）

【索隱】梁鄒，縣名，屬濟南。

〔案〕亦見水經濟水注。故城今鄒平縣治。

成

董渫。（高祖功臣侯年表）

【索隱】縣名，屬涿郡。

〔案〕水經汝水注渫封泰山郡，乃後漢所置成縣，故城今寧陽縣北，本春秋郕國。涿郡成，今地無考；昭帝以封中山康王子喜。

蓼

孔藂。（高祖功臣侯年表）

【索隱】縣名，屬六安。

〔案〕故城今河南固始縣東北七十里，有蓼城岡，春秋蓼國。

費

陳賀。（高祖功臣侯年表）

【索隱】縣名，屬東海。

〔案〕亦見水經沂水注。故城在今費縣西北二十里，春秋魯季氏邑。

陽夏

陳豨。（高祖功臣侯年表）

【索隱】縣名，屬淮陽。

〔案〕故城今河南太康縣治。本秦縣，舊唐志：「隋改太康，以縣東有太康城。」元和志謂：「夏后太康所築。」

〔又案〕孟子書有「負夏」。「陽夏」猶「南夏」，「負夏」則「北夏」也。

隆慮

①周竈。（高祖功臣侯年表）

②蟜，景帝封。（惠景間侯者年表）

【索隱】縣名，屬河内。音「林閭」。「隆」，避殤帝諱，故改之。（高祖功臣侯年表、南越傳。）

〔案〕亦見水經洹水注。故城今河南林縣治，戰國韓臨慮邑。水經洹水注：「縣北有隆慮山，縣因山以取名。」

陽都

丁復。（高祖功臣侯年表）

【索隱】漢志闕，晉書地道記屬琅邪。

〔案〕漢志陽都屬城陽。後漢屬琅邪。亦見水經沂水注。故城今沂水縣南，春秋陽國。

新陽

呂清。（高祖功臣侯年表）

【索隱】漢表作「陽信」。縣名，屬汝南。

〔案〕新陽屬汝南。亦見水經潁水注。應劭曰：「縣在新水之陽也。」故城今安徽太和縣西北六十里。縣志：「俗呼信陽城。」漢表作「陽信」，屬渤海，文帝以封劉揭。

東武

郭蒙。（高祖功臣侯年表）

【索隱】縣名，屬琅邪郡。

〔案〕故城今諸城縣治。

汁邡

雍齒。（高祖功臣侯年表）

【索隱】縣，屬廣漢。

【正義】括地志云：「雍齒城在益州什邡縣南四十步。漢什邡縣，漢初封雍齒為侯國。」（留侯世家）

〔案〕故城今四川什邡縣南。

棘蒲

陳武。（高祖功臣侯年表）

〔案〕左哀元：「伐晉，取棘蒲。」趙世家：「伐魏，取棘蒲。」靳歙傳：「攻安陽以東，至棘蒲。」其地當屬魏郡。應劭以常山平棘當之。師古曰：「功臣表棘蒲侯陳武，平棘侯林摯，非一地。」闞駰十三州志：「平棘本晉之棘蒲，戰國時改為平棘」，亦不可信。

都昌

朱軫。（高祖功臣侯年表）

〔案〕漢志都昌屬北海。亦見水經濰水注。故城今昌邑縣西二里。晏子春秋：「齊景公封晏子以都昌，辭不受。」

武彊

莊不識。（高祖功臣侯年表）

〔案〕續志河南陽武縣有武彊城。亦見水經濟水注。陽武故城，今河南博浪（陽武）縣東南。武彊城，今鄭縣東北。

貰

呂。（高祖功臣侯年表）

【索隱】縣名，屬鉅鹿。

〔案〕亦見濁漳水注。故城今河北東鹿縣西南。

海陽

搖毋餘。（高祖功臣侯年表）

【索隱】海陽，亦南越縣。地理志闕。

〔案〕廣州海陽，晉始置縣；其時地屬趙佗。漢志海陽屬遼西。亦見水經濡水注。故城今灤縣西南。時蔡寅亦封遼西肥如，皆今河北境。又國策：「蘇秦說楚：『東有夏州、海陽。』」盧藏用云：「在廣陵東。」或搖毋餘越人，以在廣陵國者為近是；即海陵，今江蘇泰縣治。說詳彼條。

南安

宣虎。（高祖功臣侯年表）

【索隱】縣名，屬犍為。建安亦有此縣。

〔案〕梁氏云：「漢志犍為郡，武帝建元六年始開。南安，今四川夾江縣。建安，今福建泉州，漢會稽治縣地，至陳始置南安郡，隋更名縣。宣虎封必豫章郡之南埜縣。三國吳時分為南安縣。後人以孫吳縣名改史、漢元文。」周氏云：「或縣名舊立時屬蜀郡，史記稱：『鄧通，蜀郡南安人』，則確據也。」

肥如

蔡寅。(高祖功臣侯年表)

【索隱】縣名，屬遼西。

〔案〕故城今河北盧龍縣西北三十里，春秋肥子國。應劭曰：「肥子奔燕，燕封於此。」

曲城

蟲達。(高祖功臣侯年表)

【索隱】漢志闕，表在涿郡。楚漢春秋云：「夜侯蟲達」，蓋改封也。夜縣屬東萊。

〔案〕漢志曲成屬東萊，與掖同郡。故城今掖縣東北。王子侯表曲成當是別一鄉名。

河陽

陳涓。(高祖功臣侯年表)

【索隱】縣名，屬河內。

〔案〕亦見水經河水注。故城今孟縣西三十五里。春秋晉河陽邑；孟津在縣南十八里，又名富平津。

淮陰

韓信。（高祖功臣侯年表）

【索隱】縣名，屬臨淮。

〔案〕亦見水經淮水注。故城今清河縣東南五里。

芒

昭。（高祖功臣侯年表）

【索隱】縣名，屬沛。

〔案〕亦見水經睢水注。故城今河南永城縣東北甫城鄉，俗呼大睢城。

故市

閻澤赤。（高祖功臣侯年表）

【索隱】縣名，屬河南。

〔案〕故城今鄭縣西北三十五里。

柳丘

戎賜。（高祖功臣侯年表）

【索隱】縣名，屬渤海。

〔案〕渤海柳縣，漢武以封齊孝王子陽已，非柳丘。

魏其

①周定。（高祖功臣侯年表）②竇嬰，景帝封。（惠景間侯者年表）③膠東康王子昌。（建元以來王子侯者年表）

【索隱】縣名，屬琅邪。

〔案〕故城今蘭山縣治。

祁

繒賀。（高祖功臣侯年表）

【索隱】縣名，屬太原。（高祖功臣侯年表）

【正義】括地志云：「并州祁縣城，晉大夫祁奚之邑。」（孝文本紀）

〔案〕梁氏云：「沛有祁鄉縣，曹相國世家『取碭、狐父、祁善置』是也；疑封於沛。」今案：繒賀初起從晉陽，故封在太原；梁說殊無據。故城今祁縣東南五里，春秋晉大夫祁奚邑。

平

沛嘉。（高祖功臣侯年表）

【索隱】縣名，屬河南。

〔案〕河南郡平縣故城在孟津縣東。水經河水注：「河水自雒陽來，東逕平縣故城北。俗謂之小平。河水南對首陽山，春秋所謂首戴也。於斯有盟津之目。」通典：「小平縣在鞏縣城西北，有津曰小平。」

平

濟北貞王子遂。（建元以來王子侯者年表）

【索隱】志屬河南。

〔案〕河南距濟北遠，疑齊郡平廣。元帝封菑川孝王子服為平侯，志云在齊，可證。

魯

毋（母）疵。（高祖功臣侯年表）

【索隱】縣名，屬魯國。

〔案〕故城今曲阜縣治。漢表：「魯侯奚涓死軍事。六年，侯涓亡子，封母底為重平侯。」此侯至高后四年國除。而高后元年已封張偃為魯王，其先偃母張敖妻為魯元公主，則魯邑不以更封他侯明矣。漢表改封重平為的。重平，渤海縣，故城今河北吴橋縣南。

故城

尹恢。（高祖功臣侯年表）

【索隱】漢表作「城父」，屬沛郡。

〔案〕河南有故市，高帝以封閻澤赤。此當依漢表作城父。故城今安徽亳縣東南城父村，春秋陳夷邑。

任侯

張越。（高祖功臣侯年表）

【索隱】縣名，屬廣平。

〔案〕「侯」字衍。故城今河北任縣治，春秋晉任邑。

棘丘

襄。（高祖功臣侯年表）

【索隱】漢志棘丘地闕。

〔案〕梁氏云：「左襄十八：『楚伐鄭，城上棘，遂涉潁。』水經注謂：『潁水經上棘城』，在陽翟縣西。此侯以定魏功封，宜在魏地，則棘丘或即上棘，蓋鄉侯也。又項羽紀鉅鹿南有棘原，亦近。」今案：襄以上郡守擊定西魏地，與潁水上棘無涉。左襄二十六：「吴克棘」，注：「楚邑。譙國酇縣東北有棘亭。」在今河南永城縣南。又春秋宣二：「宋、鄭戰于大棘」，注：「大棘在陳留襄邑縣南。」楚元王世家：「吴、楚擊梁棘壁」，即此；在今河南柘城縣西北。此侯初起從碭，所封非永即柘。永城屬沛，柘屬淮陽。酇、建成、建平封皆相近，此侯姑定淮陽。

阿陵

郭亭。（高祖功臣侯年表）

【索隱】縣名，屬涿郡。

〔案〕故城今任邱縣東北。

昌武

單寧。（高祖功臣侯年表）

【索隱】漢志昌武闕。

〔案〕漢志昌武屬膠東，今地無考。

昌武

匈奴王趙安稽。（建元以來侯者年表）

【索隱】表在舞陽。

〔案〕舞陽屬潁川。

高苑

丙倩。（高祖功臣侯年表）

【索隱】縣名，屬千乘。

〔案〕亦見瓠子水注。有東西二城。東城膠西王都，西城則丙倩封邑；俱在今桓臺縣境。今縣治乃西高苑，有古城在縣東十二里，蓋即東高苑。膠西封國時丙侯未绝，疑不促逼如此。「膠西都高苑」，必「高密」之譌。

宣曲

丁義。（高祖功臣侯年表）

【集解】徐廣曰：「高祖功臣有宣曲侯。」

【索隱】漢志闕。又上林賦云：「西馳宣曲」，當在京輔，今闕其地也。

【正義】按：其地合在關內。張揖云：「宣曲，宮名，在昆（明）池西也。」（除索隱「漢志闕」三字見高祖功臣侯年表外，餘均見貨殖傳。）

〔案〕貨殖傳有宣曲任氏。上林賦：「西馳宣曲」，乃宮名，在昆池西；索隱、正義皆本此，謂宣曲在關內。然漢制三輔似不授侯邑。盧綰為長安侯，在五年稱帝前；張敖宣平侯，以呂后故，蓋無實邑；劉仲之合陽、溫疥之栒、呂台之酈，皆不在三輔；則丁侯宣曲亦必別有其地。漢武塞東郡宣房，今河北濮陽縣西南；又王莽改汝南宜春曰宣孱，今汝陽縣西南，武帝以封衞伉；宣曲或即是也。

絳陽

華無害。（高祖功臣侯年表）

【索隱】漢志闕，漢表作「終陵」也。

〔案〕河東絳已封周勃，水經絳水注以絳陽即新田，亦誤。括地志：「新田在絳州曲沃縣南二里」，非平陽絳邑。漢表作「終陵」，「終」、「絳」皆字譌，乃濟南於陵也。華毋害曾孫告為於陵大夫。當時分封侯國子孫，多即處於其封地。如猗氏侯陳遬後有猗氏大夫胡，涅陽侯呂騰後有涅陽不更忠，高宛侯丙倩後有高宛大夫齮，南安侯宣虎後有南安簪褭護，皆是。於陵故城，今長山縣西南二十里，戰國齊於陵邑。

東茅

劉釗。（高祖功臣侯年表）

【索隱】漢志闕。

〔案〕續志高平有茅鄉城，在今山東金鄉縣西南，古茅國。周公子所封，謂之東茅者，以別於山西平陸縣西南之茅城，古茅戎邑。

斥丘

唐厲。（高祖功臣侯年表）

【索隱】縣名，屬魏郡。

〔案〕故城今河北成安縣東南；春秋晉乾侯邑，魯昭公所處。闞駰曰：「地多斥鹵，故曰『斥丘』。」

臺

戴野。（高祖功臣侯年表）

【索隱】臨淄郡有臺鄉縣。

〔案〕漢志濟南臺縣，亦見水經濟水注。故城今歷城縣東北三十里；春秋齊邑，晏子春秋：「使田無宇致臺與無鹽」，是也。又常山平臺縣，宣帝以封史元。

安國

王陵。（高祖功臣侯年表）

【索隱】縣名，屬中山。

〔案〕故城今河北安國縣。縣西南三十里有村曰固城，或其地。

樂成

丁禮。（高祖功臣侯年表）

【索隱】漢志闕。

〔案〕漢志南陽樂成，侯國；河間亦有樂成，乃王都。丁侯蓋封南陽，故城今河南鄧縣西南三十里。

辟陽

審食其。（高祖功臣侯年表）

【索隱】縣名，屬信都。（高祖功臣侯年表）

【正義】括地志云：「辟陽故城在冀州信都縣西三十五里，漢舊縣。」（高祖本紀）

〔案〕又見水經濁漳水注。漢書王陵傳：「辟陽近菑川。」梁氏云：「水經沭水篇有辟陽城，疑封此。」今考菑川都劇，今山東壽光縣東南。信都辟陽故城，今河北冀縣東南三十里，與壽光不為遠。沭水所經辟土城，今山東莒縣東南，與壽光不為近。漢文封朱虛侯劉章為城陽王，都莒，與辟土城逼處甚邇；梁說殊誤。

安平

鄂千秋。（高祖功臣侯年表）

【索隱】縣名，屬涿郡。（高祖功臣侯年表）

【正義】括地志云：「澤州安平縣，本漢安平縣。」（蕭相國世家）

〔案〕漢志豫章、涿郡皆有安平。武帝元狩元年，安平侯但坐與淮南王女陵通，（漢表作「與淮南王安通」。）遺淮南書稱臣盡力，棄市，國除。當為豫章安平無疑。故城今江西安福縣東南。元帝以封長沙孝王子習。又甾川國有東安平，遼東有西安平，遼西有新安平。

蒯成

周緤。（高祖功臣侯年表）

【集解】服虔曰：「『蒯』音『菅蒯』之『蒯』。」（傅靳蒯成傳）

【索隱】漢志闕，晉書地道記屬北地。按：緤封池陽，後定封蒯成。（高祖功臣侯年表）又曰：蒯者，鄉名。案：三蒼云：「蒯鄉在城父縣，音『裴』。」漢書作「⿰崩阝」，從崩，從邑。今書本並作「菅蒯」音，非也。蘇林音「簿催反」。晉灼案功臣表，屬長沙。崔浩音「簿壞反」。楚漢春秋作「憑成侯」，則「裴」、「憑」聲相近，此得其實也。（傅靳蒯成傳）

【正義】括地志云：「蒯亭在河南西十四里苑中。輿地志云：蒯成縣故陳倉縣之故鄉聚名也，周緤所封也。晉武帝咸寧四年，分陳倉立蒯成縣，屬始平郡也。」（傅靳蒯成傳）

〔案〕梁氏云：「『蒯』乃『⿰崩刂』之誤。楚漢春秋作『憑成侯』。晉灼據漢表以為在長沙。（因蒼梧有憑乘縣。）索隱據三蒼以為在沛之城父。正義據輿地志以為在陳倉。（說文云：「右扶風鄠鄉。」）考穆天子傳：『西征至於崩人，舍於漆澤。』則其地自在扶風。故晉志屬始平，且以前食邑池陽例之亦合。蒯鄉在河南縣西南，見左昭二十三年注及續郡國志。又志注亦引晉地道記云：『在縣西南。』索隱云屬北地，誤。」錢大昭云：「緤是沛人，當以城父鄉為正。觀其紹封之郥，仍屬沛郡，明非右扶風。」今案：本傳：「還定三秦，食邑池陽」，此乃漢初事，梁氏即此以推將來定封之在扶風，亦誤。

北平

張蒼。（高祖功臣侯年表）

【索隱】縣名，屬中山。

〔案〕故城今河北滿城縣北。

高胡

陳夫乞。（高祖功臣侯年表）

【索隱】漢志闕。

〔案〕梁氏云：「漢表：『陽河侯功比高湖侯。』『湖』、『胡』古通。後書光武紀：『諸賊高湖、上江、檀鄉等』，注謂：『以山川土地名。』則其地在趙、魏間。」案：陳夫乞功狀：「以都尉定燕」，故封土在河北；梁説殆是。

厭次

元頃。（高祖功臣侯年表）

【索隱】漢志闕；晉書地道記屬平原，後乃屬樂陵國。（高祖功臣侯年表）

【正義】漢書云：「平原厭次人也。」輿地志云：「厭次，宜是富平縣之鄉聚名也。」括地志云：「富平故城在倉州陽信縣東南四十里，漢縣也。」（滑稽傳）

〔案〕漢書東方朔傳：「平原厭次人。」則本平原縣也。明帝改富平為厭次，實因舊名。全祖望云：「地名多屬古人所有，而後世取以氏其縣。此例殊多：如鄗，王莽改名禾成，而高祖時有禾成侯；曲周置自武帝，而高祖時有曲周侯；金鄉置自東漢，而王子侯表中有金鄉侯。又如東郡清縣，章帝更名樂平，而高后功臣表、武帝恩澤侯表皆有樂平侯；千乘狄縣，安帝更名臨濟，而高帝紀、田儋傳皆有臨濟邑名是也。」厭次故城，今山東陽信縣東南三十里。舊志云：「陵縣東北二十五里神頭鎮。」

平皋

劉它。（高祖功臣侯年表）

【索隱】縣名，屬河南。（高祖功臣侯年表）

【正義】括地志云：「平皋故城在懷州武德縣東二十里，漢平皋縣。」（項羽本紀）

〔案〕漢志平皋屬河內，索隱「南」字誤。亦見河水注。故城今河南溫縣東，春秋晉邢丘。應劭曰：「以其在河之皋，處勢平夷，故曰『平皋』。」

復陽

陳胥。（高祖功臣侯年表）

【索隱】縣名，屬南陽。應劭云：「在桐柏山下，復水之陽。」

〔案〕漢志南陽復陽注「侯國，故湖陽樂鄉」。置在元帝元延二年。水經淇水注以為清河復陽。陳侯起自杠里，恐以南陽為是。蓋先是鄉聚，從以置縣；故城今桐柏縣東。元康元年，又封長沙頃王子延年清河復陽；故城今山東武城縣東北。

陽阿

齊哀侯。（高祖功臣侯年表）

【索隱】縣名，屬上黨。

〔案〕水經注卷五以此侯封於平原阿陽；卷九以為封於上黨陽阿。漢書外戚傳：「孝成皇后屬陽阿主家。」師古曰：「平原之縣。」水經河水注：「逕陽阿故城西。應劭曰：『漯陰縣東南五十里有陽阿鄉，故縣也。』」寰宇記：「阿陽城在廢禹城縣西北五十里。」故城今禹城縣東。

朝陽

華寄。（高祖功臣侯年表）

【索隱】縣名，屬南陽。（高祖功臣侯年表）

【正義】括地志云：「朝陽故城在鄧州穰縣南八十里。應劭云在朝水之陽也。」（三王世家）

〔案〕漢志濟南朝陽注「侯國」。水經河水注以為華寄封國。故城今章邱縣西南，應劭曰：「在朝水之陽。」後漢曰東朝陽，以別於南陽之朝陽。南陽朝陽故城，今鄧縣東南八十里朝城，俗呼刁城，城南屬湖北境。

棘陽

杜得臣。（高祖功臣侯年表）

【索隱】縣名，屬南陽。

〔案〕亦見水經淯水注。應劭曰：「在棘水之陽。」故城今新野縣東北，戰國時曰黃棘。赭水（即堵水。）數源，自堵陽來合為黄水，又南逕棘陽縣故城西為棘水，故地亦稱黄棘也。

涅陽

呂勝。（高祖功臣侯年表）

【索隱】縣名，屬南陽。（高祖功臣侯年表）

【正義】括地志云：「涅陽故城在鄧州穰縣東北六十里，本漢舊縣。應劭曰在涅水之陽。」（項羽本紀）

涅陽

朝鮮相路人子最。（建元以來侯者年表）

【集解】韋昭曰：「屬齊。」（朝鮮傳。「涅陽」譌作「溫陽」。）

【索隱】表在齊，志屬南陽。（建元以來侯者年表）

〔案〕表誤。韋昭蓋據漢表。涅陽故城，今河南鎮平縣南。涅水俗名照河。

平棘

①執。（漢書作「林摯」。）

②薛澤，景帝封。（高祖功臣侯年表）

【索隱】縣名，屬常山。

〔案〕平棘故城，今河北趙縣南。後漢又稱南平棘。光武紀：「從薊至中山，行到南平棘」，是也。應劭以平棘即棘蒲，誤；辨詳彼。

羹頡

劉信。（高祖功臣侯年表）

【索隱】羹頡，爵號，非縣名，以其櫟釜故也。

【正義】括地志云：「羹頡山在嬀州懷戎縣東南十五里。」按：高祖取其山名為侯號者，怨故也。（楚元王世家）

〔案〕安徽舒城縣西北三十里有羹頡城，相傳劉信所築；於漢為龍舒，屬廬江。

深澤

趙將夜。（高祖功臣侯年表）

【索隱】縣名，屬中山。

〔案〕漢志涿郡有南深澤，地亦相近。故城今河北深澤縣東南。水經注卷十一以涿之容城當之。

容城改深澤始王莽。又容城，景帝以封匈奴降王徐盧，其時趙侯國未绝。

柏至

許溫。（高祖功臣侯年表）

【索隱】漢志闕。

〔案〕左傳：「江、黄、道、柏。」地理志汝南西平，應劭曰：「故柏子國，今柏亭是。」西平故城，今河南西平縣西。又鉅鹿郡有柏鄉縣，元帝封趙哀王子買，故城今河北柏鄉縣西南。不知許封柏至所在。

中水

吕馬童。（高祖功臣侯年表）

【索隱】縣名，屬涿郡。應劭云：「易、滱二水之中。」（高祖功臣侯年表。項羽本紀正義同。）又：晉書地道記中水縣屬河間。（項羽本紀）

〔案〕故城今獻縣境。據後漢孝明八王傳注在樂壽（今獻縣西南。）西北，則當為滱、滹沱二水之中。郡國縣道記謂其城「南枕滹沱，北背高河」也。

杜衍

王翳。（高祖功臣侯年表）

【索隱】縣名，屬南陽。（高祖功臣侯年表）

【正義】括地志云：「杜衍侯故縣在鄧州南陽縣西八里。」（項羽本紀）

〔案〕故城今南陽縣西南二十三里。

赤泉

楊喜。（高祖功臣侯年表）

【索隱】漢志闕。又南陽有丹水縣，疑赤泉後改。（項羽本紀）

〔案〕南陽丹、析，其名甚早，索隱謂赤泉後改丹水，非。方輿紀要以魯山縣東北三十里赤城說之。清一統志：「舊傳劉裕伐秦時築。」紀要亦難碻。蓋楊喜漢王二年從起杜，蓋秦人封邑，或近南陽；姑從索隱。或漢人自易丹水稱赤泉也。

拘

溫疥。（高祖功臣侯年表）

【索隱】縣名，屬扶風，音「荀」，故周文王封其子之邑。河東亦有郇城。

〔案〕左僖二十四：「軍於郇」，服虔曰：「郇國在解縣東，郇瑕氏之墟。」水經注：「涑水西逕郇城，郇伯故國也。今解故城東北二十四里有故城，在猗氏故城西北，俗名郇城。」今姑定河東。

栒

城陽頃王子賈。（建元以來王子侯者年表）

【索隱】「栒」，音「荀」。表作「栒」，音「俱」，在東海。按志，栒在扶風，與栒別也。

〔案〕漢表作「拘」，在千乘，皆與索隱異。東海有朐縣，索隱注文當為「栒在扶風，與朐別」，此與城陽王子封邑亦無不合矣。朐故城，今江蘇東海縣南。朐山在縣南四里，秦始皇「立石東海上朐界，以為秦東門」是也。

武原

衛胠。（高祖功臣侯年表）

【索隱】漢志闕。

〔案〕漢志楚國有武原。故城今江蘇邳縣西北八十里泇口社。水經泗水注：「武原水合武水，謂之泇水，下入東海」，是也。

磨

程黑。（高祖功臣侯年表）

【索隱】漢志闕，表作「歷」。歷縣在信都。劉氏依字讀，言天下地名多，既無證，但依字是不決之詞，地之與邑並無「磨」，誤也。

〔案〕漢表作歷縣，屬信都。「磨」，當作「磿」。山海中山經：「歷石之山」，郭注：「或作『磿』。」史樂毅傳「磿室」，國策、新序作「歷室」；春申君傳「濮磿之北」，說苑作「歷」。今本俱譌為「磨」。故城今河北故城縣北，即樂毅云「故鼎返乎歷室」也。水經注：「清河逕歷縣故城南。應劭曰：『水濟尚謂之歷口渡。』」

橐

陳錯。（高祖功臣侯年表）

【索隱】漢志橐縣屬山陽。

〔案〕漢志：「山陽有橐，莽曰高平。」郡國志：「高平侯國。故橐，章帝更名。」「橐」，東平憲王傳亦作「橐」，隸釋有「橐長」。「橐」、「高」同聲，故莽改高平，章帝又因之。「橐」蓋字誤；臣瓚讀為「拓」，水經泗水注亦作「橐」，似不可據。故城今鄒縣西南。

宋子

許瘛。（高祖功臣侯年表）

【索隱】漢志宋子縣屬鉅鹿。

〔案〕亦見濁漳水注。故城今趙縣東北二十五里，戰國趙邑。

猗氏

陳遫。（高祖功臣侯年表）

【索隱】縣名，屬河東。

〔案〕故城今猗氏縣南，戰國有猗頓。

清

空中。（高祖功臣侯年表）

【索隱】清縣屬東郡。

〔案〕亦見水經河水注。故城今堂邑縣東南，春秋齊邑。左成十七年：「齊使國勝告難於晉，待命於清」，是也。

疆

留勝。（高祖功臣侯年表）

【索隱】漢志闕。

〔案〕吴卓信曰：「涿郡𣖆疆」，殊無據。水經河水注：「畛水出新安縣青要山，今謂之疆山。其水北流，入河。又正回之水出䰠山，疆山東阜也。俗謂之疆川水。疆川水東逕疆冶鐵官東，東北流注於河。」新安故城，今黽池縣東。漢志屬弘農郡。又弘農宜陽注「在黽池有鐵官」，宜即水經所謂疆冶，疆侯或封此。

疆

王郢人，景帝封。（高祖功臣侯年表）

【集解】徐廣曰：「『疆』，一作『景』。」

〔案〕甘泉侯王竟，漢表作「景侯」，孝景十年國除。後元三年，此侯始封，或同地；說詳彼。

彭

①秦同。（高祖功臣侯年表）

②城陽頃王子偃。（建元以來王子侯者年表）

【索隱】漢表屬東海郡。（高祖功臣侯年表）

〔案〕彭凡兩封：高祖封秦同，武帝封劉偃。（漢表作「彊」。）漢書王子表謂在東海；漢表劉屈氂封澎侯，晉灼亦云東海。然東海無彭縣。同玄孫為費公士，費亦屬東海，則彭當為費縣地。郡國志：「費縣有祊亭。」古「祊」、「彭」字通。

吳房

①楊武。（高祖功臣侯年表）

②漢封楊武為吳防侯。（項羽本紀）

【索隱】地理志縣名，屬汝南，故房子國。

【正義】吳防，豫州縣。括地志云：「吳房縣本漢舊縣。孟康云：『吳王闔廬弟夫概奔楚，楚封於此，為唐谿氏，本房子國，以封吳，故曰吳房。』」（項羽本紀）

〔案〕亦見水經瀙水注。故城今遂平縣治。

寧

魏選。（高祖功臣侯年表）

【索隱】漢表寧陽屬濟南郡。

〔案〕水經注九：「修武，故寧也。高帝封魏遬。」郡國志：「河内郡修武縣有小修武聚。」春秋曰寧。韓詩外傳：「武王伐紂，勒兵於寧。」改曰修武，故城今河南獲嘉縣治。寧陽，地理志屬泰山，郡國志屬東平，武帝以封劉恢。此侯除於景帝，亦相及。茲姑從史定河内。上谷有寧縣，非所封。

昌

①盧卿。（高祖功臣侯年表）

②城陽頃王子差。（建元以來王子侯者年表）

【索隱】縣名，屬琅邪。（高祖功臣侯年表）

〔案〕水經濁漳水注以信都昌城縣為差封邑，蓋誤。故城今諸城縣東南。

共

盧罷師。（高祖功臣侯年表）

【索隱】縣名，屬河南。

〔案〕屬河内。亦見清水注。故城今河南輝縣治，周共伯和國。

閼氏

馮解敢。（高祖功臣侯年表）

【索隱】縣名，屬安定。

〔案〕漢志安定有烏氏。續漢志作「烏枝」。酈商傳：「破雍將軍烏氏」，索隱云：「本作『焉氏』。」「閼氏」、「烏氏」音近，故城今甘肅平涼縣西北。水經清漳水注以為上黨涅氏之閼與聚，恐誤。

安丘

張說。（高祖功臣侯年表）

【索隱】安丘，縣，屬北海。

〔案〕漢志琅邪安丘注「侯國」，北海安丘無注。水經注汶水注則以此侯封在北海，今在安邱縣西南，即莒渠邱邑。在今安邱縣東南界者，屬琅邪，成帝封高密頃王子常。其時張說國已绝，故漢志不著。

合陽

劉仲。（高祖功臣侯年表）

【索隱】合陽屬馮翊。（高祖功臣侯年表）

【正義】括地志云：「郃陽故城在同州河西縣二里。魏文侯十七年，攻秦至鄭而還築，在郃水之陽也。」（高祖本紀）

郃陽

高祖八年，匈奴攻代，代王棄國亡，廢為郃陽侯。（漢興以來將相名臣年表）

【索隱】「郃」音「合」。在馮翊，劉仲封。

〔案〕合陽屬平原，索隱、正義皆以郃陽說之，恐非。太平寰宇記：「故城在信都縣東，後漢併入扶柳。」信都今河北冀縣，扶柳在冀縣西南，戰國中山屬邑。

襄平

紀通。（高祖功臣侯年表）

【索隱】縣名，屬臨淮。

〔案〕漢志臨淮襄平注「侯國」，遼東亦有襄平。水經注十四謂紀通所封，殆誤。

龍

陳署。（高祖功臣侯年表）

【索隱】盧江有龍舒縣，蓋其地也。

〔案〕水經汶水注：「博縣有龍鄉故城。」左成二年：「齊圍龍」，即此。當屬泰山。博縣故城，今泰安縣東南。

繁

疆瞻。（高祖功臣侯年表）

【索隱】地理志魏郡有繁陽。恐別有繁縣，志闕。

〔案〕漢志蜀郡有繁縣。疆侯以趙騎將封，恐不在蜀。志魏郡繁陽，應劭曰：「在繁水之陽。」張晏曰：「其界為繁淵。」（河水注引作「縣有繁淵」。）疆侯食邑當在此。漢表作「平」。「繁」、「平」聲近。故城今河南內黃縣東北，戰國時魏邑。

陸梁

須毋。（高祖功臣侯年表）

【索隱】如淳據始皇紀所謂「陸梁地」。按：今在江南也。

〔案〕功狀：「詔以為列侯，自置吏，受令長沙王。」則陸梁在南方之證。

高京

周成。（高祖功臣侯年表）

【集解】徐廣曰：「一作『景』。」

〔案〕周昌傳及漢書表、傳皆作「高景」，地無考。或「高」為封地，「景」其謚。地理志沛郡有高縣。茲姑定為沛。

離

鄧弱。（高祖功臣侯年表）

〔案〕此侯長沙國臣；或疑「離」是「灕」，灕水出湘南。又楚鍾離，漢屬九江郡。又郡國志：「江夏南新市，侯國。」有離鄉聚。茲姑定江夏南新市，故城今湖北京山縣東北。

義陵

吳程。（高祖功臣侯年表）

【集解】徐廣曰：「一作『陽』。」

【索隱】義陵，縣，在汝南。

〔案〕漢志義陵縣屬武陵。故城今漵浦縣南三里龍堆隴。漢初功臣绝少封此。汝南無義陽縣。武帝封衞山為義陽侯，在南陽平氏，故城今桐柏縣西。東海厚丘亦有義陽，平帝以封師丹。此侯以長沙柱國封，當在南陽。

宣平

張敖。（高祖功臣侯年表）

【索隱】楚漢春秋「南宮侯張耳」，此作宣平侯敖。敖，耳子。陳平錄第時，耳已薨故也。

〔案〕三輔黄圖：「長安東出北頭第一城門名宣平門。」漢三輔無侯邑。張敖為「柏人」事逮捕得釋，而封宣平侯，以尚吕后女魯元公主故。蓋「宣平」乃爵號，非封邑也。後改封信平，乃始實有封邑。後漢宋弘以栒邑侯徙封宣平侯，殆東都以後三輔始授侯邑耳。

東陽

張相如。（高祖功臣侯年表）

【索隱】縣名，屬臨淮。

〔案〕漢志清河東陽注「侯國」。張侯以河間守擊陳豨功封，當在清河。故城今山東恩縣西北，春秋時晉地。

開封

陶舍。（高祖功臣侯年表）

【索隱】縣名，屬河南。

〔案〕亦見水經渠水注。故城今開封縣南五十里，戰國魏邑。

沛

①劉濞。（高祖功臣侯年表）

②呂種，呂后封。（惠景間侯者年表）

【索隱】縣名，屬沛郡。（高祖功臣侯年表）

【正義】括地志云：「徐州沛縣古城也。」（呂后本紀）

〔案〕故城今沛縣東。莊子：「孔子南之沛，見老聃。」

慎陽

欒說。（高祖功臣侯年表）

【索隱】慎陽，屬汝南。闞駰云：「合作『滇陽』，永平五年，失印更刻，遂誤以『水』為『心』。續漢書作『須陽』也。」

〔案〕亦見淮水注。慎陽，慎水之陽也。師古曰：「字本作『滇』，音『眞』。今猶有眞丘。」故城今正陽縣北四十里。慎水在正陽縣南一里。

禾成

公孫耳。（高祖功臣侯年表）

【索隱】漢志闕。

〔案〕水經濁漳水注作「和城」。故城今河北寧晉縣東北，於漢屬鉅鹿郡。郡國志：「南陽武當有和城聚」，殆非所封。

堂陽

孫赤。（高祖功臣侯年表）

【索隱】縣名，屬鉅鹿。

〔案〕故城今河北新河縣西。應劭曰：「在堂水之陽也。」

祝阿

高邑。（高祖功臣侯年表）

【索隱】縣名，屬平原。

〔案〕亦見濟水注。故城今長清縣東北。春秋襄十九年：「諸侯盟於祝柯。」左傳作「盟於督揚」，杜注：「督揚即祝柯也。」公羊作「祝阿」。

長脩

杜恬。（高祖功臣侯年表）

【索隱】縣名，屬河東。

〔案〕故城今絳縣西北三十里。後周天和五年，韋孝寬請於長秋築城，以杜齊人爭汾北之路。「長秋」即「長脩」之譌。

江邑

趙堯。（高祖功臣侯年表）

【索隱】漢志闕。

〔案〕漢志汝南安陽，應劭曰：「故江國，今江亭是。」故城今新息縣西南八十里。文帝以封淮南厲王子勃。疑趙侯江邑即此。

營陵

劉澤。（高祖功臣侯年表）

【索隱】縣名，屬北海。（高祖功臣侯年表）

【正義】括地志云：「營陵故城在青州北海縣南三十里。」（荆燕世家）

〔案〕故城今昌樂縣東南，即古營邱，亦曰緣陵。

土軍

①宣義。（高祖功臣侯年表）

②代共王子郢客。（建元以來王子侯者年表）

【索隱】包愷云：「地理志，兩河有土軍縣。」（高祖功臣侯年表）

〔案〕亦見河水注。故城今山西石樓縣治。晉時譌為「吐京」。

信成

土軍侯宣義。（高祖功臣侯年表）

【索隱】按位次曰「信成侯」也。

〔案〕漢志信成屬清河。故城今河北清河縣西北。

廣阿

任敖。（高祖功臣侯年表）

【索隱】縣名，屬鉅鹿。

〔案〕故城今河北隆平縣東十二里舊城村。光武拔廣阿，登城樓，與鄧禹披閱天下輿圖，即此。

須昌

趙衍。（高祖功臣侯年表）

【索隱】縣名，屬東郡。

〔案〕亦見濟水注。故城今東平縣西北。漢志：「春秋須句國，大昊後，風姓。」又壽良有朐城，京相璠云：「須朐，一國二城兩名，蓋遷都須昌，朐是其本。」壽良故城，今東平縣西南，戰國齊剛壽邑。

臨轅

戚鰓。（高祖功臣侯年表）

〔案〕左哀十年：「晉伐齊，取犂及轅」，杜注：「祝阿縣西有轅城。」漢志平原有瑗縣，杜預曰：「『轅』即『瑗』也。」水經河水注作「援」。故城今禹城縣南。疑戚封臨轅即此。

汲

公上不害。（高祖功臣侯年表）

【索隱】漢表作「伋」。伋與汲並縣名，屬河内。

〔案〕地理志河内有汲、波，無伋。漢表與史並作「汲」，百官表亦同。或唐本史記作「波」，漢書作「汲」。水經濟水注作「波」，湨水所經。今濟源縣東南二十里有波城故城。

寧陵

呂臣。（高祖功臣侯年表）

【索隱】縣名，屬陳留。

〔案〕故城今寧陵縣南，俗呼寧王城。魏信陵君食邑於寧，即此。

汾陽

靳彊（彊）。（高祖功臣侯年表）

【索隱】縣名，屬太原。

〔案〕亦見汾水注：「汾水逕汾陽縣故城東。川土寬平，峘山夷水。漢高帝封靳彊為侯國。」是也。故城今陽曲縣西北九十里。

汾陽

高帝四年，御史大夫汾陽侯周昌。（漢興以來將相名臣年表）

【索隱】汾陽，屬河東。

〔案〕周昌封汾陰侯，屬河東；「汾陽」字譌。故城今山西榮河縣北。

戴

彭祖。（高祖功臣侯年表）

【索隱】戴，地名，音「再」。應劭云：「章帝改考城，在故留縣。」（案：「留」乃「甾」字譌。）

〔案〕漢志梁國甾縣注「故戴國」，此用舊名，當因「甾」名不美。水經汳水注：「戴，秦之穀縣。遭漢兵起，邑多災年，故改曰菑。漢章帝改曰考城。」靳歙傳：「擊邢說軍菑南」，則其名舊矣。王莽亦改此邑曰嘉穀。故城今河南考城縣東南。

衍

翟盱（盱）。（高祖功臣侯年表）

【索隱】漢志闕。

〔案〕蘇秦說魏：「北有卷、衍。」始皇紀：「九年，攻衍氏。」故城今鄭縣北三十里，於漢屬河南郡。惟水經濟水注謂：「封丘縣為燕縣延鄉，在春秋為長丘。漢高封翟盱。」藝文類聚引陳留風俗傳：「高祖厄於延鄉，有翟母免其難，故以延鄉為封丘封翟母。」漢志封丘屬陳留，孟康注：「今翟溝。」此侯翟盱必翟母子，蓋「衍」、「燕」、「延」音近而譌也。封邱故城，今河南封邱縣治。左傳「封父之繁弱」是也。今定屬陳留。

平州

昭涉掉尾。（高祖功臣侯年表）

【索隱】漢志闕。晉書地道記屬巴郡。

〔案〕此邑後封朝鮮將王唊，當屬泰山郡。

平州

朝鮮將唊。（建元以來侯者年表）

【索隱】表在梁父。（建元以來侯者年表）

【集解】韋昭曰：「屬梁父。」（朝鮮傳）

〔案〕梁父屬泰山郡。春秋宣元年：「公會齊侯於平州」，杜注：「在泰山牟縣西。」魏書地形志：「牟有平州城。」在今萊蕪縣西。

中牟

單父聖。（高祖功臣侯年表）

【索隱】縣名，屬河南。

〔案〕故城今中牟縣東，春秋鄭地，與趙中牟別。

邔

黃極忠。（高祖功臣侯年表）

【索隱】邔，縣，屬南郡。

〔案〕故城今宜城縣東北。

陽義

靈常。（高祖功臣侯年表）

【索隱】縣，屬宜陽。漢表「義」作「羡」。

〔案〕陽羡屬會稽。此侯以荆令尹從擊鍾離眛，蓋楚人，故封楚地。故城今江蘇宜興縣南五里。索隱云：「縣，屬宜陽」，疑「南陽」字譌。衞山、傅介子封義陽侯，在南陽平氏，或索隱由此誤。

下相

冷耳。（高祖功臣侯年表）

【索隱】縣名，屬臨淮。

〔案〕亦見睢水注。故城在今宿遷縣西。應劭曰：「於相水下流置縣，故名下相。」

德

劉廣。（高祖功臣侯年表）

【索隱】漢志闕；表在濟南。

〔案〕今漢書王子侯表作在「泰山」，然功臣侯表德侯景建亦注「濟南」，則王子侯表「泰山」乃字譌；地無考。

高陵

王周。（高祖功臣侯年表）

【索隱】高陵，縣，屬琅邪。

〔案〕項羽紀有齊使者高陵君顯；成帝又封翟方進；今地無考。

期思

賁赫。（高祖功臣侯年表）

【索隱】縣名，屬汝南。（高祖功臣侯年表）

【正義】期思故城在光州固始縣界。（黥布傳）

〔案〕亦見淮水注。故城今固始縣西北。

穀陵

馮谿。（高祖功臣侯年表）

〔案〕「穀陵」，「穀陽」之誤，屬沛郡。應劭曰：「在穀水之陽。」故城今安徽靈壁縣西南。

戚

李必。（高祖功臣侯年表）

【索隱】漢志闕。晉地道記屬東海。

〔案〕漢志東海有戚縣。水經河水注：「河水故瀆東北逕戚城西。春秋哀二年：『晉納衛太子於戚。』高帝封李必。」此從漢志。故城今山東滕縣南七十里。

壯

許倩。（高祖功臣侯年表）

【集解】徐廣曰：「一作『莊』。」

【索隱】漢表作「嚴」，避明帝諱。

〔案〕梁氏云：「莊，齊地名。左傳：『戰敗於莊。』孟子：『莊、嶽之間。』」今案：莊、嶽，街里之名，不以為侯號。

壯

匈奴歸義復陸支。（建元以來侯者年表）

【索隱】表在東平。

〔案〕漢表作「杜」，宣紀、霍光傳皆作「杜」。時許侯未失國，當從漢表。又表云在「重平」，屬勃海，故城今吳橋縣南三十里。索隱云「東平」，亦字譌。

成陽

意。（高祖功臣侯年表）

【索隱】縣名，屬汝南。

〔案〕漢志汝南、濟陰皆有成陽。汝南成陽注「侯國」，索隱所據。水經淮水注同。故城今河南信陽縣東北。

桃

劉襄。（高祖功臣侯年表）

【索隱】縣名，屬信都。（高祖功臣侯年表）

【正義】括地志云：「故城在滑州胙城縣東四十里。」（項羽本紀。衛綰傳注作「三十里」。）

〔案〕春秋桓十：「公會衛侯於桃丘」，杜注：「衛地。東阿縣東南有桃城。」故城今山東東阿縣西南，於漢屬東郡。百官表姚丘侯劉舍，「姚丘」即「桃丘」傳寫之譌。續志：「燕縣有桃城。」燕縣故城，今河南延津縣北故胙城東，於漢同屬東郡。羽紀正義引括地志，蓋誤指燕縣之桃為東阿之桃。信都桃縣，今河北冀縣西北，功狀：「襄從起定陶，後為淮陰守。」當以東郡為近是。

高梁

酈疥。（高祖功臣侯年表）

〔案〕郡國志：「河東郡楊縣有高梁亭。」左僖九年：「齊侯以諸侯之師伐晉，及高梁而還。」二十四年：「晉重耳殺懷公於高梁」，杜注：「在平陽楊縣西南。」又見水經汾水注。楊縣故城，今山西洪洞縣東南十五里。高梁城，今臨汾縣東北。酈傳：「封高梁，後更食武遂。」武遂城，今臨汾縣西南。

紀信

陳倉。（高祖功臣侯年表）

〔案〕紀信，人名，詎楚代死滎陽。表脫國封，「陳倉」條亦脫國封，遂以「紀信」冠「陳倉」

之上。

甘泉

王竟。（高祖功臣侯年表）

【集解】徐廣曰：「一作『景』。」

【索隱】案：志甘泉闕，疑甘泉是甘水。漢表作「景侯」。

〔案〕渤海景城縣，故城今河北交河縣東北。宣帝又封河間獻王子劉雍甘泉，蓋「景」字譌分。

賁棗

赤。（高祖功臣侯年表）

【索隱】徐廣曰：「在宛句。」

〔案〕續志：「濟陰寃句有賁棗城。」蘇秦說魏：「東有淮、潁、賁棗」，是也。故城今山東菏澤縣西南。水經濟水注同徐廣說。又清河棗彊有賁棗城，見魏書地形志，晉灼樊噲傳注亦云。故城今河北棗彊縣西北十五里。元和郡縣志謂：「即漢賁棗侯國。六國時於此賁棗油。後魏及齊以為故事，每賁棗油，即於此城。」今從徐說。

張

①毛澤。

②祋昭，景帝封。（高祖功臣侯年表）

【索隱】縣名，屬廣平。

〔案〕故城今河北任縣西南；春秋晉張趯邑，宣帝又封趙頃王子嵩。

〔又案〕曹相國世家：「韓信東攻魏軍東張」，集解：「徐廣曰：『功臣表有張侯毛澤之。』駰案：蘇林曰：『屬河東。』」水經注：「涑水又西南，逕張陽城東，漢書之所謂『東張』。」魏書地形志：「北解有張楊城。」括地志：「張陽故城一名東張城，在虞鄉縣西北四十里。」此與索隱說異，不知孰是。

鄢陵

朱濞。（高祖功臣侯年表）

【索隱】縣名，屬潁川。

〔案〕漢志、表並作「傿陵」。水經注二十二作「隱陵」。晉書安帝紀隆安三年有義興太守魏隱，孫恩傳作「傿」，謝琰傳作「鄢」，是也。故城今河南鄢陵縣西北。春秋：「鄭伯克段於鄢。」又晉、楚戰於鄢陵。戰國為魏安陵。

鹵

張平。（高祖功臣侯年表）

【索隱】徐廣曰：「一作『鹵』。」

〔案〕漢表作「鹵」，屬安定。又代郡有鹵城縣。此侯功狀，绝與安定無涉，姑定代郡。故城今山西繁峙縣東一百里。其地多鹵，故名。

玄武

玄武侯項氏，賜姓劉。（項羽本紀）

【集解】徐廣曰：「諸侯表中不見。」

塞

①陳始，景帝封。（高祖功臣侯年表）

②直不疑，景帝封。（惠景間侯者年表）

【索隱】塞在桃林之西。（高祖功臣侯年表）又：案：塞，國名，今桃林之塞也。（萬石張叔傳）

【正義】「塞」音先代反。古塞國。今陝州桃林縣以西至潼關，皆桃林塞地也。(萬石張叔傳)

〔案〕桃林之塞，見於左傳，即秦函谷關，漢以後徙為潼關。關塞要地，恐不以封。淮南子，天下有「九塞」，桃林其一，則名「塞」者不必即桃林。左傳昭二十六：「趙鞅使女寬守闕塞。」周本紀：「出塞攻梁」，正義：「謂伊闕塞也。」陳始，博陽侯陳濞後。博陽在汝南；直不疑，南陽人；皆與伊闕龍門之塞為近。或所封在此，應屬河南郡，在今洛陽縣南二十五里。

胡陵

呂祿，呂后封。(高祖功臣侯年表)

〔案〕湖陵屬山陽，今山東魚臺縣東南六十里，與江蘇沛縣接界；戰國宋胡陵。

筑陽

蕭延，文帝封。(高祖功臣侯年表)

【索隱】「筑」，音「逐」，縣名。

〔案〕師古曰：「南陽酇本春秋左氏傳陰國，所謂『遷陰於下陰』者也。」彼土又有筑水，筑水之陽，古曰筑陽縣，與酇側近連接。高后封何夫人、同為酇侯，小子延為筑陽侯。孝文罷同，更封延為酇侯。筑陽故城，今湖北穀城縣東，古穀伯國。

武陽

蕭嘉，景帝封。（高祖功臣侯年表）

〔案〕漢志凡四武陽：犍為郡，武帝始開；東郡、泰山、東海三武陽。東海乃蕭食邑，後以封史丹。丹傳云：「食東海郯之武彊聚。」是武陽由郯析置也。故郯城在今郯城縣西二十里。又江蘇贛榆縣南三十里有武彊山，地望相近，或即是也。

繆

酈堅，景帝封。（高祖功臣侯年表）

條

周亞夫，文帝封。（高祖功臣侯年表）

【集解】徐廣曰：「表皆作『蓨』字。」駰案：服虔曰：「『蓨』，音『條』。」（絳侯世家）

【索隱】地理志修縣屬渤海。（絳侯世家）又：「條」，一作「修」，渤海有修市縣。（漢興以來將相名臣年表）

【正義】字亦作「蓨」。（孝景本紀。「蓨」疑「蓨」譌。）又：括地志云：「故蓨城俗名南條城，在德

州蓨縣南十二里，漢縣。」（絳侯世家）

〔案〕漢志信都脩，師古曰：「音『條』。」亦見水經淇水注。故城今河北景縣南，亦名亞夫城。勃海郡有脩市，應劭曰：「音『條』。」索隱殆由此誤。今景縣西北。宣帝以封清河剛王子寅。

平曲

①公孫昆邪，景帝封。（惠景間侯者年表）

②周堅，景帝封。（高祖功臣侯年表）

【索隱】漢表在高城。（惠景間侯者年表）

【正義】括地志云：「平曲縣故城在瀛州文安縣北七十里。」（孝景本紀）又：地理志云：「平曲縣屬東海郡。」（三王世家）

〔案〕漢志東海有二平曲：一注「侯國。莽曰端平」，一「莽曰平端」；不應一郡二縣同名。莽改端平者，或當作「曲平」，後書萬脩傳有「曲平亭侯」是也。又宣帝封廣陵厲王子曾為平曲侯，東海平曲之為侯國者，指此。魏書地形志：「文安縣有平曲城。」在今河北霸縣東，於漢屬勃海。周亞夫封脩，在信都；其子堅封平曲，在勃海為近。索隱謂「漢表在高城」，高城乃勃海都尉所治，蓋亦指文安平曲。其地先封公孫，次封周堅，皆不在東海。

臨汝

①灌賢，武帝封。

②楊無害，景帝封。（高祖功臣侯年表）

〔案〕漢汝南上蔡縣，後魏改曰臨汝，在今上蔡縣西。又河南郡梁縣，唐改臨汝，在今伊陽縣東。此侯應在汝南。

建平

①周開方，惠帝封。（高祖功臣侯年表）

②程嘉，景帝封。（惠景間侯者年表）

【索隱】縣名，屬沛郡。（惠景間侯者年表）

〔案〕故城今河南永城縣西南，昭帝又以封杜延年。

安陽

周左車，景帝封。（高祖功臣侯年表）

〔案〕漢志汝南、漢中、五原、代郡並有安陽，惟汝南安陽注「侯國」。漢表上官桀封安陽，在蕩陰。戰國時魏寧新中邑；秦更名安陽；漢省入蕩陰，屬河內郡；唐書地理志所謂「相州安陽」是也。左車先祖周昌，本汾陰侯，復封在蕩陰，地望較近。故城今河南安陽縣南。

安陽

淮南厲王子勃，文帝封。（惠景間侯者年表）

〔案〕應劭曰：「汝南安陽，故江國。」勃封應在此。故城在河南正陽縣西南。

安陽

濟北貞王子桀。（建元以來王子侯者年表）

【索隱】表在平原。

〔案〕上官桀封安陽侯在昭帝始元二年，至元鳳元年誅絶。此侯下及宣帝五鳳，疑非安陽。平原有安縣，或衍一「陽」字；或曰「陽」當為「煬」，乃此侯之謚，誤連封邑而為「安陽」。平原安縣故城，今河北吳橋縣西北；文帝先封齊悼惠王子志。

節氏

董赤，景帝封。（高祖功臣侯年表）

【索隱】節氏，縣名。

〔案〕後漢趙熹封節鄉侯。

巢

賀最，景帝封。（高祖功臣侯年表）

〔案〕盧江居巢縣，春秋時巢國。太平寰宇記：「陳留襄邑縣南二十里有巢亭。」左哀十一年，衞太叔疾處之。又後漢宦者：「鄭衆封鄛鄉侯」，注引說文：「南陽郡棘陽縣有鄛鄉。」茲姑定盧江。

垣

蟲捷，景帝封。（高祖功臣侯年表）

〔案〕漢志垣屬河東。故城今垣曲縣西，戰國王垣邑。

垣

匈奴降王賜，景帝封。（惠景閒侯者年表）

【索隱】縣名，屬河東。

〔案〕河東垣，其時景帝復封曲城侯後蟲捷。水經聖水注謂在涿郡垣縣，王莽之垣翰亭。志作

「武垣」。

南

郭延居，景帝封。（高祖功臣侯年表）

〔案〕南，國名。韓嬰云：「在南郡、南陽之間。」三國志呂布傳注：「丁原為南縣吏。」孔融傳注：「融在徐州，轉至南縣。」則青、徐間有南縣，而兩漢志失之。郭侯先封涿之阿陵，此恐當在青、徐間。

發婁

丁通，景帝封。（高祖功臣侯年表）

鄲

周應，景帝封。（高祖功臣侯年表）

【索隱】「鄲」，蘇林音「多」，屬陳國。地理志云沛郡有多縣。

【集解】徐廣曰：「沛郡有鄲縣。『鄲』，一作『鄲』。」（周緤傳）

〔案〕漢志沛郡鄲，孟康曰：「音『多』。」與索隱引蘇林音合。故城今河南鹿邑縣西南七十里鄲城集。

埤山

章，武帝封。（高祖功臣侯年表）

【索隱】「埤」，音「卑」。

〔案〕左文六年：「晉趙孟殺公子樂於郫。」襄二十三年：「齊伐晉，戍郫邵。」郡國志：「垣縣有邵亭」，注：「博物記：『河東垣縣東九十里有郫邵之阸。』」唐析濟源，置邵原縣，今河南濟源縣西一百二十里。此侯本封陽河，屬上黨；國绝，復封此，屬河内，地相近。則埤山即郫阸也。

臾

趙胡，景帝封。（高祖功臣侯年表）

〔案〕疑即顓臾，在泰山南武陽。

繩

周應，景帝封。（高祖功臣侯年表）

〔案〕水經淄水注：「繩水出營城東，西歷貝丘。晉侯與齊侯宴，齊侯曰：『有酒如澠』，指喻此水。」封地或在此，則屬濟南、千乘兩郡間。

信平

張敖，呂后封。（高祖功臣侯年表）

【集解】徐廣曰：「改封信平。」

〔案〕敖為宣平侯，改封信平。漢表失載。信平即新平，屬淮陽，故城今河南淮陽縣東北。

南宮

張買，呂后封。（惠景間侯者年表）

【索隱】縣名，屬信都。

〔案〕亦見濁漳水注。漢表在北海，今南宮縣西北。

南宮

張歐，文帝封。（高祖功臣侯年表）

〔案〕索隱引楚漢春秋有「南宮侯張耳」云云，蓋即由歐封南宮而譌。漢表失載。

睢陽

張廣，武帝封。（高祖功臣侯年表）

〔案〕睢陽屬梁國，乃梁王國都。漢書表、傳並作「睢陵」，在臨淮，故城今江蘇睢寧縣治。

陽平

杜相夫，景帝封。（高祖功臣侯年表）

〔案〕屬東郡，故城今莘縣治，春秋衞莘邑。

江鄒

靳石，武帝封。（高祖功臣侯年表）

卷二十五　漢侯邑名（二）

便

長沙王子吳淺，惠帝封。（惠景間侯者年表）

【索隱】漢志縣名，屬桂陽。音「鞭」。

〔案〕亦見水經耒水注。漢表在編，屬南郡。便，今湖南永興縣治。編，今湖北荆門縣西。漢初不遽遠封至便，當據漢表。

軑

長沙相利倉，惠帝封。（惠景間侯者年表）

【索隱】音「大」。縣名，在江夏。

〔案〕漢志：「江夏軑，故弦子國。」元和志：「軑縣故城在仙居縣北四十里。」當在今河南光山縣西北境。春秋僖五年：「楚滅弦，弦子奔黃。」地道記謂弦國在西陽，通典、輿地廣記皆承之。西陽故城在今光山縣西二十里。故黃城在今潢川縣西十二里。唐於今光、潢間置弦州。此皆漢軑縣應在今河南光、潢境之證。水經江水注：「江水東逕軑縣故城南。」在今湖北蘄水縣境，南近長江，實不可據。

平都

劉到，惠帝封。（惠景間侯者年表）

【索隱】在東海。

〔案〕平都屬上郡。到功狀：「以齊將，高祖三年降，定齊。」封邑不合在此。河北武強縣東二十五里有平都村，或云劉到封邑。然據舊志，村名起明建文時，亦未可據。索隱云屬東海，乃都平，非平都；或字誤倒。宣帝又以封城陽荒王子丘。

扶柳

呂平，呂后封。（惠景間侯者年表）

【索隱】縣名，屬信都。（惠景間侯者年表）

【正義】括地志云：「扶柳故城在冀州信都縣西三十里。澤中多柳，故曰扶柳。」（呂后本紀）

〔案〕故城今冀縣西南六十里蒲笠城。惟諸呂封地皆近，不應扶柳獨遠。水經注：「膠水逕扶縣故城西，地理志琅邪屬縣。漢呂平國。」則扶即漢志郝也。故城今膠縣西南。

郊

呂產，呂后封。（惠景間侯者年表）

【索隱】縣名，屬沛郡。一作「汶」。

洨

呂王產故洨侯。（漢興以來諸侯年表）

【索隱】「洨」音「交」。洨水所出，縣名，在沛。

〔案〕沛郡有洨縣。呂后紀作「交」，諸侯年表作「洨」，猶如「灃」、「酆」、「豐」皆可通。惟索隱「一作『汶』」，乃字譌。故城今安徽靈壁縣南五十里。洨水，今沱河。

梧

陽成延，呂后封。（惠景間侯者年表）

【索隱】縣名，屬彭城。

〔案〕水經獲水注：「西流水上承梧桐陂，陂水西流，因以為名。」今為白瀆水，在蕭縣西南。上承梧桐陂，陂側有梧桐山。或彭城梧析沛郡蕭縣置，後漢省并。今不可確考。

平定

齊受，呂后封。（惠景間侯者年表）

【索隱】漢志闕。或鄉名。

〔案〕平定屬西河，武帝元朔四年始置。齊受元孫安德為安平大夫，或「平定」乃涿郡「安平」之謁。功狀：「齊受以齊丞相侯」，在涿當差是也。故城今河北安平縣治。

博成

馮無擇，呂后封。（惠景間侯者年表）

【正義】括地志云：「兗州博城，本漢博城縣城。」（呂后本紀）

〔案〕隋志：「魯郡有博城縣。」今泰安縣東南。此即漢志泰山郡博縣，春秋時齊邑，所謂「嬴、博之間」也。

襄成

孝惠子義，呂后封。（惠景間侯者年表）

【索隱】縣名，屬潁川。

〔案〕亦見水經汝水注。故城今襄城縣西，戰國魏邑。莊子：「黄帝將見大隗於具茨之山，至於襄城之野」，是也。

襄成

匈奴相國，故韓王信太子子嬰，文帝封。（惠景間侯者年表）

【索隱】志屬潁川。（惠景間侯者年表）又：服虔云：「縣名。功臣表屬魏郡。」（韓王信傳）

〔案〕此即孝惠子義封邑。漢表屬魏郡，誤。

軹

孝惠子朝，呂后封。（惠景間侯者年表）

【集解】徐廣曰：「霸陵縣有軹道亭。」（外戚世家）

【索隱】縣名，屬河内。（惠景間侯者年表）後文帝以封舅薄昭。（漢興以來諸侯王年表）又：地理志云軹縣在河内，恐地遠非其封。案：長安東有軹道亭，或當是所封也。（外戚世家）

〔案〕漢三輔不以封侯。薄氏初事西魏王豹，其家當近河内，不得疑地遠。軹縣故城，今河南濟源縣南十三里，戰國魏邑。

壺關

孝惠子武，呂后封。（惠景間侯者年表）

〔案〕壺關屬上黨，故城今長治縣東南十六里壺口山下。

沅陵

長沙王子吳陽，呂后封。（惠景間侯者年表）

【索隱】縣，近長沙，漢志屬武陵。

〔案〕故城今沅陵縣西。水經沅水注：「因岡傍阿，勢盡川陸，臨沅對酉，二川之交會也。」

上邳

楚元王子郢客，呂后封。（惠景間侯者年表）

〔案〕亦見水經泗水注。左定元年：「薛宰曰：『奚仲遷於邳，仲虺以為湯左相。』」應劭曰：「邳在薛。」晉書地道記：「仲虺城在薛城西三十里。」即上邳也。故城今滕縣南。

朱虚

齊悼惠王子章，呂后封。（惠景間侯者年表）

【索隱】縣名，屬琅邪。（惠景間侯者年表）

【正義】括地志：「朱虚故城在青州臨朐縣東六十里，漢朱虚也。十三州志云：丹朱遊故虚，故云朱虚。」（呂后本紀）

〔案〕亦見巨洋水注。故城今臨朐縣東北廟山社，土人呼城頭。

昌平

孝惠子太，呂后封。（惠景間侯者年表）

【索隱】縣名，屬上谷。（惠景間侯者年表）

【正義】括地志云：「昌平故城在幽州東南六十里也。」（齊悼惠王世家）

〔案〕王子分封，不應遠至上谷。呂后紀作「平昌」。地理志平原、琅邪皆有平昌。平原平昌，今山東德平縣西南。琅邪平昌，今安邱縣南，文帝四年以封齊悼惠王子卬。又魯有昌平鄉。今姑定琅邪。

平昌

齊悼惠王子卬，文帝封。（惠景間侯者年表）

〔案〕此平昌，齊悼惠王世家亦譌作「昌平」。卬封膠西王，都高密，其侯封應以安邱為是。史稱膠西都宛，則以德平為近。今定在琅邪。

贅其

呂后昆弟子勝，呂后封。（惠景間侯者年表）

【索隱】縣名，屬臨淮。

〔案〕方輿紀要：「贅其故城，今盱眙縣西。」

中邑

朱通，呂后封。（惠景間侯者年表）

〔案〕中邑屬勃海，故城今滄縣界。

樂平

衛無擇，呂后封。（惠景間侯者年表）

〔案〕宣帝封霍山樂平。表在東郡。蓋清縣鄉名，故章帝更名樂平也。漢表衛侯封樂成，屬南陽。今依漢表。故城今鄧縣西南三十里。

山都

王恬開，呂后封。（惠景間侯者年表）

〔案〕山都屬南陽。亦見沔水注。故城今襄陽縣西北。

松茲

徐厲，呂后封。（惠景間侯者年表）

【集解】徐廣曰：「『松』，一作『祝』。」

【索隱】縣名，屬廬江。

〔案〕徐廣蓋本漢表。厲以呂后四年封，十一年薨；呂瑩以呂后八年封祝茲；不應同時並封一邑。班氏於表末並言「祝茲在恩澤外戚」，則厲封為廬江松茲無疑。故城今安徽宿松縣北五十里。

成陶

周信，呂后封。（惠景間侯者年表）

【集解】徐廣曰：「一作『陰』」。

【索隱】漢志地闕。

〔案〕漢表作「成陰」，徐廣所本。方輿紀要：「山東萊州府高密縣亦名城陰城。鄭康成碑『城陰』，即高密。」故屬齊。此侯以文帝十五年國除，十六年高密別為膠西國。

俞

呂它，呂后封。欒布，景帝封。（惠景間侯者年表）

【集解】如淳曰：「音『輸』。」（惠景間侯者年表）又：駰案：「俞」，音「舒」。（酈商傳）

【索隱】縣名，屬清河。（惠景間侯者年表）又：「俞」，又音「輸」，音「歈」，縣名，在河東。（酈商傳）

【正義】括地志：「故鄃城在德州平原縣西南三十里，漢鄃縣，呂他邑。」（呂后本紀）

〔案〕地理志作「鄃」，景紀、河渠書、漢書溝洫志、欒布傳皆作「鄃」。亦見河水注。故城今山東平原縣西南五十里。索隱又謂「在河東」，乃字譌。又武安侯田蚡食邑鄃，蓋非一地；說詳彼。

滕

呂更始，呂后封。（惠景間侯者年表）

【索隱】劉氏云作「勝」，恐誤。今按：滕縣屬沛郡。

〔案〕沛公丘縣，即古滕國。蓋秦縣，高祖爵夏侯嬰，呂后封呂更始，皆稱滕。後分蕃縣，屬魯；至武帝封魯共王子順，始分置公丘。見元和郡縣志。故城今滕縣西南十四里。

醴陵

越，呂后封。（惠景間侯者年表）

【索隱】縣名，屬長沙。

〔案〕長沙十三縣，無醴陵；後漢始有之。南陽雉，衡山，澧水所出，至郾入汝。此侯當封南陽。

呂成

呂后昆弟子呂忿，呂后封。（惠景間侯者年表）

【正義】括地志：「故呂城在鄧州南陽縣西三十里，呂尚先祖封。」（呂后本紀）

〔案〕水經淯水注：「宛西有呂城。」故城今南陽縣西南三十里。國語：「當成周者，南有申、呂」，是也。王應麟詩地理考：「郡國志汝南新蔡有大呂亭，故呂侯國。」然楚有申、呂，時新蔡屬蔡，非楚邑，當以在宛縣為正。呂忿封邑疑在此。

東牟

齊悼惠王子興居，呂后封。（惠景間侯者年表）

【索隱】縣名，屬東萊。

〔案〕故城今文登縣西北。

錘

呂肅王子通，呂后封。（惠景間侯者年表）

【集解】一作「鉅」。

【索隱】縣名，屬東萊。

〔案〕漢志東萊有腄縣。始皇紀：「過黃、腄。」主父偃傳：「起於東腄。」封禪書有「黃錘史寬舒」。蓋兩字通用。故城今山東文登縣西。

信都

魯元太后子張侈，呂后封。（惠景間侯者年表）

【索隱】縣名，屬信都。

〔案〕呂后紀作「新都」。故城今河北冀縣治。

樂昌

魯元太后子張受，呂后封。（惠景間侯者年表）

【集解】徐廣曰：「今細陽之池陽鄉。」（呂后本紀）又曰：「漢紀張酺傳曰：『張敖之子壽封樂昌侯，食細陽之池陽鄉』也。」（張耳傳）

〔案〕水經河水注以為東郡樂昌。後書張酺傳：「敖子壽，封細陽之池陽鄉。」細陽在汝南。宣帝封王武為樂昌侯，漢表亦在汝南，即壽故封。而漢志闕之。細陽故城，今安徽太和縣東。師古曰：「居細水之陽，故名細陽。」細水今名茨河。

祝茲

呂后昆弟子瑩，呂后封。（惠景間侯者年表）

【索隱】漢書作「琅邪」。

祝茲

膠東康王子延。（建元以來王子侯者年表）

【索隱】案志，松茲在廬江，亦作「祝茲」。表在琅邪。劉氏云：「諸侯封名，史、漢表多有不同，不敢輒改。」今亦略檢表、志同異，以備多識也。

〔案〕志琅邪無祝茲。水經膠水注：「膠水出黔陬縣膠山，北逕祝茲縣故城東。武帝封膠東康王子延年為侯國。又逕扶縣故城西。又北逕黔陬故城西。」黔陬在今膠縣西南，古介國。扶、祝茲皆相近。蓋本有此縣，而志失之。

建陵

張澤，呂后封。衛綰，景帝封。（惠景間侯者年表）

【索隱】漢表在東海。（惠景間侯者年表）

【正義】括地志云：「建陵故縣在沂州承縣界。」（景帝紀。「封衛綰」，今史文譌為「趙綰」。又見衛綰傳。）

〔案〕故城今江蘇沭陽縣西北建陵山下。

東平

燕王呂通弟莊，呂后封。（惠景間侯者年表）

【集解】徐廣曰：「一作『康』。」（惠景間侯者年表）

【索隱】縣名，屬東平。（惠景間侯者年表）又曰：「屬梁國。」（漢興以來諸侯年表）

〔案〕地理志東平國，故梁國。有東平陸，無東平。他郡亦無東平縣。而東平兩為侯國：高后封呂莊，武帝封劉慶。據水經汶水注，即東平首縣無鹽也。故城今山東東平縣東二十里，春秋宿國。

東平

城陽共王子慶。（建元以來王子侯者年表）

【索隱】表在東海。

〔案〕漢表「東海」當字譌。

臨光

呂嬃封臨光侯。（呂后本紀、樊噲傳。）

陽信

劉揭，文帝封。（惠景間侯者年表）

【索隱】漢表在新野，志屬渤海，恐有二縣。（惠景間侯者年表）

【正義】括地志云：「陽信故城在滄州無棣縣東南三十里，漢陽信縣。」（孝文本紀）

〔案〕今漢表無「新野」字，惟外戚恩澤侯表陽新侯鄭業封下云在新野。漢書哀紀、杜鄴、外戚傳俱作「陽信」，王嘉傳作「陽新」。「新」、「信」通用。蓋先封劉揭，當在新野，則屬南陽。新野故城，今新野縣治南。勃海陽信，今山東陽信縣北無棣縣界。

壯武

宋昌，文帝封。（惠景間侯者年表）

【索隱】縣名，屬膠東。（惠景間侯者年表）

【正義】括地志云：「壯武故城在萊州即墨縣西六十里，古萊夷國，有漢壯武縣故城。」（孝文本紀）

〔案〕故城今即墨縣西。

清都

駟鈞，文帝封。（惠景間侯者年表）

【集解】徐廣曰：「一作『梟』，音苦堯反。」

【索隱】漢表作「鄡侯」，鄡，太原縣。

清郭

駟鈞封清郭侯。（孝文本紀）

【集解】如淳曰：「邑名，六國時齊有清郭君。『清』，音『靜』。」

〔案〕清郭，漢書文紀作「靖郭」，師古、索隱皆言駟鈞初封靖郭，後徙於鄔。考證：「駟鈞以文元封，六年有罪，除，享國甚短。鈞果徙封，表何止錄前封，以清都失國耶？」梁氏謂：「靖郭齊地，駟鈞以齊王舅父侯，當裂齊地封之。『鄡』、『鄔』、『都』恐皆譌字。」郭乃滕上邑，靖郭君田嬰所封。當在今山東滕縣境，於漢屬東海。

周陽

趙兼，文帝封。田勝，景帝侯。（惠景間侯者年表）

【索隱】縣名，屬上郡。（惠景間侯者年表「趙兼」下。）

【正義】括地志：「周陽故城在絳州聞喜縣東二十九里。」（孝文本紀；又外戚世家、武安侯傳、酷吏傳。）

〔案〕屬上郡者乃陽周。竹書：「惠王元年，周陽有白兔舞於市」，水經涑水注：「水出河東聞喜縣東山，西過周陽邑南。其城南臨涑水，北倚山原」，是也。兼以淮南舅父得侯。淮南王母，故趙王張敖美人，家在眞定，封河東較近是。故城今聞喜縣東二十九里。

樊

蔡兼，文帝封。（惠景間侯者年表）

【索隱】縣名，屬東牟。（惠景間侯者年表）又：韋昭云：「樊，東平縣名。」（孝文本紀）

【正義】括地志云：「漢樊縣城在兗州瑕邱西南二十五里。地理志云：『樊縣，古樊國，仲山甫所封。』」（孝文本紀）

〔案〕地理志東平國有樊縣，東牟屬東萊郡，蓋索隱誤字。郡國志河內郡脩武有陽樊，服虔曰：「樊仲山甫之所居。」正義引地理志，殆此所誤。樊故城，今山東滋陽縣西南，與陽樊自別。

管

劉罷軍，文帝封。（惠景間侯者年表）

【索隱】管，古國，今為縣，屬滎陽。

〔案〕管城縣自漢迄晉為中牟，隋始置管城縣。漢志河南中牟注「管叔邑」。其地高祖以封單父聖，時尚未奪。罷軍乃齊王子，不合封河南。水經濟水注作「菅」，屬濟南，是也。故城今章邱縣西北。

瓜丘

齊悼惠王子寧國，文帝封。（惠景間侯者年表）

【索隱】縣，在魏郡。

〔案〕魏郡乃斥丘，封唐厲，其時見存。齊王子亦不遠封至魏。

營

齊悼惠王子信都，文帝封。（惠景間侯者年表）

【索隱】漢表在濟南。

〔案〕漢表無「濟南」字。蓋漢表兼著封謚曰營平侯趙充國，封營平，則在濟南也。水經淄水注：「澠水出營城東，西北流逕營城北，漢景帝封信都為侯國。」故城今山東臨淄縣西北二里，亦名營邱城；於漢屬齊郡，清隸青州府。趙充國封營平，隋、唐置營城縣，在今歷城縣東；於漢屬濟南郡，清隸濟南府。索隱誤混說之。

楊虛

齊悼惠王子將廬，文帝封。（惠景間侯者年表。案：漢興以來諸侯年表作「陽」，齊悼惠王世家作「揚」。）

〔案〕水經河水注：「地理志楊盧，平原之隸縣。漢文封將閭為侯國。城在高唐西南。」今漢志無楊盧，蓋譌為「樓盧」。漢高唐，今山東禹城縣西南。

朸

①齊悼惠王子辟光，文帝封。（惠景間侯者年表。案：齊悼惠王世家作「勒」。）

②城陽頃王子讓。（建元以來王子侯者年表）

【索隱】縣名，屬平原。

〔案〕辟光封朸，齊悼惠王世家作「勒」。亦見河水注。故城今商河縣治。

安都

齊悼惠王子志，文帝封。（惠景間侯者年表）

【索隱】地理志安都闕。

【正義】安都故城在瀛州高陽縣西南三十九里。（齊悼惠王世家）

〔案〕據正義，則屬涿郡。高陽故城在今河北高陽縣東，安都城在今高陽縣西南三十八里。或以安都乃平原安縣，故城今河北吳橋縣西北。齊王子封地，當以平原為近是。

武城

濟悼惠王子賢，文帝封。（惠景間侯者年表）

【索隱】漢志闕。凡闕者，或鄉名，或尋廢，故志不載。（惠景間侯者年表）又：按地理志縣名，屬平原。（齊悼惠王世家）

【正義】貝州縣。

〔案〕漢志平原無武城；清河有東武城，即正義所指。故城今山東武城縣西，戰國趙邑。或謂東海南城，恐誤。

白石

齊悼惠王子雄渠，文帝封。（惠景間侯者年表）

【索隱】縣名，屬金城。（惠景間侯者年表、齊悼惠王世家。）

【正義】白石古城在德州安德縣北二十里。（齊悼惠王世家）

〔案〕是時河西尚未開，豈封於匈奴境內？索隱甚疎謬。安德在平原，正齊分地。安德，今山東陵縣。

波陵

魏駟，文帝封。（惠景間侯者年表）

【索隱】漢表「波」作「泜」，音「坻」。

〔案〕漢表作「沶」。水經沔水注：「零水即沶水。東逕新城郡之沶鄉縣，縣分房陵立。」房陵，今湖北保康縣，沶鄉廢縣在其南。功狀：「魏駟以陽陵君侯。」「陽陵」，一本作「陵陽」，楚辭哀郢：「當陵陽之焉至。」然則沶陵即零陵，皆楚地；於漢屬漢中郡。

南郎

起，文帝封。（惠景間侯者年表）

【集解】徐廣曰：「一作『朝』。」

【索隱】韋昭音「貞」，一音「程」。李彤云：「河内有郎亭。」音「潁」。

阜陵

淮南厲王子安，文帝封。（惠景間侯者年表）

【索隱】縣名，屬九江。

〔案〕故城今安徽全椒縣東十五里。輿地紀勝：「地名赤土岡，高一丈四尺。」

陽周

淮南厲王子賜，文帝封。（惠景間侯者年表）

〔案〕上郡有陽周，非此所封。水經渠水注：「渠水即沙水，逕小扶城西，即扶溝縣之平周亭。」扶溝，漢志屬淮陽國，不知陽周即此周否。

東城

①淮南厲王子良，文帝封。（惠景間侯者年表）

②東越繇王居服。（建元以來侯者年表）

【索隱】縣名，屬九江。（惠景間侯者年表、東越傳。）

〔案〕亦見淮水注。故城今安徽定遠縣東南。

東城

趙敬肅王子遺。（建元以來王子侯者年表）

【索隱】志屬九江。

〔案〕趙封不到此，索隱誤也。漢志趙國邯鄲，張晏曰：「邯山在東城下。單，盡也。城郭從邑，故加邑。」水經濁漳水注：「牛首水出邯鄲縣西堵山，東入邯鄲城，逕温明殿南。漢光武擒王郎，幸邯鄲，晝臥處也。其水又東，逕叢臺南，六國時趙王之臺也。其水又東歷邯鄲阜，張晏所謂『邯山在東城下』者也。」是邯鄲自有東城。舊志：「邯鄲故城在今縣西南十里，俗呼趙王城。秦、漢時趙俱理此，雉堞猶存。」輿程記：「趙王城西南二十里至臺城岡。漢以前邯鄲城大數十里，今縣城及故城皆邯鄲也。」又堵山在今邯鄲縣西三十里，疑今城略相當於漢、魏之東城耳。趙王子封東城，當即此矣。

犁

召奴，文帝封。（惠景間侯者年表）

【索隱】縣名，屬東郡。

〔案〕漢表作「黎」，字通。故城今山東鄆城縣西，春秋黎國。

缾

孫單，文帝封。（惠景間侯者年表）

【索隱】縣名，屬琅邪。

缾

菑川靖王子成。（建元以來王子侯者年表）

【索隱】「缾」，音「瓶」。韋昭云：「古缾邑。音蒲經反。」志屬琅邪。

〔案〕故城今臨朐縣東南。春秋莊元年：「齊師遷紀郱、鄑、郚。」注：「郱在東莞臨朐縣東南。」應劭曰：「臨朐有伯氏駢邑。」齊乘：「缾城在安邱南，與郚城相近。」

弓高

韓頹當，文帝封。（惠景間侯者年表）

【集解】駰案：地理志河間有弓高縣也。（韓王信傳）

【索隱】漢表在營陵。（惠景間侯者年表）又：漢書功臣表屬滎陵。（韓王信傳）

【正義】弓高，滄州縣。（韓王信傳、周勃世家。）

〔案〕亦見水經濁漳水注。故城今阜成縣西南。魏書地形志：「阜城縣有弓高城。」太平寰宇記：「在縣南二十七里營陵，屬北海。」今漢表亦無在「營陵」字，不知索隱所誤。

故安

①申屠嘉，文帝封。（惠景間侯者年表）

②因故邑封為故安侯。（申屠嘉傳）

【索隱】縣名，屬涿郡。（惠景間侯者年表）

【正義】今易州界武陽城中東南隅故城是也。（申屠嘉傳）

〔案〕亦見易水注。故城今河北易縣東南，戰國燕武陽邑。

章武

竇廣國，文帝封。（惠景間侯者年表）

【索隱】縣名，屬渤海。（惠景間侯者年表）

【正義】括地志云：「滄州魯城縣。」（外戚世家）

〔案〕亦見淇水注。故城今滄縣東北。

南皮

竇彭祖，文帝封。（惠景間侯者年表）

【索隱】縣名，屬渤海。（惠景間侯者年表）

【正義】括地志云：「故南皮城在滄州南皮縣北四里，漢南皮縣也。」（外戚世家）

〔案〕亦見淇水注。故城今南皮縣東北八里，項羽以封陳餘。

平陸

楚元王子禮，景帝封。（惠景間侯者年表）

【索隱】縣名，屬西河。又有東平陸，在東平。（惠景間侯者年表。又引韋昭云：「平陸，西河縣。」見孝景本紀。）

〔案〕楚王子不應封西河。東平，故梁國，景帝中六年别為濟東國。劉禮封在景帝元年，其時梁孝王方鼎盛，豈有楚王子封其國中？水經渠水注：「長明溝水東逕尉氏縣故城南。自是三分，北分為康溝，東逕平陸縣故城北，劉禮封國。建武元年，罷為尉氏縣之陵樹鄉。故陳留風俗傳曰：『陵樹鄉，故平陸縣。』」據此，漢初陳留有平陸，劉禮所封，而漢志失之。故城今尉氏縣東北三十五里。

休

楚元王子富，景帝封。（惠景間侯者年表）

〔案〕富本封休，以楚王戊反免；後復封紅侯。則紅、休非一地。孟子去齊之休，故城今山東滕縣西二十五里。

沈猶

劉穢，景帝封。（惠景間侯者年表）

【索隱】漢表在高苑。

〔案〕漢表作「沈猷」。水經瓠子水注：「沈猷食邑在千乘高苑縣。」孟子書有沈猶氏。

紅

楚元王子富。（惠景間侯者年表）

【索隱】楚元王傳休侯富免後封紅侯，此則並列，誤也。漢表一書而已。紅、休，蓋二鄉名。王莽封劉歆為紅休侯。一云紅即虹縣。

〔案〕紅即沛郡虹縣。亦見水經獲水注。酈氏謂即春秋昭八年「蒐於紅」。杜注：「紅，魯地。沛國蕭縣西有紅亭。」郡國志泰山奉高縣西北有紅亭。春秋「蒐於紅」當在此。酈氏以沛郡之紅即當春秋之紅，誤矣。劉富先封休，後封紅，疑自此始有紅休之名。王莽封劉歆為紅休侯本此。說者據謂紅、休接壤，可合為一地，疑不然也。虹縣故城，今安徽五河縣西。

宛朐

楚元王子埶，景帝封。（惠景間侯者年表）

【索隱】縣名，屬濟陰。

〔案〕志作「冤句」。亦見濟水注。故城今菏澤縣西南。

棘樂

楚元王子調，景帝封。（惠景間侯者年表）

〔案〕左襄二十六：「吴伐楚，克棘。」注：「譙國酇縣東北有棘亭。」「樂」通「村落」之「落」，「棘樂」猶云「棘鄉」矣；於漢屬沛。

江陽

蘇嘉，景帝封。（惠景間侯者年表）

【索隱】縣名，在東海。

〔案〕東海無江陽；犍為有江陽，武帝始開。水經江水注謂蘇封犍為，誤；當依景紀作江陵，屬南郡，故城今江陵縣治。

遽

橫，景帝封。（惠景間侯者年表）

【索隱】漢表鄉名，在常山。

〔案〕宣帝封眞定烈王子宣為遽鄉侯，表注在常山，索隱所本。水經注：「陳留風俗傳：『長垣有蘧伯鄉，一名新鄉，有蘧亭。』曹大家東征賦：『到長垣之境界兮，覩蒲城之邱墟。蘧氏在城之東南兮，民亦饗其邱墳。』」舊志：「縣東南有伯玉村。」長垣故城，今河北長垣縣東北，於漢屬陳留。惟地在河北，眞定王子宜可封此。又後書杜茂傳，茂歷封樂鄉、苦陘、廣武、脩諸地，定封蘧鄉侯。錢坫謂諸地皆近常山，為蘧鄉近常山之證。然如廣武在河南河陰縣，正與陳留長垣為近。惟梁孝王子明為桓邑侯，亦疑在長垣，與此侯同時；或蘧鄉自桓邑分置，或蘧鄉非遽鄉，別自有地。茲姑定陳留。

新市

王康，景帝封。（惠景間侯者年表）

【索隱】縣名，屬鉅鹿。

〔案〕此侯以父為趙內史死事封。蓋趙人封鉅鹿，近其故居。昭帝又封廣川繆王子吉為新市侯，表注在堂陽。堂陽故城，今河北新河縣西。新市蓋自堂陽分置也。

商陵

趙周，景帝封。（惠景間侯者年表）

【索隱】漢表在臨淮。

〔案〕臨淮無商陵，漢表亦無在「臨淮」字。史申屠嘉傳、將相表皆作「高陵」，屬琅邪。高帝以封王周，孝景二年國除。此以孝景中元三年封。

山陽

張當居，景帝封。（惠景間侯者年表）

〔案〕縣屬河內，故城今修武縣西北三十五里，戰國魏邑。

安陵

匈奴降王子軍，景帝封。（惠景間侯者年表）

〔案〕潁川有隔陵，李奇曰：「六國曰安陵。」汝南邵陵亦有安陵鄉。茲姑定潁川。高帝先封朱濞，文帝時國除。

遒

匈奴降王隆彊，景帝封。（惠景間侯者年表）

【索隱】縣名，屬涿郡。音茲鳩反。

〔案〕亦見拒馬水注。故城今淶水縣北拒馬河西北二里，俗名周城灣。

容成

匈奴降王攜徐盧，景帝封。（惠景間侯者年表）

【索隱】縣名，屬涿郡。

〔案〕亦見易水注。故城今容城縣北十五里城子村。

易

匈奴降王僕黥，景帝封。（惠景間侯者年表）

【索隱】縣名，屬涿郡。

〔案〕亦見易水注。故城在雄縣西北十五里，本戰國燕邑。

易

趙敬肅王子平。（建元以來王子侯者年表）

【索隱】志屬涿郡，表在鄗。

〔案〕漢志趙國屬縣有易陽，師古曰：「在易水之陽。」隋始改臨洺，以北濱洺水為名。洺水亦稱南易也。故城今永年縣西十五里臨洺關。趙王子封易當在此，與涿郡之易殊不相當。鄗屬常山，今柏鄉縣，亦在北。漢表注於王子封邑，往往避其本土，以鄰境說之。漢制，侯封不領於王國，必受漢治，故必改隸，或遙領之也。

范陽

匈奴降王代，景帝封。（惠景間侯者年表）

【索隱】縣名，屬涿郡。

〔案〕亦見易水注。故城今定興縣南。蒯通說范陽令是也。應劭曰：「在范水之陽。」

翕

①匈奴王邯鄲，景帝封。（惠景間侯者年表）

②匈奴相趙信。（建元以來侯者年表）

【索隱】漢表在内黄。（惠景間侯者年表）

〔案〕内黄縣屬魏郡，今河南内黄縣西北，戰國魏黄邑。又有翕村，在今内黄縣北。

亞谷

盧綰子，匈奴東胡降王盧它父，景帝封。（惠景間侯者年表）

【集解】徐廣曰：「『亞』，一作『惡』。」（盧綰傳）

【索隱】一作「亞父」，漢表在河内。（惠景間侯者年表）

〔案〕寰宇記：「渾泥城在容城舊縣南四十里。」水經易水注：「泥洞口有渾泥城。」漢景帝改為亞谷城，封盧它父之地，在今河北雄縣東二里，於漢屬涿郡。

乘氏

梁孝王子買，景帝封。（惠景間侯者年表）

【索隱】縣名，屬濟陰。

〔案〕亦見濟水注。故城今山東鉅野縣西南，春秋時乘邱地。

桓邑

梁孝王子明，景帝封。（惠景間侯者年表）

〔案〕此侯後為濟川王。水經濟水注：「應劭曰：『濟川，今陳留濟陽縣。』」則此桓邑或陳留之長垣。漢書文三王傳字作「垣」，通。

蓋

王信，景帝封。（惠景間侯者年表）

【索隱】漢表在渤海。（惠景間侯者年表）又：地理志縣名，屬太山。（外戚世家）

〔案〕蓋屬泰山，故城今沂水縣西北八十里，戰國齊邑。

武安

田蚡，景帝封。（惠景間侯者年表）

【索隱】縣名，屬魏郡。（惠景間侯者年表）

【正義】括地志云：「武安故城在洺州武安縣西南七里，六國時趙邑，漢武安縣城也。」（外戚世家）

〔案〕故城今河南武安縣西南，戰國趙邑。又漢溝洫志：「田蚡食邑在鄃，鄃居河北，河決而南則郇無水災。」郡國志：「鄴有汙城。」水經注：「汙水出武安縣山，東南流，經汙城北，東注於漳水。」城臨汙水，亦名汙陽城。疑郇即汙也。

卷二十六　漢侯邑名（三）

持裝

匈奴都尉樂。（建元以來侯者年表）

【索隱】漢表「裝」作「轅」，在南陽。

〔案〕左定四年：「塞大隧、直轅、冥阨。」今應山東北九十里白雁關，亦名黃峴，即古直轅，為義陽三關之一。或持轅即直轅也。

親陽

匈奴相月氏。（建元以來侯者年表）

【索隱】漢表在舞陽。

〔案〕漢志、水經並言瀙水出南陽舞陰。此侯封瀙水北，舞水南，故曰瀙陽，而地則分自舞陰。

舞陽在舞水北，蓋字誤。

若陽

匈奴相猛。（建元以來侯者年表）

【索隱】漢表在平氏。

〔案〕平氏屬南陽，今桐柏縣西。若陽無考，蓋地在若水之陽也。又南陽博山，哀帝置，故順陽。應劭曰：「在順水之陽。」易傳：「若，順也。」疑若水即順水。順陽故城，今析川縣東。古地名往往隨民族而遷移，殆兩地均有名若之水；否則漢表注在平氏不可據。

長平

衛青。（建元以來侯者年表）

【索隱】地理志縣名，屬汝南。（建元以來侯者年表、外戚世家。）

〔案〕水經沁水注以為封上黨泫氏長平亭，然其子封汝南宜春，則索隱為是。故城今西華縣東北十八里。

平陵

蘇建。（建元以來侯者年表）

【索隱】漢表在武當。

〔案〕右扶風、濟南皆有平陵。武當屬南陽。舊唐書地理志：「隋義寧二年，析武當置平陵縣。」九域志：「武當縣有平陵鎮。」在今湖北均縣北，蓋亦承舊名。

岸頭

張次公。（建元以來侯者年表）

【索隱】漢表在皮氏。（建元以來侯者年表）又：案：晉灼云：「河東皮氏縣之亭名也。」（衛霍傳）

【正義】服虔云：「鄉名也。」（衛霍傳）

〔案〕皮氏屬河東，今山西河津縣西二里。方輿紀要：「岸頭亭在河津縣南，即古岸門。」

平津

公孫弘。（建元以來侯者年表）

【集解】駰案：漢書，高成之平津鄉也。

【索隱】案：漢書：「高成之平津鄉。」（平津侯傳）又：平津，高成之鄉名。（三王世家）

【正義】公孫弘所封平津鄉，在滄州鹽山南四十一里也。（三王世家）

〔案〕漢表在高城，屬勃海。南郡亦有高成，非弘所封。今高城故城在河北鹽山縣東南，平津故邑在鹽山縣南。

涉安

匈奴單于太子於單。（建元以來侯者年表）

〔案〕此非地名，言匈奴來降，登涉長安；下有涉軹侯亦同；未知實封所在。

襄城

匈奴相國無龍。（建元以來侯者年表）

【索隱】漢表作「襄武侯」。案：韓嬰亦封襄城侯，地理志襄城在潁川，襄武在隴西。

〔案〕今漢表亦作襄城，云在襄垣，屬上黨。又隴西襄武，莽曰相桓，故城今隴西縣西南。或今表由相垣誤為上黨之襄垣也。

南奅

公孫賀。（建元以來侯者年表）

【集解】徐廣曰：「『窌』宜作『奅』，匹孝反。」

【索隱】韋昭云縣名。或作「窌」。字林云：「大」下「卯」與「穴」下「卯」並音匹孝反。(衛霍傳)

〔案〕左成二：「予之石窌。」注：「濟北盧縣東有地名石窌。」在今山東長清縣東南，或疑即賀封邑。然盧為濟北王都，賀以元朔五年封，時濟北未除，則謂南窌即石窌者非矣。賀父渾邪封平曲；賀封南窌，又改封葛繹。東海下邳有葛繹山。地俱在東，惟南窌未能確指。

合騎

公孫敖。(建元以來侯者年表)

【索隱】表在高城。(建元以來侯者年表)又：案：非邑地，因戰功為號。謂軍合驃騎，故云「合騎」，若「冠軍」、「從驃」然也。(衛霍傳)

〔案〕高城屬勃海。一統志：「鹽山縣北七十五里有合騎城。」惟其時侯號，若「冠軍」、「從驃」、「合騎」之類，本非地名，漢書甘延壽傳：「益置揚威、白虎、合騎之校」，可證；殆後人以封邑名地也。

樂安

李蔡。(建元以來侯者年表)

【索隱】表在昌，地理志昌縣在琅邪。

〔案〕亦見水經濟水注。千乘樂安封李蔡，故城今博興縣北。漢表在昌。濟水注：「濟水自高昌

（在博興西南。）逕樂安，而至博昌。（在博興縣南二十里。）」二昌皆在千乘，並鄰樂安。漢表所脫，殆係「博」字。戰國策：「千乘、博昌之間，方數百里。」樂安故城即隋、唐博昌縣治。

龍頟

韓說。（建元以來侯者年表）

【索隱】地理志縣名，屬平原，劉氏音「額」。崔浩音「洛」，屬齊，又云：「今在河關，有龍頟雀村，與弓高相近。」（案：「河關」乃「河間」字譌，「雀」字衍。）

〔案〕龍頟故城，今河北景縣東三十里。其先韓穨當，封弓高，今阜成縣西南。

隨成

趙不虞。（建元以來侯者年表）

【索隱】表在千乘。

〔案〕「隨成」亦封號，非地名，言隨大將軍成功。千乘縣屬千乘郡，今山東高苑縣北二十五里。

從平

公孫戎奴。（建元以來侯者年表）

【索隱】表在樂昌。

〔案〕「從平」，封號，言從大將軍平匈奴也。樂昌屬東郡，今河北大名縣南，非張壽所封樂昌也。

涉軹

李朔。（建元以來侯者年表）

【索隱】漢表軹在西安，無「涉」字。地理志西安在齊郡。「涉軹」猶「從驃」然，皆當時意也，故上又有涉安侯。

〔案〕西安屬齊郡，今臨淄縣西三十里。「涉軹」之類，皆當時析置新名，國除幷省，無可考實。

宜春

衛伉。（建元以來侯者年表）

【索隱】志縣名，屬汝南。豫章亦有之。（建元以來侯者年表）

【正義】括地志云：「宜春故城在豫州汝陽縣西六十七里。」（外戚世家）

〔案〕豫章宜春，元光六年封長沙定王子劉成，竝時見存。此屬汝南，故城今汝陽縣西南。

宜春

長沙定王子成。（建元以來王子侯者年表）

〔案〕此宜春屬豫章。亦見贛水注。故城今宜春縣治，高帝六年灌嬰築。

陰安

①衛不疑。（建元以來侯者年表）

②臣謹請與陰安侯列侯頃王后議。（孝文本紀）

【集解】蘇林曰：「高帝兄伯妻羹頡侯終（信）母，丘嫂也。」如淳曰：「頃王后封陰安侯。」（孝文本紀）

【索隱】志縣名，屬魏郡。

【正義】括地志云：「陰安故城在魏州頓丘縣北六十里也。」（外戚世家）

〔案〕亦見河水注。故城今河北清豐縣北二十里。頓丘故城在清豐西南，即春秋衛邑也。

發干

衛登。（建元以來侯者年表）

【索隱】志縣名，屬東郡。

【正義】括地志云：「發干故城在博州堂邑縣西南二十三里。」（外戚世家）

〔案〕堂邑故城，今山東堂邑縣西十里，即虞清、發干二縣地。發干故城，今堂邑縣西南。

博望

張騫。（建元以來侯者年表）

【索隱】志縣名，屬南陽。（建元以來侯者年表）又：案：張騫封號耳，非地名。小顏云「取其能博廣瞻望」也。尋武帝置博望苑，亦取斯義也。（大宛傳）

【正義】地理志南陽博望縣。（大宛傳）

〔案〕田完世家：「三晉朝齊於博望。」則地名有博望舊矣。騫後宣帝封許舜。博望故城，今南陽縣東北六十里。又何武封南陽犨之博望鄉。犨在今魯山縣東南五十五里，地亦相近。

冠軍

霍去病。（建元以來侯者年表）

【索隱】縣名，屬南陽。（建元以來侯者年表）又：地理志冠軍屬河陽。（外戚世家。「河」蓋字譌。）

〔案〕漢志：「南陽冠軍，武帝置。故穰盧陽鄉、宛臨駣聚。」應劭曰：「功冠諸軍，故曰『冠軍』。」故城今河南鄧縣西北四十里。

衆利

①郝賢。

②匈奴王伊即軒。（建元以來侯者年表）

【索隱】表在陽城姑莫，後以封伊即軒也。

〔案〕「姑莫」，志作「姑幕」，琅邪縣；「陽城」二字當衍。漢表：「伊即軒之孫輔宗薨，無後，爲諸縣。」諸縣亦屬琅邪，故城今山東諸城縣西南三十里。姑幕故城在諸城縣西南五十里，衆利城在諸城縣西北。

潦

匈奴趙王降，煖訾。（建元以來侯者年表）

【索隱】表在舞陽。

〔案〕水經溳水注：「滎水上承堵水，東流，左與西遼水合，又東，東遼水注之，俱導北山，而南流注於滎。滎水又東北，於溳陰縣北左會溳水。」據此，遼水近舞陰，不近舞陽。此侯封潦，蓋即因水得名。清一統志：「南陽有潦河，一源出今南陽縣西馬峙坪，一出縣北曹峯山；南流俱合爲一，經鎮平縣東，又南至新野縣界，合湍水。」漢表當作在「舞陰」，或云在「南陽」；今作

「舞陽」，必有譌字。

瞭

匈奴歸義王次公。（建元以來侯者年表）

【索隱】音「遼」。表在舞陽。

〔案〕「瞭」，漢表作「滕」，與「潦」、「遼」皆一字。

瞭

南越將畢取。（建元以來侯者年表）

【索隱】表在下邳。（建元以來侯者年表）又：韋昭云：「瞭縣屬南陽。」（南越傳）

〔案〕此漢表亦作「滕」，與上「瞭」一地而字譌。漢表一注「舞陽」，一注「南陽」，「舞陽」字譌。

宜冠

高不識。（建元以來侯者年表）

【索隱】「冠」音「官」。表在昌也。（建元以來侯者年表）

【正義】孔文祥云：「從冠軍將軍戰故。宜冠，從驃之類者也。」（衞霍傳）

〔案〕昌屬琅邪。

煇渠

僕多。（建元以來侯者年表）

【索隱】鄉名。按：表在魯陽。「煇」，上下並音「徽」。（建元以來侯者年表）又：案：漢書功臣表元狩二年以煇渠封僕朋，至三年又封鷹庇。其地俱屬魯陽。（衞霍傳）

煇渠

匈奴降王扁訾。（建元以來侯者年表）

【索隱】韋昭云：「侯多所封則作『煇渠』，應庀（扁訾，漢表作「應它」。）所封則作『渾渠』。二者皆鄉名，在魯陽。今並作『煇』，誤也。」按：漢表及傳亦作「煇」，孔文祥云：「同是元狩中封，則邑分封二人也。」其義為得。（建元以來侯者年表）

【正義】煇渠，表作「順梁」。（衞霍傳）

〔案〕魯陽屬南陽。廣韻引風俗通作「渾梁侯僕多」，則「渾梁」、「煇渠」同是鄉名，俱屬魯陽，而今有譌字。魯陽故城，今河南魯山縣治。

從驃

趙破奴。（建元以來侯者年表）

【集解】張晏曰：「從驃騎將軍有功，因以為號。」（衛霍傳）

【索隱】以從驃騎得封，故曰「從驃」。後封浞野侯。（建元以來侯者年表）

浞野

浞野侯屯朔方以東。（匈奴傳）

【集解】徐廣曰：趙破奴。

〔案〕趙破奴以元狩二年封從驃侯，元鼎五年免，元封三年以擊樓蘭封浞野侯，太初二年為虜所獲。從驃、浞野皆無考。

下麾

匈奴降王呼毒尼。（建元以來侯者年表）

【索隱】表在猗氏。「麾」音「撝」。

〔案〕猗氏屬河東。

漯陰

匈奴降王渾邪。（建元以來侯者年表）

【索隱】表在平原。（建元以來侯者年表）又：「漯」音他合反。案地理志，縣名，在平原。（衞霍傳）

〔案〕漯陰屬平原。亦見河水注。故城今山東臨邑縣西；春秋齊犂邑，亦曰隰。

河綦

匈奴降王烏犂。（建元以來侯者年表）

【索隱】表在濟南。

〔案〕水經河水注：「河水又會濝水。水出垣縣王屋山西濝溪，夾山東南流，逕故城東，即濝關也。漢光武遣王梁守濝關、天井關。獻帝自陝北渡安邑，東出濝關是也。濝水西屈逕關城南，歷軹關南，逕苗亭西。又東流注於河。」隋書地理志：「濟源有淇水。」即「濝水」之譌。疑河綦即河濝，以封在河、濝二水間為名。漢表所注誤者實多，姑備一説於此。

常樂

匈奴大當戶稠雕。（建元以來侯者年表）

【索隱】表在濟南。

符離

路博德。（建元以來侯者年表）

【索隱】縣名，屬沛郡。

〔案〕亦見睢水注。故城今安徽宿縣治，戰國楚邑。爾雅曰：「莞，苻蘺。」以地多此草，故名。

湘成

匈奴符離王敞屠洛。（建元以來侯者年表）

【索隱】表在陽成。

〔案〕此邑後又封監居翁，漢表云在堵陽。曹相國世家：「與南陽守齮戰陽城郭東。」應劭曰：「今堵陽。」則陽城即堵陽。王莽改堵陽為陽城，蓋因舊耳。潁川、汝南別有陽城；此屬南陽，故城今方城縣東六里。水經淯水注：「堵水東源方七八步，騰湧若沸，世謂之騰沸水。南流逕堵鄉，為堵水。以水氏縣，故有堵陽之名。」又沔水注：「漢水東過堵陽縣，合堵水，為堵口。又為澇灘，為淨灘。」竊疑「堵水」本乃「煑」字，即騰沸之義。詩：「于以湘之。」「湘」，烹也，正與「煑」同。故堵陽亦有湘城之號。漢水稱襄，「襄」者，騰襄，故漢亦有湘名。（「相」、「襄」古通。）楚辭所歌湘江即漢水也。

湘成

南越桂林監居翁。（建元以來侯者年表）

【索隱】表在堵陽。（建元以來侯者年表）又：韋昭云：「湘城屬堵陽。」（南越傳）

義陽

衛山。（建元以來侯者年表）

【索隱】表在平氏。

〔案〕平氏屬南陽。亦見淮水注。舊唐書地理志云：「平氏縣有義陽鄉。魏分南陽立義陽郡。」故城今桐柏縣東。

散

匈奴都尉董荼吾。（建元以來侯者年表）

【索隱】表在陽成。

〔案〕水經洛水注：「洛水過宜陽縣南。又東北出散關南。」此即函谷新關，在河南新安縣東，與潁川陽城境近。蓋以關名為封號。

臧馬

匈奴王延年。（建元以來侯者年表）

【索隱】表在朱虛。

〔案〕方輿紀要：「馬陵臺在壽光縣西南六十里，亦曰臧臺，相傳臧武仲葬此。」水經注：「濁水又北逕臧氏臺西。」臧馬或指此。壽光漢屬北海，朱虛屬琅邪，而地相鄰接。

周子南君

姬嘉。（建元以來侯者年表）

【索隱】表在長社。

〔案〕長社屬潁川。蓋析為周子邑，後為周承休縣，仍屬潁川，故城今臨汝縣東。後書黃瓊傳注：「潁川有周承休，侯國，元始更名曰邟。」因其地有邟鄉。黃瓊、袁紹皆封邟鄉侯。漢志：「元始二年更名鄭公。」乃字譌。

樂通

欒大。（建元以來侯者年表）

【索隱】韋昭云：「在臨淮高平。」

〔案〕高平故城在舊泗州城北。舊泗州城，今泗縣東南一百八十里。

術陽

南越王兄建德。（建元以來侯者年表）

【索隱】表在下邳。（建元以來侯者年表、南越傳。）

〔案〕下邳屬東海，故城今邳縣東三里。地理志：「術水南至下邳入泗。」（「琅邪東莞」下。）即沭水也。此侯封邑在沭水之陽，蓋分自下邳。

龍亢

樛廣德。（建元以來侯者年表）

【索隱】晉灼云：「龍，闕。」左傳：「齊侯圍龍。」龍，魯邑。蕭該云：「廣德所封止是龍，有『亢』者誤也。」（建元以來侯者年表）又：龍亢屬譙國。漢書作「龔侯」，服虔作「邛」，晉灼云：「『龔』，古『龍』字。」（南越傳）

〔案〕漢書亦有誤脫，不必據以疑史。今定在沛郡，故城今安徽懷遠縣西北七十五里龍亢集。

成安

韓延年。（建元以來侯者年表）

【索隱】漢表在郟，志在陳留。

〔案〕成安、郟並屬潁川，蓋成安分郟縣所置。韓千秋，潁川人，故封此。水經注於汝水、汳水兩載韓延年封國，與索隱同誤。故城今臨汝縣東南。

昆

屬國大且渠渠復累。（建元以來侯者年表）

【索隱】表在鉅鹿。

〔案〕昆，塞上地名。衞霍傳：「郭昌擊昆，無功。」陳湯傳：「劉向上疏：『揚威昆山之西。』」詩混夷即昆。表在鉅鹿，無考。或封地在鉅鹿，而錫名取自塞外也。

騏

屬國騎騶幾。（建元以來侯者年表）

【索隱】志屬河東，表在北屈。

〔案〕騏、北屈並屬河東，蓋自北屈析置。故城今鄉寧縣東南。寰宇記：「鄉寧縣東南六七十里有馬頭山。山形似馬，縣因得名。」

梁期

屬國都尉任破胡。（建元以來侯者年表）

【索隱】志屬魏郡。

〔案〕故城今河北磁縣東。

牧丘

石慶。（建元以來侯者年表）

【索隱】表在平原。

將梁

①楊僕。（建元以來侯者年表）

②中山靖王子朝平。（建元以來王子侯者年表）

〔案〕此邑先封中山靖王子，後封楊僕。漢表云在涿。水經滱水注：「博水東逕廣望縣故城北。

又東合堀溝，溝上承清梁陂。又北逕清涼城東，即將涼也。」魏書地形志：「蠡吾縣有清涼城。」故城今清苑縣西南。

安道

南越揭陽令定。（建元以來侯者年表）

【索隱】表在南陽。（建元以來侯者年表）又：韋昭云：「安道屬南陽。」（南越傳）

隨桃

南越蒼梧王趙光。（建元以來侯者年表）

【索隱】表在南陽。（建元以來侯者年表）又：韋昭云：「桃屬南陽。」（南越傳）

海常

①蘇弘。（建元以來侯者年表）

②城陽共王子福。（建元以來王子侯者年表）

【集解】徐廣曰：「在東萊。」（南越傳）

【索隱】表在琅邪。（建元以來侯者年表）

〔案〕海常先封劉福，次封蘇弘。劉福後又復封繚嫈。此姑依索隱。

北石

東越衍侯吳陽。（建元以來侯者年表）

【索隱】漢表作「外石」，在濟南。

〔案〕今表在濟陽，屬陳留。

繚嫈

劉福。（建元以來侯者年表）

【集解】駰案：漢書音義曰：「音『遼縈』。」（東越傳）

【索隱】「繚」音「繚繞」之「繚」。「嫈」，按字林音乙耕反。西南夷傳音「聊嫈」。（建元以來侯者年表）又曰：繚嫈，縣名。（東越傳）

〔案〕劉福，城陽共王子，初封海常，坐酎金免。此封繚嫈，地無考，大抵亦在琅邪、東萊間也。

蘽兒

轅終古。（建元以來侯者年表）

開陵

【集解】駰案：漢書音義曰：「今吳南亭是也。」（東越傳）

【索隱】韋昭云：「在吳、越界，今為鄉也。」（建元以來侯者年表）

【正義】「禦」字今作「語」。語兒鄉在蘇州嘉興縣南七十里，臨官道也。（東越傳）

〔案〕國語：「勾踐之地，北至於禦兒。」今浙江崇德縣東南，漢屬會稽。

臨蔡

東越建成侯。（建元以來侯者年表）

【索隱】表在臨淮。（建元以來侯者年表）又：韋昭云：「開陵屬臨淮。」（東越傳）

南越郎孫都。（建元以來侯者年表）

【索隱】表在河內。（建元以來侯者年表、南越傳。）

〔案〕水經河水注在金城臨羌，恐非。又清水注：「蔡溝水上承州縣北白馬溝，東分，謂之蔡溝，東會長明溝水。」「是水在今沁陽（河內）縣城東北，分流入武陟縣，經縣西北，又東經修武縣南，又東合於小丹河。河內臨蔡必是臨蔡溝水也。

無錫

東越將軍多軍。（建元以來侯者年表）

【索隱】表在會稽。

〔案〕故城今無錫縣治。

涉都

父故南海守嘉。（建元以來侯者年表）

【索隱】表在南陽。

〔案〕郡國志：「南陽筑陽有涉都鄉。」又見水經沔水注。在今湖北光化縣西。

荻苴

朝鮮相韓陰。（建元以來侯者年表）

【集解】韋昭曰：「屬渤海。」（朝鮮傳）

【索隱】音「狄蛆」。表在勃海。（建元以來侯者年表）

〔案〕故城今河北慶雲縣東，城下有荻苴河，於漢為勃海南皮。

瀘清

朝鮮尼谿相侯參。（建元以來侯者年表）

【集解】韋昭曰：「屬齊。」（朝鮮傳）

【索隱】表在齊。「瀘」音「獲」，水名，在齊。又音乎卦反。（建元以來侯者年表）

〔案〕水經淄水注：「瀘水出時水東，去臨淄城十八里，所謂瀘中也。西北入於時水。孟子去齊，三宿而後出瀘。」恐此瀘清即齊晝邑。

騠茲

小月氏若苴王稽谷姑。（建元以來侯者年表）

【索隱】「騠」音「啼」。表在琅邪。

浩

王恢。（建元以來侯者年表）

〔案〕浩地無考，或即金城浩亹縣。師古曰：「『浩』音『誥』，水名。亹者，水流峽山，岸深若門也。」王恢以捕得車師王功侯，或宜封此。故城今青海樂都縣東。

瓡讘

小月氏王打者。（建元以來侯者年表）

【集解】徐廣曰：「在河東。『瓡』音『胡』。『讘』，音之涉反。」

【索隱】縣名。按：表在河東，志亦同。即「狐」字。

〔案〕漢志河東作「狐讘」，故城今永和縣西南。

幾

朝鮮王子張陷歸義。（建元以來侯者年表）

【集解】韋昭曰：「屬河東。」（朝鮮傳）

【索隱】音「機」。表在河東。（建元以來侯者年表）

〔案〕括地志：「幾城，魏郡元城縣東南。」故城今河北大名縣東南，戰國魏邑，於漢屬魏郡。表屬河東，未詳。

新時

斬郁成王者騎士趙弟為新時侯。（大宛傳）

〔案〕漢表在齊。

卷二十七　漢侯邑名（四）

茲

河間獻王子明。（建元以來王子侯者年表）

〔案〕太原茲氏縣，故城今山西汾陽縣治，高帝封夏侯嬰，與河間距隔甚遠。琅邪有茲鄉，故城今諸城縣西北，宣帝封城陽頃王子宏。又左襄十八年：「晉伐齊，入平陰，克京茲。」注：「京茲在平陰城東南。」於漢屬泰山盧、肥成二縣地。不知此侯封茲何在。

安成

長沙定王子蒼。（建元以來王子侯者年表）

【索隱】表在豫章。

〔案〕安成屬長沙，故城今江西安福縣西。安平在安福縣東南，則屬豫章，以封長沙頃王子習。

汝南亦有安成，水經汝水注以為蒼封邑，蓋誤。

句容

長沙定王子黨。（建元以來王子侯者年表）

【索隱】表在會稽。

〔案〕句容屬丹陽，故城今句容縣治。縣近句曲山，山有所容，故名。

句陵

長沙定王子福。（建元以來王子侯者年表）

【集解】徐廣曰：「一作『容陵』。」

〔案〕漢表作「容陵」，屬長沙，故城今湖南攸縣北。

杏山

楚安王子成。（建元以來王子侯者年表）

〔案〕後書岑彭傳：「許邯起杏。」注：「南陽復陽縣有杏聚。」郡國志同。寰宇記：「光州仙居縣北有杏山。仙居，漢江夏軑縣地。」又：「濠州鍾離縣南有杏山，於漢屬九江。」未知孰是，姑定九江。

浮丘

楚安王子不審。（建元以來王子侯者年表）

【索隱】表在沛。

〔案〕水經淮水注：「淮水東逕浮山。」「楚元王受詩於浮丘伯是也。山在今安徽盱眙縣西一百二十里，五河縣東三十里，兩縣分界處。寰宇記：「臨淮山在濠州東九十五里，俯臨長淮。山下有水穴，水浮其穴即高，水減還低，有似山浮，亦號浮山也。」

廣戚

魯共王子擇。（建元以來王子侯者年表）

〔案〕廣戚屬沛郡，故城今江蘇沛縣東。

丹楊

江都易王子敢。（建元以來王子侯者年表）

【索隱】表在無湖。

〔案〕丹楊、蕪湖皆屬丹陽，蓋自蕪湖分置。故城今當塗縣東。以山多赤柳，故名。

盱台

江都易王子象之。（建元以來王子侯者年表）

〔案〕屬臨淮。亦見淮水注。故城今盱眙縣東北。縣東四十里有盱眙山。說文：「張目為盱，舉目為眙。」城居山上，可以眺遠，故名。

湖孰

江都易王子胥。（建元以來王子侯者年表）

【索隱】表在丹陽。

〔案〕故城今江寧縣東南有湖熟鎮。

秩陽

江都易王子漣。（建元以來王子侯者年表）

【索隱】表作「秣陵」。

〔案〕秣陵屬丹陽，故城今江寧縣東南。秣陵鎮在今江寧縣東南五十里。

睢陵

江都易王子定國。（建元以來王子侯者年表）

【索隱】表在「淮陵」。

〔案〕張廣國以元光三年封睢陵侯，此以元朔元年封，不得在睢陵。漢表作「淮陵」，二縣俱屬臨淮，當依漢表。水經睢水注亦作「睢陵」，誤。淮陵故城，今盱眙縣西北八十五里。

龍丘

江都易王子代。（建元以來王子侯者年表）

【索隱】表在琅邪。

〔案〕漢表乃菑川懿王子，非江都。

張梁

江都易王子仁。（建元以來王子侯者年表）

〔案〕漢表作「梁共王子」。

劇

菑川懿王子錯。（建元以來王子侯者年表）

〔案〕漢志凡二劇：一屬北海郡，一屬菑川國。清一統志：「北海劇縣在壽光東南。菑川之劇在昌樂縣西五十五里。或以在昌樂者爲北海之劇，在壽光者爲菑川之劇。二劇蓋相近，而有二城。」晉書地理志謂：「元康十年，分城陽之大劇，屬高密國。」此爲漢有二劇城之證。因其相近而謂是一地，亦誤也。蓋劇乃菑川國都，而菑川王子復封劇；正如趙都邯鄲，而趙敬肅王子遺亦別封邯鄲之東城也。（説詳彼。）又見水經注巨洋水注。

壤

菑川懿王子高遂。（建元以來王子侯者年表）

〔案〕漢表作「懷昌」，地無考。

平望

菑川懿王子賞。（建元以來王子侯者年表）

〔案〕平望屬北海，故城今壽光縣東北。

臨原

菑川懿王子始昌。（建元以來王子侯者年表）

【索隱】表作「臨眾」。

〔案〕臨原屬琅邪，漢表誤；故城今臨朐縣東。

葛魁

菑川懿王子寬。（建元以來王子侯者年表）

【集解】徐廣曰：「『葛』，一作『莒』。」

【索隱】表、志闕，或鄉名。

〔案〕戰國策：「魏有葛孽城。」郡國志梁寧陵有葛鄉，河間高陽有葛城，似皆非菑川王子所封。左昭三：「齊侯田於莒。」十年：「陳桓子請老於莒。」杜注：「莒，齊東境。」趙世家、扁鵲傳正義引賈逵：「川阜曰魁。」或以「莒魁」為是。姑定齊郡。

益都

菑川懿王子胡。（建元以來王子侯者年表）

〔案〕亦見巨洋水注。齊乘：「王胡城在壽光北二十里。」故城今壽光縣西北，於漢屬北海。

平酌

菑川懿王子彊。（建元以來王子侯者年表）

【索隱】漢表作「平的」，志屬北海。

〔案〕「酌」字譌。

劇魁

菑川懿王子墨。（建元以來王子侯者年表）

【索隱】志屬北海。

〔案〕故城今昌樂縣西北。

壽梁

菑川懿王子守。（建元以來王子侯者年表）

【索隱】表在壽樂。

〔案〕東郡有壽良縣。光武叔父名良，諱曰壽張。故城今東平縣西南。

平度

菑川懿王子衍。（建元以來王子侯者年表）

【索隱】志屬東萊。

〔案〕故城今山東平度縣西北六十里。

宜成

菑川懿王子偃。（建元以來王子侯者年表）

【索隱】表在平原。

〔案〕宜成屬濟南。

臨朐

菑川懿王子奴。（建元以來王子侯者年表）

【索隱】表在東海。

〔索〕臨朐一屬東萊，今掖縣北；一屬齊郡，今臨朐縣治。水經巨洋水注：「劉奴封臨朐。」則屬齊郡，亦與菑川本國為近，戰國時齊之朐邑也。

雷

城陽共王子稀。（建元以來王子侯者年表）

【索隱】表在東海。

〔案〕水經沂水注：「盧川水逕城陽之盧縣，故蓋縣之盧上里也。城陽共王子豨封國。」雷，字譌。盧縣故城，今沂水縣西南，於漢屬城陽，不屬東海。

東莞

城陽共王子吉。（建元以來王子侯者年表）

【索隱】志屬琅邪。

〔案〕亦見沂水注。故城今沂水縣治。

辟

城陽共王子壯。（建元以來王子侯者年表）

【索隱】表在東海。

〔案〕亦見沭水注，作「辟土城」，亦曰「辟陽城」。故城今莒縣東南，於漢亦屬城陽，不屬東海。

尉文

趙敬肅王子丙。（建元以來王子侯者年表）

【索隱】表在南郡。

〔案〕丙，趙王子，不應遠封南郡。趙以尉文封廉頗為信平君，尉文自為趙地。晉地道記：「魏昌縣有廉臺。」魏書地形志：「毋極縣有廉臺。」慕容恪與冉閔戰於魏昌廉頃臺即此。今在河北無極縣西十三里，於漢屬中山國。而元和郡縣志謂廉頗臺在洺州城南十里，則今河北廣平縣，於漢屬廣平國。中山國置於景帝三年；廣平國，武帝征和二年置為平干國。尉文封於元朔，免於元鼎，恐以屬廣平者為是。

封斯

趙敬肅王子胡陽。（建元以來王子侯者年表）

【索隱】志屬常山。

〔案〕元和郡縣志：「平棘縣有封斯村。」故城今河北趙縣界。

榆丘

趙敬肅王子壽福。（建元以來王子侯者年表）

〔案〕太原榆次縣，左昭八年謂之魏榆。又水經淇水注有榆陽城，今山東臨清縣境，漢屬魏郡，於趙為近。或壽福封邑在此。又淇水注：「白溝水東逕清淵縣故城西。又東北逕榆陽城北。漢昭帝（官校本改「武帝」，曰：「近刻訛作『昭帝』。」）封太常江德為侯國。」查史、漢表皆無之。漢書昭紀：「孝文廟火，太常轑陽侯德免為庶人。」江德乃漢武封轑陽侯江喜後，非榆陽，附辨於此。

襄嚵

趙敬肅王子建。（建元以來王子侯者年表）

【索隱】韋昭云：「廣平縣。」「嚵」，音仕咸反，又仕儉反。

〔案〕漢志廣平無此縣。

邯會

趙敬肅王子仁。（建元以來王子侯者年表）

【索隱】志屬魏郡。

〔案〕故城今河南安陽縣西北，本戰國魏伯陽城。張晏曰：「漳水之别，自城西南與邯山之水會。」故名邯會。

朝

趙敬肅王子義。（建元以來王子侯者年表）

【索隱】凡侯不言郡縣，皆表、志闕。

〔案〕舊唐志：「昌樂縣有故朝城。」今山東朝城縣西，於漢為東郡東武陽地。

陰城

趙敬肅王子蒼。（建元以來王子侯者年表）

〔案〕戰國趙策：「魏王朝邯鄲，抱陰成，負葛孽，為趙蔽。」魏策：「抱葛孽、陰成為趙養邑。」葛孽故城，今河北肥鄉縣西南二十里；陰城當亦相近。就「抱」、「負」之義，則在葛孽南，於漢屬廣平。

望廣

中山靖王子安中。（建元以來王子侯者年表）

【索隱】志屬涿郡。

〔案〕漢表廣望，志屬涿郡，「望廣」誤倒。故城今清苑縣西南。舊志：「縣東南四十里王莽城。」疑即「廣望」聲譌。

新館

中山靖王子未央。（建元以來王子侯者年表）

【索隱】表在涿郡。

〔案〕涿有新昌，無新館。故城今新城縣東三十里，宣帝以封燕刺王子慶，或即此也。

新處

中山靖王子嘉。（建元以來王子侯者年表）

【索隱】表在涿郡。

〔案〕志屬中山，故城今定縣東北。

陘城

中山靖王子貞。（建元以來王子侯者年表）

【索隱】表在涿郡，志屬中山。

〔案〕漢表作「陸城」，三國蜀志、水經滱水注皆同；「陘」係字譌。故城今蠡縣南。

陘城

中山靖王子義。（建元以來王子侯者年表）

【索隱】漢表作「陸地」，在辛處，於理為得。靖王子貞已封陘，二人不應重封。

〔案〕辛處即新處，屬中山。前一年中山靖王子嘉封新處侯，疑此陘城即中山苦陘縣。故城今無極縣東北，戰國中山邑，後屬趙。然近辛處者乃陸城，非陘邑。大抵今漢表所注亦多謬誤，不可盡據。

蒲領

廣川惠王子嘉。（建元以來王子侯者年表）

【索隱】表在東海。

〔案〕屬勃海。亦見濁漳水注。索隱「東海」字譌。故城今阜城縣東北十里蒲領關。昭帝又封清河綱王子祿。

西熊

廣川惠王子明。（建元以來王子侯者年表）

棗彊

廣川惠王子晏。（建元以來王子侯者年表）

【索隱】志在清河。

〔案〕亦見淇水注。故城今河北棗彊縣東南。元和郡縣志：「其地棗木彊盛，故名。」

畢梁

廣川惠王子嬰。（建元以來王子侯者年表）

【索隱】表在魏郡。

〔案〕「畢梁」，漢表一本作「卑梁」。春秋吳邑，與鍾離相接，似非廣川王子封地。高密頃王子都亦封卑梁，恐皆非鍾離卑梁也。

〔又案〕左宣十五：「晉荀林父敗赤狄於曲梁，遂滅潞。」又襄三：「晉侯弟揚干亂行於曲梁。」漢元康三年，封千頃王子敞為侯國。故城今河北永年縣治。疑「畢梁」或「曲梁」字譌。

房光

河間獻王子殷。(建元以來王子侯者年表)

【索隱】表在魏郡。

〔案〕水經濟水注：「濟水出房子縣贊皇山。」此房子戰國中山邑，後屬趙，故城今高邑縣西南。以河間王子封邑而隸魏郡，或可在此。

距陽

河間獻王子白。(建元以來王子侯者年表)

蔞安

河間獻王子邈。(建元以來王子侯者年表)

【索隱】「蔞」，音力俱反。漢表「蔞節侯」，無「安」字。「節」，謚也。

〔案〕郡國志：「安平國饒陽，故名饒，屬涿。有無蔞亭。」亦見馮異傳。在今饒陽縣滹沱河濱，與河間國毗鄰。蔞安封邑當在此。

阿武

河間獻王子豫。（建元以來王子侯者年表）

〔案〕屬涿郡，故城今獻縣西北。

參户

河間獻王子勉。（建元以來王子侯者年表）

【索隱】志屬渤海。

〔案〕故城今青縣南。

州鄉

河間獻王子禁。（建元以來王子侯者年表）

【索隱】志屬涿郡。

〔案〕故城今河間縣東北四十里。

成平

河間獻王子禮。（建元以來王子侯者年表）

【索隱】表在南皮。

〔案〕亦見濁漳水注。蓋析南皮置，屬勃海。故城今交河縣東。

蓋胥

河間獻王子讓。（建元以來王子侯者年表）

【索隱】漢志在太山，表在魏郡。

〔案〕泰山郡有蓋縣，孝景封王信，時未免絶；索隱誤。

陪安

濟北貞王子不害。（建元以來王子侯者年表）

【索隱】表在魏郡。

〔案〕漢表作「陰安」。後此二年，武帝封衛青子為陰安侯。一縣不兩封，不知所誤。

榮簡

濟北貞王子騫。（建元以來王子侯者年表）

【集解】徐廣曰：「一作『營簡』。一（此當為「一作『榮關』」，蓋據漢表。）

【索隱】漢表作「榮關」，在茌平。

〔案〕茌平屬東郡，故城今茌平縣西。應劭曰：「在茌山之平地。」

周堅

濟北貞王子何。（建元以來王子侯者年表）

〔案〕漢表作「周望」。左文十一年：「齊襄公二年，鄋瞞伐齊。齊王子成父獲其弟榮如。埋其首於周首之北門。」水經濟水注：「今世謂之盧子城，濟北郡治也。京相璠曰：『今濟北所治盧子城，故齊周首邑。』」故城今東阿縣東北，於漢當屬東郡。疑何封邑在此。「周望」、「周堅」皆字譌。

五據

濟北貞王子臒丘。（建元以來王子侯者年表）

【索隱】表在泰山。

富

濟北貞王子襲。（建元以來王子侯者年表）

〔案〕泰山有富陽縣，今肥城縣南。又東平國有富城縣，今東平縣境。兩地相近，姑定泰山。

陪

濟北貞王子明。（建元以來王子侯者年表）

【索隱】表在平原。

叢

濟北貞王子信。（建元以來王子侯者年表）

【集解】徐廣曰：「一作『散』。」

【索隱】「叢」音「緅」。漢表作「菆」，在平原。今平原無菆縣。此例非一，蓋鄉名也。

〔案〕公羊僖三十三：「伐邾婁，取叢。」釋文作「取菆」，左氏作「取訾婁」。此侯亦當作「菆」。邾婁故城，今濟寧縣南十里，於漢屬東平，菆邑必相近；不知此侯封菆即是否。

羽

濟北貞王子成。（建元以來王子侯者年表）

【索隱】志屬平原。

〔案〕羽屬平原。

胡母

濟北貞王子楚。（建元以來王子侯者年表）

【索隱】表在泰山。

〔案〕風俗通：「胡母，姓，本陳胡公之後。公子完奔齊，遂有齊國。齊宣王母弟別封母鄉，遠本胡公，近取母邑，故曰胡母氏。」知胡母乃齊地。

離石

代共王子綰。（建元以來王子侯者年表）

【索隱】表在上黨，志屬西河。

〔案〕亦見河水注。故城今離石縣治，戰國趙邑。

邵

代共王子慎。（建元以來王子侯者年表）

【索隱】表在山陽。

〔案〕沈欽韓曰：「『邵』疑『鄔』之誤。」梁玉繩曰：「『邵』疑『饒』之誤。」鄔屬太原，故城今介休縣東北，春秋晉鄔邑。代王諸子多封西河，盡屬今山西舊汾州府境；介休亦屬汾州府，與他封諸邑毗鄰；疑沈說是也。饒屬西河，今地無考。玆姑從沈說。

利昌

代共王子嘉。（建元以來王子侯者年表）

【索隱】志屬齊郡。

〔案〕齊郡有利縣，無利昌。西河有方利，當是；代王子多封西河也。今地無考，當在山西舊汾州府境。隋大業末置方山縣，故城今離石縣北。以縣境有方山，或名方利即是。

藺

代共王子憙。（建元以來王子侯者年表）

【索隱】志屬西河。

〔案〕故城今離石縣西，戰國趙邑。

臨河

代共王子賢。（建元以來王子侯者年表）

【索隱】志屬朔方。

〔案〕朔方郡，元朔二年始開；此封在元朔三年，恐不在朔方。疑西河臨水之譌，今地無考。唐書地理志：「武德二年置臨河縣。」故城今石樓縣東，或即漢臨水舊境。

隰成

代共王子忠。（建元以來王子侯者年表）

【索隱】志屬西河。

〔案〕亦見河水注。故城今離石縣西。

皋狼

代共王子遷。（建元以來王子侯者年表）

【索隱】表在臨淮。

〔案〕皋狼屬西河，漢表蓋傳寫之誤。故城今離石縣西北，戰國趙地。

千章

代共王子遇。（建元以來王子侯者年表）

【集解】徐廣曰：「一作『斥』。」

【索隱】表在平原。

〔案〕千章屬西河，斥章屬廣平。徐説非也，漢表亦誤。

寧陽

魯共王子恢。（建元以來王子侯者年表）

【索隱】表在濟南。

〔案〕寧陽，泰山縣。亦見洙水注。索隱謂「表在濟南」，今本漢表無。漢書夏侯勝傳以寧陽為魯西寧鄉，屬東平。蓋宣帝建東平為王國，乃别以寧陽屬泰山。故城今寧陽縣南。

瑕丘

魯共王子貞。（建元以來王子侯者年表）

【索隱】志屬山陽。

〔案〕故城今滋陽縣西二十五里；春秋魯負瑕，見水經泗水注。又睢水注：「睢水逕太丘縣故城北。地理志曰：『故敬丘也。漢武封魯共王子貞為侯國。』」敬丘屬沛，故城今河南永城縣西北三十里，春秋宋太丘邑。魯王子不遠封至此。說者因山陽瑕丘不注「侯國」，沛敬丘注「侯國」，因羣信水經，定此侯封在沛郡，實恐未是。

公丘

魯共王子順。（建元以來王子侯者年表）

【索隱】志屬沛郡。

〔案〕公丘即古滕國。元和郡縣志：「古滕國在滕縣西南十四里滕城。」公丘故城在縣西南十五里。

郁狼

魯共王子騎。（建元以來王子侯者年表）

【索隱】韋昭云：「屬魯。」志不載。「狼」音盧當反，又音「郎」。

〔案〕左隱元年：「城郎」，注：「高平方與縣東南有郁郎亭。」今山東魚臺縣東北八十里接滕縣界有郁郎村是也。

西昌

魯共王子敬。（建元以來王子侯者年表）

〔案〕疑即須昌，屬東郡，高帝以封趙衍。

邯平

趙敬肅王子順。（建元以來王子侯者年表）

【索隱】表在廣平。

〔案〕此當廣平國廣平縣，非臨淮廣平也。故城今河北雞澤縣東二十里舊城村。

武始

趙敬肅王子昌。（建元以來王子侯者年表）

【索隱】表在魏。

〔案〕故城今河北邯鄲縣西南，戰國韓地。

象氏

趙敬肅王子賀。（建元以來王子侯者年表）

【索隱】韋昭云：「在鉅鹿。」

〔案〕故城今河北隆平縣東北二十五里。趙記：「舜弟象嘗居此。」爾雅：「晉有大陸。」又名廣阿；廣阿澤在今隆平縣東南。漢有廣阿縣，與象氏接境，皆今隆平地。唐初為象城縣，天寶改昭慶；宋改隆平。孟子：「舜封象有庳。」「庳」、「阿」聲義相近，有庳殆即廣阿。後世説者謂有庳在湖南道縣，殊非。又尚書：「堯將禪舜，納之大麓之野。」有以大陸澤説者。

洛陵

長沙定王子章。（建元以來王子侯者年表）

【索隱】表作「路陵」，在南陽。

〔案〕疑「昭陵」字譌。昭陵屬長沙，故城今邵陽縣治。隋改邵陽。元和志：「縣在邵水之陽，故名。」

攸輿

長沙定王子則。（建元以來王子侯者年表）

【索隱】案：今長沙有攸縣，本名攸輿。漢表在南陽。

〔案〕亦見水經耒水注。故城今攸縣東，於漢屬長沙。

荼陵

長沙定王子欣。（建元以來王子侯者年表）

【索隱】表在桂陽，志屬長沙。

〔案〕亦見水經洣水注。故城今茶陵縣東五十里茶王城。「荼」即「茶」也。

安衆

長沙定王子丹。（建元以來王子侯者年表）

【索隱】志屬南陽。

〔案〕亦見水經湍水注。故城今河南鎮平縣東南。

葉

長沙定王子嘉。（建元以來王子侯者年表）

【索隱】「葉」音「攝」。縣名，屬南陽。

〔案〕故城今葉縣南三十里。名舊縣店。

利鄉

城陽共王子嬰。（建元以來王子侯者年表）

〔案〕淮水注："東海利城縣，故利鄉，劉嬰封邑。"故城今臨沂縣東百里。涿郡有利鄉，宣帝封中山靖王子安。

有利

城陽共王子釘。（建元以來王子侯者年表）

【索隱】表在東海。

〔案〕沭水注："倉山上有故城，即古有利城，劉釘封邑。"有利故城，今山東臨沂縣東百里。蓋釘、嬰封邑相近。

運平

城陽共王子訢。（建元以來王子侯者年表）

【索隱】表在東海。

〔案〕公羊"鄆"作"運"，此或即魯之鄆邑也。魯有東、西二鄆：西鄆在東郡廩丘縣，東鄆在琅邪東莞縣；皆載郡國志。此當為東鄆。東莞故城，今山東沂水縣治，與蘭山縣（今臨沂。）於清俱屬沂州府。

山州

城陽共王子齒。（建元以來王子侯者年表）

鈞丘

城陽共王子憲。（建元以來王子侯者年表）

【索隱】漢表作「騶丘」。

〔案〕志：「魯國騶，故邾國。嶧山在北。」騶山即嶧山，在今鄒縣東南二十里；騶丘或是也。

南城

城陽共王子貞。（建元以來王子侯者年表）

〔案〕南成屬東海，即子游所宰。齊威王謂：「檀子守南城」，是也。故城今費縣西南九十里。

廣陵

城陽共王子表。（建元以來王子侯者年表）

【集解】徐廣曰：「一作『陽』。」

〔案〕武帝元狩六年置廣陵國，此侯至元鼎五年始除，知非廣陵。徐廣作「廣陽」。廣陽郡廣陽縣故城，今河北良鄉縣東北；城陽王子亦不遠封至此。不知所誤。水經淄水注：「陽水東北流逕廣縣故城西。」廣縣屬齊郡，今益都縣西南。廣陽蓋兼以廣縣、陽水取名。廣，高祖以封召歐，元帝以封菑川孝王子便。又金史地理志：「壽光縣有廣陵鎮。」在今縣東北五十里，不得其名所起，又去城陽遠；當從徐說作「廣陽」。

莊原

城陽共王子皋。（建元以來王子侯者年表）

【索隱】漢表作「杜原」。

〔案〕漢書「莊」皆改「嚴」，知漢書「杜」非「莊」誤。水經淄水注：「時水出齊城西北二十五里，平地出泉，即如水也。西北逕黄山東，又北歷愚山，山東有愚公冢。時水又屈而逕杜山北，有愚公谷。山即杜山之通阜。」劉向說苑所謂「齊宣王獵於社山」也。山在今臨淄縣西，疑杜原即此。

臨樂

中山靖王子光。（建元以來王子侯者年表）

【索隱】韋昭云：「縣名，屬渤海。」

〔案〕故城今寧津縣北，戰國趙邑。

東野

中山靖王子章。（建元以來王子侯者年表）

〔案〕左定五年：「季平子行東野還，未至，卒於房。」注：「東野，季氏邑。」近費，在漢當屬東海。莊子有東野稷。然中山王子似不得封此。

高平

中山靖王子嘉。（建元以來王子侯者年表）

【索隱】表在平原。

〔案〕高平屬臨淮，非中山王子所封。竹書紀年：「鄭侯使韓辰歸晉陽及向。二月，城陽、向，更名陽為河雍，向為高平。」在河內，今濟源縣南。水經瓠子水注：「濮水枝津東逕浚城南，西北去濮陽三十五里。城側有寒泉岡，即詩所謂『爰有寒泉，在浚之下』；世謂之高平渠。」此在東郡。

廣川

中山靖王子頗。（建元以來王子侯者年表）

〔案〕廣川屬信都，故城今河北棗彊縣東三十里。闞駰曰：「縣中有長河為流，故名。」「長河」即清河也。

千鍾

河間獻王子搖。（建元以來王子侯者年表）

【集解】徐廣曰：「一作『重』。」

【索隱】漢表作「重侯」，在平原。地理志有重丘。

〔案〕淇水注：「千童縣，故重也，一作『千鍾』，劉陰封邑。」是「千童」、「千鍾」、「重」，異名一地。千童屬渤海，然與平原接壤；或先屬平原，後改隸。故城據水經注、元和郡縣志，應在今河北舊滄縣南、南皮東南、鹽山西南，山東樂陵西北界。太平寰宇記謂屬山東無棣。清一統志兩收之。相傳謂徐福將童男女千人入海求蓬萊，置此城以居，因名。

披陽

齊孝王子燕。（建元以來王子侯者年表）

【索隱】志屬千乘。

〔案〕故城今高苑縣治。

定

齊孝王子越。（建元以來王子侯者年表）

【索隱】定，地名。

〔案〕定屬勃海。亦見河水注。故城今滄縣東南。

稻

齊孝王子定。（建元以來王子侯者年表）

【索隱】志屬琅邪。

〔案〕寰宇記：「故稻城在高密縣西南，故濰水堰側。漢時於此立堰造塘，溉稻穀數千頃，縣因此以名。」齊乘：「高密西南濰水堰，土人呼為趙貞女坊。南有高堤，即稻城遺跡。」

山

齊孝王子國。（建元以來王子侯者年表）

【索隱】表在勃海。

繁安

齊孝王子忠。（建元以來王子侯者年表）

〔案〕繁安屬千乘。

柳

齊孝王子陽。（建元以來王子侯者年表）

〔案〕柳屬勃海，故城今鹽山縣東五十里。

雲

齊孝王子信。（建元以來王子侯者年表）

【索隱】志屬琅邪。

〔案〕亦見河水注。

牟平

齊孝王子璪。（建元以來王子侯者年表）

【集解】徐廣曰：「一作『羊』。」

【索隱】志屬東萊。

〔案〕故城今蓬萊縣東南九十里。

柴

齊孝王子代。（建元以來王子侯者年表）

【索隱】志屬泰山。

〔案〕亦見汶水注。故城今泰安縣南柴城堡。

柏陽

趙敬肅王子終古。（建元以來王子侯者年表）

【索隱】表在中山。

〔案〕漢表作「柏暢」。水經注：「泜水逕柏暢亭」，是也。在今河北臨城縣西。又太平寰宇記：「武帝封趙敬肅王子終古為柏陵侯。廢城在清宛縣南。」與史、漢不同。

鄗

趙敬肅王子延年。（建元以來王子侯者年表）

【索隱】志屬常山郡。

〔案〕故城今河北柏鄉縣北，春秋時晉邑。

桑丘

中山靖王子洋。（建元以來王子侯者年表）

【索隱】表在深澤。

〔案〕桑邱，戰國燕南境，今河北徐水縣西南；於漢為北新城地，屬中山國。今漢表作「乘丘」，水經洙水注遂以泰山乘丘縣為此侯封邑，誤也。深澤亦屬中山，即今深澤縣地，高帝封趙將夕。此侯漢表作「將夜」，亦譌。

高丘

中山靖王子破胡。（建元以來王子侯者年表）

柳宿

中山靖王子蓋。（建元以來王子侯者年表）

【索隱】表在涿郡。

〔案〕今漢表無在「涿郡」字。漢書外戚史皇孫王夫人傳有柳宿，蘇林曰：「聚邑名，在中山盧奴東北三十里。」寰宇記：「柳宿故城在望都縣東四十二里。」盧奴，今河北定縣；柳宿蓋在定縣與望都間。方輿紀要：「今為六畜堡，蓋音謁。在保定府慶都縣（卽望都。）東南四十五里。」

戎丘

中山靖王子讓。（建元以來王子侯者年表）

樊輿

中山靖王子條。（建元以來王子侯者年表）

〔案〕志屬涿郡，故城今清苑縣東南。水經注：「城在北新城東，容城西。」應在今清苑東北，徐水縣東界，與太平寰宇記不合。

曲成

中山靖王子萬歲。（建元以來王子侯者年表）

【索隱】表在涿郡。

〔案〕涿郡有成縣，無曲成。東萊曲成封蟲達後，及是尚存，距中山亦遠。或涿別有曲成，免侯後省幷。

安郭

中山靖王子博。（建元以來王子侯者年表）

【索隱】表在涿郡。

〔案〕滱水注：「滱水逕安郭亭南。」即此侯封邑。地近中山安國縣，後蓋幷入安國；在今河北安國縣東南。

安險

中山靖王子應。（建元以來王子侯者年表）

【索隱】志屬中山。

〔案〕亦見滱水注。故城今河北定縣東三十里。水經注：「中山記曰：『縣在唐水之西，山高岸險，故曰「安險」。』」後漢章帝更名安熹，後謫為安喜。

安遙

中山靖王子恢。（建元以來王子侯者年表）

【索隱】表作「安道」。

〔案〕後武帝又封越揭陽令為安道侯，在南陽；中山王子不遠封至此。疑此侯乃長沙王子，與下「夫夷」六侯同封。

夫夷

長沙定王子義。（建元以來王子侯者年表）

〔案〕志屬零陵，故城今新寧縣東北。

舂陵

長沙定王子買。（建元以來王子侯者年表）

【索隱】志屬南陽。

〔案〕後書宗室四王傳：「買封泠道之春陵鄉。孫仁乃徙封南陽白水鄉，猶以春陵為國名。」亦見水經湘水注。故城今湖南寧遠縣境，於漢屬零陵。

都梁

長沙定王子遂。（建元以來王子侯者年表）

【索隱】志屬零陵。

〔案〕亦見資水注，謂：「縣西有山，悉生蘭草。俗謂蘭為『都梁』，山因以號，縣受名焉。」故城今武岡縣東北。

洮陽

長沙定王子狗彘。（建元以來王子侯者年表）

【索隱】志屬零陵。

〔案〕故城今廣西全縣北。

泉陵

長沙定王子賢。（建元以來王子侯者年表）

【索隱】志屬零陵。

〔案〕故城今零陵縣北。

終弋

衡山王賜子廣置。（建元以來王子侯者年表）

【索隱】表在汝南。

〔案〕汝南弋陽，應劭曰：「弋山在西北。」故城今潢川縣西。水經注：「淮水東逕浮光山北，亦曰扶光山，即弋山。」在今光山縣西北八十里；亦曰浮弋山，又曰弋陽山。終弋封邑當在此，取弋山以為名。

麥

城陽頃王子昌。（建元以來王子侯者年表）

【索隱】表在琅邪。

〔案〕麥邱城在商河縣西北，即春秋時齊麥邱邑。趙世家：「惠文王十九年，取齊麥邱」，是也。其地於漢為朸縣境，屬平原，不知是此麥否？

鉅合

城陽頃王子發。（建元以來王子侯者年表）

【索隱】表在平原。

〔案〕濟水注：「巨合水北逕巨合故城西，耿弇討張步，守巨里，即此城。」郡國志：「濟南國歷城有巨里聚。」故城今歷城縣東，宋改為龍山鎮。

蕡

城陽頃王子方。（建元以來王子侯者年表）

【索隱】或作「費」，音「祕」，又扶謂反。表在琅邪。

〔案〕即東海費縣。或謂「蕡」即「萯」字；費有顓臾，故以蕡為費。費，高帝以封陳賀，景帝時國除。又有臾侯趙胡，武帝元朔五年國除。此侯封在元狩。

雩殷

城陽頃王子澤。（建元以來王子侯者年表）

【索隱】志屬琅邪。表作「虖葭」，音呼加反。

〔案〕字當作「雩㲃」。

石洛

城陽頃王子敬。（建元以來王子侯者年表）

【索隱】表在琅邪。

〔案〕漢表作「原洛」。

扶浸

城陽頃王子昆吾。（建元以來王子侯者年表）

【索隱】漢表作「挾術」，在琅邪。「浸」音「浸」。

挍

城陽頃王子霸。（建元以來王子侯者年表）

【索隱】音「效」。志闕。說者或以為琅邪被縣，恐非。

〔案〕故城今臨朐縣東。十三州志：「朱虛城東十三里有挍城。」寰宇記：「故城在臨朐縣東九十里。」

父城

城陽頃王子光。（建元以來王子侯者年表）

【集解】徐廣曰：「一作『六』。」

【索隱】志在遼西，表在東海。

〔案〕漢表作「文城」，屬遼西，非城陽王子所封。蓋東海別有文城，國除幷省。父城屬潁川，此係譌字。

庸

城陽頃王子譚。（建元以來王子侯者年表）

【索隱】表在琅邪。

翟

城陽頃王子壽。（建元以來王子侯者年表）

【索隱】表在東海。

鱣

城陽頃王子應。（建元以來王子侯者年表）

【索隱】表在襄賁。音「奔」，又音「肥」。縣名。

〔案〕襄賁屬東海，故城今臨沂縣西南百二十里。方輿紀要：「襄賁東北有亶丘戍。梁普通五年，破魏琅邪，進拔亶丘。」疑即此鱣。

瓡

城陽頃王子息。（建元以來王子侯者年表）

【集解】徐廣曰：「一作『報』。」

【索隱】縣名，志屬北海，顏師古曰：「即『狐』字。」

〔案〕「瓡」與「報」皆「執」之譌。說文、玉篇有「執」無「瓡」。河東瓡講，乃「瓠」譌。

今地無考。

虛水

城陽頃王子禹。（建元以來王子侯者年表）

【索隱】「虛」音「墟」。志屬琅邪。

東淮

城陽頃王子類。（建元以來王子侯者年表）

【索隱】表在東海。

〔案〕今漢表在北海。北海無淮，蓋「濰」之異文，「東淮」乃「東濰」。漢志琅邪郡靈門縣、橫縣、折泉縣注「濰」均作「淮」。左昭十二年：「有酒如淮。」釋文云：「當為『濰』。」御覽引傳正作「濰」。索隱「東海」乃字譌。

涓

城陽頃王子不疑。（建元以來王子侯者年表）

【索隱】表作「淯」。在東海。音「育」。按：淯水在南陽縣，疑表非也。

〔案〕濰水注：「涓水出馬耳山。北注於濰水。」馬耳山，今諸城縣西南五十里。涓水出其陰，北過諸城縣西，又北入濰。諸縣屬琅邪，與東海近。方輿紀要謂：「涓即琅邪折泉縣。」折泉故城，今諸城縣西南七十里。漢表作「淯」，字譌。

陸

菑川靖王子何。（建元以來王子侯者年表）

【索隱】表在壽光。

〔案〕壽光屬北海。左成二年「馬陘」，注：「齊邑。」表中多誤「陘」為「陸」，此或「陘」譌。馬陘，今壽光縣西南境。

廣饒

菑川靖王子國。（建元以來王子侯者年表）

【索隱】志屬齊郡。

〔案〕亦見淄水注。故城今樂安縣東北。

俞閭

菑川靖王子不害。（建元以來王子侯者年表）

〔案〕漢志：「甾川國劇，莽曰俞。」甾川劇，今壽光東南。隋開皇時分壽光置閭邱縣，大業初仍省入，在今壽光縣南。此封俞閭，知必近劇。漢王子分封，頗嫌逼促，此正賈誼、主父偃所以為漢謀，使諸王國不數傳而地盡，再不足以為漢患也。

甘井

廣川穆王子元。（建元以來王子侯者年表）

【索隱】表在鉅鹿。

襄陵

廣川穆王子聖。（建元以來王子侯者年表）

【索隱】表在鉅鹿，志屬河東。

〔案〕漢表作「襄隄」，在鉅鹿。此非河東襄陵。或疑乃信都國高隄縣，信都即廣川也。漢表孝宣平隄侯亦信都縣，而注「鉅鹿」。高堤故城，今棗彊縣東。

皋虞

膠東康王子建。（建元以來王子侯者年表）

〔案〕志屬琅邪。故城今即墨縣東北，名皋虞社。

南利

廣陵王四子，一子為南利侯。（三王世家）

【正義】括地志云：「南利故城在豫州上蔡縣東八十五里。」

〔案〕今商水縣南。

卷二十八　西北邊地名

張掖

①初置張掖、酒泉郡。（平準書）

②發戍甲卒十八萬，酒泉、張掖北。（大宛傳）

渾邪

①渾邪王居西方。（衛霍傳）

②渾邪王率其民降漢，而金城、河西西並南山至鹽澤空無匈奴。

③故渾邪地空無人。（大宛傳）

〔案〕漢志：「張掖郡，故匈奴昆邪王地。」治觻得，今張掖縣西北。又武威郡有張掖縣，故城今武威縣南。應劭曰：「張國臂掖，故曰『張掖』。」張掖郡分武威置；或先有張掖縣，後遂以名新郡。

金城

渾邪王降，而金城、河西西並南山至鹽澤空無匈奴。（大宛傳）

〔案〕漢金城郡，昭帝始元六年置。治允吾，今皋蘭縣西北。金城縣，今皋蘭縣西南。

令居

①渡河築令居。（平準書）

②漢始築令居以西，初置酒泉郡以通西北國。（大宛傳）

③漢渡河自朔方以西至令居，往往通渠置田官。

④趙破奴出令居數千里，至匈奴河水而還。（匈奴傳）

【集解】徐廣曰：「在金城。」

【索隱】地理志云張掖令居縣。（匈奴傳）

〔案〕漢志：「令居屬金城郡，澗水出西北塞外，至縣西南，入鄭伯津。」故城今甘肅永登縣西北。澗水即莊浪河，鄭伯津即河津也。

酒泉

①渾邪王以衆降，遂開河西酒泉之地。（衛霍傳）
②初置酒泉郡以通西北國。（大宛傳）
③數萬人渡河築令居。初置張掖、酒泉郡。（平準書）
④西置酒泉郡以绝胡與羌通之路。
⑤單于益西北，左方兵直雲中，右方直酒泉、燉煌郡。
⑥漢使貳師出酒泉，擊右賢王於天山。（匈奴傳）
⑦朔方、西河、河西、酒泉皆引河及川谷以溉田。（河渠書）
⑧於是酒泉列亭障至玉門矣。
⑨益發戍甲卒十八萬，酒泉、張掖北，置居延、休屠以衛酒泉。（大宛傳）
【正義】酒泉郡今肅州。（匈奴傳）漢書西域傳云：「驃騎將軍擊破匈奴右地，置酒泉郡，後分置武威、張掖、燉煌等郡。」（衛霍傳）
〔案〕漢酒泉郡治祿福，今甘肅酒泉縣治。

玉門

①於是酒泉列亭障至玉門。

②使使遮玉門，曰軍有敢入者輒斬之！

③計軍入玉門者萬餘人。（大宛傳）

【集解】韋昭曰：「玉門關在龍勒界。」

【索隱】韋昭又云：「玉門，縣名，在酒泉。」

【正義】括地志云：「沙州龍勒山在縣南百六十五里。玉門關在縣西北百一十八里。」又：「玉門關在沙州壽昌縣西六里。」

〔案〕漢志：「敦煌郡龍勒縣有陽關、玉門關。」龍勒故城，今甘肅安西縣西；唐改壽昌縣，屬沙州。龍勒山在安西縣西南三百里，漢縣因山為名。漢玉門關在今安西縣西一百五十里。

燉煌

①單于益西北，左方兵直雲中，右方直酒泉、燉煌郡。（匈奴傳）

②始月氏居敦煌、祁連間。

③使使遮玉門，貳師因留敦煌。（大宛傳）

【正義】敦煌郡今沙州。（大宛傳）

〔案〕今敦煌縣治。

渥洼

得神馬渥洼水中。（樂書）

【集解】燉煌界。

祁連　天山

①始月氏居敦煌、祁連間。

②漢遣驃騎破匈奴西城數萬人，至祁連山。（大宛傳）

③元狩二，霍去病擊胡，至祁連。（漢興以來將相名臣年表）

④出隴西、北地二千里，過居延，攻祁連山。（匈奴傳）

⑤踰居延，遂過小月氏，攻祁連山。（衛霍傳）

⑥天漢二，李廣利擊匈奴右賢王於祁連天山。（李將軍傳）

⑦李廣利出酒泉，擊右賢王於天山。（匈奴傳）

【集解】徐廣曰：「出燉煌至天山。」（李將軍傳）

【索隱】西河舊事云：「山在張掖、酒泉二界上，東西二百餘里，南北百里，有松柏五木，美水草，冬溫夏涼，宜畜牧養。」祁連一名天山，亦曰白山也。（匈奴傳）又：小顏云：「即天山也。匈奴謂天為祁連。」案：西河舊事謂：「白山冬夏有雪，匈奴謂之（此八字李將軍傳。）天山。」祁連恐非也。（衛霍傳）案：晉灼云：「在西域，近蒲類。」（李將軍傳）

【正義】括地志云：「祁連山在甘州張掖縣西南二百里。天山一名白山，今名初羅漫山，在伊吾縣北百二十里。伊州在京西北四千四百一十六里。」（李將軍傳）

〔案〕祁連山，今甘肅張掖縣西南，酒泉縣南。天山在今新疆。晉灼說是，顔說非也。

酋涂

攻祁連山，得酋涂王。（衛霍傳）

【集解】張晏曰：「胡王也。」

【索隱】「酋」，音才由反。「涂」音「徒」。漢書云：「揚武乎觻得，（得）單于單桓、酋涂王」，此文省也。

〔案〕觻得，張掖郡治，今張掖縣西北。

焉支山

①出隴西，過焉支山。（匈奴傳）

②涉狐奴，歷五王國，轉戰六日，過焉支山。（衛霍傳）

【正義】括地志云：「焉支山一名刪丹山，在甘州刪丹縣東南五十里。西河故事云：『匈奴失祁連、焉支二山，乃歌曰：「亡我祁連山，使我六畜不蕃息；失我焉支山，使我婦女無顏色。」』」（匈奴傳）

〔案〕刪丹故城，今甘肅山丹縣治。焉支山在山丹縣東南，接永昌縣界。

居延

①出隴西、北地二千里，擊匈奴。過居延，攻祁連山。

②使路博德築居延澤上。（匈奴傳）

③驃騎將軍踰居延，遂過小月氏，攻祁連山。（衛霍傳）

④發戍甲卒十八萬，酒泉、張掖北，置居延、休屠以衛酒泉。（大宛傳）

⑤李陵深入匈奴二千餘里，過居延。

⑥李陵將其射士步兵五千人出居延北可千餘里。（李將軍傳）

【集解】徐廣曰：「屬張掖。」（李將軍傳）張晏曰：「水名也。」（衛霍傳）

【正義】括地志云：「居延海在甘州張掖縣東北六十四里。（此處有誤字。）地理志云：『居延澤，古文以為流沙。』甘州在京西北二千四百六十里。（李將軍傳）漢居延縣故城在甘州張掖縣東北千五百三十里，有漢遮虜鄣。長老傳云鄣北百八十里直居延之西北，是李陵戰地也。」（匈奴傳）

〔案〕漢志：「張掖郡居延，居延澤在東北。」（居延澤詳「流沙」條。）紀要：「居延城在甘州衛西北千二百里。」蓋即今寧夏居延縣境。

都野

原隰厎績，至于都野。（夏本紀）

【集解】鄭玄曰：「地理志都野在武威，名曰休屠澤。」

【正義】都野，沙州三危山也。括地志云：「都野澤在涼州姑臧縣東北二百八十里。」

休屠

①過焉支山千餘里，破得休屠王祭天金人。（匈奴傳）

②發戍甲卒十八萬，酒泉、張掖北，置居延、休屠以衛酒泉。（大宛傳）

【集解】駰案：漢書音義曰：「匈奴祭天處本在雲陽甘泉山下，秦奪其地，後徙之休屠王右地。」（匈奴傳）如淳曰：「漢立居延、休屠二縣以衛邊。或曰置二部都尉，以衛酒泉。」（大宛傳）

【正義】括地志云：「徑路祠神在雍州雲陽縣西北九十里甘泉山下，本匈奴祭天處，秦奪其地，後徙休屠右地。」（匈奴傳）

〔案〕漢志：「武威郡武威縣，休屠澤在東北。」故匈奴休屠王地，故城今甘肅民勤縣北。又寧夏阿拉善額魯特旗有青玉湖、白亭海，皆在民勤直北。水經注謂休屠澤，俗謂之西海，即青玉湖；其東有豬野澤，俗謂之東海，即白亭海也。又休屠縣都尉治熊水障。北部都尉治休屠城，故城今武威縣北。史文謂「發戍酒泉、張掖北，置居延、休屠以衛酒泉」，此即太初三年路博德築居延事。休屠城不在張掖、酒泉北，史蓋以居延、休屠皆本匈奴地而牽連言之。舊說以禹貢都野謂即休屠澤，恐不可信。

合黎

弱水至於合黎。（夏本紀）

【集解】合黎，水名，在流沙東。

【索隱】水經云：「合黎山在酒泉會水縣東北。」鄭玄引地說亦以為然。孔安國云：「水名。」當是其山出弱水，故所記各不同。

【正義】括地志云：「蘭門山，一名合黎，一名窮名山，在甘州删丹縣西南七里。淮南子云：『弱水源出窮名山。』」又云：「合黎，一名羌谷水，一名鮮水，一名覆表水，今名副投河，亦名張掖河，南自吐谷渾界流入甘州張掖縣。」今按：合黎水出臨路松山東，而北流歷張掖故城下，又北流經張掖縣二十三里，又北流經合黎山，折而北流，經流沙磧之西入居延海，行千五百里。合黎山，張掖縣西北二百里也。

〔案〕合黎山，今甘肅高臺縣北，長三百餘里，以產茶名。

弱水

①弱水既西。

②弱水至於合黎。（夏本紀）

③經營炎火而浮弱水。（司馬相如傳）

④安息長老傳聞條枝有弱水、西王母，而未嘗見。（大宛傳）

【集解】地記曰：「弱水西流入合黎山腹，餘波入於流沙，通於南海。」馬融、王肅皆云合黎、流沙是地名。

【索隱】水經云：「弱水出張掖刪丹縣西北，至酒泉會水縣入合黎山腹。」山海經云：「弱水出崑崙墟西南隅」也。

【正義】淮南子云：「弱水源出窮名山。」（夏本紀）又：括地志云：「弱水有二源，俱出女國北阿傉達山，南流會于國北，又南歷國北，東去一里，深丈餘，闊六十步，非乘舟不可濟，流入海。阿傉達山一名崑崙山，在雍州西南一萬五千三百七十里。」又云：「弱水在甘州張掖縣南山下。」（司馬相如傳）

〔案〕舊說以張掖河為弱水，自張掖縣流經高臺縣北，下流入寧夏境，為額濟納河。又阿耨達山乃西藏之岡底斯山，與條枝弱水皆愈推愈遠，非禹貢所指。

長城

①齊有長城、鉅防，足以為塞。（蘇秦傳）

②趙成侯七，侵齊，至長城。（六國表、趙世家、田齊世家。）

③（同年）齊威十一，趙歸齊長城。（六國表、田齊世家。）

④射蠋鳥於東海，還蓋長城以為防。（楚世家）

【集解】濟北盧縣有長城，東至海。

【索隱】地理志云長城在濟南也。

【正義】太山郡記云：「太山西北有長城，緣河徑太山千餘里，至瑯琊臺入海。」齊記云：「齊宣王乘山嶺之上築長城，東至海，西至濟州千餘里，以備楚。」括地志云：「長城西北起濟州平陰縣，緣河歷太山北岡上，經濟州淄州，即西南兖州博城縣北，東至密州瑯琊臺入海。」（楚世家）

又：括地志：「趙所侵處在密州南三十里。」（趙世家）

〔案〕元和志：「古長城首起平陰縣北二十九里。」今泰安縣西北六十里有長城嶺，即泰山岡阜，以齊所築長城經歷而名也。水經汶水注引紀年：「梁惠成王二十年，齊築防以為長城。」然趙成侯侵齊至長城，遠在其前十八年，則齊長城亦非一時所就。

長城

①燕亦築長城，自造陽至襄平。（匈奴傳）

②秦下甲雲中、九原，驅趙而攻燕，則易水、長城非大王之有。（張儀傳）

③長城之南，易水以北，未有所定。（刺客傳）

④擊破盧綰軍沮陽。追至長城。（絳侯世家）

【正義】即馬邑長城，亦名燕長城，在嬀州北。（絳侯世家）又曰：在易州界。（張儀傳）

長城

①肅侯十七，築長城。

②我先王屬阻漳、滏之險，立長城。（趙世家）

③武靈王築長城，自代並陰山下，至高闕為塞。（匈奴傳）

【正義】括地志云：「趙武靈王長城在朔州善陽縣北。案：水經云：『百（白）道長城北山上有長垣，若頹毀焉，沿溪亙嶺，東西無極，蓋趙靈王所築也。』」（匈奴傳）又：劉伯莊云：「蓋從雲中以北至代。」按：趙長城從蔚州北西至嵐州北，盡趙界。又疑此長城在潭（漳）水之北，趙南界。（趙世家）

長城

趙成侯六，中山築長城。（趙世家）

長城

①魏惠十九，諸侯圍魏襄陵。魏築長城，塞固陽。（六國表、魏世家。）

②魏築長城，自鄭濱洛以北，有上郡。（秦本紀）

③魏西有長城之界。（蘇秦傳）

【正義】魏西界與秦相接，南自華州鄭縣，西北過渭水，濱洛水東岸，向北有上郡鄜州之地，皆築長城以界秦境。洛即漆沮水也。（秦本紀）

〔案〕魏惠築長城，當秦孝公十年。秦本紀序魏長城於孝公初立之前，或魏文侯、武侯時已有之。今鄜縣東北三十里有秦長城，其殆魏上郡長城之遺跡乎？

長城

①秦有隴西、北地、上郡，築長城以備胡。（匈奴傳）

②始皇三十三，西北取戎為三十四縣，築長城河上。（六國表）

③西北斥逐匈奴。自榆中並河以東，屬之陰山，以為三十四縣，城河上為塞。（秦始皇本紀）

④悉收河南地。因河為塞，築四十四縣城臨河。（匈奴傳）

⑤蒙恬收河南，築長城，起臨洮，至遼東，延袤萬餘里。

⑥起臨洮屬之遼東，城塹萬餘里。（蒙恬傳）

⑦因邊山險塹谿谷可繕者治之，起臨洮至遼東萬餘里。（匈奴傳）

⑧遣蒙恬築長城，東西數千里。（淮南傳）

⑨長城以北，引弓之國，受命單于；長城以內，冠帶之室，朕亦制之。（匈奴傳）

⑩太史公適北邊，觀蒙恬所為秦築長城亭障，塹山煙谷，通直道。（蒙恬傳）

〔案〕今甘肅環縣北三里，又正寧縣東六十里，皆有秦長城遺址，蓋即蒙恬所為直道長城也。又水經注：「走馬水出西南長城北，陽周縣故城南橋山。昔段熲追羌出橋門，至走馬水，聞羌在奢延澤，即此處也。門即橋山之長城門也。蒙恬築長城，起自臨洮，至於碣石，即是城也。」此殆所謂河南長城。

天水

①天水駱璧。（酷吏傳）

②天水、隴西、北地、上郡與關中同俗，然畜牧為天下饒。（貨殖傳）

〔案〕漢天水郡治平襄。通典：「故城在伏羌縣南。」後書注：「在伏羌縣西北。」寰宇記：「在大潭縣南一百三十里。」方輿紀要：「在伏羌縣西南三十里。」清統志：「在通渭縣西南。」清統志之説，與章懷後書注合。方輿紀要之説，與通典合。宋大潭縣在今禮縣南八十里。疑寰宇記本文應為「在大潭縣北一百三十里」，則與通典、紀要説亦合。以為天水郡治，當從通典為近是。

隴西

①自隴以西有緜諸、緄戎、翟、豲之戎。（匈奴傳）

②秦文公踰隴，攘夷狄，尊陳寶，營岐雍之間。（六國表）

③於是秦有隴西、北地、上郡，築長城以拒胡。（匈奴傳）

④始皇二十七，巡隴西。（秦始皇本紀）

⑤漢元年，略定隴西、北地、上郡。二年，置隴西郡。（高祖本紀）

⑥劉敬，漢五年，戍隴西。（劉敬傳）

⑦上遂郊雍，至隴西，西登崆峒，幸甘泉。（封禪書）

⑧霍去病將萬騎出隴西，過焉支山千餘里，擊匈奴。其夏，復出隴西、北地二千里，擊匈奴。過居延，攻祁連山。漢已得渾邪王，則隴西、北地、河西益少胡寇。（匈奴傳）

⑨天水、隴西、北地、上郡與關中同俗，然西有羌中之利，北有戎翟之畜，畜牧為天下饒。（貨殖

傳）

【正義】隴西，今隴右。（秦始皇本紀）

〔案〕漢隴西郡蓋治狄道，今臨洮縣西。

隴蜀

①中國山川東北流，其維，首在隴、蜀，尾沒於勃、碣。（天官書）

②關中左殽函，右隴蜀。（留侯世家）

③右隴蜀，左關、阪。（范雎傳）

④右隴蜀之山。（刺客傳）

⑤秦文、孝、繆居雍，隙隴蜀之貨物而多賈。（貨殖傳）

【正義】隴山南連蜀之岷山，故云「右隴蜀」也。（留侯世家）

臨洮

①始皇八，遷民於臨洮。

②秦地西至臨洮、羌中。（秦始皇本紀）

③築長城，起臨洮至遼東萬餘里。（蒙恬傳、匈奴傳。）

【索隱】臨洮在隴西。

【正義】括地志云：「秦隴西郡臨洮縣，即今岷州城。本秦長城首，起岷州西十二里。」（匈奴傳）又：臨洮水，故名臨洮。洮州在隴右，去京千五百五十一里。（秦始皇本紀）

〔案〕今甘肅岷縣治。鞏昌府志：「秦長城，隴西縣北百里烏隆溝北有遺迹，俗名長城嶺。」

北地

①秦伐殘義渠，於是有隴西、北地、上郡。（匈奴傳）

②始皇二十七，巡隴西、北地。（秦始皇本紀）

③漢元年，略定隴西、北地、上郡。二年，置北地郡。（高祖本紀）

④文十四年，匈奴十四萬騎入朝那、蕭關，殺北地都尉卬。

⑤驃騎將軍出隴西、北地二千里，擊匈奴。過居延。（匈奴傳）

⑥新秦中或千里無亭徼，於是誅北地太守以下。（平準書）

⑦天水、隴西、北地、上郡與關中同俗，然西有羌中之利，北有戎翟之畜，畜牧為天下饒。（貨殖傳）

【正義】今寧州也。（秦始皇本紀）

〔案〕漢志北地首縣馬領，殆郡治，今甘肅環縣西南。

北地

①齊令章子將五都之兵，因北地之衆以伐燕。（燕世家）

②齊之北地，去沙邱、鉅鹿斂三百里。（趙世家）

【索隱】北地即齊之北邊也。（燕世家）

【正義】齊北界，貝州也。（趙世家）

北地

趙滅中山，遷其王於膚施。起靈壽，北地方從，代道大通。（趙世家）

〔案〕此趙之北地。

北地

秦舉甲出武關，南面而伐，則北地绝。（張儀傳）

〔案〕此楚之北地。

蕭關

①孝文十四，匈奴大入蕭關。（漢興以來將相名臣年表、李將軍傳。）

②匈奴十四萬騎入朝那、蕭關。（匈奴傳）

③燕王北定代、雲中，摶胡眾入蕭關。（吳王濞傳）

④上北出蕭關，從數萬騎，獵新秦中。（平準書）

【正義】今名隴山關，在原州平涼縣界。（吳王濞傳）

〔案〕今甘肅固原縣東南。

朝那　湫淵

①悉收秦所奪匈奴地，與漢關故河南塞，至朝那、膚施。（匈奴傳）

②匈奴入寇，攻朝那塞，殺北地都尉卬。（孝文本紀、馮唐傳。）

③匈奴十四萬騎入朝那、蕭關，殺北地都尉卬。（匈奴傳）

④湫淵，祠朝那。

⑤河、湫、漢水加玉各二。（封禪書）

【集解】蘇林曰：「湫淵在安定朝那縣，方四十里。」

【索隱】縣名，屬河西安定。

【正義】括地志云：「朝那湫祠在原州平高縣東南二十里。湫谷水源出寧州安定縣。」（封禪書）漢朝那縣在原州百泉縣西北十里。（馮唐傳。案：匈奴傳作「西七十里」。）

〔案〕朝那故城，今甘肅平涼縣西北。應劭曰：「故戎那邑。」朝那湫，今固原縣西南盤山之陰。

回中

①始皇二十七，巡隴西、北地，出雞頭山，過回中焉。（秦始皇本紀）

②遂至彭陽，使奇兵入燒回中宮。（匈奴傳）

③上郊雍，通回中道，巡之。遂北出蕭關。（孝武本紀、封禪書。）

【集解】應劭曰：「回中在安定高平。」孟康曰：「回中在北地。」（秦始皇本紀）徐廣曰：「在扶風汧縣。」（孝武本紀）

【索隱】服虔云：「回中在北地，武帝作宮。」（匈奴傳）

【正義】括地志云：「回中宮在雍州西四十里。」（秦始皇本紀）

〔案〕蕭關，今甘肅固原縣境，說者遂以回中亦在固原，誤也。彭陽，今慶陽南，回中不當尚在彭陽之外。後書來歙傳：「建武八年，來歙襲略陽，伐山開道，從番須、回中徑至略陽。」略陽，今甘肅秦安縣東北，知徐廣以回中在汧縣為是，應劭以回中在安定為非矣。漢書武紀如淳注：「回中宮在汧。」漢汧縣即今隴縣南。明統志：「隴州西北有回城，亦曰回中。又西北有回中宮。」又有番須口，即隴山口是也。（互詳「須如」。）

彭陽

匈奴十四萬騎入朝那、蕭關，遂至彭陽。使奇兵入燒回中宮。（匈奴傳）

【集解】徐廣曰：「在安定。」

【正義】「城」字誤也。括地志云：「彭城故城在涇州臨城縣東二十里。」案：彭城在嬀州，與北地郡甚遠，明非彭城也。

〔案〕今甘肅慶陽縣南。

須如　涼如

北巡朔方，還祭黄帝冢橋山，澤兵須如。（孝武本紀。案：封禪書作「釋兵涼如」。）

【集解】李奇曰：「地名也。」

〔案〕後書赤眉上隴，為隗囂所敗。至陽城，入番須中，逢大雪，多凍死。來歙伐隗囂，從番須、回中伐山開道，徑襲略陽。番須、回中皆在今隴縣西北。（詳「回中」條。）「番」音「盤」，「盤」、「回」皆指隴阪之險而言，所謂「其阪九迴」是也。班彪賦：「登赤須之長阪。」以其童阪，故曰「赤」。其地有回中宮，故漢武澤兵於此。則須如即番須口也。

鳴澤

①上郊雍，通回中道，巡之。春，至鳴澤，從西河歸。（孝武本紀、封禪書。）

②汧、洛二淵，鳴澤之屬，為小川，亦皆歲禱賽。（封禪書）

【集解】服虔曰：「鳴澤，澤名也，在涿郡遒縣北界。」（孝武本紀）

【正義】括地志云：「鳴澤在幽州范陽縣西十五里。」按：遒縣在易州淶水縣北一里，故遒城是也。澤在遒南。（封禪書）

〔案〕此鳴澤明近關輔，而注家以涿郡地名說之，大誤。漢志：「安定郡烏武，都盧山在西。」元和志：「涇水南流徑都盧山。山路之中，常如彈箏之聲，行旅因謂之彈箏峽。」漢書武紀：「元封四年，北出蕭關，歷獨鹿、鳴澤，自代而還。」獨鹿即都盧，後又謂之可藍。鳴澤即彈箏峽也。都盧山，今甘肅平涼縣西南。彈箏峽在平涼縣西一百里。武帝自回中出蕭關而至其地。都盧與崆峒連麓，秦始皇二十七年，巡隴西、北地，出雞頭，過回中；漢武所巡，亦此道。

郁郅

將軍李息，郁郅人。（衞霍傳）

【索隱】小顏音「質」。案：北地縣名也。

【正義】今慶州弘化縣是。

〔案〕今甘肅慶陽縣治。後書西羌傳：「秦惠王伐義渠，取郁郅」，是也。

上郡

①魏築長城，自鄭濱洛以北，有上郡。（秦本紀）

②魏有河西、上郡，以與戎界邊。（匈奴傳）

③秦惠文君十，魏納上郡十五縣。（秦本紀）

④（同年）魏襄七，盡納上郡於秦。（魏世家）

⑤魏因入上郡、少梁。

⑥張儀立惠王為王。居一歲，為秦築上郡塞。（張儀傳）

⑦惠王用張儀，北收上郡。（李斯傳）

⑧於是秦有隴西、北地、上郡，築長城以拒胡。（匈奴傳）

⑨韓弱則效宜陽，宜陽效則上郡绝。（蘇秦傳）

⑩昭襄二十，王之上郡、北河。（秦本紀）

⑪始皇三十五，使扶蘇北監蒙恬於上郡。（秦始皇本紀）

⑫秦之上郡近挺關，至於榆中者千五百里。（趙世家）

⑬立董翳為翟王，王上郡，都高奴。（項羽本紀）
⑭漢元年，略定隴西、北地、上郡。二年，置上郡。（高祖本紀）
⑮翳降漢，國除。屬漢，為上郡。（秦楚之際月表）
⑯匈奴右方王將居西方，直上郡以西，接月氏、氐、羌。（匈奴傳）
⑰孝文三，匈奴大入上郡。（漢興以來將相名臣年表）
⑱右賢王入居河南地，侵盜上郡葆塞蠻夷。（匈奴傳）
⑲孝文後元六，匈奴三萬人入上郡。
⑳元朔四，匈奴入寇定襄、代、上郡。（漢興以來將相名臣年表）
㉑上郡、朔方、西河、河西開田官，斥塞卒六十萬人戍田之。（平準書）
㉒天水、隴西、北地、上郡與關中同俗，然西有羌中之利，北有戎翟之畜，畜牧為天下饒。（貨殖傳）

【正義】括地志云：「上郡故城在綏州上縣東南五十里，秦魏之上郡地也。」按：丹、鄜、延、綏等州，北至固陽，並上郡地。魏築長城界秦，自華州鄭縣已北，濱洛至慶州洛源縣白於山，即東北至勝州固陽縣，東至河西上郡之地，盡入於秦。（魏世家）又曰：魏納上郡十五縣，今鄜、綏等州也。魏前納陰晉，次納同、丹二州，今納上郡，而盡河西濱洛之地矣。（秦本紀）

〔案〕秦、漢上郡治膚施，今陝西綏德縣東南。

挺關

秦之上郡近挺關，至於榆中者千五百里。（趙世家）

〔案〕此挺關當屬趙。趙策作「距於扞關，至於榆中千五百里」。楚有扞關，或趙亦有之，而「挺」則字譌。

固陽

①秦孝十，魏惠十九，魏築長城，塞固陽。（六國表、魏世家。）

②秦孝十一，衛鞅圍固陽，降之。（六國表）

【正義】括地志云：「棝楊縣，漢舊縣也，在銀州銀城縣界。」按：魏築長城，自鄭濱洛，北達銀州，至勝州固陽縣為塞也。固陽有連山，東至黄河，西南至夏、會等州。（魏世家）

〔案〕漢志：「五原郡，東部都尉治稒陽。北出石門障得光祿城，又西北得支就城，又西北得頭曼城，又西北得虖河城，又西得宿虜城。」水經注：「河水自臨沃來東，逕稒陽縣故城南。」今綏遠茂明安旗固陽縣地。

榆中

①武靈二十，西略胡地，至榆中。（趙世家）

②秦之上郡近挺關，至於榆中者千五百里。（趙世家）

③始皇三十三，西北斥逐匈奴。自榆中並河以東，屬之陰山。

④三十六，遷北河榆中三萬家。（秦始皇本紀）

⑤蒙恬開榆中地數千里。（項羽本紀）

⑥據河為塞，因山為固，建榆中。（自序）

⑦廣長榆，開朔方。（淮南傳）

⑧西定河南地，按榆谿舊塞，絶梓嶺，梁北河。（衛霍傳）

【集解】徐廣曰：「榆中在金城。」（秦始皇本紀）如淳曰：「長榆，塞名，王恢所謂『樹榆為塞』。」（淮南傳）

【索隱】服虔云：「金城縣所治。」蘇林曰：「在上郡。」崔浩云：「蒙恬樹榆為塞也。」（項羽本紀）案：水經云：「上郡之北有諸次山，諸次水出焉，東經榆林塞為榆谿」，是榆谿舊塞也。（衛霍傳）

【正義】榆中即今勝州榆林縣也。（秦始皇本紀）又：勝州北河北岸也。（趙世家）

〔案〕漢志金城郡榆中。水經注：「河水東過榆中縣北。昔蒙恬為秦北逐戎人，開榆中之地。」故城今甘肅榆中縣西北。金城郡昭帝時始置，榆中乃漢縣，酈氏誤以說秦事。蒙恬居陽周，屬漢上郡。其辟胡地數千里，以河為竟，樹榆為塞，在河套南，於漢屬朔方，今綏遠鄂爾多斯左、右翼界。蘇林及正義說得之，服虔、徐廣說皆非。榆谿塞即榆中。

高奴

①立董翳為翟王，王上郡，都高奴。（項羽本紀）

②三年，帝自甘泉之高奴，因幸太原。（孝文本紀）

③詔丞相發車騎，詣高奴，擊右賢王。（匈奴傳）

【索隱】按：今鄜州有高奴城。

【正義】括地志云：「延州州城即漢高奴縣。」（項羽本紀）

〔案〕漢志屬上郡，今膚施縣東。

九原

①武靈攻中山，攘地北至燕、代，西至雲中、九原。

②主父欲從雲中、九原直南襲秦。（趙世家）

③燕西有雲中、九原。

④秦之攻燕，踰雲中、九原，過代、上谷，彌地數千里。（蘇秦傳）

⑤三十五，除道，道九原抵雲陽。（秦始皇本紀）

⑥使蒙恬通道，自九原抵甘泉，塹山堙谷，千八百里。（蒙恬傳）

⑦三十七，始皇棺載轀涼車中，從井陘抵九原，從直道至咸陽。（秦始皇本紀）

⑧北至碣石，巡自遼西，歷北邊至九原，反至甘泉。（封禪書）

⑨漢已滅南越，遣故太僕賀出九原二千餘里，至浮苴井而還。（匈奴傳）

【集解】駰案：地理志五原郡有九原縣。（秦始皇本紀）

【索隱】地理志九原郡名。秦曰九原，漢武帝改曰五原郡。

【正義】雲中、九原二郡並在勝州。九原郡在榆林縣西界。（蘇秦傳）又：九原郡，今勝州連谷縣是。（蒙恬傳）

〔案〕九原故城在漢朔方之東北，雲中之西，今套北黄河東流處，即今綏遠五原縣。其北即陰山，又北為光祿塞，西即北假。又案：始皇死於沙邱，乃從井陘紆道九原而歸。殆詐以始皇未死，繞道北行，威脅扶蘇、蒙恬，使不生變。

五原

①天漢四，韓説出五原。（漢興以來將相名臣年表、匈奴傳。）

②太初三，徐自為出五原塞數百里，遠者千餘里，築城鄣列亭至廬朐。（匈奴傳）

③公孫賀以浮沮將軍出五原二千餘里。（衞霍傳）

【正義】即五原郡榆林塞也。在勝州榆林縣四十里。又括地志云：「五原郡相陽縣北出石門鄣，得光祿城，又西北得支就縣，又西北得頭曼城，又西北得牢城河，又西北得宿虜城。」按：即築城障列亭至盧朐也。（匈奴傳）

〔案〕水經注：「九原縣西北接對一城，蓋五原縣故城也。」今綏遠五原縣西北。

塞

將兵出塞攻梁。（周本紀）

【正義】謂伊闕塞也。

〔案〕闕塞山一名伊闕山，亦名龍門山，今洛陽縣南。

塞

①項羽立司馬欣為塞王，王咸陽以東至河，都櫟陽。（項羽本紀、高祖本紀。）

②漢還定三秦，劉賈為將軍，定塞地。（荆燕世家）

③塞侯。（高祖功臣侯年表、惠景間侯者年表。）

【集解】韋昭曰：「塞在長安東，名桃林塞。」按：桃林塞今華州潼關也。顏師古云：「取河華之固為扼塞耳，非桃林。」（高祖本紀）

【索隱】即桃林之塞。（荆燕世家）

塞

①悉收河南地，因河為塞。

②蒙恬死，匈奴稍度河南與中國界於故塞。

③冒頓悉復收秦所奪地，與漢關故河南塞。

④漢遂取河南地，築朔方，復繕故秦時蒙恬所為塞，因河為固。（匈奴傳）

⑤分徙降者邊五郡故塞外，而皆在河南。（衞霍傳）

【索隱】案：太康地記：「秦塞自五原北九里，謂之造陽。東行終利賁山南，漢陽西是也。」（匈奴傳）

【正義】五郡謂隴西、北地、上郡、朔方、雲中，並是故塞外，又在北海西南。（衞霍傳）

塞

①自始全燕時嘗略屬眞番、朝鮮，築障塞。漢興，為其遠難守，復脩遼東故塞，至浿水為界。

②王滿出塞，渡浿水，居秦故空地上下鄣。

③遼東太守約滿為外臣，保塞外蠻夷。

④即渡，馳入塞。（朝鮮傳）

【正義】入平州榆林關也。

〔案〕此塞即遼東故塞，以浿水為界者。

直道

①始皇三十五，除道，道九原抵雲陽，塹山堙谷，直通之。（秦始皇本紀、匈奴傳。）

②三十七，抵九原。從直道至咸陽，發喪。（秦始皇本紀）

③太史公適北邊，自直道歸，行觀蒙恬所為秦築長城亭障，塹山堙谷，通直道，固輕百姓力矣。（蒙恬傳）

【索隱】蘇林云：「去長安八千里，正南北相直道也。」

【正義】括地志云：「秦故道在慶州華池縣西四十五里子午山上。自九原至雲陽，千八百里。」（匈奴傳）

〔案〕漢志：「北地郡直路縣，沮水出東，西入洛。」中部縣志：「直路城在縣西北二百里。」寰宇記：「沮水源出昇平縣北子午山。」今子午山在中部縣西北二百里，蓋即漢直路縣故境。秦人直道經其地，故以名縣。唐置直羅縣，即「直路」之譌。圖書集成職方典五四八：「延安府鄜州有直羅城，在城西一百里。又有聖人條，從山嶺修成大路，可並行二三輛車，遇險阻則轉折。蜿蜒自西塞外來，經慶陽入鄜境，至西安嵯峨山而盡。」疑直道即此。唐華池縣，今合水縣東北。

陽周

①蒙恬屬吏，繫於陽周。（李斯傳、蒙恬傳。）

②蒙恬竟斬陽周。（項羽本紀）

【集解】孟康曰：「縣名，地屬上郡。」

【正義】括地志云：「寧州羅川縣在州東南七十里，漢陽周縣。」（項羽本紀）

〔案〕今陝西安定縣北。

陽周

淮南厲王子賜為廬江王，故陽周侯。（漢興以來諸侯年表、惠景間侯者年表。）

〔案〕此淮南陽周。

陽周

使於楚，至莒縣陽周水。（扁鵲倉公傳）

〔案〕此莒縣陽周。

紫淵

紫淵徑其北。（司馬相如傳）

【正義】山海經云：「紫淵水出根耆之山，西流注河。」文穎云：「西河穀羅縣有紫澤，其水紫色，注亦紫。在縣北，於長安為北。」

〔案〕漢志：「穀羅，武澤在西北。」後漢建武二十六年，詔南匈奴徙居美稷之虎澤。唐諱「虎」，改「武澤」。據後書，知穀羅併入美稷。美稷，今綏遠鄂爾多斯左翼前旗東南。穀羅、武澤當俱相近，皆在今河套南，接陝西榆林界。通鑑胡注虎澤，應在五原、曼柏之南，在今榆林鎮東北。

梓領

绝梓領，梁北河。（衛霍傳）

〔案〕方輿紀要：「木根山在廢夏州西北。晉書載記：『苻堅擒劉衛辰於木根山。』通鑑：『唐武德七年，突厥寇原州，楊師道趨大木根山。』」唐夏州，今陝西横山縣西。沈欽韓曰：「梓嶺或即木根山。」

原都

中元年，衡山、原都雨雹。（孝景本紀）

〔案〕漢志原都屬上郡。

朔方

「薄伐獫狁，至于太原」，「出輿彭彭，城彼朔方」。（匈奴傳）

【集解】駰案：毛詩傳：「朔方，北方。」

〔案〕此「朔方」猶云「北地」，非漢朔方也。

朔方

①衛青取匈奴河南地，興十萬餘人築朔方。（平準書、匈奴傳。）

②以河南地為朔方郡。使蘇建築朔方城。（衛霍傳）

③北築朔方之郡。（平津侯傳）

④偃盛言朔方地肥饒，外阻河，蒙恬城之以逐匈奴，內省轉輸戍漕，廣中國，滅胡之本也。上用主父計，立朔方郡。（主父偃傳）

⑤廣長榆，開朔方，匈奴折翅傷翼。

⑥朔方之郡田地廣，水草美。（淮南傳）

⑦匈奴怨漢奪河南地而築朔方，數為寇，衛青將十餘萬人出朔方、高闕擊胡。

⑧漢渡河自朔方以西至令居，往往通渠置田官。（匈奴傳）

⑨天漢四，李廣利出朔方。（漢興以來將相名臣年表）

⑩北巡朔方，還祭黃帝冢橋山。（孝武本紀、封禪書。）

⑪朔方、西河、河西、酒泉皆引河及川谷以溉田。（河渠書）

⑫朔方亦穿渠，作者數萬人。

⑬上郡、朔方、西河、河西開田官，斥塞卒六十萬人戍田之。（平準書）

【正義】朔方郡，今夏州也。括地志云：「夏州，秦上郡，漢分置朔方郡，魏不改，隋置夏州。」（平準書）又：「夏州朔方縣北什賁故城是。」按：蘇建築，什賁之號蓋出蕃語也。（衛霍傳）

〔案〕漢朔方郡即內蒙古鄂爾多斯地。今綏遠南境有朔方故城，在鄂爾多斯右翼後旗界內。漢志：「朔方，金連鹽澤、青鹽澤皆在南。」今右翼南境有剛達氣烏素淖、阿拉烏素淖，殆即此二澤也。又漢朔方在上郡北，與河北相近；唐夏州，今陝西橫山縣西，本漢上郡地，北去朔方尚遠，隋代移朔方之名於此；正義誤說。

陰山

①趙築長城，自代並陰山下，至高闕為塞。（匈奴傳）

②秦地北據河為塞，並陰山至遼東。（秦始皇本紀）

③始皇三十三，西北斥逐匈奴。自榆中並河以東，屬之陰山，以為三十四縣，城河上為塞。（秦始皇本紀）

④低回陰山翔以紆曲兮。（司馬相如傳）

【集解】駰案：地理志西河有陰山縣。（秦始皇本紀）

【索隱】徐廣曰：「西安陽縣北有陰山。陰山在河南，陽山北也。」（匈奴傳）

【正義】陰山在朔州北塞外（秦始皇本紀）突厥界。（匈奴傳）張云：「陰山在大崑崙西二千七百里。」（司馬相如傳）

〔案〕今稱陰山，起河套西北，緜亙今綏遠、察哈爾、熱河境，與內興安嶺相接。秦、漢陰山率指今綏遠境烏拉特旗西北二百四十里，蒙古名葛札爾。

陽山

①渡河，據陽山，逶迤而北。（蒙恬傳）

②渡河據陽山北假中。（匈奴傳）

【集解】徐廣曰：「五原西安陽縣北有陰山。陰山在河南，陽山在河北。」（蒙恬傳）

〔案〕今綏遠烏拉特旗西北二百里，蒙古名洪戈爾。

陽山

①移檄告橫浦、陽山、湟谿關。

②會暑溼，士卒大疫，兵不能踰嶺。（南越傳）

【索隱】姚氏案：地理志云桂陽有陽山縣。今此縣上流百餘里有騎田嶺，當是陽山關。

〔案〕今廣東陽山縣西北。元和志：「故關在縣西北茂溪口，當騎田嶺路。」

高闕

①趙武靈築長城，自代並陰山下，至高闕為塞。（匈奴傳）

②始皇三十三，使蒙恬渡河取高闕、陶山、北假中，築亭障以逐戎。（秦始皇本紀）

③元朔二年，衛青出雲中以西至高闕，取河南地。（漢興以來將相名臣年表、衛霍傳。）

④度西河至高闕。（衛霍傳）

⑤衛青出朔方、高闕，擊胡右賢王。（匈奴傳、衛霍傳。）

【集解】徐廣曰：「在朔方。」

【索隱】高闕，山名。小顏云：「一曰塞名，在朔方之北」也。

【正義】地理志云：朔方臨戎縣北有連山，險於長城，其山中斷，兩峯俱峻，土俗名為高闕也。

（匈奴傳）又：山名，在五原北。兩山相對若闕，甚高，故言高闕。（秦始皇本紀）

〔案〕水經注：「河水自屠申澤屈東流，為北河。東逕高闕南，又東，逕臨河縣故城北。」屠申澤，今名騰格里腦兒。漢臨河縣在北河之南，河之北，即今綏遠臨河縣地，為包寧鐵路所經。高闕則在騰格里腦兒之東北，北河之北岸。

北假

①蒙恬渡河取高闕、陶山、北假中。（秦始皇本紀）

②度河據陽山北假中。（匈奴傳）

【集解】晉灼曰：「王莽傳云：『五原北假，膏壤殖穀。』北假，地名也。」（秦始皇本紀）駰案：北假，北方田官。主以田假與貧人，故云「北假」。（匈奴傳）

【索隱】應劭云：「北假在北地陽山北。」

【正義】酈元注水經云：「黃河逕河目縣故城西，縣在北假中。」按：河目縣屬勝州，今名河北。漢書地理志云屬五原郡。（秦始皇本紀）又：括地志云：「漢五原郡河目縣故城在北假中。北假，在河北，今屬勝州銀城縣。」（匈奴傳）

〔案〕水經注：「北河自朔方臨河來，南屈，逕河目縣，在北假中。自高闕以東，夾山帶河，陽山以往，皆北假也。」河目故城在今五原西，當在陽山南，高闕東，南、北河之間。

余吾水

①天漢四，李廣利出朔方，至余吾水。（漢興以來將相名臣年表）

②匈奴遠其累重於余吾水北，而單于以十萬騎待水南。（匈奴傳）

③公孫敖以因杅將軍出擊匈奴，至余吾。（衞霍傳）

④衞青封長平侯。從軍擊匈奴，至余吾水上。（滑稽傳）

【集解】徐廣曰：「『余』，一作『斜』，音『邪』。」

【索隱】山海經云：「北鮮之山，鮮水出焉，出流注余吾。」（匈奴傳）「余」音「餘」，又音「徐」。水名，在朔方。（衞霍傳）

〔案〕應劭曰：「在朔方北。」

因杅

天漢四，因杅將軍公孫敖擊匈奴。（漢興以來將相名臣年表）

【索隱】因杅，地名。

雲中

①趙攻中山，攘地北至燕、代，西至雲中、九原。（趙世家）

②武靈王置雲中、雁門、代郡。（匈奴傳）

③主父欲從雲中、九原直南襲秦。（趙世家）

④燕西有雲中、九原。

⑤秦之攻燕，踰雲中、九原，過代、上谷，彌地數千里。（蘇秦傳）

⑥李信出太原、雲中。（刺客傳）

⑦得雁門守圂。因轉攻得雲中守遬。定雁門郡十七縣，雲中郡十二縣。（絳侯世家）

⑧自霍人以往至雲中。（樊噲傳）

⑨從擊代，至武泉、雲中。（夏侯嬰傳）

⑩魏尙為雲中守。（馮唐傳）

⑪單于庭直代、雲中。（匈奴傳）

⑫孝文後元六，匈奴三萬人入雲中。（漢興以來將相名臣年表）

⑬後二年，衡山國、河東、雲中民疫。（孝景本紀）

⑭元光六，公孫賀出雲中擊匈奴。

⑮元朔二，衛青出雲中，取河南地。（漢興以來將相名臣年表）

⑯元封後，單于益西北，左方兵直雲中。（匈奴傳）

⑰將軍李沮、郭昌，雲中人。（衛霍傳）

【正義】括地志云：「雲中故城在勝州榆林縣東北四十里，（案：馮唐傳作「三十里」。）秦雲中郡。」（絳侯世家）又：雲中郡，今勝州。（孝景本紀）又：雲中郡縣，皆朔州善陽縣北三百八十里定襄故城是也。（樊噲傳）

〔案〕今綏遠托克托縣境。

定襄

①元朔四，匈奴入寇定襄、代、上郡。（漢興以來將相名臣年表。案：匈奴傳事在三年。）

②元朔六，衛青再出定襄擊胡。

③元狩三，匈奴入右北平、定襄。（漢興以來將相名臣年表）

④元狩四，衛青出定襄。（漢興以來將相名臣年表、匈奴傳。）

⑤李廣從大將軍出定襄。（李將軍傳）

【正義】括地志云：「定襄故城在朔州善陽縣北三百八十里。地理志云：定襄郡，高帝置也。」（匈奴傳）

〔案〕漢定襄郡治成樂，故城今殺虎口北，歸綏南，綏遠和林格爾縣治，與雲中郡治（托克托。）東西相距八十里。後漢以成樂、定襄諸縣屬雲中。後魏都盛樂，號雲中，於是定襄有雲中之名。

隋以雲中置定襄郡大利縣，於是雲中有定襄之名。然均近故地。今稱山西大同為雲中，又忻縣東北有定襄縣，皆起於唐後。

武泉

①降下霍人。以前至武泉，破胡騎武泉北。（絳侯世家）

②降樓煩以北六縣，破胡騎武泉北。（灌嬰傳）

【集解】徐廣曰：「屬雲中。」

【正義】括地志云：「武泉故城在朔州北二百二十里。」（絳侯世家。案：灌嬰傳注作「一百二十里」。）

【索隱】地理志武泉屬雲中。

〔案〕今綏遠武川縣地。

霍人

①擊韓王信於代，降下霍人。以前至武泉。（絳侯世家）

②自霍人以往至雲中。（樊噲傳）

【索隱】蕭該云：「左傳：『以偪陽子歸，納諸霍人』，杜預云晉邑也。或作『䨶』。」（絳侯世家）

【正義】「霍人」當作「葰」。（樊噲傳）音「瑣」，又音蘇寡反。顏師古云：「音山寡反。」地理志

云：葰人，縣，屬太原郡。括地志云：「葰人故城在代州繁時縣界。」（絳侯世家）

〔案〕葰人故城，今繁峙縣南。左襄十年：「晉滅偪陽，使周內史選其族嗣，納諸霍人。」疏：「霍，舊國。晉獻公滅之，以為晉邑。」舊皆以兩地混說，誤也。

白土

①韓王信與匈奴同謀反太原、白土。（高祖本紀）

②韓王信與其將白土人曼丘臣、王黃謀攻漢。（韓王信傳）

【集解】徐廣曰：「在上郡。」（高祖本紀）

【正義】括地志云：「白土故城在鹽州白池東北三百九十里。」又云：「近延州、綏州、銀州，本春秋時白狄所居，七國屬魏，後入秦。」（匈奴傳）

〔案〕漢志：「上郡白土，圁水出西，東入河。」水經注：「圁水出白土縣圁谷，東逕其縣南。」當今鄂爾多斯左翼中旗南，近陝西神木縣北。

雁門

①武靈王置雲中、雁門、代郡。（匈奴傳）

②李牧常居代雁門，備匈奴。（廉頗李牧傳）

③得陳豨將雁門守圂。定雁門郡十七縣。（絳侯世家）

④漢立子恆為代王，代、雁門皆屬代。（韓王信陳豨傳）

⑤後二年，匈奴入雁門。（孝景本紀）

⑥元光六，李廣出雁門；元朔元，衛青出雁門；元狩二，匈奴入雁門。（漢興以來將相名臣年表）

【正義】今雁門縣在代地，故云代雁門也。（廉頗李牧傳）

〔案〕漢雁門郡治善無，今山西右玉縣南。

雁門

燕南有碣石、雁門之饒。（蘇秦傳）

【正義】雁門山在代，燕西門。

〔案〕雁門山，今山西代縣西北三十五里。

先俞

反巠分、先俞於趙。（越世家）

【集解】徐廣曰：「爾雅曰西俞，雁門是也。」

【正義】郭注云：「西隃即雁門山也。」按：「西」、「先」聲相近，蓋陘山、西隃二山之地並在代州雁門縣，皆趙地也。

雁門

孝公二十四，與晉戰雁門。（秦本紀）

【索隱】紀年云：「與魏戰岸門」，此云「雁門」，恐聲誤也。又下云：「敗韓岸門」，蓋一地也。尋秦與韓、魏戰，不當遠至雁門也。

〔案〕六國表：「與晉戰岸門」，在孝公二十三年；本紀誤後一年。

武州

①單于穿塞，入武州塞。

②單于入漢長城武州塞，未至馬邑百餘里。（韓長孺傳）

【集解】徐廣曰：「在雁門。」

【索隱】崔浩云：「今平城直西百里有武州城」，是也。

〔案〕今左雲縣南。

馬邑

①漢五年，徙韓王信王代，都馬邑。（秦楚之際月表、韓王信傳。）

②七年，匈奴攻韓王信馬邑。

③十一年，太尉周勃道太原入，定代地。至馬邑，攻殘之。（高祖本紀）

④王恢設謀馬邑，匈奴絶和親。（平準書）

⑤雁門馬邑豪聶翁壹入漢長城武州塞，未至馬邑百餘里。（韓長孺傳）

【正義】括地志云：「朔州城，漢雁門，即馬邑縣城也。」（高祖本紀）

〔案〕今山西朔縣治。胡三省云：「漢初蓋定襄未置郡，故太原之地，北被邊，兼有雁門之馬邑也。」唐武德三年，高祖召劉世讓，問以備邊，對曰：「突厥數南寇者，以馬邑為之中頓也；當使勇將屯之。」是馬邑為形勝所急，漢、唐皆然矣。

平城

①高祖擊匈奴至平城。（高祖本紀、韓王信傳、匈奴傳。）

②因擊胡騎平城下。（絳侯世家）

【集解】徐廣曰：「在雁門。」（匈奴傳）

【正義】括地志云：「朔州定襄縣，本漢平城縣。縣東北（案：「東北」，一作「東」。）三十里有白登山，山上有臺，名曰白登臺。」（高祖本紀）

〔案〕今山西大同縣東。

白登

①上至平城，出白登。（韓王信傳）

②遂往至平城，匈奴果出奇兵圍高帝白登。（劉敬傳、匈奴傳。）

【集解】服虔曰：「白登，臺名，去平城七里。」如淳曰：「平城旁之高地，若丘陵也。」

【索隱】姚氏案：北疆記：「桑乾河北有白登山，今猶有壘壁。」（韓王信傳）

〔案〕今大同縣東。

硰石

①擊韓信軍於硰石，還攻樓煩三城。（絳侯世家）

②擊破胡騎於硰石，至平城。（灌嬰傳）

【正義】按：在樓煩縣西北。（絳侯世家）

〔案〕硰石故城，今靜樂縣東北。

代

①翟犬者，代之先。
②從常山上臨代，代可取。
③趙襄子殺代王，以代封兄子周為代成君。
④襄主幷戎取代以攘諸胡。
⑤趙主父滅中山，代道大通。封長子章為代安陽君。（趙世家）
⑥置雲中、雁門、代郡。（匈奴傳）
⑦自常山以至代、上黨。
⑧踰句注，斬常山而守之，三百里而通於燕，代馬胡犬不東下。（趙世家）
⑨秦南有巴蜀，北有代馬。（蘇秦傳）
⑩栗腹攻鄗，卿秦攻代。（燕世家）
⑪秦之攻燕，踰雲中、九原，過代、上谷，彌地數千里。（蘇秦傳）
⑫十九年，趙公子嘉之代，自立為代王。（秦始皇本紀）
⑬徙趙王歇為代王。（項羽本紀、張耳陳餘傳。）都代。（秦楚之際月表）
⑭漢五年，韓王信徙王代，都馬邑。（秦楚之際月表、漢興以來諸侯年表。）
⑮擊韓王信於代，定代郡九縣。（絳侯世家）
⑯定代鄉邑七十三。（樊噲傳）

⑰孝文四，張說擊胡，出代。

⑱元光六，公孫敖出代。

⑲元朔三，匈奴敗代太守友。四，匈奴入寇代。五，匈奴敗代都尉朱英。元狩二，匈奴入代。（漢興以來將相名臣年表）

⑳北賈種、代。種、代，石北也。（貨殖傳）

【正義】今代州也。（燕世家）地道記云：「恆山在上曲陽縣西北百四十里。北行四百五十里得恆山岅，號飛狐口，北則代郡也。」（趙世家）又：代郡城，北狄代國，秦、漢代縣城也，在蔚州羌胡縣北百五十里。（匈奴傳）

〔案〕代縣故城，今察哈爾蔚縣東，飛狐關在其南，郡治在廣昌。

代

①高祖王次兄仲於代。（楚元王世家）

②上曰：「代居常山北，趙乃從山南有之，遠。」乃立子恆為代王，都中都，代、雁門皆屬代。（韓王信陳豨傳）

③十一年，分趙山北，立子恆為代王，都晉陽。（高祖本紀）

④高祖十一，定代地，立為代王，都中都。（孝文本紀）

⑤孝文次子武為代王。

⑥二歲，徙代王為淮陽王。以代盡與太原王參，號曰代王。（梁孝王世家）

⑦孝文三，上幸太原。匈奴大入上郡。以地盡與太原，更號代。（漢興以來將相名臣年表）

⑧武帝徙代王王清河。（梁孝王世家）

【集解】如淳曰：「文帝過太原，復晉陽、中都二歲，以遷都於中都也。」（高祖本紀）

〔案〕郡國利病書卷四十七引尹耕代國考：「漢以來代有三：曰山北、山南、山東。山北之代，舊國也。趙襄所幷，代成、安陽所封，公子嘉所奔，趙歇、陳餘所主，夏說所守，王喜所棄，陳豨所監，皆是也；今蔚之廢城也。山南之代，徙都也。文帝之始封，以及子武、子參之所分，皆是也；所謂『晉陽、中都』也。山東之代，再徙也。武帝元鼎中，漢廣關，以常山為阻，徙代於清河；王莽繼絶改號，廣宗王義之所都，子年之所處，如意之所復，皆是也；所謂『清河』也。」

代

①漢定百年之間，燕、代無北邊郡，吳、淮南、長沙無南邊郡。（漢興以來諸侯年表）

【集解】如淳曰：「長沙之南更置郡，燕、代以北更置緣邊郡，其所有饒利兵馬器械，三國皆失之也。」

【正義】景帝時，漢境北至燕、代，燕、代之北未列為郡。吳、長沙之國，南至嶺南；嶺南、越未平，亦無南邊郡。

代谷

聞冒頓居代上谷。（韓王信傳）

【正義】今嬀州。

〔案〕漢書作「代谷」。又主父偃傳：「匈奴聚於代谷之外。」水經灅水注：「代谷者，恒山在其南，北塞在其北，谷中之地。上谷在東，代郡在西。」此衍一「上」字。平城近代谷，而去上谷則遠。漢上谷治沮陽，即唐嬀州也；正義誤說。

種

①楊、平陽北賈種、代。

②種、代，石北也。（貨殖傳）

【正義】種在恒州石邑縣北，蓋蔚州也。

鹵

太原鹵公孺。（游俠傳）

【集解】徐廣曰：「雁門有鹵城。」

〔案〕漢志代郡有鹵城縣，今繁峙縣東一百里。

飛狐

①距蜚狐之口，守白馬之津。（酈生傳）

②中大夫令勉軍飛狐，備胡。（孝文本紀）

③趙屯飛狐口。（匈奴傳）

【集解】如淳曰：「在代郡。」蘇林曰：「在上黨。」（孝文本紀）又：如淳曰：「上黨壺關也。」案：蜚狐在代郡西南。（酈生傳）

【正義】按：蔚州飛狐縣北五十里有秦漢故郡城，西南有山，俗號為飛狐口也。（酈生傳）

〔案〕飛狐口，今河北淶源縣北，察哈爾蔚縣南，為紫荆、倒馬之外險。又壺口關在山西長治縣東南。如淳分說得之，蘇林、集解、正義皆誤。

廣昌

破得綦母卬、尹潘軍於無終、廣昌。（樊噲傳）

【正義】在蔚州飛狐縣北七里。

〔案〕今河北淶源縣北。

無終　無窮

①武靈十九，北略中山地，至房子，遂至代，北至無窮。（趙世家）

②燕王韓廣為遼東王，都無終。（秦楚之際月表）

③臧荼擊殺韓廣於無終。（項羽本紀）

④破得綦母卬、尹潘軍於無終、廣昌。（樊噲傳）

〔案〕漢志：「右北平郡無終縣，故無終子國。」舊説皆以河北玉田縣為古無終。考玉田乃唐初析置，漢無終當在玉田西，今薊縣治。惟左襄四：「無終子如晉請和。」昭元：「中行穆子敗無終及羣狄於太原。」古無終近晉，應在今山西境。即據樊噲傳「無終、廣昌」，廣昌，今淶源，亦遠在玉田、薊縣之西。趙世家亦明言無窮在代北。然則古無終國殆自山西內地漸次遠引至於雲中、代郡，而又遷至右北平歟？

參合

①韓王信復與胡騎入居參合。（韓王信傳）

②因擊韓信軍於參合。（樊噲傳）

【集解】蘇林曰：「代地也。」
【正義】故城在朔州定襄縣北。
〔案〕今山西陽高縣東北。

横谷

破陳豨胡騎横谷。（樊噲傳）
【正義】蓋在代。

當城

樊噲將兵定代，斬陳豨當城。（高祖本紀）
【索隱】代之縣名。
【正義】括地志云：「當城在朔州定襄縣界。土地十三州記云：『當城在高柳東八十里。縣當常山，故曰當城。』」
〔案〕今蔚縣東。

上谷

①燕置上谷、漁陽、右北平、遼西、遼東郡。（匈奴傳）

②趙攻燕，得上谷三十城。（樗里子甘茂傳。案：索隱：「國策云『三十六縣』。」）

③秦之攻燕，踰雲中、九原，過代、上谷，彌地數千里。（蘇秦傳）

④十九年，代、燕合兵，軍上谷。（秦始皇本紀）

⑤定上谷十一縣。（絳侯世家）

⑥聞冒頓居代上谷。（韓王信傳）

⑦匈奴諸左方王將居東方，直上谷。（匈奴傳）

⑧上谷至遼東，地踔遠，人民稀，數被寇。（貨殖傳）

⑨元光六，衛青出上谷，破胡蘢城。（漢興以來將相名臣年表、韓長孺傳。）

【正義】上谷，今嬀州也，在幽州西北。

〔案〕漢上谷郡治沮陽，今察哈爾懷來縣南。

沮陽

復擊破盧綰軍沮陽。（絳侯世家）

【集解】徐廣曰：「在上谷。」

【索隱】案：地理志沮陽縣屬上谷。

【正義】括地志云：「上谷郡故城在嬀州懷戎縣東北百一十里。燕上谷，秦因不改，漢為沮陽縣。」

渾都

擊燕王盧綰，屠渾都。（絳侯世家）

【集解】徐廣曰：「在上谷。」

【正義】括地志云：「幽州昌平縣，本漢渾都縣。」

〔案〕今昌平縣西。

上蘭

破盧綰軍上蘭。（絳侯世家）

【正義】括地志云：「嬀州懷戎縣東北有馬蘭溪水」，恐是。

〔案〕水經注：「馬蘭溪水導源馬蘭城。」明志：「遵化縣北有馬蘭峪。」

造陽

①燕築長城，自造陽至襄平。

②漢亦棄上谷之什辟縣造陽地以予胡。（匈奴傳）

〔案〕通典：「造陽在嬀州北。」唐嬀州，今察哈爾懷來縣治。

漁陽

①燕置上谷、漁陽、右北平、遼西、遼東郡以拒胡。（匈奴傳）

②二世元年，發閭左適戍漁陽。（陳涉世家）

③定漁陽二十二縣。（絳侯世家。案：漢志乃十二縣。）

④元朔元，衛尉韓安國屯代，明年，屯漁陽。（漢興以來將相名臣年表、韓長孺傳。）

【索隱】地理志漁陽郡也。

【正義】括地志云：「漁陽故城在檀州密雲縣南十八里，在漁水之陽也。」（陳涉世家）又：幽州縣。（韓長孺傳）

〔案〕秦、漢漁陽郡治漁陽，今河北密雲縣西南三十里。漁水在縣南。

右北平

①燕破東胡，築長城，自造陽至襄平。置上谷、漁陽、右北平、遼西、遼東郡。（匈奴傳）

②追盧綰至長城，定右北平十六縣。（絳侯世家）

③徙安國益東，屯右北平。（韓長孺傳）

④元狩二，李廣出右北平。

⑤元狩三，匈奴入右北平、定襄。（漢興以來將相名臣年表）

【正義】幽州漁陽縣東南七十七里北平城，即漢右北平也。

〔案〕漢右北平郡治平剛，今熱河平泉縣。漁陽東南七十里之右北平城當在今玉田縣界，此後漢右北平治；正義誤說。

遼西

①燕置上谷、漁陽、右北平、遼西、遼東郡。（匈奴傳）

②北至碣石，巡自遼西，歷北邊至九原。（孝武本紀、封禪書。）

③定遼西、遼東二十九縣。（絳侯世家）

〔案〕水經濡水注：「陽樂，遼西郡治，秦始皇二十二年置。」則秦、漢遼西皆治陽樂，今河北撫寧縣西。或說前漢遼西治且慮，今灤縣西南。

肥如

燕王定國欲誅殺肥如令郢人。（荊燕世家）

【索隱】案地理志，肥如在遼西。

〔案〕今盧龍縣北。

文成

文成顛歌。（司馬相如傳）

【索隱】文穎曰：「文成，遼西縣名，其縣人善歌。」

〔案〕遼志：「中京松山縣，漢文成縣地。」故城今熱河赤峯縣境。

遼東

①燕置上谷、漁陽、右北平、遼西、遼東郡。（匈奴傳）

②燕東有朝鮮、遼東。（蘇秦傳）

③燕東北邊胡。上谷至遼東，地踔遠。（貨殖傳）

④二十一，拔薊，燕王東收遼東而王之。二十五，拔遼東。（秦始皇本紀、六國表、燕世家。）

⑤秦滅燕，朝鮮屬遼東外徼。（朝鮮傳）

⑥築長城，起臨洮，至遼東，延袤萬餘里。（蒙恬傳）

⑦因邊山險塹谿谷，起臨洮至遼東。（匈奴傳）

⑧二世至遼東而還。（秦始皇本紀）

⑨項羽徙燕王韓廣為遼東王，都無終。（項羽本紀、秦楚之際月表。）

⑩絳侯定遼西、遼東二十九縣。（絳侯世家）

⑪復脩遼東故塞，至浿水為界。王滿走出塞，渡浿水，居秦故空地上下鄣。

⑫文帝時，匈奴歲入邊，殺略甚多，雲中、遼東最甚。（匈奴傳）

⑬元封二，楊僕、荀彘出遼東，擊朝鮮。（漢興以來將相名臣年表）

襄平

燕築長城，自造陽至襄平。（匈奴傳）

【索隱】韋昭云：「今遼東所理。」

【正義】遼東郡在遼水東，始皇長城東至遼水，西南至海之上。（蒙恬傳）

〔案〕漢遼東郡治襄平，今遼寧遼陽縣北。秦長城不盡於此，如正義說。

〔又案〕項羽本紀謂：「燕王臧荼之國，因逐韓廣之遼東。廣勿聽，荼擊殺廣無終，并王其地。」廣既不肯之國，則無終似非廣都。

遼東

拜涉何為遼東東部都尉。（朝鮮傳）

【正義】地理志云：遼東郡武次縣，東部都尉所理也。

〔案〕方輿紀要：「武次故城在遼東都司北。」明遼東都司在遼陽。

遼陽

異姓功臣侯者百餘人。自雁門、太原以東至遼陽，為燕、代國。（漢興以來諸侯年表）

【集解】韋昭曰：「遼東遼陽縣。」

〔案〕清統志：漢遼陽故城當在今遼陽西北界，承德、遼陽之間，梁水、渾河交會之處。今遼陽，遼、金之遼陽也。」

卷二十九　匈奴北胡地名

胡

①其西北則胡、狢、月氏諸衣旃裘引弓之民，為陰；中國於四海内則在東南，為陽。（天官書）

②關中南有巴蜀之饒，北有胡苑之利。（留侯世家）

【正義】案：上郡、北地之北與胡接。

東胡

①燕北有東胡、山戎。

②燕賢將秦開破走東胡，東胡卻千餘里。築長城，自造陽至襄平。置上谷、漁陽、右北平、遼西、遼東郡以拒胡。

③是時東胡彊而月氏盛，匈奴頭曼不勝秦，北徙。

④東胡與匈奴間，中有棄地，莫居，千餘里。

⑤冒頓大破滅東胡。（匈奴傳）

【集解】駰案：漢書音義曰：「烏丸，或云鮮卑。」

【索隱】服虔云：「東胡，烏丸之先，後為鮮卑。在匈奴東，故曰東胡。」案：續漢書曰：「漢初，匈奴冒頓滅其國，餘類保烏桓山，以為號。俗隨水草，居無常處。」

東胡

①趙東有胡。

②東有燕、東胡之境。

③斬常山而守之，代馬胡犬不東下。

④惠文二十六，取東胡歐代地。（趙世家）

⑤李牧滅襜襤，破東胡，降林胡。（廉頗李牧傳、馮唐傳。）

⑥盧綰亡入匈奴，匈奴以為東胡王。（盧綰傳）

【正義】趙東有瀛州之東北。營州之境即東胡、烏丸之地。（趙世家）

林胡

①晉北有林胡、樓煩之戎。（匈奴傳）

②余將賜女林胡之地。

③西有林胡、樓煩、秦、韓之邊。（趙世家）

④李牧破東胡，降林胡。（廉頗李牧傳）

⑤燕北有林胡、樓煩。（蘇秦傳）

【集解】如淳曰：「林胡即儋林，為李牧所滅」。（匈奴傳）

【正義】林胡、樓煩即嵐、勝之北也。（趙世家）又曰：林胡，國名，朔、嵐已北。（蘇秦傳）

襜襤　澹林

①李牧大破匈奴，滅襜襤。（廉頗李牧傳）

②北逐單于，破東胡，滅澹林。（馮唐傳）

【集解】如淳曰：「胡名也，在代北。」（廉頗李牧傳）

林人

我先王又取藺、郭狼，敗林人於荏，而功未遂。（趙世家）

【正義】林人即林胡也。

三胡

變服騎射，以備燕、三胡、秦、韓之邊。（趙世家）

【索隱】林胡，樓煩，東胡。

義渠

①岐、梁山、涇、漆之北有義渠、大荔、烏氏、朐衍之戎。（匈奴傳）
②秦厲共六，義渠來賂。（六國表）
③三十三，伐義渠，虜其王。
④躁十三，義渠來伐，侵至渭南。（秦本紀、六國表。）
⑤惠文公七，義渠内亂，庶長操將兵定之。（六國表）
⑥十一，義渠君為臣。（秦本紀、六國表。）
⑦縣義渠。（秦本紀）
⑧犀首相魏，張儀去。義渠君朝於魏。
⑨五國伐秦，義渠起兵襲秦，大敗秦人李伯之下。（張儀犀首傳）
⑩惠文王十一，伐取義渠二十五城。（秦本紀、六國表。）

⑪義渠之戎築城郭以自守，秦稍蠶食，至於惠王，遂拔義渠二十五城。（匈奴傳）

⑫武王元，伐義渠、丹、犂。（秦本紀）

⑬秦昭王時，義渠戎王與宣太后亂，宣太后詐而殺義渠戎王於甘泉，遂起兵伐殘義渠。（匈奴傳）

⑭公孫賀、公孫敖，義渠人。（衛霍傳）

【集解】應劭曰：「義渠，北地也。」

【正義】地理志云：北地郡義渠道，秦縣也。括地志云：「寧、原、慶三州，（案：匈奴傳又一條引括地志僅云寧、慶二州。）秦北地郡，戰國及春秋時為義渠戎國之地，周先公劉、不窋居之，古西戎也。」（秦本紀）

〔案〕義渠故城，今甘肅寧縣西北。後漢建武六年，馮異自栒邑進軍義渠。班彪北征賦：「登赤須之長坂，入義渠之故城。」

〔又案〕秦惠文公十一年已縣義渠，義渠君為臣，不應稱王後之十一年，又有伐取義渠二十五城事。蓋兩十一年係一事誤分。五國伐秦在惠文王七年，義渠襲秦應在其時；則伐取義渠二十五城應是惠文稱王後之十一年也。

烏氏

①岐、梁山、涇、漆之北有義渠、大荔、烏氏、朐衍之戎。（匈奴傳）

②烏氏倮畜牧。（貨殖傳）

③破雍將軍烏氏。（酈商傳）

【集解】徐廣曰：「在安定。」

【正義】「氏」音「支」。括地志云：「烏氏故城在涇州安定縣東三十里。（酈南傳作「四十五里」，貨殖傳作「四十里」。）周之故地，後入戎，秦惠王取之，置烏氏縣也。」（匈奴傳）

〔案〕今平涼縣西北。

朐衍

岐、梁山、涇、漆之北有義渠、大荔、烏氏、朐衍之戎。（匈奴傳）

【集解】徐廣曰：「在北地。」

【正義】括地志云：「鹽州，古戎狄居之，即朐衍戎之地，秦北地郡也。」

〔案〕今寧夏鹽池縣北為漢北地郡朐衍縣。漢書五行志：「秦孝文游朐衍。」疑戰國時朐衍戎不在此，後漸遠引而來。

緜諸

①自隴以西有緜諸、緄戎、翟豲之戎。（匈奴傳）

②秦厲共六，義渠來賂，繇諸乞援。

③秦厲共二十，與緜諸戰。

④秦惠五，伐緜繇。（六國表）

【索隱】地理志天水有緜諸道。

【正義】括地志云：「緜諸城，秦州秦嶺縣北五十六里。」

〔案〕漢綿諸道故城，今天水縣東四十五里邽山下有故城遺址。「繇諸」、「諸繇」疑皆「緜諸」之譌。

獂　翟獂

①孝公西斬戎之獂王。（秦本紀）

④自隴以西有緜諸、緄戎、翟獂之戎。（匈奴傳）

【集解】徐廣曰：「翟獂在天水。『獂』音『丸』。」（匈奴傳）駰案：地理志天水有獂道縣。應劭曰：「獂，戎邑，音『桓』。」（秦本紀）

【正義】括地志云：「獂道故城在渭州襄武縣東南三十七里。古之獂戎邑。漢獂道屬天水郡。」（匈奴傳）

〔案〕今甘肅隴西縣東北，渭水北。

圁

晉文公攘戎狄，居於河內圁、洛之閒。（匈奴傳）

【集解】徐廣曰：「圁在西河，音『銀』。」

【索隱】三蒼「圁」作「圜」。地理志云：「圜水出上郡白土縣西，東流入河。」韋昭云：「『圜』當為『圁』。」續郡國志及太康地理志並作「圁」字。

〔案〕圁水，今禿尾河，出綏遠鄂爾多斯，入陝西葭縣北，入黃河。

樓煩

①晉北有林胡、樓煩之戎。（匈奴傳）

②趙西有林胡、樓煩、秦、韓之邊。

③主父出代，西遇樓煩王於西河而致其兵。（趙世家）

④武靈王北破林胡、樓煩，築長城。（匈奴傳）

⑤燕北有林胡、樓煩。（蘇秦傳）

⑥漢追匈奴至離石，破之。匈奴復聚兵樓煩西北。（韓王信傳）

⑦還攻樓煩三城，因擊胡騎平城下。

⑧擊韓信、陳豨軍於樓煩，破之。（絳侯世家）

⑨匈奴河南白羊、樓煩王，去長安近者七百里，輕騎一日一夜可以至秦中。（劉敬傳）

⑩走白羊、樓煩王。遂以河南地為朔方郡。（衛霍傳）

⑪漢有善騎射者樓煩。（項羽本紀）

⑫丁復以趙將從起鄴，至霸上，為樓煩將。（高祖功臣侯年表）

⑬斬樓煩將五人。（灌嬰傳）

⑭生得樓煩將十人。（灌嬰傳）

【集解】應劭曰：「樓煩胡也，今樓煩縣。」（項羽本紀）張晏曰：「樓煩，胡國名。」（灌嬰傳）

【索隱】地理志樓煩，縣名，屬雁門。（匈奴傳）

【正義】林胡、樓煩即嵐、勝之北也。（趙世家）括地志云：「嵐州，樓煩胡地也。」（匈奴傳）地理志云樓煩縣在雁門郡，括地志云在并州崞縣界。（絳侯世家）

〔案〕漢樓煩縣，今山西寧武、神池、五寨諸縣界，在雁門關北。匈奴樓煩王在河套南，蓋樓煩之引而遠去者。

白羊

①南并樓煩、白羊河南王。（匈奴傳）

②匈奴河南白羊、樓煩王，去長安近者七百里。（劉敬傳）

③衛青出雲中以西，擊胡之樓煩、白羊王於河南。（匈奴傳）

④走樓煩、白羊王。遂以河南地為朔方郡。（衛霍傳）

【集解】張晏曰：「白羊，匈奴國名。」

【索隱】案：樓煩、白羊二者並在河南。河南者，案在朔方之河南，舊並匈奴地也，今亦謂之新秦中。（劉敬傳）

獫狁　玁狁

①唐虞以上有山戎、獫狁、葷粥，居於北蠻。

②薄伐獫狁，至於太原。（匈奴傳）

③薄伐玁狁，至於太原。（衛霍傳）

【集解】晉灼曰：「堯時曰葷粥，周曰獫狁，秦曰匈奴。」

葷粥

①葷粥氏虐老獸心。

②葷粥徙域，北州以綏。（三王世家）

【索隱】葷粥即匈奴。

匈奴

①韓、趙、魏、燕、齊帥匈奴共攻秦。（秦本紀）

②匈奴，其先祖夏后氏之苗裔，曰淳維。

③中行說曰：「匈奴人衆不能當漢之一郡。」（匈奴傳）

④匈奴無城郭之居，委積之守，遷徙鳥舉，難得而制。（平津侯傳）

【索隱】張晏曰：「淳維以殷時奔北邊。」又樂彥括地譜云：「夏桀無道，湯放之鳴條，三年而死。其子獯粥妻桀之衆妾，避居北野，隨畜移徙，中國謂之匈奴。」其言夏后苗裔，或當然也。故應劭風俗通曰：「殷時曰獯粥，改曰匈奴。」韋昭云：「漢曰匈奴，葷粥其別名。」則淳維是其始祖，蓋與獯粥是一也。（匈奴傳）

氐

①匈奴右方王將居西方，直上郡以西，接月氏、氐、羌。（匈奴傳）

②自冉駹以東北，君長以什數，白馬最大，皆氐類也。（西南夷傳）

③其北方則閉氐、筰。（大宛傳）

【索隱】案：風俗通云：「氐，本西南夷種。地理志武都有白馬氐。」又魚豢魏略云：「漢置武都郡，排其種人，分竄山谷，或號青氐，或號白氐。」纂文云：「氐亦羊稱。」（匈奴傳）

【正義】氐，今成州及武等州也。（大宛傳）

〔案〕唐成州，今甘肅成縣；武州，今武都縣。

蹛林

秋，馬肥，大會蹛林。（匈奴傳）

【集解】駰案：漢書音義曰：「匈奴秋社八月中皆會祭處。『蹛』音『帶』。」

【索隱】鄭氏云：「蹛林，地名也。」晉灼曰：「李陵與蘇武書云：『相競趍蹛林』」，則服虔說是也。又韋昭音「多藍反」。姚氏案：李牧傳：「大破匈奴，滅襜襤」，此字與韋昭音頗同，然「林」、「襤」聲相近，或以「林」為「襤」也。

【正義】顏師古云：「蹛者，遶林木而祭也。鮮卑之俗，自古相傳，秋祭無林木者，尚豎柳枝，眾騎馳遶三周乃止，此其遺法也。」

〔案〕遼史國語解：「蹛林即松林故地。」新唐書太宗以鐵勒部思結為蹛林州，隸燕然都護府。考唐蹛林州當在今甘肅舊涼州府境，（永昌、武威、民勤、古浪諸縣。）境內諸山多以產松著。今古浪縣，漢為蒼松縣，屬武威郡。或蹛林在匈奴右方也。

蘢城

①衛青出上谷，破胡蘢城。（韓長孺傳、匈奴傳、衛霍傳。）

②深入匈奴，燔其蘢城。（主父偃傳）

③五月，大會蘢城。（匈奴傳）

【索隱】漢書作「龍城」。崔浩云：「西方胡皆事龍神，故名大會處為龍城。」後漢書云：「匈奴俗，歲有三龍祠，祭天神。」（匈奴傳）

〔案〕匈奴每歲大會處，在漢北塔米爾河境。衛青出上谷七百里，至龍城，當在漢南。讀史兵略謂在察哈爾左翼旗界。

渾庾

北服渾庾、屈射、丁靈、鬲昆、薪犁之國。（匈奴傳）

【索隱】魏略云：「匈奴北有渾窳國。」

〔案〕漢書作「渾窳」。漢志：「北地郡富平，渾懷都尉治塞外渾懷障。」水經注「河水東北逕渾懷障西。」隋置靈武縣。今寧夏平羅縣東，黃河東岸。疑「渾庾」即「渾懷」。

屈射

北服渾庾、屈射、丁靈、鬲昆、薪犂之國。（匈奴傳）

【正義】在匈奴北。

〔案〕宋史夏國傳：「麟州西城下瞰屈野河。」一作「窟野河」；源出綏遠鄂爾多斯左翼中旗之南，東南流經陝西神木縣，注於黄河。不知此屈射即屈野否？

丁靈

北服渾庾、屈射、丁靈、鬲昆、薪犂之國。（匈奴傳）

【索隱】魏略云：「丁靈在康居北，去匈奴庭接習水七千里。」

【正義】在匈奴北。

〔案〕漢書作「丁零」。匈奴封李陵為右校王，衞律為丁靈王。丁零乃匈奴之西鄙。又丁令盜蘇武北海牛羊。郅支單于北擊烏揭，降；發其兵西破堅昆，北降丁令。故魏略云「丁零在康居北」也。唐置丁零州，今新疆吐魯番境。

鬲昆

北服渾庾、屈射、丁靈、鬲昆、薪犂之國。（匈奴傳）

【正義】在匈奴北。

〔案〕魏略西域傳：「堅昆國在康居西北，丁令國在康居北。」或堅昆即鬲昆，與丁零皆避匈奴徙此。漢書匈奴傳：「郅支單于北擊烏揭，降；發其兵西破堅昆，北降丁令」，是也。

薪犂

北服渾庾、屈射、丁靈、鬲昆、薪犂之國。（匈奴傳）

【正義】在匈奴北。

〔案〕薪犂，漢書作「新犂」，疑即「先零」。今考渾庾、屈射、丁零、鬲昆、薪犂，大率在匈奴西，當匈奴右部通西域羌中之道，而史文以為在北，未詳其故。

闐顏山　寘顏山　趙信城

①出定襄塞千餘里，絶漠，北至闐顏山趙信城而還。（匈奴傳）

②遂至寘顏山趙信城，得匈奴積粟。（衛霍傳）

【集解】如淳曰：「趙信降匈奴，匈奴築城居之。」（匈奴傳）

〔案〕當在外蒙古。

狼居胥山

封於狼居胥山。（匈奴傳、衞霍傳。）

〔案〕狼山在綏遠五原西北，西接賀蘭山，抱後套；東轉至歸綏縣西北，名大青山；皆陰山主峯也。故北部陰山亦有狼山之名。然霍去病出代二千餘里，與匈奴左賢王接戰，左賢王敗走，乃封狼居胥山而還；又漢書去病出代、右北平二千餘里，歷度難侯之山，濟弓盧之水，封狼居胥山，禪于姑衍，登臨瀚海而還；則狼居胥山應在大同直北渡漠，匈奴東界，非今綏遠之狼山也。

姑衍

禪姑衍。（匈奴傳、衞霍傳。）

〔案〕應在漠北，近狼居胥山。

翰海

①封於狼居胥山，禪姑衍，臨翰海而還。（匈奴傳）

②登臨翰海。（衞霍傳）

【集解】如淳曰：「翰海，北海名。」（匈奴傳）

【索隱】案：崔浩云：「羣鳥之所解羽，故云翰海。」廣志：「在沙漠北。」（衞霍傳）

浮苴井

出九原二千餘里，至浮苴井而還。（匈奴傳）

【索隱】臣瓚云：「去九原二千里，見漢輿地圖。」

肱靁

北益廣田至肱靁為塞。（匈奴傳）

【集解】駰案：漢書音義曰：「肱靁，地名，在烏孫北。」

〔案〕漢志：「西河郡增山，有道西出眩雷塞。」增山故城，今套內南接榆林邊界，則肱雷不得遠在烏孫北。

受降城

因杅將軍敖築受降城。（匈奴傳、衞霍傳。）

〔案〕漢受降城，今綏遠蒙古烏拉特旗北，漢九原北塞外。呼韓邪單于自請留居光祿塞下，有急保受降城；後魏太平眞君九年，北討至受降城；是也。

浚稽山

出朔方西北二千餘里，至浚稽山而還。（匈奴傳）

【索隱】應劭云：「在武威縣北。」

〔案〕天漢二年，詔李陵「出遮虜鄣，至東浚稽山南龍勒水上」。陵出居延，北行三十日，至浚稽山，營兩山間。後魏太延四年，自五原北伐柔然，中道出浚稽山，使拓跋崇從大澤向涿邪山；魏主從浚稽北向天山，西登白阜。清統志謂浚稽當在喀爾喀土喇河、鄂爾渾河之間。

廬朐

光祿徐自為出五原塞數百里，遠者千餘里，築城障列亭至廬朐。（匈奴傳）

【集解】音「衢」。服虔云：「廬（朐），匈奴地名也。」張晏云：「山名也。」

【正義】括地志云：「五原郡相陽縣北出石門鄣，得光祿城，又西北得支就縣，又西北得頭曼城，又西北得牢城河，又西北得宿虜城。」按：即築城鄣列亭至廬朐也。

〔案〕克魯倫河，一作臚朐河，亦名龍居河，源出喀爾喀肯特山，為額爾古納河之上流，直河套北二千里許。

涿涂山

因杅將軍敖出西河，與彊弩都尉會涿涂山。（匈奴傳）

【集解】徐廣曰：「『涂』音『邪』。」

【正義】匈奴中山也。

〔案〕後漢永平十六年，祭肜與左賢王信期至涿邪山；出高闕塞九百餘里，得小山，信妄以為涿邪山，不見敵而還。永元初，竇憲出雞鹿塞，鄧鴻出稒陽塞，南單于出滿夷谷，皆會涿邪山。北魏登國六年，討蠕蠕，破之大磧南牀山；長孫肥追之，度磧，至涿邪山。神䴥二年，擊柔然，循弱水西行，至涿邪山。太延四年，自五原伐柔然，至浚稽山，分遣拓跋崇從大澤向涿邪山。當在今外蒙古西部。

蒲泥 符離

討蒲泥，破符離。（衛霍傳）

【集解】晉灼曰：「王號。」

【索隱】崔浩云：「北塞名。」

〔案〕漢書武紀：「出高闕，遂西至符離。」是符離乃塞名，蒲泥則王號。明志：「榆林關西北有符離塞。」紀要：「符離塞在豐州河西北。」豐州故城在今綏遠鄂爾多斯右翼後旗界内。

窳渾

都尉韓説從大將軍出窳渾，至匈奴右賢王庭。（衞霍傳）

【集解】徐廣曰：「窳渾在朔方。」

【索隱】服虔云：「窳渾，塞名。」漢書作「寘渾」。

〔案〕漢志：「朔方窳渾，有道西北出雞鹿塞。屠申澤在東。」西部都尉治，今綏遠蒙古鄂爾多斯右翼黄河西北岸，阿爾坦山之南騰格里腦兒側。

烏盭

踰烏盭，討遬濮，涉狐奴。（衞霍傳）

【集解】駰案：漢書音義：「『盭』音『戾』。烏盭，山名。」

〔案〕漢書武紀：「元鼎五年，幸雍。遂踰隴，登空同，西臨祖厲河而還。」李斐曰：「『祖厲』音『嗟賴』。」通典：「今會州烏蘭，漢祖厲縣地。」方輿紀要：「祖厲城在靖遠衞西南一百三十里。祖厲河在城北，東入於河。」又水經注：「河水東北過媪圍縣東。」秃髮傉檀之拒赫連，欲從温圍水北渡。拓跋伐沮渠，李順謂：「自温圍河至姑臧。」「温圍」、「温圍」，均即「媪圍」之譌。古時由隴西至涼州皆由此渡河也。今媼圍廢縣在皋蘭東北。祖厲、烏蘭故城皆在靖遠縣西南。蓋「烏蘭」、「媼圍」亦一音之轉。烏盭則即烏蘭也。今烏蘭山在靖遠縣南一百二十里，下有烏蘭關。

遬濮　狐奴

①踰烏盭，討遬濮，涉狐奴。②再從驃騎將軍斬遬濮王。（衞霍傳）

【集解】晉灼曰：「狐奴，水名。」

【索隱】「遬濮」音「速卜」。崔浩云：「匈奴部落名。」案：下有「遬濮王」，則是國名也。

折蘭　盧胡

過焉支山千有餘里，殺折蘭王，斬盧胡王。（衞霍傳）

【集解】張晏曰：「折蘭，盧胡，國名也。」

【正義】顏師古云：「折蘭，匈奴中姓也。今鮮卑有是蘭姓者，即其種。」

稽且

斬遬濮王，捕稽且王。（衞霍傳）

【索隱】「且」音子余反。

呼于屠

捕呼于屠王。（衞霍傳）

【索隱】案：三字共為王號。

離侯　弓閭

歷涉離侯，濟弓閭。（衞霍傳）

【集解】晉灼曰：「弓閭，水名。」

【索隱】漢書「度離（難）侯。」小顏云：「山名。」包愷曰：「『弓』音『穹』，亦如字讀。」

〔案〕均應在漠北。

與城

會與城。（衞霍傳）

【正義】「與」音「余」。

〔案〕漢書作「興城」。

檮余山

從至檮余山。（衛霍傳）

【索隱】「檮余」音「桃徒」。

匈河水

①後一歲，為匈河將軍。

②攻胡至匈河水。（衛霍傳、大宛傳。）

③趙破奴出令居數千里，至匈奴河水而還。

【索隱】臣瓚云：「河水名，去令居千里。」

沙北

嶺南、沙北固往往出鹽。（貨殖傳）

【正義】謂沙漠（案：今謂「池漢」。）之北也。

頹當

韓王信入匈奴，至頹當城。（韓王信傳）

【集解】駰案：漢書音義曰：「縣名。」韋昭曰：「在匈奴地。」

薪望之地

以六月中來至薪望之地。（匈奴傳）

【集解】駰案：漢書音義曰：「塞下地名。」

【索隱】服虔云：「漢界上塞下之地，今匈奴使至於此也。」

〔案〕「薪望」恐是烽燧斥堠然薪望視之義，非必係地名也。

卷三十　西域地名

大宛

①大宛之跡，見自張騫。

②大宛在匈奴西南，在漢正西，去漢可萬里。俗土著，屬邑大小七十餘城。北則康居，西則大月氏，西南則大夏，東北則烏孫，東則扜罙、于闐。（大宛傳）

③漢使貳師將軍西伐大宛。

④漢既誅大宛，威振外國。（匈奴傳）

⑤伐大宛得千里馬，馬名蒲梢。（樂書）

【正義】漢書云：「大宛國去長安萬二千五百五十里，東至都護治。」括地志云：「率都沙那國亦名蘇對沙那國，本漢大宛國。」

〔案〕西域圖考：「由疏勒西出葱嶺為大宛、月氏。大宛在北。今浩罕八城皆其地。今併於俄為費爾干省。」

貳師

宛有善馬在貳師城。（大宛傳）

〔案〕唐書：「東曹，居波悉山之陰，漢貳師城地。」

郁成

①宛貴人令其東邊郁成遮攻殺漢使。

②貳師軍既西過鹽水，比至郁成。

③上官桀攻破郁成。郁成王亡走康居。（大宛傳）

月氏

①其西北則胡、貉、月氏。（天官書）

②西湊月氏。（三王世家）

③秦始皇時，東胡彊而月氏盛。

④冒頓西擊走月氏。

⑤匈奴右方王將居西方，直上郡以西，接月氏、氐、羌。

⑥漢西置酒泉郡鬲绝胡羌通路，又西通月氏、大夏。（匈奴傳）

⑦單于曰：「月氏在吾北，漢何以得往使？」

⑧張騫亡鄉月氏，至大宛。康居傳致大月氏。

⑨大宛西則大月氏，西南則大夏。

⑩大月氏在大宛西可二三千里，居嬀水北。其南則大夏，西則安息，北則康居。行國。（大宛傳）

【正義】「氏」音「支」。括地志云：「涼、甘、肅、延、（案：大宛傳作「瓜」。）沙等州地，本月氏國。」（匈奴傳）又：月氏，西戎國名，在葱嶺之西也。（天官書）又：漢書西域傳云：「大月氏國去長安城萬一千六百里，本居燉煌、祁連間，冒頓單于破月氏，月氏乃遠去，過大宛西，擊大夏而臣之，都嬀水北，為王庭也。」（匈奴傳）又：大月氏在大宛西南。（大宛傳）又：萬震南州志云：「在天竺北可七千里，地高燥。騎乘常數十萬匹，城郭宮殿與大秦國同。人民赤白色。」康泰外國傳：「外國稱天下有三眾：中國為人眾，大秦為寶眾，月氏為馬眾。」（大宛傳）

小月氏

①驃騎將軍踰居延，遂過小月氏，攻祁連山。（衛霍傳）

②始月氏居敦煌、祈連間，及為匈奴所敗，遠去，過宛，西擊大夏而臣之，都嬀水北。小眾不能去

者，保南山羌，號小月氏。（大宛傳）

媯水

①大月氏居媯水北，其南則大夏。

②安息臨媯水。（大宛傳）

〔案〕西域圖考：「媯水，唐之烏滸河，亦名縛芻河。今為阿母河。」

大夏

①漢又西通月氏、大夏。（匈奴傳）

②大月氏臣大夏而居，地肥饒。

③大月氏居媯水北，其南則大夏。

④大夏在大宛西南二千餘里媯水南，俗土著。

⑤大夏民多，可百餘萬。其都曰藍市城。（大宛傳）

⑥張騫嘗使大夏。（衛霍傳）

⑦言居大夏時見蜀布、邛竹杖。

⑧大夏在漢西南。（西南夷傳）

藍市城

大夏其都曰藍市城。（大宛傳）

安息

安息在大月氏西可數千里。俗土著，其屬小大數百城，地方數千里，最為大國。臨嬀水。（大宛傳）

【正義】地理志云：「安息國京西萬一千二百里。自西關西行三千四百里至阿蠻國，西行三千六百里至斯賓國，南行渡河，又西南行至于羅國九百六十里，安息西界極矣。自乘海乃通大秦國。」漢書云：「北康居，東烏弋山離，西條枝。」

〔案〕西域圖考：「今波斯國北八部之境。」

條枝

條枝在安息西數千里，臨西海。（大宛傳）

【索隱】漢書作「犂靬」。續漢書一名「大秦」。三國並臨西海。後漢書云：「西海環其西，惟西北通陸道。」然漢使自烏弋以還，莫有至條枝者。

〔案〕後魏波斯傳：「波斯國都宿利城，在忸密西，古條支國也。」隋書：「波斯國，都達昌水之西蘇蘭城，即條支故地。」

奄蔡

①奄蔡在康居西北可二千里，行國，臨大澤，蓋乃北海。

②安息北有奄蔡、黎軒。（大宛傳）

【正義】漢書解詁云：「奄蔡即闔蘇也。」魏略云：「西與大秦通，東南與康居接。故時羈屬康居也。」

〔案〕西域圖考：「奄蔡，今俄屬東境西伯利亞。自哈薩克右部而北，即俄之多僕斯科，再北為德波爾斯科，即臨北海也。」

黎軒

安息北有奄蔡、黎軒。（大宛傳）

【索隱】漢書作「犂靬」。

【正義】後漢書云：「大秦一名犂鞬，在西海之西，東西南北各數千里。有城四百餘所。」魏略云：「大秦在安息、條支西大海之西，故俗謂之海西。從安息界乘船直載海西，遇風利時三月到，風遲或一二歲。從安息繞海北陸到其國。」

〔案〕西域圖考：「犂靬即後書之大秦，即羅馬也。」

驪潛　大益

宛西小國驪潛、大益。（大宛傳）

康居

①大宛北則康居。

②康居在大宛西北可二千里，行國。國小，南羈事月氏，東羈事匈奴。（大宛傳）

③康居西域，重譯請朝。（司馬相如傳）

【正義】括地志云：「康居國在京西一萬六百里。其西北可二千里有奄蔡，酒國也。」

〔案〕西域圖考：「今為哈薩克右部地。當在錫爾河及鹹海北境，今之基爾吉斯牧地也。」

烏孫

①大宛東北則烏孫。

②烏孫在大宛東北可二千里，行國。（大宛傳）

③定樓蘭、烏孫、呼揭。（匈奴傳）

【正義】在瓜州西北。烏孫，戰國時居瓜州。

〔案〕漢書甘延壽傳：「郅支單于侵陵烏孫、大宛。如得二國，北擊伊列。」伊列即伊犂。西域圖考：「烏孫在今阿克蘇北境木素爾嶺之北，伊犂南境特克斯河之南。」

呼揭

定樓蘭、烏孫、呼揭。（匈奴傳）

【正義】在瓜州西北。

侖頭

①烏孫、侖頭。

②至侖頭，侖頭不下，攻屠之。自此而西，平行至宛城。

③侖頭有田卒數百人，置使者護田積粟，以給使外國者。（大宛傳）

〔案〕今輪臺縣。

蘇薤

宛東姑師、扜罙、蘇薤之屬。（大宛傳）

扜罙

①大宛東則扜罙、于闐。

②宛東姑師、扜罙、蘇薤之屬。（大宛傳）

【集解】徐廣曰：「漢紀曰：『拘彌國去于寘三百里。』」

【索隱】扜罙，國名也，音「汗彌」。漢紀「拘」音「俱」，「彌」即「罙」也，則拘彌與扜罙同是一名。

〔案〕漢書作「扜彌」。「扜」音「烏」。後漢書作「拘彌」。法顯佛國記稱「拘睒彌」，大唐西域記稱「憍賞彌」，唐書作「俱密」，蓋皆一音之轉。今新疆于闐縣，王所治扜彌城，亦作寧彌城，又稱建德力城。西域圖考云：「即今和闐，屬克勒底亞城。」

于寘

①大宛東則扜罙、于闐。

②漢使窮河源，河源出于闐，其山多玉石。

③于闐之西，水皆西流，注西海；其東水東流，注鹽澤。（大宛傳）

【索隱】「窴」音「田」，又音「殿」。

〔案〕今新疆和闐縣，王所治西城，亦曰西山城。

西海

①于闐之西，水皆西流，注西海。

②條枝在安息西數千里，臨西海。（大宛傳）

〔案〕今和闐西南，皆葱嶺環匝，亦無西流之水，此蓋大略言之。

鹽澤　鹽水

①于闐之東水東流，注鹽澤。

②鹽澤潛行地下，其南河源出焉。

③樓蘭、姑師邑有城郭，臨鹽澤。鹽澤去長安可五千里。

④並南山至鹽澤。

⑤貳師將軍軍既西過鹽水。鹽水中數敗。

⑥燉煌置酒泉都尉；西至鹽水，往往有亭。（大宛傳）

【索隱】鹽水也。太康地記云：「河北得水為河，塞外得水為海」也。郭璞云：「河出崑崙，潛行地下，至葱嶺山于闐國，復分流歧出，合而東注泑澤。」泑澤即鹽澤也，一名蒲昌海。廣志云：「蒲昌海在蒲類海東。」

【正義】漢書云：「鹽澤，玉門關三百餘里，廣袤三四百里。其水皆潛行地下，南出于積石山為中國河。」括地志云：「蒲昌海一名泑澤，一名鹽澤，一名輔日海，亦名穿蘭，亦名臨海，在沙州西南。」又：孔文祥云：「鹽水，鹽澤也。」裴矩西域記云：「在西州高昌縣，東南去瓜州一千三百里，並沙磧之地，水草難行，四面危，道路不可準記，行人唯以人畜骸骨及駝馬糞為標驗。」

〔案〕今新疆羅布諾爾。「羅布」，回語聚水之區。其東即白龍堆。

樓蘭

①定樓蘭、烏孫、呼揭。（匈奴傳）

②擊虜樓蘭王。（衛霍傳）

③虜樓蘭王，遂破姑師。

④樓蘭、姑師邑有城郭，臨鹽澤。（大宛傳）

【正義】漢書云：「鄯善國名樓蘭，去長安一千六百里。」

〔案〕漢書西域傳：「鄯善去陽關千六百里，去長安六千一百里。」魏書：「出玉門二千里。」疑較漢書為得，正今鄯善縣東南。

姑師

①樓蘭、姑師邑有城郭，臨鹽澤。

②樓蘭、姑師小國耳，當空道。

③虜樓蘭王，遂破姑師。

④宛東姑師、扜罙、蘇薤。（大宛傳）

【正義】姑師即車師也。

〔案〕車師分前、後王及山北六國，約當今新疆吐魯番、昌吉、奇台等縣地。

卷三十一　蜀地名

蜀

①庸、蜀、羌、髳、微、纑、彭、濮人。（周本紀）

②蜀，西僻之國而戎翟之長。（張儀傳）

③肅王四，蜀伐楚，取茲方。（六國表、楚世家。）

④後惠公十三，伐蜀，取南鄭。

⑤惠文王九，司馬錯伐蜀，滅之。

⑥十一，公子通封於蜀。

⑦十四，蜀相壯殺蜀侯來降。（秦本紀、六國表。）

⑧苴、蜀相攻擊，各來告急於秦。秦起兵伐蜀，遂定蜀，貶蜀王更號為侯，而使陳莊相蜀。蜀既屬秦，秦以益彊，富厚，輕諸侯。（張儀傳）

⑨武王立。蜀侯煇、相壯反，秦使甘茂定蜀。（甘茂傳）

⑩武王元，誅蜀相壯。（秦本紀、六國表。）

⑪王取武關、蜀、漢之地。（楚世家）

⑫蜀地之甲，乘船浮於汶，乘夏水而下江，五日而至郢。（蘇秦傳）

⑬白起一戰舉鄢郢，再戰南并蜀漢。

⑭范睢相秦，棧道千里，通於蜀漢。（蔡澤傳）

⑮諸嫪毐舍人皆沒家遷蜀。

⑯其與家屬徙處蜀。（呂不韋傳）

⑰漢王還守成皋、滎陽，下蜀、漢之粟。（黥布傳）

⑱蜀漢之粟方船而下。（酈食其傳）

⑲孝惠三，蜀湔氐反，擊之。（漢興以來將相名臣年表）

⑳蜀守冰鑿離碓，辟沫水之害，穿二江成都之中。（河渠書）

㉑中國山川東北流，其維，首在隴、蜀，尾沒於勃、碣。（天官書）

㉒漢誅羌，滅南越，番禺以西至蜀南者置初郡十七。（平準書）

㉓江水，祠蜀。（封禪書）

㉔蜀、漢、江陵千樹橘。（貨殖傳）

㉕西蜀丹青不為采。（李斯傳）

㉖蜀布、邛竹杖。（西南夷傳、大宛傳。）

【正義】括地志云：「益州及巴、利等州，皆古蜀國。」

苴

苴、蜀相攻擊。（張儀傳）

【集解】徐廣曰：「譙周曰：益州『天苴』讀為『苞黎』之『苞』，音與『巴』相近，以為今之巴郡。」

【索隱】「苴」音「巴」。謂巴、蜀之夷自相攻擊也。巴苴草名，「巴」遂誤作「苴」。或巴人、巴郡本因芭苴得名。

【正義】華陽國志云：「昔蜀王封其弟於漢中，號曰苴侯，因命之邑曰葭萌。苴侯與巴王為好，巴與蜀為讎，故蜀王怒，伐苴。苴奔巴，求救於秦。秦遣張儀從子午道伐蜀。王自葭萌禦之，敗績，走至武陽，為秦軍所害。秦遂滅蜀，因滅巴、蜀二郡。」括地志云：「苴侯都葭萌，今利州益昌縣五十里葭萌故城是。蜀侯都益州巴子城，在合州石鏡縣南五里，故墊江縣也。巴子都江州，在都之北，又峽州界也。」

〔案〕漢葭萌，今四川昭化縣南。漢墊江，今合川縣治。漢江州，今重慶市西。即如華陽國志說，苴為蜀侯弟，然此三國都恐不如括地志所云。

枳

蘇代約燕王曰：「楚得枳而國亡。」（蘇秦傳）

【集解】徐廣曰：「巴郡有枳縣。」

【正義】枳，今涪州城。秦枳縣在江南。

〔案〕今四川涪陵縣治。

葭萌

處葭萌。曰：「此地狹薄。」（貨殖傳）

【集解】徐廣曰：「屬廣漢。」

【正義】葭萌，今利州縣。

〔案〕今昭化縣境。

成都

①穿二江成都之中。（河渠書）

②司馬相如，蜀郡成都人。（司馬相如傳）

〔案〕今成都治。

成都

陳涉封張耳子敖為成都君。（陳涉世家、張耳陳餘傳。）

【正義】成都，蜀郡縣，涉遙封之。

〔案〕漢志：「山陽郡城都，侯國。」元帝封王商。水經瓠子河注作「郕都城」，故城今山東濮縣東南。張敖為成都君，即郕都城；正義說誤。

二江

穿二江成都之中。（河渠書）

【正義】括地志云：「大江一名汶江，一名管橋水，一名清江，亦名水江，西南自溫江縣界流來。」又云：「郫江一名成都江，一名市橋江，亦名中日江，亦曰內江，西北自新繁縣界流來。二江並在益州成都縣界。杜預益州記云：『二江者，郫江、流江也。』風俗通云：『秦昭王使李冰為蜀守，開成都縣兩江，溉田萬頃。』」

〔案〕郫江，今成都縣北，自灌縣分岷江東流，經郫縣北入成都縣界，繞城北而去，與錦江合，舊統名為二江。

離碓

①蜀守冰鑿離碓，辟沫水之害。

②太史公西瞻蜀之岷山及離碓。（河渠書）

〔案〕舊志：「離碓，今灌縣西南，或曰即灌縣西北之灌口山。」華陽國志離堆在南安縣界。洪氏隸釋在今夾江縣。又南部、蒼溪二縣皆有之。

沫水

①蜀守冰鑿離碓，辟沫水之害。（河渠書）

②除邊關，西至沫、若水。

③關沫、若，徼牂牁。（司馬相如傳）

【索隱】案：說文云：「沫水出蜀西南徼外，與青衣合，東南入海」也。（河渠書）張揖云：「沫水出蜀廣平徼外，與青衣水合。」華陽國志漢嘉縣有沫水。（司馬相如傳）

〔案〕青衣江兩源：一出天全之西，即沫水；一出蘆山西北，即青衣。二水會於雅安之南，遂曰青衣江。

青衣

彭越傳處蜀青衣。（彭越傳）

【集解】文穎曰：「青衣，縣名，在蜀。」瓚曰：「今漢嘉是也。」

【索隱】蘇林云：「縣名，今為臨邛。」瓚説為是。

〔案〕今雅安縣北。輿地廣記：「嘉州龍游縣乃漢南安縣故地，非青衣漢嘉本土。」今案：龍游，今樂山縣治，隋開皇九年改名青衣。

南安

鄧通，蜀郡南安人。（佞幸傳）

【集解】徐廣曰：「後屬犍為。」

〔案〕今夾江縣西北。

臨邛

①卓氏遷臨邛，即鐵山鼓鑄，富至僮千人。

②程鄭亦冶鑄，富埒卓氏，俱居臨邛。（貨殖傳）

③素與臨邛令王吉相善。（司馬相如傳）

〔案〕今邛崍縣。

嚴

秦封樗里子，號為嚴君。（樗里子傳）

【索隱】案：嚴君是爵邑之號，當是封之嚴道也。

嚴道

①群臣請處淮南王蜀嚴道、邛都。（孝文本紀）

②請處蜀郡嚴道邛郵。（淮南傳）

③賜鄧通蜀嚴道銅山。（佞幸傳）

【正義】括地志云：「嚴道今為縣，即邛州所理縣也。縣有蠻夷曰道，故曰嚴道。」（孝文本紀）

又：滎經即嚴道。（佞幸傳）

〔案〕今滎經縣。

湔氐

蜀湔氐反，擊之。（漢興以來將相名臣年表）

【索隱】湔氐，蜀郡縣名。

〔案〕蜀郡湔氐道，今松潘縣西北。

卷三十二　西南夷地名

西南夷

①西南夷皆巴蜀西南外蠻夷也。

②西南夷君長以百數，獨夜郎、滇受王印。（西南夷傳）

③唐蒙、司馬相如開路西南夷。（平準書）

④漢誅西南夷，滅國多矣，卒為七郡。（西南夷傳）

【集解】徐廣曰：「犍為、牂牁、越巂、益州、武都、沈犂、汶山地也。」

西夷

①西夷邛、筰可置郡。

②罷西夷，獨置南夷、夜郎兩縣一都尉。間出西夷西，指求身毒國。（西南夷傳）

③略定西夷，邛、筰、冉駹、斯榆之君。（司馬相如傳）

南夷

①南夷之君，西僰之長，常效貢職。

②邛筰請吏，比南夷。（司馬相如傳）

③獨置南夷、夜郎兩縣一都尉。

④因犍為發南夷兵。

⑤遂平南夷為牂牁郡。（西南夷傳）

⑥元光六，南夷始置郵亭。（漢興以來將相名臣年表）

⑦募豪民田南夷。（平準書）

⑧南夷之端，見枸醬番禺，大夏杖邛竹。（西南夷傳）

【集解】徐廣曰：「元光六年，南夷始置郵亭。」（西南夷傳）

【索隱】晉灼曰：「南夷謂犍為、牂牱也。西南謂越巂、益州也。」（司馬相如傳）

夜郎

①西南夷君長以什數，夜郎最大。

②蜀出枸醬，多竊出市夜郎。夜郎臨牂牁江。

③南越以財物役屬夜郎。（西南夷傳）

④招南夷，朝夜郎。（主父偃傳）

⑤唐蒙使略通夜郎西僰中。（司馬相如傳）

⑥獨置南夷、夜郎兩縣一都尉。（西南夷傳）

⑦因巴蜀罪人，發夜郎兵，下牂牁江，會番禺。（南越傳）

【索隱】荀悅云：「夜郎，犍為屬國也。」韋昭云：「漢為縣，屬牂牁。」案：後漢書云：「夜郎東接交趾，其地在胡南，其君長本出於竹，而以竹為姓也。」（西南夷傳）文穎曰：「夜郎、僰中皆西南夷。後以為牂牁、犍為二郡。」（司馬相如傳）

【正義】今瀘州南大江南岸。（西南夷傳）曲州、協州以南是夜郎國。（南越傳）

〔案〕漢夜郎縣即故夜郎國，為牂牁江所出，應在今貴州省西界威寧及雲南宣威、霑益境。唐夜郎廢縣在今桐梓縣東，疑非漢夜郎地。

牂牱　牂牁江　牂牁郡

①南越食唐蒙蜀枸醬，問所從來，曰：「道西北牂牁。」

②夜郎臨牂牁江，江廣百餘步，足以行船。

③發巴蜀卒治道，自僰道指牂牁江。（西南夷傳）

④發夜郎兵，下牂牁江，會番禺。（南越傳）

⑤牂牁江廣數里，出番禺城下。

⑥已平頭蘭，遂平南夷為牂牁郡。（西南夷傳）

⑦置益州、越巂、牂牁、沈黎、汶山郡，欲地接以前通大夏。（大宛傳）

⑧除邊關，西至沬、若，南至牂牁為徼。（司馬相如傳）

【索隱】張揖云：「徼，塞也。以木柵水為蠻夷界。」華陽國志云：「唐蒙開牂牁，斬筰王首，置牂牁郡」也。（司馬相如傳）地理志夜郎又有豚水，東至南海四會入海，此牂牁江也。（西南夷傳）

【正義】崔浩云：「牂牁，繫船杙也。」常氏華陽國志云：「楚頃襄王時，遣莊蹻伐夜郎，軍至且蘭，椓船於岸而步戰。既滅夜郎，以且蘭有椓船柯處，乃改其名為牂牁。」（西南夷傳）江出南徼外，東通四會，至番禺入海也。（南越傳）

〔案〕牂牁江即盤江上流豚水，後書謂之遯水，即今北盤江。源出貴州威寧，南經雲南霑益，又入貴州境，合南盤江入廣西為鬱江，入廣東為西江。牂牁郡治故且蘭。

犍為

①漢以夜郎及其旁小邑為犍為郡。

②獨置南夷、夜郎兩縣一都尉，稍令犍為自葆就。（西南夷傳）

③因蜀犍為發間使，四道並出：出駹，出冉，出徙，出邛、僰。（大宛傳）

【正義】犍為郡，今戎州也，在益州南一千餘里。（大宛傳）

〔案〕犍為郡治僰道，今宜賓縣治。

五尺道

秦時常頞略通五尺道。（西南夷傳）

【索隱】謂棧道廣五尺。

【正義】括地志云：「五尺道在郎州。顏師古云：其處險阨，故道纔廣五尺。」

〔案〕今四川慶符縣南五里石門山，古石門道，或謂即五尺道。

僰　西僰

①漢通西南夷道，作者數萬人，散幣邛僰以集之。（平準書）

②朝夜郎，降羌僰。（主父偃傳）

③羌僰入獻。（淮南王傳）

④南御滇僰，僰僮。（貨殖傳）

⑤取其筰馬、僰僮。

⑥治道自僰道指牂牁江。（西南夷傳）

⑦唐蒙使略通夜郎西僰中。

⑧南夷之君，西僰之長，常效職貢。（司馬相如傳）

【集解】徐廣曰：「羌之別種也。」

【索隱】文穎曰：「夜郎、僰中皆西南夷。後以為牂牁、犍為二郡。」（司馬相如傳）應劭云：「僰屬犍為。」（平準書）

【正義】今益州南戎州北臨大江，古僰國。（西南夷傳）

〔案〕漢犍為郡治僰道，應劭曰：「故僰侯國。」說文：「僰，犍為蠻夷故城。」今四川宜賓縣治。

且蘭　頭蘭

①因犍為發南夷兵。且蘭反。

②越已破，還，誅頭蘭。頭蘭，常隔滇道。已平頭蘭，遂平南夷為牂牁郡。（西南夷傳）

【索隱】「且」音子餘反。小國名也。後為縣，屬牂牁。頭蘭即且蘭。

〔案〕漢志：「牂牁郡故且蘭，沅水東南（據說文當作「東北」。）至益陽入江。」今貴州黃平、都勻境為沅水發源所自，則古且蘭當在黃平西、都勻北，貴筑、貴定一帶為近是。元和志以播州為且蘭，後人因以遵義當之，誤也。

滇

①其西靡莫之屬以什數，滇最大。

②滇降，以為益州郡。（西南夷傳）

③漢以求大夏道始通滇國。（大宛傳）

④南御滇僰。（貨殖傳）

【集解】如淳曰：「『滇』音『顛』。滇馬出其國也。」

【索隱】崔浩云：「滇後為縣，屬越巂太守所理也。」

【正義】昆州、郎州等本滇國，去京西五千三百七十里也。（西南夷傳）

〔案〕漢益州郡治滇池縣，今宜良縣境，即古滇國都也。水經溫水注：「溫水又西逕昆澤縣南。又逕味縣，縣故滇國都也。又西南逕滇池城，池在縣西北。溫水又西會大澤。」漢味縣，今曲靖縣西十五里。漢昆澤縣，今嵩明南、陸良西廢芳華縣。則昆澤乃楊林大澤，（嘉利澤）。溫水即南盤江。既逕昆澤縣南，即至滇池城。滇池城當在今宜良境也。「又逕味縣」一語，明係錯文；則「故滇國都也」一語，宜當在「西南逕滇池城」下。據史，滇國東北有靡莫、勞浸二國，當在陸良、尋甸境，則滇都不得在曲靖，審矣。

滇池

莊蹻至滇池，地方三百里，旁平地，肥饒數千里。（西南夷傳）

【索隱】地理志：「益州滇池縣，澤在西北。」後漢書云：「其池水源深廣，而更淺狹，有似倒流，故謂滇池。」

【正義】括地志云：「滇池澤在昆州晉寧縣西南三十里。其水源深廣而更淺狹，有似倒流，故謂滇池。」

〔案〕滇池，今雲南昆明縣南，呈貢縣西，晉寧縣西北，昆陽縣北。地理志：「益州滇池縣，大澤在西，滇池澤在西北。」大澤當為陽宗海，則漢滇池治當今宜良縣地。

滇越

聞昆明西可千餘里，有乘象國，名曰滇越，蜀賈姦出物者或至焉。（大宛傳）

【集解】徐廣曰：「一作『城』。」

【正義】昆、郎等州皆滇國也。其西有滇越、越巂，則通號越，細分而有巂、滇等名也。

滇蜀

卓氏遷臨邛，鼓鑄，運籌策，傾滇蜀之民。（貨殖傳）

【正義】「滇」，一作「沮」。漢書亦作「滇」也。今益州郡有蜀州，亦因舊名及漢江為名。江在益州，南入導江，非漢中之漢江也。

顛

文成顛歌。（司馬相如傳）

【索隱】文穎曰：「顛，益州顛縣，其人能作西南夷歌。『顛』即『滇』字。」

靡莫

①其西靡莫之屬以什數，滇最大。

②滇東北有勞浸、靡莫，皆同姓相扶。

③擊滅勞浸、靡莫，以兵臨滇。（西南夷傳）

【正義】靡州在姚州北，去京西南四千九百三十五里，即靡莫之夷。

〔案〕漢志「益州郡收靡縣」，續志作「牧靡」，說文同。阮元雲南通志稿謂在會澤縣、尋甸州境。水經若水注：「山生牧靡，可以解毒。縣、山竝即草立名。」今尋甸縣西八里有隱毒山，或是也。又水經存水注：「存水自犍為郁鄢來，東南逕牧靡縣北，下入牂牁且蘭。」存水即可渡河，則牧靡當在今雲南會澤縣東。酈氏又謂：「牧靡山在牧靡縣東北烏句山南五百里。」則山在縣南，本非一處。要之，其地在夜郎西，滇東北，與靡莫地望正合，則靡莫殆即牧靡也。

勞浸

①滇東北有勞浸、靡莫，皆同姓相扶。

②漢擊滅勞浸、靡莫，以兵臨滇。（西南夷傳）

〔案〕漢志「益州郡同勞縣」，阮元雲南通志稿謂在南寧。（曲靖。）南、陸涼（陸良。）北，疑即勞浸。漢兵自四川合江、宜賓境逾貴州入雲南，必先得靡莫、勞浸兩國，乃及滇國也。

巂

①西自同師以東，北至楪榆，名為巂、昆明。（西南夷傳）

②南方閉巂、昆明。（大宛傳）

【集解】徐廣曰：「永昌有巂唐縣。」

【索隱】崔浩云：「巂，國名。」韋昭云：「益州縣。」

【正義】「巂」音「髓」。今澧州也。昆明，巂州縣，蓋南接昆明之地，因名也。（西南夷傳）巂州在戎州西南。（大宛傳）

〔案〕巂唐廢縣，今雲南雲龍縣南。

昆明

①西自同師以東，北至楪榆，名為巂、昆明。

②漢使間出西夷西，指求身毒國。至滇，滇王留，為求道西。歲餘，皆閉昆明。(西南夷傳)

③南方閉巂、昆明。

④昆明之屬無君長，善寇盜，輒殺略漢使。

⑤漢遣使歲十餘輩，皆復閉昆明。

⑥漢擊昆明，斬首虜數萬人。後遣使，昆明復為寇，竟莫能通。(大宛傳)

⑦太史公南略邛、筰、昆明。(自序)

【索隱】崔浩云：「昆明，國名。」韋昭云：「益州縣。」

【正義】昆明在今巂州南，昆縣是也。(西南夷傳)又：昆明在戎州西南。(大宛傳)

〔案〕師古謂：「昆明乃南寧州，諸爨所居。」唐南寧州，今雲南曲靖縣西。惟漢益州郡治滇池，當為今雲南宜良境，本為滇國，則西而閉道昆明，決不在曲靖。杜佑通典：「西洱海即昆瀰川。漢武帝象其形，鑿池以習水戰，非滇池也。」蓋昆明即昆瀰，即今大理洱海，則昆明國當在大理，於漢志屬益州郡雲南縣。前漢雲南、巂唐兩縣，後漢改屬永昌。蓋益州古滇王國，而永昌則古所謂嶲、昆明境也。

楪榆

西自同師以東，北至楪榆，名為嶲、昆明。（西南夷傳）

【集解】韋昭曰：「在益州。『楪』音『葉』。」

【正義】上音「楪」。楪澤在靡北百餘里。漢楪榆縣在澤西益都。靡非，本桑榆王屬國也。

〔案〕葉榆，今雲南大理縣東北。

同師

①西自同師以東，北至楪榆，名為嶲、昆明。

②南越以財物役屬夜郎，西至同師。（西南夷傳）

【集解】韋昭曰：「邑名也。」

【索隱】漢書作「桐鄉」。

〔案〕沈欽韓云：「地在今雲南霑益縣北境，即漢志牂牁郡之同竝。」然牂牁在滇國東，史文則云：「其外西自同師以東，北至楪榆，為嶲、昆明。」蓋嶲、昆明在滇西。夜郎、滇、邛都之屬皆居國，而嶲、昆明為行國，故獨曰「其外」。同師則尤在昆明西境，當為漢初西南夷諸地之最偏西者。同竝尚在滇、夜郎之間，其非同師明甚。今考漢志：「益州郡嶲唐縣，周水首受（「首受」二字當作「出」。）徼外。」華陽國志：「有同水自徼外來。」「同」、「周」形近，同水即周水也。錢坫以為是怒江。又嶲唐下有比蘇縣，阮元雲南通志稿謂比蘇當屬雲龍州瀾滄江西，西及潞江（即怒江。）以外，北及麗江縣西皆是。竊疑比蘇即周師，聲轉字變，縣以水得名。史文當作「周師」，字譌為「同師」。漢書又作「桐師」，索隱云漢書作「桐鄉」，皆字譌也。南越役屬夜郎，西至同師，蓋已遠及今潞江、高黎貢山界矣。漢使出滇國求身毒，皆為昆明所閉，蓋當時亦欲越大理，渡怒江，跨高黎貢山以嚮緬甸也。

身毒

①張騫使大夏，見蜀布、邛竹杖，曰：「從東南身毒國。」

②或聞邛西可二千里有身毒國。

③間出西夷西，指求身毒國。皆閉昆明，莫能通身毒國。（西南夷傳）

④身毒在大夏東南可數千里。（大宛傳）

【集解】徐廣曰：「字或作『竺』。漢書直云『身毒』，史記一本作『乾毒』。」駰案：漢書音義曰：「一名『天竺』，則浮屠胡是也。」

【索隱】「身」音「捐」，「毒」音「篤」。小顏亦曰「捐篤」也。（西南夷傳）孟康云：「即天竺

也，所謂浮圖胡也。」（大宛傳）

徙

①自巂以東北，君長以什數，徙、筰都最大。（西南夷傳）

②略定西夷，邛、筰、冉駹、斯榆之君。（司馬相如傳）

③因蜀犍為間使，四道並出：出駹，出冉，出徙，出邛僰。（大宛傳）

【集解】徐廣曰：「徙在漢嘉。」

【索隱】韋昭云：「徙縣在蜀。」（西南夷傳）又：鄭氏「斯」音「曳」。張揖云：「斯俞，才俞國也。」案：今「斯」讀如字，益都耆舊傳謂之「斯臾」。華陽國志云：「邛都縣有四部斯臾」，一也。（司馬相如傳）

〔案〕漢徙縣，今西康天全縣東，亦稱斯榆。

笮　筰　筰都　沈犂

①自巂以東北，君長以什數，徙、筰都最大。

②筰馬、僰僮。（西南夷傳）

③巴蜀西近笮，笮馬、髦牛。（貨殖傳）

④其北方閉氏、笮。（大宛傳）

⑤邛筰君長請吏，比南夷。

⑥邛、筰、冉駹近蜀，道亦易通，秦時嘗通為郡縣。（司馬相如傳）

⑦西夷邛、筰可置郡。

⑧以筰都為沈犂郡。（西南夷傳）

⑨西夷，邛、筰、冉駹、斯榆之君。

⑩定筰存邛。（司馬相如傳）

⑪太史公南略邛、笮、昆明。（自序）

【集解】服虔曰：「夷名。」（大宛傳）徐廣曰：「『筰』音『昨』，在越巂。」（西南夷傳）

【索隱】韋昭云：「筰縣在越巂。」（西南夷傳）又：華陽國志云：「唐蒙開牂牁，斬筰王首，置牂牁郡。」又：文穎曰：「筰者，今為定筰縣，屬越巂郡也。」（司馬相如傳）案：南越破後殺筰侯，作筰都為沈黎郡，又有定筰縣。（大宛傳）

【正義】括地志云：「筰州本西蜀徼外，曰猫羌巂。華陽國志：『雅州邛郲山本名邛筰山，故邛人、筰人界。』」（西南夷傳）

〔案〕漢志「越巂郡定莋縣」，文穎云：「即莋都，沈犂郡治。」故城今鹽源縣南。凡言「筰」者，夷人於大江水上置籐橋，謂之笮也。又沈黎故城，今漢源縣東南，蓋漢後所置。

笮關

唐蒙從巴屬笮關入，遂見夜郎侯。（西南夷傳）

〔案〕水經江水注作「巴符關」，關在符縣，為故巴夷地，故曰巴符關；今合江縣南。笮在蜀西，不與巴接。

邛郵　邛都

①群臣請處淮南王蜀嚴道邛都。（孝文本紀）

②請處蜀郡嚴道邛郵。（淮南王傳）

【集解】邛都本西南夷，爾時未通嚴道，有邛僰山。（孝文本紀）

【索隱】縣有蠻夷曰「道」。嚴道有邛來山，有郵置，故曰「嚴道邛郵」。（淮南王傳）

【正義】邛都縣本邛都國，今嶲州也。群臣請處淮南王長蜀之嚴道，不爾，更遠邛都西有邛僰山也。邛僰山在雅州榮經縣界。本秦嚴地。華陽國志云：「邛笮山故邛人、笮人界也。」

〔案〕邛來山，今榮經縣西南。漢志：「嚴道縣邛來山，邛水所出。」孝文紀「邛都」恐係「邛郵」字譌。

邛

①張騫居大夏時，見蜀布、邛竹杖。（西南夷傳、大宛傳。）

②或聞邛西可二千里有身毒國。（西南夷傳）

【集解】韋昭曰：「邛縣之竹，屬蜀。」瓚曰：「邛，山名。此竹節高實中，可作杖。」

【正義】邛都邛山出此竹，因名「邛竹」。

邛僰

①通西南夷，作者數萬人，散幣邛僰以集之。（平準書）

②出邛僰。（大宛傳）

【索隱】應劭云：「臨邛屬僰，僰屬犍為。」（平準書）

【正義】邛，今邛州；僰，今雅州。（大宛傳）

邛　邛都

①自滇以北，君長以什數，邛都最大。（西南夷傳）

②巴蜀西近邛、筰。（貨殖傳）

③西夷邛、笮可置郡。（西南夷傳）

④邛、笮、冉駹近蜀，道亦易通，秦時嘗為郡縣。

⑤略定西夷，邛、筰、冉駹、斯榆之君。（司馬相如傳）

⑥太史公南略邛、筰、昆明。（自序）

⑦以邛都為越巂郡。（西南夷傳）

⑧通零關道，橋孫水以通邛都。（司馬相如傳）

【索隱】文穎曰：「邛者，今為邛都縣，屬越巂郡。」（司馬相如傳）

〔案〕今西昌縣東南。當時邛之分布蓋甚廣，有附蜀之邛，如嚴道有邛山、有邛郵，則知有邛夷；其北復有臨邛，所謂「散幣邛僰」及「邛竹杖」皆當指此。及「略定西夷邛都」，則在滇北，今之西昌。

越巂

①以邛都為越巂郡。（西南夷傳）

②置益州、越巂、牂牁、沈黎、汶山郡。（大宛傳）

〔案〕巂郡治邛都。

零關　零山

①通零關道。

②鏤零山。（司馬相如傳）

【集解】徐廣曰：「越巂有零關縣。」

〔案〕今蘆山縣西北有靈關廢縣，水經注指為越巂靈關。然縣界南去越巂甚遠，且中隔沈犂、旄牛之地，蓋酈氏誤證。今地無考。

孫水　孫原

①橋孫水以通邛都。

②梁孫原。（司馬相如傳）

【集解】韋昭曰：「為孫水作橋。」

〔案〕孫水發源今冕寧縣北，南流經縣東，又南經西昌縣西，又南經會理縣西，合若水。（鴉礱江。）又名安寧河。

苞滿

舉苞滿。（司馬相如傳）

【索隱】服虔云：「夷種也。」「滿」字或作「蒲」。

冉駹

①自筰以東北，君長以什數，冉駹最大。（西南夷傳）

②邛、筰、冉駹近蜀，道亦易通，秦時嘗為郡縣。

③略定西夷，邛、筰、冉駹、斯榆之君。

④朝冉從駹。（司馬相如傳）

⑤出駹，出冉。（大宛傳）

⑥以冉駹為汶山郡。（西南夷傳）

【正義】括地志云：「蜀西徼外羌，茂州、冉州本冉駹國地。後漢書云：『冉駹其山有六夷、七羌、九蠻，各有部落。』」（西南夷傳）又：茂州、向州等，冉駹之地，在戎州西北。（大宛傳）

〔案〕冉駹，今四川茂縣地。

白馬

①自冉駹以東北，君長以什數，白馬最大。

②以廣漢西白馬為武都郡。（西南夷傳）

【索隱】案：即白馬氏。

【正義】括地志云：「隴右成州、武州皆白馬氐，其豪族楊氏居成州仇池山上。」

〔案〕仇池山，今甘肅成縣西。宋書氐胡傳：「漢末隴右豪族楊駒居仇池，地方百頃，因以『百頃』為號，四面斗绝，高平地方二十餘里。」齊書：「氐於上平地立宮室菓園倉庫，無貴賤皆為板屋土牆。」是氐居仇池起於漢末。考水經注：「白馬水出白馬溪。」在今文縣西南。又今康縣舊稱白馬關。要之白馬當居今武都、文、成諸縣境。

廣漢

①廣漢西白馬為武都郡。（西南夷傳）

②因通西南夷道，發巴、蜀、廣漢卒。（司馬相如傳）

〔案〕華陽國志：「高帝分巴、蜀，置廣漢。武帝又割置犍為。故世曰：『分巴割蜀，以成犍、廣。』」又曰：「廣漢郡本治繩鄉。」水經江水注：「高帝分巴、蜀，置廣漢郡於乘鄉。」又云：「雒縣有沈鄉，去江七里。」雒，今四川廣漢縣治。

武都

以廣漢西白馬為武都郡。（西南夷傳）

〔案〕漢武都郡治武都，今甘肅成縣西八十里。

武都

魏惠五，城武都。（六國表）

卷三十三 南粤東越地名

越

①越，其先禹之苗裔，少康之庶子，封於會稽。（越世家）

②秦、楚、吳、越，夷狄也。（天官書）

③楚威王大敗越，越以此散，諸族子爭立，或為王，或為君，濱於江南海上。（越世家）

④漢高帝以閩君搖為越王，奉越後。（越世家）

⑤越、楚則有三俗。（貨殖傳）

⑥越荆剽輕，乃封弟交為楚王。（自序）

⑦貰侯呂以越户將從破秦。

⑧海陽侯搖毋餘以越隊將從破秦。（高祖功臣侯年表）

⑨河東渠田廢，予越人。（河渠書）

【正義】吳越春秋云：「少康封庶子於越，號曰無餘。」越絶記云：「無餘都，會稽山南故越城是也。」

〔案〕此會稽之越。

越

①熊渠少子執疵為越章王。

②周天子賜成王胙，曰：「鎮爾南方夷越之亂，無侵中國。」（楚世家）

〔案〕此荆州之越。

南越

①三十四年，築長城及南越地。（秦始皇本紀）

②南越、朝鮮自全秦時內屬為臣子。（律書）

③始皇二十五，定荆江南地，降越君。（秦始皇本紀）

④尉佗平南越，高祖賜佗印為南越王。（陸賈傳）

⑤不北走胡，即南走越。（季布傳）

⑥南越王尉佗自立為武帝。（文帝本紀、南越傳。）

⑦南越王地東西萬餘里。（西南夷傳）
⑧寡人素事南越三十餘年。
⑨越直長沙者，因王子定長沙以北。（吳王濞傳）
⑩越欲與漢用船戰逐，乃大修昆明池。（平準書）
⑪誅羌，滅南越，番禺以西至蜀南置初郡十七。（平準書）
⑫南越已平，遂為九郡。（南越傳）
【集解】九郡，徐廣曰：「儋耳，珠崖，南海，蒼梧，九眞，鬱林，日南，合浦，交阯。」
【索隱】徐廣皆據漢書為說。
【正義】南越都廣州南海縣。（南越傳）

揚越

①南收揚越。（蔡澤傳）
②略定揚越，置桂林、南海、象郡。（南越傳）
③九疑、蒼梧以南至儋耳者，與江南大同俗，而揚越多焉。（貨殖傳）
【集解】張晏曰：「揚州之南越也。」
【正義】夏禹九州本屬揚州，故云揚越。（南越傳）

楊粤

熊渠興兵伐庸、楊粤，至於鄂。（楚世家）

【索隱】有本作「楊雩」，音「吁」，地名也。今音「越」。譙周作「楊越」。

〔案〕「楊」、「粤」、「庸」、「鄂」皆聲近，此皆楚語。鄂即西鄂，楊粤居之，蓋即荆州之越。此越與南粤同祖，故南粤亦稱揚越。揚州之名亦本於此，而移以指吴越。蓋禹貢「九州」名本後起，後人據此乃謂嶺南本屬揚州，殊誤。杜佑通典於「九州」外别立「南越」一目，猶為審慎。

百越

①吴起相楚悼王，南平百越。（孫吴傳）

②秦平荆地，因南征百越之君。（王翦傳）

③使尉佗、屠睢將樓船之士南攻百越。（主父偃傳）

④使尉佗踰五嶺攻百越。（淮南傳）

⑤南攻百越，使鑿渠運糧，深入越，乃使尉佗將卒戍越。（主父偃傳）

⑥南取百越之地，以為桂林、象郡，百越之君俛首係頸。（秦始皇本紀）

⑦鄱君吴芮率百越助諸侯。（項羽本紀）

⑧陸賈立佗為南越王，和集百越。（南越傳）

⑨長沙王給黥布，走越，布信而隨之番陽。（黥布傳）

【集解】韋昭曰：「越有百邑。」

〔案〕揚越、南越、百越皆一越也，其先當與荆楚之越同祖。

閩越

①漢高帝以閩君搖為越王。東越，閩君，皆其後。（越世家）

②閩越王其先越王句踐後，秦幷天下，以其地為閩中郡。漢復立閩越王，王閩中故地。（東越傳）

③尉佗以財賂遺閩越，役屬焉。

④其東閩越千人衆號稱王。（南越傳）

⑤吳王南使閩越、東越。

⑥吳王子亡走閩越。（吳王濞傳）

⑦淮南王謀反，遣人使閩越。（孝文本紀）

⑧建元三，閩越發兵圍東甌。

⑨建元六，閩越擊南越。

⑩詔閩越悍，數反覆，皆將其民徙處江、淮間。（東越傳）

【集解】韋昭曰：「閩越，東越之別名。」

【索隱】按：說文云：「閩，東越蛇種也。」故字從虫，門聲，音「旻」。（東越傳）

東越

①漢立閩越王弟餘善為東越王，與閩越繇王並處。（東越傳）

②南使閩越、東越。

③渡江走丹徒，保東越。（吳王濞傳）

④吳王濞亡走，保於江南丹徒。月餘，越人斬吳王頭以告。（絳侯世家）

⑤閩越、東越相攻。（韓長孺傳）

⑥韓說出句章，楊僕出武林，王溫舒出梅嶺，越侯出若邪、白沙，咸入東越。

⑦東越狹多阻，詔其民徙處江、淮間。東越地遂虛。（東越傳）

兩越

嚴助、朱買臣等招來東甌，事兩越。（平準書）

【正義】南越及閩越。南越，今廣州南海也。閩越，今建州建安也。

于越

①合肥與閩中、于越雜俗。（貨殖傳）

【集解】徐廣曰：「在臨淮。」

〔案〕閩越、東越皆一越，其先與會稽之越同祖。「于越」即「越」之聲緩，即東越之北遷者也。

東甌

①越東海王搖，其先越王句踐後，秦并天下，以其地為閩中郡。孝惠三，立搖為東海王，都東甌，世俗號東甌王。

②建元三，閩越發兵圍東甌。

③漢發兵浮海救東甌。

④東甌悉舉眾來，處江、淮之間。（東越傳）

⑤朱買臣等招來東甌。（平準書）

⑥東甌眾四萬餘人來降，處廬江郡。（漢興以來將相名臣年表）

⑦吳之叛逆，甌人斬濞。（自序）

【集解】徐廣曰：「今之永寧也。」

【索隱】姚氏云：「甌，水名。」永嘉記：「水出寧山，行三十餘里，去郡城五里入江。昔有東甌王都城，有亭，積石為道，今猶在也。」（東越傳）

〔案〕今浙江永嘉縣西南三十里。寰宇記謂東甌城在今福建建甌縣東南，即漢吳世子劉駒發兵所圍。若然，則漢師不得浮海相救。又史謂「東越狹多阻，閩越數反覆」，明東越與閩越異國。其後徙東越民，東越地遂虛，而不及閩越。若建甌在漢，亦冶縣地耳，豈得謂屬東甌？

甌越

翦髮文身，錯臂左衽，甌越之民也。（趙世家）

【索隱】劉氏云：「今珠崖、儋耳謂之甌人，是有甌越。」

【正義】按：屬南越，故言甌越也。輿地志云：「交阯，周時為駱越，秦時曰西甌，文身斷髮避龍。」則西甌駱又在番吾之西。南越及甌駱皆羋姓也。世本云：「越，羋姓也，與楚同祖」，是也。

甌駱

①尉佗以兵威邊，財物賂遺閩越、西甌駱，役屬焉。

②其西甌駱裸國亦稱王。

③越桂林監居翁諭甌駱屬漢。（南越傳）

【集解】漢書音義曰：「駱越也。」

【索隱】姚氏案：廣州記云：「交趾有駱田，仰潮水上下，人食其田，名為『駱侯』。諸縣自名為『駱將』，銅印青綬，即今之令。後蜀王子將兵討駱侯，自稱為安陽王，治封溪縣。後南越王尉佗攻破安陽王，令二使典主交趾、九眞二郡。」即甌駱也。

騶

閩越王無諸及越東海王搖，其先皆越王句踐後，姓騶氏。（東越傳）

【集解】徐廣曰：「『騶』，一作『駱』。」

【索隱】徐廣說是上云「甌駱」，此別云「閩」，不姓騶也。

五嶺

①南有五嶺之戍。（張耳傳）

②使尉佗踰五嶺攻百越。（淮南傳）

【集解】駰案：漢書音義曰：「嶺有五，因以為名，在交阯界中也。」

【索隱】裴氏廣州記云：「大庾、始安、臨賀、桂陽、揭陽，斯五嶺。」（張耳陳餘傳）

【正義】輿地志云：「一曰臺嶺，亦名塞上，今名大庾；二曰騎田；三曰都龐；四曰萌諸；五曰越嶺。」（秦始皇本紀。案：「萌諸」、「越嶺」，南康記作「萌渚」、「越城」。）

嶺南

嶺南、沙北固往往出鹽。（貨殖傳）

〔案〕吴仁傑曰：「淮南書：『始皇使尉屠睢發卒五十萬，為五軍：一軍塞鐔城之領，一軍守九疑之塞，一軍處番禺之都，一軍守南野之界，一軍結餘干之水。』與張耳傳相符；所謂五嶺者，此也。」考漢志鐔城屬武陵郡；（今湖南黔陽縣西南。）南野、餘干屬豫章郡；（南野，今江西南康縣西南；餘干，今餘干縣東北。）九疑屬零陵郡，營道縣有九疑山是也；（營道，今湖南寧遠縣西。）番禺屬南海郡。此與張耳傳所謂「南有五嶺之戍」者，固似矣；然淮南傳又謂「踰五嶺攻百越」者，則不類番禺，豈可謂是五嶺之一？索隱、正義其說相同，始安即越城，臨賀即萌渚，桂陽即騎田，揭陽即都龐。恐仍以此說為妥。

陸梁

①始皇三十三，略取陸梁地，為桂林、象郡、南海。（秦始皇本紀）

②詔以為陸梁侯，自置吏，受令長沙王。（高祖功臣侯年表）

【索隱】南方之人，其性陸梁，故曰陸梁。

【正義】嶺南之人多處山陸，其性強梁，故曰陸梁。（秦始皇本紀）

〔案〕「梁」者，橋梁通渡之義。秦人棧道千里以通蜀，故禹貢稱梁州。此踰五嶺，故曰陸梁。故陸梁即指嶺南。

南海

①賓之南海。（楚世家）

②少康之子，實賓南海。（自序）

【正義】吳越春秋云：「封少康庶子無餘於越，使祠禹；至句踐遷都山陰，立禹廟為始祖。」今禹廟在會稽山下。（自序）

南海

①略取陸梁地，為桂林、象郡、南海。（秦始皇本紀）

②略定揚越，置桂林、南海、象郡。

③趙佗為南海龍川令。

④南海東西數千里，頗有中國人相輔。（南越傳）

⑤南海民處廬江界中者反。（淮南傳）

【正義】即廣州南海縣。

〔案〕秦、漢南海郡治番禺。

番禺

①九疑、蒼梧以南至儋耳，番禺亦其一都會也，珠璣、犀、瑇瑁、果、布之湊。（貨殖傳）

②番禺負山險阻。（南越傳）

③元鼎五，伏波將軍出桂陽，樓船將軍出豫章，戈船、下厲將軍出零陵：咸會番禺。（南越傳）

④右弔番禺。（司馬相如傳）

⑤漢誅羌，滅南越，番禺以西至蜀南者置初郡十七。（平準書）

【索隱】文穎曰：「番禺，南海郡理也。」（司馬相如傳）

【正義】「潘虞」二音。今廣州。（貨殖傳）

〔案〕今廣州市。

龍川

趙佗，秦時為南海龍川令。（南越傳）

【索隱】地理志云龍川屬南海。

【正義】顏師古云：「龍川即今之循州。」裴氏廣州記云：「本博羅縣之東鄉。」

〔案〕今龍川縣西北。

桂林

①略取陸梁地，為桂林、象郡、南海。（秦始皇本紀）

②略定揚越，置桂林、南海、象郡。

③趙佗擊幷桂林、象郡。（南越傳）

【集解】韋昭曰：「今鬱林是也。」（秦始皇本紀）

【索隱】地理志武帝更名桂林曰鬱林。（南越傳）

〔案〕漢鬱林郡治布山，今廣西貴縣東，桂平西五十里。又桂林縣，今象縣東南。

桂林

出乎椒丘之闕，行乎洲淤之浦，徑乎桂林之中，過乎泱莽之野。（司馬相如傳）

【集解】郭璞曰：「桂林，林名也，見南海經也。」

象郡

①略取陸梁地，為桂林、象郡、南海。（秦始皇本紀）

②略定揚越，置桂林、南海、象郡。

③趙佗擊并桂林、象郡。（南越傳）

【集解】韋昭曰：「今日南。」（秦始皇本紀）

〔案〕象郡，漢改日南。

橫浦　塞上

①佗移檄告橫浦、陽山、湟谿關。

②樓船將軍出豫章，下橫浦。

③函封漢使者節置塞上。（南越傳）

【索隱】案：南康記云：「南野大庾嶺三十里至橫浦，有秦時關，其下謂為『塞上』。」

〔案〕今大庾縣南三十里大庾嶺上。唐張九齡開鑿庾嶺，此關乃廢。

〔又案〕漢書武紀：「樓船將軍楊僕出豫章，下湞水。」湞水發源廣東南雄縣大庾嶺南麓，西至曲江縣，會武水，（溱水。）南流為北江；則橫浦即湞水也。水經注謂之東溪水。又漢志「桂陽郡湞陽」，應劭曰：「湞水出南海龍川，西入溱。」此當是今滃江上流為羅江者，源出連平，不在龍川。

湟谿

佗移檄告橫浦、陽山、湟谿關。（南越傳）

【集解】徐廣曰：「在桂陽，通四會也。」

【索隱】鄒氏、劉氏本「湟」並作「涅」，音年結反。漢書作「湟谿」，音「皇」。又衛青傳云：「出桂陽，下湟水」是。而姚察云史記作「匯」。水經云含匯縣南有匯浦關。然鄒誕作「涅」，漢書作「湟」，蓋近於古。

〔案〕今連縣西北湟水上。

桂陽

①元鼎五年，路博德出桂陽，破南越。（漢興以來將相名臣年表）

②路博德將兵屯桂陽。

③出桂陽，下匯水。（南越傳）

〔案〕漢桂陽郡治郴縣，今湖南郴縣治。又郡有桂陽縣，今廣東連縣治。

桂陽

趙惠文十一，秦拔趙桂陽。（六國表）

【集解】徐廣曰：「『桂』，一作『梗』。」（案：詳「梗陽」條。）

〔案〕梗陽，春秋晉大夫祁氏邑。晉滅祁氏，分為七縣，魏戊為梗陽大夫。今山西清源縣治。

郴

①項王曰：「古之帝者，必居上游。」乃徙義帝長沙郴縣。陰令衡山、臨江王擊殺之江中。（項羽本紀）

②諸侯尊懷王為義帝。徙都江南郴。（秦楚之際月表）

③黥布使將追殺義帝郴縣。（黥布傳）

【集解】文穎曰：「郴縣有義帝冢，歲時常祠不绝。」

【正義】今郴州有義帝冢及祠。

〔案〕今湖南郴縣治。此為秦以來往南越之孔道，荆楚戍卒來者多，故項王遠封義帝於此。

匯水

伏波將軍出桂陽，下匯水。（南越傳）

【集解】徐廣曰：「一作『湟』。」駰案：地理志曰：桂陽有匯水，通四會。或作「淮」字。

【索隱】劉氏云：「『匯』當作『湟』。」漢書云：「下湟水」也。

〔案〕「匯」字當作「洭」；「洭」、「湟」聲近，故通。說文：「洭水出桂陽縣盧聚，南出洭浦關為桂水。今稱連江。」

尋陝

樓船將軍先陷尋陝，破石門。（南越傳）

【索隱】姚氏云：「尋陝在始興西三百里，近連口也。」

〔案〕陳時始興故縣，今廣東始興縣西北。廣州新語：「自英德（漢湞陽。）至清遠（漢中宿。）有三峽：一曰中宿，一曰大廟，一曰湞陽。大廟介二峽間，尤險隘，尉佗築萬人城於此。楊僕先陷尋陿即此。」與索隱說異。史文云「先陷尋陝，以待伏波」，則當以在英德境為是。

揭陽

①揭揚令定。（南越傳）

②東越兵至揭陽，以海風波為解，不行。（東越傳）

【索隱】地理志揭陽縣屬南海。

〔案〕今揭陽縣西。

初郡十七

誅羌，滅南越，番禺以西至蜀南置初郡十七。（平準書）

【集解】徐廣曰：「南越為九郡。」駰案：晉灼曰：「元鼎六年，定越地，以為南海、蒼梧、鬱林、合浦、交趾、九眞、日南、珠崖、儋耳郡；定西南夷，以為武都、牂牁、越巂、沈犂、汶山郡；及地理志、西南夷傳所置犍為、零陵、益州郡，凡十七也。」

儋耳

九疑、蒼梧以南至儋耳者。（貨殖傳）

【正義】今儋州在海中。廣州南去京七千餘里。

〔案〕山海經：「離耳國在鬱水南。」即儋耳也。漢志：「元封元年置儋耳郡。」昭帝初省。賈捐之謂：「珠崖、儋耳郡在南方海中，廣袤千里，合十六縣。其民自以阻絶，數犯吏禁，吏亦酷之，率數歲一反」，是也。今海南島有儋縣、崖縣。

閩中

①秦幷天下，以其（閩越、東海。）地為閩中郡。（東越傳）

②合肥受南北潮，與閩中、于越雜俗。（貨殖傳）

【集解】徐廣曰：「今建安侯官是。」

【索隱】小顏以為即今之泉州建安也。

【正義】今閩州又改為福也。（東越傳）

〔案〕侯官故城，今閩侯縣南。故址名侯官市，亦曰侯官閣。

東冶

漢立無諸為閩越王，王閩中故地，都東冶。（東越傳）

〔案〕三國志裴注引會稽典錄朱育曰：「元鼎五年，除東越，因以其地為冶。」似冶之為縣，在越滅後。又其民盡徙，故領於會稽之東部都尉；史蓋因後日名書之。故城今閩侯縣東北冶山之麓。

繇

①獨無諸孫繇君丑不與，乃立丑為越繇王。

②東越王與繇王並處。（東越傳）

【索隱】「繇」音「搖」，邑號。

梅嶺

①諸校屯豫章梅嶺待命。

②東越入白沙、武林、梅嶺。

③王溫舒出梅嶺，入東越。（東越傳）

【集解】徐廣曰：「在會稽界。」

【索隱】案：今豫章三十里有梅嶺，在供崔山，當古驛道。

【正義】括地志云：「梅嶺在虔化縣東北百二十八里。」虔州漢亦屬豫章郡。

〔案〕虔化故城，今江西寧都縣西。

白沙

①東越王餘善反，入白沙、武林、梅嶺。

②越侯為戈船、下瀨將軍，出若邪、白沙。（東越傳）

【集解】徐廣曰：「在豫章界。」

【索隱】案：今豫章北二百里，接鄱陽界，地名白沙，有小水入胡，名曰白沙。沙東南八十里有武陽亭，亭東南三十里地名武林。此白沙、武林，今當閩越之京道。

【正義】預州有白沙山。白沙東故閩州。

〔案〕寰宇記：「鄱陽縣西水路一百二十里，沙白如雪，故名白沙。」然當非此白沙也。今德興縣東一百二十里有白沙鎮，明代於此置巡司。其東為白沙關，在浙江開化縣西八十里。此乃浙、贛要衝，疑漢代白沙即此。正義「預州」當係「衢州」字譌。

武林

①東越入白沙、武林。

②樓船將軍楊僕出武林。

③東越發兵距險，守武林。（東越傳）

〔案〕漢志：「豫章鄱陽縣，武陽鄉右十餘里有黃金采。」今在縣東五十里，餘干縣東北三里，有武陵山，臨大湖，或云即此武林。淮南人間訓：「始皇使尉屠睢為五軍，一軍結餘干之水。」則其地固為漢對西南百越用兵一要點也。

句章

橫海將軍韓說出句章，浮海從東方往，入東越。（東越傳）

【索隱】鄭氏「句」音「鉤」，會稽縣也。

【正義】句章故城在越州鄮縣西一百里，漢縣。

〔案〕今慈谿縣西南三十五里。越語：「句踐之地，南至於句無」，是也。

若邪

越侯為戈船、下瀨將軍，出若邪、白沙。（東越傳）

【索隱】案：姚氏云：「若邪，地名，今闕。」

【正義】越州有若耶山、若耶溪。

〔案〕今紹興縣南二十里。白沙與武林相近，為樓船將軍所出；此處「白沙」疑衍文。

越衍

故越衍侯吳陽。（東越傳）

漢陽

越衍侯吳陽反，攻越軍於漢陽。（東越傳）

〔案〕今福建浦城縣北。

卷三十四　東胡朝鮮地名

烏桓

燕北鄰烏桓、夫餘。（貨殖傳）

〔案〕烏桓，東胡別種。

夫餘

燕北鄰烏桓、夫餘。（貨殖傳）

〔案〕後書東夷傳：「夫餘國在玄菟北千里，南與高句麗，東與挹婁，西與鮮卑接。」

狢　貉

①其西北則胡、狢、月氏。（天官書）

②燕北迫蠻貉。（燕世家）

③奄有河宗，至於休溷諸貉。（趙世家）

④趙襄子破并代以臨胡、貉。（匈奴傳）

⑤北逐胡、貉。（李斯傳）

【索隱】案：貉即濊也。（匈奴傳）

【正義】自河宗、休溷諸貉，乃戎狄之地也。（趙世家）

穢貉

①燕東綰穢貊、朝鮮、眞番之利。（貨殖傳）

②匈奴左方王將居東方，直上谷以往者，東接穢貉、朝鮮。

③漢東拔穢貉、朝鮮以為郡。（匈奴傳）

【正義】即玄菟、樂浪二郡。（匈奴傳）

濊州

略濊州。（主父偃傳）

【集解】如淳曰：「東夷也。」

【索隱】濊州，地名，即古濊陌國也。

朝鮮

①周武王封箕子於朝鮮。（宋世家）

②燕東有朝鮮、遼東。（蘇秦傳）

③燕東綰穢貉、朝鮮、眞番之利。（貨殖傳）

④自始全燕時，嘗略屬眞番、朝鮮，為置吏，築障塞。（朝鮮傳）

⑤秦地東至海暨朝鮮。（秦始皇本紀）

⑥南越、朝鮮自全秦時内屬為臣子。（律書）

⑦朝鮮王滿，故燕人，都王險。侵降眞番、臨屯，方數千里。（朝鮮傳）

⑧匈奴左方王將居東方，直上谷以往者，東接穢貉、朝鮮。

⑨漢東拔穢貉、朝鮮以為郡。（匈奴傳）

⑩彭吳賈滅朝鮮，置滄海之郡。（平準書）

⑪漢定朝鮮為四郡。（朝鮮傳）

【集解】張晏曰：「朝鮮有濕水、洌水、汕水，三水合為洌水，疑樂浪、朝鮮取名於此也。」

【索隱】案：「朝」音「潮」，直驕反。「鮮」音「仙」。以有汕水，故名也。「汕」一音「訕」。

【正義】括地志云：「朝鮮、高驪、貊、東沃沮五國之地，國東西千三百里，南北二千里，在京師東，東至大海四百里，北至營州界九百二十里，南至新羅國六百里，北至靺鞨國千四百里。」（朝鮮傳）

滄海

①彭吳賈滅朝鮮，置滄海之郡。（平準書）

②東置滄海，北築朔方之郡。（平津侯傳）

倉海

張良嘗學禮淮陽，東見倉海君。（留侯世家）

【集解】如淳曰：「秦郡縣無倉海。或曰東夷君長。」

【索隱】姚察以武帝時東夷濊君降，為倉海郡，或因以名。

【正義】漢書武帝紀云：「元年東夷濊君南閭等降，為倉海郡，今貊濊國。」括地志云：「濊貊在高麗南，新羅北，東至大海西。」

〔案〕沈欽韓曰：「倉海君蓋諸粵之君長。」

眞番

①燕東綰穢貉、朝鮮、眞番之利。（貨殖傳）

②自始全燕時嘗略屬眞番、朝鮮，為置吏，築鄣塞。

③眞番、臨屯皆來服屬。（朝鮮傳）

【集解】徐廣曰：「一作『莫』。遼東有番汗縣。『番』音普蓋反。」

【索隱】應劭云：「元菟本眞番國。」（朝鮮傳）

〔案〕漢滅朝鮮，以其地為樂浪、臨屯、玄菟、眞番郡。漢書臣瓚注引茂陵書：「眞番郡治雲縣，去長安七千六百四十里。」今漢志無其縣。當在今漢城西北。遼東郡番汗，沛水出塞外，西南入海。陳澧曰：「今朝鮮國博川城大定江西南流入海，蓋沛水也。」

臨屯

眞番、臨屯皆來服屬。（朝鮮傳）

【索隱】東夷小國，後以為郡。

〔案〕漢降朝鮮，以其地為樂浪、臨屯、玄菟、眞番四郡。漢書臣瓚注引茂陵書：「臨屯郡治東暆，去長安六千一百三十八里。」漢志樂浪有此縣，今漢城西南。

浿水

①漢修遼東故塞，至浿水為界。

②王滿走出塞，渡浿水，居秦故空地上下障。（朝鮮傳）

【正義】地理志云：浿水出遼東塞外，西南至樂浪縣西入海。

〔案〕今朝鮮平壤城東大同江，舊名浿水。

上下鄣

渡浿水，居秦故空地上下鄣。（朝鮮傳）

【索隱】案：地理志樂浪有雲鄣。

〔案〕漢志樂浪郡有遂成縣。晉書地理志：「遂城，秦築長城之所起。」故城在平壤南境。

王險

王滿役屬眞番、朝鮮，王之，都王險。（朝鮮傳）

【集解】徐廣曰：「昌黎有險瀆縣。」

【索隱】應劭云：「遼東有險瀆縣，朝鮮王舊都。」瓚云：「王險城在樂浪郡浿水之東」也。（朝鮮

傳）

【正義】括地志云：「高麗治平壤城，本漢樂浪郡王險城，即古朝鮮也。」（秦始皇本紀）

〔案〕王險城即平壤城，在樂浪浿水東。武帝置朝鮮縣為樂浪郡治。遼東險瀆，今遼寧北鎮縣（廣寧）東南。

列口

兵至列口，擅先縱。（朝鮮傳）

【索隱】蘇林云：「列口，縣名。度海先得之。」

〔案〕張晏曰：「朝鮮有濕水、洌水、汕水，三水合流為洌水。」樂浪有列口縣，今漢城東南。

中國歷史精神
國史新論
中國歷代政治得失
中國歷史研究法
中國史學發微
讀史隨劄
中國史學名著
史記地名考（上、下）
古史地理論叢

丙編

文化學大義
民族與文化
中華文化十二講
中國文化精神
湖上閒思録
人生十論
政學私言
從中國歷史來看中國民族性及中國文化
文化與教育
歷史與文化論叢
世界局勢與中國文化
中國文化叢談
中國文學論叢
理學六家詩鈔
靈魂與心
雙溪獨語
晚學盲言（上、下）
新亞遺鐸
八十憶雙親師友雜憶合刊
講堂遺録
素書樓餘瀋
總目

《錢穆先生全集》總書目

甲編

國學概論
四書釋義
論語文解
論語新解
孔子與論語
孔子傳
先秦諸子繫年
墨子　惠施公孫龍
莊子纂箋
莊老通辨
兩漢經學今古文平議
宋明理學概述
宋代理學三書隨劄
陽明學述要
朱子新學案（全五册）
中國近三百年學術史（一、二）
中國學術思想史論叢（全十册）
中國思想史
中國思想通俗講話
學籥
中國學術通義
現代中國學術論衡

乙編

周公
秦漢史
國史大綱（上、下）
中國文化史導論

史記地名考總目

卷　一

中國與四裔

卷二

上古地名

卷　三

禹貢山水名上

卷　四

禹貢山水名中

卷　五

禹貢山水名下

卷　六

夏殷地名

卷　七

周地名

卷　八

秦地名

卷　九

齊地名

卷　十

魯地名

卷十一

晉地名

卷十二

楚地名

卷十三

魏地名

卷十四

韓地名

卷十五

趙地名

卷十六

梁宋地名

卷十七

衛曹地名

卷十八

豫章長沙地名

卷十九

吳越地名

卷二十

燕地名

卷二十一

關中地名

卷二十二

秦漢宮室陵廟名

卷二十三

郊祀封禪地名

卷二十四

漢侯邑名(一)

卷二十五

漢侯邑名(二)

卷二十六

漢侯邑名(三)

卷二十七

漢侯邑名(四)

卷二十八

西北邊地名

卷二十九

匈奴北胡地名

卷三十

西域地名

卷三十一

蜀地名

卷三十二

西南夷地名

卷三十三

南粵東越地名

卷三十四

東胡朝鮮地名

史記地名考索引

二 畫

三 畫

一、索引按地名首字筆畫多少為序，其筆畫依康熙字典之標準，並按起筆：點「、」橫「一」直「丨」撇「丿」四種順序排列之。

二、索引地名下中文數字，表示卷數；阿拉伯字，表示頁數。

四　畫

五 畫

六　畫

七　畫

八　畫

九　畫

十　畫

十一畫

十二畫

十 三 畫

十 四 畫

十五畫

十六畫

十七畫

十八畫

十九畫

二十畫

二十一畫

二十二畫

二十三畫

二十四畫

二十五畫

二十七畫

二十八畫

二十九畫